संघ और सरकार

संघ और सरकार

वाजपेयी से मोदी तक संघ-भाजपा रिश्तों की इनसाइड स्टोरी

संतोष कुमार

प्रभात
पेपरबैक्स
www.prabhatbooks.com

प्रकाशक
प्रभात पेपरबैक्स
प्रभात प्रकाशन प्रा. लि. का उपक्रम
4/19 आसफ अली रोड, नई दिल्ली–110002
फोन : 23289777 • हेल्पलाइन नं. : 7827007777
इ–मेल : prabhatbooks@gmail.com ❖ वेब ठिकाना : www.prabhatbooks.com

संस्करण
प्रथम, 2022

मूल्य
पाँच सौ रुपए

मुद्रक
आर–टेक ऑफसेट प्रिंटर्स, दिल्ली

SANGH AUR SARKAR
by Shri Santosh Kumar

Published by **PRABHAT PAPERBACKS**
An imprint of Prabhat Prakashan Pvt. Ltd.
4/19 Asaf Ali Road, New Delhi-110002

ISBN 978-93-5521-127-9

₹ 500.00

उन सभी जिज्ञासु पाठकों को,
जो संघ और भा.ज.पा. के
रिश्ते को जानने की इच्छा रखते हैं।

प्राक्कथन

प्रसिद्ध पत्रकार संतोष कुमार ने बहुत ही रुचिपूर्ण विषय पर, यानी 'संघ और सरकार', इनके संबंधों के बारे में एक बेहतरीन पुस्तक लिखी है। यह विषय स्वाभाविक उत्सुकता का है, जो संघ की कार्यशैली से ज्यादा परिचित नहीं है या उसका सदस्य नहीं है, उसको हमेशा यह लगता है कि क्या सरकार को संघ संचालित करता है या संघ को सरकार प्रभावित करती है? ये दोनों ही स्थितियाँ नहीं हैं। यह अलग जैविक संबंधों का विषय है और इसलिए इसको साथ करने तथा इस विषय की उत्सुकता एवं कौतूहल को उदाहरणों के साथ, प्रसंगों के साथ यथार्थ रूप में संतोष कुमार ने वर्णन किया है। मैं उनको इस पुस्तक के लिए बधाई देता हूँ!

संयुक्त प्रगतिशील गठबंधन (यू.पी.ए.) सरकार के जमाने में नेशनल एडवाइजरी काउंसिल (एन.ए.सी.) थी। एक तरह से सरकार के सारे निर्णय प्रभावित करनेवाली और विषयों के फाइल देखने की भी आजादी उस एडवाइजरी काउंसिल को होती थी। एक तरह से संविधान के इतर संस्था, जिसे हमने योजना आयोग के सिवाय एन.ए.सी. के रूप में देखा है। ऐसे में लोगों को लगता है कि क्या संघ भी नेशनल एडवाइजरी काउंसिल की तरह काम करता है? तो उत्तर साफ है—'नहीं', क्योंकि संघ और भाजपा एक विचार परिवार के हैं। लेकिन कोई भी संस्था संविधान के इतर नहीं है। संघ और भारतीय जनता पार्टी में समानता क्या है? समानता है—'राष्ट्रवाद का विचार'। 'राष्ट्र सर्वोपरि है' यह सिद्धांत है—राष्ट्र ही प्रथम, संगठन का हित बाद में और व्यक्तिगत हित सबसे अंत में। देश के नागरिकों में कभी भी भेदभाव करना, न संघ ने सिखाया और न भाजपा ने कभी ऐसा विचार किया। अंत्योदय—अंतिम पंक्ति में जो व्यक्ति है, उसका सशक्तीकरण, इन दोनों का मूल है, इसी को केंद्र में रखकर दोनों संगठन चलते हैं।

यह सच है कि 1951 में संघबंदी के बाद संघ के स्वयंसेवकों ने सोचा कि संघ का यह राष्ट्रवादी विचार सभी क्षेत्रों में प्रभावी रूप से जाना चाहिए, इसलिए जनसंघ, भारतीय मजदूर संघ, अखिल भारतीय विद्यार्थी परिषद् और बाद में विश्व हिंदू परिषद् जैसे अनेक

नए-नए संगठन तैयार होते गए। इसमें समान धागा विचार का है। अत: संघ के विचारों से प्रेरणा लेकर अनेक कार्यकर्ताओं ने ऐसे काम शुरू किए, जो समाज के विकास के लिए आवश्यक है। लेकिन ये भी समझना जरूरी है कि भारतीय जनता पार्टी में अनेक संघ से आए हुए कार्यकर्ता हैं। लेकिन संघ से जिनका संबंध नहीं था, ऐसे कार्यकर्ता भारी संख्या में हैं। ऐसी ही कहानी विद्यार्थी परिषद्, मजदूर संघ अन्यान्य संगठनों की भी है। संघ परिवार के बारे में हमें एक बात समझनी चाहिए कि कोई किसी को नियंत्रित नहीं करता है। संघ तो न सरकार को चलाता है, न भाजपा को, न विद्यार्थी परिषद् को, न मजदूर संघ को और न ही अन्यान्य आनुषंगिक संगठनों को। लेकिन संघ बेहतर समन्वय स्थापित करता है, विचारों का आदान-प्रदान होता है। सुझाव व सूचनाएँ आती हैं, अलग-अलग राय है तो उसको प्रकट किया जाता है। यह उसका रूप है।

उन लोगों को यह विषय समझ नहीं आया, जो समझकर भी इसे समझना नहीं चाहते थे और अपनी राजनीति करना चाहते थे; ऐसे ही लोगों ने जनता पार्टी के समय भी दोहरी सदस्यता का विषय उठाया। विदित हो कि आपातकाल की लड़ाई में संघ परिवार की भूमिका सबसे प्रमुख थी कि 1977 के आम चुनाव में सभी पार्टी एक साथ आएँ, जनता पार्टी का निर्माण हुआ और इसमें संघ एवं भाजपा नेताओं का एक ही विचार था, इसलिए जनसंघ का विलय करके जनता पार्टी बनी थी। तक ऐसी कल्पना थी कि देश की जनता के आदेश के अनुसार यह पार्टी बहुत अच्छे तरीके से चलेगी; लेकिन कुछ लोगों ने जान-बूझकर दोहरी सदस्यता का विषय निकाला—या तो संघ की सदस्यता छोड़ो या जनता पार्टी की सदस्यता त्याग दो—इस तरह का कुतर्क चलाया गया। इसके कारण विवाद पैदा हुआ और अंतत: हमने देखा कि 6 अप्रैल, 1980 को इसी मुद्दे पर अलग होकर भारतीय जनता पार्टी की स्थापना हुई, क्योंकि जनता पार्टी के लोगों ने दोहरी सदस्यता पर बखेड़ा खड़ा करके जनसंघ के कार्यकर्ताओं को बाहर जाने के लिए बाध्य किया।

आज विचार परिवार में किसी भी मुद्दे पर अलग-अलग राय हो सकती है, वह अलग राय व्यक्त भी होती है; लेकिन यह व्यक्त करने का तरीका संगठन के अंदर और विचार परिवार के अंदर विभिन्न समय जब समन्वय का होता है, तब उसको प्रकट करे। ऐसी खुली चर्चा मैंने बहुत अनुभव की है, देखी है। ऐसा होता है। लेकिन, केवल समाचार-पत्रों में या टेलिविजन पर जाकर अपने मतभेद उजागर करना, यही लोकतंत्र है, जिनको लगता है तो यह सच नहीं है। संघ परिवार में जितनी अधिक चर्चा होती है, जितना लोकतंत्र का पालन होता है, शायद ही कहीं और इतने बड़े संगठन में मैंने देखा है।

वर्ष 2014 में मोदीजी के नेतृत्व में भारतीय जनता पार्टी ने जब सत्ता सँभाली, एन.डी.ए. का नेतृत्व किया, तब उन्होंने यह कहा, "यह सरकार गरीबों को समर्पित है।

संविधान ही हमारा राजग्रंथ है।" संसद् में पहली बार आते समय उन्होंने उसके प्रवेश-द्वार पर माथा टेका। संघ की देश के प्रति यही भावना है, इसलिए उन्होंने खुद को प्रधान सेवक कहा। यह बहुत महत्त्वपूर्ण है, जो संघ की शिक्षा का मूल है। लेकिन जैसे संघ ने कभी आदेश दिया और पार्टी या सरकार वैसे चली, ऐसा नहीं होता है। संघ आदेश नहीं देता है। हाँ, विचार विनिमय होता है, हम एक-दूसरे से मिलते हैं। जब हम किसी विषय का निर्णय करते हैं तो स्टेक होल्डर्स से बात करते हैं, उस क्षेत्र के विशेषज्ञों से मिलते हैं, उस क्षेत्र में काम करनेवाले एन.जी.ओ. को मिलते हैं, उन क्षेत्र के संबंधी जो लोग हैं, दस्तावेज हैं, उनका अध्ययन करते हैं। ऐसी ही एक बड़ी व्यवस्था यह भी है, जहाँ परिवार के सभी लोग अपनी राय भी देते हैं और सुझाव भी, जिससे मार्ग प्रशस्त होता है। यही संघ और सरकार के संबंधों का सच है।

संतोष कुमार ने एक बेहतरीन पुस्तक पहले भी लिखी है—'भारत कैसे हुआ मोदीमय'। मोदीजी की गुजरात की यात्रा और उससे भी अधिक विस्तार से वर्णित है कि जब उन्हें प्रधानमंत्री पद का उम्मीदवार घोषित किया गया, तब 10 महीने पूरे देश में जो उन्होंने भ्रमण किया, उससे जनता में एक लहर पैदा हुई। उसके बाद पाँच साल की सरकार और फिर 2019 का आम चुनाव। इसमें भारतीय जनता पार्टी को अद्भुत सफलता मिली, जिसका इस पुस्तक में विस्तार से वर्णन है। उसमें भी संघ और भाजपा, ये सारे विषय आते हैं। यह दूसरी पुस्तक है—'संघ और सरकार'। मुझे लगता है कि जो इन दोनों पुस्तकों को पढ़ेगा, उसको भारतीय जनता पार्टी और संघ के संबंधों की बड़ी भूमिका एवं हकीकत समझ में आएगी। संतोष कुमार एक स्वतंत्र लेखक हैं। अत: उनका हर शब्द वह सही इतिहास या सही घटना होगी, ऐसा नहीं है। उसमें मतांतर हो सकता है; लेकिन इतनी आजादी लेखक को होती है। उन्होंने अपने निजी अनुभव इन सभी संबंधों में लिये, उस अनुभव के आधार पर उन्होंने जो देखा, उसे लिखा है अत: जो लिखा है, वह उनका अपना मत है। लेकिन हमारी सही समझ में यह पुस्तक मदद करेगी, ऐसा मेरा विश्वास है।

—प्रकाश जावड़ेकर

सांसद, राज्यसभा

पूर्व केंद्रीय सूचना प्रसारण, पर्यावरण,

वन व जलवायु परिवर्तन मंत्री

पुस्तक के विषय में

2014 और 2019 के चुनाव नतीजे संघ को सुकून दे रहे थे, क्योंकि तीन पीढ़ियाँ खपाने के बाद उसकी वैचारिक उड़ान को पंख लग गए थे। इस मुकाम तक पहुँचने के लिए संघ को वर्ष 1998-2004 में अपनी ही सरकार से टकराव मोल लेना पड़ा था। आर्थिक और राजनीतिक मसलों पर वाजपेयी सरकार के समय लड़ाई सार्वजनिक ही नहीं, सड़कों पर लड़ी जा रही थी। दत्तोपंत ठेंगड़ी का अपनी ही वैचारिक सरकार के खिलाफ धरने पर बैठना तो विरोध के लिए दी जानेवाली मिसाल बन चुकी थी। असमंजस के माहौल में हुए वर्ष 2004 के आम चुनावों में भा.ज.पा. सत्ता से बाहर हो गई। लेकिन शासन से भा.ज.पा. बाहर क्या हुई, अनुशासन का शासन भी कोसों दूर चला गया और आपस में ही सब उलझने लगे, जिससे अगले एक दशक तक पार्टी में जबरदस्त कोहराम मचा। पहले गुजरात दंगे को हार की वजह बताने की कोशिश हुई, संघ प्रमुख सुदर्शन का चक्र चला, फिर जिन्ना प्रकरण और तमाम झंझावातों के बाद वर्ष 2009 में एक बार फिर आडवाणी का 'पी.एम. इन वेटिंग' बनना। लेकिन आडवाणी को जनरल बनाने में जुटे सेनापतियों की टीम तो ऐसे लड़ाई में जुट गई थी, मानो पंद्रहवीं नहीं, सोलहवीं लोकसभा की लड़ाई हो रही हो! आडवाणी के प्रधानमंत्री उम्मीदवार रहते वर्ष 2009 में नेतृत्व का संघर्ष छिड़ा था, जिसके बाद संघ में पीढ़ी परिवर्तन हुआ और मोहन भागवत के सरसंघचालक बनने के बाद विचार परिवार में भी पीढ़ी परिवर्तन का खाका बना। वैचारिक दृढ़ता पर नेतृत्व का टिका रहना अनिवार्य शर्त बना दी गई। दूसरी पीढ़ी में जद्दोजहद के बाद हिंदुत्व की विचारधारा के प्रहरी के तौर पर नरेंद्र मोदी उभरे, जो लोगों के दिलों से होते हुए जुबान पर चढ़ चुके थे। संघ की सलाह पर पार्टी मोदी युग में प्रवेश कर गई। उसके बाद विचार परिवार ने समन्वय का ऐसा बेहतरीन खाका खींचा कि अटल सरकार के समय की कड़वाहट सदा के लिए अतीत के पन्नों में समा गई। संवाद और समन्वय विचार परिवार का मंत्र बना तो मोदी ने भी संवाद का मेकैनिज्म बना समन्वय को रफ्तार दी। नतीजा हुआ कि अनुकूल सरकार का लाभ उठा, संघ ने अपना सामाजिक आधार बढ़ाया।

यह पुस्तक 'संघ और सरकार' की उन सभी कहानियों की बारीकियों को परत-दर-परत सामने रखती है। वर्ष 2014 से संघ-भा.ज.पा. के बीच समन्वय की अद्भुत मिसाल है तो आरक्षण, यू.पी. सी.एम., बी.एच.यू. कुलपति जैसे कई ऐसे उदाहरण भी हैं, जहाँ टकराव की संभावनाएँ बनतीं, लेकिन संवाद के जरिए चंद घंटों में मामला सुलझा लिया गया। दलितों में पैठ के लिए सामाजिक समरसता, तो जे.एन.यू. कांड के बाद बौद्धिक आंदोलन खड़ा करने की मुहिम, प्रणव मुखर्जी का संघ मुख्यालय जाना, विज्ञान भवन से 'भविष्य के भारत' का दृष्टिकोण रखना और आखिर में, राष्ट्रीयता के नाम पर मोदी सरकार के मुद्दों को लेकर साढ़े तीन लाख गाँवों तक सीधे संपर्क ने संघ और भा.ज.पा. दोनों का न सिर्फ आधार बढ़ाया, बल्कि वर्ष 2014 से भी बड़ी जीत की जमीन तैयार करने में विचार परिवार ने महती भूमिका निभाई।

2019 की जीत के बाद अनुच्छेद-370, राम मंदिर जैसे वैचारिक मुद्दों पर तेजी से काम हुआ, ताकि संघ-भा.ज.पा. की विचारधारा के प्रति झुकाव रखनेवालों को प्रतिबद्ध बनाया जा सके। छह दशक के फासले छह साल में खत्म कर नए भारत की दिशा में कैसे कदम बढ़ाएँ, पुस्तक में इसे समेटा गया है।

प्रखर पत्रकार संतोष कुमार ने स्वभाव-जनित जिज्ञासा के आधार पर शोध के साथ यह पुस्तक लिखी है।

परिचय

समन्वय : कितने दूर-कितने पास ?

एक बार पुन: देश को स्थिर सरकार मिली है। यह करोड़ों भारतीयों का भाग्य है। यह राष्ट्रीय शक्तियों की विजय है। यह चुनाव भारत की दो भिन्न अवधारणाओं के बीच था। स्वतंत्रता के समय से चल रही यह वैचारिक लड़ाई अब एक निर्णायक मोड़ पर आ पहुँची है। यह चुनाव इस लड़ाई का एक महत्त्वपूर्ण पड़ाव है। समाज एक होने लगा तो विभाजन की राजनीति करनेवालों को अपनी जमीन खिसकती दिखी, इसलिए सब बाँटनेवालों ने इकट्ठे आकर एक-दूसरे का साथ देकर इस जोड़नेवाली शक्ति का सामना करने का प्रयास किया। लेकिन भारत की सुविज्ञ एवं बुद्धिमान जनता ने जोड़नेवाले और सर्वसमावेशक भारत का समर्थन कर सभी के विकास के सूत्र को विजयी बनाया है। इस वैचारिक लड़ाई में भारत के पक्ष के मजबूत नेतृत्व का और सभी कार्यकर्ताओं का हार्दिक अभिनंदन।

2019 के लोकसभा चुनाव नतीजों के दिन निकला यह उद्गार विशुद्ध सामाजिक क्षेत्र में काम करनेवाले 93 साल पूरे कर चुके राष्ट्रीय स्वयंसेवक संघ की संतुष्टि का भाव था, जो वैचारिक मोर्चे पर इस अभिभूत होनेवाले पल की आस में न सिर्फ तीन पीढ़ियाँ लगा चुका था, बल्कि अपनी ही विचारधारा की सत्ता का कड़वा अनुभव भी ले चुका था। वर्ष 1996 में पहली बार 13 दिन, फिर 1998 से 2004 तक की निरंतर सरकार के बाद एक दशक तक भा.ज.पा. की सत्ता से दूरी की दुविधा और पीढ़ीगत संघर्ष तो विचारधारा की लड़ाई के औचित्य को ही समाप्त करता दिख रहा था, जिसके बाद संघ ने स्वयं की पीढ़ी बदली, फिर विचार परिवार में बड़े बदलाव का खाका रखा और सामाजिक समीकरण से लेकर परिवार में समन्वय का ऐसा खाका बुना कि लोकसभा चुनाव में 2014 की जीत हो या फिर 2019 की, कुछ बुद्धिजीवियों के

लिए शोध का विषय बन गई। अंदरूनी संघर्ष से भा.ज.पा. को बाहर निकालकर विचार परिवार ने जिस तरह अद्भुत समन्वय के साथ खाका खींचा था, उसे दोनों ही नतीजों पर कोई आश्चर्य नहीं था।

लेकिन सवाल उठ सकता है कि संघ के लिए आश्चर्य की बात क्यों नहीं थी? आगे बढ़ने से पहले ही दो तथ्यों को स्पष्ट करना उचित होगा—पहला, 'संघ परिवार' जैसे शब्द को संघ नहीं मानता है। वह आनुषंगिक संगठनों के लिए 'विचार परिवार' जैसे शब्दों को तरजीह देता है। लेकिन समझने के लिए पुस्तक में ऐसा करना जरूरी था, इसलिए अकसर 'संघ परिवार' शब्द का जिक्र किया गया है। दूसरा, एक लंबे आंदोलन से बढ़ता हुआ संघ स्थापना के समय के मूल सिद्धांतों से ही बँधा रहा, लेकिन खुद राजनीति में उतरने की बजाय इस उपक्रम के तौर पर पहले जन संघ और फिर भारतीय जनता पार्टी (भा.ज.पा.) को सहयोग दिया; क्योंकि दोनों संगठनों का मूल 'स्वयंसेवक' रहा है, जिससे संघ के बारे में एक धारणा यह भी बनती रहती है कि वह अपनी विचारधारा की सरकार को पूरी तरह से नियंत्रित करता है और उसका एजेंडा ही सरकार या फिर भा.ज.पा. संगठन में लागू होता है। लेकिन कुछ उदाहरणों को छोड़ दें तो ऐसा कहना उचित नहीं होगा, क्योंकि जन संघ हो या भा.ज.पा., जब भी सत्ता मिली तो ऐसे ही लोग सत्ता में नेतृत्व से लेकर नीति-निर्धारण वाली जगहों पर बैठे, जो संघ की पृष्ठभूमि के रहे हैं, जिनकी सोच और कार्यशैली में स्वाभाविक तौर से संघ का पुट होता है; क्योंकि सरकार में रहें या संगठन में, नेतृत्वकर्ता पहले स्वयंसेवक होता है।

पुस्तक पूरी तरह से अपनी पहली वैचारिक सरकार के होने से लेकर भा.ज.पा. और संघ के आपसी समन्वय पर आधारित है। लेकिन समन्वय सिर्फ चुनावी जीत या सरकार चलाने के लिए नहीं, बल्कि दीर्घकालिक सोच के साथ संगठन का विस्तार इस तरह करना भी रहा है, ताकि भविष्य में सरकार रहे या नहीं रहे, एक दबाव समूह के तौर पर काम कर सके। लेकिन विचार परिवार में मौजूदा दौर के समन्वय के महत्त्व को समझना है तो उसके लिए वर्ष 1998 से 2004 की सरकार के समय की कड़वाहट और फिर 2004 से 2013 तक की भा.ज.पा. की जबरदस्त कलह की कहानी से गुजरना जरूरी हो जाता है; क्योंकि भा.ज.पा. संगठन को नदी के बहाव की तरह गतिमान बनाने और सत्ता में वैचारिक टकराव से बचने के लिए यही अनुभव आधारशिला बना। सिलसिलेवार ढंग से पुस्तक में सत्ता के समय के मतभेद और फिर चुनावी हार के बाद भा.ज.पा. में एक दशक तक चले नेतृत्व के संघर्ष की दास्तान है, जिसने वर्ष 2014 के बाद की दशा और दिशा तय कर दी। ऐसे में, कहानी की शुरुआत होती है वर्ष 1998 से, जब केंद्र की सत्ता में अटल बिहारी वाजपेयी के नेतृत्व में भा.ज.पा. पहली बार आसीन हुई थी। तब अटल बिहारी वाजपेयी और लालकृष्ण आडवाणी ही भा.ज.पा. का पर्याय हुआ करते थे।

लेकिन आर्थिक मसलों पर संघ के आनुषंगिक संगठनों—भारतीय मजदूर संघ, स्वदेशी जागरण मंच, भारतीय किसान संघ आदि के साथ ऐसा टकराव हुआ कि विचार परिवार के संगठन ही विपक्ष की भूमिका में नजर आने लगे। बी.एम.एस. के दत्तोपंत ठेंगड़ी तो धरने पर बैठ गए थे, जिसकी मिसाल आज भी संघ-भा.ज.पा. के टकराव के तौर पर दी जाती है। राष्ट्रपति भवन भेजी जानेवाली मंत्रियों की सूची में बदलाव तो संघ की ओर से वाजपेयी को राष्ट्रपति बनने की सलाह देना जैसे कई प्रकरण हुए, जहाँ मतभेद सार्वजनिक हुए। वर्ष 2000 में रज्जू भैया की जगह के.एस. सुदर्शन सरसंघचालक बने तो खटास किस तरह बढ़ी और सुदर्शन कैसे सार्वजनिक तौर पर निशाना साधने लगे थे, इसका क्रमवार ब्योरा पुस्तक में मिलेगा। गुजरात दंगों के बाद मोदी को मुख्यमंत्री पद से हटाने की कोशिश पर संघ ने क्या रुख लिया और कैसे यह छवि बनने लगी थी कि 'संघ जिसे कहे, वही लीडर।' जिससे वाजपेयी सरकार के साथ संघ और पार्टी का अंदरूनी टकराव पूरे छह साल तक इस कदर चला कि कॉडर भी भ्रमित हो गया और नतीजा यह हुआ कि कुछ महीने पहले विधानसभा में बड़ी जीत दर्ज करनेवाली भा.ज.पा. वर्ष 2004 में सत्ता से ऐसी रुखसत हुई कि अंदरूनी खींचतान से बाहर निकलने में ही एक दशक लग गया।

इस अप्रत्याशित हार के बाद जून 2004 में छुट्टियाँ मनाने मनाली गए वाजपेयी ने फिर गुजरात दंगे को हार की एक बड़ी वजह बताकर कैसे बवाल खड़ा किया तो जवाब में कैसे संघ परिवार ने वाजपेयी के खिलाफ मोर्चा खोला, जिससे आखिर में वाजपेयी को झुकना पड़ा और संसदीय बोर्ड की आपात बैठक बुलाकर पार्टी नेतृत्व को ऐलान करना पड़ा कि नरेंद्र मोदी अपने पद पर बने रहेंगे। फिर लोकसभा के बाद जब पार्टी महाराष्ट्र और हरियाणा विधानसभा चुनाव भी हारी तो तत्कालीन भा.ज.पा. अध्यक्ष वेंकैया नायडू ने इस्तीफा दिया और पार्टी फिर आडवाणी के हाथ में आ गई, जिसके बाद उमा भारती प्रकरण और सुंदर सिंह भंडारी का आडवाणी टू आडवाणी पार्टी की कमान आने पर सार्वजनिक तौर पर सवाल उठाना नई कलह को जन्म दे चुका था। उसके बाद अप्रैल 2005 में संघ प्रमुख के.एस. सुदर्शन का वह इंटरव्यू, जिसमें उन्होंने वाजपेयी-आडवाणी को न सिर्फ संन्यास लेने को कहा, बल्कि वाजपेयी को देश के तीन सर्वोत्तम प्रधानमंत्री या नेता मानने से भी इनकार कर दिया था। तब संघ प्रमुख आडवाणी पर थोड़े नरम जरूर थे; लेकिन आडवाणी ने अगले महीने ही जिन्ना की मजार पर जाकर, उन्हें सेक्युलर बताकर संघ परिवार को ही कुपित कर लिया। आडवाणी ने पाकिस्तान जाकर जिस जिन्ना की खोज की थी, वह किताबों में तो है, लेकिन भारतीय जनमानस में नहीं और भा.ज.पा.-संघ की किताबों में तो कतई नहीं। इसे कठोर वैचारिक भटकाव मान संघ ने सूरत में हुई देश भर के प्रचारकों की बैठक में फैसला कर लिया कि अब आडवाणी

को अध्यक्ष पद छोड़ना होगा। दबाव बढ़ा तो कैसे आडवाणी ने संघ पर रोजमर्रा के काम में दखल देने का आरोप लगाया और फिर दिसंबर 2005 में पद छोड़ने का ऐलान किया।

दूसरी पीढ़ी में कमान राजनाथ सिंह को मिली। संगठन महासचिव संजय जोशी कथित सेक्स सी.डी. कांड की भेंट चढ़ गए। लेकिन इस सी.डी. के पीछे की सियासत को भाँप संघ ने जोशी की जगह किसी को नियुक्त नहीं किया और तीन महीने बाद जोशी को मध्य प्रदेश पुलिस की क्लीन चिट मिल गई तो पार्टी में दोबारा कमान दिलाई गई। लेकिन तब तक आडवाणी ने पार्टी में अपनी पकड़ फिर से बनाई और यू.पी.ए. सरकार की तुष्टीकरण की नीतियों के खिलाफ भारत सुरक्षा ट्विन रथयात्रा का ऐलान कर दिया। एक दिशा से आडवाणी तो एक दिशा से राजनाथ और आखिर में 10 मई, 2006 को दिल्ली में समापन होना था। लेकिन इस यात्रा के बीच ही भा.ज.पा. के संकटमोचक से लेकर बड़े रणनीतिकार माने जानेवाले प्रमोद महाजन की हत्या पार्टी के लिए सदमे से कम नहीं थी। इसी साल राजनाथ पूरे कार्यकाल के लिए अध्यक्ष बने तो सरकार्यवाह के तौर पर मोहन भागवत ने वैचारिक समन्वय का मंत्र दिया। इसके बाद से आडवाणी की 'पी.एम. इन वेटिंग' बनने की मुहिम तेज हुई, तो यू.पी. चुनाव के समय बगावत दिखने लगी। लेकिन यू.पी.ए. सरकार की नीतियाँ संघ को अवसर दे रही थीं। रामसेतु पर भगवान् राम के अस्तित्व को नकारने का हलफनामा सुप्रीम कोर्ट में देना या फिर वंदे मातरम् विवाद, संसाधनों पर अल्पसंख्यकों का पहला हक बतानेवाला प्रधानमंत्री मनमोहन सिंह का बयान—ऐसे तमाम मुद्दे थे, जो संघ के लिए मुफीद थे। लेकिन ऐसे में यक्ष प्रश्न उभर रहा था कि अब पार्टी का चेहरा कौन हो, जो हिंदुत्व की राह पर आगे बढ़ इन मुद्दों को भुना सके? इसी बीच, सितंबर 2007 की भोपाल कार्यकारिणी की बैठक भी 'प्रधानमंत्री उम्मीदवार कौन' के मुद्दे पर ही हंगामेदार रही। लेकिन वह वक्त भी आ गया, जब आडवाणी की दशकों की अधूरी इच्छा पर संघ भी मजबूरी में ही सही, लेकिन मुहर लगाने जा रहा था। आखिर, कर्नाटक के धारवाड़ में संघ की बैठक में 4-6 नवंबर, 2007 के बीच मौका और मुफीद मुद्दे ने संघ को एक बार फिर आडवाणी की ओर उन्मुख किया। आखिर आडवाणी 10 दिसंबर को प्रधानमंत्री पद का उम्मीदवार घोषित होकर 'पी.एम. इन वेटिंग' हो गए। तब गुजरात विधानसभा का चुनाव चल रहा था और मोदी सुर्खियों में थे तथा उनका कद भी बढ़ चुका था। आडवाणी ने अपनी पूरी ताकत लगाई—वाजपेयी के लिए 'भारत रत्न' की माँग, आत्मकथा लिखने, बराक ओबामा शैली में रणनीति बनाना, विशेषज्ञों के साथ बैठक कर एजेंडा तय करना और प्रतीकों की राजनीति, जो भा.ज.पा. की रणनीति का अहम हिस्सा होती है। वे हर गतिविधि को अंजाम दे रहे थे। यू.पी.ए. सरकार भी मुद्दा दे रही थी। अमरनाथ श्राइन बोर्ड जमीन विवाद, बढ़ती आतंकी वारदातें अहम थीं। इसी बीच साध्वी प्रज्ञा की मालेगाँव धमाके के

मामले में गिरफ्तारी के बाद 'हिंदू आतंकवाद' शब्द का कांग्रेस की ओर से प्रयोग संघ को नागवार गुजर रहा था। भा.ज.पा. ने कैसे संघ की सलाह पर इस मुद्दे को जोर-शोर से उठाया और फिर मुंबई का आतंकी हमला। यानी कुल मिलाकर, स्थिति पक्ष में थी; लेकिन विधानसभा चुनावों में राजस्थान पार्टी से छिन गया। अब लोकसभा चुनाव की तैयारी जोरों पर थी। संघ ने भा.ज.पा. को सलाह दी कि तेरा-मेरा न करके कार्यकर्ताओं की रिपोर्ट पर टिकट बाँटें। तभी उप-राष्ट्रपति पद से सेवानिवृत्त भैरों सिंह शेखावत का मोर्चा खोलना और राजनाथ का गंगा-स्नान के बाद कुआँ-स्नान नहीं करने की सलाह देना और पार्टी में ही 'पी.एम. इन वेटिंग' शब्द का मजाक बनना। दूसरी पीढ़ी के नेतृत्व में खींचतान के बीच अरुण जेटली का पोल मैनेजर बनना और सुधांशु मित्तल प्रकरण पर राष्ट्रीय अध्यक्ष से जेटली का बारह दिनों तक चला टकराव पार्टी की कलह की कलई खोल रहा था। आडवाणी की सभा का खड़ाऊँ प्रकरण और फिर नरेंद्र मोदी को प्रधानमंत्री उम्मीदवार बनाने की माँग के बाद तो ऐसा लगने लगा कि वर्ष 2009 में पंद्रहवीं लोकसभा के लिए हो रहे चुनाव में आडवाणी के लिए जुटे तमाम रणनीतिकार बहस सोलहवीं लोकसभा के नेतृत्व पर कर रहे थे। ऐसे में, आडवाणी का अधर में लटकना तय था और पार्टी एक बार फिर चुनाव हार गई।

वर्ष 2009 के चुनाव नतीजों से पहले ही संघ में बदलाव हो चुका था और मार्च में ही के.एस. सुदर्शन की जगह सरसंघचालक के रूप में मोहन भागवत का आगमन हो चुका था, जो युवा नेतृत्वकर्ता के तौर पर देखे गए। ऐसे में, लोकसभा चुनाव की हार के बाद इतना तय था कि भा.ज.पा. को नया नेतृत्व मिलेगा, क्योंकि स्वास्थ्य वजहों से वाजपेयी सक्रिय राजनीति से संन्यास ले चुके थे तो आडवाणी भी आजमाए जा चुके थे। अब जरूरत थी ऐसे नेतृत्व की, जो हिंदुत्व की राह से न भटके और कार्यकर्ता बंद आँखों से भी उसकी विचारधारा पर भरोसा कर सके, जिसकी झलक संघ के विचारक मा.गो. वैद्य के जून में मराठी 'तरुण भारत' में लिखे लेख से भी मिल रही थी। तब भा.ज.पा. में यह हलचल थी कि अब पार्टी को मंडल-कमंडल की राजनीति पर पुनर्विचार करना होगा। लेकिन वैद्य ने लिखा था कि भा.ज.पा. वर्ष 2009 के आम चुनावों में हिंदुत्व का असली मतलब बताने में असफल रही है। बेहतर होगा कि भा.ज.पा. खुद को हिंदुत्व से अलग कर ले। ऐसा करने से संघ से उसका रिश्ता स्वत: समाप्त हो जाएगा और पार्टी को अपना आधुनिक दृष्टिकोण अपनाने का अवसर मिल जाएगा। लेकिन तब अध्यक्ष राजनाथ सिंह ने कहा था कि हिंदुत्व की विचारधारा को कभी नहीं छोड़ सकते, क्योंकि हम इसी को देख-सुनकर आगे बढ़े हैं। संघ की बदली हुई पीढ़ी मानकर चल रही थी कि अब वर्ष 2014 के चुनाव में हिंदुत्व का प्रयोग खुलकर करना होगा; क्योंकि गठबंधन तभी संभव होगा, जब उसका नेतृत्व करनेवाली भा.ज.पा. पहले खुद मजबूत हो। लेकिन

एक बार फिर पार्टी का अनुशासन तार-तार हो रहा था। अरुण शौरी ने राष्ट्रीय अध्यक्ष राजनाथ सिंह को ऐरा-गैरा-नत्थू खैरा तो हंप्टी-डंप्टी तक कह दिया। यशवंत सिन्हा भी अरुण जेटली को राज्यसभा में विपक्ष का नेता बनाने के खिलाफ मुखर हो उठे थे। मनोहर परिकर का सड़ा अचार वाला बयान ही नहीं, हर तरफ 'चिट्ठी बम' फूटने लगे थे। ऐसे में, सरसंघचालक मोहन भागवत ने भा.ज.पा. अध्यक्ष के लिए राजनाथ सिंह के बाद चेहरा कौन होगा, इसकी एक स्पष्ट लकीर खींची। आडवाणी अपनी विदाई के फॉर्मूले पर राजी नहीं हो रहे थे और वे पेजावर मठ के स्वामी की शरण में चले गए, ताकि कुछ समय मिले। ऐसे में, विहिप के नेता आचार्य धर्मेंद्र का बिफरते हुए यह कहना—"संघ के बिना भा.ज.पा. का अस्तित्व नहीं। अगर संघ का निर्देश नहीं माना तो भा.ज.पा. रेत के महल की तरह ढह जाएगी।" ऐसे में, 18 दिसंबर, 2009 को आडवाणी की ओर से लोकसभा में सुषमा स्वराज को तो राज्यसभा में अरुण जेटली को पार्टी के नेता की कमान सौंपना और अगले दिन 19 दिसंबर को अध्यक्ष पद पर मोहन भागवत की पसंद नितिन गडकरी का महाराष्ट्र की राजनीति से सीधे केंद्रीय राजनीति में आना पार्टी के संक्रमण काल का ही हिस्सा था।

दूसरी तरफ, नरेंद्र मोदी का राष्ट्रीय नेतृत्वकर्ता वाली सुर्खियों में आना, बिहार की कार्यकारिणी में नीतीश कुमार की डिनर मीटिंग वाले विवाद से लेकर गुजरात का विकास मॉडल उन्हें मनमोहन के विकल्प की ओर ले जाता दिख रहा था। जनमत सर्वेक्षणों में मोदी तेजी से उभरने लगे थे। लेकिन पार्टी में फिर टकराव शुरू हो गया। गडकरी ने संजय जोशी को राष्ट्रीय कार्यकारिणी में शामिल किया तो मोदी ने भी मई 2012 की मुंबई कार्यकारिणी से पहले कड़े तेवर अपनाए। आखिर, संजय जोशी की विदाई हुई। लेकिन तभी गडकरी की कंपनी 'पूर्ति' पर अनियमितता के लगे आरोप और नामांकन से पहले आयकर विभाग के छापे ने संघ को असमंजस में डाला। फिर संघ को अपनी सलाह बदलनी पड़ी। ऐसे में, एक बार फिर राजनाथ सिंह को कमान मिली। जब भा.ज.पा. में अध्यक्ष पद की खींचतान चल रही थी, नरेंद्र मोदी अपने सिपहसालारों के साथ क़ैसे मिशन में जुटे थे। हर कस्बे-गाँव से मोदी के पक्ष में आवाज आने लगी थी। दिसंबर 2012 में गुजरात विधानसभा में उनकी तीसरी जीत और चौथी बार मुख्यमंत्री बनना ही दिल्ली की ओर कूच करने का संदेश दे रहा था, जिसमें मोदी गुजरातियों की जगह देशवासियों की बात करने लगे थे। इसकी वजह थी—विधानसभा चुनाव से ठीक पहले 21 अक्तूबर, 2012 को नागपुर के रेशमबाग में सरसंघचालक मोहन भागवत, भैय्याजी जोशी और सुरेश सोनी के साथ उनकी साढ़े तीन घंटे की हुई अहम मुलाकात। इस बैठक ने भविष्य का संकेत दे दिया था। इस बैठक की महत्ता का अंदाजा इस बात से भी लग रहा था कि मोदी पर लगातार कथित सेक्युलर ब्रिगेड का हमला हो रहा था और

इसी कड़ी में जून 2012 में बिहार के मुख्यमंत्री नीतीश कुमार ने एक इंटरव्यू में मोदी पर निशाना साधते हुए कहा था कि प्रधानमंत्री पद पर धर्मनिरपेक्ष चेहरा होना चाहिए। इसके जवाब में सरसंघचालक मोहन भागवत ने लातूर में संघ के कार्यकर्ताओं को संबोधित करते हुए सवाल उठाया था, "आखिर हिंदूवादी नेता देश का प्रधानमंत्री क्यों नहीं हो सकता? देश का प्रधानमंत्री अब ऐसा हो, जो हिंदूवादी विचारधारा का प्रतिपादन करे।" तसवीर बहुत हद तक साफ थी, तो दूसरी तरफ वर्ष 2014 की प्रधानमंत्री पद पर उम्मीदवारी के लिए मोदी को लेकर एक जबरदस्त हवा बनने लगी थी। संघ भी यह मान रहा था कि कार्यशैली को लेकर हिचक को छोड़ दिया जाए तो भा.ज.पा. का तुरुप का पत्ता मोदी ही हैं; क्योंकि संघ के वरिष्ठ नेताओं का मानना था कि हर व्यक्ति की अपनी एक अलग कार्यशैली होती है।

मोदी भी बदले-बदले-से नजर आने लगे थे। श्रीराम कॉलेज ऑफ कॉमर्स में छात्रों से संवाद तो इलाहाबाद कुंभ में संतों की मुहिम और राजनाथ की संगम में डुबकी विचार परिवार की रणनीति का संकेत दे रही थी, तो कैसे मोदी ने अमित शाह को महासचिव बनवा उत्तर प्रदेश का प्रभार दिलाया। लेकिन बीच-बीच में आडवाणी अपना दाँव खेल रहे थे। लेकिन संघ यह निश्चय कर चुका था। मानस यह भी बन चुका था कि इस बार हिंदुत्व की विचारधारा के मुद्दे पर आर-पार का प्रयोग हो ही जाना चाहिए। आखिर, जून 2013 में गोवा में भा.ज.पा. राष्ट्रीय कार्यकारिणी की बैठक में मोदी को कमान सौंप दी गई। इस मुहिम को अंजाम देने के लिए संघ के सह-सरकार्यवाह सुरेश सोनी भी उसी होटल में मौजूद थे, जहाँ सारी रणनीति बन रही थी। संघ ने लिटमस टेस्ट के तौर पर कैसे पहले मोदी को चुनाव अभियान समिति की कमान सौंपने की रणनीति पर पार्टी को बढ़ने की सलाह दी; लेकिन आडवाणी ने पार्टी के सभी पदों से इस्तीफा देकर भूचाल खड़ा किया। फिर कैसे संघ का पहली बार सार्वजनिक दखल दिखा और आखिर में, सितंबर में मोदी को ही प्रधानमंत्री उम्मीदवार बनाने का ऐलान कर कैसे संघ ने पीढ़ी परिवर्तन का अंतिम पासा भी चल दिया, इसकी पूरी पटकथा पुस्तक में है।

संघ का समूचा विचार परिवार अब मिशन 2014 में जुट गया था, क्योंकि तीसरी हार उसके अस्तित्व पर प्रश्नचिह्न खड़ा कर सकती थी। लिहाजा, सिर्फ मोदी को प्रोजेक्ट करने तक ही मामला सीमित नहीं था। संघ-भा.ज.पा. के मंथन में एक अहम बात सामने आई थी कि पार्टी और परिवार की पूरी ताकत के जुटने के बावजूद भा.ज.पा. का वोट शेयर 18 से 25 फीसदी तक ही पहुँच पाता है। ऐसे में, 10 फीसदी अतिरिक्त वोट पर कैसे रणनीति बनी और नए गठबंधन से लेकर सामाजिक आधार बढ़ाने की कवायद हुई। सेमीफाइनल माने जानेवाले मध्य प्रदेश, छत्तीसगढ़, राजस्थान व दिल्ली के विधानसभा चुनावों के नतीजे कैसे इस रणनीति के लिए शुभ साबित हुए और गुजरात दंगे पर मोदी

की आलोचना कर एन.डी.ए. छोड़नेवाले रामविलास पासवान बारह साल बाद उसी भा.ज.पा. के साथ खड़े मुसकरा रहे थे। बिहार, उत्तर प्रदेश, तमिलनाडु, हरियाणा, आंध्र प्रदेश, पूर्वोत्तर में नया गठबंधन मोदी के साथ तैयार हो चुका था। नए लोग सामाजिक आधार पर जोड़े गए तो बगावती तेवरवालों को साधा गया। फिर टिकटों को लेकर मुरली मनोहर जोशी एवं आडवाणी के पैंतरे पर संघर्ष को थामना और मोदी के नेतृत्व को स्थापित कराने में संघ की नैतिक सलाह ने किस तरह योगदान दिया, उसकी पूरी कहानी इस पुस्तक में विस्तार से मिलेगी।

आखिर, नरेंद्र मोदी ने पहले पार्टी में अपना मुकाम बनाया और फिर ऐसा चुनाव अभियान चलाया, जिसे चुनावी मशीनरी भर कहना उचित नहीं होगा। नौ महीने में मोदी ने जितनी यात्रा की, उसे पृथ्वी के सात चक्कर लगाने के बराबर कह सकते हैं। मोदी अपनी रणनीति ही नहीं, अभियान से इतने संतुष्ट क्यों थे कि जीत को लेकर उन्होंने नतीजों से पहले ही कह दिया था कि कांग्रेस तीन अंकों में नहीं पहुँचने जा रही और भा.ज.पा. अपने बूते बहुमत हासिल करने जा रही है। मोदी ने भी संगठन के अपने अनुभव को देखते हुए सरकार और भा.ज.पा. का खाका भी संघ के सामने सलाह के लिए रखा था। जब 16 मई, 2014 को नतीजे आए तो भा.ज.पा. के आह्लादित होने का पल था, लेकिन संघ के लिए सुकून का। जीत को संघ ने स्वस्थ लोकतंत्र का नतीजा बताया; जबकि वर्ष 2004 और 2009 की हार को संघ ने उम्मीदों के विपरीत बताया था। लेकिन इस बार के बयान में संघ ने अहम बात कही, जो विचार परिवार में संवाद और समन्वय की प्रस्तावना जैसी थी। तत्कालीन सरकार्यवाह भैय्याजी जोशी ने कहा, "हमें विश्वास रखना होगा कि परिवर्तन की प्रक्रिया की अपनी एक गति होती है और परिवर्तन सरकार, प्रशासन, सभी राजनीतिक दल, जनसामान्य, सामाजिक व धार्मिक संस्थाओं के समन्वित प्रयासों से ही संभव है।" संघ का संदेश स्पष्ट था कि सरकार से किसी मुद्दे पर टकराव नहीं होगा। संघ को पूरा भरोसा था कि विचारधारा की जीत के साथ बनी नरेंद्र मोदी सरकार तीन पीढ़ियों के बलिदान को व्यर्थ नहीं जाने देगी। संघ को यह भी भरोसा था कि सरकार में जो काम नहीं होने लायक या नहीं होगा, उसका मतलब यही होगा कि सरकार से वह संभव नहीं है। यह मंत्र ही संघ और मोदी सरकार के बीच समन्वय का आधार बना। अगर संघ को मोदी पर भरोसा था तो मोदी भी संगठन में प्रचारक की भूमिका से राजनीति में आए थे, अत: उन्हें संगठन की अहमियत का अहसास था।

इसलिए, जब वे संसदीय दल के नेता बने तो अपने संबोधन में उन्होंने कहा कि जैसे भारत मेरी माँ है, उसी तरह भा.ज.पा. मेरी माँ है और कोई बेटा अपनी माँ से बड़ा नहीं हो सकता। भावुकता से भरा मोदी का संबोधन संगठन को नई धारा की ओर ले जाने का इशारा था, जो पिछले एक दशक में अनुशासन की धज्जियाँ उड़ाने के लिए

प्रख्यात हो चुका था। वर्ष 1998-2004 में वाजपेयी सरकार के समय विचार परिवार से टकराव और फिर 2004 से 2013 तक की भा.ज.पा. की सांगठनिक उठा-पटक और अनुशासन की कमी ने एक सबक दिया था। नरेंद्र मोदी ने हर घटना को बारीकी से देखा था और उससे सबक लेकर ही उन्होंने संगठन का ऐसा ढाँचा तैयार करने की सलाह अमित शाह को दी थी, जिससे सत्ता और संगठन एक-दूसरे के पूरक बन सकें। साथ ही, संघ परिवार के लिए भी पूरा मेकैनिज्म तैयार किया गया, ताकि कहीं किसी तरह के मतभेद की गुंजाइश न रहे। सचमुच विचार परिवार में समन्वय का बेहतरीन खाका बना दिया गया था। विश्वविद्यालयों में कुलपति की नियुक्ति हो या राज्यपाल या फिर अन्य राजनीतिक नियुक्तियाँ अथवा फिर नीतिगत मामले, संबंधित संगठनों से विचार-विमर्श के लिए कई छोटे समूह बना दिए गए, ताकि सबको भरोसे में लेकर फैसले लिये जाएँ। लेकिन इसका मतलब यह नहीं था कि कहीं विवाद नहीं हो। वाजपेयी सरकार के समय सड़कों पर दिखनेवाला विचार परिवार का विवाद अब बंद कमरों में चंद घंटों में ऐसे सुलझ जाता था, मानो कुछ हुआ ही नहीं। आरक्षण, नोटबंदी, यू.पी. में योगी को सी.एम. बनाना, बी.एच.यू. कुलपति विवाद जैसे तमाम उदाहरण इस पुस्तक में हैं, जो अद्भुत समन्वय की कहानी बताते हैं।

सरकार गठन के साथ ही विचार परिवार ने आपस में बैठकर समन्वय का खाका तो बना लिया था, लेकिन सरकार की अपनी भी कुछ सीमाएँ होती हैं। सबसे पहले संघ ने राम माधव और शिवप्रकाश जैसे दो प्रचारकों को भा.ज.पा. में भेजा। राम माधव वाजपेयी सरकार के समय संघ के प्रवक्ता हुआ करते थे और उन्हें उस दौर की कड़वाहट का आभास था। ऐसे में, समन्वय में उनकी अहम भूमिका निर्धारित की गई। लेकिन शुरुआत में ही भूमि अधिग्रहण एवं स्वदेशी जैसे कई मुद्दों पर विरोध दिखा। लेकिन कैसे संघर्ष को थामने के लिए संघ ने मार्च 2015 में एक मंत्र दिया और अचानक मोदी सरकार के खिलाफ मुखर आनुषंगिक संगठनों के सुर नरम पड़ गए, इसका जिक्र अलग अध्याय में किया गया है। भा.ज.पा. में काम करनेवाले संगठन मंत्रियों के साथ दशक भर बाद संघ की अहम बैठक, विचार परिवार की समन्वय बैठक में छह विषयों पर तैयार हुआ प्रारूप कैसे संघ के चिंतन के रूप में साझा हुआ। इस बैठक के समापन सत्र में मोदी ने कहा था, "सरकार से जनता को उम्मीदें बहुत ज्यादा हैं। उसी गति से हमें काम भी करना होगा। लेकिन कई बार संगठनों (विचार परिवार) की ओर से ही ऐसी बयानबाजी हो जाती है, जिससे आपसी समझ प्रभावित हो जाती है।"

विचार परिवार में ऐसा समन्वय सिर्फ सत्ता की वजह से नहीं था, बल्कि सरकार हो या संगठन, जिम्मेदारी सँभाल रहे नेताओं को इसका मर्म मालूम था। इसलिए सभी दिल से इस काम में जुटे थे। ऐसे में, जब भी कोई विवाद की स्थिति आई तो उसे

कैसे सुलझाया गया, इसके भी कई दृष्टांत हैं। समन्वय बैठक के पखवाड़े भर बाद ही सरसंघचालक मोहन भागवत का आरक्षण वाला बयान बिहार चुनाव में भा.ज.पा. की परेशानी बना तो परदे के पीछे डैमेज कंट्रोल की अद्भुत कवायद चली, जिसकी कदम-दर-कदम जानकारी पुस्तक का हिस्सा है। फिर बिहार चुनाव की हार और अध्यक्ष पद को लेकर अमित शाह पर संशय। लेकिन कैसे संघ ने हमेशा की तरह नैतिक मार्गदर्शक की भूमिका तक खुद को सीमित रखा। इसी तरह 'जयपुर साहित्य महोत्सव' के समय जनवरी 2017 में फिर आरक्षण का विवाद खड़ा हुआ तो चंद घंटों में सुलझा लिया गया, ताकि उत्तर प्रदेश के चुनावों में यह मुद्दा न बने। संघ ने भी हर समय लचीला रुख रखा तो भा.ज.पा. ने भी मर्यादा नहीं लाँघी।

आरक्षण पर बार-बार उपजनेवाले विवाद ने संघ को विजन-2025 के तहत शुरू सामाजिक समरसता अभियान को गति देने को मजबूर किया और जिसके लिए 'एक मंदिर, एक कुआँ, एक श्मशान' का नारा वर्ष 2015 की अखिल भारतीय प्रतिनिधि सभा में दिया जा चुका था। इसके बाद प्रतीकों के जरिए भी समरसता का खाका बनाया गया, जिसमें सबसे पहले डॉ. भीमराव आंबेडकर को लेकर 'पाञ्चजन्य' का विशेषांक निकालने से लेकर कई ऐसे आयोजन किए गए, जिसमें यह संदेश देने की कोशिश हुई कि आंबेडकर के कथनों में से उनके नाम को हटाकर पढ़ा जाए तो वे किसी ऋषि-मुनि के ही कथन लगेंगे। नागौर की अखिल भारतीय प्रतिनिधि सभा में संघ ने तो पूरा मंडप ही आंबेडकर को समर्पित कर रखा था तो सरसंघचालक रहे बाला साहब देवरस की बड़ी तसवीर भी रखी थी। बाबा साहेब से बाला साहब तक के विचारों के जरिए संघ ने आंबेडकर के संदेशों को आगे बढ़ाया तो दूसरी तरफ मोदी सरकार भी आंबेडकर से जुड़ी विरासतों पर तेजी से काम कर रही थी। नागौर की बैठक में संघ ने गणवेश को बदलकर विस्तार और युवाओं में पैठ की अपनी मुहिम तेज की। लेकिन पहनावे में बदलाव ही उन्हें आकर्षित करने के लिए काफी नहीं हो सकता। संघ का नेतृत्व जानता था कि युवाओं को संगठन में लाने की लड़ाई विचारधारा के मोर्चे पर भी लड़नी होगी। ऐसे में, संघ और भा.ज.पा. ने तालमेल के साथ रणनीति बनाई और कैसे बौद्धिक समागम का खाका बुन सामाजिक विस्तार की बिसात बिछाई, यह जानना भी अहम होगा। मोदी ने तो 2014 के चुनाव अभियान के समय ही कह दिया था कि आनेवाला दशक दलित-पिछड़ों का है। उन्होंने कहा था, "ब्राह्मण और बनियों की पार्टी कही जानेवाली भा.ज.पा. अब दलित व पिछड़ों की पार्टी बन गई है। आनेवाला समय दलितों-पिछड़ों का ही है।" लेकिन सत्ता में आने के बाद समाज में घटित दलित-विरोधी कुछ घटनाएँ विचार परिवार को दुविधा में भी डाल रही थीं, जिससे सामाजिक समरसता की पहल में भी गतिरोध होने लगा था। ऐसे

में, समाज में अपनी पैठ बनाने के साथ-साथ संघ ने बुद्धिजीवियों की जमात खड़ी करने पर भी काम तेज कर दिया, जो किसी तरह की सकारात्मक या नकारात्मक अवधारणा बनाने में अहम भूमिका निभाते हैं।

संघ को अपनी स्थापना से लेकर अब तक मलाल था कि राजनीति, समाज, छात्र, मजदूर—हर तबके में 'शाखाएँ' तो खूब फैलाईं, लेकिन बौद्धिक जगत् में 'जड़ें' क्यों नहीं जमा सका? वर्ष 2014 में भा.ज.पा. की ऐतिहासिक जीत के बाद संघ के चिंतन का अहम बिंदु था, जिस पर सिलसिलेवार कैसे काम शुरू हुआ और जे.एन.यू. कांड के बाद हरियाणा भवन में पहले दिन 14 और दूसरे दिन 60 लोगों की हुई अहम बैठक में संघ-भा.ज.पा. के शीर्ष नेतृत्व ने कैसे मंथन किया, यह भविष्य की रणनीति को समझने के लिए दिलचस्प है। इसके बाद संघ के विचारों से प्रेरित थिंक टैंक को सक्रिय कर दिया गया। बौद्धिक दबाव समूह खड़ा करने की मैराथन कवायद पर तब संघ के विचारकों का कहना था, "भारत के बौद्धिक विमर्श में जिस प्रकार से संघ और उसकी विचारधारा को सुनियोजित ढंग से हाशिए पर डालने की कोशिश हुई थी, उसे तथ्य और तर्क से पराजित करना आज के विमर्श का एक महत्त्वपूर्ण आयाम है।" यानी संघ परिवार का मकसद साफ था, तो भा.ज.पा. और सरकार भी इसमें पूरी तरह साथ थी। फिर मई 2016 में ही उज्जैन सिंहस्थ के समय विचार महाकुंभ का आयोजन और दूर की सोच के साथ संघ की मीडिया स्ट्रैटजी के तहत हिंदुस्थान समाचार एजेंसी को पेशेवर अंदाज में आगे बढ़ाने का फैसला; समविचारी लेखकों, ब्लॉगरों, विचारकों को लेकर भी दो दिन का 'नेशनलिस्ट राइटर्स मीट' का आयोजन रणनीति के लिहाज से जारी था। इस मुहिम की स्वाभाविक तौर से विरोधी आलोचना भी कर रहे थे; लेकिन वाजपेयी सरकार के समय से ही संघ ने सबक ले लिया था।

बौद्धिक जड़ें जमाने की कवायद में संघ ने कैसे शिक्षा में बदलाव का खाका बुना और वैचारिक निकाय 'प्रज्ञा प्रवाह' ने लोक-मंथन जैसे आयोजन की नींव डाली। शिक्षा के खाके में एकरूपता के लिए भा.ज.पा. शासित राज्यों के शिक्षा मंत्रियों के साथ हुई गोपनीय बैठक और दिल्ली में 'शिक्षा संगम' के आयोजन को बौद्धिक महाकुंभ में तब्दील कर संघ ने अपनी मंशा साफ कर दी थी। पहली बार कैसे 721 अकेडमिशियन, जिसमें प्रोफेसर, असिस्टेंट प्रोफेसर, एसोसिएट प्रोफेसर और 51 कुलपतियों (20 केंद्रीय विश्वविद्यालय और 31 राज्यों के विश्वविद्यालयों से) का जमावड़ा हुआ, जिसमें संघ प्रमुख मोहन भागवत ने खुद अलग-अलग समूहों में बुद्धिजीवियों के साथ बैठक की, तो कुलपतियों के साथ भी कृष्ण गोपाल ने बैठक की। मोहन भागवत ने इस आयोजन में क्रिकेट का अनुभव साझा करते हुए कहा था कि जब भारत के लिए खेलने की भावना से खेला जाए तो भारत जीतता ही है। भारतीय इतिहास और उसके लेखन पर

सह-सरकार्यवाह डॉ. कृष्ण गोपाल ने कहा था कि यह सब ईसाई मिशनरी और चर्च के डिजाइन के तहत किया गया, इसलिए अब इतिहास को खँगालने की जरूरत है; क्योंकि भारतीय इतिहास को शिकारियों ने लिखा है, शेर ने खुद नहीं। संघ ने इसके लिए जो मंत्र दिए, वह बौद्धिक आंदोलन को गति देने का मूल आधार था। वामपंथियों की काट के लिए थिएटर में 'उड़ान' नामक समूह भी तैयार किया गया। मोदी सरकार को वामपंथी बुद्धिजीवियों से मिलनेवाली चुनौती को अपनी विचारधारावाले बुद्धिजीवियों के माध्यम से जवाब देने की भी रणनीति बनी। इसके अलावा, संघ की रणनीति अनुकूल माहौल वाले विश्वविद्यालयों-स्कूलों में अपनी विचारधारा से जुड़ी पुस्तकों को ज्यादा-से-ज्यादा समावेश कराने की भी बनी थी। लेकिन संघ ने राजघाट पर गांधी स्मृति में 26-27 अगस्त, 2018 को बैठक कर यह भी संकेत दिया कि बुद्धिजीवियों को जोड़ने की मुहिम में भेदभाव नहीं होगा। कोई अगर दूसरी विचारधारा से हटकर अपनी तरफ आना चाहता है तो उसका स्वागत करना चाहिए।

उसके बाद मथुरा में संघ परिवार की समन्वय बैठक हुई। लेकिन कुछ दिन बाद ही बनारस हिंदू विश्वविद्यालय का विवाद गहरा गया। प्रधानमंत्री मोदी का संसदीय क्षेत्र होने की वजह से सुर्खियाँ स्वाभाविक थीं, लिहाजा सरकार में शीर्ष स्तर पर कुलपति गिरीश चंद्र त्रिपाठी को हटाने का फैसला हुआ। लेकिन वे राजी नहीं हुए तो कैसे संघ ने पहल की, जो संघ और सरकार के समन्वय के उदाहरणों में से एक है। नोटबंदी तथा यू.पी. में योगी को सी.एम. बनाना भी इसके कुछ उदाहरण हैं। उसके बाद पूर्व राष्ट्रपति और कांग्रेस के दिग्गज नेता रहे प्रणव मुखर्जी का संघ मुख्यालय जाना किस तरह से कांग्रेस के सीने पर साँप लोटने जैसा कदम था, वह शायद ही कोई भूलेगा। लेकिन संघ ने कैसे रणनीतिक तरीके से प्रणव दा को संघ मुख्यालय में बुलाकर संबोधन कराया, उससे संघ को लेकर कुछ बुद्धिजीवियों में जो 'अनटचेबिलिटी' मौजूद थी, वह धूमिल पड़ गई। अचानक संघ से जुड़नेवालों की संख्या बढ़ी और खासतौर पर पश्चिम बंगाल से, जहाँ से प्रणव दा आते हैं। यह भी तथ्य है कि वर्ष 2019 के आम चुनावों में इस राज्य ने भा.ज.पा. की जीत में अहम भूमिका निभाई थी।

संघ के लिए यह सुखद अहसास था, क्योंकि अनुकूल सरकार और वैचारिक वातावरण में संघ की स्वीकार्यता बढ़ रही थी। ऐसे में, संघ परिवार में यह विचार आया कि संगठन को लेकर जिस तरह का भ्रम या मिथ्या प्रचार विरोधियों या कुछ मीडिया में होता है, उसे संघ के द्वारा ही दूर कर दिया जाए। यानी थर्ड पार्टी की जगह संघ ने खुद से भ्रम को दूर करने का फैसला किया। भ्रम के तौर पर आजादी के आंदोलन में संघ की भूमिका, तिरंगा ध्वज, दलित आदि मुद्दे थे। संभवत: यह संघ के 93 वर्षों के इतिहास में पहला अवसर था, जब इस तरह का आयोजन किया गया हो। लोकसभा चुनाव से करीब

छह महीने पहले इस तरह के आयोजन से विपक्ष की भृकुटियाँ तन चुकी थीं। दिल्ली के विज्ञान भवन में 17-19 सितंबर, 2018 तक तीन दिनों का कार्यक्रम 'भविष्य का भारत : संघ का दृष्टिकोण' आयोजित किया गया। इस आयोजन में सरसंघचालक ने दो दिनों तक विस्तार से संघ की स्थापना से लेकर डॉ. हेडगेवार के जीवन, कम्युनिस्ट रुइकर से हेडगेवार के संवाद, संघ की कार्यशैली, स्वयंसेवक निर्माण, हिंदुत्व, संघ का अनुशासन, तिरंगा बनाम भगवा ध्वज, आनुषंगिक संगठनों पर रिमोट कंट्रोल, महिलाओं की भागीदारी जैसे मुद्दों पर अपनी बात रखी तो आरक्षण पर सीधी बात करते हुए संघ प्रमुख ने कह दिया था, "बीच-बीच में जो वक्तव्य होते हैं, उनमें से कुछ अर्थ निकाले जाते हैं। लेकिन ध्यान रखिए कि सामाजिक विषमता दूर करने के लिए संविधान में जितना आरक्षण दिया गया है, उसको संघ का पूरा समर्थन है और रहेगा।" नोटा को ना, संघ-भा.ज.पा. रिश्ते की स्वाभाविकता और सरसंघचालक के चुनाव में लोकतांत्रिकता के अभाव जैसे टेढ़े सवालों पर भी बेबाक राय सामने आ चुकी थी। फिर राँची में बौद्धिक मेले का आयोजन 'प्रज्ञा प्रवाह' ने किया तो राष्ट्रीयता की सोच को पुनरुज्जीवित करने की अपनी सोच दोहराई।

केंद्र में भा.ज.पा. की सरकार और नरेंद्र मोदी जैसा नेतृत्व होने का असर देश की जनता पर दिख रहा था, अतः इस माहौल में संघ ने सामाजिक व बौद्धिक जड़ें जमाने में बहुत हद तक सफलता भी हासिल की, जिसका लाभ यह हुआ कि संघ की शाखाएँ भी तेजी से फैलने लगीं। वर्ष 2009 से 2014 के बीच जहाँ संघ की शाखाएँ 5,000 के करीब बढ़ीं और इस दौरान कई बार आँकड़े घटे भी। लेकिन मोदी सरकार बनने के बाद पहले साल में ही 6,000 से ज्यादा शाखाएँ बढ़ गईं। तुलनात्मक तसवीर पुस्तक में मिलेगी। लेकिन इसी बीच सेमीफाइनल माने जानेवाले मध्य प्रदेश, छत्तीसगढ़, राजस्थान के विधानसभा चुनावों में भा.ज.पा. को करारा झटका लगा। लेकिन अमित शाह ने संगठन की गति नहीं थमने दी तो संघ परिवार ने भी स्वयंसेवकों के फीडबैक पर सवर्ण आरक्षण का पासा फेंका। मोदी सरकार ने 7 जनवरी, 2019 को कैबिनेट में मंजूरी दी और 8 जनवरी को लोकसभा एवं 9 जनवरी को राज्यसभा ने पारित कर दिया तथा 12 जनवरी को राष्ट्रपति की संस्तुति मिल गई। गरीब सवर्णों को आरक्षण देने का दाँव एस.सी.-एस.टी. ऐक्ट पर सुप्रीम कोर्ट के फैसले को संसद् में पलटने और तीन राज्यों के चुनाव में उसके राजनीतिक नुकसान को देखने के बाद लिया गया था। एक बार फिर, उत्साह के साथ विचार परिवार मिशन-2019 में जुट चुका था। अब समय आ गया था, जिस सत्ता के अनुकूलन का लाभ संघ को मिला था, अब उसे अदा भी करना था। स्वयंसेवकों को 100 फीसदी मतदान कराने का काम दिया गया तो शिक्षकों का समूह बनाकर अलग-अलग क्षेत्रों में भेजा गया। बौद्धिक जगत् में भी ऐसा समूह तैयार हो चुका था, जो विपक्ष के किसी भी हमले का तत्काल जवाब देने के लिए मुस्तैद था। मोदी के

खिलाफ चलनेवाली किसी भी मुहिम का जवाब देने के लिए 'अकेडमिक्स फॉर नमो' का आगाज संघ के सह-सरकार्यवाह डॉ. कृष्ण गोपाल की प्रेरणा से किया गया, जिसने लेख-विचारों के माध्यम से माहौल बनाया। इसके अलावा, संघ ने विश्व में जिस तरह से अपनी 'वसुधैव कुटुंबकम्' की भावना को हिंदू स्वयंसेवक संघ के जरिए विस्तार दिया और दुनिया के 39 देशों में अपना काम बढ़ाया, उसका लाभ भी भा.ज.पा. को स्वाभाविक तौर पर मिला।

चुनाव की तारीखों के ऐलान से ठीक पहले 8-10 मार्च, 2019 को ग्वालियर की संघ की प्रतिनिधि सभा की बैठक में बनी रणनीति पर अमल करते हुए संघ ने अपने सिद्धांतों के अनुसार भा.ज.पा. का नाम लेकर वोट तो नहीं माँगा, लेकिन राष्ट्र से जुड़े मुद्दे उठाकर वोटर जागरूकता अभियान चलाया, जो मोदी सरकार से सरोकार रखते थे। इसमें सरकार की वे सभी योजनाएँ शामिल थीं, जिससे वोटर सीधे लाभान्वित हुआ था। ऐसे में, राष्ट्रीयता कहिए या राष्ट्रवाद, संघ और समूचे विचार परिवार ने अद्भुत समन्वय की मिसाल पेश करते हुए ऐसी स्पंज रूपी जमीन तैयार की, जिसने पुलवामा के बाद बालाकोट में हुई बदले की कार्रवाई समेत भा.ज.पा. के अन्य मुद्दों को सोख लिया और ऐसी लहर बनी कि नरेंद्र मोदी के नेतृत्व में भा.ज.पा. ने वर्ष 2014 से ज्यादा सीटें हासिल कर नया कीर्तिमान रच दिया। अपने अभियान के तहत संघ ने 3.5 लाख से ज्यादा गाँवों में 40 करोड़ से ज्यादा वोटरों से सीधा संपर्क कर जमीन तैयार की थी, यानी रणनीति के तहत संघ के स्वयंसेवकों ने 60 फीसदी भारत में संपर्क साधा था। निश्चित तौर पर, संघ परिवार का समन्वय के साथ समुचित प्रबंधन वर्ष 2019 में एक बार फिर नरेंद्र मोदी के नेतृत्व में भा.ज.पा. की ऐतिहासिक जीत का साक्षी बना तो 1998 से 2004 के बीच भा.ज.पा. की सरकार के समय विचार परिवार में समन्वय का अभाव सदा के लिए अतीत के पन्नों में समा गया। वाजपेयी राज में भी समन्वय होता था, लेकिन अपनी सरकार का ऐसा अनुभव नहीं था, सो कुछ मुद्दों पर संगठन को मुखर होना पड़ता था। विरोध कई बार इस हद तक चला जाता था कि आत्मसम्मान आड़े आने लगता था, जिससे माहौल विरोधी बन जाता था। लेकिन इस बार नियंत्रण में रखा गया और 2014 के बाद से अब तक नरेंद्र मोदी के शासनकाल में पहले दिन से ही समन्वय की ऐसी अद्भुत डोर तैयार हुई कि पिछले सात वर्षों में कभी कोई गाँठ नहीं पड़ी, जो निरंतर जारी है, अलबत्ता उसकी लंबाई बढ़ती ही जा रही है। ऐसे में, मुझे भा.ज.पा. और संघ परिवार को कवर करते हुए कुछ अटल-आडवाणी-राजनाथ आदि शीर्ष नेताओं के राष्ट्रीय कार्यकारिणी-अधिवेशनों में दिए गए संबोधनों की एक अहम बात याद आती है, जिसमें वे कहा करते थे, "मजबूत भारत के लिए मजबूत भा.ज.पा. ही नियति की इच्छा है। अगर बीसवीं शताब्दी में आजादी का श्रेय कांग्रेस को मिला तो इक्कीसवीं शताब्दी

में भारत की महानता का श्रेय नियति ने हमारे लिए ही सुरक्षित रखा है।" शायद यह तब तक संभव नहीं था, जब तक भा.ज.पा. मजबूत न दिखे। मोदी ने अमित शाह को ध्यान में रखकर उसका भी खाका बनाया और आज की राजनीति में शायद विरोधी भी इस बात से सहमत होंगे कि सैद्धांतिक तौर पर जो बात भा.ज.पा. कहती थी, मोदी ने उसे यथार्थ में बदला तो सही मायने में मजबूत भा.ज.पा. ने ही मजबूत भारत की आधारशिला रखी, जो संघ परिवार का अभिन्न हिस्सा है। वर्ष 2019 के आम चुनाव के परिणाम वैचारिक मुद्‍दों को साकार करने का संकेत था तो छह महीने के भीतर ही अनुच्छेद-370 को निष्प्रभावी बनाया और सुप्रीम कोर्ट के ऐतिहासिक फैसले से श्री रामजन्मभूमि मंदिर के निर्माण का मार्ग प्रशस्त हो गया। सही मायने में अपने जन्म से ही भा.ज.पा. मातृ संगठन संघ की रोशनी में आगे बढ़ रही है। लेकिन संघ ने भी पूर्व के अनुभवों से सबक लेते हुए खुद की भूमिका 'राजनीतिक संचालक' की बजाय 'नैतिक मार्गदर्शक' की बनाए रखी। संघ-भा.ज.पा. के रिश्ते पर संघ के तत्कालीन सरकार्यवाह भैय्याजी जोशी ने एक बार मुझसे बातचीत में कहा था, "भा.ज.पा. का निर्माण क्यों हुआ? संघ के मुद्‍दे पर ही तो जन संघ जनता पार्टी से अलग हुआ, इसलिए कुछ-न-कुछ रिश्ते तो बने हुए हैं। सैद्धांतिक-वैचारिक मुद्‍दों पर संघ से विचार-विमर्श जरूर होता है। स्वयंसेवक के नाते हम आपस में मिलते हैं; लेकिन भा.ज.पा. को सलाह देने का मतलब आदेश नहीं है।"

यानी 'संवाद' और 'समन्वय' का मूल मंत्र ही संघ और भा.ज.पा. के मजबूत रिश्तों की आधारशिला है।

नोट : *पुस्तक का लेखन संघ-भा.ज.पा. के तत्कालीन पदाधिकारियों के समय हुआ, लेकिन प्रकाशन से ठीक पहले बंगलौर प्रतिनिधि सभा की बैठक में कुछ बदलाव हुए हैं। पद-नाम को तब के संदर्भ में पढ़ा जाए।*

आभार

जीवन में कई बार आप जो नहीं सोचते हैं, अनायास हो जाता है। परिस्थितियाँ ऐसी उभरती हैं कि विचार भी उमड़ने लगते हैं। जब मैं वर्ष 2019 के लोकसभा चुनावों की जीत की इनसाइड स्टोरी पर पुस्तक 'भारत कैसे हुआ मोदीमय : ऐतिहासिक जीत की अंतर्कथा' लिख रहा था तो सोचा नहीं था कि जल्द ही दूसरी पुस्तक की दिशा में बढ़ना होगा। बेस्टसेलर में शुमार हो चुकी उस पुस्तक को लेकर कई तरह के फीडबैक आए और पुस्तक को लेकर मेरे एक साक्षात्कार की पहुँच 15 लाख से अधिक पाठकों तक हो गई। इसी कड़ी में अहम फीडबैक था कि संघ की भूमिका का भी विस्तार से जिक्र होना चाहिए। वर्ष 2019 में लोकसभा की चुनावी जीत पर पुस्तक लिखने के दौरान मेरे जेहन में कई बार यह बात आई कि संघ और विचार परिवार की भूमिका को भी इसमें समाहित करना चाहिए। लेकिन उस बड़ी जीत के माहौल में खामोशी से किए गए विचार परिवार के कामों को मात्र कुछ अध्यायों में समेटना शायद संगठन की शक्ति के साथ न्याय नहीं होता। लेकिन पेशे की मजबूरी या व्यस्तता—जो कहिए, इस पुस्तक के लिए शोध को पूरा करने में लगातार देरी हुई। लेकिन जब कोरोना जैसी वैश्विक महामारी के दौरान ही पेशे की दैनिक मजबूरी से मुक्त था तो इसका सदुपयोग करने की ठानी।

लेकिन किसी भी समाचार पर काम करते वक्त उसकी हर बारीकी को तलाशना, उसे लिपिबद्ध करना और दस्तावेज के रूप में संग्रह करना आदत बन चुकी है। समाचार-पत्र या पत्रिका की अपनी शाब्दिक सीमा होती है; लेकिन बचे हुए अंश को लिखकर अपने पास सहेजने की पुरानी प्रवृत्ति इस पुस्तक के आकार लेने में सहायक सिद्ध हुई है। पत्रकार के तौर पर सक्रियता के साथ 3 नवंबर, 2003 को शुरुआत हुई थी। ऐसे में, पुस्तक का जो स्वरूप मन-मस्तिष्क में बना था, उसमें पहले ही पड़ाव पर दुविधाजनक स्थिति आन पड़ी। जब पुस्तक लिखने के लिए बैठा तो वर्ष 1996 से

2004 के अटल बिहारी वाजपेयी के शासनकाल का सीधा और गहराई से साक्षात्कार नहीं था। लेकिन इस पर अपना अध्ययन जरूर था, जिससे पुस्तक तो नहीं लिखी जा सकती थी। ऐसे में, तीन चरणों में पुस्तक लिखने का खाका बनाया। पहले चरण में वर्ष 2014 से 2019 के बीच संघ-भा.ज.पा. और सरकार के समन्वय का ब्योरा जुटाया, तो दूसरे चरण में 2004 से 2014 तक भा.ज.पा. के अंदरूनी संघर्ष और उसमें संघ की भूमिका के दृष्टांत तथा तीसरे चरण में पहले अध्याय पर मंथन किया, जिसमें उस समय के कई जाने-माने पत्रकारों और खासतौर से अटल बिहारी वाजपेयी पर पुस्तक लिखनेवाले वरिष्ठ पत्रकार विजय त्रिवेदीजी से लंबी परिचर्चा की, जिन्होंने कई ऐसे तथ्य साझा किए, जो अमूमन मेरी कार्यशैली के अनुकूल थे। इसलिए इस पुस्तक लेखन में योगदान के लिए मैं विजयजी के प्रति विशेष आभार प्रकट करता हूँ; जबकि बाकी हिस्सों को तैयार करने में मेरी खुद की रिपोर्टिंग काफी काम आई। दैनिक 'नवज्योति' में रहते हुए रोजाना लिखनेवाला 'इंडिया गेट से' कॉलम, 'इंडिया टुडे' के दौरान की शोधपरक रिपोर्ट और अन्य संस्थानों में काम करने का अनुभव पुस्तक लेखन एवं तथ्यों को जुटाने का आधार बना। पुस्तक में वही सब चीजें रखी हैं, जिसे मैंने संक्षिप्त रूप में वहाँ प्रकाशित किया और अब विस्तृत रूप से पुस्तक में समाहित हो पाया। ऐसे में, मैं दैनिक 'नवज्योति' समूह के कर्ता-धर्ता श्री दीनबंधु चौधरीजी, 'इंडिया टुडे' के समय मार्गदर्शन करनेवाले सभी वरिष्ठ साथियों, सहयोगियों और संपादकों का विशेष तौर से आभार प्रकट करता हूँ।

निश्चित तौर से, ऐसे किसी भी प्रोजेक्ट में परिवार की भूमिका अहम हो जाती है, क्योंकि कोरोना जैसी आपदा के बीच जब सबकुछ ठप हो तो घर में पुस्तक लेखन का माहौल बनाना आसान नहीं होता। लेकिन माँ-पिताजी का आशीर्वाद, पत्नी नलिनी का हमेशा की तरह सहयोग, जिसने मुझे लगातार प्रेरित किया और सुबह से देर रात तक पुस्तक लिखने में मदद की। इस दौरान मस्तिष्क को तरोताजा करने और फिर से परिश्रम के लिए तैयार करने के लिए 'रामायण' और 'महाभारत' जैसे ऐतिहासिक महागाथा के टी.वी. प्रसारण को परिवार के संग भी देखता था। इस दौरान बेटी वैष्णवी और बेटे वैभव ने भी पुस्तक लिखने की एकाग्रता में पूरा सहयोग किया। परिवार के लिए यह जरूरी नहीं होता, लेकिन रिकॉर्ड के लिए आभार पर स्वाभाविक अधिकार उनका भी बनता है। पुस्तक के संपादन में सहयोग के लिए सहयोगी मित्र विभोर शर्मा का भी आभारी हूँ। इस पुस्तक के आवरण डिजाइन में सहयोग के लिए अपने सहयोगी दिव्या तलवार, रवींद्र शर्मा और श्याम शंकर तिवारी का भी आभार प्रकट करता हूँ।

अगर इस पुस्तक को हम यहाँ तक ला पाए हैं तो उसकी वजह मेरी काम

करने की शैली रही है—किसी भी काम को करते वक्त उसकी गहराई में जाना और फिर हर पहलू को सामने रखना है। राजनीति को समझना और उसके असली रूप, चाहे वह सकारात्मक हो या नकारात्मक, को सामने लाना पत्रकार के नाते नैतिक जिम्मेदारी बनती है।

अनुक्रम

खंड-1
संघर्षशील विपक्ष से सत्ता तक
(1996-2004)

खंड-2
हार से सीख का दशक
(2004-2014)

खंड-3
पीढ़ी परिवर्तन (2009-2014)

खंड-4

परिवार में समन्वय (2014-2015)

खंड-5

आरक्षण पर विवाद और समरसता

खंड-6

बौद्धिक आंदोलन

खंड-7

संघ और भ्रांति दूर करने की पहल

खंड-8

संघ और भा.ज.पा. का विस्तार

खंड-1

संघर्षशील विपक्ष से सत्ता तक (1996-2004)

विपक्ष के तौर पर पहले जन संघ और फिर भा.ज.पा. की छवि संघर्षशील एवं तार्किक पार्टी वाली बनी थी। लेकिन जब पहली बार सन् 1996 में 13 दिनों की सरकार बनी और फिर 1998 में 13 महीने से लेकर वर्ष 1999 से 2004 तक की सत्ता में मातृ संगठन संघ के साथ, खासतौर से आर्थिक मसलों पर, उसका जबरदस्त टकराव रहा। तब विचार परिवार के आनुषंगिक संगठनों ने समन्वय से कोसों दूर एक मजबूत विपक्ष की भूमिका निभाई। आपसी मतभेद इस कदर बढ़ गए थे कि कार्यकर्ताओं में भी असमंजस बना और आखिरकार, वाजपेयी सरकार सत्ता से बाहर हो गई। परिवार के साथ-साथ सरकार में भी नेताओं के बीच समन्वय का नितांत अभाव था और गुजरात दंगों के बाद मोदी को लेकर अटल-आडवाणी के बीच भी मतभेद उभरे। लेकिन मौजूदा दौर में उस वक्त की सत्ता का सबक ही समन्वय की नई राह बनाने की आधारशिला बना।

1

सत्ता और सार्वजनिक द्वंद्व

पहली बार भा.ज.पा. को सत्ता मिली तो विचार परिवार में टकराव भी सतह पर आया। भा.ज.पा. में अटल-आडवाणी में भी मतभेद होने लगा तो संदेश गया—लीडर वही, जिसे संघ कहे। आखिर क्यों सत्ता हासिल होने के बावजूद समन्वय का अभाव रहा और फिर नतीजों से क्या सबक सीखा?

शुरुआत में ही उस अवधारणा को स्पष्ट करना शायद उचित होगा, जिसमें कहा जाता है कि संघ अपनी विचारधारा की सरकार को पूरी तरह से नियंत्रित करता है। अगर ऐसा होता तो वर्ष 1998-2004 की सरकार के समय शायद इस तरह का टकराव सामने नहीं आता। लेकिन संघ के नियंत्रण की बात आखिर आती क्यों है? इसकी भी वजह है—जन संघ हो या भा.ज.पा., जब भी सत्ता मिली तो ऐसे ही लोग सत्ता के नीति-निर्धारण वाली जगहों पर बैठे, जो संघ की कार्यशैली से ही आए थे, जिनकी सोच और कार्यशैली में स्वाभाविक असर झलकता है, जिसे संघ के दृष्टिकोण से देखा जाने लगता है। लेकिन इस सोच के बावजूद सरकार और सिस्टम की अपनी कार्यशैली होती है, जिसके सामने कई बार संगठन की सोच मेल नहीं खाती। और जब भी ऐसा होता है, संगठन रूपी बीज को वृक्ष बनानेवाले लोगों का सरकार के साथ टकराव भी सामने आता है। उसमें भी तब, जब सरकार बनाने एवं चलाने का अनुभव अपेक्षाकृत कम हो और नेताओं की आपसी महत्त्वाकांक्षाएँ टकराने लगें तो शायद टकराव या मतभेद और भी बढ़ जाते हैं।

वर्ष 1998 से 2004 के बीच अटल बिहारी वाजपेयी के नेतृत्व वाली सरकार के समय कुछ ऐसा ही हुआ। वैसे तो इससे पहले 13 दिन की सरकार सन् 1996 में भी बनी थी, लेकिन बहुमत साबित नहीं कर पाने की वजह से वाजपेयी ने अपने ऐतिहासिक संबोधन के साथ इस्तीफा दे दिया था। फिर जब अपनी अंतर्कलह का शिकार होकर कांग्रेस की बैसाखी पर खिसक रही संयुक्त मोर्चे की सरकार ने चंद महीनों में दम तोड़

दिया तो देश को मध्यावधि चुनाव की ओर जाना पड़ा। एक तरफ कांग्रेस और तीसरे मोर्चे के दलों की प्रबल क्षेत्रीय महत्त्वाकांक्षाएँ थीं तो दूसरी तरफ सौम्य, प्रखर वक्ता और कुशल रणनीतिकार अटल बिहारी वाजपेयी जैसा चेहरा, जिनके प्रति विरोधी भी सद्भावनापूर्ण सोच रखते थे। ग्यारहवीं लोकसभा (अप्रैल-मई 1996) का चुनाव हताशा भरा चुनाव कहा गया, क्योंकि स्थापित तौर से कोई बड़ा दल या नेता नहीं था। लेकिन इसमें भा.ज.पा. ने सबसे बड़े दल के तौर पर अपनी धमक दिखाई। भा.ज.पा. अध्यक्ष के तौर पर आडवाणी ने घोषणा-पत्र जारी करते हुए वादा किया था कि उनकी सरकार का लक्ष्य राम-राज्य है। कांग्रेस के 50 वर्ष के कुशासन ने देश को खोखला किया है, जिसे हम बदलेंगे और राजनीतिक-सामाजिक-आर्थिक क्षेत्र में आमूल-चूल बदलाव लाएँगे। लेकिन सन् 1996 में 13 दिन के प्रयोग वाली सरकार के बाद भा.ज.पा. और संघ ने पूरा जोर लगाया। बारहवीं लोकसभा, यानी 1998 के चुनाव में राम मंदिर, अनुच्छेद-370, चुनाव सुधार जैसे मुद्दों के अलावा सबसे अहम था उसका 'स्थिर सरकार और योग्य प्रधानमंत्री' का नारा। इस नारे ने चुनाव में मतदान की आम धारणा को तोड़ा और वाजपेयी के चेहरे के साथ हुए इस चुनाव में परिणाम हुआ कि सन् 1998 में 182 सीटों के साथ भा.ज.पा. सबसे बड़े दल के तौर पर उभरी और 26 दलों का इंद्रधनुषी छटा लिये गठबंधन (जिसे एन.डी.ए. नाम भी वाजपेयी ने ही दिया था) खड़ा हो गया। वाजपेयी ने दूसरी बार शपथ ली। लेकिन 13 महीने बाद तब तमिलनाडु की अन्नाद्रमुक नेता जयललिता ने कांग्रेस नेता सोनिया गांधी के घर जाकर चाय की चुस्की ली और ऐसा तूफान खड़ा हुआ कि सिर्फ एक वोट से वाजपेयी की सरकार सन् 1999 में गिर गई। इस एक वोट को लेकर भी लोकसभा में तब जमकर बवाल मचा, क्योंकि ओडिशा के कांग्रेसी मुख्यमंत्री गिरधर गमांग ने मुख्यमंत्री बनने के बाद संसद् की सदस्यता से इस्तीफा नहीं दिया था और उन्होंने भी इस मतदान में हिस्सा लेकर निर्णायक भूमिका अदा कर दी। लेकिन वाजपेयी की लोकप्रियता बढ़ी और लोगों की सहानुभूति ने भी काम किया। सितंबर-अक्तूबर 1999 में फिर मध्यावधि चुनाव हुए। लेकिन इससे

कांग्रेस के 50 वर्ष के कुशासन ने देश को खोखला किया है, जिसे हम बदलेंगे और राजनीतिक-सामाजिक-आर्थिक क्षेत्र में आमूल-चूल बदलाव लाएँगे। लेकिन सन् 1996 में 13 दिन के प्रयोग वाली सरकार के बाद भा.ज.पा. और संघ ने पूरा जोर लगाया। बारहवीं लोकसभा, यानी 1998 के चुनाव में राम मंदिर, अनुच्छेद-370, चुनाव सुधार जैसे मुद्दों के अलावा सबसे अहम था उसका 'स्थिर सरकार और योग्य प्रधानमंत्री' का नारा।

पहले दो बड़े मुद्दों ने वाजपेयी को बेहद लोकप्रिय बना दिया था। वाजपेयी ने कारगिल युद्ध में पाकिस्तान को मुँहतोड़ जवाब दिया था, जिससे राष्ट्रवाद की भावना प्रबल थी तो दूसरी तरफ कांग्रेस में ही शरद पवार, पी.ए. संगमा और तारिक अनवर ने विदेशी मूल के मुद्दे पर कांग्रेस अध्यक्ष सोनिया गांधी के खिलाफ बगावत कर दी थी, जिससे विदेशी बनाम स्वदेशी प्रधानमंत्री का मुद्दा चुनाव में अहम बना। एन.डी.ए. ने अपने घोषणा-पत्र में विधायिका, कार्यपालिका और न्यायपालिका में उच्च पदों पर विदेशी मूल के लोगों पर पाबंदी का कानून लाने का वादा किया। यह चुनाव पूरी तरह से वाजपेयी के चेहरे पर लड़ा गया और 'अटल लहर' वाला चुनाव माना गया। तब 'इंडिया टुडे' ने लिखा था—"दशक (1990) शुरू होते ही कांग्रेस का परिवार राज खत्म हुआ और गठबंधन की राजनीति का दौर शुरू हुआ। वक्त की नजाकत को भा.ज.पा. ने अच्छी तरह समझा और कांग्रेस के बाहरी समर्थन से चलनेवाले तीसरे मोर्चे का शासन झेलने के बाद सन् 1998 में भा.ज.पा. नए गठबंधन का आधार बन गई। भा.ज.पा. भी भगवा विचारधारा को गौण करके इंद्रधनुषी गठबंधन के दोनों सिरों को पकड़े रखना सीख गई।" इसके बाद पूरी स्थिरता के साथ वर्ष 2004 तक अटल बिहारी वाजपेयी की सरकार चली। लेकिन सरकार की सोच में बदलाव का इशारा 28-29 दिसंबर, 1999 को चेन्नई में भा.ज.पा. की राष्ट्रीय परिषद् की बैठक में आडवाणी ने दे दिया था। 'चेन्नई घोषणा-पत्र' में कहा गया कि सभी विवादास्पद मुद्दों को अलग रखते हुए एन.डी.ए. के एजेंडे पर ही सरकार आगे बढ़ेगी।

दशक (1990) शुरू होते ही कांग्रेस का परिवार राज खत्म हुआ और गठबंधन की राजनीति का दौर शुरू हुआ। वक्त की नजाकत को भा.ज.पा. ने अच्छी तरह समझा और कांग्रेस के बाहरी समर्थन से चलनेवाले तीसरे मोर्चे का शासन झेलने के बाद सन् 1998 में भा.ज.पा. नए गठबंधन का आधार बन गई। भा.ज.पा. भी भगवा विचारधारा को गौण करके इंद्रधनुषी गठबंधन के दोनों सिरों को पकड़े रखना सीख गई।

संघ के लिए शायद यही घोषणा-पत्र मुफीद नहीं था। उसे लगा कि वाजपेयी अपनी अलग छवि बनाने की दिशा में आगे बढ़ रहे हैं। लेकिन संघ परिवार के आनुषंगिक संगठनों और वाजपेयी के नेतृत्व वाली भा.ज.पा. सरकार के बीच मतभेद की बातें सतह पर आने लगी थीं। विवाद खासतौर पर सरकार के आर्थिक मसलों पर कुछ पहल से ही होता था; लेकिन कुछ विवाद संघ के वरिष्ठ नेताओं और वाजपेयी के बीच निजी प्रतिष्ठा का सवाल बन जाते थे, जिसका प्रस्फुटन सत्ता से बाहर होने के बाद दिखा भी, जब संघ

प्रमुख खुद सार्वजनिक तौर से वाजपेयी-आडवाणी पर हमला बोलने लगे। इसकी चर्चा अगले अध्याय में होगी। लेकिन यहाँ चर्चा वर्ष 1998-2004 की सरकार के समय की, जब सरकार और संघ के बीच समन्वय का अभाव दिखता था और लड़ाई बंद कमरों से बाहर निकलकर सड़कों पर आने लगी थी।

प्रमोद-जसवंत का मंत्री प्रकरण

सन् 1998 में भा.ज.पा. के वरिष्ठ नेता जसवंत सिंह और प्रमोद महाजन चुनाव हार गए थे। संघ नाराज था और उसका कहना था कि हारे हुए लोगों को मंत्री नहीं बनाना चाहिए। इन दोनों नेताओं को संघ की एक खास लॉबी पसंद नहीं करती थी। वाजपेयी ने शाम को 6 बजे अपने सहयोगी शक्ति सिन्हा को बुलाकर हाथ से लिखी परची दी और कहा कि इसे तैयार कर राष्ट्रपति भवन भेज दो। पहली सूची राष्ट्रपति भवन पहुँच गई थी। लेकिन रात करीब साढ़े 9.30 बजे, जब वाजपेयी अपनी बेटी नमिता के साथ डिनर टेबल पर थे, तभी संदेश आया कि सुदर्शनजी आए हैं, जो उस समय सह-सरकार्यवाह की भूमिका में थे। दोनों नेता टेबल पर मिले और करीब 20 मिनट की बातचीत के बाद सुदर्शन चले गए। वाजपेयी ने शक्ति सिन्हा को बुलाकर दोबारा राष्ट्रपति भवन सूची भेजने को कहा, जिसमें जसवंत और प्रमोद का नाम नहीं था। तब संघ की बात तो वाजपेयी ने मान ली, लेकिन शपथ-ग्रहण के बाद बतौर प्रधानमंत्री उन्होंने जसवंत सिंह और प्रमोद महाजन को अपना सलाहकार बना लिया। कुछ दिनों बाद जुलाई 1998 में प्रमोद महाजन ने इस्तीफा दे दिया और राज्यसभा से सांसद चुन लिये गए। वाजपेयी ने उन्हें दिसंबर 1998 में अपनी कैबिनेट का हिस्सा बना लिया। प्रमोद महाजन को वाजपेयी ने लगातार भारी-भरकम मंत्रालय दिए; लेकिन उन्हें अपनी पसंद का संचार मंत्रालय 2001 में मिला। उसके बाद नीतिगत मसलों को लेकर कुछ विवाद हुए और एक बार फिर संघ का दबाव आया; लेकिन वाजपेयी ने उनका इस्तीफा नहीं लिया, जिसकी माँग विपक्ष की तरफ से हो रही थी। हालाँकि, 2003 में जब मंत्रिमंडल में फेरबदल हुआ तो महाजन को भा.ज.पा. संगठन में राष्ट्रीय महासचिव

सन् 1998 में भा.ज.पा. के वरिष्ठ नेता जसवंत सिंह और प्रमोद महाजन चुनाव हार गए थे। संघ नाराज था और उसका कहना था कि हारे हुए लोगों को मंत्री नहीं बनाना चाहिए। इन दोनों नेताओं को संघ की एक खास लॉबी पसंद नहीं करती थी। वाजपेयी ने शाम को 6 बजे अपने सहयोगी शक्ति सिन्हा को बुलाकर हाथ से लिखी परची दी और कहा कि इसे तैयार कर राष्ट्रपति भवन भेज दो।

बनाकर भेज दिया गया। इस बदलाव को भी तब मीडिया में वाजपेयी-आडवाणी के बीच पार्टी के संघर्ष का नतीजा बताया गया।

आर्थिक मसलों पर विरोध मुखर

एन.डी.ए. सरकार के दौरान प्रधानमंत्री अटल बिहारी वाजपेयी और संघ के बीच मतभेद उभरकर सामने आने लगे थे। अंतरराष्ट्रीय पर्यावरण के अनुकूल 'इंडियन पेटेंट ऐक्ट' में संशोधन पर संघ ने विरोध किया और ऐसे संकेत दिए कि सत्ताधारी पार्टी के सांसद भी इसका विरोध करेंगे। अंततः सरकार भी अड़ गई। आखिरकार, संघ को पीछे हटना पड़ा। वाजपेयी सरकार में वित्त और विदेश मंत्री रहे यशवंत सिन्हा ने वाजपेयी को, 'भारत रत्न' दिए जाने के ऐलान के बाद मुझसे बातचीत में कहा था, "अटलजी मजबूती के साथ अपने मंत्रियों के साथ खड़े रहते थे।" यानी स्थिति साफ थी कि वाजपेयी अपनी सरकार पर किसी को भी हावी नहीं होने देना चाहते थे। सिन्हा ने उस दौर को कुछ इस तरह याद किया, "सरकार में रहते हुए बीमा क्षेत्र में सुधार की पहल हुई, जो उस समय भा.ज.पा. की सोच का हिस्सा नहीं थी। जब इसकी मंजूरी के प्रस्ताव को कैबिनेट में लाया गया तो कैबिनेट में घोर विरोध हुआ और ऐसा लगा कि प्रस्ताव पास नहीं होगा। लेकिन बहुमत के आधार पर अटलजी ने प्रस्ताव को नामंजूर नहीं किया, बल्कि बीच का रास्ता निकाला और तब जसवंत सिंह के नेतृत्व में एक मंत्री समूह (जी.ओ.एम.) बना दिया, जिसमें विचार-विमर्श के बाद जब दोबारा मैं प्रस्ताव लेकर कैबिनेट में गया तो वह बिना किसी विरोध के पारित हो गया।" संघ से मतभेद को लेकर भी उन्होंने बताया कि कैसे सरकार के गठन से पहले पार्टी और संघ में आर्थिक नीतियों को लेकर कई दौर की चर्चा हुई, जिसमें वे खुद भी हिस्सा थे। सिन्हा के मुताबिक, इस बातचीत में कहीं-न-कहीं मतभेद भी उभरकर सामने आए थे। सिन्हा ने इस बातचीत का निचोड़ बताया, "आर्थिक

सरकार में रहते हुए बीमा क्षेत्र में सुधार की पहल हुई, जो उस समय भा.ज.पा. की सोच का हिस्सा नहीं थी। जब इसकी मंजूरी के प्रस्ताव को कैबिनेट में लाया गया तो कैबिनेट में घोर विरोध हुआ और ऐसा लगा कि प्रस्ताव पास नहीं होगा। लेकिन बहुमत के आधार पर अटलजी ने प्रस्ताव को नामंजूर नहीं किया, बल्कि बीच का रास्ता निकाला और तब जसवंत सिंह के नेतृत्व में एक मंत्री समूह (जी.ओ.एम.) बना दिया, जिसमें विचार-विमर्श के बाद जब दोबारा मैं प्रस्ताव लेकर कैबिनेट में गया तो वह बिना किसी विरोध के पारित हो गया।

नीतियों पर हुई चर्चा में कुछ मतभेदों के बावजूद संघ और भा.ज.पा. दोनों पक्ष इस बात पर सहमत थे कि जहाँ तक नीतियों में एकरूपता ला सकते हैं, उसे लाने का प्रयास करें। लेकिन उसके बाद भी मत-भिन्नता है तो आगे बढ़ा जाए।" लेकिन सिन्हा का कहना था कि सरकार में आने के बाद तो मुद्दों पर कुछ ज्यादा ही मत-भिन्नता बढ़ गई और ऐसा लगा कि हम एक-दूसरे के विरोध में काम कर रहे हैं। अटलजी लगातार संघ के लोगों के संपर्क में रहते थे, उन्हें समझाने-बुझाने का प्रयास करते थे। मुझे भी कई बार उन्होंने संघ के लोगों को समझाने का दायित्व दिया। जैसा कि मुझे याद आता है कि वाजपेयी सरकार में हमने तय किया कि रक्षा सौदों के उत्पादन में 26 फीसदी विदेशी निवेश की अनुमति देंगे। संघ के लोग इस फैसले से बहुत नाराज हुए। अटलजी ने मुझे संघ के नेताओं से बातचीत के लिए भेजा। जब संघ नेताओं के साथ मेरी बात हुई, तब मेरा तर्क यही था कि हजारों करोड़ रुपए विदेशी मुद्रा में खर्च करना और बाहर से रक्षा सामग्री मँगाया जाना बेहतर है या देश में कुछ विदेशी निवेश कराकर देश में ही उत्पादन कराना सही है? इस बैठक के बाद संघ को यह बात समझ आई और उसने अपना विरोध वापस लिया। सिन्हा के मुताबिक, "बातचीत से कोई-न-कोई नतीजा निकलता था; लेकिन कभी-कभी नहीं भी निकलता था।" सिर्फ विचार परिवार ही नहीं, सरकार में कैबिनेट मंत्रियों के बीच भी जबरदस्त खींचतान थी। तेल कंपनियों के विनिवेश के मसले पर तो विनिवेश मंत्री अरुण शौरी के साथ अरुण जेटली और पेट्रोलियम मंत्री राम नाइक का भी टकराव सामने आ गया था।

एक कुशल संगठनकर्ता और भारतीय मजदूर संघ, किसान संघ, स्वदेशी जागरण मंच, अखिल भारतीय विद्यार्थी परिषद् जैसे आनुषंगिक संगठनों की नींव डालनेवाले दत्तोपंत ठेंगड़ी अटल बिहारी वाजपेयी की सरकार के छह साल में बेहद सुर्खियों में रहे। जब भी संघ और भा.ज.पा. में समन्वय की बात आती है तो ठेंगड़ी की वर्ष 1998-2004 की सरकार के समय की बातें न सिर्फ उदाहरण के तौर पर पेश की जाती हैं, बल्कि वे तुलनात्मक अध्ययन का आधार बन जाती हैं।

दत्तोपंत ठेंगड़ी की नाराजगी बनी नजीर

एक कुशल संगठनकर्ता और भारतीय मजदूर संघ, किसान संघ, स्वदेशी जागरण मंच, अखिल भारतीय विद्यार्थी परिषद् जैसे आनुषंगिक संगठनों की नींव डालनेवाले दत्तोपंत ठेंगड़ी अटल बिहारी वाजपेयी की सरकार के छह साल में बेहद सुर्खियों में रहे। जब भी संघ और भा.ज.पा. में समन्वय की बात आती है तो ठेंगड़ी की वर्ष 1998-

2004 की सरकार के समय की बातें न सिर्फ उदाहरण के तौर पर पेश की जाती हैं, बल्कि वे तुलनात्मक अध्ययन का आधार बन जाती हैं। वाजपेयी सरकार अपनी पहली सालगिरह मनाने की तैयारियों में जुटी थी। इसी बीच इंश्योरेंस रेगुलेटरी ऑथोरिटी बिल के खिलाफ भारतीय मजदूर संघ मुखर विरोध कर रहा था। संसद् में जैसे ही बिल पेश हुए, दत्तोपंत ठेंगड़ी और एस. गुरुमूर्ति संसद् भवन के बाहर ही धरने पर बैठ गए। इसे वाजपेयी पर संघ की ओर से सीधे और कड़े प्रहार के तौर पर देखा व प्रचारित किया गया। सरकार की आर्थिक नीतियों को लेकर ठेंगड़ी का विरोध उस समय सबसे ज्यादा सुर्खियों में रहता था। ठेंगड़ी ने वाजपेयी को किसान-विरोधी, मजदूर-विरोधी कहा था तो यशवंत सिन्हा को अपराधी, जनता-विरोधी और राष्ट्र-विरोधी तक कह दिया था। इतना ही नहीं, ठेंगड़ी ने खुद से ज्यादा योग्य लोग होने की बात कहकर विनम्रता के साथ 'पद्म भूषण' पुरस्कार भी स्वीकार करने से इनकार कर दिया था। नीतियों को लेकर नाराजगी इस कदर थी कि उन्होंने वाजपेयी को 'तुच्छ व्यक्ति' तक करार दे दिया था। अप्रैल 2001 में तेहरान दौरे से पहले वाजपेयी ने तत्कालीन श्रम मंत्री सत्यनारायण जटिया को बुलाकर भारतीय मजदूर संघ की दिल्ली में होनेवाली रैली के बारे में पूछा था। बाद में सरकार की ओर से एक बड़े मंत्री ने मजदूर संघ के एक नेता से पूछा भी था कि क्या आप सरकार को हटाने का फैसला कर चुके हैं? संघ प्रमुख सुदर्शन की भी सहमति उस रैली को मिल चुकी थी। लेकिन बाद में विरोध की तीव्रता को कम किया गया।

वाजपेयी पर पुस्तक लिख चुके वरिष्ठ पत्रकार विजय त्रिवेदी, जिन्होंने उस दौरान की घटनाओं को करीब से देखा था, का कहना है कि नवंबर 2001 में सरकार की कुछ आर्थिक नीतियों को लेकर संघ और उसके सहयोगी संगठन खुश नहीं थे। भारतीय मजदूर संघ के दत्तोपंत ठेंगड़ी ने यहाँ तक कह दिया था कि इस तरह के फैसले देशद्रोह जैसे हैं। मीडिया में इसकी व्याख्या हुई कि ठेंगड़ी ने वाजपेयी को देशद्रोही कहा। वाजपेयी का नाराज होना स्वाभाविक था।

वाजपेयी पर पुस्तक लिख चुके वरिष्ठ पत्रकार विजय त्रिवेदी, जिन्होंने उस दौरान की घटनाओं को करीब से देखा था, का कहना है कि नवंबर 2001 में सरकार की कुछ आर्थिक नीतियों को लेकर संघ और उसके सहयोगी संगठन खुश नहीं थे। भारतीय मजदूर संघ के दत्तोपंत ठेंगड़ी ने यहाँ तक कह दिया था कि इस तरह के फैसले देशद्रोह जैसे हैं। मीडिया में इसकी व्याख्या हुई कि ठेंगड़ी ने वाजपेयी को देशद्रोही कहा। वाजपेयी का नाराज होना स्वाभाविक था। संघ से वाजपेयी के रिश्ते इन वजहों से और

खराब हो रहे थे और कुछ लोग इस संबंध को सुधारने के लिए भी पहल कर रहे थे। इसी में संघ के मुख-पत्र 'ऑर्गेनाइजर' के संपादक रहे शेषाद्रि चारी के संघ प्रमुख सुदर्शन से अच्छे संबंध थे। उन्होंने वाजपेयी और सुदर्शन की मीटिंग कराने की जिम्मेदारी ली। दोपहर भोज पर दोनों की मुलाकात तय हुई। लेकिन बाद में पता चला कि जिस दिन मीटिंग है, उस दिन एकादशी है और सुदर्शन का व्रत रहता है। ऐसे में तय हुआ कि सुदर्शनजी के लिए उपवास वाला भोजन बनेगा। जब दोपहर भोजन पर बैठे तो वाजपेयी ने शेषाद्रि चारी से कहा कि आपका तो व्रत नहीं है, ऐसे में सुदर्शनजी के कोटे का आप ही खाएँगे। आखिर में, आम और आइसक्रीम थी। सुदर्शन को आइसक्रीम नहीं खानी थी तो वाजपेयी ने वह भी चारी को खिलाने के लिए जोर डाला। भोजन के बाद दोनों नेताओं की आधे घंटे अलग से बातचीत हुई और लोगों का मानना था कि इस मीटिंग से दोनों के रिश्ते थोड़े सामान्य हो गए।

संघ चाहता था कि वाजपेयी राष्ट्रपति और आडवाणी प्रधानमंत्री बन जाएँ

संघ की नाराजगी का असर भा.ज.पा. में भी दिखता था, क्योंकि कई ऐसे मसले होते थे, जब बड़े नेता और मंत्री आपस में ही टकराने लगते थे या एक-दूसरे का विरोध करने लगते थे। हालाँकि, राजनीति की नब्ज पर पकड़ रखनेवाले वाजपेयी शालीनता के साथ बीच का ऐसा रास्ता निकालते थे कि कम-से-कम सरकार के भीतर सभी पक्षों में सहमति बन जाया करती थी। विजय त्रिवेदी बताते हैं कि ऐसा ही एक प्रकरण सन् 2000 में हुआ था। सुषमा स्वराज उस समय वित्त मंत्री यशवंत सिन्हा के कड़े आलोचकों में से हुआ करती थीं। इसी साल जब नागपुर में भा.ज.पा. की राष्ट्रीय परिषद् की बैठक हुई तो तबीयत खराब होने की वजह से यशवंत सिन्हा नहीं जाने वाले थे। लेकिन वाजपेयी ने उनको फोन कर कहा कि साथ में चलना है। वाजपेयी और सिन्हा साथ-साथ नागपुर पहुँचे। मंच पर मुरली मनोहर जोशी थे, जो वाजपेयी को देखकर नीचे आए और बोले कि सुषमा स्वराज ने सरकार की आर्थिक नीतियों को लेकर खासी नाराजगी जाहिर की है। इस पर वाजपेयी ने सिन्हा से पूछा कि आप अभी उनका जवाब देना चाहते हैं या बाद

संघ की नाराजगी का असर भा.ज.पा. में भी दिखता था, क्योंकि कई ऐसे मसले होते थे, जब बड़े नेता और मंत्री आपस में ही टकराने लगते थे या एक-दूसरे का विरोध करने लगते थे। हालाँकि, राजनीति की नब्ज पर पकड़ रखनेवाले वाजपेयी शालीनता के साथ बीच का ऐसा रास्ता निकालते थे कि कम-से-कम सरकार के भीतर सभी पक्षों में सहमति बन जाया करती थी।

में? इस पर सिन्हा ने कहा कि मैं सुषमाजी की नाराजगी जानने के बाद कल जवाब दे दूँगा। राष्ट्रीय परिषद् में नेताओं के संभावित गुस्से का आभास वाजपेयी को था और इसलिए वे यशवंत सिन्हा को अपने साथ लेकर गए थे। लेकिन वाजपेयी और संघ के वरिष्ठ नेता कैसे एक-दूसरे के राजनीतिक संदेशों को समझते थे, इसका अच्छा उदाहरण राष्ट्रपति चुनाव था। खुद लालकृष्ण आडवाणी अपनी आत्मकथा में लिखते हैं—मैं यहाँ पर उस समय घटित रोचक घटना का उल्लेख करना चाहूँगा। एक दिन मुझे संघ के पूर्व सरसंघचालक प्रो. राजेंद्र सिंह (रज्जू भैया) का फोन आया। उन्होंने कहा कि वे मुझसे एक महत्त्वपूर्ण विषय पर बात करना चाहते हैं। मैंने उन्हें अगली सुबह घर आने के लिए आमंत्रित किया। नाश्ते पर उन्होंने पिछली शाम अटलजी के साथ हुई बैठक का ब्योरा बताया, "मैं राष्ट्रपति चुनाव के मुद्दे पर विचार करने के लिए प्रधानमंत्री के पास गया था। मैंने उन्हें सुझाव दिया, आप ही क्यों नहीं राष्ट्रपति बनते? मैंने इस सुझाव के पीछे निहित कारण बताए। मुख्यत: घुटनों की परेशानी की दृष्टि से राष्ट्रपति भवन की जिम्मेदारी उठाने में उन्हें अधिक भाग-दौड़ नहीं करनी पड़ेगी। इसके अलावा, लोग व्यक्तित्व एवं अनुभव की दृष्टि से उन्हें आदर्श रूप में स्वीकार करेंगे।" मैंने उनसे पूछा कि अटलजी ने क्या जवाब दिया? रज्जू भैया ने कहा, "अटलजी चुप रहे। उन्होंने 'हाँ' या 'न' कुछ नहीं कहा। इसलिए मैं सोचता हूँ कि उन्होंने मेरा सुझाव अस्वीकार नहीं किया है।" तब मैंने रज्जू भैया को बताया कि राष्ट्रपति चुनाव के मुद्दे पर चर्चा करने के लिए बैठक हुई थी तथा सर्वसम्मति से राजग नेताओं की ओर से औपचारिक रूप से तीन दिन पहले इस बैठक में प्रधानमंत्री को उपयुक्त एवं राष्ट्रीय स्तर पर स्वीकार्य प्रत्याशी के नाम को अंतिम रूप देने के लिए अधिकृत किया गया है।

> ***मैं राष्ट्रपति चुनाव के मुद्दे पर विचार करने के लिए प्रधानमंत्री के पास गया था। मैंने उन्हें सुझाव दिया, आप ही क्यों नहीं राष्ट्रपति बनते? मैंने इस सुझाव के पीछे निहित कारण बताए। मुख्यत: घुटनों की परेशानी की दृष्टि से राष्ट्रपति भवन की जिम्मेदारी उठाने में उन्हें अधिक भाग-दौड़ नहीं करनी पड़ेगी। इसके अलावा, लोग व्यक्तित्व एवं अनुभव की दृष्टि से उन्हें आदर्श रूप में स्वीकार करेंगे।***

लेकिन इस बैठक के बारे में वरिष्ठ पत्रकार विजय त्रिवेदी बताते हैं—"बात सन् 2002 की है। राष्ट्रपति का चुनाव होना था। संघ चाहता था कि वाजपेयी खुद राष्ट्रपति बन जाएँ और आडवाणी को प्रधानमंत्री की कमान मिल जाए। आडवाणी की भी यही इच्छा थी। रज्जू भैया और मदनदास देवी ने प्रधानमंत्री वाजपेयी से मुलाकात की। इसमें राष्ट्रपति चुनाव के उम्मीदवार को लेकर बातचीत हुई तो संघ नेताओं ने उन्हें

राष्ट्रपति बनने और आडवाणी को जिम्मेदारी देने की बात की। अपने खास अंदाज में वाजपेयी ने संघ नेताओं को न मना किया और न ही हामी भरी। वाजपेयी ने मुसकराते हुए कोई जवाब नहीं दिया। इसके बाद संघ प्रमुख ने आडवाणी से मुलाकात की। आडवाणी ने संघ के नेताओं से पूछा कि वाजपेयीजी ने क्या जवाब दिया? दोनों नेताओं ने जब वहाँ हुई बातचीत को आडवाणी के सामने रखा तो आडवाणी समझ गए कि वाजपेयी इसके लिए राजी नहीं हैं। इसके बाद ही आडवाणी को उप-प्रधानमंत्री बनाने का फॉर्मूला आया और संघ की इच्छा का सम्मान करते हुए राष्ट्रपति पद का औपचारिक चुनाव होने से कुछ दिनों पहले ही वाजपेयी ने 29 जून, 2002 को उन्हें उप-प्रधानमंत्री बना दिया।

लेकिन जिस दिन संघ प्रमुख ने वाजपेयी से मुलाकात की थी, उसी दिन वाजपेयी ने चंद्रबाबू नायडू को फोन किया कि ए.पी.जे. अब्दुल कलाम से बात कराएँ। उस समय आज की तरह मोबाइल सुविधा सहज सुलभ नहीं थी और कलाम यूनिवर्सिटी में थे। यहाँ यह बताना जरूरी होगा कि सन् 1998 में भी वाजपेयी ने कलाम को केंद्र सरकार में मंत्री बनाना चाहा था; लेकिन तब कलाम ने किसी विशेष प्रोजेक्ट पर काम करने की वजह से मना कर दिया था।

लेकिन जिस दिन संघ प्रमुख ने वाजपेयी से मुलाकात की थी, उसी दिन वाजपेयी ने चंद्रबाबू नायडू को फोन किया कि ए.पी.जे. अब्दुल कलाम से बात कराएँ। उस समय आज की तरह मोबाइल सुविधा सहज सुलभ नहीं थी और कलाम यूनिवर्सिटी में थे। यहाँ यह बताना जरूरी होगा कि सन् 1998 में भी वाजपेयी ने कलाम को केंद्र सरकार में मंत्री बनाना चाहा था; लेकिन तब कलाम ने किसी विशेष प्रोजेक्ट पर काम करने की वजह से मना कर दिया था। लेकिन अब वाजपेयी उन्हें राष्ट्रपति बनाना चाह रहे थे। दिन में कलाम से वाजपेयी की बातचीत नहीं हो पाई, लेकिन करीब रात को 11.30 बजे बात हुई, जिसमें वाजपेयी ने उन्हें राष्ट्रपति बनाने की बात कही। अंततः कलाम ने उन्हें जवाब दिया कि अगर सभी दलों की सहमति होगी तो वे तैयार हैं। कलाम को राष्ट्रपति बनाने के पीछे वाजपेयी की दूरदर्शी सोच थी, क्योंकि तीन-चार महीने पहले ही फरवरी 2002 में गुजरात में गोधरा ट्रेन अग्निकांड में कारसेवकों को जलाए जाने की प्रतिक्रिया में दंगे भड़के थे। उस दंगे ने बड़ा रूप ले लिया था और तब प्रधानमंत्री अटल बिहारी वाजपेयी गुजरात जाकर तत्कालीन मुख्यमंत्री नरेंद्र मोदी को 'राजधर्म' की नसीहत देकर आए थे। वाजपेयी तो मोदी को हटाने का मन बना चुके थे, लेकिन इस मुद्दे पर पार्टी में जबरदस्त खींचतान हुई और आडवाणी के साथ-साथ संघ भी मोदी को हटाने की दलीलों से सहमत नहीं था। ऐसे में, अप्रैल 2002 में गोवा

कार्यकारिणी में जो तनावपूर्ण बैठक हुई, उसके बाद वाजपेयी के मन में कुछ अलग राजनीतिक संदेश देने की सोच घर कर चुकी थी, जिसे उन्होंने राष्ट्रपति पद के लिए ए.पी.जे. अब्दुल कलाम का चुनाव कर साकार कर लिया। लेकिन क्या थी उस मतभेद की वजह, यह जानना जरूरी है; क्योंकि लंबे समय तक मामला तूल पकड़ता रहा।

गुजरात दंगों के बाद मोदी को हटाने पर मतभेद

आडवाणी ने अपनी पुस्तक 'मेरा देश, मेरा जीवन' में इसको लेकर विस्तार से लिखा है। उन्होंने वाजपेयी से अपने मतभेदों के दो उदाहरण दिए हैं। एक केंद्र की सत्ता में आने से पहले का है तो दूसरा मोदी को लेकर। आडवाणी लिखते हैं कि अटल बिहारी वाजपेयी और उनके बीच काफी मतभेद उत्पन्न हुआ था, क्योंकि अयोध्या आंदोलन के साथ भा.ज.पा. के सीधे जुड़ने को लेकर वाजपेयी तैयार नहीं थे। लेकिन आगे आडवाणी यह भी बताते हैं कि धारणा और स्वभाव से लोकतांत्रिक होने के नाते तथा हमेशा साथियों के बीच सर्वसम्मति लाने के इच्छुक होने के कारण अटलजी ने पार्टी का सामूहिक निर्णय स्वीकार किया। लेकिन दूसरा प्रकरण गुजरात से जुड़ा है। जब फरवरी 2002 में गोधरा में ट्रेन अग्निकांड में कारसेवक जला दिए गए थे, तब गुजरात में सांप्रदायिक हिंसा भड़की थी। इस दंगे के बाद विरोधी पार्टियों ने मोदी के इस्तीफे की माँग कर दी। हालाँकि, भा.ज.पा. एवं सत्तारूढ़ एन.डी.ए. की गठबंधन सरकार में कुछ लोग सोचने लगे थे कि मोदी को अपना पद छोड़ देना चाहिए, फिर भी, इस विषय में आडवाणी का विचार बिल्कुल भिन्न था। गुजरात में समाज के विभिन्न वर्गों के लोगों से बातचीत करने के बाद उनका मानना था कि मोदी को राजनीति का शिकार बनाया गया है और महज एक साल से कम समय पहले मुख्यमंत्री बने मोदी को हटाना अन्याय होगा। आडवाणी के मुताबिक, "मैं जानता था कि अटलजी को गुजरात की घटनाओं से गहरा कष्ट पहुँचा है। इस बात पर हमें गर्व था कि मार्च 1998 में हमारी सरकार के गठन के समय से हमें देश में सांप्रदायिक हिंसा की घटनाओं में नाटकीय ढंग से कमी लाने में सफलता मिली। वर्ष 2002 से पहले हमारा कामकाज विपक्षी दलों के आरोपों के विपरीत

आडवाणी ने अपनी पुस्तक 'मेरा देश, मेरा जीवन' में इसको लेकर विस्तार से लिखा है। उन्होंने वाजपेयी से अपने मतभेदों के दो उदाहरण दिए हैं। एक केंद्र की सत्ता में आने से पहले का है तो दूसरा मोदी को लेकर। आडवाणी लिखते हैं कि अटल बिहारी वाजपेयी और उनके बीच काफी मतभेद उत्पन्न हुआ था, क्योंकि अयोध्या आंदोलन के साथ भा.ज.पा. के सीधे जुड़ने को लेकर वाजपेयी तैयार नहीं थे।

रहा, जिनमें कहा गया था कि केंद्र में भा.ज.पा. के सत्ता में आने के बाद मुसलमानों और ईसाइयों पर व्यापक सांप्रदायिक हमले होंगे। वास्तव में, अटलजी की सरकार ने न केवल भारत में मुसलमानों की ही, बल्कि विश्व भर के मुसलिम देशों की भी सद्भावना जीती। अचानक गुजरात में सांप्रदायिक हिंसा भड़कने से केंद्र में पार्टी तथा सरकार के वैचारिक विरोधियों द्वारा की गई कटु निंदा से नुकसान पहुँचा।" वाजपेयी इससे आहत थे और वे इस पक्ष में थे कि मोदी का इस्तीफा लिया जाए। अप्रैल 2002 के दूसरे सप्ताह में भा.ज.पा. की राष्ट्रीय कार्यकारिणी की गोवा में बैठक थी। माहौल के अनुरूप मीडिया का फोकस इसी पर था कि पार्टी गुजरात के बारे में किस तरह से विचार-विमर्श करेगी और मोदी के भाग्य के बारे में क्या निर्णय लिया जाएगा? वाजपेयी ने आडवाणी को गोवा तक की यात्रा में साथ रहने को कहा। विशेष विमान में प्रधानमंत्री के लिए निर्धारित जगह में आडवाणी, तत्कालीन विदेश मंत्री जसवंत सिंह तथा संचार एवं सूचना प्रौद्योगिकी मंत्री अरुण शौरी भी थे। दो घंटे की यात्रा के दौरान की चर्चा गुजरात-केंद्रित ही रही। आडवाणी की राय वाजपेयी जानते थे कि वे मोदी को हटाने के पक्ष में नहीं हैं। ऐसे में, कुछ देर के लिए वाजपेयी ध्यान-मग्न हो गए। विशेष विमान में खामोशी छाई हुई थी, तभी जसवंत सिंह ने कहा, "अटलजी, आप क्या सोच रहे हैं?" तब अटलजी ने जवाब दिया, "कम-से-कम इस्तीफे का ऑफर तो करते!" तब आडवाणी ने कहा, "अगर मोदी के पद छोड़ने से गुजरात की स्थिति में सुधार आता है तो मैं चाहूँगा कि उन्हें इस्तीफे के लिए कहा जाए। लेकिन मैं नहीं मानता कि इससे कोई मदद मिल पाएगी। मुझे विश्वास नहीं है कि पार्टी की राष्ट्रीय परिषद् या कार्यकारिणी इस प्रस्ताव को स्वीकार करेगी।" जैसे ही सभी गोवा पहुँचे, आडवाणी ने मोदी से बात की और उन्हें त्याग-पत्र देने का प्रस्ताव रखने को कहा तो मोदी तत्काल मान गए। जब राष्ट्रीय कार्यकारिणी में विचार-विमर्श आरंभ हुआ, तब अनेक सदस्य अपने-अपने विचार रखने लगे। उन सभी के विचार सुनने के बाद

तब आडवाणी ने कहा, "अगर मोदी के पद छोड़ने से गुजरात की स्थिति में सुधार आता है तो मैं चाहूँगा कि उन्हें इस्तीफे के लिए कहा जाए। लेकिन मैं नहीं मानता कि इससे कोई मदद मिल पाएगी। मुझे विश्वास नहीं है कि पार्टी की राष्ट्रीय परिषद् या कार्यकारिणी इस प्रस्ताव को स्वीकार करेगी।" जैसे ही सभी गोवा पहुँचे, आडवाणी ने मोदी से बात की और उन्हें त्याग-पत्र देने का प्रस्ताव रखने को कहा तो मोदी तत्काल मान गए। जब राष्ट्रीय कार्यकारिणी में विचार-विमर्श आरंभ हुआ, तब अनेक सदस्य अपने-अपने विचार रखने लगे।

मोदी बोलने के लिए उठे तथा गोधरा कांड और उसके बाद के घटनाक्रम का विस्तृत ब्योरा दिया। उन्होंने गुजरात में सांप्रदायिक तनाव की ऐतिहासिक पृष्ठभूमि की जानकारी दी तथा स्पष्ट किया कि किस तरह से पिछले दशकों में बार-बार दंगे भड़कते रहे हैं। उन्होंने यह कहकर अपने भाषण का अंत किया, "फिर भी, सरकार का अध्यक्ष होने के नाते मैं अपने राज्य में घटित होनेवाले इस कांड की जिम्मेदारी लेता हूँ। मैं त्याग-पत्र देने के लिए तैयार हूँ।" जिस क्षण मोदी ने यह कहा, कार्यकारिणी के सैकड़ों सदस्यों ने कहना शुरू कर दिया, "इस्तीफा मत दो, इस्तीफा मत दो।" आडवाणी के मुताबिक, "तब मैंने अलग से इस विषय में पार्टी के वरिष्ठ नेताओं के विचारों का पता लगाया। निरपवाद रूप में हम में से प्रत्येक ने कहा, "नहीं, उन्हें त्याग-पत्र नहीं देना चाहिए।" प्रमोद महाजन जैसे कुछ नेताओं ने कहा, "सवाल ही नहीं उठता।" आडवाणी यह भी लिखते हैं—"अकसर राजनीति दुरूह विकल्प चुनती है। यह दुरूहता ऐसे मुद्दों एवं स्थितियों की जटिलता में ही निहित होती है, जिनका हमें सामना करना होता है। कठिन विकल्प कभी-कभी अरुचिकर या अप्रिय होता है। लेकिन मेरा विश्वास है कि जब कोई किसी निर्णय को सही मानता है, तब उस निर्णय पर अडिग रहने में संकोच नहीं करना चाहिए। वस्तुतः, इतिहास ने पार्टी के इस निर्णय को न्यायसंगत ठहराया है कि उसने उस समय मोदी से त्याग-पत्र नहीं माँगा।"

हालाँकि, उस समय के पत्रकारों के मुताबिक, गोवा की घटना पूरी तरह से आडवाणी की लिखी हुई पटकथा पर थी, ताकि अटल बिहारी वाजपेयी की बात भी रह जाए और मोदी का इस्तीफा भी नहीं हो। उस समय संघ भी इस पक्ष में नहीं था कि मोदी को हटाया जाए और आडवाणी ने संघ को साथ लेकर सम्मानजनक राह निकालने की कोशिश की। लेकिन शायद वाजपेयी के मन में इस प्रकरण को लेकर एक टीस रह गई थी, जिसकी झलक वर्ष 2004 के चुनाव नतीजों के बाद दिखी। लेकिन इस कार्यकाल की एक और सबसे बड़ी व ऐतिहासिक घटना बनी मुखौटा प्रकरण, जिसमें संघ और आडवाणी की पसंद के.एन. गोविंदाचार्य

उस समय के पत्रकारों के मुताबिक, गोवा की घटना पूरी तरह से आडवाणी की लिखी हुई पटकथा पर थी, ताकि अटल बिहारी वाजपेयी की बात भी रह जाए और मोदी का इस्तीफा भी नहीं हो। उस समय संघ भी इस पक्ष में नहीं था कि मोदी को हटाया जाए और आडवाणी ने संघ को साथ लेकर सम्मानजनक राह निकालने की कोशिश की। लेकिन शायद वाजपेयी के मन में इस प्रकरण को लेकर एक टीस रह गई थी, जिसकी झलक वर्ष 2004 के चुनाव नतीजों के बाद दिखी।

को पहले पद, फिर भा.ज.पा. मुख्यालय और आखिर में पार्टी से ही सदा के लिए विदा होना पड़ा। गोविंदाचार्य की आर्थिक मसलों पर जबरदस्त पकड़ थी और सत्ताधारी पार्टी के संगठन महामंत्री के नाते उनका रुतबा ऐसा था कि 11 अशोक रोड (तब भा.ज.पा. मुख्यालय) के पिछले हिस्से से मुख्य द्वार तक आने में ही उन्हें एक घंटे का समय लग जाता था। कार्यकर्ताओं और नेताओं का हुजूम उनके इंतजार में प्रतीक्षारत हुआ करता था। लेकिन ऐसा क्या हुआ कि गोविंदाचार्य को रुखसत होना पड़ा? विजय त्रिवेदी ने वाजपेयी पर लिखी अपनी पुस्तक में इसका विस्तार से जिक्र किया है और मैंने उनसे इस पर लंबी बातचीत करके उस समय की स्थिति को समझा।

इसी तरह, कंधार विमान अपहरण कांड और उसके बदले आतंकियों को छोड़ने का मामला तो लंबे समय तक भा.ज.पा. का पीछा करता रहा, क्योंकि आडवाणी लगातार कहते रहे कि उन्होंने कैबिनेट में इसके खिलाफ अपनी असहमति दर्ज कराई थी। लेकिन उस समय जिस तरह से प्रधानमंत्री वाजपेयी के घर धरना-प्रदर्शन हुए, उससे भी सरकार की छवि धूमिल हुई। कुल मिलाकर, वाजपेयी सरकार के समय स्थिति विचार परिवार और विपक्ष दोनों तरफ से ही प्रतिकूल थी; लेकिन मुखौटा विवाद पार्टी में लंबे समय तक अंदरूनी खींचतान की वजह बना।

मुखौटा विवाद

यह वाकया सन् 1997 का है। अमूमन विदेशी राजदूत या उच्चायुक्त विभिन्न राजनीतिक दलों के लोगों से मिलकर कुछ मुद्दों पर उनकी राय लेते रहते हैं। यह एक सामान्य सी बात है। 16 सितंबर, 1997 को ब्रिटिश उच्चायोग के दो प्रतिनिधियों ने तब भा.ज.पा. के संगठन महासचिव गोविंदाचार्य से मुलाकात की और उनसे राम मंदिर, विदेशी निवेश, विदेश नीति जैसे कई मसलों पर लंबी बातचीत की थी। तमाम मुद्दों पर हुई बातचीत के आखिर में सवाल था कि पार्टी का अगला अध्यक्ष कौन हो सकता है? गोविंदाचार्य ने संभावित कई नाम लिये, लेकिन उसमें वाजपेयी का नाम नहीं था, जिस पर प्रतिनिधियों ने आश्चर्य के भाव से पूछा

यह वाकया सन् 1997 का है। अमूमन विदेशी राजदूत या उच्चायुक्त विभिन्न राजनीतिक दलों के लोगों से मिलकर कुछ मुद्दों पर उनकी राय लेते रहते हैं। यह एक सामान्य सी बात है। 16 सितंबर, 1997 को ब्रिटिश उच्चायोग के दो प्रतिनिधियों ने तब भा.ज.पा. के संगठन महासचिव गोविंदाचार्य से मुलाकात की और उनसे राम मंदिर, विदेशी निवेश, विदेश नीति जैसे कई मसलों पर लंबी बातचीत की थी। तमाम मुद्दों पर हुई बातचीत के आखिर में सवाल था कि पार्टी का अगला अध्यक्ष कौन हो सकता है?

कि वाजपेयी क्यों नहीं? तो गोविंदाचार्य ने कहा कि वाजपेयी हमारे प्रधानमंत्री पद के उम्मीदवार हैं और सबसे ज्यादा लोकप्रिय हैं। बातचीत खत्म हो गई। लेकिन तीन हफ्ते बाद 6 अक्तूबर, 1997 को एक साथ 11 हिंदी और अंग्रेजी अखबारों में संघ के विचारक रहे भानु प्रताप शुक्ल का एक सिंडीकेट लेख छपा, जिसमें गोविंदाचर्य के हवाले से लिखा था—'वाजपेयी मुखौटा हैं' सो बवाल मच गया, क्योंकि उस मुलाकात के आधार पर इस लेख में दावा किया गया था कि गोविंदाचार्य ने वाजपेयी को मुखौटा कहा है। आडवाणी ने तत्काल गोविंदाचार्य को फोन कर पूछा तो गोविंदाचार्य ने कहा कि ऐसी कोई बात नहीं हुई थी। आडवाणी ने गोविंदाचार्य को इसका खंडन भेजने को कहा। शाम को ब्रिटिश उच्चायोग से भी गोविंदाचार्य को फोन आया कि ऐसी बातचीत हुई नहीं तो कैसे छप गया? गोविंदाचार्य ने उच्चायोग से भी इस खबर का खंडन भेजने को कहा। अगले दिन अखबारों में गोविंदाचार्य और उच्चायोग का खंडन छप तो गया, लेकिन वाजपेयी के मन में गोविंदाचार्य के खिलाफ एक छाप छोड़ गया। जब वाजपेयी 10 अक्तूबर को विदेश से लौटे तो उन्होंने तब सह-सरकार्यवाह सुदर्शन को फोन कर नाराजगी जताई। सुदर्शन ने गोविंदाचार्य को फोन कर कहा कि वाजपेयी के पास आपकी बातचीत का टेप है, तो गोविंदाचार्य ने कहा कि यह तो बहुत अच्छी बात है। इससे सारी स्थिति साफ हो जाएगी। खैर, टेप सामने नहीं आया, लेकिन गोविंदाचार्य को लेकर वाजपेयी की नाराजगी बढ़ती चली गई। फिर भा.ज.पा. की सरकार बनी तो आडवाणी की जगह कुशाभाऊ ठाकरे को भा.ज.पा. अध्यक्ष की कमान मिली। तब वाजपेयी ने उन्हें कहा था कि पदाधिकारियों की सूची जारी करने से पहले मुझे दिखा देना। कुशाभाऊ के लिए इशारा काफी था। वह जब वाजपेयी से मिलने पहुँचे तो लॉन में टहलते हुए उन्होंने वाजपेयी से कहा कि उन्हें (गोविंदाचार्य को) उपाध्यक्ष बना देते हैं, सिर्फ नाम रहेगा, कोई खास जिम्मेदारी नहीं होगी। वाजपेयी ने कहा, "कुशाभाऊ, आप समझते क्यों नहीं?" निश्चित तौर से, संघ को यह फैसला अच्छा नहीं लगा था, क्योंकि गोविंदाचार्य संघ के सबसे चहेते और ताकतवर प्रचारकों में से थे। आर्थिक नीतियों पर सरकार के साथ टकराव जारी रहा और अगस्त

शाम को ब्रिटिश उच्चायोग से भी गोविंदाचार्य को फोन आया कि ऐसी बातचीत हुई नहीं तो कैसे छप गया? गोविंदाचार्य ने उच्चायोग से भी इस खबर का खंडन भेजने को कहा। अगले दिन अखबारों में गोविंदाचार्य और उच्चायोग का खंडन छप तो गया, लेकिन वाजपेयी के मन में गोविंदाचार्य के खिलाफ एक छाप छोड़ गया। जब वाजपेयी 10 अक्तूबर को विदेश से लौटे तो उन्होंने तब सह-सरकार्यवाह सुदर्शन को फोन कर नाराजगी जताई।

2000 में बंगारू लक्ष्मण भा.ज.पा. अध्यक्ष बने।

एक वाकया है कि 30 जुलाई, 2000 को संघ के वरिष्ठ नेता मदनदास देवी ने भा.ज.पा. के नेतृत्व को सूचना दी कि वाजपेयी ने कहा है कि गोविंदाचार्य को संघ में वापस ले लिया जाए। इस फोन के बाद अब दिल्ली संघ मुख्यालय में कुशाभाऊ ठाकरे, बंगारू लक्ष्मण और प्यारेलाल खंडेलवाल ने मदनदास देवी से मुलाकात की। देवी का कहना था कि वाजपेयी ने कहा है कि उनकी बात नहीं मानी गई तो वे प्रधानमंत्री पद से इस्तीफा दे देंगे। जब यह बात गोविंदाचार्य को बताई गई तो उन्होंने कहा कि मैं काफी समय से अध्ययन अवकाश माँग रहा हूँ, वह आप मुझे दे दीजिए। इससे दोनों की बात रह जाएगी। बाद में तहलका प्रकरण की वजह से बंगारू लक्ष्मण को इस्तीफा देना पड़ा और पार्टी के अध्यक्ष बने के. ज़ैनाकृष्णमूर्ति। बाद में वर्ष 2002 में उन्हें कानून राज्यमंत्री बनाया गया और पार्टी की कमान वेंकैया नायडू को सौंपी गई। सो अपनी टीम की लिस्ट बनाकर वेंकैया जब वाजपेयी से मिलने गए और उनसे पूछा कि गोविंदाचार्य का नाम रखना है या नहीं, इस पर वाजपेयी ने कहा कि तुम देख लो! फिर वे आडवाणी के पास गए और वाजपेयी का संकेत उन्हें बता दिया। इस पर आडवाणी ने भी अपनी सहमति दे दी। लेकिन जब यह सूचना संघ को मिली, तब संघ की ओर से भा.ज.पा. में समन्वय की जिम्मेदारी सँभाल रहे मदनदास देवी के पास पहुँची तो उन्होंने वेंकैया नायडू से पूछा कि गोविंदाचार्य का नाम क्यों नहीं है? तो नायडू ने कहा कि वाजपेयी-आडवाणी ने मना किया है। इस पर देवी ने कहा कि संशोधन करके गोविंदाचार्य का नाम सूची में डाल दिया जाए। लेकिन वेंकैया ने कहा कि इससे वाजपेयी-आडवाणी के बीच टकराव की खबर जोर पकड़ेगी। देवी ने फिर वाजपेयी-आडवाणी से बातचीत की और आखिरकार गोविंदाचार्य बाहर हो गए।

> ***संघ के बारे में धारणा है कि वह राजनीति में दखल देता है और नियंत्रित करता है। लेकिन इसकी वास्तविकता क्या है, शुरुआत में ही इसका जिक्र है। लेकिन अटल बिहारी वाजपेयी के नेतृत्व में एन.डी.ए. की सरकार बनने के बाद संबंध खुलकर सामने आने की वजह भी यही थी। रज्जू भैया के संघ के सरसंघचालक रहने तक इस तरह की स्थिति नहीं थी। इसकी बड़ी वजह यह थी कि इससे पहले सत्ता में भी पार्टी नहीं थी। वर्ष 2000 तक रज्जू भैया के हाथ कमान रही, लेकिन सह-सरकार्यवाह के तौर पर के.एस. सुदर्शन मुखर थे।***

'संघ जिसे कहे, वही लीडर'

हालाँकि, संघ के बारे में धारणा है कि वह राजनीति में दखल देता है और नियंत्रित करता है। लेकिन इसकी वास्तविकता क्या है, शुरुआत में ही इसका जिक्र है। लेकिन अटल बिहारी वाजपेयी के नेतृत्व में एन.डी.ए. की सरकार बनने के बाद संबंध खुलकर सामने आने की वजह भी यही थी। रज्जू भैया के संघ के सरसंघचालक रहने तक इस तरह की स्थिति नहीं थी। इसकी बड़ी वजह यह थी कि इससे पहले सत्ता में भी पार्टी नहीं थी। वर्ष 2000 तक रज्जू भैया के हाथ कमान रही, लेकिन सह-सरकार्यवाह के तौर पर के.एस. सुदर्शन मुखर थे। रज्जू भैया तक परिवार में कलह की स्थिति बाहर नहीं आई। लेकिन 10 मार्च, 2000 को हार्डलाइनर माने जानेवाले के.एस. सुदर्शन के सरसंघचालक बनने के बाद भा.ज.पा. के मामलों में सीधे दखल की प्रथा शुरू हो गई, जो पहले सलाह-मशवरा और मार्गदर्शन के रूप में होता था। संघ की सलाह को भा.ज.पा. मानती भी थी, लेकिन संदेश यह नहीं जाता था कि निर्णय थोपा गया है। सुदर्शन सरसंघचालक बने तो भा.ज.पा. उस समय तहलका की आँच में झुलस रही थी। सुदर्शन ने सार्वजनिक तौर से 18 मार्च, 2001 को कहा था कि प्रधानमंत्री कार्यालय में कुछ अक्षम लोग बैठे हैं। सक्षम लोग होते तो यह संकट नहीं होता। तब राष्ट्रपति चुनाव के समय संघ ने वाजपेयी को रायसीना हिल भेजने की सोच बनाई, ताकि आडवाणी को कमान मिल सके; लेकिन वाजपेयी के मास्टर स्ट्रोक ने संघ को मौका नहीं दिया। संघ वाजपेयी को राष्ट्रपति बनने के लिए राजी तो नहीं कर सका, लेकिन तब आडवाणी को देश का उप-प्रधानमंत्री बनवाकर अपनी ताकत का अहसास कराया। उसी वक्त की बात है, तब भा.ज.पा. कवर करनेवाले वरिष्ठ पत्रकार विजय त्रिवेदी पार्टी के वरिष्ठ नेता प्रमोद महाजन के साथ डिनर टेबल पर थे। राजनीतिक चर्चाओं के बीच विजय त्रिवेदी ने अनौपचारिक माहौल में महाजन से पूछा, "इतनी उठा-पटक हो रही है, पार्टी में बड़ा लीडर कौन है? वाजपेयी या आडवाणी?" राजनीति के परिपक्व खिलाड़ी महाजन, जिन्हें संगठन की ताकत का बखूबी अहसास

सुदर्शन ने सार्वजनिक तौर से 18 मार्च, 2001 को कहा था कि प्रधानमंत्री कार्यालय में कुछ अक्षम लोग बैठे हैं। सक्षम लोग होते तो यह संकट नहीं होता। तब राष्ट्रपति चुनाव के समय संघ ने वाजपेयी को रायसीना हिल भेजने की सोच बनाई, ताकि आडवाणी को कमान मिल सके; लेकिन वाजपेयी के मास्टर स्ट्रोक ने संघ को मौका नहीं दिया। संघ वाजपेयी को राष्ट्रपति बनने के लिए राजी तो नहीं कर सका, लेकिन तब आडवाणी को देश का उप-प्रधानमंत्री बनवाकर अपनी ताकत का अहसास कराया।

था, ने चतुराई भरे अंदाज में मुसकराते हुए कहा, "हमारा लीडर वही, जिसे संघ कहे।"

लेकिन ऐसा भी नहीं है कि संघ और वाजपेयी का रिश्ता कटुता भरा था। इसमें उतार-चढ़ाव होता रहा, क्योंकि संघ का राजनीतिक चेहरा बन रही भा.ज.पा. में सत्ता तक पहुँचने के लिए नेतृत्व से लेकर मुद्दों तक संक्रमण का दौर था। सितंबर 2000 में अपनी अमेरिका यात्रा के दौरान विश्व हिंदू परिषद् के साधुओं की एक सभा में वाजपेयी ने घोषणा की थी कि स्वयंसेवक होने का उनका अधिकार कोई नहीं छीन सकता। इसी तरह सन् 1991 में जब संघ ने वाजपेयी की जगह आडवाणी को विपक्ष का नेता बनाया, तब प्रधानमंत्री नरसिंह राव ने उनसे कहा था कि आप पार्टी छोड़ दें। जनता पार्टी से अलग होते समय सन् 1980 में भी वाजपेयी के सामने यही ऑफर था। उनके बारे में हमेशा कहा जाता रहा कि सही व्यक्ति गलत पार्टी में है। लेकिन वाजपेयी ने तब भी कहा था, "संघ से उनका 25 साल पुराना नाता है और जनता पार्टी में तो सिर्फ दो साल रहे। संघ से उनका नाता ठीक उसी तरह का है, जैसे गर्भनाल का रिश्ता होता है।" वाजपेयी निजी बातचीत में कई बार देवानंद का वह गाना लोगों को सुनाया करते थे—'जाएँ तो जाएँ कहाँ?'

निश्चित तौर से, वर्ष 1998 से 2004 तक संघ और उसकी अपनी वैचारिक सरकार के बीच टकराव इस कदर रहा कि कॉडर में भी अच्छा संदेश नहीं गया। भले ही इसके लिए जिम्मेदार कोई भी पक्ष हो, लेकिन निराशा भरे माहौल का असर यह हुआ कि कार्यकर्ता घर बैठ गया और 2004 के आम चुनावों में भा.ज.पा. सत्ता से बाहर हो गई; जबकि कुछ महीने पहले हुए विधानसभा चुनावों में उसने बड़ी जीत हासिल की थी। लेकिन इस टकराव ने ही वर्ष 2014 में बनी मोदी सरकार से समन्वय की ऐसी राह तैयार की, जिसने कॉडर को हमेशा उत्साहित और ऊर्जावान् बनाए रखा। लेकिन सिर्फ सरकार के स्तर पर ही नहीं, संगठन की शक्ति किसी भी सरकार के लिए संजीवनी होती है। ऐसे में वर्ष 2004 में सत्ता से बाहर होने के बाद एक दशक तक चले संगठनात्मक संघर्ष से भी गुजरना होगा, ताकि उसके बाद के समन्वय की कहानी का अहसास हो सके।

□

खंड-2

हार से सीख का दशक (2004-2014)

अटल सरकार गई तो कैसे संघ परिवार ने सार्वजनिक मोर्चा खोला और अटल-आडवाणी को संन्यास लेने को कहा, फिर वैचारिक वापसी का खाका बनाकर भा.ज.पा. को थमाया। आडवाणी ने पाकिस्तान यात्रा में जिन्ना को सेक्युलर बताया तो संघ ने मोर्चा खोल कमान नई पीढ़ी को सौंपने की सलाह दी। लेकिन दूसरी पीढ़ी में नेतृत्व की जंग ऐसी छिड़ी कि वर्ष 2009 के आम चुनावों के जनरल आडवाणी का सपना अधूरा रह गया और ऐसा लग रहा था, मानो भा.ज.पा. पंद्रहवीं लोकसभा की जगह, सोलहवीं लोकसभा का चुनाव लड़ रही है! विचार परिवार के लिए इस संघर्ष से वर्ष 2004-09 और फिर 2009-14 तक का दशक हार से सीखने और उसमें सुधारकर 2014 की रणनीति तैयार करनेवाला बना, जिसका लाभ भा.ज.पा. को सरकार ही नहीं, संगठन को मजबूत बनाने में भी मिला।

2

सत्ता से दूरी का संघर्ष

वर्ष 2004 में वाजपेयी सरकार गई तो संघ मुखर हुआ। संघ प्रमुख का 'सुदर्शन चक्र' अटल-आडवाणी पर चला। फिर कैसे मोदी की बलि लेने की कोशिश हुई तो संघ परिवार ने क्या रुख अपनाया?

वर्ष 2004 के चुनाव नतीजे भा.ज.पा. और कांग्रेस दोनों के लिए अप्रत्याशित थे। पत्रकार के नाते उस वक्त मैं दोनों राष्ट्रीय पार्टियों के अलावा तीसरे मोर्चे के सभी दलों को भी कवर करता था। कांग्रेस अध्यक्ष सोनिया गांधी ने सलीके से गठबंधन का खाका तैयार किया और भा.ज.पा. के खिलाफ एक जमावड़ा हुआ। भा.ज.पा. ने विदेशी मूल का मुद्दा उठाकर सोनिया पर निशाना साधा तो कांग्रेस ने भा.ज.पा. और संघ पर। भा.ज.पा. ने विदेशी मूल के मुद्दे पर कानून लाने का जिक्र किया तो कांग्रेस के प्रवक्ता के नाते कपिल सिब्बल ने 30 मार्च, 2004 को बयान दिया था, "अगर कांग्रेस की सरकार बनी तो संघ परिवार के नेताओं को देश के संवैधानिक पदों से दूर रखनेवाला विधेयक लाएगी। संघ का देश की आजादी की लड़ाई में कोई योगदान नहीं रहा है।"

भा.ज.पा. ने 'इंडिया शाइनिंग और फील गुड' जैसे नारे दिए, जो दाँव उलटा पड़ गया था। आरोप-प्रत्यारोप के बीच चुनाव खत्म हुआ और मई 2004 में आए चुनाव नतीजों में भा.ज.पा. नेतृत्ववाला गठबंधन एन.डी.ए. सत्ता से बाहर हो गया। कांग्रेस के नेतृत्व में वामपंथियों के बाहरी सहयोग से नए गठबंधन—संयुक्त प्रगतिशील गठबंधन (यू.पी.ए.) का उदय हुआ। हाई वोल्टेज ड्रामे के बीच सोनिया गांधी संसदीय दल की नेता चुनी गईं और फिर स्वयं हटकर मनमोहन सिंह को कमान सौंप दी। भा.ज.पा. की ओर से सुषमा स्वराज, उमा भारती जैसी नेता सोनिया गांधी को प्रधानमंत्री नहीं बनने देने को लेकर तीव्र विरोध पर उतर आई थीं। आखिरकार, मनमोहन सिंह ने 22 मई, 2004 को प्रधानमंत्री पद की शपथ ली। लोकसभा में अध्यक्ष की कुरसी लेफ्ट पार्टी के सोमनाथ चटर्जी को दी गई। सोनिया गांधी के नेतृत्व में एक नया सरकारी समूह तैयार

किया गया, जिसे 'नेशनल एडवाइजरी काउंसिल' (एन.ए.सी.) का नाम दिया गया, यानी नई सरकार के लिए सलाहकारी संस्था की कमान सोनिया गांधी ने खुद सँभाली।

> *इस अप्रत्याशित हार ने भा.ज.पा. ही नहीं, विचार परिवार में विवादों को सतह पर ला दिया, तो कांग्रेस की मनमोहन सरकार ने संघ पर निशाना साधकर और उबाल लाने की कोशिश की। सत्ता की औपचारिक कमान सँभालते ही जून में गृह मंत्री शिवराज पाटिल ने सबसे पहला काम किया कि संघ की पृष्ठभूमि वाले राज्यपालों को इस्तीफा देने को कहने की बजाय बरखास्त कर राजभवनों से हटाया। तब कांग्रेस नेता वायलार रवि ने कहा था कि राजभवनों को संघ का कार्यालय बना दिया गया है।*

कांग्रेस, जो 1990 के दशक के आखिर में पराभव की ओर जाती दिख रही थी, फिर से उठ खड़ी हुई। लोकसभा में सीटों के लिहाज से देखें तो भा.ज.पा. (138) के मुकाबले कांग्रेस (145) को महज 7 सीटें ज्यादा मिली थीं। लेकिन उसने यू.पी.ए. खड़ा कर वामपंथियों के समर्थन से सरकार बना ली। लेकिन इस अप्रत्याशित हार ने भा.ज.पा. ही नहीं, विचार परिवार में विवादों को सतह पर ला दिया, तो कांग्रेस की मनमोहन सरकार ने संघ पर निशाना साधकर और उबाल लाने की कोशिश की। सत्ता की औपचारिक कमान सँभालते ही जून में गृह मंत्री शिवराज पाटिल ने सबसे पहला काम किया कि संघ की पृष्ठभूमि वाले राज्यपालों को इस्तीफा देने को कहने की बजाय बरखास्त कर राजभवनों से हटाया। तब कांग्रेस नेता वायलार रवि ने कहा था कि राजभवनों को संघ का कार्यालय बना दिया गया है। इसके खिलाफ आडवाणी ने एक शिष्टमंडल के साथ राष्ट्रपति ए.पी.जे. अब्दुल कलाम से मुलाकात कर विरोध दर्ज कराया था।

हार का ठीकरा मोदी के सिर ...संघ ने क्या दी दलील?

लोकसभा चुनाव में हार के बाद पूर्व प्रधानमंत्री अटल बिहारी वाजपेयी विश्राम के लिए मनाली चले गए, क्योंकि हार की समीक्षा को लेकर 22-25 जून, 2004 को मुंबई में पार्टी की राष्ट्रीय कार्यकारिणी की अहम बैठक होनी थी। लेकिन मनाली में ही वाजपेयी ने एक निजी टी.वी. चैनल को 13 जून को इंटरव्यू दे दिया, जिसने न सिर्फ पार्टी, बल्कि संघ के समूचे विचार परिवार में हंगामा खड़ा कर दिया। मनाली में दिए इंटरव्यू ने हार के लिए गुजरात दंगों को जिम्मेदार ठहराने की कोशिश की। वाजपेयी ने कहा था, "गुजरात दंगों के बाद मैं मोदी को हटाने के पक्ष में

था, लेकिन पार्टी में दो राय होने के कारण कठोर निर्णय नहीं ले पाया था। लेकिन अब, मुंबई कार्यकारिणी में इस पर विचार किया जा सकता है।" लेकिन अगले दिन ही तत्कालीन भा.ज.पा. अध्यक्ष वेंकैया नायडू ने पहले वाजपेयी से फोन पर बात की और बयान दिया कि मुंबई कार्यकारिणी में गुजरात पर कोई चर्चा नहीं होगी। वाजपेयी के बयान ने भूचाल ला दिया था। 15 जून को विहिप नेता अशोक सिंघल ने मोदी का बचाव करते हुए मोर्चा खोल दिया। सिंघल का कहना था कि लोकसभा चुनाव अटल-आडवाणी की वजह से भा.ज.पा. हारी है, नरेंद्र मोदी की वजह से नहीं। हार के लिए मोदी को बलि का बकरा बनाने की बजाय अटल और आडवाणी को साहसपूर्वक हार की जिम्मेदारी लेकर संन्यास ग्रहण कर लेना चाहिए, क्योंकि लोकसभा चुनाव वाजपेयी-आडवाणी के नेतृत्व में लड़ा गया था। इसलिए हार की जिम्मेदारी भी ईमानदारीपूर्वक उन्हें ही लेनी चाहिए। वर्ष 1998-2004 की सरकार के समय विहिप की ओर से वाजपेयी के खिलाफ हमेशा मुखर रहनेवाले सिंघल ने तो वाजपेयी के बयान को गुजरात और समस्त भारत के हिंदू समाज के लिए अपमानजनक करार दिया था। सिंघल ने तब यह भी कहा था कि हार की वजह गुजरात की घटनाओं के बाद नरेंद्र मोदी पर कोई काररवाई नहीं करने को ठहराया जा रहा है; जबकि इसका जवाब सरसंघचालक के.एस. सुदर्शन दो-टूक शब्दों में दे चुके हैं कि अगर चुनावों में हार के लिए मोदी जिम्मेदार हैं तो राजस्थान, मध्य प्रदेश, छत्तीसगढ़ विधानसभा चुनावों में पार्टी को भारी जीत कैसे मिली? सिंघल का कहना था कि हिंदुओं के मुख्य मुद्दों को छोड़ना, अयोध्या मसले पर अपनाई गई दमनकारी नीतियाँ ही भा.ज.पा. को ले डूबी हैं। उसकी वर्तमान नीतियाँ उसके लिए घातक सिद्ध हुई हैं और उसे भविष्य के लिए विचार करना चाहिए। अगर वह अपनी वर्तमान नीति पर चलती रही तो आनेवाले समय में परिणाम और भी घातक होंगे। भा.ज.पा. को हिंदुत्व के मुद्दे पर वापस लौटना ही होगा, तभी वह अपने खोए हुए जनाधार को वापस पा सकती है। सिंघल ने कहा, "भा.ज.पा. राम जन्मभूमि मुद्दे के बल पर ही

15 जून को विहिप नेता अशोक सिंघल ने मोदी का बचाव करते हुए मोर्चा खोल दिया। सिंघल का कहना था कि लोकसभा चुनाव अटल-आडवाणी की वजह से भा.ज.पा. हारी है, नरेंद्र मोदी की वजह से नहीं। हार के लिए मोदी को बलि का बकरा बनाने की बजाय अटल और आडवाणी को साहसपूर्वक हार की जिम्मेदारी लेकर संन्यास ग्रहण कर लेना चाहिए, क्योंकि लोकसभा चुनाव वाजपेयी-आडवाणी के नेतृत्व में लड़ा गया था।

दो सांसद से बढ़कर शासन करनेवाला दल बना।” उनका कहना था कि वाजपेयी के उलटे-सीधे बयान भी हार की वजह हैं, क्योंकि चुनाव-प्रचार में वाजपेयी ने दो लाख उर्दू शिक्षकों की भर्ती का बयान देकर मुसलिम तुष्टीकरण की नीति अपनाई, जिसे अपने लोगों ने समझ लिया। इस नीति में भा.ज.पा. अपने विरोधी कांग्रेस से एक कदम आगे निकल गई। तब विहिप के अध्यक्ष विष्णु हरि डालमिया ने भी कहा था, “कांग्रेस नेतृत्व वाली यू.पी.ए. सरकार ने अपने न्यूनतम साझा कार्यक्रम में बुद्धिमत्ता का परिचय दिया है। वाजपेयी के मनाली के बयान पर संघ प्रमुख सुदर्शन, विहिप नेता गिरिराज किशोर, प्रवीण तोगड़िया सरीखे नेताओं ने उनके खिलाफ सत्ता-लोलुप जैसे कई अमर्यादित शब्दों का इस्तेमाल किया।”

लेकिन रार थी कि ठनती ही जा रही थी। 17 जून को मनाली में कार्यकर्ताओं से संवाद में वाजपेयी ने दोहराया कि मुंबई कार्यकारिणी में गुजरात के मुद्दे पर चर्चा जरूर होगी। लेकिन तब भी संघ का कहना था कि वह कतई यह मानने को तैयार नहीं है कि गुजरात दंगों की वजह से भा.ज.पा. हारी है। तब राम माधव ने संघ के प्रवक्ता के तौर पर कहा था, “गुजरात पर चर्चा कराना भा.ज.पा. का अंदरूनी मामला है। गुजरात दंगों के कारण भा.ज.पा. हारी, यह तर्क हमें स्वीकार्य नहीं है।” चुनाव नतीजों के एक महीने के भीतर इस तरह के बवाल से दुविधा की स्थिति बनी हुई थी और मीडिया की सुर्खियाँ कार्यकर्ताओं का असमंजस बढ़ा रही थीं। संघ चाहता था कि यह मसला जल्दी निपटे; लेकिन विहिप-संघ के नेता गुजरात और मोदी को लेकर दी जा रही दलीलों से कतई सहमत नहीं थे। बयानबाजी और बढ़ते विवाद के बीच 18 जून को वाजपेयी ने हार की जिम्मेदारी लेते हुए प्रायश्चित्त करने की बात कही, जिसका मतलब था कि गुजरात दंगे को वह इस हार की वजहों में देख रहे थे, यानी उनके प्रायश्चित्त वाले बयान के बाद नरेंद्र मोदी को गुजरात के मुख्यमंत्री पद से हटाने का दबाव बढ़ गया था। अटल के इरादे देख भा.ज.पा. नेतृत्व ने 20 जून को संसदीय बोर्ड की बैठक बुला ली। वेंकैया नायडू ने फौरन आडवाणी से मुलाकात कर विचार-विमर्श किया। उसके बाद आडवाणी ने वाजपेयी से फोन पर बात

17 जून को मनाली में कार्यकर्ताओं से संवाद में वाजपेयी ने दोहराया कि मुंबई कार्यकारिणी में गुजरात के मुद्दे पर चर्चा जरूर होगी। लेकिन तब भी संघ का कहना था कि वह कतई यह मानने को तैयार नहीं है कि गुजरात दंगों की वजह से भा.ज.पा. हारी है। तब राम माधव ने संघ के प्रवक्ता के तौर पर कहा था, “गुजरात पर चर्चा कराना भा.ज.पा. का अंदरूनी मामला है। गुजरात दंगों के कारण भा.ज.पा. हारी, यह तर्क हमें स्वीकार्य नहीं है।”

की, जहाँ वेंकैया नायडू, जसवंत सिंह व प्रमोद महाजन भी मौजूद थे। संसदीय बोर्ड की बैठक में गुजरात मुद्दे का पटाक्षेप करने की तैयारी आडवाणी कर रहे थे, जो वाजपेयी के बयान के बाद लंबी खामोशी साधे बैठे थे। संघ इस मसले पर हो रही किरकिरी से असहज था। तब महाजन ने कहा था कि वाजपेयी पर संघ का कोई दबाव नहीं है, क्योंकि वे बहुत ऊँचे हैं; लेकिन उन्होंने सेनापति के नाते हार की जिम्मेदारी ली है। संघ की ओर से समन्वय कर रहे मदनदास देवी से भी आडवाणी की बातचीत हुई। उन्होंने 19 जून को वाजपेयी से भी मुलाकात की और कहा था कि मोदी को हटाना या नहीं हटाना भा.ज.पा. का अंदरूनी मामला है। लेकिन पार्टी को कोई भी फैसला लेने से पहले आगामी चुनावों को भी ध्यान में रखना होगा। यानी साफ था कि संघ किसी भी सूरत में मोदी को हटाने के पक्ष में नहीं था। वाजपेयी भी इस बात को समझ रहे थे, सो उन्होंने भी मोदी प्रकरण को अतीत करार देते हुए नए साल में नए चुनाव का सामना करने की बात कहकर संकेत दे दिया था कि मोदी नहीं हटाए जाएँगे।

कार्यकारिणी की बैठक से दो दिन पहले भा.ज.पा. अध्यक्ष वेंकैया नायडू के घर पर संसदीय बोर्ड की बैठक शुरू हुई। उस बैठक के दौरान ही संघ नेता मदनदास देवी नायडू के घर पहुँच गए। आखिर, इस आपात संसदीय बोर्ड की बैठक में मोदी को अभयदान मिल गया। बैठक के बाद नायडू ने कहा था, "नरेंद्र मोदी के मुद्दे पर चर्चा हुई, लेकिन उन्हें हटाने का कोई प्रस्ताव नहीं है।"

कार्यकारिणी की बैठक से दो दिन पहले भा.ज.पा. अध्यक्ष वेंकैया नायडू के घर पर संसदीय बोर्ड की बैठक शुरू हुई। उस बैठक के दौरान ही संघ नेता मदनदास देवी नायडू के घर पहुँच गए। आखिर, इस आपात संसदीय बोर्ड की बैठक में मोदी को अभयदान मिल गया। बैठक के बाद नायडू ने कहा था, "नरेंद्र मोदी के मुद्दे पर चर्चा हुई, लेकिन उन्हें हटाने का कोई प्रस्ताव नहीं है।" उस बैठक में लोकसभा चुनाव की हार की समीक्षा के लिए एक समिति बनाने का फैसला हुआ, लेकिन सदस्यों के नाम भी उस दिन तय नहीं हुए। वर्ष 2004 की हार के बाद जिस तरह से माहौल बना, उससे संघ इस मिथक को तोड़ने की रणनीति पर काम करने लगा कि वाजपेयी के बिना भा.ज.पा. का नेतृत्व नहीं हो पाएगा। फिर, तीन महीने बाद ही वेंकैया नायडू ने हार की जिम्मेदारी लेते हुए अध्यक्ष के पद से इस्तीफा दे दिया। पार्टी में संक्रमण काल शुरू हुआ और 18 अक्तूबर को जब वेंकैया हटे तो एक बार फिर लालकृष्ण आडवाणी ने लोकसभा में विपक्ष के नेता के साथ-साथ पार्टी अध्यक्ष की भी कमान सँभाल ली।

आडवाणी फिर दोहरी भूमिका में

अक्तूबर 2004 में लालकृष्ण आडवाणी ने फिर पार्टी अध्यक्ष की कमान सँभाल ली। 27 अक्तूबर को राष्ट्रीय परिषद् की बैठक में आडवाणी ने राम मंदिर का राग फिर छेड़ा। उन्होंने कहा कि सारी तैयारियाँ हो चुकी थीं, अगर वाजपेयी सरकार दोबारा लौटती तो मंदिर निर्माण का काम शुरू हो जाता। लेकिन वाजपेयी सरकार के अच्छे काम के बावजूद सांसदों के नकारेपन, कार्यकर्ताओं की उपेक्षा और अति आत्मविश्वास की वजह से पार्टी लोकसभा का चुनाव हार गई। उनका कहना था कि पहले भा.ज.पा. यह मानती थी कि राम मंदिर निर्माण के तीन रास्ते हो सकते हैं। लेकिन बाद में पार्टी इस नतीजे पर पहुँची कि संसद् से कानून बनाने का रास्ता ठीक नहीं होगा, इसलिए बातचीत या अदालती फैसले से ही रास्ता निकालना चाहिए। उनका कहना था कि आखिरी साल में बातचीत का रास्ता सकारात्मक दिशा में जा रहा था; लेकिन चुनाव की वजह से फैसला नहीं लिया गया। सभागार में रामलला का नारा फिर गूँजा तो उन्होंने भा.ज.पा. के रजत जयंती वर्ष, यानी 2005 के लिए विशेष तैयारी पर जोर देने को कहा।

आडवाणी अभी भी संघ को बेहद प्रिय थे, सो उनके संबोधन में भी वह बात दिख रही थी। हिंदुत्व की वजह से आलोचना पर आडवाणी ने कड़ा प्रहार किया। उन्होंने कहा कि ऐसा करनेवाले संविधान की मूल धारणा का ही अपमान करते हैं और खुद को सेक्युलर तथा हमें सांप्रदायिक बताते हैं। जबकि हिंदुत्व मजहब नहीं, बल्कि एक जीवन व्यवस्था है, जिसे सुप्रीम कोर्ट ने 11 दिसंबर, 1995 के अपने फैसले में एकदम स्पष्ट कर दिया है। उन्होंने कार्यकर्ताओं से कहा कि हिंदुत्व की विचारधारा पर बोलने में कोई शर्म नहीं करें। सरकार में रहते हुए वाजपेयी से मतभेद पर भी आडवाणी का कहना था कि मतभेद तो होते थे, कई मुद्दों पर होते थे; लेकिन मनभेद कभी नहीं हुआ। आडवाणी ने सबसे महत्त्वपूर्ण बात कही कि भा.ज.पा. क्या है और उसके कितने आयाम हैं? आडवाणी ने कहा था कि भा.ज.पा. के तीन महत्त्वपूर्ण हिस्से हैं—पहला कार्यकर्ता, दूसरा संघ परिवार और तीसरा पार्टी की

आडवाणी अभी भी संघ को बेहद प्रिय थे, सो उनके संबोधन में भी वह बात दिख रही थी। हिंदुत्व की वजह से आलोचना पर आडवाणी ने कड़ा प्रहार किया। उन्होंने कहा कि ऐसा करनेवाले संविधान की मूल धारणा का ही अपमान करते हैं और खुद को सेक्युलर तथा हमें सांप्रदायिक बताते हैं। जबकि हिंदुत्व मजहब नहीं, बल्कि एक जीवन व्यवस्था है, जिसे सुप्रीम कोर्ट ने 11 दिसंबर, 1995 के अपने फैसले में एकदम स्पष्ट कर दिया है।

स्थापना के बाद उससे जुड़े जन-समूह को पहचानना। और सबसे महत्त्वपूर्ण कि हम ही एकमात्र राष्ट्रवादी पार्टी हैं। वाजपेयी ने इसी मंच से चुटकी भी ली। आडवाणी के अध्यक्ष बनने पर वाजपेयी ने कहा था, "अध्यक्ष नहीं होते हुए भी आडवाणीजी अध्यक्ष जैसे ही थे। इनके अंदर ऐसी क्षमता है, जो किसी भी गुत्थी को आसानी से सुलझा लेते हैं।" वाजपेयी ने कहा कि "इस बार चुनाव में हारनेवाले भी नहीं समझ पा रहे कि कैसे हारे और जीतनेवाले भी समझ नहीं पा रहे हैं कि कैसे जीत गए!" वाजपेयी ने कहा कि चुनाव में हार से हिम्मत नहीं हारनी चाहिए। एक बाजी और सही। एक दाँव और लगेगा। गफलत में मारे गए, लेकिन अब ऐसा नहीं होगा।

फिर अनुशासन कलह की भेंट चढ़ने लगा

इस बीच मनमोहन सरकार का हमला संघ और उससे जुड़े लोगों पर जारी रहा। 21 अगस्त, 2004 को कांग्रेस ने दिल्ली में अधिवेशन किया तो निशाने पर संघ परिवार था। तब सोनिया गांधी ने कहा था कि कांग्रेस का राष्ट्रवाद सेक्युलर और सद्भाव-आधारित है, जबकि संघ एवं भा.ज.पा. का राष्ट्रवाद द्वेष और सांप्रदायिकता पर आधारित है। कांग्रेस ने भा.ज.पा. के साथ अपनी लड़ाई को सिर्फ चुनावी नहीं, बल्कि विचारधारा की लड़ाई बताया था। इसके बाद फिल्म अभिनेता अनुपम खेर को यू.पी.ए. सरकार ने सेंसर बोर्ड के अध्यक्ष पद से हटाया तो हंगामा मचा, क्योंकि उन्हें 'संघी' कहकर हटाया गया था। तब हरकिशन सिंह सुरजीत ने उन्हें आर.एस.एस. का आदमी कहा था। खेर ने इसका कड़ा विरोध किया था और वामपंथियों के सामने घुटने टेकनेवाली सरकार बताया था। गोधरा मसले पर यू.सी. बनर्जी कमीशन की अंतरिम रिपोर्ट को सार्वजनिक कर तत्कालीन रेलमंत्री लालू प्रसाद यादव ने नरेंद्र मोदी पर निशाना साधा था। इसी दौरान तमिलनाडु में कांची कामकोटि पीठ के शंकराचार्य जयेंद्र सरस्वती की गिरफ्तारी पर बवाल मचा तो वाजपेयी-आडवाणी समेत समूचा शीर्ष नेतृत्व धरना देने संसद् मार्ग आ पहुँचा। पूर्व प्रधानमंत्री चंद्रशेखर, पूर्व

इस बीच मनमोहन सरकार का हमला संघ और उससे जुड़े लोगों पर जारी रहा। 21 अगस्त, 2004 को कांग्रेस ने दिल्ली में अधिवेशन किया तो निशाने पर संघ परिवार था। तब सोनिया गांधी ने कहा था कि कांग्रेस का राष्ट्रवाद सेक्युलर और सद्भाव-आधारित है, जबकि संघ एवं भा.ज.पा. का राष्ट्रवाद द्वेष और सांप्रदायिकता पर आधारित है। कांग्रेस ने भा.ज.पा. के साथ अपनी लड़ाई को सिर्फ चुनावी नहीं, बल्कि विचारधारा की लड़ाई बताया था।

राष्ट्रपति आर. वेंकटरमण भी इस धरने में पहुँचे। इस प्रकरण के बाद 10 नवंबर, 2004 को उमा भारती ने मोर्चा खोला तो आडवाणी ने पदाधिकारियों की बैठक लाइव कर दी और उमा ने इस बैठक में प्रमोद महाजन, अरुण जेटली एवं मुख्तार अब्बास नकवी के खिलाफ आरोप लगाते हुए बैठक का बहिष्कार कर दिया। देर शाम तक आडवाणी ने उन्हें पार्टी से निलंबित कर दिया। उमा इससे पहले तिरंगा यात्रा को लेकर कर्नाटक कूच कर गई थीं और मध्य प्रदेश की मुख्यमंत्री के पद से इस्तीफा दे दिया था, जिसे पाने के लिए वह भी जतन कर रही थीं। इसी दौरान मदनदास देवी, मोहन भागवत और अन्य संघ नेताओं से उनकी मुलाकात हुई, जिसमें उन्हें अनुशासन की नसीहत दी गई और सार्वजनिक बयानबाजी से परहेज करने को कहा गया।

इसी बीच उस समय नई-नई भा.ज.पा. में आईं और चाँदनी चौक से लोकसभा चुनाव हार चुकीं फिल्म अभिनेत्री स्मृति ईरानी ने नरेंद्र मोदी के इस्तीफे की माँग करते हुए अनशन का ऐलान कर दिया। संसद् का शीतकालीन सत्र चल रहा था। प्रमोद महाजन ने तत्काल मुंबई में विनोद तावड़े से बात की और पार्टी की ओर से कड़ी कारवाई की संभावना बढ़ गई तो देर शाम तक ईरानी ने क्षमा माँगते हुए अपना बयान वापस ले लिया। वह बयान भी पार्टी की अंदरूनी खींचतान का हिस्सा था, जो उन्होंने पार्टी के एक बड़े नेता के कहने पर ही दिया था और जब उस नेता को अहसास हो गया कि संघ इस तरह के बयान को बरदाश्त नहीं करेगा तो उनका बयान वापस कराया गया।

इसी बीच उस समय नई-नई भा.ज.पा. में आईं और चाँदनी चौक से लोकसभा चुनाव हार चुकीं फिल्म अभिनेत्री स्मृति ईरानी ने नरेंद्र मोदी के इस्तीफे की माँग करते हुए अनशन का ऐलान कर दिया। संसद् का शीतकालीन सत्र चल रहा था। प्रमोद महाजन ने तत्काल मुंबई में विनोद तावड़े से बात की और पार्टी की ओर से कड़ी कारवाई की संभावना बढ़ गई तो देर शाम तक ईरानी ने क्षमा माँगते हुए अपना बयान वापस ले लिया।

झारखंड में अध्यक्ष पद की नियुक्ति पर बाबूलाल मरांडी ने राज्य में पार्टी की सरकार गिराने की धमकी दे दी थी। गुजरात में केशुभाई पटेल खेमा तो मोदी के खिलाफ लगातार सक्रिय था। राजस्थान में भी संगठन महामंत्री और वसुंधरा राजे के बीच टकराव चल रहा था, सो राष्ट्रीय परिषद् की बैठक में तत्कालीन पार्टी अध्यक्ष लालकृष्ण आडवाणी ने चिंता जाहिर की थी। उन्होंने कार्यकर्ताओं को सलाह दी थी, "घर का झगड़ा मीडिया के जरिए नहीं, बल्कि घर में ही निपटाने की कोशिश करें।" पार्टी का अनुशासन तार-तार होने लगा था। संघ प्रमुख के.एस. सुदर्शन खुद

इतने मुखर थे कि उन्होंने अब वाजपेयी-आडवाणी दोनों को नेतृत्व छोड़कर नई पीढ़ी के लिए रास्ता तैयार करने की नसीहत देनी शुरू कर दी थी। प्रमोद महाजन ने भी गुजरात दंगों को धब्बा बताया तो गुजरात के राज्यपाल रहे भा.ज.पा. के वरिष्ठतम नेता सुंदर सिंह भंडारी ने भी वाजपेयी-आडवाणी पर निशाना साधा। भंडारी ने तब सवाल उठाया था, "पार्टी की कमान आडवाणी टू आडवाणी आने का क्या मतलब है ?" यानी भा.ज.पा. में उठा-पटक शांत होने का नाम नहीं ले रही थी, जिसे और हवा मिली संघ प्रमुख के.एस. सुदर्शन के वरिष्ठ पत्रकार शेखर गुप्ता के साथ 'वॉक द टॉक' इंटरव्यू से।

अटल-आडवाणी पर 'सुदर्शन चक्र'

संघ अमूमन मीडिया से दूर रहता है और खासतौर से सरसंघचालक। लेकिन सन् 1998 में भा.ज.पा. की सरकार के बाद से उसकी नीति और नेतृत्व के खिलाफ मुखर रहे के.एस. सुदर्शन ने 17 अप्रैल, 2005 को पत्रकार शेखर गुप्ता के साथ 'वॉक द टॉक' इंटरव्यू में जिस तरह से वाजपेयी पर हमला किया, वह 'सुदर्शन चक्र' से कम नहीं था।

संघ अमूमन मीडिया से दूर रहता है और खासतौर से सरसंघचालक। लेकिन सन् 1998 में भा.ज.पा. की सरकार के बाद से उसकी नीति और नेतृत्व के खिलाफ मुखर रहे के.एस. सुदर्शन ने 17 अप्रैल, 2005 को पत्रकार शेखर गुप्ता के साथ 'वॉक द टॉक' इंटरव्यू में जिस तरह से वाजपेयी पर हमला किया, वह 'सुदर्शन चक्र' से कम नहीं था। वर्ष 1998 से 2004 की सरकार के दौरान के अनुभव पर संघ प्रमुख का कहना था कि शिक्षा को लेकर एक चार्टर की माँग थी और देश भर से छात्र 74 माँगों के साथ दिल्ली पहुँच रहे थे। 26 नवंबर, 2002 को करीब 75 हजार छात्रों की रैली, वह भी अपनी विचारधारा वाली सत्ताधारी पार्टी के खिलाफ।

उस वक्त दत्तात्रेय होसबले ए.बी.वी.पी. के संगठन मंत्री होते थे। तब संघ प्रमुख ने चिट्ठी लिखकर कहा था कि छात्रों की कुछ तो माँगें मान लें, ताकि छात्र प्रसन्न हो जाएँ। हालाँकि, तब पी.एम.ओ. में राज्यमंत्री विजय गोयल छात्रों से मिलने पहुँचे थे। सुदर्शन ने कहा कि उन्होंने इस बारे में तत्कालीन मानव संसाधन विकास मंत्री मुरली मनोहर जोशी से खुद बात की तो उन्होंने चार-पाँच माँगें तो मान लीं, लेकिन बाकी के लिए एक कमेटी बना दी, जिसका कुछ नहीं हुआ। इसी तरह बँगलादेश में हिंदुओं पर अत्याचार के खिलाफ कदम उठाने को कहा; लेकिन प्रधानमंत्री वाजपेयी ने कोई कदम नहीं उठाया। फिर उनसे सवाल हुआ कि क्या संघ की पृष्ठभूमि से नहीं आए मंत्री ज्यादा अच्छा काम कर रहे हैं ? तो सुदर्शन ने सुषमा

स्वराज का नाम लिया। अरुण शौरी को लेकर कहा कि उनसे हम सिर्फ इतना ही चाहते थे कि जो उपक्रम लाभ में हैं, उनका विनिवेश नहीं हो; जो घाटे में हैं, उनका ही करें।

सुदर्शन ने कहा कि भा.ज.पा. को बढ़ना है तो नए लोगों को लेना पड़ेगा; लेकिन जितने भी लोग आएँ, उनकी वैचारिक प्रतिबद्धता होनी चाहिए। सरकार की संचार नीति को लेकर भी सुदर्शन ने ऐतराज किया था। उनका कहना था कि इस क्षेत्र के अंदर विदेशी या जिनकी निष्ठा देश के प्रति संदिग्ध है, उन्हें नहीं लाना चाहिए; बल्कि संचार क्षेत्र पूरी तरह से सरकार के अधीन ही रहना चाहिए। लेकिन इसे भी नहीं माना। लेकिन अब तक 60 वर्षों में देश में जितने नेता हुए, उनमें दो-तीन बड़े नेता कौन हैं, जिसे आप बेहतर मानते हैं? इसके जवाब में सुदर्शन ने कहा कि कांग्रेस बँट चुकी थी, उसके बाद भी इंदिरा गांधी ऐसी नेता थीं, जिनकी विशेषता थी कि वे किसी के दबाव में नहीं आती थीं, चाहे रूस हो या कोई और। लेकिन वह आत्म-केंद्रित और हठी थीं। फिर भी, राष्ट्र की दृष्टि से वे महान् नेता थीं। वे लोगों को जानती-समझती थीं। ऐसे में, अगर वे राष्ट्र को सोचकर सारे निर्णय लेतीं तो देश को एक और चाणक्य मिला होता। दूसरे नेता नरसिंह राव थे, जो परिस्थितिवश प्रधानमंत्री बने और नेहरू-गांधी परिवार से बाहर के थे। लेकिन इसी बीच सवाल हुआ कि ये दोनों नेता कांग्रेस के हैं। कोई नाम अपनी पार्टी या ग्रुप का बताएँ, तो सुदर्शन ने वाजपेयी की बजाय आडवाणी का नाम लिया। कहा, "प्रशासनिक कुशलता आडवाणीजी के अंदर है। लेकिन उन्होंने हमेशा ध्यान रखा कि सत्ता का कभी वैकल्पिक केंद्र नहीं बनेंगे, इसलिए उन्होंने कभी अटलजी का विरोध नहीं किया। हम लोग उनसे कहते थे कि आप बोलिए ना, ऐसे निर्णय जो हो जा रहे हैं, जो हमारे हित में नहीं हैं? जैसे बँगलादेश वाला मामला है कि वहाँ के हिंदुओं के बारे में क्या सोच रहे हैं? उन्होंने कहा कि पहली बार सत्ता मिली है, इसलिए सत्ता चलनी चाहिए।" लेकिन अटल बिहारी वाजपेयी को बड़े नेता की श्रेणी में क्यों नहीं रखा? सुदर्शन ने बेबाकी से कहा था, "हम यह नहीं मानते कि बहुत ज्यादा ऐसा

सुदर्शन ने कहा कि भा.ज.पा. को बढ़ना है तो नए लोगों को लेना पड़ेगा; लेकिन जितने भी लोग आएँ, उनकी वैचारिक प्रतिबद्धता होनी चाहिए। सरकार की संचार नीति को लेकर भी सुदर्शन ने ऐतराज किया था। उनका कहना था कि इस क्षेत्र के अंदर विदेशी या जिनकी निष्ठा देश के प्रति संदिग्ध है, उन्हें नहीं लाना चाहिए; बल्कि संचार क्षेत्र पूरी तरह से सरकार के अधीन ही रहना चाहिए।

कोई काम किया है, जो उनका नाम लिया जाए। ठीक है, कुछ बड़े निर्णय लिये; लेकिन सबके साथ जो संवाद रखना चाहिए था, वह अटलजी ने नहीं रखा, इसलिए लोग उनसे नाराज हो गए।" लेकिन अटल का नाम इतिहास में कैसे लिखा जाएगा? सुदर्शन का जवाब था, "इतिहास लिखनेवाले लिखेंगे। समकालीन इतिहास में सही चित्रण नहीं हो पाता है। लेकिन अटलजी ने कुछ काम अच्छे किए, जिसमें देश को प्रतिष्ठा दिलाई, परमाणु-संपन्न बनाया। लेकिन बहुत काम, जो कर सकते थे, वह नहीं किए। जैसे राम मंदिर के लिए अधिगृहीत जमीन दे सकते थे, नहीं दी।" नेतृत्व-परिवर्तन के सवाल पर सुदर्शन का कहना था, "हम उस समय कहते थे कि नए लोगों को उभारिए। आप लोगों की उम्र ज्यादा हो गई है। भा.ज.पा. को लंबे समय तक चलाना है तो नए लोगों को आगे लाना होगा। लेकिन हम तो सिर्फ सलाह देते हैं, भा.ज.पा. को तय करना होता है कि कौन प्रधानमंत्री बनेगा या नेतृत्व करेगा?" लेकिन वाजपेयी ने किससे संवाद नहीं रखा? इस पर सुदर्शन ने कहा था कि बहुत से संगठनों से संवाद नहीं रखा और भिन्न-भिन्न संगठनों में काम करनेवाले स्वयंसेवकों में रोष आ रहा था। बृजेश मिश्र को लेकर भी सुदर्शन ने कहा कि वाजपेयी ने उन्हें राष्ट्रीय सुरक्षा और विदेश नीति का भी काम दे रखा था। दोनों काम एक व्यक्ति को देना न्यायसंगत नहीं था। इसको लेकर सुदर्शन ने वाजपेयी से बातचीत कर ऐतराज भी जताया था। उनका कहना था कि मिश्र इधर वाजपेयी के लिए काम करते थे तो दूसरी तरफ सोनिया गांधी से मिले हुए थे। वाजपेयी ने इस पर आपत्ति भी की थी कि आप ऐसा क्यों बोल रहे हैं? सुदर्शन ने उस इंटरव्यू में कहा कि वाजपेयी के दामाद रंजन भट्टाचार्य के पी.एम.ओ. में हस्तक्षेप पर भी रोक लगाने को कहा था। लेकिन वाजपेयी ने इसे कठिन बताया था। सुदर्शन का कहना था कि वाजपेयी सारी बातें सुन लेते थे, लेकिन कुछ कहते नहीं थे। जबकि दूसरी तरफ आडवाणी ने एक आदर्श प्रस्तुत किया था और अपने पुत्र-पुत्री को कोई लाभ नहीं लेने दिया। लेकिन वाजपेयी ने ऐसा नहीं किया। सुदर्शन ने तो यहाँ तक कह दिया कि वामपंथी कभी भी देश के नहीं हो सकते, इसलिए वामपंथियों के खिलाफ संघ-भा.ज.पा.-कांग्रेस भी कभी एक साथ आ सकते हैं; क्योंकि राजनीति में

लेकिन वाजपेयी ने किससे संवाद नहीं रखा? इस पर सुदर्शन ने कहा था कि बहुत से संगठनों से संवाद नहीं रखा और भिन्न-भिन्न संगठनों में काम करनेवाले स्वयंसेवकों में रोष आ रहा था। बृजेश मिश्र को लेकर भी सुदर्शन ने कहा कि वाजपेयी ने उन्हें राष्ट्रीय सुरक्षा और विदेश नीति का भी काम दे रखा था। दोनों काम एक व्यक्ति को देना न्यायसंगत नहीं था।

कोई अस्पृश्य नहीं है। उन्होंने कहा कि आज भा.ज.पा. केंद्रबिंदु तो बन गई है, लेकिन कांग्रेस को भी वे अछूत नहीं मानते; क्योंकि संघ का स्वयंसेवक किसी भी दल में जा सकता है, बशर्ते उस दल की निष्ठा देश के खिलाफ न हो।

लेकिन संघ प्रमुख सुदर्शन ने नरेंद्र मोदी के कामकाज को सराहा। गुजरात और मोदी के सवाल पर सुदर्शन ने कहा था कि दंगों के बाद दोबारा चुनाव हुए और दो-तिहाई बहुमत से सत्ता मिली है। मोदी ने गुजरात में बहुत काम किया है और निर्णय सही से ले रहे हैं। हालाँकि, सुदर्शन ने कहा कि मोदी की शैली पार्टी को साथ लेकर चलने की नहीं है। लेकिन उन्होंने सुझाव दिया है कि काम ठीक है, लेकिन सबको साथ लेकर चलें। संघ प्रमुख के.एस. सुदर्शन ने उस इंटरव्यू के माध्यम से वाजपेयी-आडवाणी को नेतृत्व छोड़ने की सलाह दी तो वाजपेयी ने 19 अप्रैल को कहा कि मेरे पास तो पद ही नहीं। आडवाणी के बारे में वे खुद और पार्टी फैसला करें। इस बयान के बाद भा.ज.पा. में फिर हलचल शुरू हो गई। सुदर्शन ने एन.डी.ए. सरकार के कामकाज को कठघरे में खड़ा किया था। वाजपेयी ने इस पर कहा था, "मैंने भी सुदर्शनजी का बयान पढ़ा है। यह उनका अपना विचार है। सबको अपना विचार रखने का हक है। समय आने पर इसका जवाब दूँगा।" लेकिन सबकुछ योजना से हो, राजनीति में ऐसा शायद निश्चित नहीं होता। बहुत कुछ नियति भी तय करती है। संघ और भा.ज.पा. के संदर्भ में भी यही हुआ। इस हलचल के बीच ही आडवाणी पाकिस्तान दौरे पर गए और मुहम्मद अली जिन्ना की मजार पर जाकर उन्होंने जो लिखा और कहा, वह पार्टी में नया भूचाल लेकर आया, जिसने अटल-आडवाणी युग के अवसान और नई पीढ़ी में संक्रमण की पटकथा लिख दी। इसके बाद दूसरी पीढ़ी के नेताओं में होड़-सी मच गई। हर कोई खुद को संघ का करीबी साबित करने में जुट गया। यही वक्त था, जब अरुण जेटली का एक लेख छपा, जिसमें उन्होंने सुषमा स्वराज को छोड़कर खुद, वेंकैया नायडू और प्रमोद महाजन के आपातकाल के समय से संघ से जुड़े होने की बात कही, यानी शुरुआत हो चुकी थी—आडवाणी के बाद दूसरी पीढ़ी में कौन?

संघ प्रमुख सुदर्शन ने नरेंद्र मोदी के कामकाज को सराहा। गुजरात और मोदी के सवाल पर सुदर्शन ने कहा था कि दंगों के बाद दोबारा चुनाव हुए और दो-तिहाई बहुमत से सत्ता मिली है। मोदी ने गुजरात में बहुत काम किया है और निर्णय सही से ले रहे हैं। हालाँकि, सुदर्शन ने कहा कि मोदी की शैली पार्टी को साथ लेकर चलने की नहीं है। लेकिन उन्होंने सुझाव दिया है कि काम ठीक है, लेकिन सबको साथ लेकर चलें।

राजनीति और चुनाव की अपनी अलग मजबूरियाँ होती हैं। भले वाजपेयी ने मोदी पर वर्ष 2004 की हार का ठीकरा फोड़ने की कोशिश की, लेकिन वे भी राजनीतिक मजबूरियों को बखूबी समझते थे। तभी तो गुजरात दंगे के समय जब वे प्रधानमंत्री थे और विपक्ष में रहते हुए कांग्रेस नेताओं ने सोचे-समझे बिना गुजरात के बारे में 'जेनोसाइड' शब्द का इस्तेमाल किया था, तब वाजपेयी ने संसद् के भीतर कहा था, "मैं प्रतिपक्ष की नेता से कहूँगा कि गुजरात के बारे में 'जेनोसाइड' शब्द का प्रयोग ठीक नहीं है। जेनोसाइड की व्यापकता अलग है। एक जाति या राष्ट्र का नाश किया जाता है तो इस शब्द का इस्तेमाल होता है। गुजरात में हिंदू भी मरे, मुसलमान भी मरे। पुलिस की गोली से दोनों तरफ के लोग मरे। मैं शब्द की बात कह रहा हूँ। उसके भाव जानने की कोशिश कीजिए। इस शब्द का अंतरराष्ट्रीय मंचों पर भारत के खिलाफ इस्तेमाल हो सकता है।" लेकिन जब भा.ज.पा. सत्ता से बाहर होने के बाद उठा-पटक के दौर से गुजर रही थी, अत: संघ उसे यों ही अधर में नहीं छोड़ सकता था। इसका मतलब यह नहीं था कि संघ भा.ज.पा. पर नियंत्रण करना चाहता था। दरअसल, जिस तरह से भा.ज.पा. का गठन हुआ, उसे भी अपने वैचारिक-नीतिगत मामलों से लेकर हर बड़े मसले पर संघ की ओर ही टकटकी लगाकर देखना पड़ता है। इसकी वजह संघ का अपना विशाल कॉडर है और वह चुनाव के समय परोक्ष रूप से एक मशीनरी के रूप में काम करता है। संघ का एक नुमाइंदा भा.ज.पा. में हमेशा रहता है। पार्टी का संगठन मंत्री पूरी तरह से संघ का प्रचारक ही होता है, जिसकी नियुक्ति संघ ही करता है। राज्यों में भी ऐसा ही ढाँचा होता है। इसलिए जब आडवाणी के जिन्ना प्रकरण से स्वयंसेवकों में वैचारिक भटकाव का संदेश गया तो संघ को सख्त रुख अख्तियार करना पड़ा।

मैं प्रतिपक्ष की नेता से कहूँगा कि गुजरात के बारे में 'जेनोसाइड' शब्द का प्रयोग ठीक नहीं है। जेनोसाइड की व्यापकता अलग है। एक जाति या राष्ट्र का नाश किया जाता है तो इस शब्द का इस्तेमाल होता है। गुजरात में हिंदू भी मरे, मुसलमान भी मरे। पुलिस की गोली से दोनों तरफ के लोग मरे। मैं शब्द की बात कह रहा हूँ। उसके भाव जानने की कोशिश कीजिए।

□

3

जिन्ना प्रकरण और संघ

परदे के पीछे से ही संघ ने कैसे सीधे दखल दिया तो आडवाणी पद छोड़ने को मजबूर हुए; लेकिन भा.ज.पा. की वैचारिक वापसी करा नई पीढ़ी में राजनाथ सिंह को कमान दिलाना संघ के लिए सहज नहीं रहा।

भा.ज.पा. और संघ के रिश्तों के बीच यह एक ऐतिहासिक प्रकरण है। जून 2005 में लालकृष्ण आडवाणी पाकिस्तान दौरे पर गए थे, जहाँ उन्होंने 4 जून को मुहम्मद अली जिन्ना की मजार पर जाकर उन्हें सेक्युलर कहा और उसके लिए पाकिस्तान की संविधान सभा में दिए गए जिन्ना के संबोधन को आधार बनाया था। 5 जून, 2005 को उन्होंने एक सभा में भी दोहराया कि जिन्ना ने 11 अगस्त, 1947 को संविधान सभा में दिए अपने भाषण में एक सेक्युलर राज्य बनाने की जोरदार वकालत की थी। तत्काल सभी जगह यह वक्तव्य सुर्खियाँ बन चुका था—आडवाणी ने जिन्ना को सेक्युलर कहा है। पार्टी में कोई बड़ा नेता आडवाणी के बचाव में नहीं आ रहा था। संघ की ओर से उनके बयान पर निशाना साधा जा चुका था। आडवाणी इससे आहत थे कि सारी पृष्ठभूमि को जाने बिना ही ऐसा माहौल खड़ा कर दिया गया, मानो उन्होंने वैचारिक दृष्टि से जघन्य अपराध कर दिया हो! वे अपनी आत्मकथा में इसका जिक्र करते हैं—"6 जून की सुबह पाकिस्तान एयरलाइंस की फ्लाइट से दिल्ली आने के लिए सवार होने से पहले ही मैंने व्यथित हृदय से यह निर्णय ले लिया था कि मैं भा.ज.पा. के अध्यक्ष पद से त्याग-पत्र दे दूँगा।" दिल्ली पहुँचते ही आडवाणी ने 7 जून को इस्तीफा दे दिया और तब के संगठन महामंत्री संजय जोशी को पत्र लिखा, जिसमें वे बेहद मर्माहत दिख रहे थे। उन्होंने लिखा था कि अगर मेरे साथियों का मुझ पर भरोसा और विश्वास नहीं है तो मैं पार्टी अध्यक्ष के रूप में कार्य करना नहीं चाहूँगा। भा.ज.पा. के संसदीय बोर्ड और केंद्रीय पदाधिकारियों ने उनका इस्तीफा स्वीकार नहीं किया। 8 जून को बैठक कर सर्वसम्मति से प्रस्ताव पारित कर पूर्व की तरह से आडवाणी से पार्टी का नेतृत्व करते रहने

को कहा गया। इस प्रस्ताव में आडवाणी के राष्ट्र और विचारधारा के प्रति योगदानों को सराहा गया। इस प्रस्ताव में ही विश्व हिंदू परिषद् के नेताओं की ओर से आडवाणी के खिलाफ दिए गए आपत्तिजनक बयानों का खंडन किया गया और ऐसे वक्तव्य को हिंदू धर्म के व्यवहारों के खिलाफ कहा गया।

लेकिन आडवाणी इस्तीफे से पीछे हटने को राजी नहीं थे और जिन्ना प्रकरण पर अपने बयानों को लेकर पार्टी से स्पष्टता के साथ समर्थन चाह रहे थे। ऐसे में, पार्टी के रणनीतिकार 9 जून को बीच-बचाव का रास्ता तैयार कर रहे थे। 10 जून को संसदीय बोर्ड की बैठक होनी थी, जिसका प्रारूप बन गया था और उसमें लिखा गया था कि भा.ज.पा. जिन्ना के धर्म के आधार पर द्विराष्ट्र के सिद्धांत की आलोचना करती है। यह भी कहा गया कि आडवाणी की पाक यात्रा से वाजपेयी सरकार के समय दोनों देशों के संबंधों में सुधार की शुरुआत की गाड़ी आगे बढ़ी है, खासकर कटासराज मंदिर के जीर्णोद्धार की नींव का पत्थर रखे जाने से पुराने जख्म भरने की शुरुआत हुई है। यानी इस प्रस्ताव के जरिए कोशिश थी कि आडवाणी की बात भी रह जाए और भा.ज.पा. का अपना रुख भी। लेकिन संघ शायद सहमत नहीं था। वह तो आडवाणी से इस्तीफा वापसी के पक्ष में भी नहीं था। लेकिन इस खबर का संघ ने तब खंडन किया था। लेकिन प्रस्ताव पर बात आगे बढ़े, उससे पहले मुरली मनोहर जोशी ने मोर्चा खोल दिया। 10 जून को संसदीय बोर्ड की बैठक होनी थी और वेंकैया नायडू, प्रमोद महाजन, संजय जोशी प्रस्ताव पर काम कर रहे थे। मुरली मनोहर जोशी इससे असहमत थे और उन्हें लगा कि उनकी सहमति के बिना प्रस्ताव आगे बढ़ रहा है तो उन्होंने सार्वजनिक तौर पर मोर्चा खोल दिया। जोशी और तब भा.ज.पा. में बाबूलाल मरांडी ने जिन्ना को सेक्युलर बताने पर मोर्चा खोला। जोशी ने कहा, "जिन्ना ने द्विराष्ट्र के सिद्धांत पर भारत का बँटवारा करवाया, इसलिए उन्हें एक भाषण के आधार पर सेक्युलर नहीं माना जा सकता। मैं संघ के रुख से सहमत हूँ और आडवाणी से पूरी तरह असहमत।" लेकिन 10 जून को संसदीय बोर्ड की बैठक हुई, जिसमें पार्टी-शासित राज्यों के मुख्यमंत्रियों को भी शामिल किया गया। फिर एक बयान जारी हुआ, जिसमें लिखा था—"भा.ज.पा. अपने

आडवाणी इस्तीफे से पीछे हटने को राजी नहीं थे और जिन्ना प्रकरण पर अपने बयानों को लेकर पार्टी से स्पष्टता के साथ समर्थन चाह रहे थे। ऐसे में, पार्टी के रणनीतिकार 9 जून को बीच-बचाव का रास्ता तैयार कर रहे थे। 10 जून को संसदीय बोर्ड की बैठक होनी थी, जिसका प्रारूप बन गया था और उसमें लिखा गया था कि भा.ज.पा. जिन्ना के धर्म के आधार पर द्विराष्ट्र के सिद्धांत की आलोचना करती है।

अध्यक्ष लालकृष्ण आडवाणी की लीक से हटकर अभूतपूर्व पाकिस्तान यात्रा की प्रशंसा करती है।...पार्टी प्रसन्न है कि आडवाणी ने पाकिस्तान के राष्ट्रपति के साथ सीमा पार आतंकवाद का मुद्दा उठाया...भा.ज.पा. पाकिस्तान द्वारा कटासराज मंदिर के पुनरुद्धार के लिए आडवाणी को आमंत्रित करने के कदम का स्वागत करती है।...भा.ज.पा. दोहराती है कि भले ही जिन्ना की पाकिस्तान के बारे में कोई भी परिकल्पना रही हो, लेकिन उनके द्वारा संस्थापित राज्य मजहबी और गैर-सेक्युलर है। हिंदू और मुसलिमों के लिए दो अलग-अलग राष्ट्रों का विचार मात्र ही भा.ज.पा. के सिद्धांतों के प्रतिकूल है। भा.ज.पा. ने सांप्रदायिक आधार पर भारत के विभाजन की हमेशा ही निंदा की है और करती रहेगी। जिन्ना द्वारा प्रतिपादित ब्रिटिश औपनिवेशकों द्वारा समर्थित द्विराष्ट्र के सिद्धांत को पार्टी दृढ़ता से नकारती रहेगी। इस यथार्थ से मुँह नहीं फेरा जा सकता कि जिन्ना ने पाकिस्तान बनाने का लक्ष्य पूरा करने के लिए एक सांप्रदायिक आंदोलन का नेतृत्व किया, जिसकी चपेट में आकर हजारों निरपराध लोग मारे गए तथा लाखों लोग बेघर व बेरोजगार हो गए।" आडवाणी ने आखिरकार इस्तीफा वापस ले लिया, जिससे भा.ज.पा. का राजनीतिक तूफान थम गया था।

संघ अभी भी संतुष्ट नहीं था और वैचारिक तूफान अभी थमा नहीं था। संघ और आनुषंगिक संगठनों में, खासतौर से विश्व हिंदू परिषद्, आडवाणी को अध्यक्ष पद से हटाने का मानस बना चुका था। संघ प्रमुख के.एस. सुदर्शन ने 17 अप्रैल, 2005 को एक साक्षात्कार में वाजपेयी-आडवाणी को रिटायर होने की सलाह पहले ही दे दी थी, लेकिन तब निशाने पर ज्यादा वाजपेयी थे।

लेकिन संघ अभी भी संतुष्ट नहीं था और वैचारिक तूफान अभी थमा नहीं था। संघ और आनुषंगिक संगठनों में, खासतौर से विश्व हिंदू परिषद्, आडवाणी को अध्यक्ष पद से हटाने का मानस बना चुका था। संघ प्रमुख के.एस. सुदर्शन ने 17 अप्रैल, 2005 को एक साक्षात्कार में वाजपेयी-आडवाणी को रिटायर होने की सलाह पहले ही दे दी थी, लेकिन तब निशाने पर ज्यादा वाजपेयी थे। और अब, जिन्ना प्रकरण ने तो आडवाणी के खिलाफ भी संघ को मोर्चा खोलने को मजबूर कर दिया, जो उस समय वाजपेयी के मुकाबले संघ को ज्यादा प्रिय थे। सुदर्शन ने दो महीने पहले ही एक साक्षात्कार में आडवाणी की जमकर तारीफ की थी। लेकिन जिन्ना प्रकरण को संघ वैचारिक प्रतिष्ठा पर आघात मान रहा था, लिहाजा आडवाणी को पार्टी के रजत जयंती वर्ष के समापन समारोह से पहले इस्तीफा देने का संदेश दे दिया गया।

आखिर ऐसे बनी अध्यक्ष पद से विदाई की पटकथा

जिन्ना प्रकरण पर विवाद तो थम गया था, लेकिन वैचारिक तूफान किस कदर उफान पर था, इसकी झलक जुलाई 2005 की शुरुआत में संघ के देश भर के प्रांत प्रचारकों की गुजरात के सूरत में हुई चार दिवसीय अहम बैठक में दिखी। 'इंडिया टुडे' अपने 18 जुलाई, 2005 के अंक में लिखता है—"संघ के प्रांत प्रचारकों ने भा.ज.पा. के डगमग और दब्बू नेतृत्व की भारी कीमत चुकाने के प्रति आगाह करते हुए कहा कि अगर उसने भा.ज.पा. अध्यक्ष लालकृष्ण आडवाणी की तरह विचारधारा से अलग चलने के मामलों को माफ किया तो समूचे संघ परिवार को इसका भारी खामियाजा भुगतना पड़ेगा।" प्रचारकों की दलील थी कि आडवाणी-जिन्ना प्रकरण पर वे स्वयंसेवकों के सवालों के जवाब नहीं दे पाते हैं। बैठक में साफ संदेश था कि आडवाणी मसले पर अभी तक काररवाई हो जानी चाहिए थी, क्योंकि सिर्फ विचारधारा के बयानों से संगठन नहीं चलाया जा सकता।

> ***संघ के प्रांत प्रचारकों ने भा.ज.पा. के डगमग और दब्बू नेतृत्व की भारी कीमत चुकाने के प्रति आगाह करते हुए कहा कि अगर उसने भा.ज.पा. अध्यक्ष लालकृष्ण आडवाणी की तरह विचारधारा से अलग चलने के मामलों को माफ किया तो समूचे संघ परिवार को इसका भारी खामियाजा भुगतना पड़ेगा।***

हालाँकि, संघ का एक समूह आडवाणी को समय दिए जाने के पक्ष में भी था; लेकिन संघ प्रमुख सुदर्शन, विहिप के अशोक सिंघल, प्रवीण तोगड़िया, एम.जी. वैद्य सरीखे नेता—जिन्होंने खुलेआम आडवाणी को हटाने की माँग जिन्ना प्रकरण के समय की थी—उनका मानना था कि आडवाणी के हटने से ही संघ परिवार के भीतर पैदा हुई वैचारिक भ्रम की स्थिति खत्म हो सकती है। तब एक साक्षात्कार में अशोक सिंघल ने कहा था, "आडवाणी ने वैचारिक तौर पर गलत कदमों से खुद को संघ परिवार और भा.ज.पा. की बुनियाद से काट लिया है। उनमें संघ या भा.ज.पा. के आम कार्यकर्ता का भी दिल होता तो उन्होंने पाकिस्तान में वह सब नहीं किया होता।" सिंघल ने यह भी कहा था कि संघ परिवार का पहिया चुनाव के दौरान भा.ज.पा. के लिए काम करता है और उसे आगे बढ़ाने में मदद करता है। इसलिए संघ परिवार में सामंजस्य है, समस्या भा.ज.पा. में और खासतौर से उसके नेतृत्व के स्तर पर है, जिसमें सुधार के उपाय जरूरी हैं।

इस बैठक में तय किया गया कि भा.ज.पा. को चार बिंदुओं—जिन्ना, अखंड भारत, राम मंदिर और गुजरात दंगों—पर संघ की वैचारिक स्थिति साफ-साफ बताई जाए। स्पष्ट संकेत था कि आडवाणी को अध्यक्ष पद से जाना होगा। आडवाणी को संकेत

दिया भी जा चुका था, लेकिन वे असमंजस में थे। आडवाणी खुद अपनी आत्मकथा में लिखते हैं—"मैं दुविधा में पड़ गया। क्या प्रतिक्रिया करनी चाहिए? क्योंकि राजनीतिक जीवन में ऐसी स्थिति कभी उत्पन्न नहीं हुई थी।" करीब डेढ़ महीने तक यह स्थिति बनी रही और दूसरी पीढ़ी के नेता, जो कभी आडवाणी के खास हुआ करते थे, एक-एक कर साथ छोड़ रहे थे। ऐसे में, आडवाणी ने 16 जुलाई, 2005 को वाजपेयी से मदद ली। वेंकैया नायडू और जसवंत सिंह के साथ वे वाजपेयी से मिलने पहुँचे तो उन्होंने आडवाणी से कहा कि वे सुदर्शनजी से बात क्यों नहीं कर लेते? तो आडवाणी का कहना था कि सुदर्शन बात नहीं कर रहे। इस पर वाजपेयी ने फोन मिलाकर बात की और फिर घर आकर आडवाणी ने। सुदर्शन ने आडवाणी से बातचीत के लिए मोहन भागवत और सुरेश सोनी को दिल्ली भेजा। भागवत ने इस मुलाकात में आनुषंगिक संगठनों में पीढ़ीगत परिवर्तन का संदेश दिया। संघ चाहता था कि रजत जयंती वर्ष के समापन में कमान नए नेता के हाथ में हो और आडवाणी संघ की दीपावली बैठक से पहले इस्तीफा दे दें। आडवाणी एकबारगी तो संघ से टकराव के मूड में आ गए थे, लेकिन वाजपेयी ने ऐसा नहीं करने की सलाह दी।

इस्तीफे पर आडवाणी का ऊहापोह जारी था कि इसी बीच 16-18 सितंबर, 2005 को चेन्नई में भा.ज.पा. की राष्ट्रीय कार्यकारिणी की बैठक हुई और संघ की ओर से यह कह दिया गया कि आडवाणी पार्टी के मुंबई में होनेवाले रजत जयंती वर्ष समारोह के समापन आयोजन में अध्यक्ष पद छोड़ने का ऐलान इसी कार्यकारिणी की बैठक में कर दें। ऐसा ऐलान कराकर संघ नए उपयुक्त नेतृत्व की खोज के लिए समय चाहता था, ताकि दिसंबर में औपचारिक तौर से नई पीढ़ी को कमान सौंपी जा सके।

इस्तीफे पर आडवाणी का ऊहापोह जारी था कि इसी बीच 16-18 सितंबर, 2005 को चेन्नई में भा.ज.पा. की राष्ट्रीय कार्यकारिणी की बैठक हुई और संघ की ओर से यह कह दिया गया कि आडवाणी पार्टी के मुंबई में होनेवाले रजत जयंती वर्ष समारोह के समापन आयोजन में अध्यक्ष पद छोड़ने का ऐलान इसी कार्यकारिणी की बैठक में कर दें। ऐसा ऐलान कराकर संघ नए उपयुक्त नेतृत्व की खोज के लिए समय चाहता था, ताकि दिसंबर में औपचारिक तौर से नई पीढ़ी को कमान सौंपी जा सके। आखिर में, चेन्नई कार्यकारिणी की बैठक में आडवाणी यह ऐलान करने को मजबूर हो गए कि वे दिसंबर में भा.ज.पा. अध्यक्ष का पद छोड़ देंगे। लेकिन इसका ऐलान करते हुए तब आडवाणी ने कार्यकारिणी को संबोधित करते हुए संघ पर पार्टी के रोजमर्रा के काम में दखल देने का आरोप भी लगाया था। उनका कहना था, "हाल ही में

को मजबूत होने देना। संघ ने अपनी स्थिति को मजबूत बनाए रखा और दिसंबर 2006 के लखनऊ अधिवेशन में भा.ज.पा. अध्यक्ष को पार्टी के संविधान में संशोधन के जरिए कुछ और संगठन मंत्रियों की नियुक्ति का अधिकार मिल गया था। संघ के फॉर्मूले के तहत राजनाथ सिंह ने मार्च 2007 में चार सह-संगठन मंत्री जोड़े, जिनमें से दो को सीधे रामलाल के साथ तो एक को आंध्र प्रदेश और एक को तमिलनाडु में केंद्र बनाकर क्षेत्रीय जिम्मेदारी दी गई।

संजय जोशी प्रकरण भा.ज.पा. और संघ के लिए दोहरा झटका था, क्योंकि कुछ दिन पहले ही 12 दिसंबर को संसद् के ग्यारह सदस्य सवाल पूछने के लिए घूस लेते हुए टी.वी. चैनल के स्टिंग 'ऑपरेशन दुर्योधन' में पकड़े गए थे। उनमें से छह भा.ज.पा. के सांसद थे। आडवाणी ने उन्हें बतौर अध्यक्ष तत्काल निलंबित कर दिया था। लेकिन बाद में 23 दिसंबर को संसदीय समिति ने सभी सांसदों को बरखास्त करने का फैसला लिया। लेकिन तब भा.ज.पा. ने यह कहते हुए इसका विरोध किया था कि संसदीय समिति ने उचित प्रक्रिया और नियमों का पालन नहीं किया। फिर 'ऑपरेशन चक्रव्यूह' में सांसद निधि के बदले कमीशन वाला भी स्टिंग सामने आया था, जिसमें भी भा.ज.पा. के तीन सांसदों का नाम शामिल था। इस मामले में उस तरह के सबूत नहीं मिले, सो उतनी कठोर काररवाई नहीं हुई। लेकिन भ्रष्टाचार के इस मामले के तत्काल बाद चरित्र पर उँगली उठानेवाली कथित सी.डी. ने रजय जयंती वर्ष में मुश्किल पैदा जरूर की थी और विपक्ष 'चाल, चरित्र, चेहरा' की बात कर निशाना साधने लगा था। लेकिन सी.डी. कांड में मिली क्लीन चिट ने संघ-भा.ज.पा. को संबल दिया। वैसे भी, यू.पी.ए. सरकार की मुसलिम तुष्टीकरण की नीति के खिलाफ भा.ज.पा. मुखर हो रही थी।

संजय जोशी प्रकरण भा.ज.पा. और संघ के लिए दोहरा झटका था, क्योंकि कुछ दिन पहले ही 12 दिसंबर को संसद् के ग्यारह सदस्य सवाल पूछने के लिए घूस लेते हुए टी.वी. चैनल के स्टिंग 'ऑपरेशन दुर्योधन' में पकड़े गए थे। उनमें से छह भा.ज.पा. के सांसद थे। आडवाणी ने उन्हें बतौर अध्यक्ष तत्काल निलंबित कर दिया था। लेकिन बाद में 23 दिसंबर को संसदीय समिति ने सभी सांसदों को बरखास्त करने का फैसला लिया।

भारत सुरक्षा यात्रा"प्रमोद महाजन की हत्या

सच्चर कमेटी द्वारा सेना के तीनों अंगों में हैड काउंट वाला बवाल, अल्पसंख्यक आयोगों की मान्यता, सरकारी नौकरियों में मुसलिम आरक्षण की कवायद जैसे तमाम

मुद्दे, अल्पसंख्यक मंत्रालय का गठन, उर्दू विकास के लिए अलग से फंड, प्रधानमंत्री मनमोहन सिंह की ओर से देश के संसाधनों पर अल्पसंख्यकों का पहला हक बतानेवाला बयान समेत ऐसे तमाम मुद्दे थे, जो भा.ज.पा. और संघ को हिंदुत्व की धार को पैनी करने का अवसर दे रहे थे। अचानक आडवाणी ने पहल की और 10 मार्च को संसदीय बोर्ड की बैठक बुलाई गई, जिसके बाद भा.ज.पा. की ओर से अयोध्या की तरह ही देशव्यापी रथयात्रा 'भारत सुरक्षा यात्रा' का ऐलान हो गया। 6 अप्रैल, 2006, यानी पार्टी के स्थापना दिवस से आडवाणी ने गुजरात से और राजनाथ सिंह ने ओडिशा से 'भारत सुरक्षा यात्रा' की शुरुआत की। यू.पी.ए. सरकार की मुसलिम तुष्टीकरण की नीति के खिलाफ दो दिशाओं से शुरू हुई यात्रा 10 मई को दिल्ली में समाप्त होनी थी। राजनीतिक चर्चा यह थी कि जिन्ना प्रकरण के बाद से अलग-थलग आडवाणी ने वापस खुद को स्थापित करने के लिए इस यात्रा की पटकथा लिखी। इसी यात्रा में आडवाणी ने कंधार प्रकरण पर तब वाजपेयी कैबिनेट में अपनी असहमति का खुलासा भी किया, जिससे बवाल मचा था।

इसी बीच मुंबई से यात्रा आगे निकली तो प्रमोद महाजन उसे रवाना कर अपने घर पर आराम कर रहे थे। तभी 22 अप्रैल की सुबह मुंबई के उनके घर पर उनके छोटे भाई प्रवीण महाजन से किसी बात पर बहस हुई और 15 मिनट के भीतर ही प्रवीण ने गोली चला दी। महाजन मुंबई के हिंदुजा अस्पताल में 13 दिन जिंदगी-मौत से जूझते रहे। उनकी लोकप्रियता का आलम उस समय दिखा। आखिर 3 मई को उन्होंने दम तोड़ दिया। भा.ज.पा. का एक ऐसा नेता, जो लंबी रेस का घोड़ा था और उनके बारे में खुद आडवाणी ने कहा था, "संसदीय बोर्ड में सबसे छोटे थे प्रमोद, लेकिन हम उन्हें आखिर में बोलने का मौका देते थे; क्योंकि किसी मुद्दे पर संसदीय बोर्ड के सभी सदस्यों में भले कितने भी मतभेद हों, जब आखिर में प्रमोदजी को मौका मिलता था तो वह जो बात रखते थे, उसके बाद सभी एक पल में ही सहमत हो जाते थे।" भा.ज.पा. के संकटमोचन और चाणक्य के तौर पर गिने जाते थे महाजन। हालाँकि, पाँच-सितारा संस्कृति के लिए संघ और भा.ज.पा. में ही एक गुट उनका आलोचक भी था; लेकिन वे दोस्तों के दोस्त

इसी बीच मुंबई से यात्रा आगे निकली तो प्रमोद महाजन उसे रवाना कर अपने घर पर आराम कर रहे थे। तभी 22 अप्रैल की सुबह मुंबई के उनके घर पर उनके छोटे भाई प्रवीण महाजन से किसी बात पर बहस हुई और 15 मिनट के भीतर ही प्रवीण ने गोली चला दी। महाजन मुंबई के हिंदुजा अस्पताल में 13 दिन जिंदगी-मौत से जूझते रहे। उनकी लोकप्रियता का आलम उस समय दिखा। आखिर 3 मई को उन्होंने दम तोड़ दिया।

थे। दिल्ली में उनके सरकारी आवास 7 सफदरजंग रोड के मेन गेट पर लिखा होता था—'दोस्तों का हर समय स्वागत है। रिश्तेदार समय लेकर आएँ।' राजनाथ सिंह जब पहली बार अध्यक्ष बने तो प्रमोद महाजन ने सहजता से कहा था, "मैं भा.ज.पा. का सचिन तेंदुलकर बनना चाहता हूँ। कप्तान चाहे कोई भी हो, मुझे खेलने के लिए टीम में जगह मिल ही जाती है।" ऐसी सहजता थी महाजन की। भा.ज.पा. के लिए रणनीति के तौर पर यह एक बड़ा झटका था।

भागवत की समन्वय की राह, राजनाथ फिर रहनुमा

नागपुर की प्रतिनिधि सभा में मोहन भागवत तीसरी बार सरकार्यवाह के तौर पर नियुक्त हुए। उन्होंने समन्वय और पीढ़ीगत परिवर्तन की राह अपनाई। उनका मानना था कि भा.ज.पा. समेत सभी आनुषंगिक संगठनों को विचारधारा की चिंता करनी होगी। समन्वय की नीति के तहत यह कदम उठाया जा रहा था, क्योंकि संगठनों के बीच समन्वय संघ की सुविचारित व्यवस्था है। दिसंबर 2006 में राजनाथ सर्वसम्मति से अपने तीन साल के पूर्ण कार्यकाल के लिए राष्ट्रीय अध्यक्ष चुन लिये गए। अब तक पिछले 11 महीने से वे वेंकैया नायडू और फिर आडवाणी का बचा हुआ कार्यकाल ही पूरा कर रहे थे। अध्यक्ष बनने के बाद लखनऊ में राष्ट्रीय कार्यकारिणी और परिषद् की बैठक हुई। बैठक किसी होटल में करने की बजाय संघ संचालित एक विद्यालय में हुई। 22-24 दिसंबर, 2006 की बैठक में राजनाथ का अध्यक्षीय संबोधन इस बात का साफ संकेत था कि पिछले डेढ़ साल से संघ जिस विचारधारा को लेकर कसरत कर रहा था, भा.ज.पा. उस राह पर आने लगी है। सबसे पहले तो कार्यकारिणी में राजनाथ ने स्वीकार किया कि सत्ता के दौरान अपने एजेंडे से पीछे हटने की वजह से पार्टी की साख गिरी है। लेकिन अब राजनीतिक शुचिता की मिसाल फिर से कायम करने के लिए पार्टी में एक तंत्र विकसित करना होगा। राजनाथ जब परिषद् की बैठक में बोले तो सुर्खियाँ बनीं—'राजनाथ पूरी तरह से संघं शरणं गच्छामि'। उन्होंने अयोध्या में राम मंदिर निर्माण का संकल्प दोहराया तो चुनौती भी दी कि अगर किसी

नागपुर की प्रतिनिधि सभा में मोहन भागवत तीसरी बार सरकार्यवाह के तौर पर नियुक्त हुए। उन्होंने समन्वय और पीढ़ीगत परिवर्तन की राह अपनाई। उनका मानना था कि भा.ज.पा. समेत सभी आनुषंगिक संगठनों को विचारधारा की चिंता करनी होगी। समन्वय की नीति के तहत यह कदम उठाया जा रहा था, क्योंकि संगठनों के बीच समन्वय संघ की सुविचारित व्यवस्था है।

में हिम्मत है तो विवादित स्थल पर बाबरी मसजिद बनाकर दिखाए। साथ ही कश्मीरी पंडितों की दुर्दशा, विदेशों में हिंदुओं-सिखों पर अत्याचार, अफजल गुरु, वंदे मातरम्, शहीद परिवारों के पदक लौटाने, सच्चर कमेटी की आड़ में मजहब की राजनीति का जिक्र किया और सिर्फ दस साल के शासन के लिए जनादेश माँगा। उन्होंने कांग्रेस की राजनीति को बहुसंख्यक हिंदू समाज को दोयम दर्जे का नागरिक बनानेवाला बताया।

अटल बिहारी वाजपेयी ने भी पार्टी की गुटबाजी और घटते प्रभाव पर चिंता जाहिर की और एक बार फिर भा.ज.पा. में हँसता-खेलता जीवंत माहौल बनाने पर जोर दिया। उन्होंने कहा था, "भा.ज.पा. में गुटबाजी के लिए कोई जगह नहीं होनी चाहिए। मैं पार्टी में फिर वही वातावरण चाहता हूँ। आप अपनी थकान उतारें, भविष्य हमारी राह ताक रहा है।" वाजपेयी ने राजनाथ की प्रशंसा में कहा कि संगठन व प्रशासन दोनों का अनुभव रखनेवाले हाथ में पार्टी की डोर आने से कुछ महीनों में ही चारों तरफ नया विश्वास पैदा हो गया है।

लेकिन राजनाथ को मालूम था कि उनकी जिम्मेदारी कितनी कठिन है। सो उन्होंने कहा था, "उत्तर प्रदेश भावी इतिहास की करवट का साक्षी बनेगा। इतिहास बदलने के लिए मैंने अंगारों का हार पहना है, काँटों भरा रास्ता चुना है और मैं इतिहास को मोड़कर ही दम लूँगा।" राजनाथ भले उस कार्यकाल में इसे यथार्थ नहीं बना पाए हों, लेकिन सन् 2013 में जब फिर जिम्मेदारी सँभाली तो उनके उस वक्त के शब्द दीवार पर लिखी इबारत बन गए। इतना ही नहीं, राजनाथ ने लखनऊ की इस बैठक में अनुशासन का मर्म बताया, "अनुशासन पार्टी से निकालने भर से नहीं आएगा, बल्कि अनुशासन को अपने भीतर निहित करने की जरूरत है।" अटल बिहारी वाजपेयी ने भी पार्टी की गुटबाजी और घटते प्रभाव पर चिंता जाहिर की और एक बार फिर भा.ज.पा. में हँसता-खेलता जीवंत माहौल बनाने पर जोर दिया। उन्होंने कहा था, "भा.ज.पा. में गुटबाजी के लिए कोई जगह नहीं होनी चाहिए। मैं पार्टी में फिर वही वातावरण चाहता हूँ। आप अपनी थकान उतारें, भविष्य हमारी राह ताक रहा है।" वाजपेयी ने राजनाथ की प्रशंसा में कहा कि संगठन व प्रशासन दोनों का अनुभव रखनेवाले हाथ में पार्टी की डोर आने से कुछ महीनों में ही चारों तरफ नया विश्वास पैदा हो गया है। इसी बैठक से अगले प्रधानमंत्री उम्मीदवार को लेकर हलचल शुरू हो गई, क्योंकि राजनाथ ने खुद को सत्ता रूपी सुंदरी का दूल्हा बताया तो उनके भी पी.एम. पद की होड़ में होने की खबर फैली। वाजपेयी ने भी एक सवाल के जवाब में आडवाणी को पूरा आशीर्वाद कह दिया।

इसके बाद राजनाथ सिंह ने अपनी टीम का ऐलान किया तो संघ ने संजय जोशी की जगह रामलाल को कमान सौंपी। फिर राजनाथ 6 फरवरी, 2007 को दिल्ली में संघ मुख्यालय पहुँचे तो सह-सरकार्यवाह सुरेश सोनी से मुलाकात की। फिर मार्च में संघ की अखिल भारतीय प्रतिनिधि सभा की बैठक लखनऊ में ही हुई, जो 15 साल बाद इस शहर में हो रही थी। वाजपेयी ने भी दिसंबर की बैठक में लखनऊ के अंग्रेजी शब्द 'लक-नाऊ' से नई शुरुआत का संदेश दिया था। राजनाथ के अध्यक्ष रहते पार्टी ने बिहार विधानसभा, यू.पी.-मुंबई के निकाय चुनाव, पंजाब-उत्तराखंड विधानसभा चुनाव में जीत हासिल की थी। अब बारी उत्तर प्रदेश विधानसभा चुनाव की थी। लेकिन चुनाव से पहले जबरदस्त उठा-पटक शुरू हो गई। योगी आदित्यनाथ तो इतने खफा हुए कि अलग पार्टी बनाकर उम्मीदवारों का भी ऐलान कर दिया। अलग पार्टी चला रहीं उमा भारती ने भी कह दिया कि उनकी वजह से भा.ज.पा. 40 सीटें हारेगी। भगवा वस्त्रधारियों का अलग होना शुभ संकेत नहीं था, सो मान-मनौवल शुरू हो गया था। इससे पहले 12 मार्च, 2007 को लोकसभा में योगी फफक-फफककर रोए थे और मुलायम सिंह यादव पर झूठे मुकदमे गढ़ने का आरोप लगाया था। लेकिन यू.पी. में आपसी गुटबाजी पार्टी को ले डूबी। संघ की ओर से राम माधव ने चेताया, "भा.ज.पा. यू.पी. से सबक ले। एंटी इनकंबेंसी कहीं राजस्थान, मध्य प्रदेश, छत्तीसगढ़, गुजरात में भारी न पड़ जाए।" भा.ज.पा. ने हिंदुत्व से जुड़े मुद्दों को पैना कर आगे बढ़ाया था, लेकिन नतीजा निराशाजनक रहा। बरखास्त सांसदों की सीटों पर हुए उपचुनाव में भा.ज.पा. अपनी एक भी सीट नहीं बचा पाई।

□

4

आडवाणी का अधूरा सफर

संघ ने फिर भरोसा जताया तो यू.पी.ए. सरकार ने हिंदुत्व के मुद्दे भी थमाए। वक्त अनुकूल दिखा; पर दूसरी पीढ़ी की लड़ाई इस कदर हावी थी, मानो पंद्रहवीं नहीं, सोलहवीं लोकसभा की लड़ाई शुरू हो गई!

भा.ज.पा. में उठा-पटक देख संघ को अंदाजा लग रहा था कि जब तक दूसरी पीढ़ी में कोई नेता तपकर कुंदन नहीं बन जाता, लालकृष्ण आडवाणी को पूरी तरह से दरकिनार नहीं किया जा सकता। ऐसे में, अप्रैल-मई आते-आते आडवाणी फिर संघ के करीब दिखे। इधर राष्ट्रपति चुनाव की डुगडुगी बज चुकी थी। एन.डी.ए. की ओर से भैरों सिंह शेखावत दावेदारी ठोक रहे थे। इसी बीच 15 मई को ममता बनर्जी ने वाजपेयी को राष्ट्रपति बनाने का प्रस्ताव रखा। तब वे एन.डी.ए. का हिस्सा थीं। वाजपेयी को वर्ष 2002 में संघ राष्ट्रपति बनाना चाहता था। बनना होता तो वे उसी वक्त बन जाते। ऐसे में, ए.पी.जे. अब्दुल कलाम का नाम फिर आया; लेकिन आम सहमति की राह में अटक गया। आखिर, वाजपेयी को ऐलान करना पड़ा कि राजेंद्र बाबू के बाद दो बार किसी को राष्ट्रपति पद देने की परंपरा नहीं रही है। ऐसे में, कांग्रेस ने पहली महिला राष्ट्रपति का दाँव खेला और तब राजस्थान की तत्कालीन राज्यपाल प्रतिभा देवीसिंह पाटिल को उम्मीदवार बनाया। प्रतिभा पाटिल राष्ट्रपति हो गईं। भा.ज.पा. की ओर से क्रॉस वोटिंग हुई थी और खासतौर से गुजरात में मोदी-विरोधी खेमे ने की थी। सो राष्ट्रपति पद की शपथ से दो दिन पहले 23 जुलाई को राजनाथ सिंह ने गोवर्धन झड़पिया समेत गुजरात के पाँच विधायकों को पार्टी से निलंबित कर दिया। अगस्त में राजनाथ का एक साक्षात्कार फिर विवाद लेकर आया, जिसमें दावा किया गया था कि नरेंद्र मोदी को संसदीय बोर्ड से हटाने में 70 फीसदी राजनाथ की राय थी और 30 फीसदी संघ की, तो अरुण जेटली को प्रवक्ता पद से हटाने में दोनों का 50-50 फीसदी योगदान था।

इसी बीच कांग्रेस की सरकार ने भा.ज.पा.-संघ को मुद्दा थमा दिया, जब राम

सेतु ही नहीं, भगवान् राम के अस्तित्व को भी बाकायदा सुप्रीम कोर्ट में हलफनामा देकर नकार दिया। हलफनामे के पैरा 20 में भारतीय पुरातत्त्व सर्वेक्षण विभाग की ओर से कहा गया—'वाल्मीकि रामायण एवं तुलसीदास की रामचरितमानस के पात्रों का कोई ऐतिहासिक रिकॉर्ड नहीं है।' सरकार का संस्कृति विभाग और उसकी मंत्री अंबिका सोनी निशाने पर आ गईं। 12 सितंबर को संघ के विचार परिवार ने देश भर में चक्का जाम किया। कांग्रेस में भी रामायण पर महाभारत छिड़ गई। मनमोहन सरकार के मंत्री जयराम रमेश ने तो अंबिका के इस्तीफे की माँग कर दी, तो अंबिका ने 14 सितंबर को तत्काल प्रधानमंत्री मनमोहन सिंह की बजाय सोनिया गांधी के सामने इस्तीफे की पेशकश कर दी। पुरातत्त्व विभाग के दो अधिकारी निलंबित कर दिए गए।

वंदे मातरम् पर विवाद, मुसलिम तुष्टीकरण आदि ऐसे तमाम मुद्दे थे, जो संघ को हिंदूवादी चेहरे की ओर उन्मुख कर रहे थे और फिलहाल की स्थिति में आडवाणी उसके लिए सबसे मुफीद थे, यानी मुद्दा भी था और माहौल भी। सो आडवाणी ने फिर 'पी.एम. इन वेटिंग' होने पर निगाह जमाई। भोपाल में 21 से 23 सितंबर को राष्ट्रीय कार्यकारिणी की बैठक हुई और यह पहली बैठक थी, जिसमें स्वास्थ्य वजहों से वाजपेयी शिरकत नहीं कर रहे थे। राजनाथ ने अपने संबोधन में कहा भी था, "देश में फिर वही माहौल है। इसलिए आइए, संकल्प लें कि जो दीप आज यहाँ जलाएँगे, उसका मकसद केंद्र में अपनी सत्ता स्थापित करना होगा।" लेकिन आडवाणी चाहते थे कि वर्ष 2009 के लिए प्रधानमंत्री पद की उम्मीदवारी का ऐलान इसी बैठक में हो जाए। अत: जसवंत सिंह, शत्रुघ्न सिन्हा, वेंकैया नायडू, यशवंत सिन्हा—सबने मीडिया के सामने सार्वजनिक लॉबिंग शुरू कर दी। बैठक का एजेंडा आडवाणी के इर्द-गिर्द ही घूमने लगा।

वंदे मातरम् पर विवाद, मुसलिम तुष्टीकरण आदि ऐसे तमाम मुद्दे थे, जो संघ को हिंदूवादी चेहरे की ओर उन्मुख कर रहे थे और फिलहाल की स्थिति में आडवाणी उसके लिए सबसे मुफीद थे, यानी मुद्दा भी था और माहौल भी। सो आडवाणी ने फिर 'पी.एम. इन वेटिंग' होने पर निगाह जमाई। भोपाल में 21 से 23 सितंबर को राष्ट्रीय कार्यकारिणी की बैठक हुई और यह पहली बैठक थी, जिसमें स्वास्थ्य वजहों से वाजपेयी शिरकत नहीं कर रहे थे।

लेकिन वाजपेयी की चिट्ठी राजनाथ सिंह ने पढ़ी तो विवाद थम गया। उसमें लिखा था—'अभी तो मैं हूँ। जल्द ही आपके बीच आ सकूँगा।' कवि अंदाज में यह भी लिखा—'आहुति बाकी, यज्ञ अधूरा, अपनों के विघ्नों ने घेरा, अंतिम जय का वज्र

बनाने, नव दधीचि हड्डियाँ गलाएँ। आओ, फिर से दीया जलाएँ।' लेकिन भोपाल रैली में आडवाणी ने संघ को प्रिय राम मंदिर को अपना लक्ष्य बताया, जिसने उनकी अपनी जिंदगी की धारा भी बदल दी। इसी बैठक में भा.ज.पा. ने एक ऐतिहासिक फैसला लिया कि पार्टी सिस्टम में महिलाओं को 33 फीसदी आरक्षण देगी। लेकिन दिल्ली लौटकर आडवाणी ने भी कह दिया कि अटल ही हमारे नेता।

लेकिन संघ को भी अहसास था, इसलिए आडवाणी के प्रति सहमति बननी शुरू हो गई। उन्हें भी संकेत मिल चुका था और 'विजन-2009' पर उन्होंने अपना काम शुरू कर दिया था, जिसमें नरेंद्र मोदी ही आडवाणी के अहम किरदार के तौर पर उभर रहे थे। गुजरात चुनाव की सरगर्मी बढ़ चुकी थी। सोनिया गांधी ने मोदी को 'मौत का सौदागर' कहा तो राजनीतिक शब्दावली निचले स्तर पर उतर आई। तो उधर यू.पी.ए. सरकार में भी परमाणु डील पर महाभारत छिड़ चुका था और बाहर से समर्थन दे रहे वामपंथी दल मोर्चा खोले बैठे थे। भा.ज.पा. में भी प्रधानमंत्री उम्मीदवार की ऊहापोह खत्म होने के संकेत मिल रहे थे। 8 नवंबर को आडवाणी का जन्मदिन था, सो उनके घर जिस तरह से मुख्यमंत्रियों-नेताओं का हुजूम उमड़ा, उससे संकेत हो चुका था कि आडवाणी प्रधानमंत्री पद के उम्मीदवार होने जा रहे हैं। उस दिन तो ऐलान नहीं हुआ, लेकिन राजनाथ सिंह ने यह कहकर संकेत दिए कि निस्संदेह आडवाणी बड़े नेता हैं और उनके 50 साल के कॅरियर में कोई दाग नहीं है। पर सुषमा स्वराज ने कहा कि कुछ चीजें अघोषित भी होती हैं। आखिरकार, 10 दिसंबर को वह क्षण भी आ गया, जिसका इंतजार आडवाणी को दशकों से था और जब खुद के पास मौका था, तब वाजपेयी का नाम आगे बढ़ा दिया था। आखिर, आडवाणी भा.ज.पा. की तरफ से औपचारिक 'पी.एम. इन वेटिंग' हो गए थे, जिसकी पटकथा 4-6 नवंबर, 2007 को कर्नाटक के धारवाड़ में हुई संघ की वार्षिक बैठक में तैयार हो गई थी, जिसका नतीजा था कि आडवाणी के जन्मदिन के मौके पर उनके घर का माहौल अलग था। तब अनौपचारिक संकेत था। लेकिन अस्वस्थ वाजपेयी से सहमति लेने के बाद आखिरकार 10 दिसंबर को ऐलान कर दिया गया। गुजरात चुनाव की सरगर्मी तेज थी, सो तब प्रधानमंत्री मनमोहन सिंह ने इसे मोदी के डर

लेकिन संघ को भी अहसास था, इसलिए आडवाणी के प्रति सहमति बननी शुरू हो गई। उन्हें भी संकेत मिल चुका था और 'विजन-2009' पर उन्होंने अपना काम शुरू कर दिया था, जिसमें नरेंद्र मोदी ही आडवाणी के अहम किरदार के तौर पर उभर रहे थे। गुजरात चुनाव की सरगर्मी बढ़ चुकी थी। सोनिया गांधी ने मोदी को 'मौत का सौदागर' कहा तो राजनीतिक शब्दावली निचले स्तर पर उतर आई।

से किया गया ऐलान बताया था। इसके कुछ दिनों बाद 22 जनवरी, 2008 को आडवाणी की उम्मीदवारी पर एन.डी.ए. ने भी मुहर लगा दी।

मोदी और मिशन आडवाणी

गुजरात चुनाव के बीच ही आडवाणी प्रधानमंत्री उम्मीदवार हो गए थे। दिसंबर 2007 में जब नतीजे आए तो मोदी की भी छवि बदलती दिखी। मोदी तीसरी बार मुख्यमंत्री पद की शपथ लेने की तैयारी में थे, सो विधायक दल की बैठक के बाद पॉलिटिक्स एंड मीडिया ट्रॉयल से आहत मोदी की भावना उमड़ पड़ी। भावुक होते हुए मोदी ने कहा था, "भा.ज.पा. मेरी माँ है। कोई बेटा अपनी माँ से बड़ा नहीं हो सकता। जो जन संघ और भा.ज.पा. का इतिहास नहीं जानते, वही मुझे मेरी पार्टी से बड़ा बता रहे हैं। लेकिन मेरी छवि इसलिए बड़ी लगती है, क्योंकि आपका लेंस सीमित है। आप अपना फोकस बढ़ा लें तो हजारों कार्यकर्ता दिखेंगे, जिन्होंने मुझे अपने कंधों पर उठाया है।" मोदी इस चुनाव में केंद्र-बिंदु थे और अब उनका फोकस भी राष्ट्रीय राजनीति के क्षितिज पर था और आडवाणी के विजन-2009 का हिस्सा भी थे। इसलिए तैयारी शुरू हो गई। यानी मोदी ब्रांड तो हो चुके थे। साथ ही, भा.ज.पा. में आडवाणी के 'अटल' बनने के बाद कौन? इसकी हलचल भी शुरू हो गई थी, जिसमें मोदी तभी से सबसे आगे दिख रहे थे। संघ में भी बदलाव की आहट होने लगी थी और तब 28 दिसंबर, 2009 को मैंने दैनिक 'नवज्योति' के अपने 'इंडिया गेट से' कॉलम में लिखा था—"गुजरात चुनाव के बाद यह मंथन हो रहा है कि विचार परिवार की टीम ऐसी क्यों न हो, जो एक धारा में चले और केंद्र की सत्ता पर काबिज हो, यानी संघ में भी चेहरा बदलने की रस्साकशी, तो सुदर्शन की जगह मोहन भागवत को संघ की कमान सौंपने पर मंथन चल रहा था।" भागवत ने ही आडवाणी को 2009 में आखिरी मौका देने की दलील दी थी, यानी अब भा.ज.पा. के लिए मिशन और विजन-2009 का आम चुनाव था, जिसकी तैयारी जोर-शोर से होने लगी।

"भा.ज.पा. मेरी माँ है। कोई बेटा अपनी माँ से बड़ा नहीं हो सकता। जो जन संघ और भा.ज.पा. का इतिहास नहीं जानते, वही मुझे मेरी पार्टी से बड़ा बता रहे हैं। लेकिन मेरी छवि इसलिए बड़ी लगती है, क्योंकि आपका लेंस सीमित है। आप अपना फोकस बढ़ा लें तो हजारों कार्यकर्ता दिखेंगे, जिन्होंने मुझे अपने कंधों पर उठाया है।" मोदी इस चुनाव में केंद्र-बिंदु थे और अब उनका फोकस भी राष्ट्रीय राजनीति के क्षितिज पर था और आडवाणी के विजन-2009 का हिस्सा भी थे।

मोदी के शपथ-ग्रहण के दिन ही संघ नेता सुरेश सोनी और राजनाथ सिंह के बीच चर्चा हुई और आनेवाले चुनावी राज्यों के संगठन को दुरुस्त करने की रणनीति बनी। लेकिन संगठन के स्तर पर इसकी चर्चा 29 दिसंबर की बैठक में हुई, जिसमें मोदी भी मौजूद थे, जिसके बाद महेश शर्मा की जगह 1 जनवरी, 2008 को राजस्थान में मोदी के करीबी माने जानेवाले ओमप्रकाश माथुर को राजस्थान भा.ज.पा. की कमान सौंपने की रणनीति बनी। लेकिन टकराव भा.ज.पा. की रणनीति का जैसे हिस्सा हो गया हो, पहले वसुंधरा राजे ने विरोध किया और फिर खबरें आने लगीं कि आडवाणी भी महेश शर्मा को हटाने के खिलाफ हैं। इस पर 3 जनवरी को राजीव प्रताप रूड़ी ने कहा था, "यह काल्पनिक बात है। आडवाणीजी हमारे पी.एम. उम्मीदवार और राजनाथ सिंह संगठन के मुखिया। दोनों नेताओं में टकराव की बात नहीं है।" लेकिन टकराव से इतर इसी बैठक में सुषमा स्वराज, अरुण जेटली, अनंत कुमार और विनय सहस्रबुद्धे की कमेटी बनी, जिसे वर्ष 2009 के लिहाज से भविष्य का ऐक्शन प्लान बनाना था। पाँचों सदस्यों ने 2 जनवरी को बैठक की और 7 जनवरी को आडवाणी-राजनाथ को रिपोर्ट सौंप दी। इस प्लान पर तत्काल अमल हुआ और 9 जनवरी, 2008 को राजनाथ सिंह के नेतृत्व में 19 सदस्यीय चुनाव प्रबंधन समिति का भी ऐलान हो गया। इसमें राजनाथ सिंह के अलावा मुरली मनोहर जोशी, जसवंत सिंह, वेंकैया नायडू, सुषमा स्वराज, अरुण जेटली, विजय कुमार मल्होत्रा, बाल आप्टे, अनंत कुमार, गोपीनाथ मुंडे, थावरचंद गहलोत, विनय कटियार, यशवंत सिन्हा, रामलाल, मुख्तार अब्बास नकवी, अरुण शौरी, रविशंकर प्रसाद, बलबीर पुंज और विनय सहस्रबुद्धे शामिल थे।

मोदी के शपथ-ग्रहण के दिन ही संघ नेता सुरेश सोनी और राजनाथ सिंह के बीच चर्चा हुई और आनेवाले चुनावी राज्यों के संगठन को दुरुस्त करने की रणनीति बनी। लेकिन संगठन के स्तर पर इसकी चर्चा 29 दिसंबर की बैठक में हुई, जिसमें मोदी भी मौजूद थे, जिसके बाद महेश शर्मा की जगह 1 जनवरी, 2008 को राजस्थान में मोदी के करीबी माने जानेवाले ओमप्रकाश माथुर को राजस्थान भा.ज.पा. की कमान सौंपने की रणनीति बनी।

रणनीति के तहत उसी दिन आडवाणी ने प्रधानमंत्री मनमोहन सिंह को लिखी चिट्ठी भी सार्वजनिक कर दी, जो उन्होंने 5 जनवरी को लिखी थी, जिस पर मनमोहन मौन साधे थे। आडवाणी ने चिट्ठी लिखकर वाजपेयी के लिए 'भारत रत्न' की माँग की थी। यानी वाजपेयी को 'भारत रत्न' मिलता तो श्रेय आडवाणी को जाता, लेकिन नहीं मिला तो उनकी आदर्श छवि को सामने रख सरकार को घेरने की रणनीति को अंजाम

देना स्वाभाविक था। हर रणनीति को अंजाम दिया जा रहा था। पोंगल के मौके पर नरेंद्र मोदी ने तमिलनाडु में जयललिता से मुलाकात कर भविष्य की संभावनाओं को मजबूती दी तो सूर्य उत्तरायण होते ही 15 जनवरी को चुनाव प्रबंधन समिति की पहली बैठक हुई, जिसमें घोषणा-पत्र, विज्ञापन-पोस्टर, मीडिया, राज्यवार मीटिंग का खाका तैयार करनेवाली टीम, योजनाओं को अमल में लाने के लिए टीम, यानी कई टीमें गठित कर दी गईं। पार्टी ने यह भी चिह्नित कर लिया था कि 297 सीटें ऐसी हैं, जिन पर वर्ष 1989 से 2004 तक कभी-न-कभी कमल खिला था। मिशन 297 का लक्ष्य अंदरखाने तय हो चुका था। 22 जनवरी को एन.डी.ए. की बैठक हुई और प्रस्ताव पारित किया गया, जिसमें तीन अहम बातें थीं—एन.डी.ए. आगामी लोकसभा चुनाव में निर्णायक जनादेश के लिए जुटेगा; आडवाणी के नेतृत्व में साझा रणनीति एवं कार्यक्रम के साथ लड़ेगा; और वाजपेयी ही एन.डी.ए. के चेयरमैन रहेंगे। लेकिन जिस तरह से एन.डी.ए. ने प्रस्ताव रखा, उसका संकेत था कि सन् 1999 की तरह ही भा.ज.पा. के कोर एजेंडे को किनारे रखना होगा। तब सुषमा स्वराज ने एक साक्षात्कार में कहा था, "भा.ज.पा. की अपनी सीटें चाहे 272 या 291 भी आ जाएँ, तो भी हम एन.डी.ए. की ही सरकार बनाएँगे, भा.ज.पा. की नहीं।" एन.डी.ए. का दायरा भा.ज.पा. समेत सिमटकर पाँच दलों—जे.डी.यू., शिवसेना, बी.जे.डी. और अकाली दल तक आ गया था। ऐसे में, वर्ष 2009 के लिहाज से एन.डी.ए. का दायरा बढ़ाने की कवायद आगे बढ़ी।

22 जनवरी को एन.डी.ए. की बैठक हुई और प्रस्ताव पारित किया गया, जिसमें तीन अहम बातें थीं—एन.डी.ए. आगामी लोकसभा चुनाव में निर्णायक जनादेश के लिए जुटेगा; आडवाणी के नेतृत्व में साझा रणनीति एवं कार्यक्रम के साथ लड़ेगा; और वाजपेयी ही एन.डी.ए. के चेयरमैन रहेंगे। लेकिन जिस तरह से एन.डी.ए. ने प्रस्ताव रखा, उसका संकेत था कि सन् 1999 की तरह ही भा.ज.पा. के कोर एजेंडे को किनारे रखना होगा।

27 जनवरी को भा.ज.पा. की कार्यकारिणी की बैठक में मोदी फिर से छाए रहे। राजनाथ ने तो मोदी को रोल मॉडल बता बाकी मुख्यमंत्रियों को सीखने की नसीहत भी दी। इसके बाद दिल्ली के रामलीला मैदान में दो दिन की राष्ट्रीय परिषद् की बैठक होनी थी। इस बैठक में वाजपेयी ने आडवाणी के लिए शुभकामनाएँ भेजीं। मोदी ने भी परिषद् को संबोधित किया तो राष्ट्रीय छवि वाला अंदाज था। उन्होंने भी वाजपेयी की प्रशंसा कुछ इस तरह की, "सही नेता वही होता है, जो अपना सही उत्तराधिकारी बनाकर जाए।" यानी वाजपेयी ने आडवाणी को बनाया तो अब बारी आडवाणी की थी। ऐसा लग रहा

था कि आडवाणी अभी चुनावी रणनीति के लिए बैठक कर रहे हैं, लेकिन मोदी उनके उत्तराधिकारी के तौर पर दिख रहे थे। तभी तो आडवाणी ने गुजरात की जीत को हिंदुत्व से ज्यादा 'सुशासन की जीत' करार दिया।

आडवाणी की 'माइ कंट्री, माइ लाइफ'

आडवाणी हर कदम वर्ष 2009 के लिहाज से उठा रहे थे। 21 फरवरी को रामलीला मैदान में भा.ज.पा. ने खासतौर से महिलाओं की ही एक विशाल रैली की, जहाँ पार्टी ने 33 फीसदी महिला आरक्षण देने की उपलब्धि का गर्व से जिक्र किया। अगले महीने 19 मार्च को आडवाणी की आत्मकथा बाजार में आ गई। आडवाणी ने अपने व्यक्तित्व को सही संदर्भों में समझाने के लिए आत्मकथा लिखी, जो आमतौर पर व्यक्ति रिटायरमेंट के बाद लिखता है। पुस्तक की प्रस्तावना में ही वाजपेयी ने लिखा—'आडवाणीजी बेहद संवेदनशील व्यक्ति हैं, इसलिए अपनी बात सही ढंग से कह नहीं पाते हैं, जो उनके मन में कौंधती रहती है। लेकिन अब पुस्तक के जरिए पूरी बात कही है। अब लोग उन्हें बेहतर ढंग से समझ पाएँगे।' लेकिन लोकसभा चुनाव में प्रधानमंत्री बनने का उनका आखिरी दाँव था, सो उन्होंने आत्मकथा को पी.एम.ओ. पहुँचने के पासपोर्ट की तरह रखा था। इंतजार था तो सिर्फ वीजा रूपी जनता के वोट का।

आडवाणी हर कदम वर्ष 2009 के लिहाज से उठा रहे थे। 21 फरवरी को रामलीला मैदान में भा.ज.पा. ने खासतौर से महिलाओं की ही एक विशाल रैली की, जहाँ पार्टी ने 33 फीसदी महिला आरक्षण देने की उपलब्धि का गर्व से जिक्र किया। अगले महीने 19 मार्च को आडवाणी की आत्मकथा बाजार में आ गई। आडवाणी ने अपने व्यक्तित्व को सही संदर्भों में समझाने के लिए आत्मकथा लिखी, जो आमतौर पर व्यक्ति रिटायरमेंट के बाद लिखता है।

आडवाणी ने 1,010 पन्ने की पुस्तक लिखी थी, सो कौतूहल का विषय बना हुआ था। लेकिन विवाद उनकी राह में रोड़ा अटका सकता था, सो उन्होंने सतर्कता के साथ अपनी बात लिखी। 19 मार्च, 2008 को आडवाणी की आत्मकथा 'माइ कंट्री, माइ लाइफ' का विमोचन था, जिसके लिए पूर्व राष्ट्रपति ए.पी.जे. अब्दुल कलाम ट्रैफिक जाम में कुछ दूर पैदल चलकर ही पहुँचे। लोकार्पण समारोह में राजनीति से बॉलीवुड और सामाजिक संगठन सहित हर क्षेत्र की तमाम हस्तियाँ मौजूद थीं। एन.डी.ए. के सभी बड़े नेता, भा.ज.पा.-शासित राज्यों के मुख्यमंत्री, कॉरपोरेट जगत् की हस्तियाँ, वैचारिक परिवार राष्ट्रीय स्वयंसेवक संघ से सरकार्यवाह मोहन भागवत और विहिप से अशोक सिंघल भी मौजूद थे। पुस्तक के

मकसद पर तब भैरों सिंह शेखावत ने भी कहा था, "हर एक बात ठोंक-बजाकर लिखी गई, ताकि सुधार की कोई गुंजाइश न रहे।" लेकिन असली बात मोहन भागवत ने कही थी, "स्वयंसेवक का अर्थ इसी जमाने में रहकर अपने तरीके से चलकर रास्ता बनानेवाला। आडवाणीजी ने सच्चे स्वयंसेवक के रूप में ऐसा कर दिखाया, जिसका लेखा-जोखा इस पुस्तक में है। आडवाणीजी ने जमीन को अपने अनुकूल बनाया, जो संघ के स्वयंसेवकों के लिए प्रेरणा का स्रोत है।" यानी आडवाणी की आत्मकथा का निचोड़ कहें तो पहले देश, फिर कार्यकर्ता, फिर पार्टी के आदर्श और विचार परिवार को अर्पित। आखिर में, आडवाणी ने खुद ही कहा था, "अब तो पुस्तक ही बोले, जो मुझे बोलना है।" संवेदनशील, विचारवान् और विजनरी नेता की पहचान स्थापित करने के लिए लिखी गई पुस्तक में सबको साधने की आडवाणी की रणनीति ने भा.ज.पा. से दूर हुए नेताओं को वापस लौटाने की कोशिश की। पार्टी के खिलाफ बोलनेवाले मदनलाल खुराना बाहर थे, अतः 4 अप्रैल को उनकी वापसी हुई। खुराना इससे पहले भी आडवाणी के अध्यक्ष रहते निकाले गए थे; लेकिन तब वाजपेयी ने बचाया था और नाटकीय अंदाज में देर शाम तक आडवाणी ने निलंबन वापस कर लिया था। खुराना ने माफी माँग ली थी।

आडवाणी ने खुद ही कहा था, "अब तो पुस्तक ही बोले, जो मुझे बोलना है।" संवेदनशील, विचारवान् और विजनरी नेता की पहचान स्थापित करने के लिए लिखी गई पुस्तक में सबको साधने की आडवाणी की रणनीति ने भा.ज.पा. से दूर हुए नेताओं को वापस लौटाने की कोशिश की। पार्टी के खिलाफ बोलनेवाले मदनलाल खुराना बाहर थे, अतः 4 अप्रैल को उनकी वापसी हुई।

शहीद धूलि कलश-यात्रा

राजनीति में प्रतीकों के जरिए लोगों को साधने की कला बहुत मायने रखती है, जिसका जिक्र नरेंद्र मोदी आज के दौर में करते हैं। लेकिन 2009 के चुनाव से पहले भी इस कला को आजमाया गया था। तब आडवाणी अपने तरकश में कोई तीर नहीं छोड़ना चाह रहे थे। इस अभियान को परदे के पीछे संघ ने सँभाल रखा था। मुंबई में इस अभियान का पूरा खाका बना। इसमें बहादुरशाह जफर और रानी लक्ष्मीबाई को केंद्र में रखने की रणनीति बनी थी। भा.ज.पा. बहादुरशाह जफर की तारीफ करने लगी थी। वजह थी—1857 की क्रांति के समय मुगल खानदान राजनीतिक एकता का प्रतीक बन गया था। पार्टी बहादुरशाह जफर के जरिए उदारवादी मुसलमानों में पैठ जमाना चाह रही थी। साथ ही, 1857 की क्रांति की डेढ़ सौवीं वर्षगाँठ का मौका भी था। 8 अप्रैल को भा.ज.पा. ने इस मौके पर 'शहीद धूलि कलश-यात्रा' शुरू कर दी।

लाल किले के परेड ग्राउंड में 'नमन 1857' कार्यक्रम हुआ। भा.ज.पा. ने 1857 मोटर साइकिलों की रैली निकाली। देश की 290 जगहों से मिट्टी इकट्ठा की, जहाँ से लोग शहीद हुए थे और कलश-यात्रा शुरू की, जिसका मकसद देश भर में शहीदों की जन्म-स्थली से ली गई मिट्टी से बने कलश को ले जाना था, ताकि पार्टी कॉडर में राष्ट्रवाद रूपी ऊर्जा का नया संचार किया जा सके। इस यात्रा में बहादुरशाह जफर के 'रोटी' और 'कमल' को अपने चुनाव चिह्न कमल से जोड़ दिया और मंगल पांडे के 'शहादत दिवस' से यात्रा शुरू कर दी। 10 मई को क्रांति के डेढ़ सौ साल पूरे होने के मौके पर भा.ज.पा. ने हर गली-कूचे में 6 बजकर 57 मिनट पर 57 सेकंड का मौन धारण कर शहीदों को अनूठी श्रद्धांजलि का आयोजन किया। दरअसल, 1857 की क्रांति की डेढ़ सौवीं वर्षगाँठ का पूरा अभियान संघ के मार्गदर्शन में ही चलाया गया था। इस पर संघ ने बैठक कर अपने सभी संगठनों को निर्देश दिया था। देश की सभी भाषाओं में पत्र तैयार कर मुंबई से ही पूरे देश में भेजा गया। इसे भा.ज.पा. ने भी रणनीतिक तरीके से आगे बढ़ाया था। इससे जुड़े आयोजन, खासतौर से आदिवासी क्षेत्रों में, ज्यादा किए गए; क्योंकि 1857 की क्रांति में आदिवासी नेता ज्यादा शामिल हुए थे।

14 अप्रैल को भा.ज.पा. कोर ग्रुप की संघ के चार बड़े नेताओं—मदन दास देवी, मोहन भागवत, भैय्याजी जोशी और सुरेश सोनी के साथ समन्वय की बातचीत हुई तो जसवंत सिंह ने वसुंधरा राजे सरकार के खिलाफ भ्रष्टाचार का मुद्दा उछाला। लेकिन संघ ने अंदरूनी गुटबाजी खत्म करने को कहा। बिहार में सुशील मोदी के खिलाफ विधायकों की बगावत शांत नहीं हुई थी। इसी बीच गोपीनाथ मुंडे ने भा.ज.पा. के महासचिव सहित सारे पदों से इस्तीफा दे दिया।

'हैड स्टार्ट' फॉर्मूला और विश्वास मत से विश्वासघात तक

लेकिन 14 अप्रैल को भा.ज.पा. कोर ग्रुप की संघ के चार बड़े नेताओं—मदन दास देवी, मोहन भागवत, भैय्याजी जोशी और सुरेश सोनी के साथ समन्वय की बातचीत हुई तो जसवंत सिंह ने वसुंधरा राजे सरकार के खिलाफ भ्रष्टाचार का मुद्दा उछाला। लेकिन संघ ने अंदरूनी गुटबाजी खत्म करने को कहा। बिहार में सुशील मोदी के खिलाफ विधायकों की बगावत शांत नहीं हुई थी। इसी बीच गोपीनाथ मुंडे ने भा.ज.पा. के महासचिव सहित सारे पदों से इस्तीफा दे दिया। नाराजगी की वजह नितिन गडकरी ने बिना मुंडे को भरोसे में लिये मुंबई भा.ज.पा. की शहर अध्यक्ष मधु चव्हाण को बना दिया

था, जो मुंडे-विरोधी थीं। आनन-फानन में कवायद हुई। आडवाणी ने दिल्ली बुलाया और 22 अप्रैल को सुलह हो गई। मुंडे की बात मान ली गई थी; लेकिन पार्टी अनुशासन एक बार फिर ताक पर था। ऐसे में, मुंडे ने भी खेद जताया। लेकिन मामले को रफा-दफा कर पार्टी ने वर्ष 2009 की तरफ ध्यान दिया। गुजरात और कर्नाटक चुनाव में विरोधी दल से पहले ही चुनाव अभियान में बढ़त लेनेवाले 'हैड स्टार्ट' फॉर्मूले पर लोकसभा की रणनीतियों को अंजाम देने का खाका बन गया, जिसके तहत चुनाव सामग्री और उम्मीदवार चयन की प्रक्रिया शुरू करने का फैसला हुआ। रणनीति बनी कि अगस्त-सितंबर तक ही सभी उम्मीदवारों के नामों का ऐलान हो जाए।

दूसरी तरफ, युवा मतदाताओं पर सीधी निगाह थी, सो आडवाणी की अक्तूबर में युवाओं के बीच यात्रा की रणनीति बनी। लेकिन उससे पहले आधार तैयार करने के लिए आडवाणी को दृढ़ इच्छा-शक्ति वाला मजबूत नेता बताने की कवायद शुरू हुई। युवा मोर्चे ने 'माइ ड्रीम फॉर यंग इंडिया' नामक आडवाणी के अभियान के लिए खाका बनाया, जिसमें दस शहरों में कार्यक्रम होना था। इसमें मंच पर आडवाणी के साथ 1,500 युवा रखने थे। इसके लिए जून से ही युवाओं को जोड़ने का अभियान चलाया गया और 25-30 हजार युवाओं के बीच प्रश्नावली बाँटी गई, जिसे राजनीति में रुचि और जागरूकता का आकलन करके बनाया गया। युवाओं में पैठ और टिकट बँटवारे की रणनीति बनाने पर जून की कार्यकारिणी बैठक में भी चर्चा हुई। लेकिन लोकसभा की रणनीति बनाने में व्यस्त भा.ज.पा. को झटका तब लगा, जब यू.पी.ए. सरकार और वामपंथियों के बीच परमाणु करार पर टकराव की स्थिति में समर्थन वापसी हुई और मनमोहन सिंह को सरकार बचाने के लिए विश्वास मत लोकसभा में पेश करना पड़ा।

युवा मतदाताओं पर सीधी निगाह थी, सो आडवाणी की अक्तूबर में युवाओं के बीच यात्रा की रणनीति बनी। लेकिन उससे पहले आधार तैयार करने के लिए आडवाणी को दृढ़ इच्छा-शक्ति वाला मजबूत नेता बताने की कवायद शुरू हुई। युवा मोर्चे ने 'माइ ड्रीम फॉर यंग इंडिया' नामक आडवाणी के अभियान के लिए खाका बनाया, जिसमें दस शहरों में कार्यक्रम होना था। इसमें मंच पर आडवाणी के साथ 1,500 युवा रखने थे।

22 जुलाई, 2008 को मनमोहन सिंह ने जोड़-तोड़ कर सरकार तो बचा ली, लेकिन जमकर क्रॉस वोटिंग हुई। अगर क्रॉस वोटिंग नहीं होती तो मनमोहन सरकार नहीं बचती। 'कैश फॉर वोट' कांड हुआ। लोकसभा में नोटों के बंडल लहराए गए। एन.डी.ए. से ग्यारह सांसदों ने क्रॉस वोटिंग की, जिसमें भा.ज.पा. के सात सांसद थे।

तब आडवाणी ने अफसोस के साथ कहा था, "भा.ज.पा. उभर रही है, सो ऐसे लोग भी शामिल हो जा रहे हैं।" विश्वास मत के दौरान अपनों के विश्वासघात ने हिला दिया था, अत: पार्टी ने उम्मीदवार चयन के लिए 28 जुलाई को बुलाई गई केंद्रीय चुनाव समिति की बैठक टाल दी और राज्यों को नया निर्देश जारी कर 'जिताऊ' से ज्यादा 'टिकाऊ' उम्मीदवार की सूची भेजने को कहा, ताकि वे भविष्य में 'बिकाऊ' न हो सकें। पार्टी ने शीर्ष स्तर पर भी नए सिरे से सर्वेक्षण कराने का फैसला किया।

'जय श्रीराम' के बाद 'हर-हर महादेव'

यही समय था, जब ढाई महीने से उठी चिनगारी अब भड़क चुकी थी। अमरनाथ श्राइन बोर्ड को पहले जमीन देने और फिर अलगाववादी संगठनों के विरोध में वापस ले लिया गया तो 'अमरनाथ संघर्ष समिति' ने मोर्चा खोल दिया। अगस्त की शुरुआत में ही जम्मू धधक उठा। देश भर में इसकी लपटें फैलने लगीं। आडवाणी ने मनमोहन सरकार को सलाह दी थी कि 'अमरनाथ संघर्ष समिति' के लोगों से बात करें और जमीन लौटा दें। अमरनाथ यात्रा के लिए कुछ अस्थायी निर्माण के लिए सरकार ने बालटाल में जमीन दी; लेकिन पी.डी.पी. ने तब गुलाम नबी आजाद सरकार से समर्थन वापस लिया और अलगाववादियों ने दबाव बनाया तो सरकार झुक गई। जवाब में जम्मू से आवाज उठी। अलगाववादी बनाम राष्ट्रवादी संघर्ष हो गया। आखिरकार, 'अमरनाथ संघर्ष समिति' ने 63 दिनों तक लड़ाई लड़ी। इस दौरान जम्मू ठप्प रहा। 18 से ज्यादा लोग मारे गए। तत्कालीन गृह मंत्री शिवराज पाटिल को वहाँ जाकर लोगों से बात करनी पड़ी। भा.ज.पा. ने तब आंदोलन को सीधा अपना समर्थन देने की कोशिश की और रैली भी आयोजित हुई तो संघर्ष समिति ने ऐन वक्त पर टाल दिया था। लेकिन आंदोलन खत्म होने के बाद 10 सितंबर को दिल्ली में संघर्ष समिति के नेताओं का अभिनंदन समारोह कॉन्स्टीट्यूशन क्लब में रखा गया तो संघ और भा.ज.पा. के वरिष्ठ नेता वहाँ मौजूद थे। कॉन्स्टीट्यूशन क्लब में 'जन अभियान संस्था' के

यही समय था, जब ढाई महीने से उठी चिनगारी अब भड़क चुकी थी। अमरनाथ श्राइन बोर्ड को पहले जमीन देने और फिर अलगाववादी संगठनों के विरोध में वापस ले लिया गया तो 'अमरनाथ संघर्ष समिति' ने मोर्चा खोल दिया। अगस्त की शुरुआत में ही जम्मू धधक उठा। देश भर में इसकी लपटें फैलने लगीं। आडवाणी ने मनमोहन सरकार को सलाह दी थी कि 'अमरनाथ संघर्ष समिति' के लोगों से बात करें और जमीन लौटा दें।

इस आयोजन में भा.ज.पा. के राष्ट्रीय अध्यक्ष राजनाथ सिंह, संघ के उत्तर क्षेत्र के क्षेत्रीय संघचालक डॉ. बजरंग लाल गुप्त और क्षेत्रीय प्रचारक दिनेश चंद्र खासतौर पर मौजूद थे। राजनाथ और बजरंग लाल ने शॉल ओढ़ाकर श्री 'अमरनाथ यात्रा संघर्ष समिति' के संयोजक एडवोकेट लीलाकरण शर्मा और दो वरिष्ठ सदस्यों—डॉ. जितेंद्र सिंह और चंद्रमोहन का अभिनंदन किया। डॉ. जितेंद्र सिंह जम्मू के एक जाने-माने चिकित्सक हैं, लेकिन पूरे दो महीने से अधिक चले इस आंदोलन के दौरान सबकुछ भूलकर आस्था और अस्मिता के प्रश्न पर जम्मू वासियों के साथ आ खड़े हुए थे। राजनाथ ने इस मौके पर सवाल उठाया था कि अब सरकार को तय करना होगा कि क्या वह तुष्टीकरण की मानसिकता से ही आगे बढ़ेगी या सही मायने में पंथनिरपेक्षता के साथ? लेकिन गौर करनेवाली बात यह है कि जब इस आंदोलन ने जोर पकड़ा और भा.ज.पा. ने सीधे मनमोहन सरकार पर निशाना साधा तो भा.ज.पा. ने नया नारा गढ़ लिया था। वर्ष 1996 के आम चुनावों के समय 'भारत माँ की तीन धरोहर, अटल-आडवाणी-मुरली मनोहर' नारा खूब चला था। लेकिन अब अमरनाथ मुद्दा मिला तो पार्टी ने नया नारा चला दिया था—'अटल-आडवाणी-राजनाथ, बचाने चले अमरनाथ'। दूसरी तरफ, आतंकवाद की घटनाओं को लेकर यू.पी.ए. सरकार के रुख से भा.ज.पा. आक्रामक तो थी ही, रणनीति के तहत इस मुद्दे पर बोलने के लिए गुजरात के तत्कालीन मुख्यमंत्री नरेंद्र मोदी को चेहरा बनाने का फैसला हुआ।

गौर करनेवाली बात यह है कि जब इस आंदोलन ने जोर पकड़ा और भा.ज.पा. ने सीधे मनमोहन सरकार पर निशाना साधा तो भा.ज.पा. ने नया नारा गढ़ लिया था। वर्ष 1996 के आम चुनावों के समय 'भारत माँ की तीन धरोहर, अटल-आडवाणी-मुरली मनोहर' नारा खूब चला था। लेकिन अब अमरनाथ मुद्दा मिला तो पार्टी ने नया नारा चला दिया था—'अटल-आडवाणी-राजनाथ, बचाने चले अमरनाथ'।

आतंकवाद के खिलाफ आक्रामक चेहरा मोदी

बढ़ती आतंकी घटनाओं पर सियासत हो रही थी। विश्वास मत के बाद जिस तरह से बेंगलुरु-अहमदाबाद में बम धमाके हुए, उसे संयोग की जगह भा.ज.पा. की वरिष्ठ नेता सुषमा स्वराज ने एक तरह से मनमोहन सरकार की साजिश बता दिया। स्वराज ने 28 जुलाई को कहा था, "विश्वास मत के चार दिन बाद ही इस तरह का हमला हुआ। परिस्थितिजन्य साक्ष्य नाम की कोई चीज दुनिया में है या नहीं? ऐसा कभी नहीं हुआ कि

24 घंटे में दो भा.ज.पा.-शासित राज्यों में एक जैसे सीरियल बम धमाके हुए। 'कैश फॉर वोट' से ध्यान बँटाने और अमेरिकापरस्ती से छिटके मुसलिम वोट को भा.ज.पा. का कृत्रिम भय दिखाने के लिए हमले हुए हैं।" फिर सूरत में 29 जुलाई को 18 जिंदा बम मिले। दिल्ली-मेरठ में बम की अफवाह रही। ऐसा लग रहा था, मानो पूरा देश बारूद के ढेर पर बैठा हो। तीसरे दिन प्रकाश जावड़ेकर ने सुषमा के बयान से पल्ला झाड़ लिया और उसे उनका निजी बयान बताया। बयान देने के 45 घंटे बाद सुषमा ने भी कह दिया कि वह उनकी निजी राय थी। आतंकवाद के खिलाफ मुखर लड़ाई में भा.ज.पा. की ओर से नरेंद्र मोदी मुखर चेहरा बनते जा रहे थे। मोदी 29 अगस्त को प्रधानमंत्री मनमोहन सिंह से मिले तो बाहर आकर आतंकवाद के खिलाफ जंग में कोई राजनीति नहीं करने और व्यावहारिक नजरिया अपनाने की नसीहत दी। फिर 3 सितंबर को उन्होंने आतंक के खिलाफ गुजरात के कानून 'गुजकोक' को मंजूरी नहीं मिलने पर सवाल उठाए। आतंकवाद की घटनाएँ बेंगलुरु में हों या राजस्थान या कहीं और, मोदी को ही बोलने के लिए आगे किया जाने लगा, जिसकी रणनीति अरुण जेटली ने बनाई थी। सवाल उठे तो मोदी ने खुद कहा था, "मैं सबकी तरफ से बोल रहा हूँ।" दरअसल, मोदी ऐसा चेहरा बन चुके थे, जिस पर हिंदू वोट एकजुट हो सकता था, जिसे साधने के लिए ही मोदी को आतंक और सिमी के खिलाफ बोलने के लिए सामने लाया जा रहा था। उसके बाद 13 सितंबर से बेंगलुरु में भा.ज.पा. की राष्ट्रीय कार्यकारिणी की बैठक शुरू हुई और उसी दिन दिल्ली में सीरियल बम धमाके हुए और राजधानी दहल उठी। इससे पहले दिन में कार्यकारिणी में मोदी खासतौर से आंतरिक सुरक्षा पर बोले। उन्होंने 'गुजकोक' को मंजूरी नहीं देने से लेकर राम सेतु, अमरनाथ विवाद, घुसपैठ, सिमी नेटवर्क पर राजनीति, धर्मांतरण कानून, सच्चर कमेटी रिपोर्ट, मजहबी आरक्षण जैसे मुद्दों पर आक्रामक रुख अपनाया। 25 सितंबर को मोदी के लिए अच्छी खबर आई कि गोधरा कांड पर नानावटी कमीशन से उन्हें क्लीन चिट मिली तो कथित सेक्युलर ब्रिगेड मानने को तैयार नहीं था। 13 अक्तूबर को राष्ट्रीय एकता परिषद् (एन.आई.सी.) की बैठक हुई, जिसमें प्रधानमंत्री के साथ सभी राज्यों के मुख्यमंत्री शामिल थे। लेकिन बैठक के एजेंडे

आतंकवाद की घटनाएँ बेंगलुरु में हों या राजस्थान या कहीं और, मोदी को ही बोलने के लिए आगे किया जाने लगा, जिसकी रणनीति अरुण जेटली ने बनाई थी। सवाल उठे तो मोदी ने खुद कहा था, "मैं सबकी तरफ से बोल रहा हूँ।" दरअसल, मोदी ऐसा चेहरा बन चुके थे, जिस पर हिंदू वोट एकजुट हो सकता था, जिसे साधने के लिए ही मोदी को आतंक और सिमी के खिलाफ बोलने के लिए सामने लाया जा रहा था।

में आतंकवाद का मुद्दा नहीं था तो भा.ज.पा. ने पहले बैठक से वॉकआउट की रणनीति बनाई। लेकिन मोदी ने दलील दी कि बैठक में जाकर विरोध जताकर सरकार को बैकफुट पर लाना चाहिए। वही हुआ। मनमोहन सिंह ने आतंकवाद के नाम पर एक खास समुदाय को निशाना न बनाने की बात कही तो जवाब में मोदी ने अल्पसंख्यक-बहुसंख्यक के भेदभाव के बिना सभी वर्गों में समान सुरक्षा की भावना बढ़ाने की पहल और 'गुजकोक' की माँग फिर से कर दी। बैठक खासतौर से ओडिशा में धर्मांतरण को लेकर हिंसक वारदातों के बाद बुलाई गई थी। लेकिन बैठक के बाद भा.ज.पा. नेताओं का मानना था कि मोदी की रणनीति से सरकार दबाव में आ गई, वरना यू.पी.ए. सरकार बजरंग दल पर प्रतिबंध लगाने में कामयाब हो जाती।

'हिंदू आतंकवाद' शब्द पर तकरार और 26/11 मुंबई आतंकी हमला

हिंदुत्व हो या आतंकवाद, तमाम मुद्दों के बीच सेमीफाइनल की जंग का ऐलान हो गया। 14 अक्तूबर को चुनाव आयोग ने दिल्ली, मध्य प्रदेश, राजस्थान, छत्तीसगढ़ और मिजोरम में विधानसभा चुनाव का ऐलान कर दिया। भा.ज.पा. की चुनौती मध्य प्रदेश, छत्तीसगढ़, राजस्थान में सत्ता वापस हासिल करने की थी। भा.ज.पा.-कांग्रेस दोनों के लिए सेमीफाइनल वाला चुनाव बेहद अहम था। लेकिन तभी 24 अक्तूबर को कथित सेक्युलरवादियों को तो जैसे मुँहमाँगी मुराद मिल गई हो। 8 सितंबर, 2006 के मालेगाँव-मोडसा आतंकी धमाके के मामले में हिंदू संगठन के तीन लोग गिरफ्तार कर लिये गए, जिसमें साध्वी प्रज्ञा भी थीं। 'हिंदू आतंकवाद' नाम का शब्द कांग्रेस ने गढ़ दिया और इस चुनाव में आतंकवाद संस्थागत रूप में मुद्दा बन गया। तब कांग्रेस शासन वाले महाराष्ट्र की ए.टी.एस. ने ए.बी.वी.पी. व 'हिंदू जागरण मंच' का नाम भी लिया था। शुक्रवार को साध्वी प्रज्ञा की गिरफ्तारी हुई और शुरुआत में भा.ज.पा. के नेता पल्ला झाड़ते दिखे। इसी बीच 30 अक्तूबर को असम में 14 सीरियल बम धमाके हुए तो कांग्रेस प्रवक्ता

हिंदुत्व हो या आतंकवाद, तमाम मुद्दों के बीच सेमीफाइनल की जंग का ऐलान हो गया। 14 अक्तूबर को चुनाव आयोग ने दिल्ली, मध्य प्रदेश, राजस्थान, छत्तीसगढ़ और मिजोरम में विधानसभा चुनाव का ऐलान कर दिया। भा.ज.पा. की चुनौती मध्य प्रदेश, छत्तीसगढ़, राजस्थान में सत्ता वापस हासिल करने की थी। भा.ज.पा.-कांग्रेस दोनों के लिए सेमीफाइनल वाला चुनाव बेहद अहम था। लेकिन तभी 24 अक्तूबर को कथित सेक्युलरवादियों को तो जैसे मुँहमाँगी मुराद मिल गई हो।

मनीष तिवारी ने सवाल उठाया—जब सुरक्षा एजेंसियों को नहीं मालूम तो आडवाणी को कैसे मालूम पड़ गया कि इसके पीछे हूजी का हाथ है? भा.ज.पा. नेताओं को पहले कैसे जानकारी मिल जाती है, यानी आतंकवाद पर आरोप-प्रत्यारोप बेहद तीखे हो चुके थे। दूसरी तरफ, प्रज्ञा का मामला राजनीतिक रंग ले चुका था, इसलिए भा.ज.पा. अध्यक्ष राजनाथ सिंह और लालकृष्ण आडवाणी की सरकार्यवाह मोहन भागवत के साथ झंडेवालान में मुलाकात हुई और 3 नवंबर से पूरी पार्टी बचाव में उतरी। उसके बाद कानूनी पहलुओं पर तथ्य की खोज में पार्टी के कानूनी जानकारों की पूरी टीम जुट गई, जिसमें तथ्य निकला कि वर्ष 2006 में हुई जाँच में सिमी की भूमिका का खुलासा हुआ था और जाँच को भटकाने के लिए ही हिंदू दुकानदार से साइकिल खरीदने के सबूत मिले थे। रियाज भटकल की इस मामले में गिरफ्तारी भी हुई थी। इन तथ्यों के बाद भा.ज.पा. ने सवाल उठाया कि ए.टी. एस. को 2006 में सिमी की भूमिका दिखी तो उसी पर जाँच आगे क्यों नहीं बढ़ाई? यानी भा.ज.पा. का कहना था कि ए.टी.एस. निष्पक्षता से काम नहीं कर रही। भा.ज.पा. ने प्रज्ञा के खिलाफ सबूत की माँग की। चुनावी सरगर्मी बढ़ी तो समूचा संघ परिवार प्रज्ञा के साथ खड़ा हो गया। प्रज्ञा ने नासिक कोर्ट में हलफनामा दाखिल कर ए.टी.एस. की ओर से उत्पीड़न का आरोप लगाया और जो बातें लिखीं, उससे भावनाएँ भड़क उठीं। आडवाणी ने नवंबर में छत्तीसगढ़ की एक सभा में कहा, "साध्वी प्रज्ञा का हलफनामा पढ़कर मैं दंग रह गया। जिस देश में साधु-संतों का आदर-सम्मान होता है, कानून के राज पर लोग गर्व करते हैं, वहाँ ऐसा बर्बरतापूर्ण व्यवहार कोई जाँच एजेंसी कैसे कर सकती है?" पी.एम. इन वेटिंग के ऐलान-ए-जंग ने हलचल बढ़ा दी तो प्रधानमंत्री मनमोहन सिंह ने आडवाणी से फोन कर बातचीत की। आडवाणी ने अपनी वही राय दोहरा दी, जो सभा में दी थी तो पी.एम. ने जाँच पूरी होने का इंतजार करने को कहा। फिर तत्कालीन राष्ट्रीय सुरक्षा सलाहकार एम.के. नारायणन ने बयान दिया कि प्रज्ञा के आरोपों की जाँच होगी। मनमोहन-आडवाणी की बातचीत

इन तथ्यों के बाद भा.ज.पा. ने सवाल उठाया कि ए.टी. एस. को 2006 में सिमी की भूमिका दिखी तो उसी पर जाँच आगे क्यों नहीं बढ़ाई? यानी भा.ज.पा. का कहना था कि ए.टी.एस. निष्पक्षता से काम नहीं कर रही। भा.ज.पा. ने प्रज्ञा के खिलाफ सबूत की माँग की। चुनावी सरगर्मी बढ़ी तो समूचा संघ परिवार प्रज्ञा के साथ खड़ा हो गया। प्रज्ञा ने नासिक कोर्ट में हलफनामा दाखिल कर ए.टी.एस. की ओर से उत्पीड़न का आरोप लगाया और जो बातें लिखीं, उससे भावनाएँ भड़क उठीं।

के बाद 21 नवंबर को राष्ट्रीय सुरक्षा सलाहकार और आई.बी. चीफ ने आडवाणी से मुलाकात की। आडवाणी ने साफ कह दिया कि साध्वी प्रज्ञा ने हलफनामे में जो आरोप लगाए हैं, उसे सभ्य समाज बरदाश्त नहीं कर सकता। लेकिन इधर मुंबई ए.टी.एस. ने नया पैंतरा चला और मालेगाँव ब्लास्ट के सभी दस आरोपियों पर मकोका लगा दिया, यानी छह महीने तक बिना अदालती मंजूरी के पुलिस कस्टडी में रख सकती थी।

इसी बीच, मुंबई में एक बड़ा आतंकी हमला हुआ, जिसे सबसे बड़ा आतंकी हमला कहा जा सकता है। 26 नवंबर की देर शाम पाकिस्तान से आए आतंकियों ने होटल ताज, नरीमन हाउस, ओबेराय और अन्य जगहों पर लोगों को बंधक बनाया और रेलवे स्टेशनों पर गोलियों की बौछार कर दी। मुंबई की सड़कों पर मौत का तांडव मचा हुआ था। तीन दिन तक चले ऑपरेशन के बाद आतंकियों को मार गिराया गया और अजमल आमिर कसाब जिंदा पकड़ा गया था। इस आतंकी हमले ने एक बार फिर सुरक्षा-तंत्र की कलई खोल दी। देश दहल उठा था और अवाक् लोग एकटक तीन दिनों तक टी.वी. के सामने ही डटे रहे। सैकड़ों लोगों मारे गए और घायल हुए। सुरक्षा में लगे 14 जवान भी इस ऑपरेशन में शहीद हुए। आडवाणी तत्काल मुंबई पहुँच गए, जहाँ उन्होंने बयान दिया था, "आतंकियों ने हर वैकल्पिक महीने की 13 या 26 तारीख को हमले का पैटर्न बना लिया। सभी बड़े हमले इन्हीं तारीखों में हुए। गोधरा, जयपुर, अहमदाबाद, दिल्ली और मुंबई इसके उदाहरण हैं।" चुनावी सरगर्मी के बीच हुए सबसे बड़े आतंकी हमले पर भी सियासत होने लगी।

मुंबई में एक बड़ा आतंकी हमला हुआ, जिसे सबसे बड़ा आतंकी हमला कहा जा सकता है। 26 नवंबर की देर शाम पाकिस्तान से आए आतंकियों ने होटल ताज, नरीमन हाउस, ओबेराय और अन्य जगहों पर लोगों को बंधक बनाया और रेलवे स्टेशनों पर गोलियों की बौछार कर दी। मुंबई की सड़कों पर मौत का तांडव मचा हुआ था। तीन दिन तक चले ऑपरेशन के बाद आतंकियों को मार गिराया गया और अजमल आमिर कसाब जिंदा पकड़ा गया था। इस आतंकी हमले ने एक बार फिर सुरक्षा-तंत्र की कलई खोल दी।

सेमीफाइनल का मुकाबला बराबरी पर

मुंबई की घटना के बाद देश में सुरक्षा-तंत्र को चाक-चौबंद करने की कवायद शुरू हुई। गृह मंत्रालय की कमान शिवराज पाटिल से लेकर पी. चिदंबरम के हाथों में सौंपी गई। संसद् का विशेष सत्र बुलाकर राष्ट्रीय जाँच एजेंसी गठित करने का बिल

पारित हुआ। पाकिस्तान को आतंक के मसले पर अलग–थलग करने की भारत सरकार की वैश्विक मुहिम शुरू हो गई तो देश में 8 दिसंबर को चुनाव नतीजों का इंतजार भी हो रहा था। दिल्ली में कांग्रेस की शीला दीक्षित ने तीसरी बार बाजी जीती तो मध्य प्रदेश में भा.ज.पा. के शिवराज सिंह चौहान और छत्तीसगढ़ में रमन सिंह ने परचम लहराया। लेकिन भा.ज.पा. के हाथ से राजस्थान छिनकर कांग्रेस के हाथ में चला गया। यानी मिजोरम को छोड़ दें तो सेमीफाइनल का मुकाबला बराबरी पर छूटा। इसके बावजूद दिल्ली और राजस्थान की हार भा.ज.पा. के लिए झटके जैसी थी। तब राजस्थान की हार पर वसुंधरा राजे समर्थकों की दलील थी कि संघ की बेरुखी से हारे। दरअसल, राजस्थान में संगठन मंत्री प्रकाशचंद्र के साथ राजे का टकराव जग–जाहिर था तो उसके लिए राजे का रवैया भी कम जिम्मेदार नहीं था। मामला इतना आगे बढ़ा कि 15 दिसंबर को तत्कालीन प्रदेश अध्यक्ष ओम प्रकाश माथुर और संगठन मंत्री प्रकाशचंद्र ने संघ मुख्यालय झंडेवालान पहुँचकर सह–सरकार्यवाह सुरेश सोनी के साथ हार के कारणों पर चर्चा की। पहले प्रकाशचंद्र मिले और फिर माथुर मिले। सत्ता तो जा चुकी थी, अब विपक्ष के नेता पद को लेकर भी टकराव दिख रहा था। सेमीफाइनल के नतीजे से साफ था कि आतंकवाद के मुद्दे पर सियासत को जनता ने स्वीकार नहीं किया। अत: राजनाथ सिंह ने दलील दी थी कि मतदाताओं ने पहले ही मन बना लिया था, इसलिए मुंबई हमले का चुनाव पर कोई असर नहीं पड़ा। लेकिन आडवाणी–राजनाथ को लोकसभा चुनाव में आतंकवाद के मुद्दे पर सरकार को बैकफुट पर लाने की उम्मीद अभी भी दिख रही थी। वेंकैया नायडू ने तब माना था कि कुछ भूल हुई, जिसकी वजह से दिल्ली–राजस्थान हारे। फिर 19 दिसंबर को राजनाथ सिंह ने राजस्थान की हार की समीक्षा के लिए थावरचंद गहलोत और यशवंत सिन्हा की दो सदस्यीय समिति गठित कर दी। लेकिन समीक्षा में किसी की जिम्मेदारी तय नहीं हुई। लेकिन जाते–जाते वर्ष 2008 ने भा.ज.पा. को एक और दंश दिया और अचानक 30 दिसंबर को खबर आई कि पार्टी मुख्यालय से 2.6 करोड़ रुपए चोरी हो गए।

दिल्ली में कांग्रेस की शीला दीक्षित ने तीसरी बार बाजी जीती तो मध्य प्रदेश में भा.ज.पा. के शिवराज सिंह चौहान और छत्तीसगढ़ में रमन सिंह ने परचम लहराया। लेकिन भा.ज.पा. के हाथ से राजस्थान छिनकर कांग्रेस के हाथ में चला गया। यानी मिजोरम को छोड़ दें तो सेमीफाइनल का मुकाबला बराबरी पर छूटा। इसके बावजूद दिल्ली और राजस्थान की हार भा.ज.पा. के लिए झटके जैसी थी। तब राजस्थान की हार पर वसुंधरा राजे समर्थकों की दलील थी कि संघ की बेरुखी से हारे।

आडवाणी का ओबामा स्टाइल

उधर अमेरिकी राष्ट्रपति चुनाव में बराक ओबामा की जीत ने आडवाणी के अभियान को गति दे दी। आडवाणी तो बराक ओबामा के फॉर्मूले पर चल पड़े थे। उन्होंने पहले अपनी वेबसाइट बनवाई, फिर सन् 2008 में आई आर्थिक मंदी से निपटने के लिए उद्योगपतियों से मिले। पंद्रह उद्योगपतियों के साथ 20 नवंबर को अपने सरकारी आवास 30 पृथ्वीराज रोड पर बैठक की। बोले, "देश में असुरक्षा, अनिश्चितता और निराशा पसरी हुई है। एन.डी.ए. सरकार इस माहौल को खत्म कर देश में आशा और विश्वास बहाल करेगी।" यू.पी.ए. ने किसानों के लिए पैकेज का ऐलान किया तो कृषि विशेषज्ञों के साथ बैठे। इस तरह उन्होंने हर क्षेत्र के लोगों के साथ इस तरह की बैठकों का आयोजन करना शुरू किया और बाकायदा उसकी ब्रीफिंग भी शुरू की, जैसे अमूमन सरकार में आने के बाद प्रधानमंत्री करते हैं। लेकिन इस रणनीति से उनके आसपास ऐसे लोगों का घेरा बन गया, जिनका जमीनी हकीकत से सरोकार कम, आँकड़ों से ज्यादा था। यह पूरा काम आडवाणी ने सुधींद्र कुलकर्णी को दिया था, जो एक समय अटल बिहारी वाजपेयी के साथ पी.एम.ओ. में प्रभावी व्यक्ति हुआ करते थे। कुलकर्णी ने ही 'आडवाणी फॉर पी.एम.' अभियान चलाया और उसी तरह से वेबसाइट, टी-शर्ट पर नारे के साथ प्रचार को बढ़ाया जैसे अमेरिकी चुनाव में बराक ओबामा ने किया था। आडवाणी ने ओबामा की तरह ही इंटरनेट के जरिए लोगों से संवाद करना, यहाँ तक कि चुनाव के समय कई रैलियों को भी इस माध्यम से संबोधित करना शुरू कर दिया, जिसके लिए बाकायदा पूरी टीम लगातार काम करती थी। विदेश, सुरक्षा, किसान—हर मुद्दे पर आडवाणी विशेषज्ञों से बात कर रहे थे। लेकिन कांग्रेस ने इसका मजाक उड़ाया। कांग्रेस के मनीष तिवारी ने कहा था कि जॉन मैक्केन की उम्र में आडवाणी ओबामा बनने की कोशिश कर रहे हैं।

उधर अमेरिकी राष्ट्रपति चुनाव में बराक ओबामा की जीत ने आडवाणी के अभियान को गति दे दी। आडवाणी तो बराक ओबामा के फॉर्मूले पर चल पड़े थे। उन्होंने पहले अपनी वेबसाइट बनवाई, फिर सन् 2008 में आई आर्थिक मंदी से निपटने के लिए उद्योगपतियों से मिले। पंद्रह उद्योगपतियों के साथ 20 नवंबर को अपने सरकारी आवास 30 पृथ्वीराज रोड पर बैठक की। बोले, "देश में असुरक्षा, अनिश्चितता और निराशा पसरी हुई है। एन.डी.ए. सरकार इस माहौल को खत्म कर देश में आशा और विश्वास बहाल करेगी।"

संघ की सलाह और शेखावत का ऐलान-ए-जंग

2009 फैसलों का वर्ष था। संसदीय बोर्ड की बैठक में तय हुआ कि अब जनवरी में टिकटों का ऐलान कर दिया जाएगा। फिर संघ से मोहन भागवत, मदनदास देवी, सुरेश सोनी आडवाणी के घर पहुँचे और भा.ज.पा. कोर ग्रुप के नेताओं के साथ बैठक हुई। संघ ने सलाह दी कि टिकटों में तेरा-मेरा न होकर हर सीट के लिए कार्यकर्ताओं की राय लें और फिर उम्मीदवार बनाएँ। साथ ही, संघ ने भा.ज.पा. के संविधान में संशोधन की भी योजना बनाई, जिसमें एक बार से ज्यादा अध्यक्ष बनने की छूट मिल सके और राजनाथ सिंह को चुनाव के बाद इसका लाभ मिल सके, जिससे एक बार फिर आडवाणी-राजनाथ के मतभेद की चर्चा होने लगी। 5 जनवरी को दो बड़े अखबारों में खबर छपी कि आडवाणी ही भा.ज.पा. के सर्वे-सर्वा हैं। खबर का मजमून काफी कुछ बयाँ कर रहा था; लेकिन उसी दिन अहमदाबाद में आडवाणी को इसका खंडन करना पड़ा। लेकिन अगले दिन, यानी 6 जनवरी को उपराष्ट्रपति पद से रिटायर भैरों सिंह शेखावत ने धमाका कर दिया। राजस्थान में पार्टी में भ्रष्टाचार का आरोप लगाकर वसुंधरा राजे पर निशाना साधा और केंद्रीय नेतृत्व को संकेत दे दिया कि अगर काररवाई नहीं हुई तो वे खुद लोकसभा चुनाव भी लड़ेंगे, यानी शेखावत ने ही आडवाणी को चुनौती देनी शुरू कर दी। शेखावत ने कोटा-जयपुर में बयान दिया और दिल्ली में आडवाणी के घर हलचल मच गई। बैठक के बाद 7 जनवरी को राजनाथ सिंह ने शेखावत को टिकट देने से इनकार करते हुए दलील दी कि संवैधानिक पदों पर रह चुके लोगों को चुनाव लड़ाने की परंपरा नहीं है। उन्होंने तो गंगा-स्नान के बाद कुआँ-स्नान नहीं किए जाने की बात कह दी। इस पर मुरली मनोहर जोशी ने भी चुटकी ली थी, "मैं तो बालटी में पानी भरकर मग से नहाता हूँ।"

2009 फैसलों का वर्ष था। संसदीय बोर्ड की बैठक में तय हुआ कि अब जनवरी में टिकटों का ऐलान कर दिया जाएगा। फिर संघ से मोहन भागवत, मदनदास देवी, सुरेश सोनी आडवाणी के घर पहुँचे और भा.ज.पा. कोर ग्रुप के नेताओं के साथ बैठक हुई। संघ ने सलाह दी कि टिकटों में तेरा-मेरा न होकर हर सीट के लिए कार्यकर्ताओं की राय लें और फिर उम्मीदवार बनाएँ।

राजनाथ के बयान से शेखावत भड़क गए थे और उन्होंने सी. राजगोपालाचारी का उदाहरण दिया, जो स्वाधीन भारत के पहले गवर्नर जनरल थे और बाद में केंद्रीय मंत्री, मद्रास स्टेट के मुख्यमंत्री भी बने थे। अगले दिन, यानी 8 जनवरी को शेखावत ने राजनाथ सिंह के गंगा और कुआँ वाले बयान पर गुबार कुछ इस तरह निकाला, "जब

मैं राजनीति में आया, तब राजनाथ पैदा भी नहीं हुए थे। अभी मुझे और भा.ज.पा. को समझने में राजनाथ को वक्त लगेगा।" सही मायने में शेखावत का निशाना गाँवों में कही जानेवाली उस कहावत की तरह था—'गोली चलाई राम पर, लगी श्याम को और मर गया घनश्याम।' यानी राजस्थान की राजनीति में अपनी उपेक्षा से आहत शेखावत सिर्फ राजे को हटाने पर अड़े थे। फिर जसवंत सिंह और राजनाथ सिंह ने मिलकर बात की तो शेखावत ने कहा था, "मैं भा.ज.पा. का नुकसान नहीं कर रहा हूँ, बल्कि शुद्धीकरण चाह रहा हूँ, ताकि पार्टी मजबूत हो। मैं परिस्थितियों से नाराज हूँ। पार्टी में भ्रष्टाचार की बीमारी अब ज्यादा हो गई और अब सख्ती से निपटने की जरूरत है, वरना पार्टी का विनाश हो जाएगा।" लेकिन पार्टी में बात बनती नहीं दिखी तो शेखावत ने राजनीतिक कौशल दिखाया, जिसके बाद एन.सी.पी. के नेता डी.पी. त्रिपाठी ने कहा था कि शेखावत की उम्मीदवारी का सभी दलों को समर्थन करना चाहिए।

'पी.एम. इन वेटिंग' शब्द मजाक बना, उधर मोदी को पी.एम. प्रोजेक्ट करने की माँग

13 जनवरी को 'आडवाणी फॉर पी.एम.' अभियान चल पड़ा। युवा मोर्चा का इस अभियान के साथ घर-घर जाने का खाका बनाया तो उसका नारा था—'फादर, मदर, ब्रदर एंड सिस्टर, आडवाणी फॉर पी.एम.'। लेकिन दूल्हा कैसे आगे बढ़े, जब बाराती ही रूठने लगें? भा.ज.पा. में यही स्थिति दिखने लगी थी। वह भी तब, जब चुनाव सिर पर आ गया था। आडवाणी के 'पी.एम. इन वेटिंग' शब्द का भी मजाक पार्टी के लोग ही उड़ाने लगे थे। भा.ज.पा. मुख्यालय में 14 अप्रैल को मकर संक्रांति के मौके पर खिचड़ी भोज का आयोजन हुआ तो तमाम लोग पहुँचे। आडवाणी, जोशी, शरद यादव, राजनाथ सभी थे। मुरली मनोहर जोशी तो आडवाणी से पहले आ गए, अतः सवाल हुआ कि वेटिंग टिकटवाले तो अभी आए नहीं? इस पर जोशी ने भी चुटकी ली, "मैं तो हमेशा कन्फर्म टिकट लेकर ही चलता हूँ। वैसे, आजकल

13 जनवरी को 'आडवाणी फॉर पी.एम.' अभियान चल पड़ा। युवा मोर्चा का इस अभियान के साथ घर-घर जाने का खाका बनाया तो उसका नारा था—'फादर, मदर, ब्रदर एंड सिस्टर, आडवाणी फॉर पी.एम.'। लेकिन दूल्हा कैसे आगे बढ़े, जब बाराती ही रूठने लगें? भा.ज.पा. में यही स्थिति दिखने लगी थी। वह भी तब, जब चुनाव सिर पर आ गया था। आडवाणी के 'पी.एम. इन वेटिंग' शब्द का भी मजाक पार्टी के लोग ही उड़ाने लगे थे।

तत्काल सेवा की भी सुविधा है।" यानी आडवाणी पी.एम. बने तो भी जोशी की कुरसी पक्की। उधर 14 अप्रैल को ही गुजरात में 'वाइब्रेंट गुजरात ग्लोबल इन्वेस्टर्स समिट' चल रहा था, जहाँ उद्योगपति सुनील भारती मित्तल और अनिल अंबानी ने नया चुनावी अस्त्र थमा दिया। अंबानी ने मोदी के नेतृत्व की तारीफ तो की ही, मोदी को अगला प्रधानमंत्री प्रोजेक्ट करने की पैरवी कर दी। अनिल अंबानी ने अपने पिता धीरूभाई अंबानी की कही बात याद दिलाई, "मेरे पिता कहा करते थे—मोदी लंबी रेस का घोड़ा हैं।" मित्तल ने भी इसी तरह की बातें कहीं। कांग्रेस ने तो उद्योगपतियों को घुड़की देनी शुरू कर दी। लेकिन भा.ज.पा. में नेतृत्व की लड़ाई का एक नया मोर्चा खुल गया। हालाँकि, भा.ज.पा. ने तब कहा था कि उद्योगपति पार्टी शासित जिस राज्य में भी जाएँगे, वहाँ का कामकाज देख भाजपाई मुख्यमंत्री के मुरीद हो जाएँगे। मोदी इस पर कुछ नहीं बोल रहे थे, अत: विपक्ष को मौका मिल रहा था। चार दिन बाद मोदी ने इस पर कहा था, "अबकी बार भी, अगली बार भी, आडवाणी ही पी.एम. होंगे।" बात यहीं नहीं थमी। जब वोटिंग का दौर चल रहा था, तब 27 अप्रैल यानी नतीजों से 20 दिन पहले आडवाणी की चुनाव प्रबंधन टीम में शामिल अरुण शौरी ने भी आडवाणी के बाद नरेंद्र मोदी को प्रधानमंत्री पद का उम्मीदवार बनाने की बात कही। चुनाव हो तो रहा था 2009 का, लेकिन भविष्य के नेतृत्व की बात करने से मौजूदा नेतृत्व आडवाणी पर होनेवाला फोकस लगातार बदल रहा था।

भा.ज.पा. ने तब कहा था कि उद्योगपति पार्टी शासित जिस राज्य में भी जाएँगे, वहाँ का कामकाज देख भाजपाई मुख्यमंत्री के मुरीद हो जाएँगे। मोदी इस पर कुछ नहीं बोल रहे थे, अत: विपक्ष को मौका मिल रहा था। चार दिन बाद मोदी ने इस पर कहा था, "अबकी बार भी, अगली बार भी, आडवाणी ही पी.एम. होंगे।" बात यहीं नहीं थमी।

चुनाव की कमान और टिकट पर महाभारत

लोकसभा चुनाव से ठीक पहले फरवरी में नागपुर में भा.ज.पा. की राष्ट्रीय कार्यकारिणी परिषद् की बैठक होनी थी; लेकिन उससे पहले पार्टी में उठा-पटक चल रही थी। वेंकैया नायडू चाह रहे थे कि अरुण जेटली और सुषमा स्वराज चुनाव लड़ें, ताकि चुनाव प्रबंधन की कमान उनको मिल जाए। लेकिन आडवाणी पहले ही सुषमा को मना कर चुके थे। जेटली ने भी कहना शुरू कर दिया कि नायडू तो आंध्र प्रदेश के नेल्लूर के रहनेवाले हैं, जो सीट पहले सुरक्षित थी और अब सामान्य श्रेणी की हो चुकी, अत: उन्हें वहाँ से लड़ना चाहिए। आखिर, सुषमा स्वराज का भोपाल से लड़ना तय हो गया। लेकिन

जेटली ने चाल चली, जिसके बाद आडवाणी ने नायडू को नेल्लूर से चुनाव लड़ने को कहा तो उन्होंने तत्काल दक्षिण के राज्यों में चुनाव देखने का काम माँग लिया। इस तरह, चुनाव प्रबंधन की कमान जेटली के हाथों में आ गई और आडवाणी ने कहा, "जेटली की जैसी सूझ-बूझ है, हम में से किसी के पास नहीं है। इसलिए मैंने उन्हें चुनाव लड़ने से रोका है।" भा.ज.पा. ने इमरजेंसी की याद ताजा कर उम्मीदवारों की अपनी पहली और सांकेतिक सूची 26 जून, 2008 को जारी कर दी थी, जिसमें आडवाणी समेत छह उम्मीदवारों के नाम थे। लेकिन 19 जनवरी, 2009 तक में चार सूचियाँ जारी कर कुल 36 उम्मीदवारों के नामों का ऐलान किया गया। 19 जनवरी को जारी चौथी सूची में भी महज 18 नाम थे। यानी टिकटों को लेकर राह उतनी आसान नहीं थी, जैसा आडवाणी-राजनाथ सोच रहे थे। कल्याण सिंह ने बुलंदशहर से अशोक प्रधान को उम्मीदवार बनाने पर खुला विरोध शुरू कर दिया। आखिर, उन्होंने 20 जनवरी को फिर से भा.ज.पा. छोड़ दी और आखिरी साँस तक भा.ज.पा. में न लौटने का ऐलान किया। उन्होंने कठोर शब्दों में कहा कि भा.ज.पा. में जमीन से जुड़े नेताओं की तरजीह नहीं है। पार्टी गर्त में जाएगी।

7 फरवरी, 2009 को नागपुर में राष्ट्रीय परिषद् में फिर से राम मंदिर का मुद्दा उठा। भा.ज.पा. ने साफ कर दिया कि मौके की तलाश है, अयोध्या में राम मंदिर जरूर बनेगा। राजनाथ ने वाजपेयी को इस तरह याद किया, "भगवान् से कामना है कि अटलजी जल्द स्वस्थ हों। एक बार अपने सहयोगी और छोटे भाई आडवाणी को लाल किले की प्राचीर से झंडा फहराते देख लें।" पार्टी ही नहीं, एन.डी.ए. में भी सीटों को लेकर हलचल मची हुई थी। महाराष्ट्र की कमान मोदी के हाथों में थी, इसलिए शिवसेना के उद्धव ठाकरे खफा थे। मार्च आते-आते तो लगा कि आडवाणी के रथ पर शल्य सवार हो चुके हैं। ओडिशा में नवीन पटनायक भी एन.डी.ए. के साथ रहने को इच्छुक नहीं थे, क्योंकि उनके सलाहकार प्यारे मोहन महापात्र ने रिपोर्ट दी थी कि भा.ज.पा. के साथ जाने से नुकसान हो सकता है। ऐसे में, चंदन मित्रा जब 9 मार्च को आडवाणी के दूत बनकर भुवनेश्वर पहुँचे तो नवीन पटनायक ने भा.ज.पा. को लोकसभा में 21 में से 5 और विधानसभा में 146 में से 37 सीटें देने का प्रस्ताव दिया, जो भा.ज.पा. को किसी कीमत पर

7 फरवरी, 2009 को नागपुर में राष्ट्रीय परिषद् में फिर से राम मंदिर का मुद्दा उठा। भा.ज.पा. ने साफ कर दिया कि मौके की तलाश है, अयोध्या में राम मंदिर जरूर बनेगा। राजनाथ ने वाजपेयी को इस तरह याद किया, "भगवान् से कामना है कि अटलजी जल्द स्वस्थ हों। एक बार अपने सहयोगी और छोटे भाई आडवाणी को लाल किले की प्राचीर से झंडा फहराते देख लें।"

स्वीकार नहीं हो सकता था। लिहाजा, बी.जे.डी. के साथ गठबंधन टूट गया, यानी चुनावी माहौल के बीच एन.डी.ए. में बिखराव शुरू हो गया।

चुनाव प्रबंधक और अध्यक्ष में ही ठनी लड़ाई जब 12 दिनों तक चली

शायद आडवाणी सही थे। उन्होंने 12-14 सितंबर, 2008 की बेंगलुरु की राष्ट्रीय कार्यकारिणी में नेताओं से कहा था, "भा.ज.पा. को सिर्फ भा.ज.पा. ही हरा सकती है।" उनका इशारा तब भी अंदरूनी खींचतान थी और अब भी हालात वही थे, जो आडवाणी के उस कथन को चरितार्थ होने की दिशा में ले जा रहे थे। भा.ज.पा. के चुनाव प्रबंधक यानी पोल मैनेजर अरुण जेटली थे और अध्यक्ष राजनाथ सिंह। लेकिन जब 2 मार्च को हुए लोकसभा चुनाव के ऐलान के बाद दो महत्त्वपूर्ण पदों के नेता ही टकराने लगें तो नतीजा क्या होगा? वर्ष 2009 के चुनावों में भी वही हुआ। पार्टी में उठा-पटक थी, गठबंधन दरक रहा था। राजनाथ सिंह भी अपनी खास टोली बनाने में जुटे थे। होली से ठीक पहले उन्होंने 9 मार्च को 'स्वदेशी जागरण मंच' से आए मुरलीधर राव को अपने साथ, यानी अध्यक्ष के साथ अटैच किया तो सुधांशु मित्तल को पूर्वोत्तर का सह-प्रभारी बना दिया। जेटली दोनों को ही पसंद नहीं करते थे। लेकिन उनकी नाराजगी खासतौर से मित्तल को लेकर थी, जो दिवंगत प्रमोद महाजन के बेहद करीबी हुआ करते थे। ऐसे में, जेटली ने 13 मार्च को उम्मीदवार चयन वाली केंद्रीय चुनाव समिति का बॉयकाट कर इस्तीफे की पेशकश की अफवाह उड़वाई। बैठक में घंटे भर जेटली पर ही चर्चा हुई। विरोध के तरीके पर सुषमा और जोशी ने ऐतराज जताया। आडवाणी मौन साधे रहे।

शायद आडवाणी सही थे। उन्होंने 12-14 सितंबर, 2008 की बेंगलुरु की राष्ट्रीय कार्यकारिणी में नेताओं से कहा था, "भा.ज.पा. को सिर्फ भा.ज.पा. ही हरा सकती है।" उनका इशारा तब भी अंदरूनी खींचतान थी और अब भी हालात वही थे, जो आडवाणी के उस कथन को चरितार्थ होने की दिशा में ले जा रहे थे। भा.ज.पा. के चुनाव प्रबंधक यानी पोल मैनेजर अरुण जेटली थे और अध्यक्ष राजनाथ सिंह।

लड़ाई साधारण नहीं थी। आडवाणी ने जब चुनाव प्रबंधकों की सूची राजनाथ को दी थी तो राजनाथ ने संगठन की तरफ से रामलाल को जोड़ दिया था। फिर जेटली के कहने पर आडवाणी ने स्वपन दासगुप्ता को भी इसमें जोड़ दिया था, जो अपने लेख में राजनाथ सिंह को मूर्ख, डंप आदि कह चुके थे। ऐसे में राजनाथ का जख्म हरा हो गया, अत: उन्होंने भी मित्तल की नियुक्ति कर अपनी ताकत दिखाई। संघ की ओर से

भी समझाया गया, लेकिन जेटली नहीं मान रहे थे। ऐसा लगने लगा था कि वक्त भी अब भा.ज.पा. का साथ देने को तैयार नहीं है।

17 मार्च को चुनाव समिति की बैठक से पहले संगठन महासचिव रामलाल ने जेटली को फोन कर फॉर्मूला दिया कि बैठक में आकर विरोध जताएँ और लिखित में सुधांशु मित्तल को हटाने की सिफारिश करें। लेकिन जेटली नहीं माने तो आडवाणी ने उस दिन स्वीकार किया कि मतभेद तो है, लेकिन मामूली मुद्‌दा बताया। लेकिन पतवार थामनेवाले ऐसे आपस में ही लड़ेंगे तो नतीजा क्या होगा, कहने की बात नहीं थी। आखिर में, फॉर्मूला बना कि मित्तल इस्तीफा देंगे; लेकिन पहले जेटली बैठक में आएँगे, फोरम पर चर्चा होगी। लेकिन फिर भी जेटली नहीं पहुँचे। ऐसे में, रणनीति यह भी बन रही थी कि अब चुनाव समिति की बैठक करने की बजाय आडवाणी से सलाह-मशविरा कर राजनाथ बाकी नामों का ऐलान कर दें। इसी बीच वरुण गांधी का विवादास्पद भड़काऊ बयान पार्टी के गले की हड्‌डी बन गया। एफ.आई.आर. दर्ज हुई और राष्ट्रीय सुरक्षा कानून के तहत गिरफ्तारी भी हो गई। चुनाव आयोग में मामला चला, सो अलग। 21 मार्च को राजनाथ संघ की शरण में नागपुर गए, ताकि जेटली विवाद खत्म होने पर सलाह ले सकें; लेकिन उससे पहले मुंबई में शिवसेना के साथ साझा रैली हुई। उधर नागपुर में संघ की अखिल भारतीय प्रतिनिधि सभा की बैठक चल रही थी, जहाँ संघ ने बड़ा बदलाव किया था और सरसंघचालक के पद पर मोहन भागवत आसीन होने जा रहे थे। के.एस. सुदर्शन रिटायर हो गए थे, जिन्होंने भा.ज.पा. में नेतृत्व परिवर्तन की मुहिम छेड़ी थी और सार्वजनिक बयानों से वाजपेयी-आडवाणी को बैकफुट पर आने को मजबूर किया था। लेकिन नई पीढ़ी, नया नेतृत्व अब भा.ज.पा. के लिए भी बड़ा संकेत देने वाला था।

21 मार्च को राजनाथ संघ की शरण में नागपुर गए, ताकि जेटली विवाद खत्म होने पर सलाह ले सकें; लेकिन उससे पहले मुंबई में शिवसेना के साथ साझा रैली हुई। उधर नागपुर में संघ की अखिल भारतीय प्रतिनिधि सभा की बैठक चल रही थी, जहाँ संघ ने बड़ा बदलाव किया था और सरसंघचालक के पद पर मोहन भागवत आसीन होने जा रहे थे।

जब आडवाणी की चुनावी सभा में उछला खड़ाऊँ

भा.ज.पा. तब तक मजबूत नेता, निर्णायक सरकार और मनमोहन को कमजोर पी.एम. बताने की मुहिम चला रही थी, जिससे मनमोहन सिंह आहत थे। 24 मार्च को मनमोहन सिंह ने संसद् पर हमले से लेकर कंधार प्रकरण, जिन्ना प्रकरण की याद दिला

दी और आडवाणी कैसे भा.ज.पा. में अलग-थलग किए गए, इसका भी जिक्र कर पूछा, "अब देश तय करे कि कौन कमजोर है?" इधर भा.ज.पा. ने नवरात्र की शुरुआत के साथ ही औपचारिक चुनाव अभियान का खाका बनाया। पाँच दिशाओं से एक साथ आगाज का खाका बना, जिसके मुताबिक उत्तर में राजनाथ, दक्षिण में वेंकैया, पूरब में अरुण जेटली, पश्चिम में खुद आडवाणी और मध्य में सुषमा स्वराज को जनसभा करनी थी। फिर रामनवमी के अवसर पर भा.ज.पा. ने अपना चुनाव घोषणा-पत्र जारी किया तो राम मंदिर पर संसद् से कानून बनाने की बात पर एन.डी.ए. की सहमति नहीं होने की बात खुद आडवाणी ने कही। लेकिन घोषणा-पत्र में धर्मशास्त्र, समाजशास्त्र और अर्थशास्त्र की पूरी झलक थी। यानी संघ परिवार के लिए घोषणा-पत्र में राम मंदिर पर बातचीत, कोर्ट समेत कानून बनाने जैसे सभी विकल्पों को खुला रखने, अनुच्छेद-370, समान नागरिक संहिता पर प्रतिबद्धता जताई, लेकिन गठबंधन में 'कॉमन एजेंडा फॉर गवर्नेंस' पर चलने का ऐलान हुआ। हालाँकि राम सेतु, गौरक्षा, गंगा के मुद्दे पर सीधा रुख अपनाया। समाज के सभी तबकों के आर्थिक पिछड़ों को सहूलियत देने, अल्पसंख्यकों को भी विकास की मुख्य धारा में लाने का वादा हुआ। अर्थशास्त्र की दृष्टि से देखा जाए तो पार्टी ने एक बजट जैसी घोषणाएँ कर दी थीं, जिसमें टैक्स छूट की सीमा 3 लाख करने, 2 रुपए की दर से 35 किलो अनाज देने, किसानों को 4 फीसदी वार्षिक पर कर्ज, सेना को टैक्स से बाहर, काला धन लाने, पोटा जैसा कानून बनाने, शिक्षा नीति, वन रैंक वन पेंशन, लाडली लक्ष्मी, भामाशाह जैसी योजनाओं का वादा किया। कांग्रेस ने तो इसे अपनी नकल बताकर खीझ उतारी।

अर्थशास्त्र की दृष्टि से देखा जाए तो पार्टी ने एक बजट जैसी घोषणाएँ कर दी थीं, जिसमें टैक्स छूट की सीमा 3 लाख करने, 2 रुपए की दर से 35 किलो अनाज देने, किसानों को 4 फीसदी वार्षिक पर कर्ज, सेना को टैक्स से बाहर, काला धन लाने, पोटा जैसा कानून बनाने, शिक्षा नीति, वन रैंक वन पेंशन, लाडली लक्ष्मी, भामाशाह जैसी योजनाओं का वादा किया। कांग्रेस ने तो इसे अपनी नकल बताकर खीझ उतारी।

इसी बीच सिख-विरोधी दंगे के आरोपी जगदीश टाइटलर और सज्जन कुमार को टिकट देने के खिलाफ कांग्रेस की ब्रीफिंग में गृह मंत्री पी. चिदंबरम पर एक पत्रकार जरनैल सिंह ने जूता फेंक दिया। असर हुआ और कांग्रेस ने दोनों का टिकट काट दिया; लेकिन इससे विरोध के तरीके को लेकर एक नई बहस छिड़ गई। पहले चरण की वोटिंग के बाद 16 अप्रैल को वरुण गांधी भी जेल से रिहा हो गए। लेकिन जूता फेंकने

की घटना जोर पकड़ने लगी। मध्य प्रदेश के कटनी में 16 अप्रैल को ही आडवाणी की सभा थी, जहाँ भा.ज.पा. के ही एक जिला युवा विंग के नेता पावस अग्रवाल ने जूता या चप्पल नहीं, खड़ाऊँ उछाला। पावस ने खड़ाऊँ उछालने के पीछे जो भावना बताई, वह नतीजों का एक संकेत जरूर था—"मैंने आडवाणी पर चप्पल नहीं, अपने पिताजी की खड़ाऊँ उछाली है। ईश्वरीय प्रेरणा से मैंने यह काम किया है; क्योंकि आडवाणी नकली लौह पुरुष हैं। उनकी कथनी और करनी में अंतर है। राम की बात करते हैं, लेकिन जिन्ना की मजार पर जाते हैं। भा.ज.पा. को अपना प्रधानमंत्री पद का उम्मीदवार बदलना चाहिए।" फिर ग्यारह दिनों बाद अरुण शौरी ने भी आडवाणी के बाद नरेंद्र मोदी को प्रधानमंत्री उम्मीदवार बनाने की बात कही। तब शौरी की राय पर अरुण जेटली और वेंकैया ने तो तत्काल सहमति दे दी, लेकिन सुषमा स्वराज ने जो कहा, वह भी पार्टी के अंतर्विरोध को खुलकर जाहिर कर रहा था। सुषमा ने कहा था, "बाप के रहते बेटे को पगड़ी नहीं दी जाती।" लेकिन अनौपचारिक चर्चा में जेटली ने भी इसका जवाब दिया था, "मरने के बाद भी बाप की पगड़ी बेटे को ही पहनाई जाती है, बेटी को नहीं।" इशारों-ही-इशारों में नेता आपसी रंजिश को सार्वजनिक कर रहे थे। लेकिन तब मोदी चतुराई के साथ खुद को होड़ से बाहर बता अपने मिशन में जुटे हुए थे।

बेहद अजीब स्थिति थी कि भा.ज.पा. नेता लड़ाई तो लड़ रहे थे पंद्रहवीं लोकसभा के लिए, जिसके नेता के तौर पर आडवाणी का चेहरा था; लेकिन नई पीढ़ी की रुचि आडवाणी की जीत से ज्यादा खुद को स्थापित करने की थी। इसलिए चुनावों में लगातार बहस का रुख सोलहवीं लोकसभा की तरफ चला जाता था। नरेंद्र मोदी भी लगातार सुर्खियों के सरताज बने हुए थे। 1 मई को सुप्रीम कोर्ट से उन्हें दोहरी राहत मिली।

चुनाव पंद्रहवीं लोकसभा का, बहस सोलहवीं लोकसभा की

बेहद अजीब स्थिति थी कि भा.ज.पा. नेता लड़ाई तो लड़ रहे थे पंद्रहवीं लोकसभा के लिए, जिसके नेता के तौर पर आडवाणी का चेहरा था; लेकिन नई पीढ़ी की रुचि आडवाणी की जीत से ज्यादा खुद को स्थापित करने की थी। इसलिए चुनावों में लगातार बहस का रुख सोलहवीं लोकसभा की तरफ चला जाता था। नरेंद्र मोदी भी लगातार सुर्खियों के सरताज बने हुए थे। 1 मई को सुप्रीम कोर्ट से उन्हें दोहरी राहत मिली। गुजरात दंगों से जुड़े मुकदमों की सुनवाई फास्ट ट्रैक कोर्ट बनाकर कराने का आदेश दिया तो दंगों से जुड़े दस मामले पर नवंबर 2003 से लगाई गई रोक को हटाते हुए गुजरात से

बाहर मुकदमे की सुनवाई की याचिका खारिज कर दी। अब एस.आई.टी. को हर तिमाही रिपोर्ट देने को कहा और हाई कोर्ट की निगरानी में सबकुछ रखा। यानी तीस्ता सीतलवाड़ और कांग्रेस की मंशा पर पानी फिरा तो कांग्रेस के वीरप्पा मोइली ने मोदी प्रशासन पर संदेह जताया। लेकिन उसी दिन विश्व हिंदू परिषद् के तत्कालीन अंतरराष्ट्रीय अध्यक्ष अशोक सिंघल ने भी मोदी पर इस तरह भरोसा दिखाया, "नरेंद्र मोदी में प्रधानमंत्री बनने के सारे गुण मौजूद हैं। अगर मोदी प्रधानमंत्री बनते हैं तो अयोध्या में राम मंदिर का विवाद सुलझ जाएगा।" चाहे-अनचाहे मोदी इस चुनाव में भी केंद्र-बिंदु बन चुके थे। विपक्ष भी लगातार उन पर ही हमला बोल रहा था।

चुनाव अभियान अपने समापन की ओर था और रणनीति के तहत एन.डी.ए. की एकजुटता का संदेश देने के लिए पंजाब के लुधियाना में आखिरी चरण से पहले रैली हुई, जिसमें एन.डी.ए. के सभी मुख्यमंत्री और दलों के नेता मौजूद थे। इसी रैली की ऐतिहासिक तसवीर थी, जिसमें नरेंद्र मोदी और नीतीश कुमार हाथ जोड़े बुलंद इरादों को जाहिर करते दिख रहे थे।

चुनाव अभियान अपने समापन की ओर था और रणनीति के तहत एन.डी.ए. की एकजुटता का संदेश देने के लिए पंजाब के लुधियाना में आखिरी चरण से पहले रैली हुई, जिसमें एन.डी.ए. के सभी मुख्यमंत्री और दलों के नेता मौजूद थे। इसी रैली की ऐतिहासिक तसवीर थी, जिसमें नरेंद्र मोदी और नीतीश कुमार हाथ जोड़े बुलंद इरादों को जाहिर करते दिख रहे थे। दोनों गठबंधनों को अब जोड़-तोड़ की ही आस दिख रही थी। नतीजों से पहले मोदी भी दिल्ली पहुँच चुके थे और आडवाणी के लिए रणनीतिक बिसात बिछा रहे थे, क्योंकि जयललिता से उन्होंने ही बात कर रखी थी। नतीजों से एक दिन पहले 15 मई को नीतीश कुमार ने दाँव चल दिया कि जो बिहार को विशेष राज्य का दर्जा देगा, समर्थन उसी को। ऐसे में कांग्रेस ने तत्काल हामी भर दी। अतः राजनाथ को बयान देना पड़ा, "नीतीश कुमार की बिहार को विशेष दर्जे की माँग का आडवाणी रैली में ही समर्थन कर चुके हैं।" यानी बिसात दोनों तरफ से बिछने लगी थी, क्योंकि इस बार स्थिति वर्ष 2004 से अलग थी, क्योंकि वामपंथी दल यू.पी.ए. से बाहर होकर लड़ रहे थे। सबको इंतजार था तो सिर्फ अगले दिन आनेवाले नतीजों का।

16 मई, 2009—अधर में आडवाणी

आखिर वही हुआ, जिसका अंदेशा था। सोलहवीं लोकसभा में नेतृत्व की बहस में उलझी भा.ज.पा. पंद्रहवीं लोकसभा का युद्ध हार गई और आडवाणी की स्थिति भीष्म पितामह जैसी हो गई, जिनके लिए संन्यास से पहले भा.ज.पा. को चहुँओर से मजबूत

रूप देना जरूरी था। रणनीतिक मोर्चे पर मुकम्मल तैयारी के बावजूद भा.ज.पा. की अंदरूनी कलह ने उसे लगातार दूसरी बार सत्ता से वंचित कर दिया। केंद्रशासित राज्यों को मिलाकर पंद्रह राज्यों में भा.ज.पा. का खाता भी नहीं खुला था तो तीन महासचिव, दो उपाध्यक्ष, दो मोर्चा अध्यक्ष और कई सचिव चुनाव हार गए थे। ऐसा लग रहा था कि नई पीढ़ी आडवाणी की सत्ता चाह ही नहीं रही थी। नतीजों के अगले दिन 17 मई को संघ के नए सरकार्यवाह भैय्याजी जोशी, सह-सरकार्यवाह मदनदास देवी और सुरेश सोनी ने आडवाणी से मुलाकात की तो भा.ज.पा. में बदलाव के साथ नई पीढ़ी को पूरी कमान और वरिष्ठ नेताओं को मार्गदर्शक की भूमिका में सीमित रहने की सलाह दी। 22 मई को मनमोहन सरकार के शपथ-ग्रहण से पहले 21 मई को भा.ज.पा. में हार की जिम्मेदारी पर यशवंत सिन्हा ने मोर्चा खोला। उन्होंने एक महत्त्वपूर्ण बात कही, वह थी—दिसंबर तक आडवाणी दूसरी पीढ़ी को कमान सौंप देंगे। वैसा ही हुआ भी था। लेकिन उससे पहले सिन्हा ने कहा था, "जैसे 2004 में प्रमोद महाजन ने हार की जिम्मेदारी ली थी, इस बार भी जिम्मेदारी तय हो। सिर्फ अरुण जेटली नहीं, चुनाव प्रबंधन में लगे सभी लोग जिम्मेदार हैं।"

निश्चित तौर से, भा.ज.पा. को लोकसभा चुनाव में लगातार दूसरी बार हार ने झकझोर दिया था। लेकिन अब सही मायने में संक्रमण का दौर शुरू हुआ था, क्योंकि वर्ष 2014 के चुनाव के लिहाज से आडवाणी की उम्र संघ के फॉर्मूले में मुफीद नहीं थी। ऐसे में, एक सर्वमान्य नेता खड़ा करना ही नहीं, वैचारिक पटरी पर समन्वय के साथ एक चेहरा लाना जरूरी था, जो अपने कार्यकर्ताओं में नई ऊर्जा का संचार कर भा.ज.पा. के सत्ता के वनवास को खत्म कर सके।

निश्चित तौर से, भा.ज.पा. को लोकसभा चुनाव में लगातार दूसरी बार हार ने झकझोर दिया था। लेकिन अब सही मायने में संक्रमण का दौर शुरू हुआ था, क्योंकि वर्ष 2014 के चुनाव के लिहाज से आडवाणी की उम्र संघ के फॉर्मूले में मुफीद नहीं थी। ऐसे में, एक सर्वमान्य नेता खड़ा करना ही नहीं, वैचारिक पटरी पर समन्वय के साथ एक चेहरा लाना जरूरी था, जो अपने कार्यकर्ताओं में नई ऊर्जा का संचार कर भा.ज.पा. के सत्ता के वनवास को खत्म कर सके। संघ का मानना था कि लगातार तीसरी हार वैचारिक लड़ाई को भी कमजोर कर देगी और फिर लंबे समय तक उसका उठ पाना संभव नहीं होगा। ऐसे में, संघ की सोच बन रही थी कि मजबूत एन.डी.ए. से पहले मजबूत भा.ज.पा. खड़ी करनी होगी और नेतृत्व ऐसा लाना होगा, जिसकी वैचारिक प्रतिबद्धता संदेह से कोसों दूर हो। बहुत हद तक वर्ष 2009 के लोकसभा चुनाव ने नेतृत्व की तरफ संकेत तो कर

दिया था, क्योंकि आडवाणी को प्रधानमंत्री बनाने के बहाने राष्ट्रीय राजनीति में मोदी का पदार्पण हो चुका था, जो कार्यकर्ताओं के हिंदू हृदय सम्राट् तो बन चुके थे, जरूरत थी उसे जुबान देने की, जिसे रणनीतिक तरीके से संघ और मोदी ने कैसे आगे बढ़ाया, यह भी एक मिसाल है। संघ ऐसा इसलिए नहीं कर रहा था कि उसे भा.ज.पा. पर नियंत्रण करना है, बल्कि भा.ज.पा. इस विचार परिवार का राजनीतिक चेहरा है, जिसकी छवि समूचे परिवार को लेकर एक धारणा बनाती–बिगाड़ती है। सरसंघचालक बनने के बाद मोहन भागवत ने इस बदलाव की पूरी पटकथा तैयार कर ली थी, जिसकी झलक आगे के अध्यायों में स्पष्ट तौर पर दिखेगी। लेकिन इतना जरूर था कि दशक भर का यह अंदरूनी संघर्ष न सिर्फ नेतृत्व, बल्कि संगठन को भी नई दिशा देने के लिए एक सबक जैसा ही था। नरेंद्र मोदी ने इस पूरे दशक को बेहद बारीकी से देखा था और संघ के प्रचारक होने के नाते उसकी सलाह को स्वीकार कर पार्टी को इस मुकाम पर लेकर आए, जिसने विचार परिवार में समन्वय की जबरदस्त मिसाल पेश की।

□

खंड-3

पीढ़ी परिवर्तन (2009-2014)

लगातार दो आम चुनावों की हार वैचारिक संघर्ष को कमजोर करनेवाली थी। ऐसे में संघ ने नई पीढ़ी का खाका न सिर्फ भा.ज.पा., बल्कि समूचे विचार परिवार के लिए बनाया। भा.ज.पा. में संघर्ष के बाद नया नेतृत्व उभारने में उसे बड़े संक्रमण के दौर से गुजरना पड़ा। नेतृत्व कैसा हो, संघ प्रमुख मोहन भागवत ने सार्वजनिक तौर से इसकी एक लकीर खींची। संघ ने गठबंधन से पहले भा.ज.पा. की मजबूती की रणनीति कैसे बनाई और हिंदुत्व की विचारधारा को समर्पित ऐसा नेतृत्व चुना, जिस पर कार्यकर्ताओं को रत्ती भर संदेह न हो। लेकिन वर्ष 2014 की महत्त्वपूर्ण लड़ाई में कैसे सामाजिक, बौद्धिक और पेशेवर लोगों को जोड़कर जनाधार में 10 फीसदी वोट के लिए काम किया। नरेंद्र मोदी अगुआ बने तो नतीजा भी दिखने लगा और लोगों के साथ-साथ दल भी जुड़े। फिर अशोक सिंघल ने कैसे उनमें भगवान् राम की आत्मा देखी! नतीजा यह हुआ कि पहली बार भा.ज.पा. ने अपने बूते बहुमत हासिल कर तमाम रिकॉर्ड ध्वस्त कर दिए और वाजपेयी राज से सबक लेकर समन्वय की गाड़ी राजमार्ग पर सरपट दौड़ पड़ी।

5

पीढ़ीगत बदलाव : संक्रमण काल

संघ और भा.ज.पा. दोनों जगह कमान युवा को मिली, लेकिन पीढ़ीगत बदलाव आकार लेने की बजाय वर्ष 2009 से 2012 तक अंतर्कलह में उलझा तो फिर कैसे उबरे भा.ज.पा. और संघ परिवार?

वर्ष 2009 संघ और भा.ज.पा. में पीढ़ीगत बदलाव का एक अहम पड़ाव था। 21 मार्च, 2009 को तत्कालीन सरसंघचालक के.एस. सुदर्शन ने अपने उत्तराधिकारी के तौर पर मोहनराव मधुकरराव भागवत के नाम का ऐलान कर दिया था। भागवत डॉ. हेडगेवार और गुरु गोलवलकर के बाद सबसे कम उम्र में संघ के सरसंघचालक बने थे। तब उनकी उम्र 59 वर्ष थी। संघ पर राजनीतिक दखलअंदाजी का आरोप सुदर्शन के समय खूब लगा। ऐसे में भागवत की चुनौती संघ की सीरत को निखारने की थी। संघ को बैक टू बेसिक पर लाना था, यानी सीधे राजनीति की बजाय समाज में अपना काम करना। उसी समय यह भी आभास होने लगा था कि भा.ज.पा. भी बड़े बदलाव की ओर जाएगी; लेकिन वह संघ में बदलाव जितना सहज नहीं होगा। तब भा.ज.पा. के वरिष्ठ नेता लालकृष्ण आडवाणी बतौर प्रधानमंत्री उम्मीदवार अपना आखिरी दाँव खेल रहे थे, जिन्हें संघ ने भी जिन्ना प्रकरण के कड़वे अनुभव के बाद मजबूरी में ही सही, लेकिन वर्ष 2009 के चुनाव में मौका देने पर अपनी सहमति दी थी।

लेकिन असली खेल शुरू हुआ, जब 16 मई, 2009 को लोकसभा चुनाव के नतीजे आए और भा.ज.पा. लगातार दूसरा आम चुनाव बुरी तरह से हार गई थी। ऐसे में संघ प्रत्यक्ष दखल से परहेज कर रहा था, लेकिन भा.ज.पा. में बदलाव को जरूरी मान रहा था। लेकिन आडवाणी किसी भी तरह से पीछे हटने को राजी नहीं थे। संघ भी लिहाजवश सीधे कुछ कहने से हिचक रहा था। इधर नतीजों की हताशा का असर भा.ज.पा. में साफ तौर से दिख रहा था। न कोई हार की जिम्मेदारी ओढ़ने को तैयार था और न ही कोई समीक्षा की बात हो रही थी। इस बीच, 20 मई को राजस्थान भा.ज.पा. के अध्यक्ष ओम

प्रकाश माथुर ने प्रदेश में हार की जिम्मेदारी लेते हुए तत्कालीन राष्ट्रीय अध्यक्ष राजनाथ सिंह को इस्तीफा सौंप दिया था। लेकिन उस पर भी कोई फैसला नहीं हुआ। नतीजे के 13 दिनों बाद भा.ज.पा. के मुखपत्र 'कमल संदेश' में तत्कालीन संपादक प्रभात झा ने जो लिखा, उसमें संघ का संदेश साफ तौर से जाहिर हुआ। इस संपादकीय का लब्बोलुआब इस तरह था—'भा.ज.पा. को बीज बनकर नींव में खपनेवाले नेता चाहिए। बोलनेवाला कम, काम करनेवाला ज्यादा चाहिए, क्योंकि बिना बीज बोए और खेती किए किसान फसल हासिल नहीं कर सकता। सिर्फ परती जमीन ही मिलेगी। भा.ज.पा. तय करे कि किस सोच से चुनाव लड़ना है—जीतना ही है या फिर जीत ही रहे हैं? विचारधारा को समाजधारा बनाने के लिए ऐसे व्यक्तित्व, कार्यकर्ता और ऐसा नेतृत्व चाहिए, जिस पर समाज का अपूर्ण नहीं, पूर्ण विश्वास हो, श्रद्धा हो। आम नागरिक भा.ज.पा. से बड़बोलेपन की उम्मीद नहीं रखता, बल्कि भा.ज.पा. के नेतृत्व में सहज, सरल, सामान्य रहने की उम्मीद रखता है।' यानी इस संपादकीय के निशाने पर सीधे आडवाणी और उनकी टोली थी, जो समानांतर संगठन की भाँति लोकसभा चुनाव अभियान को संचालित कर रही थी। बवाल तब बढ़ा, जब 3 जून को इस आम चुनाव के प्रबंधन की कमान सँभालनेवाले अरुण जेटली को राज्यसभा में भा.ज.पा. का नेता बनाकर विपक्ष के नेता का दर्जा दिला दिया गया। इधर आडवाणी खुद लोकसभा में विपक्ष के नेता तो सुषमा स्वराज उनकी डिप्टी हो गईं। बड़ी हार के बाद इस तरह जेटली को कमान दिए जाने से कई नेता भड़क उठे, जिनमें यशवंत सिन्हा, जसवंत सिंह, अरुण शौरी सरीखे नेता शामिल थे। दूसरी तरफ, चुनाव में आडवाणी की टीम का हिस्सा रहे सुधींद्र कुलकर्णी, स्वपन दासगुप्ता जैसे पत्रकार फिर से पत्रकारिता करने लगे, लेख लिखकर पार्टी को ही कोसने लगे। कुलकर्णी ने एक लेख में लिखा—'संघ-भा.ज.पा. को मुसलिम, हिंदुत्व, गरीब को लेकर विचारधारा पर मंथन करना चाहिए।' जिसे उसी दिन 8 जून को सुषमा स्वराज ने यह कहते हुए खारिज किया कि भा.ज.पा. कुलकर्णी के लेख से खुद को असंबद्ध करती है। यह कुलकर्णी का स्वतंत्र पत्रकार के नाते चिंतन है। पार्टी में कोहराम इस कदर मच चुका था कि उसी दौरान मध्य प्रदेश के दौरे पर गईं

भा.ज.पा. तय करे कि किस सोच से चुनाव लड़ना है—जीतना ही है या फिर जीत ही रहे हैं? विचारधारा को समाजधारा बनाने के लिए ऐसे व्यक्तित्व, कार्यकर्ता और ऐसा नेतृत्व चाहिए, जिस पर समाज का अपूर्ण नहीं, पूर्ण विश्वास हो, श्रद्धा हो। आम नागरिक भा.ज.पा. से बड़बोलेपन की उम्मीद नहीं रखता, बल्कि भा.ज.पा. के नेतृत्व में सहज, सरल, सामान्य रहने की उम्मीद रखता है।'

सुषमा स्वराज से पूछा गया तो उन्होंने कहा था, "अभी पार्टी में ज्वालामुखी फटा हुआ है, सो कुछ बोलूँगी तो चिनगारी बन जाएगा।"

जिम्मेदारी तय करने का सिलसिला शुरू तो हुआ, लेकिन राज्यों के स्तर पर। 23 जून को उत्तराखंड में तत्कालीन मुख्यमंत्री बी.सी. खंडूरी को पाँचों लोकसभा सीटें हारने की कीमत अपनी कुरसी गँवाकर चुकानी पड़ी। 20 मई को दिया गया माथुर का इस्तीफा भी मंजूर हो गया। 10 अगस्त को वसुंधरा राजे से नेता विपक्ष की कुरसी छोड़ने को कहा गया। लेकिन वह इस्तीफा नहीं देने पर इस कदर अड़ीं कि मामला ढाई महीने से ज्यादा दीवाली के बाद तक विवादों में रहा। आडवाणी उन्हें बचाने के लिए संसदीय बोर्ड में भी अड़े; लेकिन तब राजनाथ सिंह ने अध्यक्ष पद की गरिमा के मद्देनजर पुनर्विचार की माँग खारिज कर दी थी।

जिम्मेदारी तय करने का सिलसिला शुरू तो हुआ, लेकिन राज्यों के स्तर पर। 23 जून को उत्तराखंड में तत्कालीन मुख्यमंत्री बी.सी. खंडूरी को पाँचों लोकसभा सीटें हारने की कीमत अपनी कुरसी गँवाकर चुकानी पड़ी। 20 मई को दिया गया माथुर का इस्तीफा भी मंजूर हो गया। 10 अगस्त को वसुंधरा राजे से नेता विपक्ष की कुरसी छोड़ने को कहा गया। लेकिन वह इस्तीफा नहीं देने पर इस कदर अड़ीं कि मामला ढाई महीने से ज्यादा दीवाली के बाद तक विवादों में रहा।

इसी बीच चिट्ठी बम भी फूटने लगे थे। यशवंत सिन्हा ने चिट्ठी लिखी तो लीक हो गई। जसवंत सिंह का भी यही हाल था। फिर 24 अगस्त को वाजपेयी सरकार में मंत्री रहे अरुण शौरी ने एक टी.वी. प्रोग्राम 'वॉक द टॉक' में राजनाथ सिंह पर निशाना साधा। कड़वाहट शौरी के शब्दों में दिख रही थी—पहले राजनाथ को ऐरा-गैरा नत्थू-खैरा कहा। फिर हंप्टी-डंप्टी से लेकर 'एलिस इन ब्लंडरलैंड' की उपाधि दी। भा.ज.पा. में न कोई उमंग, न कोई तरंग की बात कही। लगे हाथ शौरी ने संघ से भा.ज.पा. की कमान थामने की अपील की और मौजूदा केंद्रीय नेताओं को हटाने की बात कही। शौरी ही वह नेता थे, जिन्होंने चुनाव के बीच में ही नरेंद्र मोदी को प्रधानमंत्री बनाने का फॉर्मूला दिया था।

लकीर खींचती सरसंघचालक की वह प्रेस कॉन्फ्रेंस

कुल मिलाकर, भा.ज.पा. में भूचाल मचा हुआ था और शौरी के बयानों के पाँच दिन बाद ही सरसंघचालक मोहन भागवत की पहले से तयशुदा प्रेस कॉन्फ्रेंस 28 अगस्त, 2009 को दिल्ली स्थित संघ मुख्यालय झंडेवालान में हुई। संघ प्रमुख ने शुरुआती संबोधन में संगठन के सिद्धांतों के तहत भा.ज.पा. में किसी दखल से इनकार

किया और उसे अपना भविष्य खुद तय करने की नसीहत भी दी। माँ-बेटे का रिश्ता मानने से भी इनकार किया; लेकिन नेतृत्व के लिए उम्र की सीमा को लेकर संघ की राय दोहराई। संदेश साफ था, फिर भी एक संकोच था। उन्होंने कहा भी, "संघ सलाह देने में संकोच नहीं करता, लेकिन लिहाज जरूर करता है।" बाद में भा.ज.पा. को लेकर सवाल-जवाब हुए तो भागवत ने कहा कि राख से भी उठकर खड़ी होगी भा.ज.पा. और कीमोथेरैपी की जरूरत पड़ी तो वह भी होगी। हालाँकि, इस बयान पर बाद में स्पष्टीकरण भी आया, जिसमें उन्होंने कहा, "मैंने कहा था कि भा.ज.पा. राख से भी उठकर खड़ी होगी, राख नहीं हुई है। अगर होगी तो वहाँ से भी खड़ी हो जाएगी।" उन्होंने डी-4 (दिल्ली में बैठे चार बड़े नेता) को भा.ज.पा. की कमान नहीं मिलने का भी इशारा किया। प्रेस कॉन्फ्रेंस खत्म होते ही भा.ज.पा. के चार बड़े नेता सुषमा स्वराज, अरुण जेटली, वेंकैया नायडू, अनंत कुमार केशव कुंज पहुँचे। तीन घंटे बैठक हुई और संघ का फॉर्मूला लेकर चारों नेताओं ने देर रात आडवाणी के घर पहुँचकर संदेश दे दिया। संघ खुलकर तो नहीं, लेकिन परोक्ष तौर पर आडवाणी को संकेत दे चुका था कि विपक्ष के नेता का पद भी छोड़कर नई पीढ़ी का मार्ग प्रशस्त करें। कड़वाहट इतनी बढ़ रही थी कि गोवा के तत्कालीन मुख्यमंत्री और नए राष्ट्रीय अध्यक्ष की दौड़ में शामिल मनोहर पारिकर ने आडवाणी की ओर इशारा करते हुए तुलना सड़े अचार से कर दी, जिसको लेकर काफी विवाद भी हुआ। राजनीति से संन्यास लेने का संघ का दबाव देख आडवाणी सितंबर के आखिर में (संभवतः 28-29 सितंबर, 2009 को) पेजावर स्वामी की शरण में चले गए। आडवाणी दिसंबर तक पद नहीं छोड़ना चाहते थे और उन्होंने स्वामी से आग्रह कर ऐसा बयान भी दिलवाया। स्वामी के इस खुलासे के बाद विहिप के नेता आचार्य धर्मेंद्र ने तब बेहद तीखी टिप्पणी की थी, "संघ के बिना भा.ज.पा. का अस्तित्व नहीं। अगर संघ का निर्देश नहीं माना तो भा.ज.पा. रेत के महल की तरह ढह जाएगी।" लेकिन आडवाणी को यह मोहलत मिलती दिख रही थी, क्योंकि वक्त ऐसा चल रहा था कि उस समय भा.ज.पा. में एक विवाद खत्म होता नहीं, दूसरा शुरू हो जाता था।

प्रेस कॉन्फ्रेंस खत्म होते ही भा.ज.पा. के चार बड़े नेता सुषमा स्वराज, अरुण जेटली, वेंकैया नायडू, अनंत कुमार केशव कुंज पहुँचे। तीन घंटे बैठक हुई और संघ का फॉर्मूला लेकर चारों नेताओं ने देर रात आडवाणी के घर पहुँचकर संदेश दे दिया। संघ खुलकर तो नहीं, लेकिन परोक्ष तौर पर आडवाणी को संकेत दे चुका था कि विपक्ष के नेता का पद भी छोड़कर नई पीढ़ी का मार्ग प्रशस्त करें।

इधर 'गडकरी' गढ़ के रक्षक तो उधर आडवाणी की विदाई

संघ प्रमुख की ओर से दिल्ली के बाहर का अध्यक्ष होने के ऐलान ने कुछ की हसरतों पर पानी फेर दिया था तो कुछ क्षेत्रीय नेताओं की हसरतें जाग रही थीं। आडवाणी की विपक्ष के नेता पद से विदाई की अटकलें भी चल रही थीं। लेकिन सुषमा स्वराज ने ऐलान कर दिया कि आडवाणी पूरे पाँच साल इस पद पर रहेंगे। इस बयान ने अंदर की हलचल को और बढ़ा दिया। उधर नवंबर में भागवत दिल्ली में थे तो 11 नवंबर को राजनाथ सिंह सुबह मिले और शाम को अरुण जेटली। उस वक्त भी खबरें आईं कि एक नाम नरेंद्र मोदी का भी उभरा है, तो विरोधियों की भौहें तन गईं। किसी और को बनाने की गुहार लगाई गई, यानी स्थिति बहुत अच्छी नहीं कही जा सकती थी। लेकिन तब तक संघ तय कर चुका था कि भा.ज.पा. का अगला अध्यक्ष कौन होगा, जिसकी जानकारी एक दिन पहले राजनाथ सिंह को भागवत ने मुलाकात में सलाह के तौर पर बता दी थी। 12 नवंबर को दोपहर बाद अचानक भा.ज.पा. मुख्यालय (11 अशोक रोड) में नितिन गडकरी पहुँचे। तत्कालीन संगठन महामंत्री रामलाल से करीब दो घंटे तक बैठक चली। लेकिन बाहर निकले तो कहा, "मैं अध्यक्ष पद की दौड़ में शामिल नहीं।" लेकिन सप्ताह बदलते ही सब साफ हो गया। 18 नवंबर को भा.ज.पा. के तत्कालीन राष्ट्रीय प्रवक्ता प्रकाश जावड़ेकर, जो खुद महाराष्ट्र से आते हैं, ने मंच से गडकरी का शाब्दिक अर्थ बताया—गडकरी, यानी गढ़ की रक्षा करनेवाला, किले को मजबूत करनेवाला! दरअसल, शिवाजी महाराज के समय इस शब्द का खूब इस्तेमाल होता था। शिवाजी किला फतह करते जाते थे और उसकी रक्षा के लिए तैनात होनेवाले सिपाही को 'गडकरी' कहा जाता था। यानी गडकरी का नाम अध्यक्ष पद के लिए जग-जाहिर हो गया तो अगले दिन सुषमा स्वराज ने संघ प्रमुख के डी-4 फॉर्मूले की कुछ इस तरह व्याख्या की थी। सुषमा स्वराज का कहना था कि जिन चार नेताओं की बात संघ प्रमुख ने की थी, उसमें अनंत कुमार नहीं थे, बल्कि नरेंद्र मोदी थे। उनके मुताबिक, तीन महीने पहले जब प्रक्रिया शुरू हुई, तब उनका (सुषमा स्वराज का) नाम आया तो उन्होंने आडवाणी का लोकसभा में उत्तराधिकारी बनने का फैसला किया। जेटली राज्यसभा में बेहतरीन प्रदर्शन की वजह

संघ प्रमुख की ओर से दिल्ली के बाहर का अध्यक्ष होने के ऐलान ने कुछ की हसरतों पर पानी फेर दिया था तो कुछ क्षेत्रीय नेताओं की हसरतें जाग रही थीं। आडवाणी की विपक्ष के नेता पद से विदाई की अटकलें भी चल रही थीं। लेकिन सुषमा स्वराज ने ऐलान कर दिया कि आडवाणी पूरे पाँच साल इस पद पर रहेंगे। इस बयान ने अंदर की हलचल को और बढ़ा दिया।

से छँटे। वेंकैया नायडू पहले भी अध्यक्ष रहने की वजह से तो मोदी गुजरात में मुख्यमंत्री होने की वजह से। आखिर में, नितिन गडकरी के नाम पर सहमति बनी। अब इस दलील में कितनी सच्चाई थी, यह तो उनके साथ ही जा चुकी; लेकिन तब सुषमा स्वराज ने इस मसले की व्याख्या कुछ इस तरह की थी और मैंने अपने रोजाना कॉलम 'इंडिया गेट से' में इसका जिक्र किया था, जो दैनिक 'नवज्योति' समाचार-पत्र के 21 नवंबर, 2009 के अंक में प्रकाशित हुआ था।

लेकिन संघ सीधे दखल के आरोप से बचना चाह रहा था, इसलिए 19 नवंबर की रात संघ ने बयान भी जारी किया था, जिसमें डी-4 नेताओं के अध्यक्ष पद की दौड़ में शामिल होने की बात कही। फिर अगले दिन वेंकैया नायडू का बयान आया, जिसमें अहम बात थी कि संघ-भा.ज.पा. का सिर्फ वैचारिक रिश्ता है और दोनों का एक-दूसरे के कामकाज में कोई दखल नहीं है। वे खुद अध्यक्ष पद की दौड़ में नहीं हैं और संघ ने न कोई नाम सुझाया और न ही खारिज किया है, क्योंकि अभी तक भा.ज.पा. ने अपना अध्यक्ष तय नहीं किया है। आम सहमति की प्रक्रिया पूरी होने के बाद ही नए अध्यक्ष का ऐलान होगा, यानी तय होने के बाद भी संदेह का माहौल खड़ा किया जा रहा था। ऐसा लग रहा था कि पूरी पटकथा मानो लिखी हुई हो और वक्त के साथ उस पर काम हो रहा है। 18 दिसंबर, 2009 को आडवाणी की सम्मानजनक विदाई हो गई। संघ की इच्छा के मुताबिक उन्हें आखिर लोकसभा में विपक्ष के नेता का पद कुछ महीनों में ही छोड़ना पड़ा। भा.ज.पा. संविधान की धारा 6(ए) में दो बिंदु जोड़े गए—पहला, संसद् में भा.ज.पा. का एक चेयरमैन होगा, जिसका चुनाव दोनों सदनों के सांसद करेंगे; दूसरा, चेयरमैन दोनों सदनों में नेता, उपनेता, मुख्य सचेतक को मनोनीत करेगा। पार्लियामेंट एनेक्सी में हुई इस बैठक में तब यशवंत सिन्हा ने संसदीय दल के चेयरमैन के लिए आडवाणी के नाम का प्रस्ताव किया तो आडवाणी ने लोकसभा में सुषमा स्वराज और राज्यसभा में अरुण जेटली को नेता मनोनीत किया। आडवाणी ने यहाँ भी संकेत दिया कि वे चौदह साल की उम्र से रथयात्री बने हैं और कभी रथयात्रा छोड़ने वाले नहीं। आडवाणी का संदेश था कि

लेकिन संघ सीधे दखल के आरोप से बचना चाह रहा था, इसलिए 19 नवंबर की रात संघ ने बयान भी जारी किया था, जिसमें डी-4 नेताओं के अध्यक्ष पद की दौड़ में शामिल होने की बात कही। फिर अगले दिन वेंकैया नायडू का बयान आया, जिसमें अहम बात थी कि संघ-भा.ज.पा. का सिर्फ वैचारिक रिश्ता है और दोनों का एक-दूसरे के कामकाज में कोई दखल नहीं है।

पद छोड़ा है, संन्यास नहीं लिया। उसी दिन अपनी शादी की पच्चीसवीं सालगिरह मना रहे गडकरी ने शनिवार को दिल्ली पहुँचकर भा.ज.पा. के राष्ट्रीय अध्यक्ष पद का प्रभार लेने का ऐलान कर दिया। आखिर वही हुआ। 19 दिसंबर, 2009 को नितिन गडकरी औपचारिक तौर से भा.ज.पा. के अध्यक्ष नियुक्त हो गए। गडकरी ने पार्टी की उठा-पटक पर अपना संदेश दिया, 'इफ देयर इज विल, देयर इज वे।' उन्होंने अपनी नियुक्ति को संघ की बजाय आडवाणी की पसंद बताया। उन्होंने यह भी बताया कि दो महीने पहले उन्हें आडवाणी की ओर से ही सबसे पहले यह प्रस्ताव आया था और उसके बाद राजनाथ सिंह ने कहा था। यानी गडकरी गढ़ को सँभालने में जुट गए थे। लेकिन संघ के वरदहस्त के बावजूद राह इतनी आसान नहीं थी।

उस समय की कुछ घटनाओं का जिक्र करना बेहद जरूरी है, क्योंकि मौजूदा दौर में अनुशासन की उस डगर को समझने में आसानी होगी। गडकरी ने मुंबई में भाजपाई मुख्यमंत्रियों की बैठक बुलाई तो आडवाणी नहीं गए। अरुण जेटली भी नहीं पहुँचे और यशवंत सिन्हा हवाई अड्डे से लौट आए। राजनाथ सिंह आमंत्रित ही नहीं थे। दरअसल, उससे पहले राज्यसभा चुनाव में टिकट बँटवारे ने पार्टी को वापस नहीं खड़ा कर दिया था, जहाँ से गडकरी ने कमान सँभाली थी। राम जेठमलानी को पार्टी से राज्यसभा टिकट दिया गया तो वसुंधरा राजे व यशवंत सिन्हा सरीखे कई नेता नाराज हो गए। राजनाथ-यशवंत को तो झारखंड के टिकट में पूछा तक नहीं गया। बड़ा सवाल तो संघ पृष्ठभूमि से भा.ज.पा. में आए शेषाद्रि चारी ने लेटर बम के जरिए उठाया। शेषाद्रि चारी ने तरुण विजय को उत्तराखंड से टिकट दिए जाने पर ऐतराज जताया। गडकरी को लिखी चिट्ठी में उन्होंने कहा, 'अब यह साफ हो गया है कि जब से चुनाव में पार्टी हारी है, केंद्रीय नेतृत्व विचारधारा और विजन से भटकता जा रहा है।' तरुण विजय की ओर इशारा करते हुए शेषाद्रि चारी ने लिखा—'उत्तराखंड से ऐसे व्यक्ति को टिकट दिया गया, जिनकी ईमानदारी पर सवाल उठे हैं। ऐसे व्यक्ति को टिकट दिया जाना, जिसे पार्टी का जाँच

उस समय की कुछ घटनाओं का जिक्र करना बेहद जरूरी है, क्योंकि मौजूदा दौर में अनुशासन की उस डगर को समझने में आसानी होगी। गडकरी ने मुंबई में भाजपाई मुख्यमंत्रियों की बैठक बुलाई तो आडवाणी नहीं गए। अरुण जेटली भी नहीं पहुँचे और यशवंत सिन्हा हवाई अड्डे से लौट आए। राजनाथ सिंह आमंत्रित ही नहीं थे। दरअसल, उससे पहले राज्यसभा चुनाव में टिकट बँटवारे ने पार्टी को वापस वहीं खड़ा कर दिया था, जहाँ से गडकरी ने कमान सँभाली थी।

आयोग वित्तीय गड़बड़ी का दोषी मान पद से हटने को मजबूर कर चुका हो, पार्टी के लिए उचित नहीं।'

इसी बीच जसवंत सिंह की वापसी हुई, जो आडवाणी के बेहद करीबी रहे हैं। दस महीने पहले जसवंत को जब पार्टी से निकाला गया था, तब बड़े तो बड़े, छुटभैए नेता भी उनके खिलाफ बोल रहे थे। लोकसभा चुनाव की हार के बाद भा.ज.पा. में भूचाल आ गया था। तो तय हुआ कि शिमला में चिंतन बैठक कर चिंता दूर करेंगे। लेकिन तभी जसवंत सिंह की पुस्तक 'जिन्ना : भारत विभाजन के आईने में' लॉन्च हुई। जसवंत ने अपनी पुस्तक में जिन्ना के बारे में वही लिखा, जो 5 जून, 2005 को कराची में आडवाणी कह चुके थे। पर जसवंत की पुस्तक में सरदार पटेल की भूमिका पर भी सवाल उठाए गए थे। अतः भा.ज.पा. ने शिमला में चिंतन बैठक से पहले 19 अगस्त, 2009 को जसवंत अध्याय समाप्त कर दिया था।

राष्ट्रीय 'नेतृत्वकर्ता' जैसी सुर्खियों में आने लगे मोदी

बिहार विधानसभा चुनाव 2010 में होने थे। ऐसे में भा.ज.पा. ने अपनी राष्ट्रीय कार्यकारिणी की बैठक 12-13 जून को पटना में करने का फैसला किया। लेकिन इससे पहले कोसी की बाढ़ की विभीषिका में बिहार को काफी नुकसान हुआ था। देश भर से बिहार को मदद मिली थी। गुजरात के मुख्यमंत्री के रूप में नरेंद्र मोदी ने भी 5 करोड़ रुपए का चेक दिया था। बिहार में कार्यकारिणी की बैठक से ठीक एक दिन पहले बिहार के अखबारों में पूरे पन्ने का विज्ञापन 'फ्रेंड्स ऑफ बिहार' के सौजन्य से छपा था, जिसमें 5 करोड़ रुपए की सहायता देने के लिए नरेंद्र मोदी का धन्यवाद ज्ञापित किया गया था। इसी तरह के कुछ होर्डिंग्स भी पटना में लगाए गए थे। विज्ञापन की तसवीर में मोदी और बिहार के मुख्यमंत्री नीतीश कुमार एक-दूसरे का हाथ जोड़े ऊपर की ओर उठाए हुए थे। नीतीश को यह तसवीर नागवार गुजरी। सहयोगी दल होने के नाते बिहार के मुख्यमंत्री नीतीश कुमार की ओर से भा.ज.पा. नेताओं को रात्रिभोज का न्योता दिया गया था। आमंत्रण-पत्र बाँटे जा चुके थे। गुस्से में नीतीश ने रात्रिभोज को ही रद्द कर दिया। उसी

बिहार विधानसभा चुनाव 2010 में होने थे। ऐसे में भा.ज.पा. ने अपनी राष्ट्रीय कार्यकारिणी की बैठक 12-13 जून को पटना में करने का फैसला किया। लेकिन इससे पहले कोसी की बाढ़ की विभीषिका में बिहार को काफी नुकसान हुआ था। देश भर से बिहार को मदद मिली थी। गुजरात के मुख्यमंत्री के रूप में नरेंद्र मोदी ने भी 5 करोड़ रुपए का चेक दिया था।

दिन दोपहर भोज पर चाणक्य होटल में वे पत्रकारों के साथ थे। उनका गुस्सा था कि जब कोई दान देता है तो दूसरे हाथ को भी पता नहीं चलता। लेकिन यह सही तरीका नहीं है और वे गुजरात को 5 करोड़ का चेक वापस लौटा रहे हैं। स्वाभाविक तौर से, भा.ज.पा. के लिए यह अपमानजनक स्थिति थी। गठबंधन पर आँच आने लगी थी। लेकिन इसका रोष भा.ज.पा. नेताओं में साफ दिख रहा था। यहाँ भी पार्टी में दो तरह के गुट थे—एक नीतीश के पक्ष में तो दूसरा नरेंद्र मोदी के पक्ष वाला। हालाँकि, तब गडकरी ने शीर्ष स्तरीय मंथन के बाद गठबंधन में चलने का फैसला किया। लेकिन नीतीश कुमार की ओर से शर्त रख दी गई कि चुनाव-प्रचार के लिए बिहार में मोदी नहीं आएँगे। यह समय था, जब नरेंद्र मोदी हर पहलू को बारीकी से देख रहे थे और सीख भी ले रहे थे, जिसका लाभ उन्हें मौजूदा राजनीतिक दौर में बखूबी मिल रहा है। लेकिन तब बिहार में गठबंधन की खातिर भा.ज.पा. को सरेंडर करना पड़ा था। लेकिन 23 जून, 2009 को नीतीश के खास रहे शिवानंद तिवारी ने दो टूक ऐलान कर दिया कि बिहार में नीतीश सी.एम. हैं, सो कौन आएगा, कौन नहीं, नीतीश ही तय करेंगे। तब भा.ज.पा. प्रवक्ता प्रकाश जावड़ेकर ने कुछ ऐसा ही बयान दिया था, "नरेंद्र मोदी को जहाँ बुलाया जाता है, वहीं जाते हैं। वह हमारे स्टार प्रचारक हैं। पर जहाँ तक बिहार का सवाल है, तो बिहार में नीतीश सी.एम. हैं और हर जगह सी.एम. ही स्टार प्रचारक होता है।"

नरेंद्र मोदी के हौसले बुलंद थे। सितंबर महीने में अयोध्या विवाद पर इलाहाबाद हाई कोर्ट के फैसले से ठीक सप्ताह भर पहले नरेंद्र मोदी का डंका बजा तो गांधी नगर से गडकरी तक भा.ज.पा. बम-बम दिखी। कठलाल विधानसभा सीट पर हुए उपचुनाव में पहली बार कमल खिला था। मोदी ने अपने खास अंदाज में फिर हुंकार भरी, "कांग्रेस और सी.बी.आई. को जनता ने नकार दिया।"

लेकिन नरेंद्र मोदी के हौसले बुलंद थे। सितंबर महीने में अयोध्या विवाद पर इलाहाबाद हाई कोर्ट के फैसले से ठीक सप्ताह भर पहले नरेंद्र मोदी का डंका बजा तो गांधी नगर से गडकरी तक भा.ज.पा. बम-बम दिखी। कठलाल विधानसभा सीट पर हुए उपचुनाव में पहली बार कमल खिला था। मोदी ने अपने खास अंदाज में फिर हुंकार भरी, "कांग्रेस और सी.बी.आई. को जनता ने नकार दिया।" अब गांधी नगर में जो स्क्रिप्ट मोदी ने लिखी, दिल्ली में गडकरी ने प्रवक्ता निर्मला सीतारमण के जरिए पढ़वा दी। लेकिन अगले सप्ताह, यानी 30 सितंबर को जब अयोध्या का फैसला आया तो संघ और भा.ज.पा. ने सतर्कता भरा बयान दिया। तीन हिस्सों में जमीन बाँटने के

अदालती फैसले पर क्या कदम उठाना है, इसको लेकर सरसंघचालक मोहन भागवत ने संत उच्चाधिकार समिति के ऊपर मामला छोड़ दिया। लेकिन भागवत-आडवाणी दोनों अपनी खुशी का इजहार चतुराई से कर गए, "हिंदुओं का हक साबित हो गया, सो अब गर्भगृह पर भव्य राम मंदिर बने। हाई कोर्ट का फैसला राष्ट्रीय एकता का नया अध्याय और सांप्रदायिक सौहार्द का नया युग है।" मोहन भागवत ने फैसले पर खुशी को स्वाभाविक बताया। पर संयम की अपील करते हुए कहा, "कोई ऐसा कुछ न करे, जो दूसरे की भावना को ठेस पहुँचाए।" संघ परिवार ने मुसलिम समाज से 'बीती ताहि बिसारने' की अपील करते हुए मंदिर निर्माण में जुटने का न्योता भी दिया। संघ की ओर से जारी आधिकारिक बयान में वे मंदिर आंदोलन में मारे गए लोगों के बलिदान का भी जिक्र कर गए।

वर्ष 2011 देश में खासतौर से अन्ना आंदोलन की वजह से याद किया गया। यू.पी.ए. सरकार के महँगाई, भ्रष्टाचार, आतंकवाद तमाम कई ऐसे मुद्दे थे, जो स्वाभाविक तौर से नरेंद्र मोदी को हमलावर होने का मौका दे रहे थे। महँगाई पर तो मोदी ने ऐसी रिपोर्ट दी थी कि कांग्रेसी भी मुश्किल में फँस गए थे। यू.पी.ए. सरकार और कांग्रेस ने हमेशा कोशिश की कि महँगाई का ठीकरा राज्यों के सिर फोड़ा जाए।

लेकिन वर्ष 2011 देश में खासतौर से अन्ना आंदोलन की वजह से याद किया गया। यू.पी.ए. सरकार के महँगाई, भ्रष्टाचार, आतंकवाद तमाम कई ऐसे मुद्दे थे, जो स्वाभाविक तौर से नरेंद्र मोदी को हमलावर होने का मौका दे रहे थे। महँगाई पर तो मोदी ने ऐसी रिपोर्ट दी थी कि कांग्रेसी भी मुश्किल में फँस गए थे। यू.पी.ए. सरकार और कांग्रेस ने हमेशा कोशिश की कि महँगाई का ठीकरा राज्यों के सिर फोड़ा जाए। ऐसे में, कुछ मुख्यमंत्रियों का ग्रुप बनाकर अलग-अलग रिपोर्ट देने को कहा गया। नरेंद्र मोदी के जिम्मे उपभोक्ता मामला आया और उनके साथ में महाराष्ट्र, आंध्र प्रदेश एवं तमिलनाडु के सी.एम. भी सदस्य बनाए गए, यानी यू.पी.ए. शासित राज्यों की टीम में अकेले भाजपाई मोदी थे।

वर्किंग ग्रुप का गठन 8 अप्रैल, 2010 को हुआ। तब प्रधानमंत्री मनमोहन सिंह ने मोदी को इस ग्रुप का मुखिया बनाया। 'मोदी कमेटी' ने जनवरी 2011 में अपनी रिपोर्ट फाइनल कर ली थी, जिसे 2 मार्च, 2011 को सरकार के हवाले कर दिया।

अब जरा उस रिपोर्ट का मोदी-सार देखिए! मोदी ने आम जरूरत की चीजों के वायदा कारोबार पर फौरन बैन लगाने की सिफारिश की। भारत सरकार को मूल्य स्थिरता फंड बनाने का सुझाव दिया, जिससे अनाजों की खरीद और वितरण के लिए

राज्यों को सहायता मिल सके। केंद्र और राज्य स्तर पर मंत्री स्तरीय को-ऑर्डिनेशन मेकैनिज्म की सलाह दी, ताकि समन्वय के साथ पॉलिसी तैयार की जा सके। कृषि क्षेत्र में पिछड़े इलाकों के लिए ढाँचागत विकास और उत्पादन में अव्वल क्षेत्र को बाजार से जोड़ने के लिए दस साल की दीर्घकालिक योजना बनाने की भी सलाह दी। अनिवार्य वस्तु अधिनियम के तहत अपराध को गैर-जमानती बनाने और विशेष कोर्ट से मुकदमा चलाने पर जोर दिया। कालाबाजारी करनेवालों पर शिकंजा कसने के लिए हिरासत में रखने की छह महीने की अवधि को बढ़ाकर एक साल करने का सुझाव दिया। मोदी कमेटी ने 20 सिफारिशें और 64 बिंदु एक्शन के लिए सुझाए, यानी कुल मिलाकर मोदी ने साबित कर दिया कि महँगाई के लिए केंद्र सरकार जिम्मेदार है और वही रोकने में सक्षम है। इसी बीच, मोदी के लिए राहत भरी खबर आई कि गुजरात दंगों से जुड़े मामले में सुप्रीम कोर्ट की एस.आई.टी. ने मोदी को निर्दोष करार दिया। यह मोदी के पैरों की ऐसी कील थी, जिसका दंश वे वर्ष 2002 से झेल रहे थे। यही समय था, जब दिल्ली में लोकपाल बिल को लेकर अन्ना आंदोलन शुरू हो गया। सरकार की मुश्किलें बढ़ने लगीं। देश का माहौल अराजक-सा दिखने लगा था। संघ भी इस आंदोलन में सक्रिय था। संघ के सरकार्यवाह भैय्याजी जोशी ने बाद में मुझसे एक साक्षात्कार में कहा था, "अन्ना के आंदोलन को सामने रखकर हमने कोई फैसला नहीं किया था। पुत्तुर में उससे पहले हमारी बैठक हुई, जिसमें अखिल भारतीय प्रतिनिधि सभा ने सन् 2011 में यह तय किया कि भ्रष्टाचार के खिलाफ जो भी आंदोलन होंगे, उसमें स्वयंसेवक जाएगा। जब अन्ना ने आह्वान किया तो हमारे लोग भी गए।"

संघ के सरकार्यवाह भैय्याजी जोशी ने बाद में मुझसे एक साक्षात्कार में कहा था, "अन्ना के आंदोलन को सामने रखकर हमने कोई फैसला नहीं किया था। पुत्तुर में उससे पहले हमारी बैठक हुई, जिसमें अखिल भारतीय प्रतिनिधि सभा ने सन् 2011 में यह तय किया कि भ्रष्टाचार के खिलाफ जो भी आंदोलन होंगे, उसमें स्वयंसेवक जाएगा। जब अन्ना ने आह्वान किया तो हमारे लोग भी गए।"

मोदी की लगातार गर्जना और गुजरात का 'विकास मॉडल' उन्हें मनमोहन के विकल्प की ओर ले जा रहा था। जनवरी-फरवरी 2012 में 'इंडिया टुडे : मूड ऑफ द नेशन' में मोदी देश के सभी मुख्यमंत्रियों में तो अव्वल स्थान पर थे ही, प्रधानमंत्री पद के लिए भी 24 फीसदी लोगों की पसंद बने, तो राहुल गांधी को इस पद के लिए 17 फीसदी लोग चाहते थे। सर्वेक्षण के अनुसार, 48 फीसदी लोग चाहते थे कि भा.ज.पा. को मोदी को प्रधानमंत्री के तौर पर प्रोजेक्ट करना चाहिए; जबकि आडवाणी के लिए 24 और

सुषमा स्वराज के लिए 10 फीसदी लोगों ने इच्छा जताई थी, यानी कदम-दर-कदम मोदी दिल्ली की ओर बढ़ रहे थे।

संजय जोशी मसले पर 'निर्णायक' टकराव

मोदी सधे हुए कदमों से अपनी तकदीर लिख रहे थे; लेकिन भा.ज.पा. में नितिन गडकरी की एक पहल ने नरेंद्र मोदी के साथ उनके रिश्तों में खटास ला दी। उत्तर प्रदेश विधानसभा चुनाव से पहले अगस्त 2011 में गडकरी ने मोदी की आँखों की किरकिरी माने जानेवाले संजय जोशी को राष्ट्रीय कार्यकारिणी में लाकर उत्तर प्रदेश का प्रभार सौंप दिया। मोदी और संजय जोशी के रिश्तों की कड़वाहट जग-जाहिर थी। फिर भी, उन्हें पार्टी में इस तरह जिम्मेदारी देना एक नया मोर्चा खोल गया। तब भी मोदी ने इसके लिए मना किया था। मोदी ने संघ के स्थानीय नेता के जरिए संघ के शीर्ष नेतृत्व तक अपनी बात पहुँचाई थी।

मोदी-गडकरी की दरार तब सामने आई, जब सितंबर 2011 के मोदी के तीन दिवसीय सद्भावना उपवास के कार्यक्रम में गडकरी अहमदाबाद नहीं पहुँचे थे, जिसमें करीब-करीब समूचा नेतृत्व पहुँचा था। तब गडकरी की ओर से वजन कम कराने की सर्जरी को वजह बताया गया, तो अक्तूबर 2011 में मोदी दिल्ली में हुई राष्ट्रीय कार्यकारिणी के समय नवरात्र के उपवास की बात कहकर शामिल नहीं हुए। लेकिन मोदी बड़ी हिस्सेदारी के लिए खेल रहे थे, क्योंकि उन्हें मालूम था कि लंबी दौड़ में इसके नतीजे अच्छे आएँगे।

मोदी-गडकरी की दरार तब सामने आई, जब सितंबर 2011 के मोदी के तीन दिवसीय सद्भावना उपवास के कार्यक्रम में गडकरी अहमदाबाद नहीं पहुँचे थे, जिसमें करीब-करीब समूचा नेतृत्व पहुँचा था। तब गडकरी की ओर से वजन कम कराने की सर्जरी को वजह बताया गया, तो अक्तूबर 2011 में मोदी दिल्ली में हुई राष्ट्रीय कार्यकारिणी के समय नवरात्र के उपवास की बात कहकर शामिल नहीं हुए। लेकिन मोदी बड़ी हिस्सेदारी के लिए खेल रहे थे, क्योंकि उन्हें मालूम था कि लंबी दौड़ में इसके नतीजे अच्छे आएँगे। नतीजा यह हुआ कि संघ के कहने पर भी नरेंद्र मोदी ने उत्तर प्रदेश विधानसभा चुनाव के प्रचार से खुद को दूर रखा। कड़वाहट तब और बढ़ी, जब नितिन गडकरी ने कुछ साक्षात्कार में यह कहना शुरू किया कि मोदी भी पार्टी के अन्य मुख्यमंत्रियों की तरह ही एक नेता हैं। अप्रैल 2012 में 'इंडिया टुडे' के साथ बातचीत में गडकरी ने प्रधानमंत्री पद के सवाल पर कुछ इस तरह कहा था, "हमारे पास कई सक्षम

नेता हैं, जो प्रधानमंत्री पद के योग्य हैं और मोदी भी उनमें से एक हैं।" इसी इंटरव्यू में गडकरी ने यह भी कहा था, "आर.एस.एस. भा.ज.पा. पर कुछ नहीं थोपता। समय बदल गया है और संघ भी। कहने का तरीका बदल सकता है, लेकिन मूल भावना नहीं बदलेगी।" नौबत यह हो गई थी कि गडकरी और मोदी के बीच संवाद का रिश्ता भी नहीं रह गया था। दरअसल, मोदी को एक ऐसे नेता के तौर पर देखा जाने लगा था, जो आधुनिकीकरण और परंपरा के बीच सेतु बन सकते हैं और उन्हें बाजार के प्रति दोस्ताना रवैए वाला हिंदू राष्ट्रवादी माना जा रहा था। संघ भी उनकी महत्ता को समझ रहा था और प्रचारक रह चुके मोदी को भी संगठन की महत्ता का अहसास था। नितिन गडकरी को जब संघ की ओर से दोबारा अध्यक्ष पद दिए जाने का मानस बन गया तो ऐसे में संजय जोशी प्रकरण पर मोदी ने अपनी अहमियत का अहसास कुछ इस तरह कराया।

24-25 मई, 2012 को मुंबई में राष्ट्रीय कार्यकारिणी की बैठक हो रही थी। मोदी ने शर्त रख दी कि जब तक संजय जोशी को कार्यकारिणी से नहीं हटाया जाएगा, वे बैठक में शामिल नहीं होंगे। यहाँ तक कि संदेश संघ-भा.ज.पा. के शीर्ष नेतृत्व तक पहुँच गया था कि जोशी को नहीं हटाने पर कार्यकारिणी एवं राष्ट्रीय परिषद् से मोदी और उनकी टीम इस्तीफा दे सकती है। गतिरोध तोड़ने के लिए पार्टी के कोर ग्रुप की बैठक हुई और संघ से सलाह-मशविरे के बाद बीच का रास्ता निकाला गया। संघ के सह-सरकार्यवाह सुरेश सोनी ने इसमें अहम भूमिका निभाई और गडकरी ने खुद संजय जोशी से बात की, जिसके बाद ही मोदी का राष्ट्रीय कार्यकारिणी की बैठक में मुंबई आना हुआ। दरअसल, संघ परिवार नितिन गडकरी को दूसरा कार्यकाल देने के लिए जरूरी संविधान संशोधन का खाका इसी कार्यकारिणी से पास कराने की रणनीति बना चुका था। अव्वल तो मोदी इस संशोधन के पक्ष में नहीं बताए जा रहे थे, लेकिन जोशी के इस्तीफे की एवज में संविधान संशोधन के लिए सहमत हो गए। जोशी ने अपने इस्तीफे में लिखा—'मैंने सदैव व्यक्तिगत हित से ऊपर उठना सीखा है। गतिरोध समाप्त करने

24-25 मई, 2012 को मुंबई में राष्ट्रीय कार्यकारिणी की बैठक हो रही थी। मोदी ने शर्त रख दी कि जब तक संजय जोशी को कार्यकारिणी से नहीं हटाया जाएगा, वे बैठक में शामिल नहीं होंगे। यहाँ तक कि संदेश संघ-भा.ज.पा. के शीर्ष नेतृत्व तक पहुँच गया था कि जोशी को नहीं हटाने पर कार्यकारिणी एवं राष्ट्रीय परिषद् से मोदी और उनकी टीम इस्तीफा दे सकती है। गतिरोध तोड़ने के लिए पार्टी के कोर ग्रुप की बैठक हुई और संघ से सलाह-मशविरे के बाद बीच का रास्ता निकाला गया।

के लिए मैं इस्तीफा देता हूँ।' आठ महीने से मोदी-गडकरी की बातचीत नहीं हुई थी, जिस पर विराम लगाने की कोशिश हुई। संदर्भ के लिए यह बताना शायद जरूरी होगा कि मोदी और जोशी की अदावत की वजह क्या थी? संघ ने संजय जोशी को गुजरात में तब संगठन सचिव मोदी के साथ प्रशिक्षण के लिए लगाया था। दोनों की जोड़ी ने पार्टी की जड़ें जमाईं और 1990 में भा.ज.पा. इस स्थिति में आ गई कि जनता दल को सरकार बनाने के लिए उसकी जरूरत पड़ गई। सन् 1995 में केशुभाई पटेल के नेतृत्व में भा.ज.पा. की सरकार बन गई थी। यहीं से गुजरात की राजनीति की दिशा बदली तो संघ के दोनों प्रचारकों मोदी-जोशी के रिश्तों में भी कड़वाहट का दौर आया। मोदी को उसी साल भा.ज.पा. का राष्ट्रीय मंत्री बनाकर हिमाचल प्रदेश-हरियाणा का प्रभारी बनाया गया। लेकिन उनका केंद्र दिल्ली की बजाय चंडीगढ़ रखा गया। मोदी को लगा कि इसके पीछे जोशी का हाथ है, क्योंकि उनका मानना था कि जोशी जब सामने होते हैं तो सीधे बनते हैं, लेकिन परोक्ष रूप से संघ से उनकी शिकायत करते हैं। वर्ष 2005 के बाद तो दोनों का न तो एक-दूसरे से आमना-सामना हुआ और न ही फोन पर बातचीत। लेकिन मुंबई में इस विवाद का पटाक्षेप कर मोदी अपने मुकाम के लिए आगे बढ़ रहे थे।

इसी बीच देश में अन्ना आंदोलन अगस्त 2012 में अपनी परिणति को जा रहा था। 3 अगस्त, 2012 को दिल्ली के जंतर-मंतर से ऐलान हो गया कि एक नई पार्टी जन्म लेगी (बाद में आम आदमी पार्टी बनी)। इस मंच पर अन्ना के साथ पूर्व थल सेनाध्यक्ष जनरल वी.के. सिंह की मौजूदगी अहम थी। उधर स्वामी रामदेव भी काले धन के मसले पर रामलीला मैदान में आंदोलन कर रहे थे।

मोदी का बढ़ता ग्राफ, संघ की चिंता गडकरी

इसी बीच देश में अन्ना आंदोलन अगस्त 2012 में अपनी परिणति को जा रहा था। 3 अगस्त, 2012 को दिल्ली के जंतर-मंतर से ऐलान हो गया कि एक नई पार्टी जन्म लेगी (बाद में आम आदमी पार्टी बनी)। इस मंच पर अन्ना के साथ पूर्व थल सेनाध्यक्ष जनरल वी.के. सिंह की मौजूदगी अहम थी। उधर स्वामी रामदेव भी काले धन के मसले पर रामलीला मैदान में आंदोलन कर रहे थे। देश के इस कुहासे भरे माहौल में मोदी मेघ की तरह गरज-बरस रहे थे, जिससे उनकी लोकप्रियता दिन-ब-दिन बढ़ती ही जा रही थी। छह महीने बाद ही, यानी अगस्त 2012 के 'इंडिया टुडे : मूड ऑफ द नेशन' में मोदी को प्रधानमंत्री के रूप में चाहनेवालों की संख्या 21 फीसदी हुई तो राहुल गांधी

की लोकप्रियता 17 से घटकर 10 फीसदी पर आ गई। तमाम सर्वेक्षणों में भी मोदी आगे बढ़ रहे थे। मोदी की भी निगाह अब अर्जुन की तरह मछली की आँख पर थी, जो उनके लिए वर्ष 2014 की राह खोलने वाला था। गुजरात विधानसभा का चुनाव दिसंबर 2012 में होना था और उससे पहले ही देश में ऐसा माहौल बन गया था कि अगर मोदी गुजरात में तीसरी बार भी जीते तो वही प्रधानमंत्री पद के उम्मीदवार होंगे। सभी मुख्यमंत्रियों में भी अपना प्रथम स्थान वह इस सर्वेक्षण में भी बरकरार रखे हुए थे। इसी बीच 26-28 सितंबर को हरियाणा के फरीदाबाद स्थित सूरजकुंड में भा.ज.पा. का राष्ट्रीय अधिवेशन हुआ, जिसमें गडकरी को दूसरा कार्यकाल दिलानेवाला संविधान संशोधन मंजूर हो गया। अब कोई भी तीन-तीन साल के दो टर्म तक भा.ज.पा. अध्यक्ष हो सकता था, जो पहले एक ही टर्म था, यानी गडकरी का रास्ता संगठन के स्तर से साफ था। लेकिन उनकी व्यावसायिक कंपनी 'पूर्ति' पर अनियमितता के आरोप लगने लगे थे।

भा.ज.पा. से सांसद राम जेठमलानी ने गडकरी के खिलाफ मोर्चा खोल दिया था। चेन्नई में 2-4 नवंबर, 2012 को हुई संघ की अखिल भारतीय कार्यकारी मंडल की बैठक में यह चिंता दिख रही थी; क्योंकि संघ गडकरी को दूसरा कार्यकाल देने के पक्ष में था। सरकार्यवाह भैय्याजी जोशी से जब उस बैठक के बाद सवाल हुआ तो वे स्पष्ट बोले, "महज आरोपों के आधार पर हम कैसे कह सकते हैं कि वे (गडकरी) गलत हैं? निष्पक्ष जाँच की जरूरत है।"

तब भा.ज.पा. से सांसद राम जेठमलानी ने गडकरी के खिलाफ मोर्चा खोल दिया था। चेन्नई में 2-4 नवंबर, 2012 को हुई संघ की अखिल भारतीय कार्यकारी मंडल की बैठक गें यह चिंता दिख रही थी; क्योंकि संघ गडकरी को दूसरा कार्यकाल देने के पक्ष में था। सरकार्यवाह भैय्याजी जोशी से जब उस बैठक के बाद सवाल हुआ तो वे स्पष्ट बोले, "महज आरोपों के आधार पर हम कैसे कह सकते हैं कि वे (गडकरी) गलत हैं? निष्पक्ष जाँच की जरूरत है।" संघ ने अनौपचारिक तरीके से अपने खास और पेशे से चार्टर्ड अकाउंटेंट एस. गुरुमूर्ति से इसकी जाँच करवाई और बीच-बचाव का रास्ता अपनाया। 'इंडिया टुडे' अपने 21 नवंबर, 2012 के अंक में लिखता है—'6 नवंबर को आडवाणी से मिलने गुरुमूर्ति पहुँचे और उन्हें समझाया कि नितिन गडकरी की कारोबारी गतिविधियों में कुछ भी अनैतिक या कानूनी तौर पर गलत नहीं है। लेकिन उनकी बात समझने की बजाय आडवाणी ने 17 दिसंबर को कार्यकाल पूरा होने से पहले गडकरी के इस्तीफे की माँग रख दी। संघ को संदेशा दिया गया; लेकिन संघ ने भी साफ कर

दिया था कि गडकरी अपना कार्यकाल पूरा करेंगे। गुरुमूर्ति बाद में राम जेठमलानी से भी मिले, जिन्होंने आडवाणी को चिट्ठी लिखकर कहा था कि गडकरी को अध्यक्ष पद पर बरकरार रखना देश और भा.ज.पा. की बरबादी का सबब होगा।" लेकिन इस बीच गडकरी ने सुषमा स्वराज और अरुण जेटली से मुलाकात की। सुषमा ने गडकरी से कहा था, "जब तक संघ आपके साथ है, तब तक मेरा साथ रहेगा।" संघ ने भा.ज.पा. की इस महत्त्वाकांक्षा की लड़ाई पर दस सदस्यीय टीम नियुक्त कर दी, जो पार्टी की गतिविधियों पर निगाह रखे। इनमें भागवत के अलावा भैय्याजी जोशी, चारों सह-सरकार्यवाह—सुरेश सोनी, दत्तात्रेय होसबोले, कृष्ण गोपाल व के.सी. कन्नन तथा कार्यकारिणी सदस्य मधुभाई कुलकर्णी, प्रचार प्रमुख मनमोहन वैद्य, सह-प्रचार प्रमुख अरुण कुमार, सदस्य श्रीकांत जोशी और विहिप के अशोक सिंघल शामिल थे। जबकि दूसरी तरफ, मोदी पूरी तरह से गुजरात फतह की तैयारी में जुट चुके थे, क्योंकि गुजरात की सूबेदारी से ही दिल्ली पर दाँव लगेगा।

भा.ज.पा. में गडकरी या फिर कोई नया अध्यक्ष? इसी उधेड़बुन में भा.ज.पा.-संघ जुटे थे, जबकि गुजरात में नरेंद्र मोदी भविष्य की पटकथा लिख रहे थे। गुजरात विधानसभा चुनाव-प्रचार का शोर थमा और 20 दिसंबर, 2012 को नतीजे भी आ गए। मोदी ने गुजरात में जीत की हैट्रिक लगा अपने बढ़ते प्रभाव और गुजरात के इस चुनाव की अहमियत का अहसास संघ-पार्टी समेत विपक्ष को भी कराया।

मोदी की हैट्रिक और भविष्य पर नजर

भा.ज.पा. में गडकरी या फिर कोई नया अध्यक्ष? इसी उधेड़बुन में भा.ज.पा.-संघ जुटे थे, जबकि गुजरात में नरेंद्र मोदी भविष्य की पटकथा लिख रहे थे। गुजरात विधानसभा चुनाव-प्रचार का शोर थमा और 20 दिसंबर, 2012 को नतीजे भी आ गए। मोदी ने गुजरात में जीत की हैट्रिक लगा अपने बढ़ते प्रभाव और गुजरात के इस चुनाव की अहमियत का अहसास संघ-पार्टी समेत विपक्ष को भी कराया। लेकिन मोदी के लिए यह पड़ाव भर था, क्योंकि उनकी असली जंग वर्ष 2014 थी और उन्होंने अहमदाबाद की सभा में कहा भी, "मतदाताओं की नजर भविष्य पर है।" इसकी वजह भी थी। गुजरात दंगों की आँच और एक खास बौद्धिक समूह की नफरत झेलनेवाले मोदी ने सन् 2012 के पूरे चुनाव अभियान में गुजरात को एक मॉडल की तरह पेश किया और यू.पी.ए.-कांग्रेस राजवाले भारत को लुटता हुआ बदहाल मुल्क। तब स्वपन दासगुप्ता ने एक लेख में लिखा था—'मोदी एक ऐसे नेता

के रूप में उभरे हैं, जिनसे आप या तो प्यार कर सकते हैं या नफरत; लेकिन आप उन्हें नजरअंदाज किसी भी सूरत में नहीं कर सकते।' उन्होंने यह भी लिखा—'मोदी भा.ज.पा. के पास भीख माँगने नहीं जा रहे। पार्टी में नीचे से आनेवाला दबाव भा.ज.पा. को खुद उन्हें आगे करने पर मजबूर करेगा। उसके बाद ही भारत के लिए जंग औपचारिक रूप से शुरू होगी।' मोदी ने भी जब जीत के बाद कार्यकर्ताओं के बीच अपना संबोधन दिया तो वह पहले की दो जीत से थोड़ा अलग था। इस बार गुजराती की जगह मोदी ने अपना संबोधन हिंदी में किया और राष्ट्रीय मुद्दों पर बात रखी। इस जीत से पहले ही अक्तूबर में मोदी ने संघ मुख्यालय नागपुर जाकर संघ प्रमुख मोहन भागवत के साथ लंबी बातचीत कर भविष्य का संकेत दे दिया था। संभवतया संघ को भी मोदी के बढ़ते प्रभाव और गुजरात चुनाव की अहमियत का अहसास था। लेकिन अभी भी अनिर्णय की स्थिति थी, क्योंकि संघ गडकरी पर अंतिम फैसला नहीं ले पा रहा था।

तब संघ के अखिल भारतीय कार्यकारी मंडल के एक सदस्य ने अनौपचारिक तौर से मुझसे कहा था, "परिवार के भीतर की चर्चाओं में यह स्पष्ट हो चुका है कि नरेंद्र मोदी के सिवा कोई दूसरा चेहरा नहीं है, जिसमें पार्टी को वर्ष 2014 में सत्ता तक पहुँचाने की क्षमता हो। मोदी को लाने से गठबंधन भी मजबूत होता दिख रहा है और छिटक चुके हिंदू वोट बैंक को एकजुट किया जा सकता है।"

गढ़ से गए गडकरी तो राजनाथ को 'राज' का जिम्मा

संघ अनिर्णय की स्थिति में तो था, लेकिन किसी सलाह पर अड़ना उसकी नीति या सिद्धांत नहीं। भैय्याजी जोशी ने जनवरी 2013 में इस सवाल पर कि आरोपों के मद्देनजर गडकरी को भी कसौटी पर क्यों न कसा जाए? मुझसे एक साक्षात्कार में उन्होंने कहा था, "जरूर कसा जाए, पर मुझे लगता है कि उस कसौटी पर वे खरे उतरने की कोशिश करेंगे।" तब संघ के अखिल भारतीय कार्यकारी मंडल के एक सदस्य ने अनौपचारिक तौर से मुझसे कहा था, "परिवार के भीतर की चर्चाओं में यह स्पष्ट हो चुका है कि नरेंद्र मोदी के सिवा कोई दूसरा चेहरा नहीं है, जिसमें पार्टी को वर्ष 2014 में सत्ता तक पहुँचाने की क्षमता हो। मोदी को लाने से गठबंधन भी मजबूत होता दिख रहा है और छिटक चुके हिंदू वोट बैंक को एकजुट किया जा सकता है।" लेकिन तब संघ के एक समूह में मोदी की कार्यशैली को लेकर असमंजस था। भा.ज.पा. और संघ के रिश्तों में वैसे भी ऊहापोह जैसा माहौल रहा है। भा.ज.पा. का थिंक टैंक रहे गोविंदाचार्य

की मानें तो संघ तभी दखल देता है, जब पार्टी न सोच पाए। उनके मुताबिक, 2009 में भागवत की भा.ज.पा. को लेकर की गई टिप्पणियाँ ज्यादा दखलअंदाजी का उदाहरण हैं। लेकिन उस साक्षात्कार में भैय्याजी ने गडकरी पर जितनी बेबाकी से राय रखी थी, 2014 में मोदी के नेतृत्व पर स्पष्ट नहीं थे। उनका कहना था कि 2014 के नेतृत्व का सवाल अभी असमय है। हालाँकि, उन्होंने संघ-भा.ज.पा. के रिश्ते पर कहा था, "अगर जिन्ना प्रकरण के एक अवसर को छोड़ दिया जाए तो मुझे नहीं लगता कि संघ का पार्टी के रोज के काम में दखल है। लेकिन इतिहास में जाएँ तो भा.ज.पा. का निर्माण क्यों हुआ? संघ के मुद्दे पर ही जन संघ जनता पार्टी से अलग हुआ, इसलिए कुछ-न-कुछ रिश्ते तो बने हुए हैं। सैद्धांतिक-वैचारिक मुद्दों पर संघ से विचार-विमर्श जरूर होता है। स्वयंसेवक के नाते हम आपस में मिलते हैं; लेकिन भा.ज.पा. को सलाह देने का मतलब आदेश नहीं है।"

आखिर वह दिन भी आ गया। 23 जनवरी, 2013 को भा.ज.पा. के राष्ट्रीय अध्यक्ष पद के लिए चुनाव होना था। नितिन गडकरी के नाम से नामांकन प्रस्ताव तैयार थे। आडवाणी खेमा भी अड़ा था और यशवंत सिन्हा अपने लिए नामांकन का फॉर्म ले चुके थे। लेकिन 22 जनवरी को गडकरी के 'पूर्ति ग्रुप' से जुड़े ठिकानों पर आयकर विभाग के छापे पड़े और आडवाणी को संबल मिल गया। उस दिन वे मुंबई में भैय्याजी जोशी के साथ एक कार्यक्रम में थे। साजिशों को देख गडकरी ने खुद ही चुनाव से दूर रहने का ऐलान कर दिया। संघ को भी लगा कि अब गडकरी का बचाव करने से संघ की विश्वसनीयता पर भी फिलहाल सवाल उठेगा। ऐसे में, फिर मंथन के बाद वर्ष 2005-09 तक अध्यक्ष रह चुके राजनाथ सिंह को कमान सौंपने का फैसला हुआ और जिस नामांकन-पत्र पर गडकरी का नाम था, वहाँ व्हाइटनर लगाकर राजनाथ सिंह का नाम लिखा गया। इस चुनाव के बाद संक्रमण काल का एक महत्त्वपूर्ण दौर पूरा हुआ। इसी जनवरी में फिर 'इंडिया टुडे : मूड ऑफ द नेशन' में मोदी सबसे अच्छे प्रधानमंत्री के तौर पर 36 फीसदी लोगों की पसंद बने; जबकि छह महीने पहले ऐसा कहनेवालों की संख्या 21 फीसदी थी, यानी मोदी-युग के सूत्रपात की पटकथा तैयार होने लगी थी।

□

6

संघ नीति और समकक्षों में 'श्रेष्ठ' मोदी

कार्यशैली की हिचक छोड़ दें तो संघ भी मान चुका था कि भा.ज.पा. का तुरुप का पत्ता मोदी ही हैं; लेकिन आडवाणी की रार के बावजूद कैसे नरेंद्र दामोदरदास मोदी दूसरी पीढ़ी के अगुआ बने?

"आज बहुत दिनों के बाद भागवतजी से मिलने आने का तय किया था। आदरणीय भैय्याजी जोशी, आदरणीय सुरेशजी सोनी और आदरणीय मोहनजी भागवत के साथ तीन-साढ़े तीन घंटे भाँति-भाँति की बात हुई। बहुत आनंददायक रही। मैं भी स्वयंसेवक हूँ और यह संघ के लिए श्रद्धा स्थान है तो स्वाभाविक है कि मन की बातें होती हैं।" गुजरात विधानसभा चुनाव से ठीक पहले 21 अक्तूबर, 2012 को नागपुर के रेशमबाग में संघ के शीर्ष नेतृत्व से मुलाकात के बाद तत्कालीन मुख्यमंत्री नरेंद्र मोदी के शब्द भविष्य की ओर इशारा थे। वह भी तब, जब मीडिया के बाजार में यह खबर तैर रही थी कि संघ से मोदी के संबंध अच्छे नहीं चल रहे। लेकिन खुद एक प्रचारक रहे मोदी को संगठन की अहमियत मालूम है। ऐसे में, जब भा.ज.पा. में नेतृत्व परिवर्तन हुआ और नितिन गडकरी की जगह राजनाथ सिंह ने वर्ष 2014 की सत्ता दिलानेवाली कमान सँभाली तो नरेंद्र मोदी ने गुजरात से ही ट्विटर संदेश में राजनाथ सिंह के संगठनात्मक और प्रशासनिक अनुभवों का लाभ मिलने की बात लिखते हुए बधाई दी। फिर 27 जनवरी को दोपहर भोज पर राजनाथ सिंह के सरकारी आवास पर पहुँचे। राजनाथ सिंह से गले मिल मोदी ने संदेश दिया कि पार्टी ही सर्वोपरि है और वर्ष 2014 के लिए वे दोनों एक मजबूत टीम के तौर पर उतरने जा रहे हैं। इस मुलाकात से दो दिन पहले 25 जनवरी को भा.ज.पा. मुख्यालय में मोदी के सम्मान में आयोजित सभा में कार्यकर्ता 'पी.एम.-पी. एम.' का नारा लगा रहे थे।

इस मुलाकात के दो-तीन दिन बाद राजनाथ सिंह का मैंने साक्षात्कार किया तो उन्होंने मोदी को लेकर साफ संकेत दिए। राजनाथ ने कहा, "मोदीजी मुझसे मिले थे।

डेढ़-दो घंटे हमारे बीच अच्छी चर्चा हुई। लेकिन उन्होंने अपनी दावेदारी पेश नहीं की। हम राजनीति में हमउम्र हैं। मेरे उनसे पुराने ताल्लुकात हैं और हम एक-दूसरे को अच्छी तरह समझते हैं। लेकिन मैं जोर देकर यह कहना चाहूँगा कि मोदीजी हमारे एक मर्यादित कार्यकर्ता हैं। अपने पहले कार्यकाल में राजनाथ सिंह ने मुख्यमंत्री के तौर पर संसदीय बोर्ड में शामिल नरेंद्र मोदी को हटाया था; लेकिन अब उन्होंने कहा कि उस समय मुझे कुछ लोगों ने बताया था कि सी.एम. संसदीय बोर्ड में नहीं होने चाहिए। लेकिन अब तक मैंने जो समझा है, मुझे लगता है कि हो सकते हैं और मोदी को शामिल करने की संभावना को नकारा नहीं जा सकता। उन्होंने गडकरी की वह बात भी एक तरह से खारिज कर दी, जिसमें दिसंबर में ही गडकरी ने कहा था—मैं पार्टी अध्यक्ष के नाते पूरी ऑथोरिटी के साथ कहता हूँ कि हम चुनाव से पहले प्रधानमंत्री पद का उम्मीदवार प्रोजेक्ट नहीं करेंगे और सही वक्त आने पर ही प्रधानमंत्री के नाम का ऐलान करेंगे। लेकिन राजनाथ ने कहा कि इसका फैसला संसदीय बोर्ड में होगा। मोदी को प्रोजेक्ट करने की माँग पर भी उन्होंने कहा कि नरेंद्र मोदी हमारे सबसे लोकप्रिय नेता हैं और मैं इससे बहुत खुश हूँ कि मोदी जैसे नेता हमारे यहाँ हैं। उन्होंने समय आने पर एन.डी.ए. में मोदी से परहेज रखनेवाले नीतीश कुमार से भी बातचीत करने की बात कही। यानी कुल मिलाकर, मोदी के लिए मंच तैयार हो रहा था।

दिसंबर में ही गडकरी ने कहा था—मैं पार्टी अध्यक्ष के नाते पूरी ऑथोरिटी के साथ कहता हूँ कि हम चुनाव से पहले प्रधानमंत्री पद का उम्मीदवार प्रोजेक्ट नहीं करेंगे और सही वक्त आने पर ही प्रधानमंत्री के नाम का ऐलान करेंगे। लेकिन राजनाथ ने कहा कि इसका फैसला संसदीय बोर्ड में होगा। मोदी को प्रोजेक्ट करने की माँग पर भी उन्होंने कहा कि नरेंद्र मोदी हमारे सबसे लोकप्रिय नेता हैं और मैं इससे बहुत खुश हूँ कि मोदी जैसे नेता हमारे यहाँ हैं।

बदले-बदले-से मोदी, मुश्किल में नीतीश तो संघ भी सख्त

नरेंद्र मोदी ने भी अपनी राष्ट्रीय इच्छा का इजहार कर दिया, जब 6 फरवरी, 2013 को दिल्ली के प्रतिष्ठित श्रीराम कॉलेज ऑफ कॉमर्स (एस.आर.सी.सी.) में छात्रों के साथ संवाद में उन्होंने युवाओं को संदेश दिया। वे खुद को एक अलग अवतार में पेश कर रहे थे। इस आयोजन से पहले उन्होंने यूरोपीय देशों के राजदूतों के साथ भी भोजन कर राजनयिक अस्पृश्यता को दूर किया। लेकिन एस.आर.सी.सी. में छात्र संवाद ऐतिहासिक था, जिससे उनकी बदली हुई छवि को जोरदार समर्थन और तवज्जो मिली। आशा-निराशा

की बात करते हुए मोदी ने कहा कि गुजरात में यही मुलाजिम, फाइल, तंत्र है, लेकिन गुजरात तेजी से आगे बढ़ रहा है; जबकि देश में ऐसा माहौल है, मानो कुछ बचा ही नहीं। उन्होंने एक यादगार उदाहरण दिया, जो लोगों को अपील करनेवाला था। हाथ में आधा भरा हुआ पानी का गिलास लेकर कहा, "एक ही चीज को देखने का नजरिया अलग-अलग होता है। जो आशावादी होंगे, वे कहेंगे कि आधा भरा हुआ है और जो निराशावादी होंगे, वे कहेंगे कि आधा गिलास खाली है। लेकिन मैं इन दो रास्तों से अलग सोचता हूँ। मेरी तीसरी सोच है—यह गिलास पूरा भरा हुआ है : आधा पानी से, आधा हवा से।" मोदी ने आशा की किरण दिखाते हुए स्थितियों को पलटने का इशारा किया।

मोदी ने कहा कि 65 फीसदी युवा, जो 35 साल से नीचे हैं, उस अवसर को कैसे उपयोग करें, यह चुनौती है। गुजरात विकास का मॉडल रखते हुए मोदी ने कहा कि एक-तिहाई कृषि, एक-तिहाई उद्योग, एक-तिहाई सेवा क्षेत्र पर फोकस रखा। मोदी ने इस छात्र संवाद में अपने व्यक्तित्व, दर्शन, विकास मॉडल, आधुनिकता, न्यूनतम सरकार-अधिकतम शासन, आंतरिक सुरक्षा, वैश्विक एजेंडा, शिक्षा, स्किल, स्केल, स्पीड का मंत्र दिया, यानी मोदी ने भविष्य में अपनी संभावित सरकार का एजेंडा पूरी तरह से सामने रख दिया था। जबकि दूसरी तरफ विश्व हिंदू परिषद् की अगुवाई में संत समाज फरवरी 2013 के इलाहाबाद कुंभ में मोदी को प्रधानमंत्री पद का उम्मीदवार बनाने की माँग करने लगा था। इसी कुंभ में राम मंदिर निर्माण की माँग फिर जोर पकड़ने लगी थी। जिस दिन मोदी दिल्ली विश्वविद्यालय में छात्रों से संवाद कर विकास का एजेंडा परोस रहे थे, उधर इलाहाबाद कुंभ में पार्टी अध्यक्ष राजनाथ सिंह हिंदुत्व की डुबकी लगा रहे थे, यानी रणनीतिक तरीके से किसी भी पहलू को संघ-भा.ज.पा. छोड़ने के मूड में नहीं थी। 31 जनवरी को दिल्ली में भा.ज.पा. नेता श्रीपद येसो नाइक के घर पर संघ-भा.ज.पा.-विहिप के नेताओं की बैठक में तय हो गया था कि भा.ज.पा. विकास के एजेंडे पर बढ़ेगी तो विहिप मंदिर आंदोलन करेगी।

"एक ही चीज को देखने का नजरिया अलग-अलग होता है। जो आशावादी होंगे, वे कहेंगे कि आधा भरा हुआ है और जो निराशावादी होंगे, वे कहेंगे कि आधा गिलास खाली है। लेकिन मैं इन दो रास्तों से अलग सोचता हूँ। मेरी तीसरी सोच है—यह गिलास पूरा भरा हुआ है : आधा पानी से, आधा हवा से।"

लेकिन मोदी के बढ़ते प्रभाव और बदले अंदाज से सबसे अधिक मुश्किल में थे बिहार के मुख्यमंत्री नीतीश कुमार। उन्होंने भी राजनीतिक मोर्चा खोला और 17 मार्च, 2013 को दिल्ली के रामलीला मैदान में बिहार को विशेष राज्य का दर्जा दिए जाने की माँग को लेकर 'अधिकार रैली' का आयोजन किया। इसके जरिए कुमार ने भा.ज.पा.-

कांग्रेस दोनों को संदेश दिया कि राजनीति में सब जायज है, यानी नीतीश इस पक्ष में नहीं थे कि भा.ज.पा. मोदी को अपना प्रधानमंत्री पद का चेहरा बनाए। लेकिन संघ इस तरह की धमकी को सही नहीं मान रहा था। संघ के सरकार्यवाह भैय्याजी जोशी के शब्दों में, "मुझे लगता है कि भा.ज.पा. इस संदर्भ में परिस्थिति की मैरिट पर निर्णय करेगी। लेकिन एन.डी.ए. की आवश्यकता सभी को है और सभी को इस पर विचार करना होगा। किसी एक के कहने से थोड़े न चलेगा।" यानी संघ की भी सोच बन चुकी थी कि इस बार आर-पार का प्रयोग होगा, भले नीतीश कुमार या अन्य सहयोगी एन.डी.ए. में रहें या नहीं।

मार्च के आखिर में राजनाथ सिंह की नई टीम का ऐलान भी हो गया। 31 मार्च को राजनाथ ने इस टीम पर आडवाणी से सहमति लेने की कोशिश की, लेकिन उस पर मोदी पहले ही मुहर लगा चुके थे। भा.ज.पा. की सर्वोच्च नीति-निर्धारक संस्था संसदीय बोर्ड में मुख्यमंत्री के रूप में मोदी की एंट्री हो चुकी थी, लेकिन आडवाणी उस वक्त मध्य प्रदेश के मुख्यमंत्री शिवराज सिंह चौहान को भी लाने के पक्ष में थे, ताकि वे अपना दाँव खेल सकें।

मार्च के आखिर में राजनाथ सिंह की नई टीम का ऐलान भी हो गया। 31 मार्च को राजनाथ ने इस टीम पर आडवाणी से सहमति लेने की कोशिश की, लेकिन उस पर मोदी पहले ही मुहर लगा चुके थे। भा.ज.पा. की सर्वोच्च नीति-निर्धारक संस्था संसदीय बोर्ड में मुख्यमंत्री के रूप में मोदी की एंट्री हो चुकी थी, लेकिन आडवाणी उस वक्त मध्य प्रदेश के मुख्यमंत्री शिवराज सिंह चौहान को भी लाने के पक्ष में थे, ताकि वे अपना दाँव खेल सकें। कुछ महासचिवों के नाम पर भी उन्हें ऐतराज था। लेकिन टीम को लेकर संघ से भी सहमति ली जा चुकी थी। इसमें सबसे अहम नियुक्ति राष्ट्रीय महासचिव के तौर पर अमित शाह की थी, जिन्हें मोदी 'मिशन उत्तर प्रदेश' के तहत लाए थे। उन्हें यू.पी. का ही प्रभारी भी बनाया गया। संघ के खास माने जानेवाले 'स्वदेशी जागरण मंच' के पूर्व नेता मुरलीधर राव भी महासचिव हो गए। वरुण गांधी को महासचिव बनाया गया तो उमा भारती व स्मृति ईरानी को उपाध्यक्ष। राजनाथ की इस टीम में संघ और मोदी का सम्मिश्रण था, जो अब बेहतरीन समन्वय की शुरुआत का द्योतक भी था। मोदी अपनी क्षमता और संघ के परोक्ष समर्थन से प्रभावी होते जा रहे थे और पूरी टीम पर उनकी छाप स्पष्ट तौर से झलक रही थी। इसी बीच 8 मई, 2013 को भा.ज.पा. को झटका लगा, जब उसे कर्नाटक की सत्ता हाथ से गँवानी पड़ी। विधानसभा चुनाव में बी.एस. येदुरप्पा का भा.ज.पा. से अलग होना भले येदुरप्पा को बहुत लाभ नहीं दिला सका, लेकिन उसने

भा.ज.पा. को नुकसान जरूर करा दिया। आडवाणी ने येदुरप्पा को पार्टी से बाहर का रास्ता दिखाया था। अत: वर्ष 2014 की रणनीति के तहत येदुरप्पा को वापस लाने की तैयारी शुरू हो गई, क्योंकि येदुरप्पा के पास भी अब इसके सिवा कोई चारा नहीं था।

नरेंद्र मोदी की लोकप्रियता लगातार बढ़ रही थी और तमाम सर्वेक्षण मोदी के पक्ष में आने लगे थे। संघ को भी अहसास था कि केंद्र में सरकार बनाने के लिए भा.ज.पा. का तुरुप का पत्ता मोदी ही हैं। लेकिन अभी तक भा.ज.पा. कोई स्पष्ट दिशा नहीं दे पा रही थी, क्योंकि आडवाणी सरीखे नेता गांडीव समर्पण को तैयार नहीं थे और उन्होंने भी अपना तुरुप का पत्ता फेंक दिया। 1 जून, 2013 को मध्य प्रदेश के ग्वालियर में प्रदेश की कार्यकारिणी की बैठक के समापन सत्र को आडवाणी संबोधित कर रहे थे। उन्होंने पहले तो मुख्यमंत्री शिवराज सिंह चौहान को अटल बिहारी वाजपेयी की तरह विनम्रता वाला व्यक्तित्व बताया और फिर कहा, "मैं नरेंद्र भाई से कहता हूँ कि गुजरात तो पहले भी स्वस्थ था, उसको आपने उत्कृष्ट बना दिया है; लेकिन शिवराज ने बीमारू मध्य प्रदेश को न सिर्फ स्वस्थ बनाया, बल्कि ऐसी स्थिति में ले आए कि मन में इच्छा हो कि भारत में ही नंबर वन नहीं, दुनिया में गिनती होने लगे। मेरे पास आँकड़े हैं और अगर ये बँट जाएँ तो लोगों को आश्चर्य होगा कि शिवराज के आने के बाद राज्य में क्या-क्या उपलब्धियाँ हुईं! जैसे चमत्कार हो जाता है, वैसी स्थिति है।"

> ***नरेंद्र मोदी की लोकप्रियता लगातार बढ़ रही थी और तमाम सर्वेक्षण मोदी के पक्ष में आने लगे थे। संघ को भी अहसास था कि केंद्र में सरकार बनाने के लिए भा.ज.पा. का तुरुप का पत्ता मोदी ही हैं। लेकिन अभी तक भा.ज.पा. कोई स्पष्ट दिशा नहीं दे पा रही थी, क्योंकि आडवाणी सरीखे नेता गांडीव समर्पण को तैयार नहीं थे और उन्होंने भी अपना तुरुप का पत्ता फेंक दिया। 1 जून, 2013 को मध्य प्रदेश के ग्वालियर में प्रदेश की कार्यकारिणी की बैठक के समापन सत्र को आडवाणी संबोधित कर रहे थे।***

आडवाणी का यह उद्घोष तब था, जब मनमोहन सरकार के खिलाफ मोदी का गुजरात मॉडल मोदी-विरोधियों के लिए शोध का विषय बना हुआ था। सो विरोधियों को तो मौका मिल गया, क्योंकि मोदी पर उस समय पार्टी में कोई परोक्ष निशाना साधने से भी परहेज कर रहा था। लेकिन पार्टी के पितृ पुरुष ने ऐसी बात कही तो मोदी-विरोधियों को मसाला मिलना स्वाभाविक था। लेकिन अब वक्त आ गया था कि भा.ज.पा. की दशा और दिशा संकेतों की बजाय स्पष्टता के साथ चले। और आखिर वह वक्त भी आ ही गया।

जब मोदी बने चुनाव अभियान समिति के अध्यक्ष

भा.ज.पा. के अंदरूनी हलकों में उस वक्त तीन थ्योरी दी जा रही थी—पहली, इस बार प्रधानमंत्री का उम्मीदवार निचले स्तर से तय होगा और संघ परिवार सहित पार्टी का संसदीय बोर्ड सिर्फ मुहर लगाएगा। दूसरी, चुनाव अभियान पूरी तरह से अमेरिकी राष्ट्रपति के चुनाव की तर्ज पर होगा। तीसरी और सबसे अहम, प्रधानमंत्री पद की असली दौड़ गोल्डन लाइन पर पहुँचने के बाद शुरू होगी और फिनिशिंग लाइन पर कौन पहुँचेगा, यह उसी वक्त तय होगा। इस थ्योरी में दो तो मोदी के शुभचिंतकों की थीं, जबकि तीसरी थ्योरी मोदी की राह रोकनेवाले गुट की तरफ से दी जा रही थी। भा.ज.पा. में अरुण जेटली सधी हुई रणनीति के साथ मोदी की हिमायत में जुटे थे तो पत्रकार स्वपन दासगुप्ता जैसे कुछ लेखक अपने लेखों में यह कहने लगे थे कि संघ-भा.ज.पा. से बड़ा कद हो चुका है मोदी का और वे सन् 1996 की अटल बिहारी वाजपेयी वाली स्थिति से कहीं आगे और संगठित शक्ति के साथ बढ़ रहे हैं। आखिर 9 जून, 2013 को बेहद नाटकीय ढंग से गोवा की राष्ट्रीय कार्यकारिणी की बैठक के दौरान नरेंद्र मोदी को वर्ष 2014 के लोकसभा चुनाव अभियान के लिए प्रचार समिति की कमान सौंप दी गई। लेकिन इसकी घोषणा सहज नहीं रही। तब राष्ट्रीय अध्यक्ष राजनाथ सिंह को भी मोदी के एक चतुर सारथि की तरह रथ का संचालन करना पड़ा।

भा.ज.पा. के अंदरूनी हलकों में उस वक्त तीन थ्योरी दी जा रही थी—पहली, इस बार प्रधानमंत्री का उम्मीदवार निचले स्तर से तय होगा और संघ परिवार सहित पार्टी का संसदीय बोर्ड सिर्फ मुहर लगाएगा। दूसरी, चुनाव अभियान पूरी तरह से अमेरिकी राष्ट्रपति के चुनाव की तर्ज पर होगा। तीसरी और सबसे अहम, प्रधानमंत्री पद की असली दौड़ गोल्डन लाइन पर पहुँचने के बाद शुरू होगी और फिनिशिंग लाइन पर कौन पहुँचेगा, यह उसी वक्त तय होगा।

8-9 जून की मध्य रात्रि को गोवा के मैरिएट होटल में इसको लेकर जबरदस्त मंथन चल रहा था कि मोदी को लेकर ऐलान किस तरह से हो? संघ इसकी पूरी पटकथा तैयार कर रहा था। तब संघ की ओर से भा.ज.पा. में समन्वय का काम देख रहे सह-सरकार्यवाह सुरेश सोनी गोवा के उस होटल में तब तक डटे रहे, जब तक कि सारी बैठकें समाप्त नहीं हो गईं। राजनाथ सिंह लगातार इस बात को लेकर अलग-अलग नेताओं से मिल रहे थे। लेकिन गोवा में मोदी को चुनाव अभियान की कमान सौंपी जानी है, इसी को देखते हुए आडवाणी ने गोवा कार्यकारिणी का बॉयकाट कर रखा था। आडवाणी की मनुहार में संघ भी कसर नहीं छोड़ना चाहता था, ताकि बाद में निर्णय थोपने का आरोप न लगे। सो जब

पहले दिन कार्यकारिणी की बैठक में आडवाणी नहीं पहुँचे तो अगले दिन 8 जून की सुबह संघ के सह-सरकार्यवाह दत्तात्रेय होसबाले और सुरेश सोनी उनके दिल्ली के सरकारी आवास पर गए और उन्हें बताया कि मोदी को चुनाव समिति का अध्यक्ष बनाने का फैसला हो चुका है और उन्हें भी अब इस बात को मानकर आशीर्वाद देना चाहिए। लेकिन मर्माहत आडवाणी ने कठोर फैसला लिया और कार्यकारिणी से बाहर रहने का ही मन बनाया। उसी दिन उन्होंने एक ब्लॉग के जरिए अपनी पीड़ा का इजहार भी किया—'तीरों से बिंधे भीष्म पितामह अपने बिस्तर पर पड़े हैं और पांडवों को उपदेश दे रहे हैं…।' हालाँकि, औपचारिक तौर पर कहा गया कि वे बीमार हैं, इसलिए गोवा नहीं गए।

उधर 8-9 जून को करीब रात के 3.30 बजे तक गोवा के होटल की चहलकदमी बता रही थी कि पार्टी पूरी तरह से दो विचारों में बँटी हुई है। खुद सोनी कई बार तनाव के भाव के साथ चहलकदमी करते नजर आए। आडवाणी खेमा चाहता था कि नरेंद्र मोदी को जिम्मेदारी सौंपने का फैसला दिल्ली पहुँचकर आडवाणी की मौजूदगी में ही किया जाए; लेकिन मोदी के पक्ष में जुटे नेता अब देरी नहीं चाहते थे। इधर संगठनात्मक अनुशासन के मामले में सख्त मिजाज सुरेश सोनी पूरी गतिनिधि पर निरंतर निगाह जगाए हुए थे और रात भर माथापच्ची कर तड़के संघ के शीर्ष नेतृत्व को भरोसे में लेकर 9 जून की सुबह के नाश्ते से पहले ही राजनाथ सिंह को 'गो अहेड' कहकर ऐलान करने को कह दिया। राजनाथ सिंह ने देरी नहीं की और ऐलान हो गया कि नरेंद्र मोदी के नेतृत्व में ही पार्टी लोकसभा चुनाव लड़ेगी।

आडवाणी खेमा चाहता था कि नरेंद्र मोदी को जिम्मेदारी सौंपने का फैसला दिल्ली पहुँचकर आडवाणी की मौजूदगी में ही किया जाए; लेकिन मोदी के पक्ष में जुटे नेता अब देरी नहीं चाहते थे। इधर संगठनात्मक अनुशासन के मामले में सख्त मिजाज सुरेश सोनी पूरी गतिविधि पर निरंतर निगाह जमाए हुए थे और रात भर माथापच्ची कर तड़के संघ के शीर्ष नेतृत्व को भरोसे में लेकर 9 जून की सुबह के नाश्ते से पहले ही राजनाथ सिंह को 'गो अहेड' कहकर ऐलान करने को कह दिया।

लेकिन एक वाकए का जिक्र करना यहाँ जरूरी है कि जब मई-जून 2012 में दिल्ली में भा.ज.पा. ने नगर निगम का चुनाव जीता था, तब वेंकैया नायडू दिल्ली भा.ज.पा. के प्रभारी थे। 26 जून, 2012 की शाम जब उनके निवास पर मैंने उनका साक्षात्कार किया था तो आखिर में हुई अनौपचारिक चर्चा में उन्होंने कहा था कि देश की राजनीति पर्सनैलिटी-केंद्रित हो गई है और पार्टी को वर्ष 2014 के लिए एक चेहरा

तो प्रोजेक्ट करना ही होगा। लेकिन दूसरी पीढ़ी में महत्त्वाकांक्षा की लड़ाई पर नायडू ने कहा था कि सबका अलग-अलग व्यक्तित्व है। लेकिन नरेंद्र मोदी ही सबसे उपयुक्त चेहरा हैं। लेकिन क्या सभी मान जाएँगे? वेंकैया ने कहा था, "एक बार फैसला होने की देर है। जब निर्णय होगा, तब सभी मानेंगे और आसानी से हो जाएगा।" उनकी पहली बात तो सही हुई, लेकिन आसानी से होने की बात गलत निकली; क्योंकि भा.ज.पा. उस समय ऐसे दौर से गुजर रही थी, जिसमें महत्त्वाकांक्षा रखनेवाला हर नेता अटल बिहारी वाजपेयी ही बनना चाहता था। कोई आडवाणी जैसा सारथि बनने को तैयार नहीं था। वैसे, वाजपेयी तो राजनीति से दूर विश्राम कर रहे थे, लेकिन आडवाणी खुद मैदान में डटे थे, सो कोई और 'आडवाणी' कैसे बनता! अटल की विरासत मोदी को मिल तो गई, लेकिन इस ऐलान के साथ ही पार्टी का एक नया अल्पकालिक महाभारत भी शुरू हुआ, जो आखिरकार मोदी के पक्ष में ही गया।

भा.ज.पा. उस समय ऐसे दौर से गुजर रही थी, जिसमें महत्त्वाकांक्षा रखनेवाला हर नेता अटल बिहारी वाजपेयी ही बनना चाहता था। कोई आडवाणी जैसा सारथि बनने को तैयार नहीं था। वैसे, वाजपेयी तो राजनीति से दूर विश्राम कर रहे थे, लेकिन आडवाणी खुद मैदान में डटे थे, सो कोई और 'आडवाणी' कैसे बनता! अटल की विरासत मोदी को मिल तो गई, लेकिन इस ऐलान के साथ ही पार्टी का एक नया अल्पकालिक महाभारत भी शुरू हुआ, जो आखिरकार मोदी के पक्ष में ही गया।

आडवाणी का इस्तीफा और संघ का पहली बार सीधा सार्वजनिक दखल

जब आडवाणी का बॉयकाट दाँव नहीं चला, उनकी अनिच्छा के बावजूद मोदी को कमान मिल गई तो आखिर आडवाणी ने पार्टी के सभी महत्त्वपूर्ण पदों—राष्ट्रीय कार्यसमिति, संसदीय बोर्ड और चुनाव समिति से अपना इस्तीफा दे दिया। इससे पहले मोदी ने ट्वीट कर कहा था कि उनकी बात आडवाणीजी से हुई और उन्होंने आशीर्वाद दिया है। लेकिन अगले दिन ही राजनाथ सिंह को लिखी आडवाणी की चिट्ठी सार्वजनिक हो गई, जिसमें उन्होंने लिखा था—'कुछ समय से पार्टी जिस दिशा में जा रही है, उससे पार्टी की मौजूदा कार्यशैली के साथ तालमेल बिठाने में मैं कठिनाई महसूस कर रहा हूँ। अब मुझे नहीं लगता कि यह वही पार्टी है, जो आदर्शवादी पार्टी डॉ. श्यामा प्रसाद मुकर्जी, पं. दीनदयालजी, नानाजी और वाजपेयीजी ने बनाई थी; जिसका मुख्य उद्देश्य देश और उसके लोग थे। लेकिन अब हमारे नेताओं का मुख्य उद्देश्य अपना निजी एजेंडा है। मैंने फैसला किया है कि पार्टी की राष्ट्रीय

कार्यकारिणी, संसदीय बोर्ड और चुनाव समिति से इस्तीफा दे दूँ। मेरे इस पत्र को इस्तीफा माना जाए।' जिस पर मोदी ने ट्वीट किया कि उन्होंने आडवाणीजी से बात की है और फैसले पर पुनर्विचार करने का आग्रह किया है। राजनाथ सिंह ने इस्तीफा नामंजूर करने, राम माधव और सुषमा स्वराज ने उन्हें मना लेने की बात कही; लेकिन नेताओं की मनुहार के आगे भी आडवाणी अपने प्रिय शिष्य मोदी के लिए नहीं पसीज रहे थे।

आडवाणी नहीं मान रहे थे। अंतत: 10 जून की शाम को राजनाथ सिंह ने संसदीय बोर्ड की आपात बैठक बुलाई, जिसमें नरेंद्र मोदी, मुरली मनोहर जोशी और थावरचंद गहलोत के अलावा बाकी छह सदस्य मौजूद थे। राजनाथ ने दिल्ली में नहीं मौजूद उन तीनों सदस्यों से बात करने के बाद बोर्ड का प्रस्ताव सामने रखा। उन्होंने कहा कि आडवाणी सम्माननीय नेता हैं, मार्गदर्शक हैं और किसी भी सूरत में उनका इस्तीफा मंजूर नहीं किया जाएगा। इस प्रस्ताव के साथ फिर आडवाणी से राजनाथ और तमाम नेता मिले; लेकिन आडवाणी ने अपना इस्तीफा वापस लेने से साफ इनकार कर दिया। संघ इस पूरे प्रकरण से बेहद अपसेट था और इसे दुर्भाग्यपूर्ण कदम भी बताया था। अगले दिन, यानी 11 जून को भी दिन भर इस प्रकरण के पटाक्षेप की पहल होती रही। राजनाथ सिंह को सुबह राजस्थान के बाँसवाड़ा में महाराणा प्रताप की मूर्ति अनावरण के लिए जाना था, अत: उन्होंने मोदी से बात की। फिर मैराथन बैठकों और उमस भरी गरमी के बीच 11 जून को जब सूरज ढल रहा था, भा.ज.पा. राजनीति की ढलान पर पहुँचे अपने पितृ पुरुष लालकृष्ण आडवाणी को मनाने के फॉर्मूले के करीब पहुँच रही थी। आडवाणी के घर पर ही शाम ठीक 6 बजकर 7 मिनट पर भा.ज.पा. अध्यक्ष राजनाथ सिंह ने मीडिया की मौजूदगी में तीन पैरा का एक लिखित बयान पढ़ा। पहले पैरा में—"श्री लालकृष्ण आडवाणीजी ने पार्टी के तीन महत्त्वपूर्ण पदों—राष्ट्रीय कार्यसमिति, संसदीय बोर्ड और चुनाव समिति से त्याग-पत्र दिया था, जिसे भा.ज.पा. के संसदीय बोर्ड ने कल की बैठक में अस्वीकार किया था और आडवाणीजी को इन सभी पदों पर बने रहने का आग्रह किया था।" दूसरे पैरा में—"पार्टी के राष्ट्रीय अध्यक्ष

आडवाणी नहीं मान रहे थे। अंतत: 10 जून की शाम को राजनाथ सिंह ने संसदीय बोर्ड की आपात बैठक बुलाई, जिसमें नरेंद्र मोदी, मुरली मनोहर जोशी और थावरचंद गहलोत के अलावा बाकी छह सदस्य मौजूद थे। राजनाथ ने दिल्ली में नहीं मौजूद उन तीनों सदस्यों से बात करने के बाद बोर्ड का प्रस्ताव सामने रखा। उन्होंने कहा कि आडवाणी सम्माननीय नेता हैं, मार्गदर्शक हैं और किसी भी सूरत में उनका इस्तीफा मंजूर नहीं किया जाएगा।

श्री राजनाथ सिंह ने श्री आडवाणीजी द्वारा उठाई गई पार्टी के कार्यान्वयन संबंधी सभी चिंताओं पर विचार करने का आश्वासन दिया तथा राष्ट्रीय अध्यक्ष इसकी प्रक्रिया के बारे में आडवाणीजी के साथ चर्चा करेंगे।" लेकिन इस बयान का तीसरा पैरा सबसे महत्त्वपूर्ण ही नहीं, ऐतिहासिक बनने वाला था—"आज दोपहर राष्ट्रीय स्वयंसेवक संघ के सरसंघचालक श्री मोहन भागवतजी ने श्री आडवाणीजी के साथ चर्चा की और भारतीय जनता पार्टी के संसदीय बोर्ड के निर्णय को मानते हुए राष्ट्र-हित में पार्टी का मार्गदर्शन करते रहने का आग्रह किया। श्री आडवाणीजी ने श्री भागवतजी की इस सलाह को मानने का फैसला किया है।" यह महज भूचाल थामने की 'भागवत बूटी' भर नहीं थी। संघ परिवार के इतिहास में यह पहला मौका था, जब भा.ज.पा. में उसकी दखलअंदाजी (जिससे संघ सार्वजनिक तौर से इनकार करता रहा है) कागजों पर पहली बार उकेरी जा चुकी थी। अब यह मात्र एक दस्तावेज ही नहीं, बल्कि भा.ज.पा. के हर अहम फैसले में भागवत, आडवाणी और पार्टी के बीच की अहम कड़ी बन गए थे।

मोदी को कमान मिलते ही पहला झटका आडवाणी ने दिया तो दूसरा बड़ा झटका बिहार के मुख्यमंत्री नीतीश कुमार ने दिया था। 16 जून, 2013 को नीतीश ने यह दिखाने को कि सिद्धांतों से समझौता नहीं कर सकते, उन्होंने भा.ज.पा. के साथ गठबंधन को सख्त तेवरों के साथ तोड़ा। उन्होंने भा.ज.पा. कोटे के सभी ग्यारह मंत्रियों को इस्तीफे का समय देने की बजाय बरखास्त किया और 19 जून को बहुमत साबित करने की तारीख भी तय कर ली।

नीतीश ने तोड़ा नाता, एन.डी.ए. का लिटमस टेस्ट

मोदी को कमान मिलते ही पहला झटका आडवाणी ने दिया तो दूसरा बड़ा झटका बिहार के मुख्यमंत्री नीतीश कुमार ने दिया था। 16 जून, 2013 को नीतीश ने यह दिखाने को कि सिद्धांतों से समझौता नहीं कर सकते, उन्होंने भा.ज.पा. के साथ गठबंधन को सख्त तेवरों के साथ तोड़ा। उन्होंने भा.ज.पा. कोटे के सभी ग्यारह मंत्रियों को इस्तीफे का समय देने की बजाय बरखास्त किया और 19 जून को बहुमत साबित करने की तारीख भी तय कर ली। तब 243 सदस्यीय विधानसभा में जे.डी.यू. के पास 118 तो भा.ज.पा. के 91 विधायक थे। नीतीश को महज 4 विधायकों की जरूरत थी, जिसे आसानी से पूरा कर लिया। इधर तभी जे.डी.यू. नेता रहे शरद यादव ने भी एन.डी.ए. के संयोजक पद से अपना इस्तीफा दे दिया। एन.डी.ए. सिमट चुका था और तब भा.ज.पा. के साथ शिवसेना एवं अकाली दल ही बच गए थे। संघ और भा.ज.पा. तो नीतीश कुमार की इस सोच से

वाकिफ थी, इसलिए मोदी को पहले चुनाव अभियान समिति की कमान सौंपकर पार्टी की थोड़ी-बहुत बची हुई अंदरूनी कलह को निबटाने की रणनीति तो थी ही, एन.डी.ए. का भी लिटमस टेस्ट जैसा था; क्योंकि मोदी को लेकर अन्य दलों की भावना कैसा आकार लेती है, इसका भी अंदाजा लगाना जरूरी था।

इसके बाद संघ परिवार मुद्दों की ओर बढ़ चला। लेकिन भा.ज.पा. में शांति बनी रहे, इसके लिए संघ के सरसंघचालक मोहन भागवत ने 5 जुलाई को नागपुर मुख्यालय में न्योता देकर लालकृष्ण आडवाणी को बुलाया और बातचीत कर उन्हें सम्मान का पूरा भरोसा दिया। संघ को अंदाजा था कि भले ही मोदी की राह आडवाणी नहीं रोक पाए, लेकिन उनकी नाराजगी खेल में नुकसान कर सकती है। ऐसे में, संघ सबको साथ लेकर चलने की ही रणनीति पर काम कर रहा था। फिर, दस दिन बाद 16 जुलाई को मोदी की भागवत से मुलाकात हुई, जिसमें स्वाभाविक तौर से इन सभी मसलों पर चर्चा हुई होगी; क्योंकि इसकी कोई औपचारिक जानकारी कभी बाहर नहीं आ पाई। मोदी ओडिशा के जगन्नाथपुरी होते हुए नागपुर पहुँचे और भागवत के साथ उनकी करीब ढाई घंटे तक बातचीत हुई। लेकिन गठबंधन का दायरा बढ़ाने के लिए राजनीतिक नफा-नुकसान के लिहाज से राज्यवार क्षेत्रीय दलों की पहचान कर ली गई। मोदी विकास का एजेंडा लेकर आगे बढ़ रहे थे, तो दूसरी तरफ भा.ज.पा. और संघ इस बार विचारधारा की लड़ाई को आगे बढ़ाते हुए हिंदुत्व की भी आजमाइश करने का मन बना चुके थे, यानी वैचारिक लड़ाई की दोहरी रणनीति में विकास के साथ हिंदुत्व भी था।

इसके बाद संघ परिवार मुद्दों की ओर बढ़ चला। लेकिन भा.ज.पा. में शांति बनी रहे, इसके लिए संघ के सरसंघचालक मोहन भागवत ने 5 जुलाई को नागपुर मुख्यालय में न्योता देकर लालकृष्ण आडवाणी को बुलाया और बातचीत कर उन्हें सम्मान का पूरा भरोसा दिया। संघ को अंदाजा था कि भले ही मोदी की राह आडवाणी नहीं रोक पाए, लेकिन उनकी नाराजगी खेल में नुकसान कर सकती है।

राजनीतिक हलचलों के बीच केदारनाथ आपदा

16 जून को उत्तराखंड के केदारनाथ में आई आपदा ने पूरे देश को झकझोर दिया था। तबाही का ऐसा मंजर कि रूह काँप जाए। हजारों लोग, घर, व्यापार, मवेशी—सब इस प्राकृतिक आपदा में बह गए थे। गुजरात के मुख्यमंत्री के रूप में नरेंद्र मोदी ने साहस दिखाते हुए आपदा में फँसे लोगों को बचाने की पहल की थी। हालाँकि, 15 हजार लोगों को बचाकर निकालने की खबर पर काफी सवाल भी उठे थे। लेकिन इस विवाद से इतर

मोदी ने केदारनाथ में आपदा से प्रभावित इलाकों का दौरा करना चाहा था, जिसे उस वक्त की कांग्रेस सरकार ने अनुमति नहीं दी। बाद में, उन्होंने दौरा जरूर किया और ट्वीट करके तबाही के मंजर का जिक्र भी किया था। मोदी ऐसी पहली शख्सियत थे, जिन्होंने केदारनाथ मंदिर के पुनर्निर्माण का प्रस्ताव तत्कालीन कांग्रेस की सरकार को दिया था, ताकि गुजरात के भुज में भूकंप के बाद हुए पुनर्निर्माण का अनुभव उत्तराखंड के तबाह हुए इलाकों को फिर से बसाने में काम आ सके। लेकिन तब की कांग्रेसी विजय बहुगुणा सरकार ने इसे नामंजूर कर दिया था। दरअसल, केदारनाथ धाम के प्रति मोदी की अलग तरह की आस्था रही है। अपने जीवन के कुछ महत्त्वपूर्ण दिन उन्होंने इस क्षेत्र में गुजारे हैं। यही वजह है कि प्रधानमंत्री बनने के बाद भी उन्होंने कई बार केदारनाथ धाम का दौरा किया और वर्ष 2019 के लोकसभा चुनाव के आखिरी चरण के लिए प्रचार खत्म होने के बाद भी उन्होंने केदारनाथ धाम की एक गुफा में ही ध्यान के जरिए थकान दूर की थी।

आपदा के ठीक एक साल बाद, यानी 15-16 जून की रात, मैं भी केदारनाथ में था। मौसम खराब होने की वजह से हेलिकॉप्टर वापस लेने नहीं आ पाया तो रात सरकार की ओर से बने टेंट में गुजारी और शिविर में भोजन की व्यवस्था थी, क्योंकि उस वक्त भी पुनर्निर्माण का काम जारी था। साल भर बाद भी तबाही के मंजर को देखकर रूह काँप रही थी। अपने उस अनुभव के आधार पर मैं कह सकता हूँ कि केदारनाथ की उस तबाही का अंदाजा वहाँ जाकर देखने से ही लगाया जा सकता था, क्योंकि तबाही कल्पना से कहीं ज्यादा भयावह थी।

आपदा के ठीक एक साल बाद, यानी 15-16 जून की रात, मैं भी केदारनाथ में था। मौसम खराब होने की वजह से हेलिकॉप्टर वापस लेने नहीं आ पाया तो रात सरकार की ओर से बने टेंट में गुजारी और शिविर में भोजन की व्यवस्था थी, क्योंकि उस वक्त भी पुनर्निर्माण का काम जारी था। साल भर बाद भी तबाही के मंजर को देखकर रूह काँप रही थी। अपने उस अनुभव के आधार पर मैं कह सकता हूँ कि केदारनाथ की उस तबाही का अंदाजा वहाँ जाकर देखने से ही लगाया जा सकता था, क्योंकि तबाही कल्पना से कहीं ज्यादा भयावह थी। आपदा के बाद राहत, बचाव और पुनर्निर्माण का काम अलग-अलग राज्यों की ओर से अपने नागरिकों के लिए जारी था।

मोदी ने अपनी हैदराबाद की रैली में तो बाकायदा 5 रुपए का टिकट इस आपदा में सहायता के लिए लगाने का विचार दिया। 11 अगस्त को वहाँ रैली होनी थी तो मोदी ने उत्तराखंड को सहयोग देने के लिए यह फॉर्मूला दिया। तब कांग्रेस नेता और सूचना-

प्रसारण मंत्री मनीष तिवारी ने मोदी का मखौल कुछ इस तरह उड़ाया था, "बाबा के प्रवचन का टिकट 100 से 1,00,000 रुपए! बॉक्स ऑफिस पर फ्लॉप होने के बावजूद सिनेमा का टिकट 200 से 500 रुपए और एक मुख्यमंत्री को सुनने के लिए 5 रुपए! बाजार ने दी है असली कीमत।" मोदी की यही खूबी और कांग्रेस की कमजोरी भा.ज.पा. का मार्ग प्रशस्त कर रही थी। संवेदना से जुड़े मुद्दे पर मोदी लोगों को जोड़ रहे थे तो कांग्रेस मोदी को 5 रुपए की हैसियतवाला नेता बताने में जुटी थी। लेकिन इससे बेपरवाह मोदी रणनीति के तहत अपनी धुन में आगे बढ़ रहे थे।

हिंदुत्व की 84 कोसी परिक्रमा, जब सिंघल ने मोदी को बताया भगवान् राम

उधर मोदी केदारनाथ धाम के पुनर्निर्माण की बात कर रहे थे तो इधर विहिप राम मंदिर के निर्माण की अलख जगा रही थी। वैसे तो राम मंदिर का मसला फरवरी के इलाहाबाद कुंभ से ही उठ चुका था, जब संतों ने प्रस्ताव पारित कर कानून के जरिए मंदिर-निर्माण की बात की थी। तब तक मोदी औपचारिक तौर से भा.ज.पा. की चुनावी कमान नहीं सँभाल रहे थे। इसी कुंभ में हिंदुत्व का छौंक लगाने के लिए 25 अगस्त से 13 सितंबर तक 84 कोसी परिक्रमा की रणनीति बन चुकी थी। विश्व हिंदू परिषद् (वी.एच.पी.) सधी हुई बाजी खेल रही थी। इस परिक्रमा की तारीख से लगभग दो महीने पहले मोदी के खास सिपहसालार अमित शाह उत्तर प्रदेश के प्रभारी के नाते अयोध्या का दौरा कर चुके थे, जहाँ उन्होंने कहा भी था कि मंदिर का निर्माण होना चाहिए। लेकिन फिर वे चुनावी काम में जुट गए और बाकी कमान वी.एच.पी. ने सँभाल ली। लेकिन रणनीतिक लिहाज से मोदी इस मुद्दे पर पूरी तरह से मौन थे। वहीं प्रदेश की तत्कालीन सपा सरकार इस 84 कोसी परिक्रमा को रोकने पर आमादा थी और 25 अगस्त की यात्रा से पहले ही उस पर प्रतिबंध लगा दिया गया। परिक्रमा होने या उसे सरकार द्वारा रोकने—दोनों ही स्थितियों में विहिप की रणनीति सफल होती दिख रही थी, क्योंकि जनमानस में उसका असर स्वाभाविक था। लेकिन इस पूरे मसले पर आंदोलन के अगुवा विश्व हिंदू परिषद् के संरक्षक अशोक सिंघल से 'इंडिया

उधर मोदी केदारनाथ धाम के पुनर्निर्माण की बात कर रहे थे तो इधर विहिप राम मंदिर के निर्माण की अलख जगा रही थी। वैसे तो राम मंदिर का मसला फरवरी के इलाहाबाद कुंभ से ही उठ चुका था, जब संतों ने प्रस्ताव पारित कर कानून के जरिए मंदिर-निर्माण की बात की थी। तब तक मोदी औपचारिक तौर से भा.ज.पा. की चुनावी कमान नहीं सँभाल रहे थे।

टुडे' में रहते हुए मेरी विस्तार से बातचीत हुई, जो बेहद रोचक रही और संघ-भा.ज.पा. संगठन की रणनीति का संकेत दे रही थी।

चुनावी माहौल में आयोजन क्यों? सिंघल के शब्दों में ही, "84 कोसी परिक्रमा की यात्रा का फैसला फरवरी महीने में कुंभ के अवसर पर ही हो गया था। उसमें चर्चा हुई थी कि राम मंदिर का निर्माण संसद् से ही होगा। यह अब कोर्ट का विषय नहीं रहा। रामलला भी कह गए थे कि बच्चा, इसका कानून बनेगा और सब लोग इसका समर्थन करेंगे।" लेकिन आरोप है कि वर्ष 2014 के चुनाव में भा.ज.पा. और मोदी को आगे बढ़ाने के लिए विहिप आक्रामक है? सिंघल बोले, "संतों का कार्यक्रम है। रामभक्त ऐसी सरकार चाहते हैं, जो राम जन्मभूमि मंदिर का निर्माण भी कर सके। अगर रामभक्त मानेंगे कि भा.ज.पा. हमें लाभ दिलाएगी तो कौन रोक सकता है रामभक्तों को!" तीसरे सवाल पर उनका जवाब जबरदस्त विश्वास से लबरेज था। क्या आपको उम्मीद है कि मोदी के नेतृत्व में अगर सरकार बनती है तो वह संसद् में प्रस्ताव लाएँगे? जवाब था, "क्यों नहीं करेंगे! मेरा मानना है कि भगवान् राम की शक्ति के रूप में जब भगवान् ने स्वयं उनमें प्रवेश किया है तो वह उनसे क्या-क्या करवाएँगे, आप देखते चलिए।" यात्रा की अनुमति नहीं होने की स्थिति के लिए भी सिंघल ने तैयारी की थी, "हर दिन इसमें 200 संत जुड़ेंगे और उसके लिए 250 टीमें बना दी गई हैं।" सिंघल ने खम ठोककर कहा था कि अयोध्या में भले यात्रा रोक लें, लेकिन यात्रा तो उसके पास पाँच जिलों में समाई हुई है। कहाँ-कहाँ रोकेंगे? हर दिन 200 संत आएँगे। संतों को रोकने से पद-यात्रा समाप्त नहीं होने वाली।

चुनावी माहौल में आयोजन क्यों? सिंघल के शब्दों में ही, "84 कोसी परिक्रमा की यात्रा का फैसला फरवरी महीने में कुंभ के अवसर पर ही हो गया था। उसमें चर्चा हुई थी कि राम मंदिर का निर्माण संसद् से ही होगा। यह अब कोर्ट का विषय नहीं रहा। रामलला भी कह गए थे कि बच्चा, इसका कानून बनेगा और सब लोग इसका समर्थन करेंगे।"

इसी बीच उत्तर प्रदेश के मुजफ्फर नगर के कवाल गाँव में छेड़खानी की एक घटना हुई, जो विशुद्ध रूप से कानून-व्यवस्था से जुड़ा मसला था। सप्ताह भर के भीतर इस मसले ने सांप्रदायिक दंगे का रूप ले लिया। इस दंगे ने बड़े पैमाने पर विस्थापन का दंश दिया तो हिंदू-मुसलिम एकता की बात राजनीति का शिकार हो गई। तत्कालीन सपा सरकार ने इसे अपने राजनीतिक फायदे के तौर पर भुनाने की रणनीति पर काम किया तो जवाब में दक्षिणपंथी विचारधारा ने भी प्रतिकार किया, जिसका स्वाभाविक असर समाज के वर्गों पर पड़ा।

युवा वर्ग पर संघ की निगाह

अन्ना आंदोलन को संघ ने अपना परोक्ष समर्थन दिया था। यू.पी.ए. सरकार के खिलाफ बन रहे माहौल में 'यूथ अगेंस्ट करप्शन' अहम भूमिका निभा रहा था। ऐसे में, संघ ने एक रणनीति के तहत देश भर में युवाओं का आंदोलन खड़ा किया। संघ–भा.ज.पा. और छात्रों के बीच सक्रिय वैचारिक संगठन ए.बी.वी.पी. को इस मुहिम में एक साथ जोड़कर रखने और आंदोलन को धार देने की जिम्मेदारी ए.बी.वी.पी. के तत्कालीन सह संगठन मंत्री सुनील बंसल को सौंपी गई। युवाओं और छात्रों के बीच नेटवर्क बनाकर काम करनेवाले बंसल ने पूरे देश में एक साथ चक्का जाम एवं धरने–प्रदर्शन की रणनीति को अंजाम दिया। स्कूल–कॉलेजों में कार्टून/पम्फलेट/परचे बँटवाए गए। इनमें यू.पी.ए. सरकार के खिलाफ तमाम मुद्दे गिनाए गए थे, जिससे युवाओं में मनमोहन सरकार के प्रति निराशा तो नरेंद्र मोदी के रूप में नई आस दिखने लगी थी। यह एक बड़ा अभियान था, जिसे संघ परिवार ने चरणबद्ध तरीके से आगे बढ़ाया था। इसलिए बाकायदा सुनील बंसल को इस अभियान का राष्ट्रीय संयोजक बनाया गया था।

निश्चित तौर से, नरेंद्र मोदी ने अपने परिश्रम के साथ धैर्यपरक रणनीतियों को इस तरह आगे बढ़ाया कि समकक्षों में 'श्रेष्ठ' लीडर होकर उभरे और संघ का स्नेह हासिल कर भा.ज.पा. पर पूरी तरह से छा गए। लेकिन अब भी पार्टी में वे एक पड़ाव दूर थे; क्योंकि पार्टी का एक खेमा ही नहीं, मीडिया का एक तबका भी मोदी के उभार को हजम नहीं कर पा रहा था। इसलिए कुछ ऐसी थ्योरियाँ चलती रहती थीं, जिनमें भा.ज.पा. को बहुमत नहीं मिलने से लेकर संभावित गठबंधन पर चर्चा होती थी, जिसमें आडवाणी की भूमिका अहम होने की भविष्यवाणियाँ भी की जा रही थीं। लेकिन मोदी और उनकी अपनी टीम इन बुद्धिजीवी और पत्रकारीय व्याख्या से दूर सुनहरे सपने को साकार करने में जुटी थी। मोदी चुनाव अभियान के मुखिया के नाते लगातार चुनावी जनसभाओं में मनमोहन सरकार

नरेंद्र मोदी ने अपने परिश्रम के साथ धैर्यपरक रणनीतियों को इस तरह आगे बढ़ाया कि समकक्षों में 'श्रेष्ठ' लीडर होकर उभरे और संघ का स्नेह हासिल कर भा.ज.पा. पर पूरी तरह से छा गए। लेकिन अब भी पार्टी में वे एक पड़ाव दूर थे; क्योंकि पार्टी का एक खेमा ही नहीं, मीडिया का एक तबका भी मोदी के उभार को हजम नहीं कर पा रहा था। इसलिए कुछ ऐसी थ्योरियाँ चलती रहती थीं, जिनमें भा.ज.पा. को बहुमत नहीं मिलने से लेकर संभावित गठबंधन पर चर्चा होती थी, जिसमें आडवाणी की भूमिका अहम होने की भविष्यवाणियाँ भी की जा रही थीं।

के खिलाफ गर्जना कर रहे थे। हर रैली या सभा में वे जनता से खुद को जोड़नेवाली शब्दावली का इस्तेमाल कर रहे थे। एक-एक पहल रणनीति के हिसाब से हो रही थी, जिसका स्वाभाविक असर दिख रहा था। आखिर, वह पल भी आ ही गया, जब मोदी की लोकप्रियता इस कदर बढ़ गई कि पार्टी से लेकर मीडिया तक में मोदी के विरोधी जिस नेतृत्व के मुद्दे को लेकर अंदेशा जता रहे थे, उस पर से भी काले बादल को हटाने का मानस विचार परिवार में बन गया; क्योंकि लगातार दो लोकसभा चुनावों की हार के बाद तीसरी हार विचारधारा को चोटिल कर सकती थी। अतः मोदी को लेकर बची थोड़ी-बहुत रणनीतिक हिचकिचाहट भी खत्म करते हुए आर-पार का फैसला हो गया। □

7

पूर्णरूपेण मोदी युग

तमाम झंझावातों के बीच सेमीफाइनल से पहले ही मोदी कैसे 2014 की महाभारत के प्रधान नायक बने, तो संघ परिवार ने समन्वित रूप से 10 फीसदी वोट बढ़ाने पर किया काम!

फाइनल से पहले चुनावी सेमीफाइनल की हलचल तेज हो चुकी थी। दिल्ली, राजस्थान, मध्य प्रदेश, छत्तीसगढ़ में चुनावी बिसातें बिछ रही थीं। राज्यों में मुख्यमंत्री या जहाँ शासन नहीं, वहाँ उसका चेहरा यात्रा पर निकल चुका था। नरेंद्र मोदी भी रैलियाँ कर रहे थे। 7 सितंबर, 2013 को छत्तीसगढ़ के अंबिकापुर में मोदी की रैली थी। पूरा मंच ऐसे तैयार किया गया था, मानो सचमुच का लाल किला हो। कांग्रेस ने मंच के डिजाइन का ही मखौल उड़ाना शुरू कर दिया था। इस मंच पर भा.ज.पा. अध्यक्ष राजनाथ सिंह भी मौजूद थे। जिस समय मोदी उस नकली 'लाल किला' से तत्कालीन प्रधानमंत्री मनमोहन सिंह के खिलाफ गर्जना कर रहे थे, ठीक उसी समय दिल्ली के झंडेवालान स्थित राष्ट्रीय स्वयंसेवक संघ के मुख्यालय में उन्हें असली लाल किले तक पहुँचाने की पटकथा लिखी जा रही थी। मंच पर ही मोदी को एक संदेश मिला, 'आप अहमदाबाद न जाकर पहले दिल्ली पहुँचें।' हर दिन की सभा के बाद मोदी अहमदाबाद चले जाते थे और सुबह वहाँ से निकलते थे।

दिल्ली से मिले संदेश के बाद कार्यक्रम में अचानक बदलाव हुआ। तत्कालीन मुख्यमंत्री रमन सिंह ने इस संदेश के मुताबिक व्यवस्था को अंजाम दिया। अंबिकापुर से वाया हेलिकॉप्टर रायपुर और फिर रायपुर के स्वामी विवेकानंद हवाई अड्डे से ठीक शाम 5.25 बजे एक विशेष विमान से मोदी और राजनाथ दिल्ली की उड़ान भर चुके थे। दिल्ली पहुँचते ही दोनों सीधे झंडेवालान पहुँचे, जहाँ उनकी मुलाकात संघ के सरकार्यवाह भैय्याजी जोशी और अन्य पदाधिकारियों से हुई। इसके साथ ही, यह तय हो गया कि अब कोई किंतु-परंतु नहीं, क्योंकि नेतृत्व पर भ्रम से विकास का मुद्दा पीछे छूट रहा है।

ऐसे में, भा.ज.पा. मोदी की ही अगुवाई में मिशन-2014 के लिए प्रस्थान करेगी। इसी बीच संघ के अखिल भारतीय प्रचार प्रमुख मनमोहन वैद्य का बयान भी आया, "संघ की भावना और जनता की माँग के बारे में हमने भा.ज.पा. को बता दिया है। अब फैसला पार्टी को करना है।" यानी संघ नीति के तहत भा.ज.पा. को सलाह दे दी गई। इसके अगले दिन ही 8-9 सितंबर को समन्वय बैठक महज औपचारिकता थी, जिसमें मोदी की उम्मीदवारी पर चर्चा का कोई औचित्य नहीं था, क्योंकि फैसला पहले ही हो चुका था।

मोदी का 'पार्टी फतह', आडवाणी फिर खफा

लेकिन समन्वय बैठक में संघ और भा.ज.पा. नेताओं को छोटे-छोटे समूहों में भविष्य की रणनीति पर कैसे काम करना है, इसको लेकर अनौपचारिक चर्चाएँ जरूर हुईं। जून के कड़वे अनुभव के मद्देनजर संघ ने यह भी सुझाव राजनाथ सिंह को दिया कि इस बार गोवा की तरह लालकृष्ण आडवाणी को अलग-थलग रखने का संदेश नहीं जाना चाहिए। इस रणनीति के तहत आडवाणी को भरोसे में लेने की तमाम कसरतें हुईं। समन्वय बैठक के बाद सरसंघचालक मोहन भागवत सहित संघ और पार्टी के बड़े नेताओं ने आडवाणी से अलग से मुलाकात की थी; लेकिन नाउम्मीदी ही हाथ लगी। आडवाणी के अड़े रहने और संसदीय बोर्ड की बैठक में औपचारिक विरोध दर्ज कराने की मंशा देख एक बार तो खिन्न होकर राजनाथ सिंह ने संसदीय बोर्ड की बैठक के बिना ही मोदी को प्रधानमंत्री पद का उम्मीदवार घोषित करने का मन बना लिया था। लेकिन संघ की ओर से उन्हें ऐसा नहीं करने की हिदायत मिली, क्योंकि ऐसा करने से भा.ज.पा. के बँटे होने का संदेश जाता, जो भविष्य के हिसाब से ठीक नहीं होता।

लेकिन समन्वय बैठक में संघ और भा.ज.पा. नेताओं को छोटे-छोटे समूहों में भविष्य की रणनीति पर कैसे काम करना है, इसको लेकर अनौपचारिक चर्चाएँ जरूर हुईं। जून के कड़वे अनुभव के मद्देनजर संघ ने यह भी सुझाव राजनाथ सिंह को दिया कि इस बार गोवा की तरह लालकृष्ण आडवाणी को अलग-थलग रखने का संदेश नहीं जाना चाहिए। इस रणनीति के तहत आडवाणी को भरोसे में लेने की तमाम कसरतें हुईं।

गोवा की तरह ही इस बार भी मोदी के नाम के ऐलान में आडवाणी हिस्सा नहीं बने। लेकिन यह फैसला गोवा की तरह सहज नहीं रहा। 13 सितंबर की सुबह से ही मुलाकातों का दौर शुरू हो चुका था। अनंत कुमार ने सुषमा स्वराज से मुलाकात की तो नितिन गडकरी व मुरली मनोहर जोशी आडवाणी से मिलने गए। दोपहर में फिर गडकरी, सुषमा,

अनंत कुमार ने आडवाणी के घर जाकर मुलाकात की। खुद राजनाथ सिंह ने जाकर उनसे मनुहार की। इधर मीडियाकर्मी भी, जिनमें मैं भी शामिल था, 30 पृथ्वीराज रोड और 11 अशोक रोड के बीच चक्करघिन्नी बने हुए थे। इसी बीच, भा.ज.पा. मुख्यालय की बैठक में जाने के लिए आडवाणी का काफिला भी तैयार हो गया था। लेकिन गेट तक पहुँचने के बाद अचानक आडवाणी रुक गए और पैदल ही घर के अंदर चले गए; लेकिन जाने से पहले सुरक्षाकर्मियों से कह दिया कि वे बैठक में नहीं जा रहे। इसके बाद आडवाणी ने एक चिट्ठी राजनाथ सिंह को लिखी—'प्रिय राजनाथ सिंहजी, आज दोपहर को जब आप मुझे आज के संसदीय अधिकरण (बोर्ड) की बैठक की सूचना देने आए थे, तब मैंने अपने मन की व्यथा और आपके कार्य-संचालन के बारे में अपनी निराशा को लेकर कुछ कहा था। मैंने आपसे उस समय कहा था कि बैठक में आकर अपनी बातें सभी सदस्यों को कहूँ अथवा नहीं? अब तय किया है कि बैठक में नहीं जाना ही उचित होगा।'

शाम 5 बजे तक नरेंद्र मोदी भी दिल्ली पहुँच चुके थे। शाम 6 बजे राजनाथ सिंह ने ऐलान कर दिया कि मोदी के नेतृत्व में भा.ज.पा. अब विजय की ओर प्रस्थान करेगी और संसदीय बोर्ड ने उन्हें प्रधानमंत्री पद का उम्मीदवार बनाने का फैसला कर लिया है।

औपचारिकता पूरी होते ही दिल्ली से गुजरात ही नहीं, पूरे देश में भा.ज.पा. कार्यकर्ताओं में जोश की लहर दौड़ गई। एन.डी.ए. के घटक शिवसेना के उद्धव ठाकरे ने इस फैसले को उम्मीदों के अनुरूप और समुद्र-मंथन के बाद निकले अमृत के समान बताया तो अकाली दल के प्रकाश सिंह बादल पहले ही मोदी को समर्थन दे चुके थे। इस जिम्मेदारी के बाद मोदी ने सीधे आडवाणी के घर पहुँचकर उनके पैर छुए तो आडवाणी ने भी गले लगा लिया। जिम्मेदारी को लेकर मोदी ने भी कहा, "भा.ज.पा. नेतृत्व ने मुझ जैसे सामान्य परिवार से आए छोटे कस्बे के कार्यकर्ता को बहुत बड़ा दायित्व सौंपा है। मैं नेतृत्व का आभारी हूँ। 2014 के चुनाव में भा.ज.पा. की जीत सुनिश्चित करने के लिए पूरा परिश्रम करने का संकल्प लेता हूँ।"

औपचारिकता पूरी होते ही दिल्ली से गुजरात ही नहीं, पूरे देश में भा.ज.पा. कार्यकर्ताओं में जोश की लहर दौड़ गई। एन.डी.ए. के घटक शिवसेना के उद्धव ठाकरे ने इस फैसले को उम्मीदों के अनुरूप और समुद्र-मंथन के बाद निकले अमृत के समान बताया तो अकाली दल के प्रकाश सिंह बादल पहले ही मोदी को समर्थन दे चुके थे। इस जिम्मेदारी के बाद मोदी ने सीधे आडवाणी के घर पहुँचकर उनके पैर छुए तो आडवाणी ने भी गले लगा लिया।

17 सितंबर को अपने जन्मदिन से ठीक पहले मोदी को अपने ही विचार परिवार ने ऐसा 'बर्थ-डे गिफ्ट' दिया था, जो सिर्फ सत्ता हासिल करने तक सीमित नहीं रहने वाला था, क्योंकि सत्ता का एक कड़वा अनुभव संघ परिवार झेल चुका था। ऐसे में, यह संकेत मिल चुका था कि आनेवाले समय में मोदी के साथ संघ परिवार का समन्वय अद्‌भुत रहने वाला है। संघ और भा.ज.पा. के रिश्ते की बानगी तो सरकार्यवाह भैय्याजी जोशी पहले ही दे चुके थे, जिसका जिक्र पिछले अध्याय में है।

दरअसल, इस बार आडवाणी चाहते थे कि मध्य प्रदेश, राजस्थान, छत्तीसगढ़ और दिल्ली के चुनाव नतीजों तक प्रधानमंत्री पद के उम्मीदवार की घोषणा नहीं हो; क्योंकि इससे महँगाई और भ्रष्टाचार की जगह मोदी की विवादित छवि विपक्ष के लिए मुद्दा बन जाएगी, जिससे पार्टी को नुकसान होगा। लेकिन संघ परिवार को जमीनी हकीकत का अहसास था और आडवाणी की भविष्य की रणनीति का भी। इसलिए संघ ने तमाम पहलुओं और मुहूर्त को देखते हुए श्राद्ध पक्ष से पहले मोदी को प्रधानमंत्री पद का उम्मीदवार बनाने की सलाह देकर आर-पार की वैचारिक लड़ाई का ऐलान कर दिया। नरेंद्र मोदी ने आखिरकार भा.ज.पा. के दिल्ली मुख्यालय को फतह कर लिया था और पार्टी के पितृ पुरुष कोपभवन में चले गए थे। विरोधियों की उम्मीद सिर्फ यही बची थी कि अगर विधानसभा चुनाव में पार्टी नहीं जीती तो मोदी को फिर से घेरा जा सकता है। लेकिन शायद यह आडवाणी खेमे की एक भूल ही थी।

> ***इस बार आडवाणी चाहते थे कि मध्य प्रदेश, राजस्थान, छत्तीसगढ़ और दिल्ली के चुनाव नतीजों तक प्रधानमंत्री पद के उम्मीदवार की घोषणा नहीं हो; क्योंकि इससे महँगाई और भ्रष्टाचार की जगह मोदी की विवादित छवि विपक्ष के लिए मुद्‌दा बन जाएगी, जिससे पार्टी को नुकसान होगा। लेकिन संघ परिवार को जमीनी हकीकत का अहसास था और आडवाणी की भविष्य की रणनीति का भी।***

अगर आडवाणी ने वर्ष 2009 जैसा बड़ा मन दिखाया होता तो वटवृक्ष की तरह पार्टी उनकी छाँव में चलती। यहाँ गौर करने लायक पहलू यह है कि वर्ष 2009 के चुनाव नतीजों से दो दिन पहले, जब नरेंद्र मोदी दिल्ली में डेरा जमाए हुए थे और आडवाणी की कोर टीम ही नहीं, उनके सबसे चहेते मुख्यमंत्री हुआ करते थे, तब हिमाचल प्रदेश के मुख्यमंत्री प्रेम कुमार धूमल होते थे और वे भी दिल्ली में मौजूद थे। उन्होंने तब एक बात कही थी, जिसे मैंने दैनिक 'नवज्योति' समाचार-पत्र के अपने रोजाना कॉलम 'इंडिया गेट से' में उद्‌धृत भी किया था। धूमल ने कहा था, "आडवाणी खुद वर्ष 2014 में बतौर पी.एम. उम्मीदवार मोदी का नाम आगे करेंगे।" अगर आडवाणी ने धूमल की पाँच साल

पहले कही गई बात को सच साबित कर दिया होता तो शायद राजनीति के इस धुरंधर 'पितामह' को अपनी ही सींची हुई जमीन से ऐसे रुखसत नहीं होना पड़ता।

संघ का 'विजया' दशमी संदेश

नरेंद्र मोदी ने नई भूमिका में नई रणनीति के हिसाब से जनसभा करनी शुरू कर दी। अपनी छवि बदलने को मोदी ने 17 सितंबर को अपने जन्मदिन के अवसर पर कुछ मुसलिमों को पार्टी में शामिल कराकर समन्वयवादी और सर्वसमावेशी छवि का संकेत दिया। इसकी बात आगे करेंगे। लेकिन इस महायज्ञ में संघ अपनी संपूर्ण आहुति देने को मानो तैयार था। 13 सितंबर को मोदी 'पी.एम. इन वेटिंग' हुए तो संघ ने इस 'वेटिंग' को 'कन्फर्म' करने का आह्वान अपने 'विजयादशमी संबोधन' में किया, जो संयोग से ठीक एक महीने बाद 13 अक्तूबर को ही थी। नागपुर के रेशमबाग के विशाल स्मृति भवन के मैदान में सरसंघचालक मोहन भागवत ने वर्ष 2014 की 'विजय' का आह्वान कुछ इस तरह किया, "सौ प्रतिशत मतदान होना चाहिए।" लगभग 5,000 स्वयंसेवकों के बीच चल रहा परंपरागत संबोधन देश भर में लाइव सुना-देखा जा रहा था। एक संकल्प के भाव के साथ भागवत ने कांग्रेस के नेतृत्व वाली यू.पी.ए. सरकार के कुशासन का भी विस्तार से जिक्र किया। विकास दर, रुपए में गिरावट, आयात पर निर्भरता, बेतहाशा प्रत्यक्ष विदेशी निवेश, चीन नीति, आंतरिक सुरक्षा की चूक, महिलाओं की असुरक्षा, सांप्रदायिक हिंसा विरोधी विधेयक जैसे तमाम मुद्दे गिनाए और आह्वान किया, "अब इस सरकार को बदलने का समय आ गया है।" संघ का आह्वान सीधा मोदी के नेतृत्व में वैचारिक विजय का आह्वान था; लेकिन जरूरत थी ब्रांड मोदी के साथ सामाजिक आधार बढ़ाने की। निश्चित तौर से, पार्टी पर बड़ी जीत में संघ का बड़ा योगदान था, लेकिन ब्रांड मोदी के रूप में नरेंद्र मोदी का खुद का प्रोजेक्शन भी अहम था। लेकिन इस जीत के बाद अब मोदी की चुनौती विधानसभा चुनाव में पार्टी को जितवाना तो थी ही, भविष्य के लिहाज से एन.डी.ए. का दायरा बढ़ाना और उत्तर प्रदेश, बिहार, दक्षिण भारत जैसे राज्यों में सहयोगी दलों को जोड़ना भी था। उत्तर प्रदेश में तो मोदी के अपने खास अमित शाह इस

नरेंद्र मोदी ने नई भूमिका में नई रणनीति के हिसाब से जनसभा करनी शुरू कर दी। अपनी छवि बदलने को मोदी ने 17 सितंबर को अपने जन्मदिन के अवसर पर कुछ मुसलिमों को पार्टी में शामिल कराकर समन्वयवादी और सर्वसमावेशी छवि का संकेत दिया। इसकी बात आगे करेंगे। लेकिन इस महायज्ञ में संघ अपनी संपूर्ण आहुति देने को मानो तैयार था।

सूबे का मंथन कर रहे थे, जिन्हें अकसर 'मोदी का हनुमान' भी कहा जाता रहा है। इस प्रदेश में उनका नेटवर्क उस समय ही बन गया था, जब वे कानूनी लड़ाई में गुजरात से बाहर रहने को मजबूर कर दिए गए थे।

10 फीसदी के अतिरिक्त लक्ष्य की योजना पर ऐसे हुआ काम

संघ भले भा.ज.पा. को सलाह तो दे ही रहा था, लेकिन उसका मूल काम वनवासी कल्याण, शिक्षा, सेवा, चिकित्सा आदि क्षेत्रों में सामाजिक सरोकारों को बढ़ावा देना था, ताकि राष्ट्र सर्वोपरि रहे। संघ इसी काम के जरिए ऐसा आधार भा.ज.पा. को दे रहा था, जो सामाजिक, बौद्धिक और आध्यात्मिक क्षेत्र में नई संभावनाओं को जन्म देने वाला था। वर्ष 2014 की इस लड़ाई की तैयारी में युद्धशास्त्र का कोई पन्ना विचार परिवार छोड़ने के मूड में नहीं था। समग्र विश्लेषण के आधार पर संघ–भा.ज.पा. ने यह महसूस किया कि पार्टी और परिवार की पूरी ताकत लगने के बावजूद भा.ज.पा. का वोट शेयर 18 से 25 फीसदी तक ही जा पाया है। अगर इसको जनता पार्टी से अलग होकर जनमे भा.ज.पा. की शुरुआत से देखें तो पहले चुनाव, यानी वर्ष 1984 में पार्टी को 7.4 फीसदी वोटों के साथ महज 2 सीटें मिली थीं तो 1989 में 11.4 फीसदी वोट के साथ 85 सीटें। लेकिन जब राम मंदिर आंदोलन की आहट के बीच 1991 का चुनाव हुआ तो पार्टी को 20.1 फीसदी वोटों के साथ 120 सीटें मिलीं। फिर पाँच साल बाद 1996 में ऐसा मौका आया कि 20.3 फीसदी वोट हासिल कर भा.ज.पा. सबसे बड़ी पार्टी के तौर पर उभरी, जब उसे 161 सीटें हासिल हुई थीं। सबसे बड़े दल के नाते राष्ट्रपति ने अटल बिहारी वाजपेयी को सरकार बनाने का न्योता दिया था, जिसे स्वीकार करते हुए वाजपेयी ने प्रधानमंत्री पद की शपथ ली थी। यह ऐतिहासिक पल था, भले ही 13 दिनों बाद ही सरकार गिर गई, क्योंकि बहुमत का आँकड़ा पार्टी नहीं जुटा पाई। लेकिन वाजपेयी के प्रति जनता में सहानुभूति बढ़ गई। ऐसे में, संयुक्त मोर्चे की सरकार असमय गिर गई तो सन् 1998 में फिर लोकसभा का चुनाव हुआ। लेकिन उस बार भा.ज.पा. को

संघ भले भा.ज.पा. को सलाह तो दे ही रहा था, लेकिन उसका मूल काम वनवासी कल्याण, शिक्षा, सेवा, चिकित्सा आदि क्षेत्रों में सामाजिक सरोकारों को बढ़ावा देना था, ताकि राष्ट्र सर्वोपरि रहे। संघ इसी काम के जरिए ऐसा आधार भा.ज.पा. को दे रहा था, जो सामाजिक, बौद्धिक और आध्यात्मिक क्षेत्र में नई संभावनाओं को जन्म देने वाला था। वर्ष 2014 की इस लड़ाई की तैयारी में युद्धशास्त्र का कोई पन्ना विचार परिवार छोड़ने के मूड में नहीं था।

हासिल सीटें और वोट उसकी अब तक की राजनीति का शिखर थीं। इस आम चुनाव में भा.ज.पा. ने सर्वाधिक 25.6 फीसदी वोटों के साथ सर्वाधिक 182 सीटें हासिल कीं। वाजपेयी ने एन.डी.ए. बनाकर सरकार चलाई, लेकिन जयललिता की ओर से समर्थन वापस लेने की वजह से एक वोट की वजह से वह सरकार 1999 में गिर गई। देश में फिर मध्यावधि चुनाव हुआ और इस बार वाजपेयी के नेतृत्व में भा.ज.पा. 182 सीटें लेकर तो लौटी, लेकिन वोट शेयर नहीं बढ़ सका। इस बार उसे 23.8 फीसदी वोट मिले। इसके बाद वर्ष 2004 में भा.ज.पा. चुनाव हार गई, लेकिन उसे 22.2 फीसदी वोट और 138 सीटें मिलीं। 2009 में जब आडवाणी के हाथ कमान थी, तब भी पार्टी को 116 सीटों के साथ 18.8 फीसदी वोट मिले। यानी विचार परिवार की पूरी ताकत के बावजूद भा.ज.पा. 25 फीसदी वोट तक जा पाई थी और खराब स्थिति में भी वह 18 फीसदी तक रही। यानी औसतन भा.ज.पा. का वोट शेयर 20–22 फीसदी के करीब रहा था, जिसमें 10 फीसदी अतिरिक्त जोड़कर वह सत्ता के शिखर पर बैठने की योजना बना रही थी।

भा.ज.पा. के जन्म से लेकर उस वक्त तक के चुनावी राजनीतिक सफर का अंकगणित ही उसकी वर्ष 2014 की रणनीति का आधार बना। ऐसे में, संघ और भा.ज.पा. दोनों को अपने मूल दायरे से बाहर जाकर विस्तार करना था, जिसके लिए रणनीति के तहत कार्यक्रमों को आगे बढ़ाया गया। प्रधानमंत्री पद का उम्मीदवार घोषित होने के तीसरे दिन ही नरेंद्र मोदी की पहली रैली हरियाणा के रेवाड़ी में हुई। इस मंच पर पूर्व सेनाध्यक्ष जनरल वी.के. सिंह की मौजूदगी राजनीतिक संकेत के लिहाज से अहम थी। देश में उस वक्त 'वन रैंक, वन पेंशन' की माँग को लेकर पूर्व सैनिकों का जबरदस्त आंदोलन चल रहा था। वर्ष 2009 से क्रमिक भूख हड़ताल करते हुए मेडल वापसी जैसे कठोर कदम उठाए जा रहे थे और उस समय तक करीबन 30 हजार से ज्यादा मेडल राष्ट्रपति के पास वापस किए जा चुके थे। डेढ़ लाख पूर्व फौजियों ने तो खून से किए दस्तखत राष्ट्रपति को सौंपने की नाकाम कोशिश की थी। सेना की इस लड़ाई की वजह सरकार की वह नीति थी, जिसके तहत सेना को युवा रखने के मकसद से फौजियों को कम उम्र में ही रिटायर

भा.ज.पा. के जन्म से लेकर उस वक्त तक के चुनावी राजनीतिक सफर का अंकगणित ही उसकी वर्ष 2014 की रणनीति का आधार बना। ऐसे में, संघ और भा.ज.पा. दोनों को अपने मूल दायरे से बाहर जाकर विस्तार करना था, जिसके लिए रणनीति के तहत कार्यक्रमों को आगे बढ़ाया गया। प्रधानमंत्री पद का उम्मीदवार घोषित होने के तीसरे दिन ही नरेंद्र मोदी की पहली रैली हरियाणा के रेवाड़ी में हुई।

कर दिया जाता है। लगभग 85 फीसदी सैनिकों का रिटायरमेंट 38 वर्ष, 10 फीसदी का 46 वर्ष और महज 5 फीसदी का 56 से 58 वर्ष की आयु में होता है। जबकि सिविल में रिटायरमेंट की उम्र 60 वर्ष तय होती है। तब फौजियों के आंदोलन की कमान सँभाल रहे लेफ्टिनेंट जनरल (रिटा.) राज कादयान ने मुझसे कहा था, "फौज का सिपाही आमतौर पर उस उम्र में रिटायर कर दिया जाता है, जब उसके ऊपर ज्यादा जिम्मेदारी होती है। सरकार हमें भी 60 साल तक नौकरी में रखे, हम 'वन रैंक वन पेंशन' नहीं माँगेंगे।" कादयान ने ऐलान कर दिया था, "अगले आम चुनाव से पहले सरकार को फौजियों का हक देना होगा। कानून और फौजी अनुशासन के दायरे में हक मिलने तक हमारा संघर्ष जारी रहेगा। तब सरकार इसे खारिज नहीं कर रही थी तो मंजूर भी नहीं कर रही थी, क्योंकि इससे खजाने पर बोझ पड़ने की दलीलें दी जा रही थीं। इसकी विसंगतियाँ तीसरे वेतन आयोग के बाद शुरू हो गई थीं और छठे वेतन आयोग ने इसे और बढ़ा दिया। रिटायर होनेवाले फौजियों की संख्या तब सालाना करीब 65 हजार थी और अनुमान के मुताबिक, तब देश में 23 लाख पूर्व सैनिक और 3 लाख पूर्व सैनिकों की विधवाएँ थीं, जो 'इंडियन एक्स सर्विसमैन मूवमेंट' की पेंशन की विसंगतियों को दूर करने की तीन दशक से चली आ रही लड़ाई का हिस्सा थीं।

यानी संघ-भा.ज.पा. को यहाँ अपना आधार बढ़ने की गुंजाइश दिखी तो जनरल वी.के. सिंह को अपनी ओर लिया। जबकि चंद महीने, पहले जब अन्ना हजारे ने जंतर-मंतर पर अनशन खत्म करते हुए अरविंद केजरीवाल की नई राजनीतिक पार्टी का ऐलान किया था, तब जनरल उस मंच पर बैठे थे। लेकिन अबकी बार वे मोदी के साथ मंच पर थे, जहाँ रिटायर कमीशंड अधिकारियों का समूह भी मंचासीन था।

यानी संघ-भा.ज.पा. को यहाँ अपना आधार बढ़ने की गुंजाइश दिखी तो जनरल वी.के. सिंह को अपनी ओर लिया। जबकि चंद महीने, पहले जब अन्ना हजारे ने जंतर-मंतर पर अनशन खत्म करते हुए अरविंद केजरीवाल की नई राजनीतिक पार्टी का ऐलान किया था, तब जनरल उस मंच पर बैठे थे। लेकिन अबकी बार वे मोदी के साथ मंच पर थे, जहाँ रिटायर कमीशंड अधिकारियों का समूह भी मंचासीन था। साथ ही, ओलंपिक में भारत को रजत पदक दिलानेवाले निशानेबाज राज्यवर्धन सिंह राठौर भी मोदी के मंच पर मौजूद थे। सो 15 सितंबर, 2013 की रेवाड़ी की रैली पूर्व सैनिकों के सम्मान की थी। मोदी ने इस मंच से कहा, "अगर अटल बिहारी वाजपेयी वर्ष 2004 में फिर से प्रधानमंत्री बन जाते तो सेना का 'वन रैंक वन पेंशन' का मुद्दा सुलझ गया होता।"

पूर्व सैनिकों की रैली में मोदी की गर्जना का साफ संदेश था कि वे किस तरह से

देश की सुरक्षा के लिए अपना सर्वस्व देनेवाले और अभी तैनात जवानों एवं उनके परिवार के साथ खड़े हैं। इस बीच मोदी की रैलियाँ देश के विभिन्न हिस्सों में होती रहीं। सुरक्षा से जुड़ा एक मसला पटना की 27 अक्तूबर की रैली में आया, जब गांधी मैदान में कई बम धमाके हुए। नीतीश सरकार पर भा.ज.पा. ने हमला बोल दिया। इसी रैली में मोदी ने कहा था, "मैंने ट्रेन में चाय बेची है। मैं जानता हूँ कि दो वक्त की रोटी कमाना कितना कठिन है।" इस रैली में बम धमाकों के शिकार लोगों की अस्थि कलश-यात्रा निकालकर संदेश दिया गया और नरेंद्र मोदी खुद बाद में उन सबके परिजनों से मिले। पटना की रैली दो मायनों में महत्त्वपूर्ण साबित हुई, क्योंकि बम धमाकों के बावजूद भीड़ शांत बनी रही तो 'चायवाला' नारा चल पड़ा, जो गरीबों का मोदी से अटूट रिश्ता बना गया। मोदी का हर संबोधन नरम हिंदुत्व की राह पर हुआ करता था, जिसमें राष्ट्रवाद का पुट लाजिमी था; लेकिन उनका पूरा फोकस महँगाई, विकास, भ्रष्टाचार के मुद्दे पर मनमोहन सरकार को घेरना और उसके विकल्प के तौर पर गुजरात के विकास मॉडल को देश भर में अपनाने का संदेश देनेवाला होता था।

इधर स्वामी रामदेव भी मोदी के लिए मैदान में कूद चुके थे। उस समय विधानसभा का चुनाव चल रहा था और रामदेव ने ऐलान कर दिया कि जब तक नेहरू वंश का समूल नाश और कांग्रेस को सत्ता से बेदखल नहीं कर दूँगा, तब तक पतंजलि पीठ वापस नहीं लौटूँगा। रामदेव ने नरेंद्र मोदी को भगवान् राम तो खुद को विश्वामित्र बताया। उन्होंने 'भारत स्वाभिमान ट्रस्ट' के माध्यम से अपनी मुहिम को गति दे दी थी।

इधर स्वामी रामदेव भी मोदी के लिए मैदान में कूद चुके थे। उस समय विधानसभा का चुनाव चल रहा था और रामदेव ने ऐलान कर दिया कि जब तक नेहरू वंश का समूल नाश और कांग्रेस को सत्ता से बेदखल नहीं कर दूँगा, तब तक पतंजलि पीठ वापस नहीं लौटूँगा। रामदेव ने नरेंद्र मोदी को भगवान् राम तो खुद को विश्वामित्र बताया। उन्होंने 'भारत स्वाभिमान ट्रस्ट' के माध्यम से अपनी मुहिम को गति दे दी थी। आध्यात्मिक पकड़ वाले इस योग गुरु को साधकर संघ परिवार ने हिंदुत्व वोट के बिखराव को साधा तो अन्ना आंदोलन में केजरीवाल के साथ रहीं पूर्व आई.पी.एस. अधिकारी किरण बेदी से भी संपर्क किया। लेकिन वह पार्टी के प्रति सहानुभूति रख रही थीं, पर जुड़ीं जनवरी 2015 में—दिल्ली विधानसभा के मध्यावधि चुनाव के समय।

संघ ने अपने स्तर से तमाम संभावित बगावती तेवरवाले नेताओं—यशवंत सिन्हा, अरुण शौरी आदि को अपने साथ लिया। परिवार को अहसास था कि भले ये लोग वोट

की ताकत उस तरह नहीं रखते हों, लेकिन मीडिया के जरिए बयानबाजी से ऐसा विपरीत माहौल खड़ा कर सकते हैं, जिससे 2014 की लड़ाई की राह को भटकाने की कोशिश विपक्ष करेगा। इसके बाद गठबंधन का दौर तो शुरू हुआ ही, देश की सरहदों की रक्षा करनेवाले सैनिकों के प्रति संदेश पहले ही दिया जा चुका था, तो आध्यात्मिक क्षेत्र में पकड़ के लिए विहिप काम कर रहा था, जो अपने प्रभाव से धार्मिक स्थलों के जरिए वोटरों पर प्रभाव डालें—और बौद्धिक जगत् में पहुँच के लिए भी पहल हो रही थी। उसी में देश के नामचीन पत्रकार और वर्ष 1989-91 में कांग्रेस के सांसद रहे एम.जे. अकबर की लैटरल एंट्री रणनीति का ही हिस्सा थी।

संघ और भा.ज.पा. को चुनावी जीत के लिए अपने मौजूदा आधार, जो करीब 18 से 25 फीसदी के पास अटका था, उससे आगे बढ़ने की जरूरत थी, जिसे इन रणनीतियों के साथ ही पार किया गया और वर्ष 2014 में पार्टी ने 282 सीटों के साथ 31.3 फीसदी वोट हासिल किए। 30 साल बाद केंद्र में किसी दल का अपने बूते बहुमत आया था।

संघ और भा.ज.पा. को चुनावी जीत के लिए अपने मौजूदा आधार, जो करीब 18 से 25 फीसदी के पास अटका था, उससे आगे बढ़ने की जरूरत थी, जिसे इन रणनीतियों के साथ ही पार किया गया और वर्ष 2014 में पार्टी ने 282 सीटों के साथ 31.3 फीसदी वोट हासिल किए। 30 साल बाद केंद्र में किसी दल का अपने बूते बहुमत आया था। संघ ने अपने स्तर से इस लक्ष्य को साधने के लिए पत्रकारों के साथ चर्चा के कई कार्यक्रम किए तो चुनाव में टिकटों से लेकर नामांकन दाखिल करने की रणनीति में भी मतदाताओं के एक खास समूह को साधने के लिए प्रतीकों का सहारा लिया गया। उदाहरण के लिए, यहाँ एक मामले का जिक्र करूँगा कि हिमाचल प्रदेश के हमीरपुर से अनुराग ठाकुर ने जब लोकसभा चुनाव के लिए नामांकन भरा तो केंद्रीय नेतृत्व की ओर से पूर्व सेनाध्यक्ष जनरल वी.के. सिंह को भेजा गया था, क्योंकि हिमाचल से सेना में तैनात और पूर्व सैनिकों की खासी तादाद है; जबकि वी.के. सिंह खुद उत्तर प्रदेश के गाजियाबाद से उम्मीदवार थे। रेवाड़ी की रैली, पटना की हुँकार रैली, बेंगलुरु के गेलीसी रैली, अमेठी की भारत विजय रैली, जगराँव की फतह रैली, वाराणसी की भारत विजय रैली, चेन्नई की रैली, असम की महाजागरण रैली, मुंबई की महागर्जना रैली, दिल्ली की विकास रैली—हर रैली की योजना एक खास सोच के साथ बनाई जाती थी और एक पूरी टीम प्रतिबद्धता के साथ उसे पूरा करने में जुट जाती थी, यानी एक-एक रणनीति और प्रतीकात्मक जगह एवं शब्दों का चयन रणनीति के तहत हो रहा था।

सेमीफाइनल की जीत… जुड़ने लगे दल… मोदी नाम की लहर

सेमीफाइनल माने जानेवाले चार राज्यों—मध्य प्रदेश, राजस्थान, दिल्ली व छत्तीसगढ़ के विधानसभा चुनावों में भा.ज.पा. ने बड़ी जीत दर्ज की। हालाँकि, दिल्ली में अरविंद केजरीवाल की नई-नवेली आम आदमी पार्टी ने भा.ज.पा. को सत्ता तक नहीं पहुँचने दिया, लेकिन वह सबसे बड़ी पार्टी के तौर पर जरूर उभरी। जबकि बाकी मध्य प्रदेश व छत्तीसगढ़ में भा.ज.पा. ने वापसी की तो राजस्थान को कांग्रेस के हाथ से छीन लिया। यानी मोदी की स्वीकार्यता पर अब जनता की भी मुहर लग गई थी, क्योंकि पार्टी में एक धड़ा इसी नतीजे का इंतजार कर रहा था। लेकिन नतीजों ने विरोधियों के मंसूबे पर पानी फेर दिया। वहीं मोदी के बढ़ते कद को अभी भी मीडिया और राजनीति का एक धड़ा हजम नहीं कर पा रहा था, सो कई तरह की थ्योरियाँ दी जा रही थीं। इसी बीच जनवरी 2014 में 'इंडिया टुडे : मूड ऑफ द नेशन' के नतीजे आए, जिसमें यह जाहिर हो गया था कि मोदी के नेतृत्व में भा.ज.पा. ऐतिहासिक जीत की ओर बढ़ रही है तो कांग्रेस ऐतिहासिक हार की तरफ। मोदी को प्रधानमंत्री के तौर पर देखने की इच्छा रखनेवालों की संख्या अब 47 फीसदी पहुँच गई थी, जबकि राहुल गांधी 15 फीसदी की पसंद के साथ काफी पीछे खड़े थे। उधर मोदी का तूफानी दौरा जारी था और गुजरात में मुख्यमंत्री आवास के पिछले हिस्से में उनकी कोर टीम अपने काम में जुटी थी। हर टीम का काम और दायरा इस तरह बँटा था कि कोई एक-दूसरे में हस्तक्षेप नहीं कर सकता था। रैलियों के बाद मोदी सीधे अहमदाबाद पहुँचते थे और रात तक पूरी रिपोर्ट लेकर दिशा-निर्देश देते थे।

सामाजिक आधार बढ़ाने की पहल शुरू हो चुकी थी। इसमें सबसे अहम था—दलित। भा.ज.पा. की दलित नीति हमेशा संघ-पोषित रही है और इसे प्रतीकों के जरिए हमेशा साधने की कोशिश की गई। इसमें संघ-भा.ज.पा. को बड़ी सफलता तब मिली, जब गोधरा कांड के ठीक बारह साल बाद, यानी 27 फरवरी, 2014 को लोक जनशक्ति पार्टी के सुप्रीमो रामविलास पासवान ने एन.डी.ए. का दामन थाम लिया। वर्ष 2002 में भी पासवान एन.डी.ए. का हिस्सा थे और वाजपेयी सरकार में मंत्री।

सामाजिक आधार बढ़ाने की पहल शुरू हो चुकी थी। इसमें सबसे अहम था—दलित। भा.ज.पा. की दलित नीति हमेशा संघ-पोषित रही है और इसे प्रतीकों के जरिए हमेशा साधने की कोशिश की गई। इसमें संघ-भा.ज.पा. को बड़ी सफलता तब मिली, जब गोधरा कांड के ठीक बारह साल बाद, यानी 27 फरवरी, 2014 को लोक जनशक्ति

पार्टी के सुप्रीमो रामविलास पासवान ने एन.डी.ए. का दामन थाम लिया। वर्ष 2002 में भी पासवान एन.डी.ए. का हिस्सा थे और वाजपेयी सरकार में मंत्री। लेकिन गोधरा कांड के बाद हुए गुजरात दंगों के खिलाफ उन्होंने केंद्रीय कोयला मंत्री के पद से इस्तीफा देकर एन.डी.ए. से नाता तोड़ लिया था। अब पासवान का आना सिर्फ दलित वोट के लिए ही नहीं, राजनीतिक पंडितों के लिए भी चर्चा का मसाला था; क्योंकि उनके बारे में कहा जाता है कि राजनीतिक अस्थिरता के दौर में अंतरात्मा की मनचाही आवाज सुनने में उन्हें महारत हासिल है। वे जिधर जाते हैं, राजनीतिक पंडितों को चुनावी हवा का रुख समझ आ जाता है। ऐसा तब हुआ, जब पासवान ने अपने सरकारी आवास के पिछले हिस्से से होकर पैदल ही 10 जनपथ जाकर कांग्रेस अध्यक्ष सोनिया गांधी से मुलाकात की थी तो बिहार में लालू-राबड़ी की आर.जे.डी. के साथ भी बातचीत चल रही थी। पासवान का राजनीतिक शोर उधर मचा था; लेकिन 27 फरवरी को शाम ढलने से चार घंटे पहले वे अपने राजनीतिक उत्तराधिकारी चिराग पासवान के साथ भा.ज.पा. अध्यक्ष राजनाथ सिंह के आवास पर पहुँचे और फिर सूर्यास्त के समय मोदी के लिए नए गठबंधन का उदय हो गया।

बिहार के मुख्यमंत्री नीतीश कुमार के लिए तो यह 'विचित्र, किंतु सत्य' कदम था। लेकिन भा.ज.पा. अध्यक्ष की ओर से दिया गया गुलदस्ता हाथों में थामे पासवान के चेहरे की चमक मानो यह कह रही हो कि गुजरात दंगे की आग अब एक बीता अध्याय हो चुकी है और कथित धर्मनिरपेक्षता का मुद्दा फिलहाल विश्राम कर सकता है। पासवान इससे पहले वर्ष 2009 के चुनाव में एन.डी.ए. के खिलाफ आर.जे.डी. के साथ गठबंधन कर चुनाव लड़े थे और अपनी परंपरागत सीट हाजीपुर से भी चुनाव हार गए थे।

बिहार के मुख्यमंत्री नीतीश कुमार के लिए तो यह 'विचित्र, किंतु सत्य' कदम था। लेकिन भा.ज.पा. अध्यक्ष की ओर से दिया गया गुलदस्ता हाथों में थामे पासवान के चेहरे की चमक मानो यह कह रही हो कि गुजरात दंगे की आग अब एक बीता अध्याय हो चुकी है और कथित धर्मनिरपेक्षता का मुद्दा फिलहाल विश्राम कर सकता है। पासवान इससे पहले वर्ष 2009 के चुनाव में एन.डी.ए. के खिलाफ आर.जे.डी. के साथ गठबंधन कर चुनाव लड़े थे और अपनी परंपरागत सीट हाजीपुर से भी चुनाव हार गए थे। बाद में, लालू यादव की मदद से वे राज्यसभा गए। लेकिन भा.ज.पा. को पासवान में फायदा दिख रहा था, क्योंकि एक तो 7 फीसदी वोटों पर उनकी पकड़ मानी जाती थी, दूसरी सबसे अहम बात कि मोदी की उम्मीदवारी को मजबूती के साथ-साथ

संभावित सहयोगियों के बीच नेतृत्व की स्वीकार्यता का बढ़ना था।

संघ ने तो पहले ही मन बना लिया था कि पहले भा.ज.पा. मजबूत होगी, फिर एन.डी.ए. की सोचेंगे। पासवान के प्रवेश से संघ की रणनीति सटीक बैठ रही थी और इसकी झलक भा.ज.पा. नेता अरुण जेटली के इन शब्दों में दिख रही थी, "जब मोदी को पी.एम. उम्मीदवार घोषित किया गया था, तब कहा जा रहा था कि भा.ज.पा. राजनीतिक तौर से अलग-थलग पड़ जाएगी; लेकिन मेरा शुरू से मानना रहा है कि एक मजबूत भा.ज.पा. ही मजबूत एन.डी.ए. का नेतृत्व कर सकती है।"

संघ का मानना था कि सिर्फ मोदी लहर पर पूरी तरह निर्भर रहना ही सही नहीं होगा, सोशल इंजीनियरिंग भी करनी होगी। उसका मानना था कि मोदी लहर को सत्ता का साध्य बनना है तो राज्यों के सामाजिक ताने-बाने की हकीकत को समझते हुए सोशल इंजीनियरिंग भी जरूरी है।

मोदी इस गठबंधन से पहले केरल की एक सभा में ऐलान कर चुके थे कि आनेवाला दशक दलितों-पिछड़ों का होगा। इसी कड़ी में बिहार से ही उपेंद्र कुशवाहा की राष्ट्रीय लोक समता पार्टी को भी एन.डी.ए. का हिस्सा बनाया जा चुका था। उत्तर प्रदेश में 'अपना दल' तो तमिलनाडु में एम.डी.एम.के. से भी गठबंधन हो गया। हरियाणा में हरियाणा जनहित कांग्रेस भी पहले ही साथ आ चुकी थी। महाराष्ट्र में रामदास अठावले की पार्टी आर.पी.आई. (ए) तथा 'स्वाभिमान पक्ष' के राजू शेट्टी भी गठबंधन में शामिल हो चुके थे। गुजरात में मोदी के विरोध में केशुभाई पटेल ने जो 'गुजरात परिवर्तन पार्टी' बनाई थी, उसका विलय भा.ज.पा. में हो चुका था। उस समय असम में असम गण परिषद् तो आंध्र प्रदेश में चंद्रबाबू नायडू या जगनमोहन रेड्डी में से एक को साधने की कोशिशें चल रही थीं। बाद में, चंद्रबाबू नायडू ने मोदी का दामन थाम लिया, जिसका उन्हें विधानसभा में फायदा मिला। मेघालय में पी.ए. संगमा भी एन.डी.ए. के साथ खड़े हो चुके थे। अरुणाचल प्रदेश के पूर्व मुख्यमंत्री, जो कभी पूरी कैबिनेट के साथ भा.ज.पा. में आए थे और फिर लौट गए थे, उन्होंने भी भा.ज.पा. का दामन थाम लिया था। झारखंड में आजसू के साथ बातचीत जारी थी। तभी जनरल वी.के. सिंह के साथ

मोदी इस गठबंधन से पहले केरल की एक सभा में ऐलान कर चुके थे कि आनेवाला दशक दलितों-पिछड़ों का होगा। इसी कड़ी में बिहार से ही उपेंद्र कुशवाहा की राष्ट्रीय लोक समता पार्टी को भी एन.डी.ए. का हिस्सा बनाया जा चुका था। उत्तर प्रदेश में 'अपना दल' तो तमिलनाडु में एम.डी.एम.के. से भी गठबंधन हो गया। हरियाणा में हरियाणा जनहित कांग्रेस भी पहले ही साथ आ चुकी थी।

किरण बेदी को भी पार्टी से जोड़ने की रणनीति पर काम जारी था, जिसका जिक्र तब मैंने अपनी 'इंडिया टुडे' की स्टोरी में किया था। मुजफ्फर नगर दंगे से जाट समाज में संभावित नाराजगी को दूर करने के लिए मुंबई के पुलिस कमिश्नर रहे सत्यपाल सिंह को पार्टी में लाकर बागपत से चुनावी समर में उतारा गया।

नेतृत्व और सामाजिक आधार के इस उभार पर तब राजनीतिक विश्लेषक राम बहादुर राय ने कहा था कि यह फिनामिना इंदिरा गांधी के वर्ष 1971 के चुनाव जैसा दिखता है। उनका मानना था कि जवाहरलाल नेहरू के बाद नरेंद्र मोदी अकेले ऐसा नेता हुए हैं, जिन्हें सुनने के लिए हिंदुस्तान का हर मैदान छोटा पड़ गया। उनके विचार में, देश की परिस्थितियों के मद्देनजर पहली बार जुड़ रहे 10 करोड़ नए युवा वोटरों में मोदी ने उम्मीद की किरण जगा दी है। उन्होंने गठबंधन के बढ़ते दायरे को कुछ इस तरह से शब्द दिए, "भा.ज.पा. की छवि हमेशा से यह रही है कि वह सांप्रदायिक और ब्राह्मण-बनियों की पार्टी है। मोदी ने इन दोनों छवियों को बदल दिया है और अब वे सर्वसमावेशी राजनीति की तरफ बढ़ रहे हैं।" यानी कुल मिलाकर, अब चुनाव मोदी का हो गया था, जहाँ सामने मुकाबले में राहुल गांधी थे। संघ और भा.ज.पा. ने परंपरागत तरीके से बाहर निकलकर नई सोच के साथ नेतृत्व और रणनीति पर मंथन किया था। ऐसे में, परंपरागत राजनीति के चेहरों का असहज होना स्वाभाविक था, जिसका असर टिकटों के बँटवारे में दिखा।

टिकट की नई रणनीति और विवाद

लोकसभा चुनाव में टिकटों को लेकर कोई बहुत ज्यादा विवाद की स्थिति नहीं थी, क्योंकि चुनाव में मोदी पूरी तरह से छाए हुए थे। 5 मार्च को लोकसभा चुनावों का औपचारिक ऐलान चुनाव आयोग ने कर दिया। भा.ज.पा. के लिए मोदी के बढ़ते कद को लहर में तब्दील करने की रणनीति में उत्तर प्रदेश सबसे महत्त्वपूर्ण था, जिसमें पूर्वांचल भा.ज.पा. की सबसे कमजोर कड़ी रही थी। मोदी के सारथि अमित शाह उत्तर प्रदेश में लगातार मंथन कर रहे थे और उन्होंने तय कर लिया था कि अगर नरेंद्र मोदी को वाराणसी से चुनाव लड़ाया जाए तो मोदी के नाम की लहर में पूर्वांचल के साथ-साथ

लोकसभा चुनाव में टिकटों को लेकर कोई बहुत ज्यादा विवाद की स्थिति नहीं थी, क्योंकि चुनाव में मोदी पूरी तरह से छाए हुए थे। 5 मार्च को लोकसभा चुनावों का औपचारिक ऐलान चुनाव आयोग ने कर दिया। भा.ज.पा. के लिए मोदी के बढ़ते कद को लहर में तब्दील करने की रणनीति में उत्तर प्रदेश सबसे महत्त्वपूर्ण था, जिसमें पूर्वांचल भा.ज.पा. की सबसे कमजोर कड़ी रही थी।

पूरी यू.पी. को जीता जा सकता है। संघ प्रमुख मोहन भागवत ने जब 14 फरवरी से पाँच दिन का अपना शीत प्रवास वाराणसी में किया तो परोक्ष रूप से यह तय हो चुका था कि मोदी वाराणसी से लड़ेंगे। लेकिन तब वाराणसी से सांसद डॉ. मुरली मनोहर जोशी भी अड़ गए थे और उन्होंने 20 फरवरी को अपना चुनावी कार्यालय भी शुरू कर दिया था। जब 8 मार्च, 2014 की केंद्रीय चुनाव समिति की बैठक में टिकटों को लेकर कुछ मतभेद की खबरें बाहर आईं, तब भी मुरली मनोहर जोशी अपना दावा इस सीट से छोड़ने को राजी नहीं थे।

मैं अनुशासित सिपाही हूँ। टिकट के बारे में फैसला चुनाव समिति को करना है। वहाँ हमारे प्रधानमंत्री पद के उम्मीदवार नरेंद्र मोदी रहेंगे। मुझे नहीं लगता कि कोई ऐसा फैसला होगा, जिससे उनकी प्रतिष्ठा पर आँच आएगी या पार्टी की अधिकतम सीटें जीतने की संभावना पर कोई असर पड़ेगा।

9 मार्च को जोशी ने प्रेस कॉन्फ्रेंस बुलाई तो आशंका जताई जाने लगी कि कुछ बवाल संभव है। लेकिन चुनाव घोषणा-पत्र समिति के अध्यक्ष के नाते किसान प्रतिनिधियों से बातचीत की कुछ जानकारी साझा करने के लिए वह प्रेस कॉन्फ्रेंस थी। लेकिन उन्होंने अपनी पीड़ा कुछ इस प्रकार जाहिर कर दी, "मैं अनुशासित सिपाही हूँ। टिकट के बारे में फैसला चुनाव समिति को करना है। वहाँ हमारे प्रधानमंत्री पद के उम्मीदवार नरेंद्र मोदी रहेंगे। मुझे नहीं लगता कि कोई ऐसा फैसला होगा, जिससे उनकी प्रतिष्ठा पर आँच आएगी या पार्टी की अधिकतम सीटें जीतने की संभावना पर कोई असर पड़ेगा।" डॉ. जोशी इशारों में संदेश दे रहे थे। चुनाव समिति की बैठक से पहले ही राष्ट्रीय स्वयंसेवक संघ की अखिल भारतीय प्रतिनिधि सभा की तीन दिवसीय वार्षिक बैठक बेंगलुरु में 7 मार्च को शुरू हो चुकी थी, जहाँ से भा.ज.पा. को संदेश मिल चुका था कि पार्टी में उभरते मतभेद के स्वर को शांत करना जरूरी है। संघ ने यह भी संदेश दिया कि परिवार में हर किसी को देश में बदलाव की जनता की इच्छाओं को समझते हुए नत-मस्तक हो जाना चाहिए। बाद में, जोशी ने बगावत की बात का ठीकरा मीडिया के सिर फोड़ दिया। आखिरकार, संघ को जोशी से बात करनी पड़ी और उन्हें कानपुर से लोकसभा का टिकट दिया गया। इसी तरह, थोड़ा विवाद लखनऊ सीट को लेकर भी हुआ, जहाँ से लालजी टंडन दावा छोड़ने के मूड में नहीं थे। लेकिन अटल बिहारी वाजपेयी की रही इस सीट पर भा.ज.पा. के राष्ट्रीय अध्यक्ष राजनाथ सिंह ने अपना दावा ठोक दिया। लालकृष्ण आडवाणी भी गुजरात के गांधी नगर से दूर होने का संकेत देने लगे थे और अपने प्रिय शिष्य शिवराज सिंह चौहान के सहारे भोपाल से टिकट की इच्छा जता दी। लेकिन रणनीतिक लिहाज से आडवाणी का यह कदम मोदी

की रणनीति को मुफीद नहीं लग रहा था। इससे आडवाणी की नाराजगी की बात चुनाव के आखिर तक सुर्खियों में रहती और गुजरात में भी अच्छा संदेश नहीं जाता। ऐसे में, संघ को यहाँ भी दखल देना पड़ा और आडवाणी वापस गांधी नगर से लड़ने को राजी हुए।

मोदी ने रणनीतिक तौर से गुजरात की वडोदरा और उत्तर प्रदेश की वाराणसी सीट से चुनाव लड़ने का फैसला कर दोहरी रणनीति पर काम किया। गुजरात के साथ अपना जुड़ाव रखा तो उत्तर प्रदेश को अपनी नई कर्मभूमि बनाने का संदेश दिया। यानी इस महाभारत की लड़ाई में जब भी कोई विवाद या मतभेद जैसी बातें आईं, संघ ने हमेशा भगवान् कृष्ण की भाँति संकटमोचक बन परिवार को एकसूत्र में बाँधे रखा। सो संघ ने 7 से 9 मार्च, 2014 को बेंगलुरु की अखिल भारतीय प्रतिनिधि सभा से लोकसभा चुनाव के लिए संदेश दिया, "निकट भविष्य में लोकसभा का चुनाव होने जा रहा है। देशवासियों के लिए यह सुअवसर है। मौजूदा सरकार (यू.पी.ए.) की साख, ईमानदारी, राष्ट्र के प्रति प्रतिबद्धता सवालों के घेरे में है। आज देश बदलाव चाहता है। ऐसे में, प्रबुद्ध मतदाताओं की अहम भूमिका है, जो राष्ट्र के भविष्य की नियति को आकार देने जा रहे हैं। ऐसे में, हमारा कर्तव्य है कि अपनी भूमिका का सही से आकलन करें, ताकि ऐसा बदलाव लाया जा सके, जो लोगों की इच्छाओं व आकांक्षाओं को प्रतिबिंबित करेगा।"

संघ का मोदी पर पूर्ण भरोसा

दरअसल, मोदी के नेतृत्व को लेकर संघ का भरोसा इतना बढ़ चुका था कि अब उसे उनकी कार्यशैली से भी कोई हिचकिचाहट नहीं थी। लोकसभा चुनाव अभियान के दौरान राजनाथ सिंह ने संघ के दखल को कुछ इस तरह नकारा भी, "आर.एस.एस. हमारी पार्टी पर नियंत्रण नहीं रखता तो हमारी सरकार पर क्यों रखेगा? वह सामाजिक-सांस्कृतिक क्षेत्र में काम करता है और किसी बात के लिए बाध्य नहीं करता है।" यानी समन्वय का खाका खिंचने लगा था, ताकि परिवार में अनुशासन को नियंत्रण का नाम नहीं दिया जाए। इसी दौरान 'इंडिया टुडे' पत्रिका को दिए साक्षात्कार में संघ के सरकार्यवाह भैय्याजी जोशी ने कहा था, "देश के लोग मानते हैं कि मोदी के साथ बदलाव आएगा, क्योंकि मोदी गुजरात में सफल रहे हैं

मोदी के नेतृत्व को लेकर संघ का भरोसा इतना बढ़ चुका था कि अब उसे उनकी कार्यशैली से भी कोई हिचकिचाहट नहीं थी। लोकसभा चुनाव अभियान के दौरान राजनाथ सिंह ने संघ के दखल को कुछ इस तरह नकारा भी, "आर.एस.एस. हमारी पार्टी पर नियंत्रण नहीं रखता तो हमारी सरकार पर क्यों रखेगा? वह सामाजिक-सांस्कृतिक क्षेत्र में काम करता है और किसी बात के लिए बाध्य नहीं करता है।"

और हमें आशा है कि केंद्र में अवश्य अच्छा काम करेंगे।" लेकिन मोदी की कार्यशैली को लेकर उठनेवाले सवाल पर सरकार्यवाह ने बेहद व्यावहारिक जवाब दिया, "संघ के सभी कार्यकर्ताओं को एक साँचे में नहीं ढाला जा सकता। सबकी अपनी-अपनी कार्यशैली है और काम करने का अपना तरीका है। महत्त्वपूर्ण बात यह है कि नरेंद्र मोदी अपना काम ईमानदारी से करेंगे।" उन्होंने भी समन्वय के लिए खींचे गए खाके का संकेत दिया कि विवादास्पद मुद्दों के लिए मोदी पर कोई समय-सीमा का दबाव नहीं होगा, यह भी नतीजों से पहले तय हो चुका था। खुद भैय्याजी ने कहा था, "भा.ज.पा. के घोषणा-पत्र में अनुच्छेद-370, राम मंदिर, समान नागरिक संहिता जैसे मुद्दों का उल्लेख है। इनमें कुछ समय लग सकता है। हमें आशा है कि एक-न-एक दिन ये सब लक्ष्य पूरे होंगे। इसे समय-सीमा में बाँधना ठीक नहीं है।"

अभियान ऐसा, मानो नौ महीने में पृथ्वी के सात चक्कर

आरोप-प्रत्यारोप, निजी आक्षेप-हमलों के साथ चुनाव अभियान चलता रहा। 'इंडिया टुडे' मई 2014 के अंक में लिखता है—'प्रधानमंत्री पद का उम्मीदवार घोषित किए जाने के बाद नरेंद्र मोदी ने लगभग नौ महीने में पूरे भारत का दौरा किया और इस दौरान लगभग 3 लाख किलोमीटर की यात्रा कर चुके हैं या कहें कि सात बार पृथ्वी का चक्कर लगा चुके हैं। वे 5,187 सभा-समारोहों में शामिल हुए और 25 राज्यों में 477 रैलियों को संबोधित कर चुके हैं। इस दौरान, रोज वे महज पाँच घंटे की नींद लेते हैं। अनुमानित 2.3 करोड़ लोगों से इंटरनेट-मोबाइल टेलीफोन से संपर्क किया जा चुका है। मोदी का चुनाव अभियान और मशीनरी ऐसी है कि ओबामा का सन् 2012 का अमेरिकी राष्ट्रपति का चुनाव भी शरमा जाए। मोदी को मानिए या खारिज कीजिए, लेकिन देश के सबसे ज्यादा विवादों में रहे नेता ने साल भर में ही अपनी छवि का जैसा निर्माण किया, उससे चुनाव लड़ने के तरीके हमेशा के लिए बदल गए।" 700 से अधिक थ्री डी सभाएँ और हर अभियान में 'नमो-नमो' की गूँज होती थी। मोदी

आरोप-प्रत्यारोप, निजी आक्षेप-हमलों के साथ चुनाव अभियान चलता रहा। 'इंडिया टुडे' मई 2014 के अंक में लिखता है—'प्रधानमंत्री पद का उम्मीदवार घोषित किए जाने के बाद नरेंद्र मोदी ने लगभग नौ महीने में पूरे भारत का दौरा किया और इस दौरान लगभग 3 लाख किलोमीटर की यात्रा कर चुके हैं या कहें कि सात बार पृथ्वी का चक्कर लगा चुके हैं। वे 5,187 सभा-समारोहों में शामिल हुए और 25 राज्यों में 477 रैलियों को संबोधित कर चुके हैं।

का नेतृत्व अब एक लहर में तब्दील हो चुका था। मैं खुद जब उत्तराखंड के पहाड़ों में घूमा और केदारनाथ के करीब तक का दौरा किया तो एक भी व्यक्ति ऐसा नहीं मिला, जिसने मोदी के अलावा किसी और नेता या दल का नाम लिया हो। वापसी में ऋषिकेश में गंगा में राफ्टिंग के दौरान लाइफ सेवर ने राज्य की राजनीति के हिसाब से कांग्रेस के हरीश रावत का नाम लिया। मेरे लिए भी यह ऐसा अनुभव था, जिसका जिक्र करने पर पक्षपाती होने का संदेश जा रहा था। लेकिन वह पक्षपात नहीं, जमीनी हकीकत थी, जिस पर शुतुरमुर्ग का सिर रेत में नहीं छुपाया जा सकता था; क्योंकि पहाड़ों पर 'नमो-नमो' की गूँज लगातार सुनाई दे रही थी। हर चीज में रणनीति कितनी अहम होती है, यह भी उसका उदाहरण है कि प्रधानमंत्री उम्मीदवार बनने के बाद 15 सितंबर, 2013 को रैली की शुरुआत उन्होंने हरियाणा के रेवाड़ी में पूर्व सैनिकों के सम्मेलन में संबोधन से की। जबकि चुनाव की तारीखों के ऐलान के बाद उन्होंने पहली सभा 26 मार्च, 2014 को जम्मू में माँ वैष्णो देवी के आशीर्वाद के साथ जम्मू से की और समापन सन् 1857 की क्रांति के महानायक मंगल पांडे की जन्मभूमि उत्तर प्रदेश के बलिया में किया। आधुनिक तकनीकों के अद्भुत प्रयोग से चले मोदी के इस अभियान ने गरीबों व मध्य वर्ग की चिंताओं को भरोसा देकर एक नए राजनीतिक मतदाता वर्ग में बदल दिया।

मोदी अपनी यात्राओं और मशीनरी से मिले फीडबैक से आश्वस्त थे कि उनकी पूर्ण बहुमत की सरकार बनने जा रही है। उन्होंने अपने कई साक्षात्कारों में यह कह दिया था कि कांग्रेस तीन अंकों में नहीं पहुँचने जा रही और इस बार पिछले 25 वर्षों की सबसे मजबूत सरकार बनने जा रही है। सरकार का एजेंडा और खाका भी वे अपने साक्षात्कारों में बताने लगे थे। वे इतने आश्वस्त थे कि अगली सरकार का पूरा खाका बनाकर संघ से बातचीत कर चुके थे।

जीत के प्रति आश्वस्त मोदी और संघ का दाँव

मोदी अपनी यात्राओं और मशीनरी से मिले फीडबैक से आश्वस्त थे कि उनकी पूर्ण बहुमत की सरकार बनने जा रही है। उन्होंने अपने कई साक्षात्कारों में यह कह दिया था कि कांग्रेस तीन अंकों में नहीं पहुँचने जा रही और इस बार पिछले 25 वर्षों की सबसे मजबूत सरकार बनने जा रही है। सरकार का एजेंडा और खाका भी वे अपने साक्षात्कारों में बताने लगे थे। वे इतने आश्वस्त थे कि अगली सरकार का पूरा खाका बनाकर संघ से बातचीत कर चुके थे। इसी खाके में एक अहम बात थी—भा.ज.पा. के

राष्ट्रीय अध्यक्ष के लिए अपने खास अमित शाह की नियुक्ति। चुनाव नतीजे से करीब 10-15 दिन पहले मोदी ने संघ को अध्यक्ष की कमान शाह को देने और राजनाथ सिंह को सरकार में लेने की बात कही थी। लेकिन यहाँ संघ थोड़ा असहज था, क्योंकि मोदी और शाह दोनों एक ही प्रदेश गुजरात से आते हैं। शाह पर सी.बी.आई. का केस भी चल रहा था। संघ को लग रहा था कि सरकार और संगठन पर एक ही व्यक्ति की पकड़ से संगठनात्मक ढाँचा कमजोर हो सकता है। सो इस प्रस्ताव के बाद संघ के कहने पर राजनाथ सिंह ने बयान दिया कि वे संगठन में ही अध्यक्ष रहना चाहेंगे। लेकिन मोदी ने वाजपेयी सरकार के समय संगठन में किए गए प्रयोग और समन्वय की कमी का जिक्र करते हुए भरोसा करने को कहा। संघ ने भी वाजपेयी सरकार के अनुभव को देखते हुए मोदी पर पूरा भरोसा जताया और शाह को कमान सौंपने पर सहमति दे दी। मोदी ने शाह के जरिए यह साबित किया कि सरकार की सफलता में संगठन का नदी के बहाव की तरह गतिमान होना कितना जरूरी है।

> ***कांग्रेस और विरोधी मोदी के चायवाला होने का मजाक उड़ा रहे थे। लेकिन जब 16 मई, 2014 को चुनाव के नतीजे आए तो मानो मोदी एक व्यक्ति न होकर विचार बन गए हों। भा.ज.पा. ने 31.3 फीसदी वोटों के साथ 282 सीटें हासिल कर लीं और एन.डी.ए. ने कुल मिलाकर 335 (38.3 फीसदी वोट) सीटें हासिल कीं। देश के लिए अप्रत्याशित, लेकिन संघ और मोदी के लिए ये नतीजे प्रत्याशित थे, जिसकी झलक चुनाव पूर्व के कई वक्तव्यों में साफ दिखी थी।***

'चायवाले' पर देश ने जताया भरोसा

कांग्रेस और विरोधी मोदी के चायवाला होने का मजाक उड़ा रहे थे। लेकिन जब 16 मई, 2014 को चुनाव के नतीजे आए तो मानो मोदी एक व्यक्ति न होकर विचार बन गए हों। भा.ज.पा. ने 31.3 फीसदी वोटों के साथ 282 सीटें हासिल कर लीं और एन.डी.ए. ने कुल मिलाकर 335 (38.3 फीसदी वोट) सीटें हासिल कीं। देश के लिए अप्रत्याशित, लेकिन संघ और मोदी के लिए ये नतीजे प्रत्याशित थे, जिसकी झलक चुनाव पूर्व के कई वक्तव्यों में साफ दिखी थी। राष्ट्रीय स्वयंसेवक संघ के इस जमीनी कार्यकर्ता ने भा.ज.पा. के कुशल संगठनकर्ता से लेकर गुजरात में चार बार मुख्यमंत्री और फिर प्रधानमंत्री की कुरसी तक का सफर तय किया। आलोचनाओं के तीक्ष्ण बाण, जहर-बुझे शब्द और बौद्धिक वर्ग के एक बड़े समूह की आँखों में नफरत की आँधी भी मोदी को कभी डिगा नहीं पाई। एक लक्ष्य के साथ सियासत की पटरी बिछाई और उस पर दौड़ते हुए सिकंदर बन गए। उत्तर प्रदेश में 80 सीटों में से भा.ज.पा. ने 71 और सहयोगी अपना दल ने 2, यानी 73 सीटें

जीतकर इतिहास रच दिया और इसके लिए 'मैन ऑफ द मैच' का खिताब मोदी ने अपने खास अमित शाह को दिया। कांग्रेस इतिहास का सबसे खराब प्रदर्शन करते हुए 44 सीटों पर सिमट गई और विपक्ष का नेता बनाने के लिए जरूरी लोकसभा की कुल संख्या का 10 फीसदी सदस्य होनेवाली हैसियत भी नहीं बना पाई।

संघ–भा.ज.पा. ने सामाजिक आधार बढ़ाने की रणनीति बनाई थी, जिसका नतीजा था कि अनुसूचित जाति के लिए आरक्षित 84 सीटों में से 40 पर जीत दर्ज की। इस तरह एस.सी. सीटों में से 47 फीसदी पर भा.ज.पा. ने जीत दर्ज की और कई सीटों पर तो दलित महिलाएँ चुनकर आईं। जबकि अनुसूचित जनजाति के लिए आरक्षित 47 सीटों में से 27 पर जीत दर्ज की, जो कि 69 फीसदी था। यानी एन.डी.ए. को देखें तो एस.सी. के लिए आरक्षित सीटों में से 62 फीसदी तो एस.टी. के लिए आरक्षित सीटों में से 70 फीसदी पर जीत दर्ज की। नरेंद्र मोदी ने न सिर्फ भा.ज.पा. को अकल्पनीय जीत दिलाई, बल्कि यह कामयाबी उन्होंने उम्मीदों की लहर पर सवार होकर हासिल की, जो भा.ज.पा. पहले कभी नहीं कर पाई थी। नरेंद्र मोदी की भा.ज.पा. ने पूर्व की सभी राजनीतिक रूढ़ियों को तोड़ दिया था, जो 1980 के दशक में वाजपेयी/आडवाणी के युग और तत्कालीन जन संघ से जुड़ी थीं। नरेंद्र मोदी ने जो सामाजिक गठजोड़ बुना, वह जनसांख्यिकीय रूप, भौगोलिक विस्तार, लैंगिक समता और इसके जनादेश के मामले में विशेष था। इस जीत के बारे में नरेंद्र मोदी की निजी वेबसाइट पर भी लिखा है—'यह जनादेश उस व्यापक राजनीतिक आंदोलन में भी बदलाव के युग की शुरुआत है, जिसने 1950 के दशक में जन संघ को जन्म दिया और 1980 के दशक में भा.ज.पा. को। अगर इसकी पहली पीढ़ी डॉ. श्यामाप्रसाद मुकर्जी और पं. दीनदयाल उपाध्याय थे तो दूसरी पीढ़ी अटल बिहारी वाजपेयी और एल.के. आडवाणी का युग थी। अब नरेंद्र मोदी के नेतृत्व में तीसरी पीढ़ी का आगाज हुआ है। भारत के शासन के लिए राष्ट्रीय जनादेश होने के साथ ही उनके पास अब राजनीतिक जनादेश भी है, जिससे वह इस आंदोलन को नया रूप देकर अपने सुशासन के दर्शन को प्रदर्शित कर सकते हैं। एक अरब सपने और उम्मीदें अब नरेंद्र मोदी की ओर देख रहे हैं।'

संघ–भा.ज.पा. ने सामाजिक आधार बढ़ाने की रणनीति बनाई थी, जिसका नतीजा था कि अनुसूचित जाति के लिए आरक्षित 84 सीटों में से 40 पर जीत दर्ज की। इस तरह एस.सी. सीटों में से 47 फीसदी पर भा.ज.पा. ने जीत दर्ज की और कई सीटों पर तो दलित महिलाएँ चुनकर आईं। जबकि अनुसूचित जनजाति के लिए आरक्षित 47 सीटों में से 27 पर जीत दर्ज की, जो कि 69 फीसदी था।

संघ की सुकून भरी आहें

लोकसभा चुनाव के नतीजे संघ की उम्मीदों के अनुकूल तो थे ही, विचारधारा के मोर्चे पर ऐसी जीत थी, जो राष्ट्रीय स्वयंसेवक संघ को सुकून दे रही थी; क्योंकि संघ की तीन पीढ़ियों ने जिन मुद्दों के लिए बलिदान दिया था, उसे पूरा करने का समय आ गया था। 17 मई को इस जीत पर संघ का औपचारिक बयान आया। सरकार्यवाह भैय्याजी जोशी ने इन शब्दों में कहा, "वर्तमान में संपन्न लोकसभा चुनाव में समस्त देशवासियों ने सारे विश्व के सम्मुख स्वस्थ लोकतंत्र का उदाहरण प्रस्तुत किया है। यह अभिनंदनीय है। हम सभी के लिए यह अत्यंत प्रसन्नता का विषय है कि चुनाव प्रक्रिया सामान्यतः संयम, शांति एवं जाग्रतता के साथ संपन्न हुई। इसमें सहभागी सभी राजनीतिक दलों के हजारों कार्यकर्ता, निर्वाचन में सहभागी सभी दलों के सैकड़ों प्रत्याशी, प्रसार माध्यम, प्रशासन तथा सुरक्षा-तंत्र—इन सबकी भूमिका संतोषजनक रही है। निर्वाचन के कालखंड में विचारों का खंडन-मंडन, व्यक्तिगत आरोप-प्रत्यारोप हुए होंगे। हमारा विश्वास है कि चुनाव-प्रक्रिया के पूर्ण होने के साथ ही सामान्य सौहार्दपूर्ण वातावरण निर्माण करने का सकारात्मक प्रयास सभी लोग करेंगे। समस्त देशवासियों ने आज तक जिस संयम का परिचय दिया है, ऐसा ही सौहार्दपूर्ण वातावरण बनाने में सभी लोग अपनी भूमिका निभाएँगे, ऐसी विनम्र प्रार्थना है। करोड़ों देशवासियों ने परिवर्तन की आकांक्षा व्यक्त की है। हमें विश्वास है कि नवनिर्वाचित सरकार जन-भावना एवं अपेक्षाओं की पूर्ति करने में सफल सिद्ध होगी। हम सभी के सहयोग से वैचारिक, सामाजिक एवं धार्मिक भिन्नताओं से ऊपर उठकर, भेदभाव और विषमतापूर्ण व्यवहार से मुक्त होकर शोषण-मुक्त एवं समरस समाज के निर्माण की दिशा में एकात्म भाव बनाए रखने में नवनिर्वाचित सरकार सफल सिद्ध होगी, ऐसी हम आशा करते हैं। लोकतंत्र में सरकार की भूमिका निश्चित ही महत्त्वपूर्ण होती है। हमें विश्वास रखना होगा कि परिवर्तन की प्रक्रिया की अपनी एक गति होती है और परिवर्तन सरकार,

वर्तमान में संपन्न लोकसभा चुनाव में समस्त देशवासियों ने सारे विश्व के सम्मुख स्वस्थ लोकतंत्र का उदाहरण प्रस्तुत किया है। यह अभिनंदनीय है। हम सभी के लिए यह अत्यंत प्रसन्नता का विषय है कि चुनाव प्रक्रिया सामान्यतः संयम, शांति एवं जाग्रतता के साथ संपन्न हुई। इसमें सहभागी सभी राजनीतिक दलों के हजारों कार्यकर्ता, निर्वाचन में सहभागी सभी दलों के सैकड़ों प्रत्याशी, प्रसार माध्यम, प्रशासन तथा सुरक्षा-तंत्र—इन सबकी भूमिका संतोषजनक रही है।

प्रशासन, सभी राजनीतिक दल, जन-सामान्य, सामाजिक व धार्मिक संस्थाओं के समन्वित प्रयासों से ही संभव है। नवनिर्वाचित सरकार एवं समस्त देशवासियों का हार्दिक अभिनंदन।"

संघ का संदेश बेहद साफ था कि सरकार से किसी मुद्दे पर टकराव नहीं होगा। संघ को पूरा भरोसा था कि विचारधारा की जीत के साथ बनी नरेंद्र मोदी सरकार तीन पीढ़ियों के बलिदान को व्यर्थ नहीं जाने देगी। संघ को यह भी भरोसा था कि सरकार में जो काम नहीं होने लायक या नहीं होगा, उसका मतलब यही होगा कि सरकार से वह संभव नहीं है। यह मंत्र ही संघ और मोदी सरकार के बीच समन्वय का आधार बना। इसलिए सरकार्यवाह ने अपने संदेश में साफ कहा कि सरकार की अपनी एक गति होती है। ऐसे में, किसी तरह के बदलाव के लिए सरकार के साथ-साथ सामाजिक सरोकारों से जुड़े हर क्षेत्र के लोगों को साथ जुड़ना होगा। अगर संघ को मोदी पर भरोसा था तो मोदी भी संगठन में प्रचारक की भूमिका से राजनीति में आए थे, सो उन्हें संगठन की अहमियत का अहसास था।

राजनीति में प्रतीकों और शब्दों का कितना असर होता है, नरेंद्र मोदी इसमें निपुण नजर आने लगे थे। भा.ज.पा. का नेता चुने जाने के लिए संसदीय दल की औपचारिक बैठक के लिए मोदी संसद् भवन पहुँचे तो परिसर के भीतर प्रवेश-द्वार पर मत्था टेक लोकतंत्र के मंदिर के प्रति अपनी आस्था जताई। संसदीय दल में सर्वसम्मति से नेता चुने जाने की औपचारिकता के बाद मोदी की भावुकता छलक पड़ी।

जब मोदी ने कहा—जैसे भारत मेरी माँ, भा.ज.पा. भी मेरी माँ

राजनीति में प्रतीकों और शब्दों का कितना असर होता है, नरेंद्र मोदी इसमें निपुण नजर आने लगे थे। भा.ज.पा. का नेता चुने जाने के लिए संसदीय दल की औपचारिक बैठक के लिए मोदी संसद् भवन पहुँचे तो परिसर के भीतर प्रवेश-द्वार पर मत्था टेक लोकतंत्र के मंदिर के प्रति अपनी आस्था जताई। संसदीय दल में सर्वसम्मति से नेता चुने जाने की औपचारिकता के बाद मोदी की भावुकता छलक पड़ी। सबसे पहले उन्होंने आभार जताया, लेकिन अटल बिहारी वाजपेयी को याद किया कि अगर उनका स्वास्थ्य अच्छा होता और आज वे यहाँ होते तो सोने पर सुहागा हो जाता। अपने चुनावी अभियान के बारे में उन्होंने जो बातें कहीं, उससे संगठन को लेकर उनकी गंभीरता दिखी। मोदी ने अपने संबोधन में कहा, "13 सितंबर, 2013 को मेरे लिए प्रधानमंत्री पद के उम्मीदवार की जिम्मेदारी तय हुई। 15 सितंबर से मैंने अपना काम

शुरू किया। पूरी तरह मन में एक कार्यकर्ता के भाव से जब संगठन दायित्व देता है तो शरीर का प्रत्येक कण, समय का प्रत्येक क्षण, पार्टी के दायित्व को पूरा करने में कोई कसर नहीं छोड़नी चाहिए। ये संस्कार हमें संगठन से मिले हैं। इसलिए 15 सितंबर से जो परिश्रम यज्ञ शुरू किया और 10 मई को जब प्रचार खत्म हुआ तो मैंने अध्यक्षजी (राजनाथ सिंह) को फोन किया। मैंने कहा कि अहमदाबाद जाने से पहले दिल्ली आकर आपसे मिलना चाहता हूँ। उन्होंने कहा कि आप थके नहीं हो अभी? मैंने कहा कि मुझे आपको रिपोर्ट करना है, क्योंकि मेरे अध्यक्ष ने मुझे जो काम दिया, उसके बारे में बताना है। राजनाथजी संकोच कर रहे थे, हँस भी पड़े। मैंने कहा, मैं आ रहा हूँ। तब मैं पूर्वी उत्तर प्रदेश में था, सो दिल्ली पहुँचा और उनके पास गया और एक अनुशासित सिपाही की तरह मेरे अध्यक्ष को मैंने रिपोर्ट किया। मैंने उनसे कहा कि 13 सितंबर, 2013 से 10 मई, 2014 तक आपने जो काम दिया था, वह भलीभाँति करने की कोशिश की। उसमें से सिर्फ एक कार्यक्रम नहीं हो पाया। वह मेरी तरफ देखते रहे। मैं इतने दिनों से दौड़ रहा हूँ; लेकिन 9 मई को हुई इतनी सारी दौड़-धूप के बीच सिर्फ एक कार्यक्रम स्थगित करना पड़ा, वह भी घोसी का; क्योंकि वहाँ हमारे जिलाध्यक्ष, जो रैली की चिंता कर रहे थे, सुशील राय अकस्मात् उनकी मृत्यु हो गई। लेकिन एक कार्यकर्ता के नाते इस पवित्र धरती पर भी आपको रिपोर्ट करता हूँ।" मोदी ने कहा कि "जीवन में पहली बार संसद् आया हूँ। पहले भी जीवन में ऐसा हुआ कि मुख्यमंत्री बनने के बाद सी.एम. का चैंबर और विधानसभा गृह देखा। आज भी ऐसा ही अवसर आया है। लेकिन हम इस ऐतिहासिक स्थान पर बैठे हैं। यह संविधान की ताकत है कि एक गरीब परिवार का व्यक्ति आज यहाँ खड़ा हुआ है।"

लेकिन जब मोदी ने आडवाणी के संबोधन के कुछ शब्दों का जिक्र करना शुरू किया तो उनकी भावना फूट पड़ी और वे रोने लगे, जिसमें आडवाणी ने कहा था कि नरेंद्र भाई ने कृपा की और पार्टी को यहाँ तक पहुँचाया। इस पर रोते हुए रुँधे हुए गले से मोदी के शब्द थे, "क्या मातृ सेवा कभी कृपा हो सकती है? कतई नहीं हो सकती। जैसे भारत मेरी माँ है, वैसे ही भा.ज.पा. भी मेरी माँ है।

लेकिन जब मोदी ने आडवाणी के संबोधन के कुछ शब्दों का जिक्र करना शुरू किया तो उनकी भावना फूट पड़ी और वे रोने लगे, जिसमें आडवाणी ने कहा था कि नरेंद्र भाई ने कृपा की और पार्टी को यहाँ तक पहुँचाया। इस पर रोते हुए रुँधे हुए गले से मोदी के शब्द थे, "क्या मातृ सेवा कभी कृपा हो सकती है? कतई नहीं

हो सकती। जैसे भारत मेरी माँ है, वैसे ही भा.ज.पा. भी मेरी माँ है। और इसलिए, बेटा कभी माँ पर कृपा नहीं कर सकता। बेटा सिर्फ समर्पित भाव से माँ की सेवा कर सकता है। देश आजाद हुआ। जितनी भी सरकारें आईं, सबने अपनी-अपनी तरह से देश को आगे बढ़ाने का प्रयास किया। जो अच्छा हुआ, उसके लिए वे सरकारें और उनका नेतृत्व करनेवाले बधाई के पात्र हैं। हमारा दायित्व है कि अच्छाई को लेकर आगे बढ़ें और अच्छा करने का प्रयास करें। यह मन में भाव रहा तो देशवासियों को निराश होने की नौबत नहीं आएगी।" लोकसभा चुनाव के नतीजे को लेकर हो रही संभावित व्याख्या को भी मोदी ने निराधार साबित करने की कोशिश की, जिसमें कहा जा रहा था, मनमोहन सरकार के खिलाफ गुस्से ने मोदी को सफलता दिलाई। लेकिन इस जनादेश के निहितार्थ खुद नरेंद्र मोदी ने बताया, "मैं ज्यादा टी.वी. और अखबार नहीं देख पाता। लोग चुनाव का अलग-अलग ढंग से मूल्यांकन करेंगे। अगर देशवासियों ने हंग पार्लियामेंट बनाई होती, फ्रैक्चर्ड मैंडेट दिया होता तो यह हम कह सकते थे कि सरकार के प्रति सिर्फ गुस्से का कारण था या एंटी इस्टैब्लिशमेंट माहौल था। लेकिन भारतीय जनता पार्टी को संपूर्ण बहुमत देने का मतलब होता है कि लोगों ने आशा और विश्वास का मतदान किया है। यह पूरा जनादेश उम्मीद से है।" मोदी ने वाजपेयी की तरह ही दार्शनिक अंदाज में सांसदों और पार्टी नेताओं को याद दिलाया, "आपको याद होगा, जब वर्ष 2013 में तालकटोरा स्टेडियम में हमारी राष्ट्रीय परिषद् मिली थी, तब मैंने कहा था कि यह चुनाव आशा का चुनाव है। उस दिन मेरे मुँह से एक बात निकली थी। मैं सभी को याद दिलाना चाहता हूँ कि मैंने उस दिन कहा था कि हम चलें या न चलें, देश चल पड़ा है। आज जब हम इतनी बड़ी संख्या में हैं, सेंट्रल हॉल भा.ज.पा. के समर्पित सेनानियों से भरा पड़ा है। उसका कारण, देश चल पड़ा है, हम चलें या न चलें। यह उमंग, यह उत्साह चलता रहेगा। जिम्मेदारी का युग शुरू होता है। इस सभागृह में मेरी तरह बहुत से लोग होंगे, जो आजाद हिंदुस्तान में पैदा हुए। पहली बार आजाद हिंदुस्तान में पैदा हुए व्यक्ति के नेतृत्व में सरकार बन

मैं ज्यादा टी.वी. और अखबार नहीं देख पाता। लोग चुनाव का अलग-अलग ढंग से मूल्यांकन करेंगे। अगर देशवासियों ने हंग पार्लियामेंट बनाई होती, फ्रैक्चर्ड मैंडेट दिया होता तो यह हम कह सकते थे कि सरकार के प्रति सिर्फ गुस्से का कारण था या एंटी इस्टैब्लिशमेंट माहौल था। लेकिन भारतीय जनता पार्टी को संपूर्ण बहुमत देने का मतलब होता है कि लोगों ने आशा और विश्वास का मतदान किया है। यह पूरा जनादेश उम्मीद से है।

रही है। हम देश की आजादी के लिए जूझ नहीं पाए। मगर अब हमें देश के लिए जीने का सौभाग्य मिला है। यह चुनाव एक नई आशा का चुनाव था।"

मोदी ने इसी मंच से अपने लिए वर्ष 2019 का संकल्प भी दोहरा दिया था। जब उन्होंने कहा, "पार्टी के लोगों के सहयोग और वरिष्ठों के मार्गदर्शन से मैंने अपना पिछला दायित्व पूरा किया। आज मैं आपको यकीन दिलाता हूँ, 2019 में मैं फिर अपना रिपोर्ट कार्ड दूँगा; देश के लिए जिऊँगा। यह सरकार गरीबों को समर्पित है। करने के इरादे से बैठे हुए हैं। ये जो मोदी आपको दिख रहा है, इसलिए नहीं कि बहुत बड़ा है; इसलिए दिख रहा कि मेरी पार्टी के वरिष्ठ नेताओं ने मुझे अपने कंधे पर बिठाया है। कभी हम गलती न करें कि देखिए, मुझे टिकट मिला तो जीत गया, उसे मिलता तो न जीतता। आज हमने जो भी पाया है, पाँच पीढ़ियों के तप के बाद पाया है। जब जन संघ लोगों को समझ नहीं आता था कि ये कौन हैं? धार्मिक हैं कि सामाजिक हैं? दीवारों पर दीया जलाने में खपे परिवार। मैं आज उन सभी पीढ़ियों को नत-मस्तक होकर नमन करता हूँ। हम आज अपने कारण यहाँ नहीं हैं, उनकी तपस्या के कारण हैं।" मोदी ने यह जतला दिया कि यह व्यक्ति की जीत नहीं, संगठन का तपोबल है। संघ-जन संघ के बलिदान को याद करते हुए मोदी ने एक बार फिर भविष्य में विचार परिवार के समन्वय का संदेश दिया।

चुनाव नतीजों के दस दिनों के बाद जब सरकार-संगठन और विचार परिवार से समन्वय का खाका पूरी तरह से तैयार हो गया, तब नरेंद्र दामोदरदास मोदी ने 26 मई, 2014 को देश के प्रधानमंत्री पद की शपथ ली। संयोग से, उस दिन देश के पहले प्रधानमंत्री रहे पं. जवाहरलाल नेहरू की पचासवीं पुण्यतिथि भी थी। 45 मंत्रियों की टीम गठित कर मोदी ने 'मिनिमम गवर्नमेंट, मैक्सिमम गवर्नेंस' के मंत्र को आगे बढ़ाया।

आखिर, चुनाव नतीजों के दस दिनों के बाद जब सरकार-संगठन और विचार परिवार से समन्वय का खाका पूरी तरह से तैयार हो गया, तब नरेंद्र दामोदरदास मोदी ने 26 मई, 2014 को देश के प्रधानमंत्री पद की शपथ ली। संयोग से, उस दिन देश के पहले प्रधानमंत्री रहे पं. जवाहरलाल नेहरू की पचासवीं पुण्यतिथि भी थी। 45 मंत्रियों की टीम गठित कर मोदी ने 'मिनिमम गवर्नमेंट, मैक्सिमम गवर्नेंस' के मंत्र को आगे बढ़ाया। मंत्रियों में संगठन, संघ की सोच तो थी ही, मोदी ने प्रोफेशनलिज्म को भी तरजीह दी, जो उनकी गुजरात के समय से कार्यशैली का हिस्सा रहा है, जिसमें वे सभी को जोड़कर एक गुलदस्ता तैयार करते हैं। तीसरे दिन ही मंत्रियों से 100 दिन का एजेंडा माँग लिया। चुनावी थकान मिटाने का समय नहीं, सीधा काम करने का

एजेंडा था। विशेषज्ञों की टीम तैनात हो चुकी थी तो विचारधारा से जुड़े प्रोफेशनल्स, जो चुनाव में परदे के पीछे काम कर रहे थे, उन्हें भी मंत्रियों के साथ जोड़कर मोदी ने नौकरशाही और प्रोफेशनल्स के साथ समन्वय स्थापित कर सिस्टम की स्पीड तेज कर दी।

सबक से खुली अद्भुत समन्वय की राह

वर्ष 1998–2004 में वाजपेयी सरकार के समय विचार परिवार से टकराव और फिर 2004 से 2013 तक की भा.ज.पा. की सांगठनिक उठा-पटक और अनुशासन की कमी ने एक सबक दिया था। नरेंद्र मोदी ने हर घटना को बारीकी से देखा था और उससे सबक लेकर ही उन्होंने संगठन का ऐसा ढाँचा तैयार करने की सलाह अमित शाह को दी, जिससे सत्ता और संगठन एक-दूसरे के पूरक बन सकें। साथ ही, संघ परिवार के लिए भी पूरा मेकैनिज्म तैयार किया गया, ताकि कहीं किसी तरह के मतभेद की गुंजाइश न रहे। आर्थिक मसलों पर विचार परिवार से जुड़े संगठनों को भरोसे में लेना, राज्यपाल की नियुक्ति, मंत्रिमंडल के चेहरों पर चर्चा, शैक्षणिक संस्थानों में नियुक्तियों की बात, सभी मसलों पर संवाद के साथ बढ़ने की रणनीति बन गई थी। यानी विचार परिवार से जुड़ी किसी भी तरह की प्रक्रिया सरकारी स्तर पर जाने से पहले ही उस पर सभी पक्ष मंथन कर एक राय बना लेंगे और फिर उसे सरकार के पास रखने की रणनीति बनी। इस संवाद और समन्वय में सबसे अहम बात थी कि सरकार वह सारे काम करेगी, जो संभव है और जो नहीं होगा, उस पर अड़े रहने की बजाय यह मान लेना चाहिए कि संभव नहीं है। इसे वाजपेयी सरकार के समय का सबक कहिए या मोदी का अपना संगठनात्मक अनुभव, विचार परिवार के साथ वर्ष 2014 से 2019 तक ऐसा अद्भुत समन्वय देखने को मिला है कि विरोधी तो दूर, मीडिया भी नकारात्मक पक्ष ढूँढ़ नहीं पाया। लेकिन ऐसा भी नहीं है कि कहीं किसी मुद्दे पर मतभेद की संभावना आई ही नहीं। मतभेद भी हुए, विवाद की संभावनाएँ प्रबल भी हुईं। लेकिन मोदी सरकार ने विचार परिवार के लिए ऐसा तंत्र खड़ा कर दिया था कि संगठन के भीतर के मतभेद या विवाद सड़क पर जाने से पहले ही इस तरह सुलझ जाते थे, मानो कुछ हुआ ही नहीं हो। इस समन्वय का मूल मंत्र था—संवाद और समन्वय, जिसकी बानगी मुद्दों के साथ आगे के अध्यायों में बारीकी के साथ दिखेगी।

□

खंड-4

परिवार में समन्वय (2014-15)

सरकार बनने के साथ ही विचार परिवार के समन्वय का खाका बनाया; लेकिन भूमि अधिग्रहण, स्वदेशी जैसे कई मुद्दे आए, जिस पर टकराव की स्थिति दिखी। लेकिन मुद्दा गरम होता देख संघ प्रमुख मोहन भागवत ने संज्ञान लिया और फिर कैसे आनुषंगिक संगठनों को संदेश दिया कि बोलें, लेकिन उस पर अड़ें नहीं, ताकि वापसी की राह न बचे, जिसके बाद समन्वय की निरंतर बैठकें होने लगीं, ताकि कोई शिकवा-शिकायत न हो। लेकिन सत्ता में आकर संगठन स्थिर न हो और विचारधारा से भटकाव न हो, इसके लिए पहली बार संघ ने कैसे भा.ज.पा. में काम कर रहे अपने सभी प्रचारकों को मंत्र दिया, ताकि समन्वय सिर्फ सत्ता नहीं, संगठन के स्तर पर भी उसी व्यावहारिक तरीके से हो।

8

संघ-सरकार : तकरार-इकरार

पहले साल आनुषंगिक संगठनों का सरकार से टकराव तो हुआ, फिर संघ ने थामी बेजोड़ समन्वय की डोर और निरंतर बैठकों से कैसे मिली मजबूती?

वर्ष 2014 के आम चुनावों में भा.ज.पा. चुनावी लड़ाई तो जीत गई थी, चुनौती थी विचारधारा को आगे बढ़ाने की, जिसको लेकर संघ सक्रिय हो गया। विचारधारा के विस्तार के साथ बड़ी चुनौती थी कि संघ-भा.ज.पा.-सरकार का समन्वय इस तरह से बिठाना कि वाजपेयी सरकार के समय (1998-2004) जैसा टकराव नहीं हो। एक ऐसा खाका खींचा गया, जिसमें समन्वय के साथ सरकार और विचार परिवार साथ-साथ कदम-ताल करता दिखा। लेकिन ऐसा भी नहीं था कि इस समन्वय ने कोई मतभेद नहीं उभरने दिया या फिर कड़वाहट नहीं दिखी! ऐसे कई अवसर आए, जब भा.ज.पा.-संघ-सरकार का अंतर्विरोध राजनीतिक लिहाज से परेशान करनेवाला रहा। लेकिन यह भी तथ्य है कि जब भी कोई ऐसा विषय या मुद्दा आया, जिसको लेकर भा.ज.पा. सरकार और संघ के बीच अंतर्विरोध की स्थिति आई, तत्काल समाधान वाला समन्वय हुआ, जिसे हम कुछ उदाहरणों से आगे समझेंगे। संघ और सरकार के बीच तालमेल किस तरह हो, इसके लिए सरकार गठन के दो महीने के भीतर ही 24 जुलाई, 2014 को प्रधानमंत्री नरेंद्र मोदी ने संघ के शीर्ष पदाधिकारियों को रात्रिभोज पर आमंत्रित कर बेहतर समन्वय के संकेत दे दिए थे। मोदी संघ से ही निकलकर भा.ज.पा. में आए थे, इसलिए संगठन की ताकत और अहमियत को वे बखूबी जानते-समझते थे। उनके करीबियों के अनुसार, मोदी शुरू से ही संघ के साथ मजबूत तालमेल की हिमायत कर चुके थे। प्रधानममंत्री मोदी के साथ रात्रिभोज से पहले इसी दिन नितिन गडकरी के सरकारी आवास पर संघ-भा.ज.पा. नेताओं की अनौपचारिक बैठक हुई। इस बैठक में राष्ट्रीय अध्यक्ष अमित शाह, पूर्व भा.ज.पा. अध्यक्ष एवं तत्कालीन गृह मंत्री राजनाथ सिंह और खुद गडकरी भा.ज.पा. की ओर से शामिल थे तो संघ की

ओर से सरसंघचालक मोहन भागवत को छोड़कर तमाम वरिष्ठ पदाधिकारी मौजूद थे, जिनमें संघ के सरकार्यवाह भैय्याजी जोशी, सह-सरकार्यवाह सुरेश सोनी, दत्तात्रेय होसबाले आदि मौजूद थे। इस बैठक में विचार परिवार में बेहतर समन्वय के अलावा सांगठनिक नियुक्तियों, सरकार में अपने लोगों की तैनाती के मापदंड और आनेवाले महाराष्ट्र, हरियाणा एवं झारखंड विधानसभा चुनावों को लेकर भी विचारों का आदान-प्रदान हुआ।

लेकिन नरेंद्र मोदी के प्रधानमंत्री बनने के बाद संघ ने सबसे पहला काम यह किया कि अपने खास दो प्रचारक राम माधव और शिवप्रकाश को भा.ज.पा. में भेज दिया। समन्वय की पूरी पटकथा पहले ही तैयार हो चुकी थी, जिसके तहत शिवप्रकाश को राष्ट्रीय सह-संगठन महामंत्री की जिम्मेदारी दी गई तो राम माधव को महासचिव की जिम्मेदारी दी गई। लेकिन वह अकेले ऐसे महासचिव थे, जिन्हें किसी एक राज्य विशेष का प्रभार देने की बजाय पूरा क्षेत्र सौंपा गया, जैसे सह-संगठन महासचिवों को सौंपा जाता है। उन्हें पूर्वोत्तर और जम्मू व कश्मीर क्षेत्र सौंपा गया। माधव का काम संघ-सरकार-संगठन में समन्वय का था, जिसकी शुरुआत उन्होंने 25 नवंबर, 2014 को की, जब सत्ता में आने के बाद पहली बार समन्वय बैठक दिल्ली में हुई। लेकिन पहली समन्वय बैठक बहुत लंबी नहीं टिक पाई। 29 दिसंबर, 2014 की शाम जब मोदी सरकार भूमि अधिग्रहण अध्यादेश लेकर आई तो उसका विरोध शुरू हो गया। इसी बीच, भा.ज.पा. को राजनीतिक झटका भी लगा। यही दौर था, जब भा.ज.पा. अध्यक्ष अमित शाह अपनी महत्त्वाकांक्षी 10 करोड़ सदस्य बनाने की मुहिम में जुट गए थे और पार्टी महाराष्ट्र, हरियाणा एवं झारखंड में अपनी सरकार बनाने के बाद दिल्ली और जम्मू व कश्मीर के विधानसभा चुनावों में महत्त्वपूर्ण लड़ाई लड़ रही थी। जम्मू व कश्मीर में पहली बार दो विपरीत ध्रुव भा.ज.पा.-पी.डी.पी. ने साझा एजेंडा तैयार कर सरकार तो बना ली, लेकिन दिल्ली में भा.ज.पा. की स्थिति बेहद दयनीय हो गई और नई नवेली आम आदमी पार्टी ने 70 में से 67 सीटें जीत लीं और भा.ज.पा. को महज 3 सीटें मिलीं। दिल्ली की हार पर जब समीक्षा हुई तो सरसंघचालक मोहन भागवत ने नतीजों के तीसरे दिन सरकार्यवाह भैय्याजी जोशी और तीनों सह-सरकार्यवाहों के साथ बैठक की। फिर अगले दिन

नरेंद्र मोदी के प्रधानमंत्री बनने के बाद संघ ने सबसे पहला काम यह किया कि अपने खास दो प्रचारक राम माधव और शिवप्रकाश को भा.ज.पा. में भेज दिया। समन्वय की पूरी पटकथा पहले ही तैयार हो चुकी थी, जिसके तहत शिवप्रकाश को राष्ट्रीय सह-संगठन महामंत्री की जिम्मेदारी दी गई तो राम माधव को महासचिव की जिम्मेदारी दी गई।

भैय्याजी और भा.ज.पा. के साथ समन्वयक की भूमिका निभा रहे सह-सरकार्यवाह कृष्ण गोपाल, सुरेश सोनी ने भा.ज.पा. के तत्कालीन संगठन महासचिव रामलाल, राम माधव और तत्कालीन केंद्रीय स्वास्थ्य मंत्री जे.पी. नड्डा के साथ बैठक की। इस बैठक में भैय्याजी ने कड़ी नाराजगी जाहिर की। उन्होंने कहा कि जिस सदस्यता अभियान पर इतना जोर दिया जा रहा है, उसका क्या लाभ, जब पार्टी को वोट ही नहीं मिल रहे? भैय्याजी ने यहाँ तक कहा कि भा.ज.पा. की सदस्य संख्या तो ऐसे बढ़ रही है, जैसे कोई पहलवान रोजाना अपनी दंड-बैठक का आँकड़ा बढ़ा रहा हो! लोकसभा में बड़ी जीत के बाद नौ महीनों के भीतर ही देश की राजधानी में इतनी बड़ी हार ने भा.ज.पा. और संघ परिवार को आत्म-चिंतन को मजबूर कर दिया था। लेकिन इस हार से समन्वय बेपटरी नहीं हो, इसे संघ ने सुनिश्चित किया। लेकिन समन्वय की कोशिश से पहले टकराव कितना था, इसे भी समझना होगा।

भूमि अधिग्रहण तथा आर्थिक नीतियों पर असमंजस

मोदी सरकार की ओर से चुनावी साल छोड़ दें तो 2015 का पहला बजट आनेवाला था। लेकिन उससे पहले भूमि अधिग्रहण बिल पर सरकार को विपक्ष से ज्यादा संघ के आनुषंगिक संगठनों के विरोध का सामना करना पड़ रहा था। कड़वाहट कितनी थी, इसका अंदाजा इस बात से लगाया जा सकता है कि जब 28 दिसंबर को तत्कालीन केंद्रीय वित्त मंत्री अरुण जेटली और कुछ अन्य मंत्रियों के सामने, जिसमें वित्त के साथ कृषि मंत्रालय के लोग शामिल थे, उसमें संघ के आनुषंगिक संगठनों के साथ मौजूद भारतीय किसान संघ के तत्कालीन राष्ट्रीय मंत्री मोहिनी मोहन मिश्र ने तल्ख लहजे में कहा था, "आपको हर बात क्यों पूछनी पड़ती है? क्या आप खाना नहीं खाते? क्या कपड़े नहीं पहनते? सबकुछ स्पष्ट दिखाई दे रहा है। फिर किसानों को अलग निगाह से क्यों देखा जाता है?" लेकिन सरकार मन बना चुकी थी कि भूमि अधिग्रहण पर अध्यादेश लाना है। ऐसे में, विचार परिवार के संगठनों का सुझाव था कि 'सोशल इंपैक्ट

मोदी सरकार की ओर से चुनावी साल छोड़ दें तो 2015 का पहला बजट आनेवाला था। लेकिन उससे पहले भूमि अधिग्रहण बिल पर सरकार को विपक्ष से ज्यादा संघ के आनुषंगिक संगठनों के विरोध का सामना करना पड़ रहा था। कड़वाहट कितनी थी, इसका अंदाजा इस बात से लगाया जा सकता है कि जब 28 दिसंबर को तत्कालीन केंद्रीय वित्त मंत्री अरुण जेटली और कुछ अन्य मंत्रियों के सामने, जिसमें वित्त के साथ कृषि मंत्रालय के लोग शामिल थे"

एसेसमेंट' (एस.आई.ए.) को हटाना सही नहीं होगा। किसी भी भूमि अधिग्रहण से पहले समाज पर पड़नेवाले उसके प्रभाव का आकलन किया ही जाना चाहिए।

अपनी ही सरकार के खिलाफ 'भारतीय मजदूर संघ' (बी.एम.एस.) ने बाकी सभी मजदूर संगठनों के साथ मिलकर 26 फरवरी, 2015 को अपनी माँगों को लेकर राष्ट्रव्यापी सत्याग्रह का ऐलान कर दिया था। दूसरी तरफ, स्वदेशी जागरण मंच, भारतीय किसान संघ जैसे संगठनों ने बजट सत्र में भूमि अधिग्रहण अध्यादेश को कानूनी जामा पहनाने की सरकार की कोशिशों में अड़ंगा डालने और एफ.डी.आई. के मुद्दे पर श्वेत-पत्र जारी करने की माँग कर मुश्किलें बढ़ा दी थीं। आर्थिक नीतियों पर भा.ज.पा. और संघ के अन्य आनुषंगिक संगठनों के बीच टकराव का मसला केंद्र में पार्टी की सरकार के समय हमेशा सुर्खियों में रहा है। एन.डी.ए. के पहले शासनकाल में वाजपेयी सरकार जब बीमा क्षेत्र में एफ.डी.आई. लाने पर आगे बढ़ी तो 'स्वदेशी जागरण मंच' (एस.जे.एम.) के संस्थापक दत्तोपंत ठेंगड़ी धरने पर बैठ गए थे। एस.जे.एम. के सह-संयोजक अश्विनी महाजन ने तब मुझसे बातचीत में कहा था, "हम भले आर.एस.एस. की प्रेरणा से काम करते हैं, लेकिन सरकार कोई भी रहे, फर्क नहीं पड़ता। अगर कोई भी सरकार आर्थिक स्वतंत्रता को आघात पहुँचाती है या शोषणकारी प्रवृत्तियाँ सिर उठाती हैं तो स्वदेशी जागरण मंच का डी.एन.ए. ही ऐसा है कि वह आवाज उठाए बिना नहीं रहेगा।" तब संघ की ओर से इस बार मोदी सरकार को इन मुद्दों पर दो साल का वक्त देने की बात को तीनों संगठनों ने सिरे से खारिज किया था।

अपनी ही सरकार के खिलाफ 'भारतीय मजदूर संघ' (बी.एम.एस.) ने बाकी सभी मजदूर संगठनों के साथ मिलकर 26 फरवरी, 2015 को अपनी माँगों को लेकर राष्ट्रव्यापी सत्याग्रह का ऐलान कर दिया था। दूसरी तरफ, स्वदेशी जागरण मंच, भारतीय किसान संघ जैसे संगठनों ने बजट सत्र में भूमि अधिग्रहण अध्यादेश को कानूनी जामा पहनाने की सरकार की कोशिशों में अड़ंगा डालने और एफ.डी.आई. के मुद्दे पर श्वेत-पत्र जारी करने की माँग कर मुश्किलें बढ़ा दी थीं।

दरअसल, भारतीय जनता पार्टी के राजनीतिक अश्वमेध यज्ञ का घोड़ा दिल्ली में आकर ठिठका तो संघ परिवार से जुड़े संगठन भी आर्थिक मोर्चे पर घेराबंदी को कमर कस चुके थे। मोदी सरकार श्रम सुधारों की दिशा में कदम बढ़ाना चाहती थी; लेकिन भारतीय मजदूर संघ के महासचिव विरजेश उपाध्याय ने तब कहा था, "हमने 10 सूत्री माँग सरकार के सामने रख दी है और 26 फरवरी को उसी को लेकर सत्याग्रह करेंगे।

अगर सरकार उसे नहीं मानती तो हम भी अपनी बात सड़कों पर उतरकर रखने के लिए स्वतंत्र हैं।" जबकि बी.एम.एस. के ही क्षेत्रीय संगठन मंत्री पवन कुमार का कहना था, "हम सकारात्मक सहयोग में विश्वास करते हैं। हाल ही में बैंक कर्मचारियों ने हफ्ते भर की हड़ताल का ऐलान किया था, लेकिन बाद में उसे टाल दिया गया।"

उपाध्याय बेबाकी से कहते हैं कि पार्टी और सरकार में आ जाने पर सोच में फर्क आ जाता है; लेकिन हम श्रमिक हितों पर कोई समझौता नहीं करेंगे। उस समय संघ परिवार से जुड़े आनुषंगिक संगठनों से आर्थिक मसलों पर सरकार की लगातार चर्चा हो रही थी। लेकिन जैसा कि पवन कुमार ने तब मुझसे कहा था, "बैठकें लगातार हो रही हैं, लेकिन नतीजा सिफर है।" यहाँ तक कि लाल किले की प्राचीर से प्रधानमंत्री मोदी के 'मेक इन इंडिया' के नारे का भी विरोध संघ के ही संगठन करने लगे। बी.एम.एस. का कहना था कि इस नारे पर उसे सख्त आपत्ति है। उसका कहना था कि भारतीयों द्वारा भारत में बनाया जाए और 'मेक इन इंडिया' की जगह 'मेक इन इंडिया' की बात होनी चाहिए। लेकिन 'मेक इन इंडिया' और श्रमिकों के मुद्दे पर कामकाज से हम सहमत नहीं हैं। अगर सरकार हमारे विरोध के बावजूद आगे बढ़ेगी तो हम भी सड़कों पर उतरकर आगे बढ़ेंगे। बी.एम.एस. के विरजेश उपाध्याय का कहना था कि 'मेक इन इंडिया' कोई नई अवधारणा नहीं है; बल्कि बहुत सी विदेशी कंपनियाँ भारत में काम कर रही हैं, जो मजदूरों के लिए न तो हिंदुस्तान का कानून लागू करती हैं और न ही अपने देश का। इस तरह स्वदेशी जागरण मंच ने प्रत्यक्ष विदेशी निवेश एवं ई-कॉमर्स पर पाबंदी की माँग जैसे मुद्दे उछाले।

उपाध्याय बेबाकी से कहते हैं कि पार्टी और सरकार में आ जाने पर सोच में फर्क आ जाता है; लेकिन हम श्रमिक हितों पर कोई समझौता नहीं करेंगे। उस समय संघ परिवार से जुड़े आनुषंगिक संगठनों से आर्थिक मसलों पर सरकार की लगातार चर्चा हो रही थी। लेकिन जैसा कि पवन कुमार ने तब मुझसे कहा था, "बैठकें लगातार हो रही हैं, लेकिन नतीजा सिफर है।" यहाँ तक कि लाल किले की प्राचीर से प्रधानमंत्री मोदी के 'मेक इन इंडिया' के नारे का भी विरोध संघ के ही संगठन करने लगे।

लेकिन आर्थिक नीतियों से ज्यादा भूमि अधिग्रहण अध्यादेश को लेकर रार ठनी थी। आर.एस.एस. से जुड़े भारतीय किसान संघ और स्वदेशी जागरण मंच ने मोदी सरकार के सामने अध्यादेश के कुछ प्रावधानों में बदलाव की शर्त रख दी थी और इसके लिए उसने पार्टी लाइन से इतर सभी सांसदों को चिट्ठी लिखकर लामबंदी शुरू कर दी थी, ताकि अपनी ही सरकार को मजबूर किया जा सके। भारतीय किसान संघ के

महासचिव प्रभाकर केलकर ने तब कहा था, "विचार परिवार से हम भले एक हैं, लेकिन किसानों से जुड़ी कोई बात होगी तो हम पीछे नहीं हट सकते और हमारा मूल मुद्दा है कि जो किसान देश को 60 फीसदी रोजगार देता है, उसके लिए यह कैसा तंत्र और नीति है कि वही किसान आत्महत्या करने को मजबूर हो रहा है?" भारतीय किसान संघ और स्वदेशी जागरण मंच की सबसे बड़ी आपत्ति भूमि अधिग्रहण अध्यादेश में ग्रामसभा की सहमति, सामाजिक प्रभाव का आकलन (एस.आई.ए.) और खाद्य सुरक्षा जैसे प्रावधानों की अनदेखी को लेकर थीं। इस अध्यादेश को लेकर भारतीय किसान संघ के राष्ट्रीय सचिव मोहिनी मोहन मिश्र की टिप्पणी थी, "अगर इन्फ्रास्ट्रक्चर, रेलवे, रक्षा जैसे मामले में सरकार भूमि अधिगृहीत करती है तो उससे शायद किसानों को भी आपत्ति नहीं होगी, लेकिन इंडस्ट्रियल कॉरिडोर के लिए निजी कंपनियों को सरकार जमीन अधिगृहीत करके क्यों देना चाहती है?" उनका कहना था कि उद्योग को किसान से जमीन लीज पर लेनी चाहिए, जिससे निवेश का खर्च भी कम होगा और मुकदमेबाजी भी खत्म हो जाएगी। मिश्र तो सरकारी अधिग्रहण में भी एस.आई.ए. की अनिवार्यता वाले प्रावधान को फिर से जोड़ने की माँग कर रहे थे। केलकर और मिश्र ने तो 'भूमि अधिग्रहण' शब्द पर भी ऐतराज जाहिर कर देश में भूमि उपयोगिता नियोजन कानून बनाने और उसमें यह प्रावधान जोड़ने की पैरवी की थी कि अगर कोई उद्योग जमीन लेकर पाँच साल के भीतर परियोजना शुरू नहीं करता तो जमीन किसान को स्वत: वापस मिल जाएगी।

> ***इस अध्यादेश को लेकर भारतीय किसान संघ के राष्ट्रीय सचिव मोहिनी मोहन मिश्र की टिप्पणी थी, "अगर इन्फ्रास्ट्रक्चर, रेलवे, रक्षा जैसे मामले में सरकार भूमि अधिगृहीत करती है तो उससे शायद किसानों को भी आपत्ति नहीं होगी, लेकिन इंडस्ट्रियल कॉरिडोर के लिए निजी कंपनियों को सरकार जमीन अधिगृहीत करके क्यों देना चाहती है?"***

मोदी सरकार वर्ष 1998-2004 तक अटल बिहारी वाजपेयी की अगुवाई में चली एन.डी.ए. सरकार के अनुभवों से सीख लेते हुए आर्थिक मसलों पर संघ परिवार से समन्वय की कोशिश तो कर रही थी, लेकिन उसके सामने दोहरी चुनौती थी कि समन्वय के साथ विकास के एजेंडे पर तेजी से आगे कैसे बढ़ा जाए?

रेशमबाग से ऐसे निकला समन्वय का संदेश

मोदी सरकार की आर्थिक नीतियों को लेकर विचार परिवार में समन्वय बनाने के उद्देश्य से अक्तूबर 2014 में दिल्ली स्थित मध्य प्रदेश भवन में संघ के वरिष्ठ

पदाधिकारियों—सुरेश सोनी, कृष्ण गोपाल, दत्तात्रेय होसबाले, बजरंग लाल गुप्ता के साथ बैठक में मोदी सरकार के पाँच मंत्रियों—इस्पात मंत्री नरेंद्र सिंह तोमर, कृषि मंत्री राधामोहन सिंह, पर्यावरण मंत्री प्रकाश जावड़ेकर, ऊर्जा मंत्री पीयूष गोयल और कृषि राज्यमंत्री संजीव बालियान मौजूद थे। इस मैराथन बैठक में संघ परिवार ने एफ.डी.आई., जी.एम. क्रॉप, भूमि अधिग्रहण जैसे तमाम आर्थिक मसलों पर चर्चा की थी। इसमें स्वदेशी जागरण मंच, भारतीय किसान संघ और बी.एम.एस. के पदाधिकारी भी मौजूद थे; लेकिन समन्वय सिरे नहीं चढ़ रहा था। इसी बीच, दिल्ली विधानसभा चुनाव की राजनीतिक हार ने इन संगठनों को और मौका दे दिया, जिसके बाद कमान खुद संघ के शीर्ष नेतृत्व ने सँभाली।

दिल्ली की हार के बाद संघ की हर तीसरे साल नागपुर के रेशमबाग में होनेवाली अखिल भारतीय प्रतिनिधि सभा की बैठक 13-15 मार्च, 2015 को हुई। इससे पहले ही मोदी सरकार पर भूमि अधिग्रहण अध्यादेश को लेकर विपक्ष ने निशाना साधा और सूट-बूट की सरकार के आरोप लगने लगे थे। इस अध्यादेश की वजह से संघ के आनुषंगिक संगठन—भारतीय मजदूर संघ, स्वदेशी जागरण मंच, भारतीय किसान संघ भी अपनी विचारधारा वाली सरकार के खिलाफ मोर्चा खोल चुके थे। ऐसे में, जब प्रतिनिधि सभा की बैठक हुई तो वहाँ से पितृ संगठन के नाते संघ ने निर्देश दिया, "आनुषंगिक संगठन मुद्दों पर बोलें, लेकिन उस पर टिके न रहें।" इसका मतलब था कि विरोध इतना ज्यादा नहीं हो कि वहाँ से पीछे लौटने की गुंजाइश नहीं बचे। रेशमबाग से निकले इस संदेश ने वर्ष 2015 के बजट सत्र के तत्काल बाद इन संगठनों के तेवर नरम कर दिए और स्वदेशी के योद्धाओं के तेवर ढीले पड़ गए। कुछ समय पहले तक इन तीनों संगठनों के नेता जिस तरह से मोर्चा खोले हुए थे, उनके सुर अचानक बदल गए। मसलन भूमि अधिग्रहण अध्यादेश आने के बाद भारतीय मजदूर संघ के महासचिव विरजेश उपाध्याय सरकार के खिलाफ सत्याग्रह की धमकी कुछ इस तरह देते थे, "सरकार के खिलाफ सत्याग्रह करेंगे। 'मेक इन इंडिया' नया नहीं। सरकार को रास्ते पर लाना आता है।" लेकिन संघ

दिल्ली की हार के बाद संघ की हर तीसरे साल नागपुर के रेशमबाग में होनेवाली अखिल भारतीय प्रतिनिधि सभा की बैठक 13-15 मार्च, 2015 को हुई। इससे पहले ही मोदी सरकार पर भूमि अधिग्रहण अध्यादेश को लेकर विपक्ष ने निशाना साधा और सूट-बूट की सरकार के आरोप लगने लगे थे। इस अध्यादेश की वजह से संघ के आनुषंगिक संगठन—भारतीय मजदूर संघ, स्वदेशी जागरण मंच, भारतीय किसान संघ भी अपनी विचारधारा वाली सरकार के खिलाफ मोर्चा खोल चुके थे।

की इस बैठक के बाद उपाध्याय अचानक मोदी सरकार की प्रशंसा कुछ यों करने लगे, "मोदी सरकार यू.पी.ए. से अच्छा काम कर रही है। ऐसा कोई काम नहीं किया, जो मजदूरों के खिलाफ हो।" इसी तरह, स्वदेशी जागरण मंच के सह-संयोजक अश्विनी महाजन पहले कहते थे, "भूमि अधिग्रहण बिल पर सामाजिक प्रभाव के आकलन का अध्ययन हो। 'मेक इन इंडिया' गलत है, इ-कॉमर्स पर बैन लगे।" लेकिन बाद में कहने लगे, "भूमि अधिग्रहण बिल विकास के लिए सही, लेकिन पहले सेज (SEZ) की जमीन का ऑडिट हो। मोदी सरकार ने देश में सकारात्मक माहौल बनाया।" इसी तरह, भारतीय किसान संघ के तत्कालीन राष्ट्रीय मंत्री मोहिनी मोहन मिश्र कहा करते थे, "भूमि अधिग्रहण बिल स्वीकार्य नहीं। किसानों से जमीन लीज पर लें और एस.आई.ए. (सामाजिक प्रभाव आकलन) का प्रावधान जोड़ा जाए।" भारतीय किसान संघ तो संसद् में इस अध्यादेश को गिराने के लिए सभी दलों के सांसदों को चिट्ठी लिखने की चेतावनी दे रहा था। लेकिन बाद में मिश्र कहने लगे, "मोदी अपनी पृष्ठभूमि की वजह से गरीबों-किसानों का दर्द समझनेवाले नेता हैं। भूमि अधिग्रहण बिल संसद् में पास होना चाहिए और अमल में आने के बाद कोई दुष्प्रभाव दिखे तो उसके अनुरूप बदलाव के लिए संगठन सामने आएगा।"

संघ की ओर से इन संगठनों को साफ ताकीद कर दी गई थी कि किसी मुद्दे पर रार नहीं ठानें; लेकिन इतनी छूट जरूर दी गई कि अपने संगठनों से जुड़े मुद्दों पर इस तरह से बात रखें कि उसका लाभ विपक्ष न उठा ले, यानी दायरे में रहकर इन संगठनों को अपना अस्तित्व बचाए रखने के लिए बोलने की छूट दी गई।

संघ की ओर से इन संगठनों को साफ ताकीद कर दी गई थी कि किसी मुद्दे पर रार नहीं ठानें; लेकिन इतनी छूट जरूर दी गई कि अपने संगठनों से जुड़े मुद्दों पर इस तरह से बात रखें कि उसका लाभ विपक्ष न उठा ले, यानी दायरे में रहकर इन संगठनों को अपना अस्तित्व बचाए रखने के लिए बोलने की छूट दी गई। तब संघ से सीधे भा.ज.पा. के राष्ट्रीय महासचिव बनाए गए राम माधव ने मुझसे बातचीत में कहा था, "कुछ दुष्प्रचार की वजह से आनुषंगिक संगठनों के नेताओं के मन में संशय आ गया था, जिसे हमने आपस में बैठकर दूर करने का प्रयास किया है। इन प्रयासों से ही अच्छे माहौल में हमारे संबंध चल रहे हैं।" वाजपेयी सरकार के समय संघ के प्रवक्ता की भूमिका में रहे राम माधव का कहना था कि पिछले अनुभव से ही इस बार बेहतर तालमेल पर जोर है। उनका कहना था, "पिछली सरकार के समय मैं संघ का प्रवक्ता था। कई मसलों पर सरकार से बातचीत चलती थी। कुछेक संगठनों के विचार कुछ मुद्दों पर अलग थे। इसलिए पिछली सरकार के समय बहुत झगड़ा था,

यह सच नहीं है। लेकिन पिछली सरकार के अनुभव लेकर इस बार और ज्यादा तालमेल कैसे हो, इसका प्रयास पहले दिन से ही शुरू कर दिया। हमारी ओर से भी प्रयास रहता है और संघ की ओर से भी रहता है, ताकि हम जो कर रहे हैं, उसे परिवार समझे और उनकी जो चिंताएँ व विचार हैं, उसे हम भी समझें। यह प्रयास लगातार चलता रहेगा।"

मध्यांचल में मोदी और संघ

समन्वय की कोशिशों का नतीजा यह हुआ कि आनुषंगिक संगठनों के सुर, जो वर्ष 2015 के बजट से पहले तीखे थे, 13-15 मार्च, 2015 को नागपुर की अखिल भारतीय प्रतिनिधि सभा की बैठक के बाद बदल गए। लेकिन तब तक मोदी सरकार की छवि प्रो-कॉरपोरेट की बन गई थी। मोदी सरकार का पहला साल मई में पूरा हो चुका था। लेकिन जिस भूमि अध्यादेश से सरकार की छवि प्रो-कॉरपोरेट बनी थी, उसे तोड़ने का मन बना लिया गया। 29 दिसंबर, 2014 से तीन बार इस पर अध्यादेश लाने के बाद भी इसे संसद् में पारित कराने में सरकार को मुश्किल दिखी तो आखिरकार, 30 अगस्त, 2015 को प्रधानमंत्री मोदी ने रेडियो प्रोग्राम 'मन की बात' में भारी मन से कहा, "हम किसानों के हित में अध्यादेश लेकर आए थे; लेकिन भ्रम फैलाया गया, किसानों को भयभीत किया गया। पर मैं चाहता हूँ कि मेरा किसान भ्रमित न हो और भयभीत तो कदापि नहीं होना चाहिए। इसलिए, मैं भूमि अधिग्रहण पर पुरानी स्थिति पुनर्स्थापित कर रहा हूँ।"

समन्वय की कोशिशों का नतीजा यह हुआ कि आनुषंगिक संगठनों के सुर, जो वर्ष 2015 के बजट से पहले तीखे थे, 13-15 मार्च, 2015 को नागपुर की अखिल भारतीय प्रतिनिधि सभा की बैठक के बाद बदल गए। लेकिन तब तक मोदी सरकार की छवि प्रो-कॉरपोरेट की बन गई थी। मोदी सरकार का पहला साल मई में पूरा हो चुका था। लेकिन जिस भूमि अध्यादेश से सरकार की छवि प्रो-कॉरपोरेट बनी थी, उसे तोड़ने का मन बना लिया गया।

इससे पहले मुझसे बातचीत में संघ के पूर्व प्रचारक सूर्यकांत केलकर का भी कहना था कि अगर भूमि अधिग्रहण बिल पर सरकार ने विचार की प्रक्रिया को व्यापक किया होता तो इतना विरोध नहीं झेलना पड़ता। शुरुआत में संघ परिवार से जुड़े संगठनों से भी बातचीत नहीं की गई, इसलिए परिवार से भी विरोध का सामना करना पड़ा। बाद में विषय से जुड़े संगठनों को बुलाकर बात की गई और उसमें उनके सुझावों को जोड़ा गया तो संघ का विरोध कमजोर हुआ।

लेकिन टीस सिर्फ एक तरफ नहीं थी। संघ की दूसरी वार्षिक समन्वय बैठक 2

सितंबर, 2015 को दिल्ली के मध्यांचल भवन में शुरू हुई। इसमें संघ के 15 अहम आनुषंगिक संगठनों के 93 प्रमुख लोगों ने शिरकत की थी। तीन दिवसीय इस मैराथन समन्वय बैठक की आखिरी शाम को समापन सत्र में प्रधानमंत्री नरेंद्र मोदी की टीस कुछ यों छलकी, "सरकार से जनता को उम्मीदें बहुत ज्यादा हैं। उसी गति से हमें काम भी करना होगा। लेकिन कई बार संगठनों (विचार परिवार) की ओर से ही ऐसी बयानबाजी हो जाती है, जिससे आपसी समझ प्रभावित हो जाती है।" उनका इशारा साफ तौर पर भूमि अधिग्रहण अध्यादेश, श्रम सुधार, खुदरा क्षेत्र में एफ.डी.आई., जी.एम. क्रॉप जैसे मुद्दों पर संघ के आनुषंगिक संगठनों के शुरुआती विरोध की ओर था, जिसे विपक्षी दलों ने राजनीतिक हथियार बनाया और इस अध्यादेश को लेकर सरकार की नकारात्मक छवि बनी, जिससे मजबूर होकर सरकार को अपने कदम पीछे खींचने पड़े। मोदी की मौजूदगी में राष्ट्रीय स्वयंसेवक संघ (आर.एस.एस.) के सरसंघचालक मोहन भागवत ने भी तीन दिवसीय बैठक का निचोड़ एक संदेश के रूप में दिया। भागवत ने कहा, "संघ के जितने भी संगठन हैं, हम सब मिलकर एक विचार परिवार हैं और सभी के विचारों का इसी प्रकार से आदान-प्रदान होते रहना चाहिए। इससे सरकार और संगठन में बैठे दोनों तरफ के लोगों को लाभ होता है। हमें मिल-जुलकर इस प्रक्रिया को आगे बढ़ाना चाहिए। विचारधारा और संगठन के प्रति समर्पण जरूरी है।"

मोदी की मौजूदगी में राष्ट्रीय स्वयंसेवक संघ (आर. एस.एस.) के सरसंघचालक मोहन भागवत ने भी तीन दिवसीय बैठक का निचोड़ एक संदेश के रूप में दिया। भागवत ने कहा, "संघ के जितने भी संगठन हैं, हम सब मिलकर एक विचार परिवार हैं और सभी के विचारों का इसी प्रकार से आदान-प्रदान होते रहना चाहिए। इससे सरकार और संगठन में बैठे दोनों तरफ के लोगों को लाभ होता है। हमें मिल-जुलकर इस प्रक्रिया को आगे बढ़ाना चाहिए। विचारधारा और संगठन के प्रति समर्पण जरूरी है।"

छह विषयों पर समन्वय की 'ड्राफ्ट नीति'

मध्यांचल भवन में मंच के अलावा अल्पाहार के दौरान संघ के वरिष्ठ पदाधिकारियों और मोदी के साथ 'मुक्त चिंतन' में भी गहन चर्चा हुई। अटल बिहारी वाजपेयी सरकार के समय हुई गलतियों को न तो भा.ज.पा. और न ही संघ दोहराने के मूड में था; क्योंकि उस समय समन्वय के अभाव का नतीजा सड़कों पर दिखने लगा था। लेकिन इस बार संघ ने केंद्र में मोदी सरकार के शपथ लेने से पहले ही विचार परिवार की बैठक कर

छह महत्त्वपूर्ण विषयों—आर्थिक नीति, विदेश नीति, आंतरिक व बाह्य सुरक्षा, शिक्षा नीति, सामाजिक पहल, सांस्कृतिक नीति पर एक ड्राफ्ट नीति तैयार कर ली थी, जिसे परिवार का अपना चिंतन कहा गया। लेकिन सरकार के पहले साल में समन्वय का संदेश नीचे तक स्पष्ट नहीं होने से कई ऐसे मौके आए, जब आनुषंगिक संगठनों ने सार्वजनिक तौर से विचारधारा से जुड़े मुद्दों पर सरकार पर हमले से परहेज नहीं किया। इससे सरकार की साख पर सवाल उठने लगे। लिहाजा, संघ ने अनौपचारिक तौर से इन संगठनों को संयम बरतने की सलाह दी, तो दूसरी तरफ भा.ज.पा. और सरकार ने भी भारतीय मजदूर संघ, स्वदेशी जागरण मंच, भारतीय किसान संघ जैसे परिवार के अन्य संगठनों से विचार-विमर्श की प्रक्रिया शुरू कर दी थी, जिसमें अलग-अलग संगठनों से बातचीत के लिए मंत्रियों का एक ग्रुप बना दिया गया था। ऐसे में, जब मध्यांचल भवन में तीन दिवसीय समन्वय बैठक हुई तो आर्थिक नीति पर तत्कालीन केंद्रीय वित्त मंत्री अरुण जेटली, विदेश नीति पर विदेश मंत्री सुषमा स्वराज, आंतरिक व बाह्य सुरक्षा पर गृह मंत्री राजनाथ सिंह, शिक्षा नीति पर तत्कालीन मानव संसाधन विकास मंत्री स्मृति ईरानी, सामाजिक पहल पर केंद्रीय सामाजिक न्याय एवं अधिकारिता मंत्री थावरचंद गहलोत और जनजातीय मंत्री जुएल उराँव तथा सांस्कृतिक नीति पर जल संसाधन मंत्री उमा भारती और संस्कृति मंत्री डॉ. महेश शर्मा ने अलग-अलग सत्रों में अपना प्रस्तुतीकरण दिया, जिसमें सरकार की ओर से उठाए गए कदम और लक्ष्य का संभावित ब्योरा दिया। इसमें संघ की ओर से भी सुझाव दिए गए, क्योंकि संघ अपनी भूमिका मूकदर्शक की नहीं रखना चाहता था। इसलिए बैठक को विस्तारित रूप देकर सभी संबंधित पक्षों को बुलाया गया था, ताकि सरकार और आनुषंगिक संगठनों के प्रतिनिधियों के सामने सीधी बात हो और वहाँ खुद का संघ का शीर्ष नेतृत्व मौजूद

जब मध्यांचल भवन में तीन दिवसीय समन्वय बैठक हुई तो आर्थिक नीति पर तत्कालीन केंद्रीय वित्त मंत्री अरुण जेटली, विदेश नीति पर विदेश मंत्री सुषमा स्वराज, आंतरिक व बाह्य सुरक्षा पर गृह मंत्री राजनाथ सिंह, शिक्षा नीति पर तत्कालीन मानव संसाधन विकास मंत्री स्मृति ईरानी, सामाजिक पहल पर केंद्रीय सामाजिक न्याय एवं अधिकारिता मंत्री थावरचंद गहलोत और जनजातीय मंत्री जुएल उराँव तथा सांस्कृतिक नीति पर जल संसाधन मंत्री उमा भारती और संस्कृति मंत्री डॉ. महेश शर्मा ने अलग-अलग सत्रों में अपना प्रस्तुतीकरण दिया, जिसमें सरकार की ओर से उठाए गए कदम और लक्ष्य का संभावित ब्योरा दिया।

रहे। इस पूरी मैराथन प्रक्रिया का एक ही ध्येय था—विचार परिवार का मोदी सरकार से समन्वय।

मोहन भागवत ने इस बैठक में खासतौर से इस बात का जिक्र किया कि विचारधारा को लेकर संघ अपनी तीन पीढ़ियाँ खपा चुका है। ऐसे में, अब इंतजार किए बिना मोदी सरकार को एक दृढ़ इच्छा-शक्ति के साथ आगे बढ़ना होगा। भा.ज.पा. के तत्कालीन अध्यक्ष अमित शाह ने भी वर्ष 2014 के आम चुनावों में संघ परिवार के योगदान का खासतौर से जिक्र किया। शाह ने उस बैठक में कहा, "आज हम जहाँ (शासन में) हैं, उसमें मोदीजी की छवि, कांग्रेस की गलत नीतियाँ तो हैं ही, लेकिन सबसे बड़ी बात यह है कि पूरा विचार परिवार हमारे पीछे खड़ा था। इसलिए भा.ज.पा. को इतनी अद्‍भुत विजय मिली।" इस बैठक का नतीजा भी तत्काल देखने को मिला। भारतीय मजदूर संघ के विरजेश उपाध्याय हों या भारतीय किसान संघ के प्रभाकर केलकर या फिर स्वदेशी जागरण मंच के कश्मीरी लाल—सबने एक सुर में सरकार के कामकाज पर संतुष्टि का इजहार किया।

अतीत से सबक लेते हुए संघ ने अभिभावक की भूमिका निभाई। संघ ने आर्थिक, शैक्षिक, सांस्कृतिक और सुरक्षा पर अपना खाका सरकार के सामने रखा तो सरकार ने भी विवादास्पद मुद्‍दों पर रार नहीं ठानने का भरोसा हासिल कर विचार परिवार में समन्वय की नई पटकथा लिखी, जिससे पहली बार केंद्र में खुद के बहुमत से बनी विचारधारा वाली सरकार और आनुषंगिक संगठनों के बीच समन्वय का सूत्रपात हुआ। लेकिन सत्ता का अपना चरित्र और प्रभाव होता है, जिसका संघ को वाजपेयी शासनकाल (1998-2004) की वजह से बखूबी अहसास था, जब संगठन वाजपेयी-आडवाणी जैसे कद्‍दावर नेताओं के सरकार में होने की वजह से बौना दिख रहा था। ऐसे में, जब मोदी सरकार अपने पहले साल का जश्न मना रही थी, संघ ने परदे के पीछे एहतियाती कदम भी उठाए और करीब दशक भर बाद इस तरह से संघ ने भा.ज.पा. में काम देख रहे संगठन मंत्रियों की अहम बैठक बुलाई।

□

9

जड़ें जमाने की नई कोशिश

संघ ने दशक भर के बाद भा.ज.पा. में प्रत्यक्ष काम देखनेवाले 43 प्रचारकों की बैठक कर सरकार के चक्कर में संगठन न भूलने का दिया मंत्र, ताकि समन्वय की राह सुगम रहे।

नरेंद्र मोदी सरकार 'साल एक, शुरुआत अनेक' नारे के साथ पहले साल का जश्न मना रही थी। इस जश्न के लिए संगठन में चल रहे कुछ कामों को रोककर सरकार के कामकाज को जनता के बीच ले जाने का जिम्मा भी संगठन ने सँभाल लिया था, जिसे 'जन कल्याण पर्व' नाम दिया गया था, जो पूरे एक महीने तक चलना था। सालाना जश्न खत्म होने के तत्काल बाद संघ ने भा.ज.पा. में काम करनेवाले उस समय के सभी 43 प्रचारकों को 26–28 जून, 2015 को तीन दिवसीय मंथन के लिए बुला लिया, जिसमें सरकार के एक साल के अनुभवों पर चर्चा होनी थी और आनेवाले समय के लिए प्रचारकों को सतर्क भी किया जाना था। यह बेहद गोपनीय और अनौपचारिक बैठक थी, जिसे मीडिया की सुर्खियों से दूर रखा गया था। लेकिन 'इंडिया टुडे' में काम करते हुए इस बैठक को लेकर मैंने पड़ताल की तो उसमें संघ का वह संदेह सामने आया, जिसे उसने वाजपेयी सरकार के शासन में महसूस किया था। संघ इस आशंका को पूरी तरह से खत्म करना चाहता था कि मोदी सरकार भी कहीं सत्ता में आने के बाद कथित सेक्युलरिज्म की राह न पकड़ ले और उसके कोर मुद्दे धरे रह जाएँ! इन्हीं बातों को ध्यान में रखते हुए भा.ज.पा. के सभी राज्यों एवं केंद्रीय इकाई में काम करनेवाले संगठन मंत्रियों और अन्य भूमिका में काम कर रहे 43 प्रचारकों को मुंबई के 'रामभाऊ म्हालगी प्रबोधिनी सभा' में बुलाया गया।

इस बैठक की महत्ता इसी से समझी जा सकती है कि लंबे समय के बाद संघ के निर्देश पर सिर्फ और सिर्फ भा.ज.पा. का प्रत्यक्ष काम देख रहे प्रचारकों को ही बैठक में बुलाया गया था, जिसमें संघ की ओर से खुद सरकार्यवाह भैय्याजी जोशी और भा.ज.पा.

के साथ समन्वयक की भूमिका निभानेवाले सह-सरकार्यवाह डॉ. कृष्ण गोपाल शामिल थे। इस बैठक का संदेश कुछ इस प्रकार था—'भारतीय जनता पार्टी में काम करते समय हमें यह ध्यान रखना है कि वह एक राजनीतिक संगठन है। इसलिए आपको संघ के विचारों को ध्यान में रखकर न सिर्फ काम करना है, बल्कि यह भी सुनिश्चित करना है कि पार्टी में टीम के रूप में काम करने की कार्य-पद्धति का विकास हो।" यानी 'संगठन सर्वोपरि' का सिद्धांत कायम रखने की जिम्मेदारी संगठन मंत्रियों के ऊपर ही होती है और उन्हें इसका खास ध्यान रखना होगा। इस बैठक में शामिल हुए प्रचारक और भा.ज.पा. के राष्ट्रीय महासचिव राम माधव ने तब मुझसे कहा था, "भा.ज.पा. में काम करनेवाले 43 प्रचारकों का मिलने का कार्यक्रम एक दशक के बाद हुआ है, जिसमें राजनीतिक चर्चा नहीं हुई। यह बैठक प्रेरक रही, क्योंकि इसमें प्रचारकों को कैसे रहना चाहिए; दीनदयालजी, श्यामाप्रसादजी, नानाजी देशमुख आदि प्रचारकों के जीवन की चर्चा करते हुए कहा गया कि संघ में सीखे गए संस्कारों को किस तरह पार्टी में आगे बढ़ाना है।" स्पष्ट शब्दों में न सही, लेकिन राम माधव की बातों से यह साफ था कि संघ ने 'संघ के सिद्धांतों' से नहीं डिगने की नसीहत भा.ज.पा. में काम कर रहे अपने प्रचारकों को दी और इसके लिए बाकायदा उन आदर्शों के उदाहरण भी दिए।

राम माधव ने बातचीत में यह भी माना था कि भा.ज.पा. के महासंपर्क और महाप्रशिक्षण अभियान पर सूचना का एक सत्र हुआ था। दरअसल, संघ की चिंता थी कि जिस तेजी के साथ भा.ज.पा. ने 11 करोड़ सदस्य संख्या का लक्ष्य पार कर दुनिया की सबसे बड़ी पार्टी होने का रिकॉर्ड बनाया है, कहीं संगठन की सुस्ती की वजह से उन सभी लोगों से संपर्क का कार्यक्रम कमजोर न पड़े।

हालाँकि, राम माधव ने बातचीत में यह भी माना था कि भा.ज.पा. के महासंपर्क और महाप्रशिक्षण अभियान पर सूचना का एक सत्र हुआ था। दरअसल, संघ की चिंता थी कि जिस तेजी के साथ भा.ज.पा. ने 11 करोड़ सदस्य संख्या का लक्ष्य पार कर दुनिया की सबसे बड़ी पार्टी होने का रिकॉर्ड बनाया है, कहीं संगठन की सुस्ती की वजह से उन सभी लोगों से संपर्क का कार्यक्रम कमजोर न पड़े। इसलिए संघ ने महासंपर्क अभियान के लिए अपने नेटवर्क को भी पार्टी के साथ जोड़ने की रणनीति बनाई। संघ का मानना था कि संगठन की गतिविधियों पर सरकार के एजेंडे का प्रभाव नहीं पड़ना चाहिए। इसी बैठक के बाद महासंपर्क अभियान के खाके में बदलाव हुआ, जहाँ पहले पार्टी ने इसके समापन पर एक बड़ी बैठक का खाका बनाया था। लेकिन संघ के प्रचारकों के साथ बैठक के बाद पूरे देश को सात जोन में बाँटकर

5 से 12 जुलाई तक लगातार भा.ज.पा. के राष्ट्रीय अध्यक्ष अमित शाह और तत्कालीन संगठन महासचिव रामलाल को एक-एक जोन की बैठक करने की रणनीति बनी। बिहार जैसे चुनावी राज्यों को लेकर भी फीडबैक पर इस बैठक में चर्चा हुई।

लेकिन इस बैठक का अहम उद्देश्य था कि जिस तरह से सत्ता समीकरण और वातावरण बदला है, उसके लिहाज से विचारधारा को तरजीह देना। हालाँकि, संघ ने इसके लिए प्रचारकों के सामने कोई लक्ष्मण रेखा नहीं खींची, लेकिन उसने अपनी दीर्घकालिक रणनीति की ओर अपना कदम आगे बढ़ा दिया था, क्योंकि इस तरह से भा.ज.पा. में काम करनेवाले संघ के प्रचारकों की बैठक रुटीन में नहीं होती। इस अनौपचारिक चर्चा की बातें औपचारिक तौर से तो बाहर नहीं आईं, लेकिन संघ नेतृत्व ने संघ के संस्कारों की याद दिलाते हुए प्रचारकों को संगठन मंत्री के रूप में उनकी भूमिका का जिक्र किया तो पुराने प्रचारकों का जीवन परिचय सामने रखते हुए अनुसरण करने का पाठ पढ़ाया; साथ ही, भा.ज.पा. के अभियानों की समीक्षा और अपने व्यवहार-चरित्र पर ध्यान देने की नसीहत भी दी गई। सरकार्यवाह भैय्याजी जोशी ने राजनीति और विचारधारा की लड़ाई में विचारधारा को प्राथमिकता व महत्त्व देने का मंत्र दिया तो सह-सरकार्यवाह डॉ. कृष्ण गोपाल ने हिंदू दर्शन का विचार दिया। उन्होंने हिंदू धर्म की जगह हिंदू दर्शन की बात कुछ इस प्रकार से रखी, "हमें यह कोशिश करनी है कि राजनीतिक क्षेत्र में भी हिंदू दर्शन का प्रभाव दिखे, क्योंकि हिंदू धर्म नहीं, बल्कि दर्शन है।" इसी कड़ी में मोदी सरकार के महज एक साल में ही हुए स्वच्छता मिशन एवं योग दिवस की मुहिम को भी हिंदू दर्शन का ही हिस्सा बताया गया। संघ ने समन्वय का संदेश भी दिया और कहा कि विचारधारा को महत्त्व देने का अर्थ यह नहीं कि तत्काल ही राम मंदिर, अनुच्छेद-370 जैसे विषयों पर विवाद खड़ा किया जाए। इन विषयों पर रणनीति के तहत काम करना चाहिए।

लेकिन इस बैठक का अहम उद्देश्य था कि जिस तरह से सत्ता समीकरण और वातावरण बदला है, उसके लिहाज से विचारधारा को तरजीह देना। हालाँकि, संघ ने इसके लिए प्रचारकों के सामने कोई लक्ष्मण रेखा नहीं खींची, लेकिन उसने अपनी दीर्घकालिक रणनीति की ओर अपना कदम आगे बढ़ा दिया था, क्योंकि इस तरह से भा.ज.पा. में काम करनेवाले संघ के प्रचारकों की बैठक रुटीन में नहीं होती।

संघ ने प्रचारकों की बैठक के जरिए कुछ अहम बदलाव का भी मन बनाया, जिसके तहत कुछ राज्यों में सह-संगठन मंत्रियों की तैनाती कर भा.ज.पा. में प्रचारकों की संख्या को बढ़ाना और जिन राज्यों में सात साल से ज्यादा समय से जमे हुए संगठन मंत्री

हैं, उनका प्रभार बदलना। इस मापदंड से उस वक्त राष्ट्रीय संगठन महासचिव रामलाल को बाहर रखा गया, क्योंकि संघ का मानना था कि सत्ता व संगठन के तालमेल में उनका काम संतोषप्रद है।

निश्चित तौर से, संघ की रणनीति मोदी सरकार के शासन में विचार परिवार के समन्वय को बेहतरीन ढंग से अंजाम देने की तो थी ही, विचारधारा को विस्तार देने की भी सुदृढ़ रणनीति तैयार थी, जिन पर चरणबद्ध तरीके से काम शुरू कर दिया गया था, जिसकी झलक आगे के अध्यायों में दिखेगी।

□

खंड-5

आरक्षण पर विवाद और समरसता

बिहार चुनाव के समय आए मोहन भागवत के आरक्षण संबंधी बयान पर बवाल मचा। राजनीतिक नुकसान की संभावना के बावजूद मर्यादा में रहकर डैमेज कंट्रोल किया तो जयपुर से निकला ऐसा ही विवाद चंद घंटों में सुलझाया। लेकिन बार-बार विवाद की वजहों की पड़ताल से संघ ने पहले से शुरू सामाजिक समरसता अभियान को आगे बढ़ा 'विजन-2025' के तहत हर समाज तक पहुँचने की पहल की। 'एक मंदिर, एक कुआँ, एक श्मशान' और प्रतीकों के जरिए दलित समाज में पहुँच बनाने की सोच को फिर आगे बढ़ाया। भा.ज.पा. के संदर्भ में भी उसने राजनीतिक संचालक की बजाय नैतिक मार्गदर्शक की भूमिका को बनाए रखने के लिए क्या कदम उठाए।

10

आरक्षण पर असमंजस

बिहार चुनाव के समय संघ प्रमुख के आरक्षण संबंधी बयान पर सियासी घमासान के बाद समन्वय से पार पाकर तैयार की अपनी जमीन।

समन्वय की मजबूत डोर बँध चुकी थी। भा.ज.पा. एवं संघ दोनों अपनी पटकथा को अंजाम देने में जुटे थे। विचार परिवार में समन्वय पर 2-4 सितंबर, 2015 को विस्तारित बैठक हुई। लेकिन करीब पखवाड़े भर बाद ही राजनीतिक लिहाज से भा.ज.पा. को मुसीबत में डालनेवाला ऐसा बयान खुद सरसंघचालक मोहन भागवत की ओर से आया कि पार्टी के लिए न उगले बन रहा था और न निगले। लेकिन रिकॉर्ड दुरुस्त रहे, इसलिए यह जानना जरूरी है कि सरसंघचालक ने उस साक्षात्कार में जो कहा था, क्या वह वाकई वोटबैंक की राजनीति की भेंट चढ़ गया था या फिर वास्तव में उन्होंने कुछ ऐसा कहा था? 'पाञ्चजन्य' में जो उन्होंने कहा था, वह जस-का-तस यहाँ रखना उचित होगा। सरसंघचालक से सवाल पूछा गया था, "आपने कहा कि प्रामाणिकता ही कसौटी होती है। कोई ऐसी नीति, जिसमें आपको लगता हो कि यह ठीक है और पूरी प्रामाणिकता से लागू की गई ऐसी नीतियों से एकात्म मानव दर्शन साकार हो सकता है? क्या ऐसी कोई एक नीति आपको दिखाई देती है, जो लागू की गई है या नहीं भी की गई है? आपकी क्या कल्पना है?" इस पर भागवत का जवाब था, "जैसे अपने संविधान में सामाजिक पिछड़ेपन के आधार पर आरक्षण नीति की बात है तो उसको राजनीति के बजाय जैसा संविधानकारों के मन में था, वैसा चलाते तो आज ये सारे प्रश्न नहीं खड़े होते। संविधान में जब से यह प्रावधान आ गया, तब से उसका राजनीति के रूप में उपयोग किया गया है। हमारा कहना है कि एक समिति बना दो, जो राजनीति के प्रतिनिधियों को भी साथ ले, लेकिन चले उन लोगों की, जो सेवाभावी हों तथा जिनके मन में सारे देश के हित का विचार हो। उनको तय करने दें कि कितने लोगों के लिए आरक्षण आवश्यक है, कितने दिन तक उसकी आवश्यकता पड़ेगी? इन

सब बातों को लागू करने का पूरा अधिकार उस समिति के हाथ में हो। ध्यान में रखना होगा कि ये सारी बातें प्रामाणिकता से लागू हों।"

दरअसल, संघ के मुखपत्र 'पाञ्चजन्य' और 'ऑर्गेनाइजर' को दिए साक्षात्कार में भागवत ने भले मौजूदा आरक्षण व्यवस्था पर सीधी टिप्पणी नहीं की थी, लेकिन उन्होंने पिछड़े वर्ग में आरक्षण की माँग को लेकर उठ रही आवाजों के मद्देनजर एक समिति बनाकर समीक्षा की बात कह दी थी। इससे स्वाभाविक रूप से सियासी तूफान खड़ा हो गया और बिहार विधानसभा चुनाव में सामाजिक समीकरण का खाका बुन रही भा.ज.पा. की पेशानी पर बल पड़ गए। तब महागठबंधन के रूप में लड़ रहे नीतीश कुमार और लालू प्रसाद यादव खेमे ने फौरन इसे चुनावी मुद्दा बना लिया। बिहार में प्रतिष्ठा की लड़ाई में उलझे भा.ज.पा. के राष्ट्रीय अध्यक्ष अमित शाह को लगा कि इससे चुनावी नुकसान हो सकता है तो फौरी राहत के लिए उन्होंने संघ दरबार में गुहार लगाई।

संघ के मुखपत्र 'पाञ्चजन्य' और 'ऑर्गेनाइजर' को दिए साक्षात्कार में भागवत ने भले मौजूदा आरक्षण व्यवस्था पर सीधी टिप्पणी नहीं की थी, लेकिन उन्होंने पिछड़े वर्ग में आरक्षण की माँग को लेकर उठ रही आवाजों के मद्देनजर एक समिति बनाकर समीक्षा की बात कह दी थी। इससे स्वाभाविक रूप से सियासी तूफान खड़ा हो गया और बिहार विधानसभा चुनाव में सामाजिक समीकरण का खाका बुन रही भा.ज.पा. की पेशानी पर बल पड़ गए।

उस समय 'इंडिया टुडे' में काम करते हुए मैंने इस घटनाक्रम को बेहद करीब से देखा और लिखा भी था। चूँकि आरक्षण पर बयान उस संगठन के मुखिया की ओर से आया था, जिसे भा.ज.पा. अपना प्रेरणास्रोत और मार्गदर्शक मानती है, इसलिए इस टिप्पणी को खारिज करना भा.ज.पा. के किसी भी नेता के लिए आसान नहीं था। भागवत का पाञ्चजन्य-ऑर्गेनाइजर के लिए साक्षात्कार लेनेवाले उस पत्रिका के संपादक हितेश शंकर ने मुझसे बातचीत में दो-टूक कहा था, "संघ कभी मौसम या चुनाव देखकर अपनी बात नहीं कहता।" मामला कितना गंभीर हो गया था, इसका अंदाजा इससे भी लगाया जा सकता है कि पार्टी के किसी भी नेता ने भागवत और सरकार्यवाह भैय्याजी जोशी से सीधे बात नहीं की। 21 सितंबर, 2015 को जब भागवत के साक्षात्कार पर राजनीतिक हमले शुरू हो गए तो अमित शाह ने सबसे पहले संघ की ओर से भा.ज.पा. के पालक यानी पार्टी के साथ समन्वय की जिम्मेदारी सँभाल रहे संघ के सह-सरकार्यवाह कृष्ण गोपाल से बातचीत कर बिहार विधानसभा चुनावों में नुकसान की संभावना जताई। उसके बाद शाह ने राष्ट्रीय संगठन महासचिव

रामलाल, बिहार की संगठनात्मक जिम्मेदारी सँभाल रहे सह-संगठन मंत्री सौदान सिंह, प्रभारी महासचिव भूपेंद्र यादव के साथ मंथन किया। लेकिन मुश्किल यह थी कि अगर भा.ज.पा. सरसंघचालक मोहन भागवत के रुख से किनारा करती है तो विचार परिवार में नया बवाल खड़ा हो जाता। इसलिए तय किया गया कि पहले संघ का स्पष्टीकरण जारी हो और बाद में पार्टी बयान दे। ऐसे में, शाह ने संघ नेतृत्व से अनुरोध किया कि कुछ ऐसा स्पष्टीकरण दिया जाए, जिससे सरसंघचालक की मर्यादा भी कायम रहे और पार्टी को भी राजनीतिक नुकसान नहीं हो। लिहाजा, उन्होंने भा.ज.पा. महासचिव राम माधव को संघ से संपर्क की जिम्मेदारी दी। 21 सितंबर को राम माधव करीब 1.30 बजे दिल्ली एयरपोर्ट पर उतरे। उसी वक्त उन्हें शाह की ओर से संदेश मिला, जिसके बाद माधव और रामलाल ने कृष्ण गोपाल से संघ और भा.ज.पा. की ओर से जारी किए जानेवाले स्पष्टीकरण के प्रारूप पर चर्चा की। शाह चाहते थे कि 21 सितंबर की देर शाम तक विवाद का पटाक्षेप हो जाए। साथ ही, संघ के स्पष्टीकरण की पहली लाइन ही ऐसी हो, जो यह संदेश दे कि वर्तमान आरक्षण व्यवस्था पर कोई टिप्पणी नहीं की गई है। आखिरी प्रारूप पर भागवत की सहमति हासिल की गई। लेकिन बयान पर दस्तखत लेने में भी आधे घंटे की देरी हुई, क्योंकि अखिल भारतीय प्रचार प्रमुख मनमोहन वैद्य दूसरे कार्यक्रम में व्यस्त थे, इसलिए भा.ज.पा. को भी प्रेस कॉन्फ्रेंस में देरी करनी पड़ी। देर शाम पहले संघ ने और फिर भा.ज.पा. ने बयान जारी किया।

तय रणनीति के मुताबिक ही देर शाम जारी संघ के बयान में कहा गया, "इस साक्षात्कार में संघ के सरसंघचालक मोहन भागवतजी ने वर्तमान में समाज के विविध कमजोर वर्गों को मिल रहे आरक्षण के संबंध में कोई टिप्पणी नहीं की है; बल्कि संविधान-निर्माताओं के मन में जो भाव था, उसके अनुरूप आरक्षण का लाभ समाज के सभी कमजोर वर्गों तक अवश्य पहुँचे, इसका विचार सभी लोगों को मिलकर करना चाहिए।"

तय रणनीति के मुताबिक ही देर शाम जारी संघ के बयान में कहा गया, "इस साक्षात्कार में संघ के सरसंघचालक मोहन भागवतजी ने वर्तमान में समाज के विविध कमजोर वर्गों को मिल रहे आरक्षण के संबंध में कोई टिप्पणी नहीं की है; बल्कि संविधान-निर्माताओं के मन में जो भाव था, उसके अनुरूप आरक्षण का लाभ समाज के सभी कमजोर वर्गों तक अवश्य पहुँचे, इसका विचार सभी लोगों को मिलकर करना चाहिए।" संघ ने आखिरी लाइन में इस साक्षात्कार को एकात्म मानव दर्शन के संदर्भ में देखने की बात कही, यानी अंतिम व्यक्ति को भी इसका लाभ मिलने की दलील दी। जबकि भा.ज.पा. ने अपने

बयान में दो-टूक कहा, "भा.ज.पा. अपनी स्थापना और जन संघ के जमाने से दलितों, आदिवासियों, पिछड़ों और अति पिछड़ों के आरक्षण के पक्ष में रही है। भा.ज.पा. वर्तमान आरक्षण नीति के संवैधानिक पुनर्विचार के पक्ष में नहीं है।" भा.ज.पा. का भय बयान से और स्पष्ट दिखा था, क्योंकि पार्टी ने तीन वाक्य के बयान में दो बार इस बात का जिक्र किया था कि वह मौजूदा आरक्षण व्यवस्था पर पुनर्विचार का समर्थन नहीं करती।

अंतत:, देर शाम आरक्षण विवाद पर पटाक्षेप का ऑपरेशन तेजी में हुआ, क्योंकि विचार परिवार में समन्वय की डोर मजबूती से बँध चुकी थी, जिसका सुकून बिहार चुनाव में लगे रणनीतिकारों के चेहरों पर साफ दिख रहा था। जब अनौपचारिक बातचीत में कुछ नेता संवाद कर रहे थे तो एक ने कहा, "भागवतजी के बयान की टाइमिंग सही नहीं थी।" तो दूसरे ने कहा, "आप इसे इस नजरिए से मत देखिए कि टाइमिंग सही नहीं थी, बल्कि यह कहिए कि हमने समय रहते जवाब दे दिया।"

...लेकिन बिहार हार का ठीकरा संघ पर ही फूटा

बिहार विधानसभा चुनाव के लिए पहले चरण का मतदान 12 अक्तूबर, 2015 को होना था। मतदान से ठीक एक दिन पहले की सुबह सरसंघचालक मोहन भागवत उत्तर प्रदेश के गोरखपुर में बेहद चिंतित मुद्रा में बैठे थे। अमित शाह के बेहद करीबी माने जानेवाले एक नेता ने उन्हें चिंतित मुद्रा में देखा तो शिष्टाचार में ही वजह पूछ ली। भागवत बोले, "मेरे आरक्षण संबंधी बयान का गलत अर्थ निकाला गया।" उस नेता ने भी सहमति जताते हुए कहा, "बिहार में निचले स्तर तक गलत संदेश चला गया है और काफी प्रतिक्रिया भी है।" जब 8 नवंबर को चुनाव के नतीजे आए तो सुबह प्रधानमंत्री नरेंद्र मोदी उसी दिन लालकृष्ण आडवाणी को जन्मदिन की बधाई देने उनके घर पहुँचे थे। नतीजा भा.ज.पा. को परेशान करनेवाला था। तब भा.ज.पा. सांसद हुक्मदेव नारायण यादव, अश्विनी चौबे और शांता कुमार जैसे पार्टी सांसदों ने दीवाली से ठीक पहले हार का ठीकरा मोहन भागवत के आरक्षण वाले बयान पर फोड़ दिया। तब मधुबनी के सांसद रहे हुक्मदेव नारायण यादव ने कहा था, "कुछ लोग बिहार की मिट्टी को नहीं जानते हैं। हार के लिए भागवत का आरक्षण वाला बयान काफी हद

देर शाम आरक्षण विवाद पर पटाक्षेप का ऑपरेशन तेजी में हुआ, क्योंकि विचार परिवार में समन्वय की डोर मजबूती से बँध चुकी थी, जिसका सुकून बिहार चुनाव में लगे रणनीतिकारों के चेहरों पर साफ दिख रहा था। जब अनौपचारिक बातचीत में कुछ नेता संवाद कर रहे थे तो एक ने कहा, "भागवतजी के बयान की टाइमिंग सही नहीं थी।"

तक जिम्मेदार है।" हालाँकि, चौबे की दलील थी कि भागवत के बयान का गलत अर्थ निकाला गया, लेकिन उनका भी कहना था कि भागवत के बयान को विरोधियों ने विपरीत माहौल बनाने के लिए इस्तेमाल किया।

सांसदों के बयान और मार्गदर्शक मंडल के सदस्यों लालकृष्ण आडवाणी, मुरली मनोहर जोशी जैसे नेताओं के संभावित विरोध को भी शायद अमित शाह भाँप चुके थे, अतः उन्होंने दिल्ली में मौजूद सरसंघचालक मोहन भागवत से मुलाकात कर सांसदों के बयानों पर अपनी बात रखी। संघ की ओर से कोई बयान देने की बजाय शाह को पूरे मसले पर पार्टी के स्तर पर स्थिति को स्पष्ट करने को कहा गया। लेकिन उस वक्त संघ ने भी भागवत के आरक्षण वाले बयानों को लेकर हार का ठीकरा फोड़े जाने के जवाब में अपनी दलीलें जुटा ली थीं। संघ का साफ मानना था कि बिहार विधानसभा चुनाव में भा.ज.पा. भले सत्ता हासिल नहीं कर पाई, लेकिन उसका वोट प्रतिशत बढ़ा है; जबकि आर.जे.डी.-जे.डी.यू. गठबंधन और कांग्रेस का वोट शेयर पहले के मुकाबले कम हुआ है। संघ की दलील थी कि गैर-भाजपाई वोटों के एकजुट होने की वजह से ही महागठबंधन की सीटें ज्यादा आईं। संघ का यह भी कहना था कि अगर भा.ज.पा. का वोट शेयर थोड़ा भी कम होता तो उसे संघ प्रमुख के आरक्षण वाले बयानों से जोड़कर देखा जा सकता था। लेकिन वोट शेयर के हिसाब से ऐसी परिस्थिति नहीं दिखती। लेकिन 11 नवंबर को दीवाली थी और उससे ठीक एक दिन पहले 10 नवंबर को मार्गदर्शक मंडल ने बम फोड़ दिया। लालकृष्ण आडवाणी, मुरली मनोहर जोशी, पूर्व केंद्रीय मंत्री यशवंत सिन्हा और शांता कुमार ने साझा बयान जारी कर प्रधानमंत्री नरेंद्र मोदी एवं अमित शाह की कार्यशैली पर सवाल उठा दिया। उस बयान में कहा गया था, "दिल्ली विधानसभा चुनाव की हार से पार्टी नेतृत्व ने कोई सबक नहीं सीखा। ऐसे में, यह कहना कि बिहार में हार के लिए हर कोई जिम्मेदार है, इसका मतलब है कि कोई जिम्मेदारी लेना नहीं चाहता। लेकिन हार की जिम्मेदारी तय होनी चाहिए। जिम्मेदारी सँभालनेवाले हार की समीक्षा करें। बिहार चुनाव की करारी हार की ईमानदारी से समीक्षा होनी चाहिए।" अपने वरिष्ठ नेताओं की ओर से आया बयान भा.ज.पा. नेतृत्व के लिए असहज करनेवाला था;

सांसदों के बयान और मार्गदर्शक मंडल के सदस्यों लालकृष्ण आडवाणी, मुरली मनोहर जोशी जैसे नेताओं के संभावित विरोध को भी शायद अमित शाह भाँप चुके थे, अतः उन्होंने दिल्ली में मौजूद सरसंघचालक मोहन भागवत से मुलाकात कर सांसदों के बयानों पर अपनी बात रखी। संघ की ओर से कोई बयान देने की बजाय शाह को पूरे मसले पर पार्टी के स्तर पर स्थिति को स्पष्ट करने को कहा गया।

लेकिन भागवत की सलाह पर पार्टी नेतृत्व ने संयमित रवैया अपनाया।

शीर्ष स्तर पर चर्चा के बाद पार्टी की ओर से बयान जारी कर कहा गया, "वरिष्ठ नेताओं के सुझाव का हम स्वागत करते हैं। पार्टी में हमेशा से सामूहिक जिम्मेदारी लेने की परंपरा रही है। हार को लेकर हम गंभीर हैं और इसके कारणों पर पार्टी के संसदीय बोर्ड में चर्चा हो चुकी है। बाकी स्तरों पर भी हार के कारणों को लेकर चर्चा होगी।"

शाह पर संघ राजनीतिक संचालक या नैतिक मार्गदर्शक?

बिहार की हार के बाद अमित शाह की कार्यशैली पर सवाल उठने लगे। चर्चा यहाँ तक शुरू हो गई कि शाह को अध्यक्ष के रूप में नया कार्यकाल दिया जाएगा या नहीं? जबकि तब 18 महीने के कार्यकाल में शाह तो मोदी के सपनों की भा.ज.पा. का जरिया बन चुके थे। शाह ने धमाकेदार शुरुआत करते हुए सबसे पहले अटल-आडवाणी-मुरली मनोहर, जो कभी भा.ज.पा. की तीन धरोहरों में गिने जाते थे, उन्हें पार्टी की सर्वोच्च नीति-निर्धारक संस्था संसदीय बोर्ड से अलग कर एक मार्गदर्शक मंडल बनाकर संगठन को नई धारा में ले जाने का स्पष्ट संदेश दिया। फिर मोदी लहर से ओत-प्रोत कार्यकर्ताओं के उत्साह को न सिर्फ भुनाया, बल्कि पार्टी के महाविस्तार की कई योजनाएँ जमीन पर उतार दी थीं। दूसरी तरफ, महाराष्ट्र में शिवसेना से गठबंधन तोड़कर अकेले लड़ने और सत्ता हासिल करने का सफल फैसला, जम्मू व कश्मीर में विपरीत ध्रुव वाली पी.डी.पी. के साथ गठबंधन में सरकार बनाना या फिर हरियाणा में पार्टी को सत्ता में लाना, शाह ने पार्टी के सपनों को सही मायने में पंख लगा दिए थे। लेकिन दिल्ली और बिहार की करारी हार ने संघ को संगठनात्मक मोर्चे पर आत्म-मंथन को मजबूर कर दिया था। बिहार के नतीजों से पहले 7 नवंबर को, जब दिल्ली में संघ के शीर्ष नेता आपस में मंथन कर रहे थे तो चर्चा हुई कि बिहार चुनाव के नतीजे चाहे जो भी हों, भा.ज.पा. में नेतृत्व परिवर्तन करना चाहिए; क्योंकि पार्टी का अतिकेंद्रीकरण हो गया है और संदेश जा रहा है कि पार्टी की शक्ति मोदी-शाह-अरुण

शाह ने धमाकेदार शुरुआत करते हुए सबसे पहले अटल-आडवाणी-मुरली मनोहर, जो कभी भा.ज.पा. की तीन धरोहरों में गिने जाते थे, उन्हें पार्टी की सर्वोच्च नीति-निर्धारक संस्था संसदीय बोर्ड से अलग कर एक मार्गदर्शक मंडल बनाकर संगठन को नई धारा में ले जाने का स्पष्ट संदेश दिया। फिर मोदी लहर से ओत-प्रोत कार्यकर्ताओं के उत्साह को न सिर्फ भुनाया, बल्कि पार्टी के महाविस्तार की कई योजनाएँ जमीन पर उतार दी थीं।

जेटली (तीनों गुजरात से) के बीच केंद्रित हो चुकी है। लेकिन इसी बैठक में संघ के कुछ अन्य पदाधिकारियों की दलील इससे इतर थी। उनका मानना था कि अभी शाह को हटाया गया तो देश-दुनिया में मजबूत नेता के तौर पर उभरी नरेंद्र मोदी की छवि पर सवाल उठेगा और यह भी कहा जाएगा कि बिहार की हार के बाद से संघ परिवार का मोदी पर से विश्वास घटा है, इसलिए संगठन पर संघ ने शिकंजा कस दिया है। इतना ही नहीं, बिहार चुनाव के समय असहिष्णुता का आरोप लगाकर अवार्ड-वापसी का अभियान चलानेवाली ब्रिगेड को भी मोदी पर हमले का नया मौका मिल जाएगा। लेकिन तब भी मोदी-शाह की जोड़ी आश्वस्त थी। शाह के एक करीबी ने तब मुझसे कहा था, "बिहार-दिल्ली की हार से नेतृत्व-परिवर्तन की कोई तुक नहीं है। भा.ज.पा.-शासित राज्यों में हार हुई होती तो शाह के पुनर्विचार पर असर की बात हो सकती थी। लेकिन शाह इकलौते ऐसे पार्टी अध्यक्ष हैं, जिन्हें मालूम था कि बिहार में सामाजिक समीकरण नीतीश-लालू के पक्ष में हैं। फिर भी, उन्होंने पार्टी की पूरी प्रतिष्ठा दाँव पर लगाकर चुनाव लड़वाया, ताकि कार्यकर्ताओं का मनोबल कमजोर नहीं हो।"

संघ ने मोदी-शाह को संगठन की प्रक्रियाओं में बदलाव के कुछ सुझाव दिए और यह तय हो गया कि शाह अध्यक्ष पद पर बने रहेंगे और वर्ष 2019 का लोकसभा चुनाव मोदी-शाह की जोड़ी ही लड़वाएगी। 24 जनवरी, 2016 को शाह ने अपने पहले पूर्णकालिक अध्यक्षीय कार्यकाल की जिम्मेदारी सँभाल ली। इससे पहले वे राजनाथ सिंह का बचा हुआ 18 महीने का कार्यकाल पूरा कर रहे थे।

लेकिन संघ ने मोदी-शाह को संगठन की प्रक्रियाओं में बदलाव के कुछ सुझाव दिए और यह तय हो गया कि शाह अध्यक्ष पद पर बने रहेंगे और वर्ष 2019 का लोकसभा चुनाव मोदी-शाह की जोड़ी ही लड़वाएगी। 24 जनवरी, 2016 को शाह ने अपने पहले पूर्णकालिक अध्यक्षीय कार्यकाल की जिम्मेदारी सँभाल ली। इससे पहले वे राजनाथ सिंह का बचा हुआ 18 महीने का कार्यकाल पूरा कर रहे थे। बिहार की हार के बाद पार्टी ने सिर्फ मोदी के नाम पर चुनाव लड़ने की मुहिम की जगह स्थानीय नेतृत्व को आगे बढ़ाने की कवायद तेज की। अध्यक्ष पद पर चुने जाने के बाद शाह ने अपनी रणनीति को तेजी से आगे बढ़ाना शुरू कर दिया। सबसे पहले असम विधानसभा चुनावों के लिए शाह ने सर्बानंद सोनोवाल को बाकायदा मुख्यमंत्री पद का घोषित उम्मीदवार बनाने का फैसला कर लिया। यानी संघ ने वाजपेयी सरकार के समय के अनुभवों और बदली हुई परिस्थितियों के मद्देनजर तय कर लिया कि वह राजनीतिक संचालक बनने की बजाय 'नैतिक' मार्गदर्शक की भूमिका ही बरकरार रखेगा।

फिर वही विवाद : अब वाया जयपुर साहित्य महोत्सव

राजनीति में कब और कौन सा बयान मुसीबत पैदा कर दे, इसका अहसास अकसर बाद में होता है। भा.ज.पा. की यह सबसे बड़ी विडंबना थी कि आरक्षण के मोहपाश में वह बार-बार फँस जाती थी और संयोग से, यह फाँस पार्टी के मातृ संगठन संघ से ही आती थी। बोलना कुछ और चाहते थे, निहितार्थ कुछ और निकल जाता था। नतीजा, हर बार 'ऑपरेशन डैमेज कंट्रोल' चलाना पड़ता था। बिहार चुनाव में आरक्षण का दंश भा.ज.पा. झेल चुकी थी। परिवार में इसको लेकर विचार-मंथन भी हो चुका था, लेकिन 20 जनवरी, 2017 को फिर आरक्षण को लेकर विवाद खड़ा हो गया। दरअसल, जयपुर में 'साहित्य महोत्सव' चल रहा था। संघ के सह-सरकार्यवाह दत्तात्रेय होसबाले और तत्कालीन अखिल भारतीय प्रचार प्रमुख (अब सह-सरकार्यवाह) मनमोहन वैद्य उसमें एक सत्र में शामिल थे। दरअसल, महोत्सव में जाति-पद्धति, आरक्षण और सच्चर रिपोर्ट से जोड़ते हुए मुसलिम आरक्षण को लेकर सवाल पूछा गया था। इसके जवाब में वैद्य ने मुसलिम आरक्षण को संविधान की मूल भावना के खिलाफ और अलगाववाद बढ़ानेवाला बताया। लेकिन विवाद उनके इस बयान से हुआ था, जिसमें उन्होंने एस.सी.-एस.टी. आरक्षण के संदर्भ में डॉ. बी.आर. आंबेडकर को उद्धृत करते हुए कहा कि हमेशा के लिए आरक्षण का प्रावधान रहना उचित नहीं है और जल्द-से-जल्द इसकी आवश्यकता निरस्त होकर समान अवसर देने का समय लाना चाहिए। होसबाले ने वर्ण-व्यवस्था को अप्रासंगिक बताया और जातिगत आरक्षण को संविधान के अनुरूप करार दिया था। लेकिन पूरे उद्धरणों में से एक अंश निकालकर मनमोहन वैद्य के हवाले से मीडिया में चलाया जाने लगा कि संघ ने आरक्षण खत्म करने की पैरवी की। जंगल में आग की तरह यह खबर फैल गई।

राजनीति में कब और कौन सा बयान मुसीबत पैदा कर दे, इसका अहसास अकसर बाद में होता है। भा.ज.पा. की यह सबसे बड़ी विडंबना थी कि आरक्षण के मोहपाश में वह बार-बार फँस जाती थी और संयोग से, यह फाँस पार्टी के मातृ संगठन संघ से ही आती थी। बोलना कुछ और चाहते थे, निहितार्थ कुछ और निकल जाता था। नतीजा, हर बार 'ऑपरेशन डैमेज कंट्रोल' चलाना पड़ता था।

आरक्षण का यह विवाद उस समय आया था, जब भा.ज.पा. उत्तर प्रदेश विधानसभा चुनाव की बिसात बिछाने में जुटी थी। सो भा.ज.पा. के रणनीतिकारों की साँसें ही थम गईं, क्योंकि बिहार चुनाव के दौरान सरसंघचालक मोहन भागवत का आरक्षण की समीक्षा वाला बयान पार्टी पर भारी पड़ गया था। इस बार मनमोहन वैद्य ने कथित तौर पर ऐसा

कह दिया था। यानी भा.ज.पा. इन पाँच वर्षों में आरक्षण के मोहन 'पाश' में फँसी नजर आ रही थी, जिससे उबरना आसान नहीं होता था। लेकिन बिहार चुनाव में इसे भुगत चुके भा.ज.पा. व संघ दोनों इस बार बेहद सतर्क थे और महज दो घंटे में समूचे विवाद पर स्पष्टीकरण हो गया। लेकिन जब मीडिया में आरक्षण को लेकर मनमोहन वैद्य का बयान चला तो दिल्ली में प्रधानमंत्री नरेंद्र मोदी बेहद नाराज हो गए, जिसके बाद सरकार एवं भा.ज.पा. के शीर्ष रणनीतिकारों की सक्रियता बढ़ी और जयपुर के फोन घनघना उठे, जहाँ संघ के दोनों नेता मौजूद थे। राजस्थान भा.ज.पा. के तत्कालीन अध्यक्ष अशोक परनामी को दिल्ली से पहला फोन गया, जो उस समय 'जयपुर साहित्य महोत्सव' में संघ के सह-सरकार्यवाह दत्तात्रेय होसबाले, अखिल भारतीय प्रचार प्रमुख मनमोहन वैद्य और तत्कालीन मुख्यमंत्री वसुंधरा राजे के साथ मौजूद थे। इसके बाद सिहरा देनेवाली दिल्ली की ठंडी शाम और गुलाबी ठंड के आगोश में समाई गुलाबी नगरी में पसीना छुड़ा देनेवाली डैमेज कंट्रोल की कवायद देर रात तक चली। भा.ज.पा. के तत्कालीन संगठन महासचिव रामलाल, संघ के तत्कालीन सह-सरकार्यवाह (अब सरकार्यवाह) दत्तात्रेय होसबाले और सुरेश सोनी की दो-तीन राउंड की बातचीत हुई। होसबाले ने तब मुझसे खास बातचीत में कहा था, "दोनों बातें एक ही मंच से तीन मिनट के अंतराल पर ही हुई थीं, जिसमें जातिगत आरक्षण को संघ के समर्थन की बात कही गई। लेकिन करीब घंटे भर बाद पता चला कि आरक्षण पर पूरे संदर्भ को ही बदलकर भ्रम फैला दिया गया है। चुनाव का वातावरण है, इसलिए स्वाभाविक रूप से उसे चुनाव से जोड़ दिया गया। इसलिए मैंने वहीं तय किया कि इसे स्पष्ट कर देंगे और मीडिया को बुलाकर मंच पर कही गई बात स्पष्टता के साथ दोहराई।" होसबाले के बाद वैद्य ने भी इस मामले में अपना स्पष्टीकरण दिया। लेकिन भा.ज.पा. की धड़कनें इसलिए भी बढ़ चुकी थीं, क्योंकि बिहार चुनाव के दौरान सरसंघचालक मोहन भागवत के बयान से पार्टी को काफी नुकसान हुआ था।

राजस्थान भा.ज.पा. के तत्कालीन अध्यक्ष अशोक परनामी को दिल्ली से पहला फोन गया, जो उस समय 'जयपुर साहित्य महोत्सव' में संघ के सह-सरकार्यवाह दत्तात्रेय होसबाले, अखिल भारतीय प्रचार प्रमुख मनमोहन वैद्य और तत्कालीन मुख्यमंत्री वसुंधरा राजे के साथ मौजूद थे। इसके बाद सिहरा देनेवाली दिल्ली की ठंडी शाम और गुलाबी ठंड के आगोश में समाई गुलाबी नगरी में पसीना छुड़ा देनेवाली डैमेज कंट्रोल की कवायद देर रात तक चली।

सरकार के स्तर से इस मसले को सीधे तत्कालीन केंद्रीय वित्त मंत्री अरुण जेटली

सँभाले हुए थे। उन्होंने सीधे वसुंधरा राजे को फोन मिलाया। लेकिन उस वक्त राजे की ओर से स्टाफ को साफ निर्देश था कि कोई फोन उन्हें नहीं दिया जाए। यही बात स्टाफ की ओर से जेटली के स्टाफ को बताई गई। लेकिन अगले ही पल दूसरी कॉल में राजे के स्टाफ को सीधे फोन देने को कहा गया। घबराता हुए स्टाफ पहुँच गया और अरुण जेटली का फोन दिया गया। इस चर्चा में राजे को निर्देश दिया गया कि होसबाले और वैद्य से बाकायदा प्रेस कॉन्फ्रेंस आयोजित कराएँ, क्योंकि सिर्फ टी.वी. चैनलों को दी गई सफाई से काम नहीं चलेगा। प्रिंट मीडिया में चलनेवाली खबर शायद नहीं रुक पाए, क्योंकि रात हो चुकी थी। लेकिन उधर संघ के दोनों नेता रेलवे स्टेशन के लिए रवाना हो चुके थे। दिल्ली से हुई चर्चा के बाद होसबाले-वैद्य वापस लौटे और रात 9.30 बजे औपचारिक प्रेस कॉन्फ्रेंस करके एस.सी.-एस.टी.-ओ.बी.सी. आरक्षण को समर्थन वाला संघ का रुख दोहराया। इधर, दिल्ली में पार्टी और सरकार के वरिष्ठ मंत्री देर रात 2 बजे तक यह सुनिश्चित करने में लगे रहे कि मीडिया में छपनेवाली खबर में संघ के खंडन वाली खबर को प्राथमिकता मिले। खुद भा.ज.पा. अध्यक्ष अमित शाह के कार्यालय से प्रवक्ताओं को ताकीद कर दी गई कि संघ के मुसलिम आरक्षण वाले बयान और जातिगत आरक्षण को लेकर खंडन को पुरजोर ढंग से बहस में रखें। जब मैंने वैद्य से इस मामले में बातचीत की तो वह खबरों को ट्विस्ट किए जाने से इतने आहत थे कि उन्होंने कहा कि वह कोई टिप्पणी नहीं करेंगे। बेवजह विवाद खड़ा करनेवालों ही से पूछा जाना चाहिए। लेकिन तब भा.ज.पा. के एक नेता का कहना था कि संघ आरक्षण को लेकर जो भी राय रखता है, उसमें कुछ गलत नहीं है। लेकिन उसके निहितार्थ निकालकर विवाद खड़ा कर दिया जाता है और यह राजनीतिक दृष्टि से भा.ज.पा. के लिए मुफीद नहीं होता है। उस नेता का कहना था, "विरोधियों को इतिहास में झाँकना चाहिए, क्योंकि आरक्षण में मजहब का उल्लेख पहली बार सन् 1916 में हुआ था, जब पृथक् निर्वाचन मंडल की बात हुई थी, जिसने भारत-पाक बँटवारे के बीज बोए थे; और वैद्य का मंतव्य यही था। आदिवासी और दलितों पर समूचे भारत में काम करनेवाली एकमात्र संस्था संघ है। इसलिए यह कहना युक्तिसंगत न होगा कि संघ की मंशा आरक्षण को खत्म करने की है।"

दिल्ली में पार्टी और सरकार के वरिष्ठ मंत्री देर रात 2 बजे तक यह सुनिश्चित करने में लगे रहे कि मीडिया में छपनेवाली खबर में संघ के खंडन वाली खबर को प्राथमिकता मिले। खुद भा.ज.पा. अध्यक्ष अमित शाह के कार्यालय से प्रवक्ताओं को ताकीद कर दी गई कि संघ के मुसलिम आरक्षण वाले बयान और जातिगत आरक्षण को लेकर खंडन को पुरजोर ढंग से बहस में रखें।

बिहार चुनाव के समय पूरा दिन लगाया तो उत्तर प्रदेश चुनाव से पहले आरक्षण के इस विवाद को दो घंटे में सुलझाकर भा.ज.पा. और संघ दोनों ने परिपक्वता दिखाई। लेकिन इन दलीलों से इतर मौजूँ सवाल था, जो भा.ज.पा. में लालकृष्ण आडवाणी के जमाने से बहस का केंद्र रहा है। उसी समय से यह चर्चा रही है कि विशुद्ध राजनीतिक विषयों पर संघ के विचार भा.ज.पा. के लिए अनुकूल नहीं होते। वैसे भी, जब भा.ज.पा. सत्ता में हो तो राजनीतिक क्षेत्र में संघ के किसी भी ऐसे बयान का गहन छिद्रान्वेषण होना लाजिमी है। संघ के किसी विचार की प्रतिक्रिया भी स्वाभाविक है। ऐसे में, संघ को तय करना था कि वह अपने राजनीतिक चेहरे भा.ज.पा. की मजबूरी को देखते हुए संतुलित होगा या मिशनरी दिशा लेना चाहेगा। संघ ने नैतिक मार्गदर्शक की भूमिका को स्वीकार किया, ताकि विरोधियों को विचार परिवार पर निशाना साधने का मौका नहीं मिले। संघ इस बात को भी समझ रहा था कि पहली बार अपनी सरकार अपने बूते बहुमत में आई है। ऐसे में, उसकी कमियों से ज्यादा अच्छाइयों को आगे बढ़ाने पर जोर दिया जाना चाहिए, क्योंकि मोदी सरकार दीर्घकालिक रणनीति के तहत काम कर रही है और भा.ज.पा. भी नए तौर-तरीकों को आत्मसात् कर रही है। लेकिन एक संगठन के नाते संघ की भूमिका पूरी तरह से राजनीतिक नहीं दिखे, इसके लिए संघ और उसके आनुषंगिक संगठनों ने मुद्दा आधारित संकेतात्मक विरोध तो किया, लेकिन उसे टकराव की ओर लेकर नहीं गए। लेकिन आरक्षण पर द्वंद्व की बड़ी वजह समाज के उन वर्गों में संघ की स्वीकार्यता उस तरह की नहीं थी, जो आरक्षण की हकदार है या लाभ ले रही है। इस बात को संघ पहले ही समझ चुका था और पूर्ण बहुमत के साथ मोदी सरकार बनने के बाद उसने इस मिशन पर काम करना शुरू कर दिया, ताकि समाज के सभी वर्गों में अपनी पैठ जमाए और अकसर होनेवाले विवाद की जड़ में मौजूद संघ के प्रति पूर्वाग्रह को दूर करने का प्रयास किया जा सके।

बिहार चुनाव के समय पूरा दिन लगाया तो उत्तर प्रदेश चुनाव से पहले आरक्षण के इस विवाद को दो घंटे में सुलझाकर भा.ज.पा. और संघ दोनों ने परिपक्वता दिखाई। लेकिन इन दलीलों से इतर मौजूँ सवाल था, जो भा.ज.पा. में लालकृष्ण आडवाणी के जमाने से बहस का केंद्र रहा है। उसी समय से यह चर्चा रही है कि विशुद्ध राजनीतिक विषयों पर संघ के विचार भा.ज.पा. के लिए अनुकूल नहीं होते।

□

11

समरसता से विस्तार और सरकार

अपनी सरकार होने पर संघ ने सवर्ण छवि के मिथक को तोड़ने और सामाजिक दायरा बढ़ाने की पहल पर कैसे दिया जोर?

वर्ष 2014 के आम चुनावों में पहली बार केंद्र में भा.ज.पा. ने अपने बूते बहुमत हासिल किया था। इस जीत को संघ ने अपने विस्तार के लिए भी स्वर्णिमकाल के तौर पर देखा और सामाजिक विस्तार का अनोखा एजेंडा तैयार कर हिंदू समाज के हर तबके तक अपनी पहुँच बनाने के फॉर्मूले को अमली जामा पहनाना शुरू कर दिया। मोदी सरकार बनने के बाद नागपुर में हुई पहली अखिल भारतीय प्रतिनिधि सभा में संघ प्रमुख मोहन भागवत ने भा.ज.पा. का नाम नहीं लिया, लेकिन इशारों में कहा कि संगठन के विस्तार के लिए यह सबसे अनुकूल समय है और अगले तीन वर्षों तक विशेष जन-जागरण अभियान चलाने की जरूरत है। निश्चित तौर पर, केंद्र में भा.ज.पा. की सरकार होने का लाभ संघ अपने विस्तार के लिए भी उठाना चाहता था और भा.ज.पा. के लिए भी अपनी पुरानी छवि को तोड़कर आगे बढ़ने की जरूरत महसूस हो रही थी। आम चुनावों में पिछड़े वर्ग के लोगों ने तमाम जातियों की बाधाओं को तोड़कर मोदी पर भरोसा जताया था, जिसे अब पूरी तरह से अपने साथ जोड़कर बनाए रखने की चुनौती भा.ज.पा. के लिए तो थी ही, संघ को अपने विस्तार का एक तथ्यात्मक आधार सामने दिख रहा था। प्रतिनिधि सभा की बैठक में संघ ने ऐतिहासिक फैसला लिया। संघ के इतिहास में पहली बार अन्य पिछड़ा वर्ग (ओ.बी.सी.) से संबंध रखनेवाले वी. भागय्या को सह-सरकार्यवाह बनाकर संघ के शीर्ष छह नेताओं की श्रेणी में जगह दी गई। संघ के बारे में हमेशा से यह भ्रम फैलाया जाता रहा है कि शीर्ष स्तर पर सिर्फ ब्राह्मण-बनिया हावी रहते हैं और इस संगठन को इसी नजरिए से देखा जाता रहा है। लेकिन संभवतया यह पहला अवसर था, जब संघ ने अन्य पिछड़े वर्ग (ओ.बी.सी.) से आनेवाले 65 वर्षीय वी. भागय्या को सह-सरकार्यवाह बनाया था। इस नियुक्ति से संघ ने साफ संदेश दिया कि

उसका अभियान जात-पाँत से परे है और कथित जातिवाद का आरोप लगानेवाले लोगों को करारा जवाब था। लेकिन आरोपों से न डिगना और झुकना संघ की फितरत में नहीं है। इसलिए संघ ने सामाजिक समरसता के जन-जागरण अभियान को अंतिम रूप देकर अमली जामा पहनाने का काम शुरू कर दिया।

एक मंदिर, एक कुआँ, एक श्मशान

अखिल भारतीय प्रतिनिधि सभा की बैठक में संघ प्रमुख मोहन भागवत ने संदेश तो दिया कि संगठन-विस्तार का अनुकूल समय है, लेकिन इसी बैठक में संघ को देश भर से मिले फीडबैक से कुछ तथ्य भी सामने आए थे, जिसके मुताबिक जातियों में जकड़ा समाज उसके विस्तार में आड़े आ रहा है। बैठक में इसको लेकर झारखंड, आंध्र प्रदेश जैसे कुछ राज्यों में कराए गए सर्वेक्षणों को भी रखा गया, जिसमें यह आकलन था कि किस तरह जात-पाँत संघ के विस्तार में रोड़ा बना हुआ है। इसके बाद संघ ने एक बड़ा एजेंडा सामने रखा, जिसे संघ के निर्देश पर विश्व हिंदू परिषद् के स्वर्ण जयंती समारोह के उद्घाटन समारोह के दौरान मुंबई में वी.एच.पी. के तत्कालीन अंतरराष्ट्रीय कार्यकारी अध्यक्ष प्रवीण तोगड़िया ने रखा था। तोगड़िया ने 'विजन-2025' शीर्षक से एक प्रस्तुतीकरण तैयार किया था और भागवत के सामने रखा, जिसकी कॉपी मेरे पास मौजूद है, जिसमें मुख्य तौर से सभी हिंदुओं को अपनी जाति से अलग दूसरी जाति में एक हिंदू पारिवारिक मित्र बनाने, एक साथ भोजन करने, त्योहार मनाने और टूर पर भी एक साथ जाने की सलाह दी गई है। प्रस्तुतीकरण में कहा गया है कि एक गाँव में पानी के लिए सभी हिंदुओं का एक कुआँ हो, तो पूजा-पाठ के लिए एक मंदिर और अंतिम संस्कार जैसे रीति-रिवाजों के लिए एक श्मशान हो। प्रतिनिधि सभा ने इस विजन-2025 को स्वीकार करते हुए संगठन का विस्तार करने की दीर्घकालिक योजना बनाई। इतना ही नहीं, संघ की योजना के मुताबिक, मंदिरों को अब एक छतरी में लाने की खास रणनीति बनाई गई और यह जिम्मा विश्व हिंदू परिषद् को सौंपा गया, ताकि हिंदू समाज को एकजुट रखा जा सके। विश्व हिंदू परिषद् के 50 साल पूरे होने पर 16-17 अगस्त, 2014 को मुंबई के संदीपनी आश्रम

अखिल भारतीय प्रतिनिधि सभा की बैठक में संघ प्रमुख मोहन भागवत ने संदेश तो दिया कि संगठन-विस्तार का अनुकूल समय है, लेकिन इसी बैठक में संघ को देश भर से मिले फीडबैक से कुछ तथ्य भी सामने आए थे, जिसके मुताबिक जातियों में जकड़ा समाज उसके विस्तार में आड़े आ रहा है।

में स्वर्ण जयंती समारोह मनाया गया था, जहाँ विजन 2025 को रखा गया। हालाँकि, इस विजन को विश्व हिंदू परिषद् के संदर्भ में तैयार किया गया था। 20 स्लाइड्स में तैयार इस प्रस्तुतीकरण में समुदाय को एकजुट करने के साथ-साथ कोर मुद्दों पर जोर दिया गया था। जिसमें से कई लक्ष्य तो पूरे भी कर लिये गए हैं और जिसको सरकार में रहते हुए भी करना असंभव है, उसको लेकर परिवार में बेहतर समन्वय स्थापित कर लिया गया।

यह था विजन-2025

स्लाइड-1 : विहिप के स्वर्ण जयंती समारोह में प्रस्तुतीकरण।

स्लाइड-2 : एक छोटे संगठन से शुरुआत की। फिर हिंदुओं की भलाई के लिए सन् 1964 से काम करते हुए आज विहिप राष्ट्रीय और अंतरराष्ट्रीय स्तर पर हिंदुओं के एकत्र होने का केंद्रबिंदु बन गया है।

स्लाइड-3 : 50 साल के अनुभव के बाद अब समय आ गया है कि उज्ज्वल और पूरी तरह से हिंदुओं के लिए राष्ट्रीय, वैश्विक, सूक्ष्म एवं अति सूक्ष्म स्तर पर काम किया जाए।

स्लाइड-4 : हिंदू : समरसता, सुरक्षा, समृद्धि और सम्मान।

स्लाइड-5 : समरस हिंदू : हिंदू मित्र परिवार अभियान के तहत हम दूसरी जाति के एक व्यक्ति को पारिवारिक मित्र बनाएँ और उसके साथ एक-दूसरे के घरों पर साथ में भोजन करें, उत्सव और समारोह दोनों परिवार साथ में मनाएँ, साथ में सपरिवार बाहर घूमने या टूर पर जाएँ। कुल मिलाकर, दोनों एक-दूसरे का विस्तृत परिवार जैसा बन जाएँ। हमारा लक्ष्य है कि गाँवों में हिंदू परिवारों का पानी का एक कुआँ हो, सभी एक साथ भोजन करें, सभी एक मंदिर में भगवान् के दर्शन करें और हिंदुओं का एक ही श्मशान हो।

हिंदू मित्र परिवार अभियान के तहत हम दूसरी जाति के एक व्यक्ति को पारिवारिक मित्र बनाएँ और उसके साथ एक-दूसरे के घरों पर साथ में भोजन करें, उत्सव और समारोह दोनों परिवार साथ में मनाएँ, साथ में सपरिवार बाहर घूमने या टूर पर जाएँ। कुल मिलाकर, दोनों एक-दूसरे का विस्तृत परिवार जैसा बन जाएँ।

स्लाइड-6 : सुरक्षित हिंदू : पूर्ण सुरक्षा—देश, जीवन, संपत्ति, परिवार, जीवन-यापन, धार्मिक स्थान। यानी हिंदुओं की इन सभी चीजों के प्रति पूर्ण सुरक्षा सुनिश्चित हो।

स्लाइड-7 : समृद्ध हिंदू : हिंदुओं की समृद्धता के लिए शिक्षा, व्यापार, नौकरी, स्वास्थ्य सुनिश्चित हो।

स्लाइड-8 : हिंदू सम्मान : समय आ गया है कि अब हिंदुओं को 'हिंदू' की तरह

पूरा सम्मान मिले, चाहे वह सांस्कृतिक विरासत से जुड़ी हो या समकालीन विषयों से। यानी अयोध्या में भगवान् राम का भव्य मंदिर बने, गौ-हत्या के खिलाफ राष्ट्रीय कानून बने, अनुच्छेद-370 खत्म हो, समान नागरिक संहिता लागू हो, मजहब के आधार पर आरक्षण नहीं हो और अन्य विषय, जो समकालीन आएँगे।

स्लाइड-9 : संगठित हिंदू : हिंदू एक हैं और हमेशा एक रहेंगे। हिंदू होने के नाते हम देश-दुनिया में सभी हिंदुओं के साथ खड़े रहेंगे। किसी भी देश और धर्म की प्रगति में उसका संगठित होकर रहना अनिवार्य पहलू है।

स्लाइड-10 : हिंदू एकजुटता : अब दुनिया में कोई हिंदू अकेला नहीं होगा। 50 साल पहले तत्कालीन सरसंघचालक गुरु गोलवलकरजी ने प्रेरणा दी थी और विहिप की शुरुआत की थी। अब वर्ष 2012 में मौजूदा सरसंघचालक मोहन भागवतजी ने अनोखा अभियान चलाया—'हिंदू अहेड', जिसका लक्ष्य है—प्रैक्टिसिंग हिंदू, अवेयर हिंदू, एक्टिव हिंदू।

स्लाइड-11 : स्वर्ण लक्ष्य : इसके तहत विहिप का खुद का प्रसार और वर्ष 2025 के लिए ये लक्ष्य होंगे। हर गाँव में वी.एच.पी. होगी। हर 2,000 की आबादी पर एक समिति होगी। हर जिले में धर्म-प्रसार की गतिविधियाँ, हर मंदिर में साप्ताहिक आरती-भक्तजन मंडली। मंदिरों, मठों, हिंदू धार्मिक स्थलों को सरकार के नियंत्रण से अलग कराना।

समय आ गया है कि अब हिंदुओं को 'हिंदू' की तरह पूरा सम्मान मिले, चाहे वह सांस्कृतिक विरासत से जुड़ी हो या समकालीन विषयों से। यानी अयोध्या में भगवान् राम का भव्य मंदिर बने, गौ-हत्या के खिलाफ राष्ट्रीय कानून बने, अनुच्छेद-370 खत्म हो, समान नागरिक संहिता लागू हो, मजहब के आधार पर आरक्षण नहीं हो और अन्य विषय, जो समकालीन आएँगे।

इसके बाद के नौ स्लाइड्स में विहिप की ओर से रखे गए स्वर्ण जयंती लक्ष्य का जिक्र है, जिसमें सामाजिक दायरा बढ़ाने के लिए शिक्षा, महिलाओं, युवाओं, स्वास्थ्य, हिंदू मानवाधिकार, पर्यावरण, गौ-रक्षा मिशन और पोषण के अलावा हर क्षेत्र—चाहे विधि, विज्ञान, कला, स्वास्थ्य, मीडिया, कृषि या आर्थिक हो—में हिंदू विशेषज्ञ होना चाहिए। शिक्षा में हर हिंदू को शिक्षित करने के लक्ष्य के साथ हॉस्टल की संख्या बढ़ाने, जनजातीय क्षेत्रों में 51 हजार से बढ़ाकर 1 लाख गाँवों तक मुफ्त शिक्षा सुनिश्चित करने, हॉस्टल 146 से 500 करने, अनाथालयों की संख्या 46 से बढ़ाकर 200 करने, बालिकाओं की शिक्षा के लिए विशेष अभियान चलाने, विशेष श्रेणी के बच्चों के लिए नए प्लेटफॉर्म उपलब्ध करवाने का जिक्र था। जबकि महिलाओं के लिए विशेष स्वास्थ्य जाँच, स्व-सहायता समूह बनाना,

छोटी लड़कियों के लिए संस्कार केंद्र बनाने की बात थी। 1 करोड़ युवाओं से सोशल मीडिया के माध्यम से संवाद, हर हिंदू को रोजगार या अपना व्यवसाय सुनिश्चित करना, युवाओं को खासतौर से प्रेरित करना, ताकि देश-सेवा के भाव से वे आर्मी, नेवी, एयरफोर्स में शामिल हों। स्वास्थ्य के क्षेत्र में 10 लाख हिंदू रक्तदाताओं की डायरेक्टरी बनाना, गरीबों को मुफ्त स्वास्थ्य जाँच की सुविधा दिलाना, पर्यावरण के क्षेत्र में 10 लाख वृक्षारोपण, गंगा की सफाई का अभियान, जैसे कई लक्ष्य 'विजन 2025' के तहत रखे गए थे।

> ***इस समरसता अभियान के लिए संघ ने देरी नहीं की, क्योंकि इस पर मंथन केंद्र में परिवार की विचारधारा वाली सरकार के आने के तत्काल बाद शुरू हो चुका था। इसलिए संघ के तीसरे सरसंघचालक बालासाहब देवरस के जन्म-शताब्दी वर्ष पर 2015-16 में संघ ने देश में 50 हजार जगहों पर सामाजिक समरसता के विशेष कार्यक्रम चलाने का ऐलान कर दिया।***

'प्रतीकों' के जरिए समरसता का खाका

इस समरसता अभियान के लिए संघ ने देरी नहीं की, क्योंकि इस पर मंथन केंद्र में परिवार की विचारधारा वाली सरकार के आने के तत्काल बाद शुरू हो चुका था। इसलिए संघ के तीसरे सरसंघचालक बालासाहब देवरस के जन्म-शताब्दी वर्ष पर 2015-16 में संघ ने देश में 50 हजार जगहों पर सामाजिक समरसता के विशेष कार्यक्रम चलाने का ऐलान कर दिया। लेकिन इस अभियान के बीच कोई विवाद अन्य मुद्दों पर पैदा नहीं हो, इसके लिए भी संघ-वी.एच.पी. से जुड़े नेताओं की धार्मिक भावनाओं को भड़कानेवाले बयानों पर भी संघ प्रमुख ने नकेल कस दी। कट्टर बयान देनेवाले आनुषंगिक संगठनों को साफ तौर से कह दिया गया था कि बड़बोला बयान देने के बजाय वे अपने दायरे में रहकर जमीन पर काम करें, यानी संघ का सारा फोकस अगले तीन साल के लिए सामाजिक समरसता के अभियान को साकार कर सभी समाजों में अपनी पहुँच को मजबूत बनाना था। लेकिन यहाँ संघ की मुश्किल थी कि अलग-अलग समुदायों के लिए किस तरह के प्रतीकों को अपनाएँ, ताकि लोगों को संघ से जोड़ना आसान हो सके, जिसकी मुकम्मल तैयारी संघ का शीर्ष नेतृत्व भी कर चुका था?

संघ की तैयारी का अंदाजा इसी से लगाया जा सकता है कि मार्च की प्रतिनिधि सभा की बैठक में 'एक मंदिर, एक कुआँ, एक श्मशान' के नारे के साथ समरसता अभियान का बिगुल फूँका गया और 14 अप्रैल, 2015 को संघ के मुखपत्र 'पाञ्चजन्य' एवं 'ऑर्गेनाइजर' ने एक ऐसा विशेषांक प्रकाशित किया, जिसने देश के मीडिया की निगाह अपनी ओर खींची। वह प्रतीक थे—बाबासाहेब डॉ. भीमराव आंबेडकर। अमूमन कोई

पत्रिका विशेषांक छापता तो है, लेकिन उसके लिए बड़ा समारोह नहीं करता। लेकिन संघ के मुखपत्र ने हिंदी व अंग्रेजी में न सिर्फ विशेष अंक छापा, बल्कि 14 अप्रैल को दिल्ली के सीरी फोर्ट ऑडिटोरियम में उसका भव्य तरीके से लोकार्पण भी किया, जिसमें मुख्य अतिथि के तौर पर संघ के सरकार्यवाह भैय्याजी जोशी मौजूद थे तो मोदी सरकार की ओर से सामाजिक न्याय एवं अधिकारिता मंत्री थावरचंद गहलोत। इसके अलावा, अर्थशास्त्री और योजना आयोग में सदस्य रह चुके नरेंद्र जाधव भी मौजूद थे।

आंबेडकर किसके ? और क्यों भगवा ब्रिगेड ने चुना ?

दरअसल, भा.ज.पा. के सत्ता में आने के बाद सन् 2015 में हुई पहली अखिल भारतीय प्रतिनिधि सभा की बैठक में एक नीतिगत फैसला लिया गया था। वह फैसला था—अब संघ के सभी संगठनों की बैठकों और कार्यालयों में डॉ. आंबेडकर की तसवीर अनिवार्य रूप से संघ के आदर्श पुरुषों के साथ लगेगी। इसी सोच के साथ भारत रत्न डॉ. बाबासाहेब भीमराव आंबेडकर की 125वीं जयंती के अवसर पर 'पाञ्चजन्य' के इस संग्रहणीय अंक की पहली बार 3 लाख से ज्यादा प्रतियाँ छापी गईं। दलितों में पैठ बनाने की रणनीति के तहत संघ ने आंबेडकर की विरासत को अपने रंग में रँगने की तैयारी कर ली थी। इसलिए इस विशेषांक में आंबेडकर की ओर से हिंदू धर्म के विरोध में दिए गए विचारों को समाहित नहीं किया गया, बल्कि उनके उन विचारों को ही समाहित किया गया, जिससे उनके विचार को भी किसी हिंदू राष्ट्रवादी नेता के समान स्थापित किया जा सके। 'इंडिया टुडे' में काम करते हुए जब मैंने इसकी पूरी पड़ताल की तो 'पाञ्चजन्य' के संपादक हितेश शंकर का कहना था कि डॉ. आंबेडकर पहली बार संघ के मुखपत्र के आवरण पर नहीं छपे हैं, उनकी 100वीं जयंती पर भी उन्हें स्थान दिया गया था। हालाँकि, 17 मार्च, 1991 के अंक में आंबेडकर को हेडगेवार के साथ जगह दी गई थी, लेकिन इस सवाल के जवाब में कि 'पाञ्चजन्य' ने बाबासाहेब की ओर से हिंदू धर्म के विरोध में दिए गए विचारों को समाहित क्यों नहीं किया, तो हितेश शंकर का कहना था, "अस्पृश्यता को लेकर हेडगेवार और आंबेडकर के विचार एक थे।

> ***संघ की तैयारी का अंदाजा इसी से लगाया जा सकता है कि मार्च की प्रतिनिधि सभा की बैठक में 'एक मंदिर, एक कुआँ, एक श्मशान' के नारे के साथ समरसता अभियान का बिगुल फूँका गया और 14 अप्रैल, 2015 को संघ के मुखपत्र 'पाञ्चजन्य' एवं 'ऑर्गेनाइजर' ने एक ऐसा विशेषांक प्रकाशित किया, जिसने देश के मीडिया की निगाह अपनी ओर खींची। वह प्रतीक थे—बाबासाहेब डॉ. भीमराव आंबेडकर।***

एक ही कालखंड के दो मनीषियों की पीड़ा सामाजिक विषयों पर भी एक जैसी थी। संघ हमेशा तोड़ने की बजाय जोड़ने की सोच रखता है। इसलिए 'पाञ्चजन्य' में भी वही चीजें छापी गई हैं, जो सकारात्मक हैं।" लेकिन मुसलिम-विरोधी विचारों को छाँटकर प्रकाशित करने पर भी हितेश शंकर की दलील थी, "बाबासाहेब के पास पोप तथा निजाम के लोग आए, मगर उन्होंने कहा था कि मैं ईसाइयत या इसलाम स्वीकार करता हूँ तो देश एक बड़े खतरे में चला जाएगा। इसलिए, मैं उसी रास्ते को चुन रहा हूँ, जो इस देश के मौलिक तत्त्व ज्ञान से जुड़ा है।" विशेषांक के लोकार्पण के अवसर पर भी सरकार्यवाह भैय्याजी जोशी ने सवाल उठाया कि आंबेडकर से पहले मदर टेरेसा को 'भारत रत्न' क्यों दिया गया? दरअसल, संघ की रणनीति आंबेडकर के सकारात्मक और दक्षिणपंथी विचारधारा से मेल खानेवाले विचारों को परोसकर यह संदेश देने की थी कि आंबेडकर किसी समुदाय विशेष की बजाय सभी के नेता थे। आंबेडकर के बौद्ध धर्म अपनाने को भी संघ घर के एक कमरे से दूसरे कमरे में जाने जैसा मानता है और अंदरूनी चर्चाओं में उसका मानना है कि अगर आंबेडकर के विचारों से उनका नाम हटाकर देखें-सुनें तो वह किसी महर्षि के ही विचार लगते हैं, जो हिंदू राष्ट्रवादी नेताओं से मेल खाती है।

17 मार्च, 1991 के अंक में आंबेडकर को हेडगेवार के साथ जगह दी गई थी, लेकिन इस सवाल के जवाब में कि 'पाञ्चजन्य' ने बाबासाहेब की ओर से हिंदू धर्म के विरोध में दिए गए विचारों को समाहित क्यों नहीं किया, तो हितेश शंकर का कहना था, "अस्पृश्यता को लेकर हेडगेवार और आंबेडकर के विचार एक थे।

लेकिन ऐसा नहीं था कि आंबेडकर को 'अपना बनाने' की रणनीति सिर्फ संघ के स्तर पर ही बनी थी। सरकार के स्तर पर भी तमाम रणनीतियाँ बनाई गई थीं। भा.ज.पा. के रणनीतिकारों का मानना था कि उसके आदर्शों को पार्टी के समर्पित कार्यकर्ताओं, अन्य राजनीतिक दलों के नेताओं के अलावा गिने-चुने लोग ही गहराई से जानते हैं। ऐसे में, समुदायों के प्रतीकों के जरिए ही भा.ज.पा. अपनी भविष्य की राजनीतिक सोच को साकार कर सकती है। संघ और भा.ज.पा. दोनों को अहसास हो चुका था कि मोदी लहर में समाज के सभी तबकों के लोग अपने क्षेत्रीय नेताओं से मोहभंग होने की वजह से भा.ज.पा. की ओर आए। वर्ष 2009 के लोकसभा चुनाव के मुकाबले 2014 के चुनाव में भा.ज.पा. के दलित वोट में दोगुना इजाफा हुआ और पहली बार भा.ज.पा. 282 सीटों के बड़े जनादेश के साथ सत्ता में बैठी। वर्ष 2009 के चुनाव में जहाँ भा.ज.पा. को दलित बहुल इलाके की 21 सीटें हासिल हुई थीं, वहाँ 2014 में बढ़कर वे 73 हो गई थीं। निश्चित तौर से लोग दूसरी पार्टियों से टूटकर आए थे, जिन्हें

अपने साथ रोककर रखने का एक आधार होना चाहिए। इनमें सभी को सीधा कोई लाभ देकर जोड़े रखना संभव नहीं था। लिहाजा, प्रतीकों के जरिए संदेश देने की रणनीति बनी। ऐसे में, संघ परिवार ने समग्र नीति बनाकर इस पर काम किया और आंबेडकर की 125वीं जयंती के मौके पर देश भर में 300 से ज्यादा कार्यक्रम कर दलितों के मसीहा आंबेडकर को अपना प्रतीक बनाने की आक्रामक नीति का आगाज कर दिया।

हालाँकि, तब भा.ज.पा. के सांसद दलित नेता उदित राज ने कहा था कि आंबेडकर की सोच को भा.ज.पा. समझ गई है, 'इसलिए जब जागो, तभी सवेरा!' उनका कहना था कि दलित समाज से उभरे मध्य वर्ग, बुद्धिजीवी और अधिकारी वर्ग की मारक क्षमता को पार्टी ने देखा और यह आंबेडकर की वजह से जनाधार बढ़ाने की कोशिश है। उदित राज ने वर्ष 2004 में भा.ज.पा. की हार के पीछे भा.ज.पा. नेता रहे पूर्व केंद्रीय मंत्री अरुण शौरी की पुस्तक 'द वर्शिपिंग ऑफ फॉल्स गॉड' को जिम्मेदार बताया और कहा कि पार्टी को शौरी के खिलाफ उस वक्त उसी तरह की कारवाई करनी चाहिए थी, जैसी जिन्ना पर पुस्तक लिखने के लिए जसवंत सिंह के खिलाफ हुई थी। शौरी को पार्टी से उसी वक्त बाहर का रास्ता दिखाना चाहिए था। उनकी इस राय को भा.ज.पा. के एस.सी. मोर्चा के राष्ट्रीय अध्यक्ष और वाजपेयी सरकार में मंत्री रहे संजय पासवान ने भी समर्थन दिया। लेकिन पासवान का कहना था कि शौरी आज किस किनारे खड़े हैं, यह जग-जाहिर है। संजय पासवान ने भी इस पहल पर कहा था, "पार्टी की रणनीति चुनाव में आंबेडकरवादियों के मिले वोट को रोकना है। कांग्रेस ने अपना खोया जनाधार हासिल करने के लिए आंबेडकर पर अभियान की बात की तो भा.ज.पा. पीछे क्यों रहती! हमारा मकसद कांग्रेस को रोकना है।" केंद्रीय मंत्री थावरचंद गहलोत ने तब इस पहल पर कुछ इस तरह कहा था, "भा.ज.पा. की सोच सकारात्मक है और जन संघ के जमाने से हम लोग आंबेडकर को सम्मान देते आ रहे हैं। लेकिन मुझे दुःख है कि आज लोग इसे चर्चा का विषय बना रहे हैं।"

> ***तब भा.ज.पा. के सांसद दलित नेता उदित राज ने कहा था कि आंबेडकर की सोच को भा.ज.पा. समझ गई है, 'इसलिए जब जागो, तभी सवेरा!' उनका कहना था कि दलित समाज से उभरे मध्य वर्ग, बुद्धिजीवी और अधिकारी वर्ग की मारक क्षमता को पार्टी ने देखा और यह आंबेडकर की वजह से जनाधार बढ़ाने की कोशिश है।***

आंबेडकर की विरासत के लिए मोदी सरकार के स्तर पर कई बड़ी परियोजनाएँ शुरू की गईं, जिनमें दिल्ली के लुटियन जोन में जनपथ रोड पर 192 करोड़ रुपए की लागत से भव्य इमारत थी, जो तैयार हो चुकी है। इसका नाम 'आंबेडकर इंटरनेशनल

सेंटर' है। इसके अलावा, 26 अलीपुर रोड पर, जहाँ आंबेडकर का देहावसान हुआ था, वहाँ 100 करोड़ रुपए की लागत से संविधान की पुस्तक के आकार का भव्य स्मारक बनाया गया, तो लंदन में, 1921–22 में पढ़ाई के दौरान जिस घर में वे रहे थे, उसे भी महाराष्ट्र सरकार ने केंद्र सरकार के साथ मिलकर खरीदने की प्रक्रिया तभी शुरू की, जो पूरी हो चुकी है। आंबेडकर की जन्म-स्थली महू में स्थापित डॉ. आंबेडकर इंस्टीट्यूट को उनकी जयंती के अवसर पर ही मध्य प्रदेश में स्टेट यूनिवर्सिटी का दर्जा दिया गया। यानी सरकार और विचार परिवार ने रणनीति के साथ समाज के इस वर्ग में अपनी पैठ को मजबूत बनाने के लिए आंबेडकर के प्रतीकों पर काम किया। संघ ने भी अपनी छवि के मिथक को तोड़ते हुए प्रारंभिक स्तर की अपनी इकाइयों—मंडल, बस्ती, मोहल्ला संघ की समितियों में जिम्मेदारी देने का फैसला किया। साथ ही, संघ ने समरसता अभियान के तहत ही 'दलित के द्वार दस्तक' कार्यक्रम को शुरू किया था। लेकिन दलित समाज का भरोसा जीतने में सबसे बड़ी चुनौती आरक्षण को लेकर उसकी राय रही है। हालाँकि, यह भी तथ्य है कि संघ सन् 1989 में ही आरक्षण के प्रस्ताव को स्वीकार कर चुका है; लेकिन संघ इसके लाभार्थियों को लेकर समीक्षा के पक्ष में रहा है, जिससे विचार परिवार में अकसर दुविधा की स्थिति पैदा हो जाती है, जिसे बेहतर समन्वय के जरिए भा.ज.पा. और संघ ने दूर कर लिया है। लेकिन बिहार विधानसभा चुनाव के समय सरसंघचालक मोहन भागवत के कथित आरक्षण वाले बयान से भ्रम की स्थिति बनी और भा.ज.पा. को राजनीतिक नुकसान उठाना पड़ा था, जिसका जिक्र बिहार चुनाव नतीजों के बाद पार्टी के कई सांसदों-नेताओं ने सार्वजनिक बयानबाजी करके भी किया। लेकिन इस विरोधाभास के बावजूद भा.ज.पा.-संघ परिवार ने डॉ. आंबेडकर को साधन बना दलित समाज को साधने की दीर्घकालिक योजना पर काम वर्ष 2015 में ही शुरू कर दिया था।

आंबेडकर की जन्म-स्थली महू में स्थापित डॉ. आंबेडकर इंस्टीट्यूट को उनकी जयंती के अवसर पर ही मध्य प्रदेश में स्टेट यूनिवर्सिटी का दर्जा दिया गया। यानी सरकार और विचार परिवार ने रणनीति के साथ समाज के इस वर्ग में अपनी पैठ को मजबूत बनाने के लिए आंबेडकर के प्रतीकों पर काम किया।

'बाबा साहब' से 'बाला साहब' का संदेश

नवंबर 2015 में बिहार विधानसभा चुनाव के नतीजों में आरक्षण का मुद्दा छाया रहा, जिसकी शुरुआत संघ प्रमुख मोहन भागवत के बयानों से चुनाव अभियान के दौरान हुई थी। लेकिन संघ बदलते वक्त के साथ सामंजस्य बिठाता रहा है। ऐसे में,

सामाजिक समरसता अभियान की गति नहीं थमी। नागपुर की प्रतिनिधि सभा की बैठक के बाद 2016 में राजस्थान के मध्यकालीन शहर नागौर में अखिल भारतीय प्रतिनिधि सभा की बैठक 11 से 13 मार्च तक हुई तो संघ ने न सिर्फ मूलभूत बदलाव किए, बल्कि भविष्य की अपनी सोच का भी संकेत दे दिया। राजस्थान के नागौर में राष्ट्रीय स्वयंसेवक संघ (आर.एस.एस.) की इस अखिल भारतीय प्रतिनिधि सभा की वार्षिक बैठक का मुख्य मंडप पूरी तरह से डॉ. भीमराव आंबेडकर को समर्पित था। प्रवेश-द्वार पर ही बाबा साहब आंबेडकर की बड़ी-सी तसवीर लगी हुई थी तो अंदर घुसते ही दाईं तरफ एक छोटे से मंडप में संघ के ही पूर्व सरसंघचालक बाला साहब देवरस की तसवीर के साथ चित्र प्रदर्शनी लगाई गई थी। 11-13 मार्च, 2016 की इस बैठक में संघ ने सामाजिक समरसता पर एक विशेष प्रस्ताव के जरिए सभी नागरिकों, धार्मिक व सामाजिक संगठनों से अपील की कि वे समता-युक्त और शोषण-मुक्त समाज की दिशा में प्रयास करें। यानी संघ की इस दिशा में लगातार पहल उसकी सुविचारित रणनीति का ही हिस्सा थी, ताकि वह दलितों-पिछड़ों में अपनी पैठ बढ़ा सके। बाला साहब देवरस ने वर्ष 1973-74 में हिंदू समाज से अस्पृश्यता को दूर करने के लिए संघ की ओर से विशेष मुहिम चलाई थी। इन प्रतीकों के जरिए संघ 'बाबा साहब' से 'बाला साहब' तक के विचारों को एक फ्रेम में फिट करने के प्रयास में जुटा था। इसीलिए वह अनुसूचित जाति-जनजाति के आरक्षण को न्यायोचित मानता है। लेकिन पिछड़ों के आरक्षण पर संघ के बोल ने भा.ज.पा. को फिर परेशान कर दिया। संघ ने आधार बढ़ाने और स्वीकार्यता को समाज के सभी वर्गों में सहज बनाने के लिए ही अपने सभी संगठनों को कार्यक्रमों और कार्यालयों में नगर से लेकर केंद्रीय स्तर तक आंबेडकर का फोटो अनिवार्य किया।

बाला साहब देवरस ने वर्ष 1973-74 में हिंदू समाज से अस्पृश्यता को दूर करने के लिए संघ की ओर से विशेष मुहिम चलाई थी। इन प्रतीकों के जरिए संघ 'बाबा साहब' से 'बाला साहब' तक के विचारों को एक फ्रेम में फिट करने के प्रयास में जुटा था। इसीलिए वह अनुसूचित जाति-जनजाति के आरक्षण को न्यायोचित मानता है।

आरक्षण पर बेबाकी से फिर असहज भा.ज.पा.

दरअसल, उस समय हरियाणा और गुजरात में दो समुदाय पिछड़े वर्ग के तहत आरक्षण को लेकर सड़कों पर उतर चुके थे। ऐसे में, समाज में यह बहस-सी छिड़ गई थी कि जिस समुदाय को संपन्न माना जाता है, वह भी अब आरक्षण की माँग कर रहा है!

इसी दौरान, नागौर में बैठक समाप्त होने के बाद मीडिया से रू-बरू संघ के सरकार्यवाह भैय्याजी जोशी से हरियाणा के जाटों और गुजरात में पाटीदारों की ओर से आरक्षण के संघर्ष पर सवाल पूछा गया तो उनका कहना था, “समाज का संपन्न वर्ग भी जब आरक्षण की माँग करता है तो हमें लगता है कि यह सोच सही दिशा में नहीं है। संपन्न लोगों को तो दुर्बल वर्ग की सहायता करनी चाहिए; लेकिन ऐसा करने की बजाय अपने लिए आरक्षण माँगना आंबेडकर की सोच के खिलाफ है।” इस कड़ी में ‘इंडिया टुडे’ के पत्रकार के नाते मैंने संघ के अखिल भारतीय प्रचार प्रमुख मनमोहन वैद्य (अब सह-सरकार्यवाह) से बात की तो उनका कहना था, “जाट और पटेल संपन्न वर्ग रहे हैं। इन्हें माँगने के बदले दूसरों को सुविधा देनी चाहिए। दलितों में भी जो कमजोर वर्ग है, उन तक 60 साल बाद भी आरक्षण का लाभ नहीं पहुँचा है, तो उसका अध्ययन होना चाहिए। इसमें समाज के लोगों को ही खुद आगे आना चाहिए। यही बात सरसंघचालक (मोहन भागवत) जी ने भी उस समय (बिहार चुनाव के समय आरक्षण संबंधी बयान में) कही थी।”

गुजरात में भी पाटीदार हिंसक आंदोलन कर चुके थे। इन आंदोलनों ने स्वाभाविक तौर पर संघ की चिंता को बढ़ा दिया। संघ परिवार से जुड़े एक वरिष्ठ नेता ने तब कहा था, “संघ हमेशा एक राष्ट्र के रूप में सोचता है और सजातीय समाज की बात करनेवाला हर शख्स या संगठन वही कहेगा, जो सरसंघचालकजी ने बिहार चुनाव के समय कहा था, या अब नागौर बैठक से आवाज निकली है।”

दरअसल, संघ का मानना था कि हरियाणा में जाटों ने आरक्षण की माँग को लेकर जिस तरह से हिंसक आंदोलन किया, उसने केंद्र और राज्य में सत्तारूढ़ भा.ज.पा. की पेशानी पर बल ला दिए। गुजरात में भी पाटीदार हिंसक आंदोलन कर चुके थे। इन आंदोलनों ने स्वाभाविक तौर पर संघ की चिंता को बढ़ा दिया। संघ परिवार से जुड़े एक वरिष्ठ नेता ने तब कहा था, “संघ हमेशा एक राष्ट्र के रूप में सोचता है और सजातीय समाज की बात करनेवाला हर शख्स या संगठन वही कहेगा, जो सरसंघचालकजी ने बिहार चुनाव के समय कहा था, या अब नागौर बैठक से आवाज निकली है।” संघ का मानना है कि राजनीति और वोट बैंक की वजह से पिछड़े वर्ग के आरक्षण का मसला गाहे-बगाहे उछलता रहता है। उसकी चिंता इस बात को लेकर भी थी कि लोग समाज और देश के लिए महान् कार्य करनेवाली विभूतियों की जयंती जाति के नाम पर मनाते हैं, जो सामाजिक अभिशाप है; जबकि संघ ने अपनी स्थापना से अब तक जाति के नाम पर कभी कोई सम्मेलन नहीं किया। उसका मानना है कि सत्ता के लिए राजनीतिक लोगों ने जाति

के नाम पर सामाजिक अभिशाप को बढ़ावा दिया और वर्तमान परिदृश्य में देखा जाए तो यह कैसे खत्म होगा और इसकी शुरुआत कौन करेगा, इसकी कोई तसवीर नहीं दिखती। हालाँकि, एस.सी.-एस.टी. आरक्षण को लेकर संघ ने स्पष्टता रखी और कहा कि सदियों से सामाजिक अन्याय के शिकार लोगों को सहारा देना किसी भी राष्ट्र का धर्म है, लेकिन उस आड़ में सियासी गोटी फिट करना गलत है। संघ आरक्षण को लेकर एक राष्ट्रव्यापी बहस की बात तो करता रहा है, और भागवत के बाद नागौर से निकला संघ का बयान भी उसी संदर्भ में था; लेकिन संघ परिवार की दुविधा यह भी थी कि राजनीतिक क्षेत्र में काम करनेवाला उसका वैचारिक संगठन भा.ज.पा. किसी भी सूरत में आरक्षण की समीक्षा का समर्थन नहीं कर सकती। ऐसे में, जब नागौर से ओ.बी.सी. आरक्षण पर भा.ज.पा. को असहज करनेवाला संदेश निकला तो संसद् में भी 14 अप्रैल को आवाज उठी। राज्यसभा में ब.स.पा. नेता मायावती, स.पा. नेता रामगोपाल यादव के आरोपों पर तब सदन के नेता और तत्कालीन वित्त मंत्री (स्व.) अरुण जेटली ने कहा था, “सरकार की नीति स्पष्ट है कि आरक्षण की मौजूदा व्यवस्था बनी रहेगी, हर हालत में बनी रहेगी।” भा.ज.पा. की मुश्किल विचार परिवार से ज्यादा राजनीति की थी, क्योंकि साल भर पहले जब भा.ज.पा. अध्यक्ष अमित शाह ने पहली बार पार्टी के भीतर ओ.बी.सी. मोर्चा बनाया तो कहा था, “हम सत्ता में बहुत कम समय रहे हैं, लेकिन सबसे ज्यादा ओ.बी.सी. मुख्यमंत्री, सांसद-विधायक भा.ज.पा. ने दिए हैं और आज भी इस वर्ग के सबसे ज्यादा सांसद-विधायक भा.ज.पा. के पास हैं। यहाँ तक कि देश को सबसे पहला ओ.बी.सी. प्रधानमंत्री भी हमने ही दिया है।” यह कहने के पीछे तथ्यात्मक वजह भी थी। वर्ष 2014 के लोकसभा चुनाव में पार्टी को ओ.बी.सी. से अपार समर्थन मिला था। भा.ज.पा. को 34 फीसदी ओ.बी.सी. वोट मिले, जो वर्ष 2009 के आम चुनाव के मुकाबले 12 फीसदी ज्यादा थे। जबकि 282 लोकसभा सीटों में से 244 सीटें सिर्फ हिंदी पट्टी में हासिल करनेवाली भा.ज.पा. को इस पट्टी से 48 फीसदी ओ.बी.सी. वोट हासिल हुए थे। हालाँकि, इस मुद्दे पर विवाद को देखते हुए संघ की ओर से दलील दी गई कि आरक्षण की समीक्षा की पहल आरक्षित वर्गों के प्रबुद्ध लोगों को ही करनी चाहिए, ताकि इसी समाज के सभी लोगों को इसका लाभ मिल सके।

हम सत्ता में बहुत कम समय रहे हैं, लेकिन सबसे ज्यादा ओ.बी.सी. मुख्यमंत्री, सांसद-विधायक भा.ज.पा. ने दिए हैं और आज भी इस वर्ग के सबसे ज्यादा सांसद-विधायक भा.ज.पा. के पास हैं। यहाँ तक कि देश को सबसे पहला ओ.बी.सी. प्रधानमंत्री भी हमने ही दिया है।

ग्राफिक्स

लोकसभा चुनाव में भा.ज.पा. को आरक्षित वर्ग से मिला समर्थन				
	वोट शेयर 2014		नफा/नुकसान 2009 से	
श्रेणी	राष्ट्रीय	हिंदी पट्टी	राष्ट्रीय	हिंदी पट्टी
ओ.बी.सी.	34	48	+12	+6
एस.सी.	24	34	+12	+6
एस.टी.	38	55	+14	+7

स्रोत : एन.ई.एस. 2014 और सी.एस.डी.एस.

मध्यकालीन शहर नागौर से आधुनिकता का संदेश

नागौर की बैठक में आरक्षण को लेकर भले संघ ने अपने रुख को दोहराया, लेकिन सबसे अलग बात थी कि वक्त के साथ कदम-ताल की जुगत में आर.एस.एस. ने साहसिक रुख अख्तियार करने का संदेश दिया। युवाओं को लुभाने के लिए उसने अपने गणवेश में बदलाव कर लिया और आरक्षण पर भी बेबाक राय जाहिर की, जिसका जिक्र 'इंडिया टुडे' ने 30 मार्च, 2016 के अंक में कुछ इस तरह किया था—दरअसल, उसकी मंशा उस युवा शक्ति को आकर्षित करना है, जो आरक्षण को गैर-जरूरी मानती है। युवाओं को लुभानेवाले 'राष्ट्रवाद' के मौजूदा ज्वलंत मुद्दे पर भी उसका रुख साफ था और उसने कुछ विश्वविद्यालयों में लगनेवाले कथित देश-विरोधी नारों की निंदा की। इसके अलावा, प्रगतिशील सोच का परिचय देते हुए उसने मंदिरों में महिलाओं के प्रवेश का समर्थन किया। लैंगिक समानता के विषय पर नागपुर की आर.एस.एस. की सभा ने मीडिया से बातचीत में साफ किया कि वह हिंदू मंदिरों के गर्भगृहों में महिलाओं के प्रवेश के पक्ष में है। लेकिन उसका कहना था कि प्रवेश की प्रक्रिया गहन विचार-विमर्श और सहयोग के जरिए तय होनी चाहिए, न कि टकराव के जरिए।

तब भा.ज.पा. के महासचिव मुरलीधर राव ने कहा था, "आर.एस.एस. हमेशा से धार्मिक पुस्तकों की प्रगतिशील व्याख्या के पक्ष में रहा है और वेदों का कहना है कि दैवी शक्ति के सामने पुरुष या स्त्री जैसा कुछ भी नहीं है। कई जानकार आर.एस.एस. के लिए जिस नई सोच की बात कहते हैं, वह नई नहीं है; बल्कि शुरुआत से ही उसकी विचारधारा का हिस्सा रही है।" बहरहाल, जिस फैसले ने मीडिया में वास्तव में सनसनी पैदा की, वह आर.एस.एस. के गणवेश में किया जानेवाला बदलाव था। अब खाकी निक्कर की जगह भूरे रंग की पैंट ने ले ली थी। इस मुद्दे पर वर्ष 2010 से ही आर.एस.एस. में बहस होती

आ रही थी। गणवेश में बदलाव की मुख्य वजह 91 साल पुराने इस संगठन में युवाओं को आकर्षित करने की कोशिश थी। लेकिन पहनावे में बदलाव ही उन्हें आकर्षित करने के लिए काफी नहीं हो सकता। संघ का नेतृत्व जानता था कि युवाओं को संगठन में लाने की लड़ाई विचारधारा के मोर्चे पर भी लड़नी होगी। संघ ने इसके लिए युवाओं के प्रशिक्षण शिविर लगाने पर काम किया, जिसके बाद संघ की शाखाएँ बढ़ीं। इसके लिए भी वर्ष 2015 में आर.एस.एस. के करीब 15,000 कार्यकर्ताओं ने उसका संदेश फैलाने के लिए अपने घरों से एक हफ्ते की छुट्टी ली थी, जिसके बाद शाखाओं की संख्या में तेजी से बढ़ोतरी हुई। दूरगामी उद्‌देश्य यह था कि देश के सभी 6 लाख गाँवों में एक-एक शाखा होनी चाहिए। हालाँकि, पिछले छह वर्षों में आर.एस.एस. की पहुँच तेजी से बढ़ी है, पर इसमें शामिल होनेवाले ज्यादातर लोगों की संख्या अब भी या तो हायर सेकंडरी स्कूल या कॉलेजों के छात्रों की रही है। इसका एक वर्ग सत्ता की राजनीति से आकर्षित हुआ है, क्योंकि भा.ज.पा.-आर.एस.एस. को सत्ता प्रतिष्ठान की ताकतों के तौर पर देखा जाने लगा था। अध्ययनों से पता चलता है कि जो लोग प्राथमिक स्कूल के स्तर पर या छोटी उम्र में इसमें शामिल होते हैं, वे बड़े होकर वैचारिक रूप से कहीं ज्यादा मजबूत होते हैं; जबकि बड़ी उम्र में शामिल होनेवाले वैचारिक रूप से उतने पक्के नहीं होते हैं। लेकिन इन दिनों पहले किस्म के लोगों की संख्या कम है, क्योंकि ज्यादातर माता-पिता खाकी निक्कर के संगठन को 'पुराने जमाने' का मानते हैं। वे संगठन की राष्ट्रवादी सोच से प्रभावित होने के बावजूद अपने बच्चों को शाखा में भेजना पसंद नहीं करते। आर.एस.एस. के एक वरिष्ठ पदाधिकारी की तब दलील थी, "निक्कर की जगह पैंट लाने का फैसला काफी सोच-समझकर लिया गया है। इसका मकसद बच्चों को शाखाओं की ओर आकर्षित करना है, ताकि उन्हें भविष्य में वैचारिक रूप से मजबूत कैडर बनाया जा सके।"

नागौर की अखिल भारतीय प्रतिनिधि सभा में पारित दो अन्य प्रस्तावों में सस्ती गुणवत्तापूर्ण शिक्षा और सस्ती स्वास्थ्य सेवा उपलब्ध कराने की जरूरत बताई गई थी। आर.एस.एस. के अखिल भारतीय प्रचार प्रमुख मनमोहन वैद्य ने कहा था, "आर.एस.एस. अपनी शुरुआत से ही बदलाव की लहर के साथ तालमेल बैठाता रहा है। वैचारिक विरोधियों के हमलों के बावजूद हम आगे बढ़ते जा रहे हैं।"

नागौर की अखिल भारतीय प्रतिनिधि सभा में पारित दो अन्य प्रस्तावों में सस्ती गुणवत्तापूर्ण शिक्षा और सस्ती स्वास्थ्य सेवा उपलब्ध कराने की जरूरत बताई गई थी। आर.एस.एस. के अखिल भारतीय प्रचार प्रमुख मनमोहन वैद्य ने कहा था,

"आर.एस.एस. अपनी शुरुआत से ही बदलाव की लहर के साथ तालमेल बैठाता रहा है। वैचारिक विरोधियों के हमलों के बावजूद हम आगे बढ़ते जा रहे हैं।" नागौर की सभा में आखिरी दिन उत्साह दिखाई दिया, क्योंकि ज्यादातर विवादित मुद्दों, जिनका इस्तेमाल आमतौर पर वामपंथी रणनीतिकार करते हैं, जो जाति के आधार पर एक वर्ग के साथ भेदभाव के लिए हिंदुओं को जिम्मेदार बताते हैं, संघ उन पर अपनी राय स्पष्ट कर चुका था और संघ की राय समय के अनुकूल थी। इसलिए प्रतिनिधि सभा ने यह संदेश दिया कि धार्मिक ग्रंथों में कभी भेदभाव का उपदेश नहीं दिया गया है; बल्कि बाद में उसे विकृत किया गया है। यह संदेश इस सभा की बड़ी कामयाबी रही। कुल मिलाकर, मध्यकालीन शहर नागौर अपने मजबूत किले के लिए जाना जाता है और इतिहास में कई बदलावों का गवाह रहा है, जहाँ वह देश के सबसे बड़े परिवार, यानी संघ परिवार, में मूलभूत बदलावों का भी गवाह बना।

यानी संघ ने आधुनिकता के साथ तालमेल करते हुए अपने सामाजिक आधार को बढ़ाने के लिए मूलभूत बदलाव करके युवा पीढ़ी को अपनी तरफ खींचने की पहल तो की ही, परदे के पीछे भा.ज.पा. को भी साथ लेकर वैचारिक बौद्धिक समागम का खाका बुना और सामाजिक विस्तार की बिसात बिछा दी। लेकिन इस दौरान समाज में घटित दलित-विरोधी कुछ घटनाएँ विचार परिवार को दुविधा में भी डाल रही थीं, जिससे सामाजिक समरसता की पहल में भी गतिरोध होने लगा था। ऐसे में, समाज में अपनी पैठ बनाने के साथ-साथ संघ ने बुद्धिजीवियों की जमात खड़ी करने का भी काम तेज कर दिया, जो किसी तरह की सकारात्मक या नकारात्मक अवधारणा बनाने में अहम भूमिका निभाते हैं।

□

खंड-6

बौद्धिक आंदोलन

संघ को अपनी स्थापना से लेकर अब तक यही मलाल था कि राजनीति एवं समाज के हर क्षेत्र में मौजूदगी के बावजूद बौद्धिक जगत् में उसे बैकफुट पर धकेल दिया जाता है। वामपंथी बुद्धिजीवी हर बहस को अपने पक्ष में मोड़ लेते हैं। ऐसे में, जे.एन.यू. कांड के बाद संघ ने मंथन कर बौद्धिक आंदोलन खड़ा करने का खाका बनाया और रणनीति के तहत इस पर काम तेज किया। संघ के विचारों से प्रेरित थिंक टैंक सक्रिय किए गए। बौद्धिक लड़ाई को दीर्घकालिक सोच के साथ भी आगे बढ़ाया और उसके लिए शिक्षा में बदलाव पर भी कैसे काम किया, इस पर सीधे संघ ने शिक्षा मंत्रियों की बैठक ली। इसमें राजस्थान कैसे मॉडल बना और बुद्धिजीवियों को इकट्ठा करने को लोक-मंथन जैसे कार्यक्रम का आगाज किया। संघ मुख्यालय में पूर्व राष्ट्रपति और कांग्रेस के दिग्गज नेता रहे प्रणव मुखर्जी का जाना ऐतिहासिक आयोजन कैसे साबित हुआ, जो संघ की स्वीकार्यता और विस्तार में एक कारक बना।

12

अपने 'बुद्धिजीवी'

वेमूला, ऊना प्रकरण से सामाजिक समरसता में गतिरोध, अवार्ड-वापसी और जे.एन.यू. कांड जैसे प्रकरण के बाद बौद्धिक लड़ाई में पिछड़ते संघ ने की नई शुरुआत; लेकिन हर बौद्धिक पहल में सामाजिक समीकरण का भी खयाल।

संघ अपने समरसता अभियान को गति दे रहा था। अचानक गौ-रक्षा जैसे मसलों पर दलितों के साथ उत्पीड़न की घटनाएँ तेजी से सामने आने लगी थीं। प्रधानमंत्री नरेंद्र मोदी ने भी सार्वजनिक तौर पर गौ-रक्षा के नाम पर हो रही घटनाओं की कड़े लहजों में भर्त्सना की थी। लेकिन लगातार घटनाओं से संघ-भा.ज.पा. को अपने सामाजिक समरसता अभियान में अवरोध दिख रहा था तो दूसरी तरफ पार्टी और संघ के खिलाफ एक सोच रखनेवाले बुद्धिजीवी इन घटनाओं को आधार बनाकर कथित तौर पर इन संगठनों के दलित-विरोधी होने की नकारात्मक धारणा बना रहे थे। निश्चित तौर पर संघ परिवार के लिए यह चिंता का समय था। इसकी वजह थी—मोदी लहर वाले वर्ष 2014 के लोकसभा चुनाव में पार्टी को 24 फीसदी दलित वोट मिले थे। इसमें उत्तर प्रदेश की सभी सुरक्षित 17 लोकसभा सीटों पर कब्जा जमाते हुए लोकसभा की कुल 84 सुरक्षित सीटों में से 39 पर भा.ज.पा. ने जीत हासिल की थी। सिर्फ हिंदी पट्टी में भा.ज.पा. को 34 फीसदी दलित वोट मिले थे।

इस वोट को अपने साथ जोड़ने के लिए ही सामाजिक समरसता के साथ-साथ सरकार ने बाबा साहब आंबेडकर से जुड़ी विरासतों को तरजीह दी तो संसद् में संविधान दिवस पर व्यापक बहस भी कराई। अगर वर्ष 2014 के चुनाव के समय से नरेंद्र मोदी की तैयारी को देखें तो एन.डी.ए. में रामविलास पासवान की पार्टी लोक जनशक्ति पार्टी को शामिल करने के बाद 3 मार्च, 2014 को मोदी ने बिहार के मुजफ्फरपुर की एक चुनावी सभा में कहा था, "ब्राह्मण और बनियों की पार्टी कही जानेवाली भा.ज.पा. अब दलित-पिछड़ों की पार्टी बन गई है। आनेवाला वक्त दलितों-पिछड़ों का ही है।" मोदी के

ऐसा कहने के पीछे ठोस आधार भी था। लोकसभा चुनाव के वक्त मायावती को छोड़कर भा.ज.पा. ने सभी प्रमुख दलित चेहरों को अपने सामाजिक समीकरण के गुलदस्ते में सजा लिया था। दिल्ली में उदित राज, जो खुलकर महिषासुर समारोहों में जाते थे और हिंदू धर्म के खिलाफ बौद्ध धर्म अपनाया था, उन्हें भी अपने साथ जोड़ा। इसी तरह, बिहार में रामविलास पासवान को साथ लिया, जिन्होंने मोदी के मुख्यमंत्री रहते गुजरात में हुए दंगे की वजह से ही अटल बिहारी वाजपेयी के नेतृत्व वाली एन.डी.ए. सरकार से इस्तीफा दे दिया था। इसी तरह, महाराष्ट्र में रामदास आठवले की पार्टी आर.पी.आई. (ए) और तमिलनाडु में विजयकांत की पार्टी डी.एम.डी.के. को जोड़ा था, जिसका लाभ भा.ज.पा. को मिला था।

ग्राफिक्स

किसको कितना दलित वोट			
पार्टी	लोकसभा चुनाव में वोट (फीसदी में)		
	2004	2009	2014
भा.ज.पा.	13	12	24
कांग्रेस	26	27	19
ब.स.पा.	22	20	14
अन्य	39	41	43

स्रोत : सी.एस.डी.एस., चुनाव आयोग

लेकिन सत्ता में आने के बाद दलित मुद्दे पर विपरीत परिस्थितियों का सामना करना पड़ रहा था। दरअसल, बीते दो-तीन दशक में दलित राजनीति इतनी धारदार और प्रतिक्रियावादी हो गई है कि भा.ज.पा. के सामाजिक आधार से उस वक्त वह मेल नहीं खा पा रही थी। इसलिए रणनीतिक तौर पर कई बार विरोधाभास दिखने लगता था। हालाँकि, संघ के सेवा भारती, वनवासी कल्याण आश्रम, एकल विद्यालय जैसे प्रकल्प दलित-आदिवासियों के लिए काम करते रहे हैं, फिर भी, भा.ज.पा. और संघ को लेकर एक धारणा थी कि वह समाज के मध्य और सवर्ण वर्ग तक सीमित है। इस तथ्य के इतिहास में जाकर देखा जाए तो संघ ने अपनी इस छवि को तोड़ने के लिए प्रतीकों की राजनीति को प्राथमिकता दी। सन् 1967 में दलितों के संगठन डी.एस.-4 और बाद में ब.स.पा. ने ब्राह्मण-बनियों के खिलाफ 'तिलक-तराजू और तलवार' जैसे कई नारे गढ़े और खुलकर विरोध किया था। लेकिन दलितों में संदेश देने के मकसद से संघ ने ही तीन

बार भा.ज.पा. को उत्तर प्रदेश में मायावती की पार्टी से गठजोड़ करने की सलाह दी थी। सबसे पहले राम मंदिर आंदोलन के उफान के बावजूद जब सन् 1993 के चुनाव में पार्टी यू.पी. में सरकार नहीं बना पाई तो 1995 में मायावती को समर्थन देने का फैसला किया। उस वक्त कल्याण सिंह पूरी तरह से इस फैसले के खिलाफ थे। फिर सन् 1997 में भी इसे दोहराया गया। 2002 में भी भा.ज.पा. के दिग्गज नेता राजनाथ सिंह की अनिच्छा के बावजूद भा.ज.पा. ने फिर मायावती को समर्थन दिया था। इन फैसलों के पीछे पूरी तरह से संघ था, क्योंकि भा.ज.पा. की दलित रणनीति पूरी तरह से संघ-पोषित मानी जाती रही है। इसलिए जब गुजरात के ऊना में जुलाई 2016 में गौ-रक्षा के नाम पर दलितों के साथ मार-पीट की घटना हुई तो संसद् में खूब आवाज उठी। देश भर में बहस होने लगी। ब.स.पा. सुप्रीमो मायावती इस घटना के बाद भा.ज.पा. के खिलाफ मुखर थीं। इसी बीच उत्तर प्रदेश में भा.ज.पा. के उपाध्यक्ष दयाशंकर सिंह ने मायावती के खिलाफ उत्साह में अभद्र टिप्पणी कर दी, "एक वेश्या से भी बदतर चरित्र की आज मायावतीजी हो गई हैं। इसलिए कांशीराम के बनाए कार्यकर्ता उनका साथ छोड़कर जा रहे हैं और ब.स.पा. समाप्त हो रही है। मायावतीजी किसी को 1 करोड़ रुपए में टिकट देती हैं; पर कोई 2 करोड़ देनेवाला मिला तो उसे टिकट दे देती हैं और शाम को कोई 3 करोड़ देने को तैयार होता है तो उसे दे देती हैं।" दयाशंकर के इस वीडियो के वायरल होते ही हंगामा बरपा। संसद् का सत्र चल रहा था और राज्यसभा में मायावती मौजूद थीं। विपक्ष ने इस मुद्दे को उठाया तो तत्कालीन वित्त मंत्री और सदन के नेता अरुण जेटली ने 'बहन मायावती' संबोधन के साथ पहले तो दयाशंकर के बयान की भर्त्सना की और खेद प्रकट किया, उसके बाद उन्होंने दो-टूक कहा कि दयाशंकर के खिलाफ कड़ी कारवाई होगी। इसके कुछ घंटों के भीतर ही दयाशंकर को पार्टी से बाहर निकाल दिया गया।

> ***संघ के सेवा भारती, वनवासी कल्याण आश्रम, एकल विद्यालय जैसे प्रकल्प दलित-आदिवासियों के लिए काम करते रहे हैं, फिर भी, भा.ज.पा. और संघ को लेकर एक धारणा थी कि वह समाज के मध्य और सवर्ण वर्ग तक सीमित है। इस तथ्य के इतिहास में जाकर देखा जाए तो संघ ने अपनी इस छवि को तोड़ने के लिए प्रतीकों की राजनीति को प्राथमिकता दी।***

लेकिन इस घटना के तत्काल बाद भा.ज.पा.-संघ ने संकेत दिया कि दलित मुद्दे पर दयाशंकर जैसी भाषा कतई बरदाश्त नहीं होगी। संघ नेतृत्व ने इस मामले को कितनी गंभीरता से लिया था, इसका अंदाजा इस बात से लगाया जा सकता है कि प्रकरण के तत्काल बाद संघ के सह-सरकार्यवाह और भा.ज.पा. के साथ समन्वय का जिम्मा

सँभाल रहे डॉ. कृष्ण गोपाल ने तत्कालीन गृह मंत्री राजनाथ सिंह के निवास 17 अकबर रोड पर भा.ज.पा. के राष्ट्रीय अध्यक्ष अमित शाह और अन्य वरिष्ठ नेताओं के साथ दो दौर की मंत्रणा की। इसमें आगे की रणनीति पर विचार किया गया। इस बैठक में हुई चर्चा में संघ-भा.ज.पा. नेताओं ने यह भी महसूस किया कि रोहित वेमूला प्रकरण हो या ऊना की घटना, साजिश के तहत सेकुलर ब्रिगेड इसमें भा.ज.पा. को घसीट लेती है; क्योंकि सेकुलर खेमे को अहसास हो गया है कि सांप्रदायिकता के मुद्दे पर भा.ज.पा. को कठघरे में खड़ा करना उसे सियासी फायदा देता है। इसलिए अब सामाजिक एजेंडे पर भा.ज.पा. को बदनाम करने की कोशिश हो रही है।

इसके बाद डैमेज कंट्रोल रणनीति के तहत संघ की ओर से रक्षाबंधन के अवसर पर मनाए जानेवाले रक्षा पर्व की तारीख उस साल 18 अगस्त थी, जिसको लेकर संघ ने इस बार स्वयंसेवकों को दलित बहनों से राखी बँधवाने और उनके घरों में जाकर बातचीत करने का निर्देश दिया था, ताकि सामाजिक सद्भावना/समरसता का माहौल फिर से बनाया जा सके। भा.ज.पा. ने भी अपने कार्यकर्ताओं को इस रक्षा पर्व में सहभागी होने का निर्देश दिया।

इसके बाद डैमेज कंट्रोल रणनीति के तहत संघ की ओर से रक्षाबंधन के अवसर पर मनाए जानेवाले रक्षा पर्व की तारीख उस साल 18 अगस्त थी, जिसको लेकर संघ ने इस बार स्वयंसेवकों को दलित बहनों से राखी बँधवाने और उनके घरों में जाकर बातचीत करने का निर्देश दिया था, ताकि सामाजिक सद्भावना/समरसता का माहौल फिर से बनाया जा सके। भा.ज.पा. ने भी अपने कार्यकर्ताओं को इस रक्षा पर्व में सहभागी होने का निर्देश दिया। साथ ही, संघ ने गौ-रक्षकों पर निगरानी रखने की रणनीति पर काम करना शुरू कर दिया। ऊना की घटना का असर यह हुआ कि गुजरात में तत्कालीन मुख्यमंत्री आनंदीबेन पटेल की विदाई तत्काल (आनंदीबेन ने 2 अगस्त, 2016 को फेसबुक पोस्ट से इस्तीफे का ऐलान किया) हो गई, जबकि उनकी विदाई को पहले 75 वर्ष उम्र के भा.ज.पा. के मानक से जोड़कर देखा जा रहा था। इधर दयाशंकर मामले की भरपाई के लिए अमित शाह ने नेताओं को बयानबाजी पर लगाम रखने की हिदायत दी तो उत्तर प्रदेश भा.ज.पा. के तत्कालीन अध्यक्ष केशव प्रसाद मौर्य ने भी पदाधिकारियों की बैठक कर इस चेतावनी को दोहराया। भा.ज.पा. ने उत्तर प्रदेश के अपने सभी 17 दलित सांसदों को सद्भावना समारोह करने और दलित क्षेत्रों में प्रवास बढ़ाने का निर्देश दिया। खुद अमित शाह भी दलित के घर भोजन करने के लिए गए। अन्य राज्यों में दलित नेताओं को अपने स्तर से नव सामाजिक मंच बनाकर दलितों का

भरोसा कायम रखनेवाले अभियान चलाने को कहा था। राष्ट्रीय स्तर पर दलित-विरोधी धारणा को धराशायी करने के लिए पार्टी ने चार स्तरीय रणनीति बनाई—पहली, योजनाबद्ध तरीके से जवाब देना, जिसमें दलित अत्याचार के आँकड़ों को तुलनात्मक रूप में रखना। दूसरी, निचले स्तर पर दलितों से सीधा संपर्क स्थापित करना, खासतौर से गैर-जाटव दलितों से। इसमें स्टैंडअप इंडिया के तहत दलितों को मिलनेवाले ऋण से नए उद्यम खड़े करने की बात और मुद्रा बैंक योजना के फायदे गिनाना है। तीसरी, संघ के नेटवर्क का इस्तेमाल कर दलितों में छवि सुधार की कवायद करना और संघ के रक्षा पर्व में शामिल होना। चौथी, ज्यादातर दलित नेताओं को भा.ज.पा. से जोड़ने की कोशिश, ताकि यह संदेश जाए कि पार्टी दलितों के साथ है।

भा.ज.पा. नेता और पूर्व केंद्रीय राज्यमंत्री संजय पासवान ने तब मुझसे बातचीत में कहा था, "नई पीढ़ी के दलित युवाओं की आकांक्षाओं को कोई भी राजनीतिक दल समझ नहीं पा रहा। दलितों के साथ खाने और नहाने के दिखावटी प्रतीकों से कुछ नहीं होगा। यह समाज आँखों की भाषा समझता है, आँकड़ों की नहीं। अब हमें नई पीढ़ी के दलित युवाओं से बात करनी होगी।" पासवान ने आगे यह भी जोड़ा था, "कांग्रेस, कम्युनिस्ट और सोशलिस्ट पूरे चेतन मन के साथ जाति की बात करते हैं; जबकि भा.ज.पा. हमेशा अवचेतन मन से करती है। इसलिए हाल की घटनाओं को समझने और परिस्थितियों को आँकने में हमसे गलतियाँ हुई हैं।" पासवान की बात से भले पार्टी या संघ सार्वजनिक तौर से सहमति रखें या नहीं, लेकिन दोनों संगठनों को अहसास था कि दलित हो या समाज का अन्य वर्ग, उसे जोड़ने के लिए युवाओं से संवाद करना होगा। और उसके लिए सिर्फ प्रतीकों के माध्यम से सामाजिक समरसता नहीं होगी, बल्कि बुद्धिजीवियों की जमात भी खड़ी करनी होगी।

भा.ज.पा. नेता और पूर्व केंद्रीय राज्यमंत्री संजय पासवान ने तब मुझसे बातचीत में कहा था, "नई पीढ़ी के दलित युवाओं की आकांक्षाओं को कोई भी राजनीतिक दल समझ नहीं पा रहा। दलितों के साथ खाने और नहाने के दिखावटी प्रतीकों से कुछ नहीं होगा। यह समाज आँखों की भाषा समझता है, आँकड़ों की नहीं। अब हमें नई पीढ़ी के दलित युवाओं से बात करनी होगी।"

होली से पहले नए बौद्धिक आंदोलन के लिए मंथन

संघ-भा.ज.पा. को अहसास हो चुका था कि सामाजिक धारणाओं की लड़ाई में अभी वह बैकफुट पर है और नई रणनीति पर काम करने की जरूरत है। मानवता से ज्यादा

गाय की चिंता करनेवाली छवि कथित विरोधी विचारधारा के बुद्धिजीवियों ने गढ़ दी थी, जिसे तोड़ना संघ-भा.ज.पा. के लिए चुनौती थी। इससे पहले वर्ष 2015 के अक्तूबर-नवंबर में संपन्न हुए बिहार विधानसभा चुनाव से पहले भी 'असहिष्णुता' की अवाज बुलंद कर विरोधी विचारधारा के बुद्धिजीवियों ने अवार्ड-वापसी जैसे कदम तक उठाकर माहौल बना दिया था। उसके बाद फरवरी 2016 में जवाहरलाल नेहरू विश्वविद्यालय (जे.एन.यू.) का प्रकरण, जहाँ संसद् पर हमले के दोषी अफजल गुरु की फाँसी की बरसी मनाने का कार्यक्रम आयोजित हुआ और कथित तौर पर देश-विरोधी नारे लगे (अभी अदालत में पुष्टि बाकी है)। इसी मामले में 12 फरवरी, 2016 को जे.एन.यू. छात्र संघ का तत्कालीन अध्यक्ष भारत-विरोधी नारे लगनेवाले इस समारोह के मामले में गिरफ्तार किया गया, जिसके बाद माहौल और गरमा गया। भा.ज.पा. और संघ दोनों को राष्ट्रभक्ति बनाम राष्ट्र विरोध के मुद्दे पर अपनी बिसात बिछाने का मौका मिल गया। भा.ज.पा. ने बेहद चतुराई से सांस्कृतिक 'राष्ट्रवाद' की जगह राष्ट्रवाद शब्द को तरजीह दी, क्योंकि इससे उस पर सांप्रदायिकता का ठप्पा नहीं लगाया जा सकता था। कांग्रेस, लेफ्ट ने इसमें जे.एन.यू. के उन छात्रों को समर्थन दिया, जिन पर 'भारत तेरे टुकड़े होंगे', जैसे देश-विरोधी नारे लगाने के आरोप लगे थे। भा.ज.पा.-संघ का विरोध करनेवाले बुद्धिजीवियों ने भी मोदी सरकार के खिलाफ मोर्चा खोल दिया था। बुद्धिजीवियों की ओर से बनाए जा रहे माहौल का मुकाबला उस अंदाज में भा.ज.पा.-संघ नहीं कर पा रहे थे, जिसकी जरूरत थी।

फरवरी 2016 में जे.एन.यू. प्रकरण तात्कालिक वजह बनी तो जनवरी 2016 में ही हैदराबाद में केंद्रीय विश्वविद्यालय में दलित छात्र रोहित वेमूला की आत्महत्या का प्रकरण, 2015 में बिहार विधानसभा चुनाव के समय दादरी कांड और उसके विरोध में अवार्ड-वापसी तथा असहिष्णुता जैसे मुद्दों पर संघ व भा.ज.पा. ने खुद को घिरा हुआ महसूस किया।

फरवरी 2016 में जे.एन.यू. प्रकरण तात्कालिक वजह बनी तो जनवरी 2016 में ही हैदराबाद में केंद्रीय विश्वविद्यालय में दलित छात्र रोहित वेमूला की आत्महत्या का प्रकरण, 2015 में बिहार विधानसभा चुनाव के समय दादरी कांड और उसके विरोध में अवार्ड-वापसी तथा असहिष्णुता जैसे मुद्दों पर संघ व भा.ज.पा. ने खुद को घिरा हुआ महसूस किया। इन प्रकरणों पर विरोधी रुख वाले बुद्धिजीवियों ने भगवा परिवार को झटका दिया था। जे.एन.यू. कांड के समय राष्ट्रीयता के मुद्दे पर भी जिस तरह से एक धारणा भा.ज.पा. और संघ को लेकर बौद्धिक जगत् में बनाई जाने लगी, उसने विचार परिवार के मन में गहरी टीस बिठा दी। टीस इस बात को लेकर ज्यादा थी कि ऐसे सभी प्रकरणों पर उसे अपने

कॉडर का समर्थन तो मिला, लेकिन बुद्धिजीवियों की पूरी जमात खिलाफ खड़ी दिखी। ऐसे में, संघ-भा.ज.पा. के शीर्ष नेताओं की बैठक हुई। संभवतया वह 22-23 मार्च, 2016 की तारीख थी। संघ परिवार के कुछ बड़े नीति-नियंता दिल्ली में मंडी हाउस के निकट स्थित हरियाणा भवन में आ जुटे। पहले दिन की बैठक में संघ के सरकार्यवाह भैय्याजी जोशी, सह-सरकार्यवाह दत्तात्रेय होसबाले, डॉ. कृष्ण गोपाल, जे. नंदकुमार तथा भा.ज.पा. के राष्ट्रीय अध्यक्ष अमित शाह, राष्ट्रीय महासचिव रामलाल, राम माधव सहित 14 अहम चेहरे शामिल थे। अगले दिन 23 मार्च को संख्या चार गुना बढ़ गई, जिनमें कुछ बुद्धिजीवी भी शामिल थे। दो दिन के महामंथन का लब्बोलुआब निकला था—'शिक्षा, एन.जी.ओ. और अंग्रेजी मीडिया में अपना प्रभाव न होने से यह हाल हो रहा है। हमें बौद्धिक स्तर पर दखल देकर नीतिगत रूप से अपना बौद्धिक समूह खड़ा करना होगा।' संघ और उसके संगठनों की बेचैनी दरअसल इस विडंबना से उपजी थी कि राजनीतिक-सामाजिक क्षेत्र सहित छात्रों एवं किसान-मजदूरों में उसका मजबूत आधार और प्रभाव तो है, लेकिन 91 वर्ष (संघ की स्थापना के हिसाब से 2016 में) के हो चुके संघ का बौद्धिक क्षेत्र में वैसा प्रभाव नहीं है। संघ के लिए आत्मचिंतन की घड़ी थी, क्योंकि इन 91 वर्षों में उसने हर दिशा में 'शाखाएँ' तो खूब फैलाईं, पर बौद्धिक जगत् में अपनी 'जड़ें' क्यों नहीं जमा पाया?

इस बैठक में शामिल एक नेता के ही शब्दों में, "वर्ष 2004 और 2009 के लोकसभा चुनाव में भा.ज.पा. हारी हुई स्थिति में भी 20-22 फीसदी वोट लेती रही है। हम गली-मोहल्ले तक तो पहुँच गए, लेकिन बौद्धिक जगत् में कमजोर हैं। अब हमें कोशिश यह करनी है कि अपनी तटस्थता बरकरार रखते हुए हमारे पक्ष में बोलनेवाले लोग खड़े हों। केंद्र में हमारी सरकार है तो इसका दायरा बढ़ाने का भी सफल प्रयास होना चाहिए।"

इस बैठक में शामिल एक नेता के ही शब्दों में, "वर्ष 2004 और 2009 के लोकसभा चुनाव में भा.ज.पा. हारी हुई स्थिति में भी 20-22 फीसदी वोट लेती रही है। हम गली-मोहल्ले तक तो पहुँच गए, लेकिन बौद्धिक जगत् में कमजोर हैं। अब हमें कोशिश यह करनी है कि अपनी तटस्थता बरकरार रखते हुए हमारे पक्ष में बोलनेवाले लोग खड़े हों। केंद्र में हमारी सरकार है तो इसका दायरा बढ़ाने का भी सफल प्रयास होना चाहिए।" इस मंथन के बाद कुछ काम तत्काल शुरू हुए तो कुछ को लेकर दीर्घकालिक खाका बना लिया गया, जिसका जिक्र आगे होगा। लेकिन हरियाणा भवन की बैठक में ही तत्काल इस पर अमल शुरू हुआ और पहला महत्त्वपूर्ण फैसला हुआ कि इस कॉडर आधारित संगठन के लोगों ने बुद्धिजीवियों के क्षेत्र में अपना कॉडर खड़ा

करने की जिम्मेदारी वहीं पर संघ के तत्कालीन अखिल भारतीय सह-प्रचार प्रमुख जे. नंदकुमार को सौंप दी। नंदकुमार वामपंथियों के गढ़ केरल में काम करते रहे हैं और उन्हें मोदी सरकार के आने के बाद रणनीति के तहत दिल्ली लाकर संघ ने सह-प्रचार प्रमुख का दायित्व सौंपा था। इसके अगले साल मार्च 2017 में तमिलनाडु के कोयंबटूर में हुई अखिल भारतीय प्रतिनिधि सभा की बैठक में जे. नंदकुमार को संघ ने अपने शीर्ष वैचारिक निकाय 'प्रज्ञा प्रवाह' का राष्ट्रीय संयोजक नियुक्त कर दिया। इस संगठन की शुरुआत संघ के ही के.एस. सुदर्शन, दत्तोपंत ठेंगड़ी और पी. परमेश्वरन जैसे दिग्गजों ने की थी, जिसका मकसद वामपंथी विचारधारा का डटकर मुकाबला करना था। नंदकुमार की इस नियुक्ति से संघ ने हरियाणा भवन की अपनी गोपनीय बैठक के एजेंडे का मानो इजहार कर दिया हो। नंदकुमार घोषित तौर पर केरल में वामपंथियों को कड़ी चुनौती देते रहे हैं और सोशल मीडिया, खासतौर से ट्विटर, पर बेहद सक्रिय थे। उन्होंने संघ में भी इसे शामिल करने में अहम भूमिका निभाई। लेकिन इस मुहिम को आगे बढ़ाते हुए एक चुनौती भी थी, क्योंकि जिन स्वायत्त संगठनों के सहारे संघ बौद्धिक जड़ें जमाना चाहता था, उनमें से ज्यादातार सत्ता में प्रभाव जमाने के मकसद से सेमिनारों पर फोकस कर श्रेय लेने की होड़ में लगे दिख रहे थे। ऐसे में, विचार परिवार को अपने बुद्धिजीवी तैयार करने से पहले वामपंथियों पर ही शोध की दरकार थी, क्योंकि वामपंथियों में बिपिन चंद्रा, रोमिला थापर जैसे बुद्धिजीवी शुरू से आखिर तक अकादमिक ही रहे। पर दक्षिणपंथ, जिसे संघ 'राष्ट्रीयता' कहता है, में ऐसी स्थिति नहीं दिखती। अत: संघ ने संगठनों में तालमेल की जिम्मेदारी खुद सँभालने का मन बनाया।

हरियाणा भवन में हुए मंथन के बाद तत्कालीन केंद्रीय आयुष मंत्री श्रीपद नाइक के सरकारी आवास के पिछले हिस्से में अस्थायी कार्यालय बनाया गया, जहाँ से मुख्य तौर पर समाज विज्ञान, इतिहास, राजनीतिक विज्ञान से जुड़े अध्यापकों पर फोकस किया गया। साथ ही, टीम ने यहाँ बैठकर अपनी विचारधारा से जुड़े या उसके करीब वाले शिक्षकों को चुनने का काम शुरू कर दिया।

हरियाणा भवन में हुए मंथन के बाद तत्कालीन केंद्रीय आयुष मंत्री श्रीपद नाइक के सरकारी आवास के पिछले हिस्से में अस्थायी कार्यालय बनाया गया, जहाँ से मुख्य तौर पर समाज विज्ञान, इतिहास, राजनीतिक विज्ञान से जुड़े अध्यापकों पर फोकस किया गया। साथ ही, टीम ने यहाँ बैठकर अपनी विचारधारा से जुड़े या उसके करीब वाले शिक्षकों को चुनने का काम शुरू कर दिया। दूसरी तरफ, भा.ज.पा. ने रणनीतिक तौर पर राष्ट्रवाद के नाम पर अपनी लड़ाई धारदार बनाई तो संघ की ओर से हर पखवाड़े

डॉ. कृष्ण गोपाल की देखरेख में ऐसी करीब दर्जन भर बैठकें पूसा या अन्य स्थानों पर चलीं, जिनमें दलित और पिछड़े वर्ग के बुद्धिजीवियों के अलग-अलग सत्र हुए। ऐसी ही बैठकों में बीकानेर से सांसद अर्जुनराम मेघवाल भी शामिल हुए और उन्होंने प्रभावी ढंग से अपनी बात रखी। बाद में उन्हें मोदी कैबिनेट में शामिल करके इनाम भी दिया गया। यानी संघ ने बुद्धिजीवियों को जोड़ते वक्त भी सामाजिक संतुलन को साधना जरूरी समझा, क्योंकि किसी एक खास वर्ग का आधिपत्य इस आंदोलन को कमजोर कर सकता था। साथ ही, कई बार मसले समुदाय या जाति विशेष से जुड़े होते हैं और उसके बारे में उसी समाज का बुद्धिजीवी विचार रखता है तो उसका प्रभाव अलग होता है।

बौद्धिक समागम की पहल : उज्जैन सिंहस्थ से विचार महाकुंभ

इसको लेकर एक महत्त्वपूर्ण पहल 12-14 मई, 2016 को उज्जैन के निकट निनौरा में अंतरराष्ट्रीय विचार महाकुंभ के आयोजन से की गई, जिसकी पटकथा पहले लिखी जा चुकी थी। उज्जैन सिंहस्थ के समय हुए इस आयोजन के अलावा उस वक्त एक और नई चीज हुई—भा.ज.पा. अध्यक्ष अमित शाह का दलित साधु-संतों के साथ समरसता स्नान। विचार महाकुंभ से ठीक एक दिन पहले शाह के साथ सिंहस्थ में दलित साधु-संतों का स्नान कार्यक्रम रखा गया, जिसे पहले तो 'शबरी स्नान' कहा गया, पर बाद में 'सामाजिक समरसता' का नाम दिया गया। लेकिन साधु-संतों ने इसका पुरजोर विरोध किया तो अंत में इसे 'संत स्नान' का नाम दिया गया। सार्वजनिक तौर पर तो विचार महाकुंभ के संयोजक भा.ज.पा. नेता और बाद में मोदी सरकार में मंत्री बने (स्व.) अनिल माधव दवे ने इसे मीडिया की उपज बताया। उनकी दलील थी, "नदी में तो सब एक हैं, फिर समरसता वाली बात कहाँ से आती है?" लेकिन संघ हो या भा.ज.पा., उसकी कार्यशैली में एक खास मकसद छुपा होता है, जिसे संघ सामाजिकता तो भा.ज.पा. राजनीति कह देती है। स्नान से एजेंडा आगे बढ़ा तो अगले दिन 12 मई को शुरू हुआ तीन दिवसीय विचार महाकुंभ पूरी तरह से संघ के संरक्षण में हुआ, जिसका उद्घाटन खुद सरसंघचालक मोहन भागवत ने किया तो संघ में नंबर दो सरकार्यवाह भैय्याजी जोशी तीनों दिन आयोजन में मौजूद रहे। वैसे तो इसे

इसको लेकर एक महत्त्वपूर्ण पहल 12-14 मई, 2016 को उज्जैन के निकट निनौरा में अंतरराष्ट्रीय विचार महाकुंभ के आयोजन से की गई, जिसकी पटकथा पहले लिखी जा चुकी थी। उज्जैन सिंहस्थ के समय हुए इस आयोजन के अलावा उस वक्त एक और नई चीज हुई—भा.ज.पा. अध्यक्ष अमित शाह का दलित साधु-संतों के साथ समरसता स्नान।

वैचारिक बौद्धिक समागम का नाम दिया गया, जिसमें शिक्षा, स्वास्थ्य, कृषि, महिला सशक्तीकरण, जीवन-मूल्य, विज्ञान एवं धर्म के बीच संबंध जैसे विभिन्न विषयों पर चर्चा के भी सत्र हुए। लेकिन संघ परिवार की रणनीति में इन सभी उपक्रमों के जरिए समाज के सबसे निचले तबके पर फोकस कर अपना सामाजिक आधार बढ़ाना था, इसलिए तत्कालीन मध्य प्रदेश की शिवराज सिंह चौहान सरकार ने संघ की सीधी देखरेख में इस विचार महाकुंभ का आयोजन किया था। इस महाकुंभ के संयोजक अनिल माधव दवे ने तब मुझसे कहा था, "विचार महाकुंभ एक धर्म संसद् की तरह है। इसका प्रयोजन बदलाव के लिए चिंतन था, जहाँ नई धारा शुरू हुई है।"

इस आयोजन की रणनीति उसी समय बनने लगी थी, जब मोदी सरकार के ऊपर सूट-बूट या प्रो-कॉरपोरेट की कथित छवि बनाई जाने लगी थी। भा.ज.पा. और संघ में अलग-अलग फोरमों पर चर्चा कर सिंहस्थ में 'विचार महाकुंभ' का खाका बुना गया था, जो भा.ज.पा. के पूर्ववर्ती संगठन जन संघ के संस्थापक पं. दीनदयाल उपाध्याय के जन्म शताब्दी वर्ष समारोह के आयोजनों का ही हिस्सा था।

इस आयोजन की रणनीति उसी समय बनने लगी थी, जब मोदी सरकार के ऊपर सूट-बूट या प्रो-कॉरपोरेट की कथित छवि बनाई जाने लगी थी। भा.ज.पा. और संघ में अलग-अलग फोरमों पर चर्चा कर सिंहस्थ में 'विचार महाकुंभ' का खाका बुना गया था, जो भा.ज.पा. के पूर्ववर्ती संगठन जन संघ के संस्थापक पं. दीनदयाल उपाध्याय के जन्म शताब्दी वर्ष समारोह के आयोजनों का ही हिस्सा था। निनौरा में विचार महाकुंभ के मंथन से जो संदेश निकला, उसे अन्य राज्यों में भी अलग-अलग माध्यमों से पहुँचाने की रणनीति बनी। इस समागम से निकले संदेश को खासतौर से भा.ज.पा.-शासित राज्यों में परवान चढ़ाने की रणनीति थी। भा.ज.पा. के एक नेता के अनुसार, "पं. जवाहरलाल नेहरू को हाल ही में राजस्थान की भा.ज.पा. सरकार की ओर से पाठ्यक्रम से हटाने का विवाद उसी एजेंडे का हिस्सा है, जो वाजपेयी सरकार के समय भगवाकरण के आरोपों की वजह से कमजोर पड़ गया था। लेकिन अब गठबंधन की मजबूरी नहीं है, इसलिए संघ की सोच एन.सी.ई.आर.टी. के पाठ्यक्रमों में भी भारतीय मनीषियों, देवी-देवताओं और अध्यात्म को जोड़ने की है।" चूँकि इस तरह का प्रयास एक दिन में सफल नहीं हो सकता, इसलिए संघ ने 'विचार महाकुंभ' जैसे बड़े आयोजनों की शृंखला से माहौल बनाने की दिशा में कदम बढ़ाया। खुद सरसंघचालक मोहन भागवत ने 'विचार महाकुंभ' के उद्घाटन में संकेतों में देश के ताजा माहौल को अपने विचारों के अनुकूल बताया। उन्होंने कहा था, "हम समाज में परिवर्तन लाने के लिए वातावरण निर्मित

करें। आज देश में वातावरण बना है, लेकिन हमें उस दिशा में काम करने की जरूरत है।" संघ से सीधे भा.ज.पा. में आए राष्ट्रीय महासचिव राम माधव ने भी महाकुंभ में 'वैचारिक दृष्टि और समाज' पर एक विशेष सत्र को संबोधित किया। यानी परिवार की रणनीति समाज के निचले तबके में पैठ बनाकर वैचारिक-राजनीतिक आधार को बढ़ाने की बनी थी, ताकि संघ तीन पीढ़ियों से जिस समाज को संगठित करने की सोच पर काम कर रहा है, उसे अपने हिसाब से मौजूदा वातावरण में साकार किया जा सके। अभिप्राय यह था कि निचले तबके के लोगों को विकास की धारा से जोड़ते हुए वैचारिक और राजनीतिक स्तर पर भी संघ-भा.ज.पा. से जोड़ा जाए।

मीडिया...माध्यम...धारणा : एक पेशेवर पहल

संघ को अहसास हो चुका था कि किसी तरह की धारणा बनाने में मीडिया भी एक तरह की भूमिका निभाता है। लिहाजा, उज्जैन के सिंहस्थ के दौरान निनौरा में आयोजित 'विचार महाकुंभ' के दौरान संघ ने तय कर लिया था कि उसके विचारों से जुड़ी बहुभाषीय न्यूज एजेंसी 'हिंदुस्थान समाचार' को पेशेवर अंदाज में ढाला जाएगा। लेकिन सुसुप्त अवस्था में चल रही इस एजेंसी की कमान किसे सौंपी जाए, इसको लेकर संघ के स्तर पर चार लोगों को छाँटा गया था। लेकिन संघ चाहता था कि इसकी कमान ऐसे व्यक्ति को सौंपी जाए, जो विचारधारा के प्रति समर्पित हो। 'इंडिया टुडे' में काम करते हुए मैंने इसकी पूरी पड़ताल की तो सामने आया कि खाका तो पहले से तैयार है, जैसे शतरंज की बिसात पर बिछे हुए मोहरे। लेकिन कब कौन से मोहरे कहाँ बिठाने हैं, इस पर ही संघ काम कर रहा है, जिसमें निश्चित तौर पर सरकार के स्तर से होनेवाले काम के लिए भा.ज.पा. से विचार-विमर्श हो चुका था। 'निनौरा विचार महाकुंभ' का उद्घाटन सरसंघचालक मोहन भागवत ने किया था तो समापन प्रधानमंत्री नरेंद्र मोदी ने। सरकार्यवाह भैय्याजी जोशी तीनों दिन आयोजन में मौजूद थे।

संघ को अहसास हो चुका था कि किसी तरह की धारणा बनाने में मीडिया भी एक तरह की भूमिका निभाता है। लिहाजा, उज्जैन के सिंहस्थ के दौरान निनौरा में आयोजित 'विचार महाकुंभ' के दौरान संघ ने तय कर लिया था कि उसके विचारों से जुड़ी बहुभाषीय न्यूज एजेंसी 'हिंदुस्थान समाचार' को पेशेवर अंदाज में ढाला जाएगा। लेकिन सुसुप्त अवस्था में चल रही इस एजेंसी की कमान किसे सौंपी जाए, इसको लेकर संघ के स्तर पर चार लोगों को छाँटा गया था।

इसी दौरान भा.ज.पा. के तत्कालीन राज्यसभा सांसद एवं उद्योगपति आर.के.

सिन्हा को एक फोन आता है। दूसरी तरफ से सिन्हा को संदेश दिया जाता है—'आप तत्काल निनौरा पहुँचिए, संघ नेतृत्व आपसे बात करना चाहता है।' संघ के स्वयंसेवक सिन्हा फौरन इस निर्देश का पालन करते हुए उज्जैन के निनौरा में आयोजन स्थल पर पहुँचते हैं। भैय्याजी जोशी और सिन्हा की अकेले में मुलाकात होती है। औपचारिक तौर पर इस बातचीत में क्या कहा गया, उसका खुलासा तो नहीं होता है, लेकिन पूरी पटकथा पर काम करनेवालों के मुताबिक, सिन्हा को संघ के शीर्ष नेतृत्व का संदेश दिया जाता है—'संघ नेतृत्व ने हिंदुस्थान समाचार संवाद समिति आपको सौंपने का निर्णय लिया है और अब आप ही इसको सँभालेंगे।'

संघ की रणनीति के तहत सिन्हा इस पर फौरन अमल करते हैं और तीन दिन बाद ही 17 मई, 2016 को उन्हें निदेशक मंडल की बैठक में संवाद समिति का संरक्षक बना दिया जाता है। महज 12 दिनों में दिल्ली से सटे नोएडा के सेक्टर-63 में सिन्हा की बनवाई एक भव्य इमारत को हिंदुस्थान समाचार की जरूरतों के हिसाब से तैयार कर लिया जाता है, जिसका औपचारिक उद्‌घाटन भी भैय्याजी 1 जून को करते हैं। फिर 10 जून को संघ के सह-सरकार्यवाह दत्तात्रेय होसबाले नोएडा के इस दफ्तर में पहुँचते हैं और संवाद समिति की पूरी टीम का कुछ इस प्रकार मार्गदर्शन भी करते हैं, "आप लोग सकारात्मक, विकासोन्मुख समाचार को ज्यादा प्रश्रय दें और हिंसा, अपराध, आतंकवाद की खबरों को जरूरत से ज्यादा बढ़ावा न दें।"

संघ की रणनीति के तहत सिन्हा इस पर फौरन अमल करते हैं और तीन दिन बाद ही 17 मई, 2016 को उन्हें निदेशक मंडल की बैठक में संवाद समिति का संरक्षक बना दिया जाता है। महज 12 दिनों में दिल्ली से सटे नोएडा के सेक्टर-63 में सिन्हा की बनवाई एक भव्य इमारत को हिंदुस्थान समाचार की जरूरतों के हिसाब से तैयार कर लिया जाता है, जिसका औपचारिक उद्‌घाटन भी भैय्याजी 1 जून को करते हैं।

यह भी संयोग है कि जिस दिन होसबाले हिंदुस्थान समाचार एजेंसी के दफ्तर पहुँचते हैं, उसी दिन केंद्रीय सूचना एवं प्रसारण मंत्रालय नई विज्ञापन नीति का ऐलान करता है, जिसकी माँग तो मीडिया में लंबे समय से थी, लेकिन इस नीति के मानदंडों में हिंदुस्थान समाचार को जोड़ने से सीधा लाभ विचार परिवार से जुड़ी इस एजेंसी को मिलता दिख रहा था। इसके बाद इस नीति को लेकर विवाद भी होने लगा। स्वाभाविक तौर से आरोप लगने लगा कि संघ परिवार की वजह से इस नीति में हिंदुस्थान समाचार को जोड़ा गया है। पूरे मामले को समझने के लिए विज्ञापन नीति पर भी गौर करना होगा। भा.ज.पा. की पूर्ण बहुमत वाली नरेंद्र मोदी सरकार ने नई विज्ञापन नीति को लागू कर

दिया था, जिससे हिंदुस्थान समाचार का कायाकल्प होता दिख रहा था। नई विज्ञापन नीति में सरकार ने विज्ञापनों के लिए 100 अंकों का एक पैमाना बनाया था। पहले सरकारी, यानी डी.ए.वी.पी. से मिलनेवाले विज्ञापनों के लिए इस तरह का कोई मापदंड नहीं था। नई नीति के मुताबिक, आर.एन.आई./ए.बी.सी. सर्टिफिकेट होने पर 25 अंक, कर्मचारियों का प्रोविडेंट फंड काटने पर 20 अंक, पी.टी.आई./यू.एन.आई./हिंदुस्थान समाचार का सब्सक्रिप्शन है तो 15 अंक, अपना प्रिंटिंग प्रेस होने पर 10 अंक, प्रेस काउंसिल की फीस देने पर 10 अंक और पन्नों के हिसाब से 12 से 20 अंक। अब अंकों के मुताबिक ही विज्ञापनों का अनुपात और कीमतें देने की नीति बनाई गई थी। नई नीति में एजेंसी के लिए सबसे फायदे की बात यह थी कि अखबारों को अब हर संस्करण के लिए अलग से एजेंसी का सब्सक्रिप्शन लेना अनिवार्य था, तभी विज्ञापन लेने में उसका लाभ उसे मिल सकता था। इस नीति की वजह से हिंदुस्थान समाचार को लाभ होना लाजिमी था, क्योंकि यह एकमात्र एजेंसी है, जो बहुभाषीय है और उसकी मासिक दरें भी काफी कम थीं। इस नीति की वजह से एजेंसियों में नई प्रतिस्पर्धा स्वाभाविक थी। हिंदुस्थान समाचार के तत्कालीन सी.ई.ओ. और एडिटर इन चीफ राकेश मंजुल ने 'इंडिया टुडे' के साथ बातचीत में कहा था, "हम प्रिंट मीडिया की एक बड़ी भारतीय आई.टी. कंपनी के साथ करार करने जा रहे हैं, जो हमें सहायता देगी। हम असंगठित क्षेत्र के छोटे अखबारों को बड़ा सपोर्ट देना चाहते हैं। बहुत जल्द कई बड़े ब्रांड हमारे साथ जुड़नेवाले हैं।" हालाँकि, इस नई नीति पर तब स्थापित न्यूज एजेंसी प्रेस ट्रस्ट ऑफ इंडिया (पी.टी.आई.) के सी.ई.ओ. एम.के. राजदान की राय थी, "हम न्यूज एजेंसी हैं। किसी नीति से किसी न्यूज एजेंसी को बढ़ावा मिल रहा है तो हमें क्यों ऐतराज होगा?"

नई नीति के मुताबिक, आर.एन.आई./ए.बी.सी. सर्टिफिकेट होने पर 25 अंक, कर्मचारियों का प्रोविडेंट फंड काटने पर 20 अंक, पी.टी. आई./यू.एन.आई./हिंदुस्थान समाचार का सब्सक्रिप्शन है तो 15 अंक, अपना प्रिंटिंग प्रेस होने पर 10 अंक, प्रेस काउंसिल की फीस देने पर 10 अंक और पन्नों के हिसाब से 12 से 20 अंक। अब अंकों के मुताबिक ही विज्ञापनों का अनुपात और कीमतें देने की नीति बनाई गई थी।

हिंदुस्थान समाचार : एक दूर की सोच

संघ की रणनीति से पहले हिंदुस्थान समाचार संवाद समिति की स्थापना के मूल उद्देश्यों को भी देखना होगा, क्योंकि अकसर संघ का ठप्पा लगाकर किसी भी संस्था

को बदनाम करनेवाला ब्रिगेड भी मुश्किल खड़ी करता है। संघ के शीर्ष नेताओं को इसका अहसास था। हिंदुस्थान समाचार की नींव आजादी के बाद संघ के ही वरिष्ठ प्रचारक शिवशंकर उर्फ दादा साहब आप्टे ने सन् 1948 में डाली थी। उस समय 'राष्ट्रीय विचारोंवाले भारतीय पत्रकारों' को लेकर कंपनी के रूप में इसकी स्थापना हुई और सन् 1956 में इसे को-ऑपरेटिव की शक्ल दे दी गई। यह देश की एकमात्र बहुभाषीय न्यूज एजेंसी है, जो हिंदी और अंग्रेजी के अलावा बँगला, ओड़िया, तेलुगु, कन्नड़, मलयालम, गुरुमुखी, मराठी जैसी दर्जन भर से ज्यादा भाषाओं में समाचार देती है। एजेंसी का यह भी दावा है कि सन् 1962 में चीन के भारत पर आक्रमण की पहली खबर इसी एजेंसी ने दी थी। इसकी हालत दरअसल इमरजेंसी के वक्त खराब हुई, जब पूर्व प्रधानमंत्री इंदिरा गांधी ने देश में आपातकाल लगाया और विरोधी दलों के नेताओं समेत विरोध में नजर आनेवाले संस्थानों पर भी कुठाराघात किया, जिसके बाद हिंदुस्थान समाचार कभी भी पूरे दम-खम के साथ खड़ा नहीं हो पाया। केंद्र में जब अटल बिहारी वाजपेयी की अगुआई में एन.डी.ए. सरकार बनी, सियासी वजहों से तब भी सरकार इसका पुनरुद्धार नहीं कर पाई। हालाँकि, ठिकाने बदल-बदलकर इस एजेंसी को कुछ संघनिष्ठ कार्यकर्ताओं ने जीवित जरूर रखा, लेकिन उसकी धार वैसी नहीं बन पाई।

लेकिन केंद्र में मोदी सरकार बनने के बाद डी.ए.वी.पी. की नीति बदली और इस संस्था को पेशेवर अंदाज में चलाने के लिए इसे कॉरपोरेट के हाथों में सौंपा गया। सरकार के स्तर पर नीतिगत बदलाव और दूसरी ओर हिंदुस्थान समाचार एजेंसी पुराने स्वयंसेवक को सौंपने के पीछे की कुछ वजहें भी थीं। संघ प्रमुख मोहन भागवत ने निनौरा विचार महाकुंभ में कहा था, "हम समाज में परिवर्तन लाने के लिए वातावरण निर्मित करें और अभी जो वातावरण बना है, हमें उस दिशा में काम करने की जरूरत है।" संघ दरअसल वैचारिक अधिष्ठान पर एक समर्पित व्यावसायिक मीडिया प्रतिष्ठान खड़ा करना चाहता था। मसलन, मीडिया में कश्मीर को मुद्दा या विवाद कहा जाता है; लेकिन संघ की सोच है कि विवाद तो उसी दिन खत्म

केंद्र में मोदी सरकार बनने के बाद डी.ए.वी.पी. की नीति बदली और इस संस्था को पेशेवर अंदाज में चलाने के लिए इसे कॉरपोरेट के हाथों में सौंपा गया। सरकार के स्तर पर नीतिगत बदलाव और दूसरी ओर हिंदुस्थान समाचार एजेंसी पुराने स्वयंसेवक को सौंपने के पीछे की कुछ वजहें भी थीं। संघ प्रमुख मोहन भागवत ने निनौरा विचार महाकुंभ में कहा था, "हम समाज में परिवर्तन लाने के लिए वातावरण निर्मित करें और अभी जो वातावरण बना है, हमें उस दिशा में काम करने की जरूरत है।"

हो गया, जब संसद् ने प्रस्ताव पारित कर दिया। इसलिए, अब कश्मीर की कोई समस्या हो सकती है, मुद्दा या विवाद नहीं। इसी तरह 'धर्मनिरपेक्षता' जैसा कोई शब्द संघ नहीं मानता। वह इसे 'पंथनिरपेक्षता' के रूप में देखता है। धर्म के आधार पर 'ध्रुवीकरण' जैसे शब्द को भी संघ सही नहीं मानता। संघ की सोच थी—इसकी झलक हिंदुस्थान समाचार में साफ दिखे। संघ ने इस बहुभाषीय संवाद समिति का कायाकल्प करने की रणनीति को इसलिए भी आगे बढ़ाया है, ताकि वैचारिक दृष्टिकोण से जुड़ी कोई भी खबर दबने न पाए। संघ अपनी राष्ट्रवादी विचारधारा के अनुरूप एक समाचार-तंत्र चाहता है, क्योंकि आज भी मीडिया की अपनी विश्वसनीयता है, जो पहली नजर में किसी के पक्ष में धारणा बनाने या बिगाड़ने में अहम भूमिका निभाता है। इसलिए, जब संघ ने इस संवाद समिति को पेशेवर बनाने की योजना पर काम किया तो उसके जेहन में था कि इसकी जिम्मेदारी ऐसे व्यक्ति को सौंपी जाए, जो विचारधारा से डिगनेवाला न हो। संघ के शीर्ष नेतृत्व ने तय किया कि हिंदुस्थान समाचार में काम कर चुके ऐसे व्यक्ति को जिम्मा दिया जाए, जो कॉरपोरेट बाद में हो, पहले उसकी पृष्ठभूमि विचार परिवार के मापदंडों पर खरी उतरती हो।

इसके लिए संघ ने चार लोगों की भावना भी संदेशवाहकों के जरिए समझी। आखिर में, जब आर.के. सिन्हा को निनौरा बुलाकर खुद सरकार्यवाह भैय्याजी जोशी ने सूचना दी तो सिन्हा ने जवाब दिया था, "जिस संस्थान में मैंने 25 रुपए पर काम किया है, अगर एक संचालक के रूप में उसकी जिम्मेदारी सँभालने का अवसर मिलता है तो यह मेरा सौभाग्य होगा।" आखिर में, एस.आई.एस. इंटरनेशनल के संस्थापक चेयरमैन और तत्कालीन भा.ज.पा. सांसद सिन्हा को ही इसकी जिम्मेदारी सौंप दी गई।

इसके लिए संघ ने चार लोगों की भावना भी संदेशवाहकों के जरिए समझी। आखिर में, जब आर.के. सिन्हा को निनौरा बुलाकर खुद सरकार्यवाह भैय्याजी जोशी ने सूचना दी तो सिन्हा ने जवाब दिया था, "जिस संस्थान में मैंने 25 रुपए पर काम किया है, अगर एक संचालक के रूप में उसकी जिम्मेदारी सँभालने का अवसर मिलता है तो यह मेरा सौभाग्य होगा।" आखिर में, एस.आई.एस. इंटरनेशनल के संस्थापक चेयरमैन और तत्कालीन भा.ज.पा. सांसद सिन्हा को ही इसकी जिम्मेदारी सौंप दी गई। सिन्हा जे.पी. आंदोलन के समय पत्रकारिता से बाहर कर दिए गए थे और फिर उसी दौर में जे.पी. के बताए अनुसार सामाजिक उपक्रम के तौर पर स्थापित कंपनी एस.आई.एस. को देश-दुनिया में पहचान दिलाई और लाखों लोगों को स्थायी रोजगार दिया। सिन्हा के बारे में कहा जाता है कि 15 साल की उम्र में पहली बार जब वे संघ शिक्षा वर्ग के लिए गए

तो तत्कालीन संघ प्रमुख गुरुजी और पं. दीनदयाल उपाध्याय से उनकी मुलाकात हुई। उस समय इंदिरा गांधी की सरकार की ओर से रुपए के अवमूल्यन को लेकर काफी चर्चा थी। उसी समय इस विषय पर सिन्हा की समझ को देखकर कहा गया था—इसे जन संघ के काम में लगाओ। पत्रकार के नाते वे हिंदुस्थान समाचार से जुड़े और सन् 1971 तक इस एजेंसी के साथ रहे। फिर 'हिंदुस्तान टाइम्स' से जुड़े। बँगलादेश युद्ध के समय वार रिपोर्टर के रूप में काम किया और आपातकाल के दौर में तीखे लेखों की वजह से नौकरी से निकाल दिए गए, जिसके बाद जे.पी. की प्रेरणा से प्राइवेट सिक्यूरिटी एजेंसी की नींव डाली। अब उन्होंने सक्रिय राजनीति में आने के बाद पिछले 15 वर्षों से सिक्यूरिटी एजेंसी को पूरी तरह से प्रोफेशनल्स के हाथों में सौंप दिया है। पूरी तरह से राजनीति और सामाजिक सेवा से जुड़कर समाज को एकजुट करने, बिना दहेज विवाह कराने जैसे काम कर रहे हैं। कॉरपोरेट और उसके साथ सामाजिक सरोकारों के प्रति उनकी अभिरुचि की वजहों से ही संघ नेतृत्व का झुकाव उनकी ओर हुआ। संघ ने उन्हें इस संस्थान को पूरी तरह से पेशेवर अंदाज में चलाने की छूट देते हुए सलाह दी थी कि असामाजिक तत्त्वों, राष्ट्र-विरोधी, देशद्रोही और आतंकियों को बढ़ावा देनेवाली खबरों को इस एजेंसी के माध्यम से प्रमुखता कतई न दें। इसके जरिए रचनात्मक और सृजनात्मक काम से जुड़े लोगों को प्रोत्साहन दिया जाना चाहिए, चाहे वे किसी भी विचारधारा के हों।

संघ के तत्कालीन अखिल भारतीय प्रचार प्रमुख और मौजूदा सह-सरकार्यवाह मनमोहन वैद्य ने तब मुझसे बातचीत में इसे कुछ इस तरह से थोड़ा और स्पष्ट किया था, "संघ कभी सीधी देखरेख नहीं करता; बस, मार्गदर्शन देता है। हिंदुस्थान समाचार की विशेषता यह है कि वह अनेक भारतीय भाषाओं में उपलब्ध एकमात्र अखिल भारतीय न्यूज एजेंसी है। बाकी एजेंसियाँ सिर्फ हिंदी-अंग्रेजी में ही सेवाएँ देती हैं।

संघ के तत्कालीन अखिल भारतीय प्रचार प्रमुख और मौजूदा सह-सरकार्यवाह मनमोहन वैद्य ने तब मुझसे बातचीत में इसे कुछ इस तरह से थोड़ा और स्पष्ट किया था, "संघ कभी सीधी देखरेख नहीं करता; बस, मार्गदर्शन देता है। हिंदुस्थान समाचार की विशेषता यह है कि वह अनेक भारतीय भाषाओं में उपलब्ध एकमात्र अखिल भारतीय न्यूज एजेंसी है। बाकी एजेंसियाँ सिर्फ हिंदी-अंग्रेजी में ही सेवाएँ देती हैं। हम चाहते हैं कि राष्ट्रीय सरोकारों से जुड़ी अन्य महत्त्वपूर्ण खबरें, जिसकी मीडिया अनदेखी करता था, अब वे निकलकर आनी चाहिए। संस्थान को पेशेवर अंदाज में चलाया जाए, इसलिए इसे कॉरपोरेट को दिया गया है।" निश्चित तौर से, संघ के भीतर भी हिंदुस्थान समाचार को

लेकर छवि बदलने की छटपटाहट थी तो एजेंसी ने भी पेशेवर ढर्रे को अपनाते हुए किसी विचारधारा विशेष के खूँटे से बँधे होने की छवि को तोड़ने का काम शुरू कर दिया था। भर्ती की पारदर्शी प्रक्रिया के अलावा निदेशक मंडल के 21 सदस्यों में अच्युतानंद मिश्र, रामबहादुर राय, जगदीश उपासने और बी.के. कुठियाला जैसे लोगों को जोड़ा गया। इसके अलावा 'सप्ताह के मेहमान' जैसे संपादकीय कार्यक्रमों में सभी विचारों और क्षेत्र के लोगों को आमंत्रित करने का फैसला किया गया। राजनीतिक खबरों को 50 फीसदी तक सीमित रख बाकी समाज के अन्य क्षेत्र की खबरों को देने की नीति बनाई गई। संघ ने अपनी जिम्मेदारी पूरी की; लेकिन अगले चरण में शिक्षा के क्षेत्र में अपनी पहल को आगे बढ़ाना था, ताकि राष्ट्रीयता के भाव से जुड़े बुद्धिजीवी वर्ग को आगे लाया जा सके, लेकिन सामाजिक समरसता की अपनी पहल की प्राथमिकता के साथ।

संघ के रणनीतिकार सिलसिलेवार तरीके से हर उस गतिविधि को अंजाम देने में जुट गए थे, जो बौद्धिक जगत् में किसी तरह की धारणा बनाने या बिगाड़ने में कुछ-न-कुछ भूमिका अदा करते हैं। नया बौद्धिक आंदोलन खड़ा करने की सोच के साथ संपन्न हुई हरियाणा भवन की बैठक में जो रणनीति बनी थी, उसी के तहत 30-31 जुलाई, 2016 को दिल्ली के कनॉट प्लेस के पास स्थित एन.डी.एम.सी. कन्वेंशन सेंटर में दो दिवसीय 'नेशनलिस्ट राइटर्स मीट' का आयोजन किया गया।

नेशनलिस्ट राइटर्स मीट

मीडिया को लेकर संघ की रणनीति सिर्फ हिंदुस्थान समाचार संवाद समिति तक सीमित नहीं रही। संघ के रणनीतिकार सिलसिलेवार तरीके से हर उस गतिविधि को अंजाम देने में जुट गए थे, जो बौद्धिक जगत् में किसी तरह की धारणा बनाने या बिगाड़ने में कुछ-न-कुछ भूमिका अदा करते हैं। नया बौद्धिक आंदोलन खड़ा करने की सोच के साथ संपन्न हुई हरियाणा भवन की बैठक में जो रणनीति बनी थी, उसी के तहत 30-31 जुलाई, 2016 को दिल्ली के कनॉट प्लेस के पास स्थित एन.डी.एम.सी. कन्वेंशन सेंटर में दो दिवसीय 'नेशनलिस्ट राइटर्स मीट' का आयोजन किया गया। भा.ज.पा. के साथ काम कर रहे डॉ. श्यामाप्रसाद मुकर्जी रिसर्च फाउंडेशन (एस.पी.एम.आर.एफ.) के बैनर तले आयोजित इस राइटर्स मीट में देश भर से विचार परिवार का समर्थन करनेवालों सहित स्वतंत्र ब्लॉगर्स और लेखकों को बुलाया गया था, जो अपने लेखों के माध्यम से सक्रिय रहते थे। इस बैठक में संघ और भा.ज.पा. के नेताओं ने दो दिन तक खुला संवाद किया और सवाल-जवाब के माध्यम से भ्रम एवं भ्रांतियों को दूर करने की पहल की

गई। संघ परिवार में मतभेद और यू-टर्न जैसे सवालों को लेकर संघ के सह-सरकार्यवाह डॉ. कृष्ण गोपाल ने गलतफहमियाँ कुछ इस तरह दूर कीं। उनका कहना था कि 'संघ परिवार' जैसा कुछ शब्द नहीं है। यह जुमला सन् 1992 में बाबरी ढाँचा गिरने के बाद संघ के सभी संगठनों पर प्रतिबंध लगाने के मकसद से गढ़ा गया था। इस आयोजन में दलित चिंतक अरविंद नीलकंठन ने डॉ. भीमराव आंबेडकर की सोच को हिंदू राष्ट्रवादी नेताओं के समान साबित करने की भरसक कोशिश की। आंबेडकर के बौद्ध धर्म अपनाने को उन्होंने घर के एक कमरे से दूसरे कमरे में जाने जैसा बताया था, ताकि समरसता अभियान की राह में जब ऐसे सवाल आएँ तो उसका जवाब दिया जा सके। दलित मुद्दे को लेकर लगातार बैकफुट पर चल रहे भा.ज.पा.-संघ ने लेखकों को समझाया कि आंबेडकर के बहुत से उद्धरणों से अगर उनका नाम हटाकर देखें तो किसी महर्षि के ही विचार लगेंगे। स्वतंत्र लेखकों का ध्यान इन कुछ बिंदुओं की ओर आकृष्ट करते हुए तथ्यों के साथ काम करने के गुर दिए गए। इसके समापन में तब भा.ज.पा. अध्यक्ष अमित शाह ने राजनीति और विचारधारा को लेकर मंत्र दिए थे। लेकिन संघ ने इन राष्ट्रीयता के विचारों से प्रभावित लेखकों, ब्लॉगर्स, स्वतंत्र विचारकों को अपनी तटस्थता को कायम रखते हुए समाज के विभिन्न पहलुओं को ध्यान में रखकर लिखने को कहा गया।

इस पहल के पीछे संघ का दर्द गहरा था। संघ के लोग ही इस बात पर पीड़ा जताते रहे हैं कि एन.डी.ए.-1 की सरकार के समय में भारतीय इतिहास अनुसंधान परिषद् (आई.सी.एच.आर.) का अध्यक्ष बनाने के लिए अपने विचारों वाला एक अदद चेहरा तक नहीं मिल पाया था। कमोबेश वही संकट एन.डी.ए.-2 के समय भी आ खड़ा हुआ। फिर पहले एफ.टी.आई.आई. में गजेंद्र चौहान और फिर फैशन से जुड़े एन.आई.एफ.टी. में क्रिकेटर रहे चेतन चौहान की नियुक्ति पर बुद्धिजीवी ब्रिगेड ने माखौल उड़ाया।

इस पहल के पीछे संघ का दर्द गहरा था। संघ के लोग ही इस बात पर पीड़ा जताते रहे हैं कि एन.डी.ए.-1 की सरकार के समय में भारतीय इतिहास अनुसंधान परिषद् (आई.सी.एच.आर.) का अध्यक्ष बनाने के लिए अपने विचारों वाला एक अदद चेहरा तक नहीं मिल पाया था। कमोबेश वही संकट एन.डी.ए.-2 के समय भी आ खड़ा हुआ। फिर पहले एफ.टी.आई.आई. में गजेंद्र चौहान और फिर फैशन से जुड़े एन.आई.एफ.टी. में क्रिकेटर रहे चेतन चौहान की नियुक्ति पर बुद्धिजीवी ब्रिगेड ने माखौल उड़ाया। विचार परिवार के बड़े तबके का मानना था कि मुख्य धारा का मीडिया उसके प्रति दुर्भावना रखता है। भा.ज.पा.-संघ नेताओं की पीड़ा

कुछ इस तरह होती थी, "हम 75 साल की उम्र पर सी.एम. हटाएँ तो मीडिया मजाक बनाता है, लेकिन 78 साल की शीला दीक्षित के यू.पी. में कांग्रेस की ओर से सी.एम. उम्मीदवार बनाए जाने पर मौन साध लेता है। अमित शाह को भी वह गलत तरीके से पेश करता है। मीडिया और बुद्धिजीवी वर्ग की ऐसी ही व्याख्याओं को बदलने के लिए हमें काम करना है।" भा.ज.पा. उपाध्यक्ष और पी.पी.आर.सी. के निदेशक विनय सहस्रबुद्धे ने तब कहा था, "पश्चिम के देशों में भारतीय सभ्यता-संस्कृति पर रिसर्च का फैशन हो गया है; लेकिन भारत का बौद्धिक वातावरण और शोध, जो वस्तुनिष्ठ रहना चाहिए था, वहाँ राजनीति हावी है। सागरीय सुरक्षा, बँगलादेशी घुसपैठ पर कभी कोई शोध नहीं होता, हमारे मठ-मंदिरों की ओर से होनेवाले अन्नदान पर कोई शोध नहीं होता। अगर पुरानी चीजों पर कोई शोध होता है या उसकी बात होती है तो उसका मखौल उड़ाया जाता है।" सहस्रबुद्धे ने तो यहाँ तक कहा था, "देश में संघ के प्रति वैचारिक छुआछूत का माहौल बना है और संघ विचार के छात्रों को अच्छे गाइड नहीं मिलते या उन्हें अच्छे नंबर नहीं दिए जाते। हम स्वाभाविक रूप से राजनीतिक-वैचारिक अस्पृश्यता को खत्म करना चाहते हैं।"

वामपंथी बुद्धिजीवियों की काट के लिए संघ-भा.ज.पा. ने जो रणनीति बनाई थी, उसका मकसद सिर्फ सत्ता में होने तक सीमित नहीं था। इतना जरूर था कि स्थायी सरकार होने का लाभ उठाते हुए संघ परिवार इस रणनीति पर तेजी से आगे बढ़ना चाहता था। ऐसे में, उसने ऐसे फोरम तैयार किए या फिर पहले से काम कर रहे संगठनों की स्वायत्तता को बरकरार रखते हुए नई पहल की, ताकि ये संगठन दक्षिणपंथी विचारधारा के वाहक बन सकें।

बौद्धिक दबाव समूह खड़ा करने की मैराथन कवायद

वामपंथी बुद्धिजीवियों की काट के लिए संघ-भा.ज.पा. ने जो रणनीति बनाई थी, उसका मकसद सिर्फ सत्ता में होने तक सीमित नहीं था। इतना जरूर था कि स्थायी सरकार होने का लाभ उठाते हुए संघ परिवार इस रणनीति पर तेजी से आगे बढ़ना चाहता था। ऐसे में, उसने ऐसे फोरम तैयार किए या फिर पहले से काम कर रहे संगठनों की स्वायत्तता को बरकरार रखते हुए नई पहल की, ताकि ये संगठन दक्षिणपंथी विचारधारा के वाहक बन सकें। संघ की रणनीति दीर्घकालिक सोच के तहत थी, जिसमें सरकार रहे या न रहे, दक्षिणपंथी संगठन अपनी स्वायत्तता को कायम रखते हुए उसी तरह दबाव समूह का काम करे, जैसे दशकों तक वामपंथियों ने किया। इसी रणनीति के तहत संघ ने ऐसे लोगों को

जोड़ने के लिए 'शाखा' में जाने की शर्त हटा ली, जो अपने पेशे में रहते हुए भी संघ के विचार मंचों से जुड़ने की इच्छा रखते हैं, ताकि ऐसे लोगों की पहचान निष्पक्ष बुद्धिजीवी के रूप में हो सके। ऐसे दर्जन भर से ज्यादा संगठनों के कामकाज का जिक्र नीचे है, जो उस वक्त विभिन्न क्षेत्रों में सक्रिय तो थे, लेकिन बाद में खास विषयों से लैस करने की गतिविधियाँ होने लगीं। जो संघ की शब्दावली में 'राष्ट्रीयता के विचारों' के कहे जाते हैं; जो सेमिनारों, प्रकाशनों, सोशल मीडिया आदि के माध्यम से वामपंथ से मुकाबले को नए बुद्धिजीवी खड़े करने में जुट गए थे। (*देखें ग्राफिक—जिन पर संघ का दारोमदार*) इस बारे में 'इंडिया टुडे' ने 7 सितंबर, 2016 के अंक में विस्तार से ब्योरा दिया था।

असल में, भा.ज.पा. की वर्ष 2014 के लोकसभा की चुनावी जीत ने अपने बुद्धिजीवियों का एक तंत्र खड़ा करने की संघ परिवार की रणनीति में अहम रोल निभाया। इसी के तहत भा.ज.पा.-संघ ने उज्जैन सिंहस्थ के समय निनौरा में तीन दिवसीय 'विचार महाकुंभ' का आयोजन किया। हिंदुस्थान समाचार एजेंसी को वैचारिक प्रतिबद्धता वाले कॉरपोरेट को सौंपने का फैसला हुआ। तो दूसरी तरफ भा.ज.पा. अध्यक्ष अमित शाह ने पार्टी की पत्रिका 'कमल संदेश' और प्रकाशन विभाग की जिम्मेदारी जे.एन.यू. में ए.बी.वी.पी. के नेता रहे डॉ. शिव शक्ति बक्षी को पहले ही सौंप दी थी। राजीव गांधी फाउंडेशन की तर्ज पर डॉ. श्यामाप्रसाद मुकर्जी फाउंडेशन भा.ज.पा. के लिए थिंक टैंक का काम करने लगा, जिसकी देखरेख खुद अमित शाह कर रहे थे। इसका दफ्तर भी भा.ज.पा. के तत्कालीन मुख्यालय 11 अशोक रोड (अब दीनदयाल उपाध्याय रोड पर शिफ्ट हो चुका है भा.ज.पा. मुख्यालय) के बगल में 9 अशोक रोड पर आ गया, जो विपक्ष में रहते हुए पार्टी के वरिष्ठ नेता अरुण जेटली का सरकारी निवास हुआ करता था। इस फाउंडेशन के निदेशक अनिर्बान गांगुली ने विचारधारा के अनुकूल सोच रखनेवालों को नेशनलिस्ट वेबसाइट के जरिए ऑनलाइन मंच देने का काम शुरू किया, तो दूसरी तरफ उनकी टीम श्यामाप्रसाद मुकर्जी की जीवनी के खंड और मोदी सरकार की नीतियों पर लेख आदि से लेकर पुस्तक प्रकाशन तक के काम को अंजाम देने में जुटी थी।

असल में, भा.ज.पा. की वर्ष 2014 के लोकसभा की चुनावी जीत ने अपने बुद्धिजीवियों का एक तंत्र खड़ा करने की संघ परिवार की रणनीति में अहम रोल निभाया। इसी के तहत भा.ज.पा.-संघ ने उज्जैन सिंहस्थ के समय निनौरा में तीन दिवसीय 'विचार महाकुंभ' का आयोजन किया। हिंदुस्थान समाचार एजेंसी को वैचारिक प्रतिबद्धता वाले कॉरपोरेट को सौंपने का फैसला हुआ।

भा.ज.पा. मुख्यालय में आई.टी. और सोशल मीडिया विभाग के प्रमुख अमित

मालवीय दो दर्जन पेशेवरों के साथ दिन-रात मुख्यालय से तत्काल रिसर्च कर सोशल मीडिया वार में पार्टी का आक्रामक बचाव करने में जुटे थे। इधर संघ के विचारों से प्रेरित संगठन 'भारत नीति प्रतिष्ठान' (आई.पी.एफ.) संघ के शीर्ष अधिकारियों को शोध-सामग्री मुहैया कराता था। तब इसके प्रमुख राकेश सिन्हा पिछले सात वर्षों, यानी 2009 से 2016 तक 40 पुस्तकें छपवा चुके थे। उन्होंने तब मुझसे बातचीत में संघ की बौद्धिक पहल पर क्या कहा था, उनकी जुबानी सुनिए, "भारत के बौद्धिक विमर्श में जिस प्रकार से संघ और उसकी विचारधारा को सुनियोजित ढंग से हाशिए पर डालने की कोशिश हुई थी, उसे तथ्य और तर्क से पराजित करना आज के विमर्श का एक महत्त्वपूर्ण आयाम है।" औपचारिक तौर पर भले ही संघ इस संस्था से नहीं जुड़ा हो, लेकिन बताते हैं कि संघ के सह-सरकार्यवाह दत्तात्रेय होसबाले, सुरेश सोनी और तत्कालीन अखिल भारतीय प्रचार प्रमुख (अब वे भी सह-सरकार्यवाह) मनमोहन वैद्य भी अनौपचारिक रूप से फाउंडेशन से जुड़े हुए हैं। यही वक्त था, जब संघ ने पहली बार अपने विचारों से प्रेरित संगठनों के बीच तालमेल की जिम्मेदारी भी सँभाल ली। संघ की ओर से कृष्ण गोपाल और भा.ज.पा. के संगठन महासचिव रामलाल ने पेट्रोलियम मंत्री धर्मेंद्र प्रधान जैसे मंत्रियों के साथ इस बाबत चर्चा की, जिसमें ज्यादातर संस्थाओं को आयोजन के हिसाब से सरकारी फंड यानी स्पॉन्सरशिप की व्यवस्था करने पर जोर दिया गया, ताकि ज्यादा-से-ज्यादा कार्यक्रम आयोजित किए जा सकें।

औपचारिक तौर पर भले ही संघ इस संस्था से नहीं जुड़ा हो, लेकिन बताते हैं कि संघ के सह-सरकार्यवाह दत्तात्रेय होसबाले, सुरेश सोनी और तत्कालीन अखिल भारतीय प्रचार प्रमुख (अब वे भी सह-सरकार्यवाह) मनमोहन वैद्य भी अनौपचारिक रूप से फाउंडेशन से जुड़े हुए हैं। यही वक्त था, जब संघ ने पहली बार अपने विचारों से प्रेरित संगठनों के बीच तालमेल की जिम्मेदारी भी सँभाल ली।

संघ की रणनीति पर सवाल भी उठे

संघ की इस बौद्धिक मुहिम पर मैंने उस वक्त वामपंथी और समाजवादी विचारकों से भी बातचीत की। संघ पर आरोप लगा कि वह समय से पीछे और एकांगी सोच के साथ काम कर रहा है। राजनीतिक विश्लेषक योगेंद्र यादव की दलील थी, "भा.ज.पा.-संघ आज से 25-30 साल पुरानी दुनिया में हैं, जब अकेडमिक्स में वामपंथियों का दबदबा होता था। दूसरा सच यह है कि संघ की संकीर्ण और नकारात्मक सोच की वजह से देश के श्रेष्ठ बुद्धिजीवी भगवा दाग से मुक्त रहना चाहते हैं। सत्ता में होने और बाँटने

को बहुत सी रेवड़ियाँ इनके पास होने के बावजूद तीसरे दर्जे के ही बुद्धिजीवी इनसे जुड़ रहे हैं।" जबकि जे.एन.यू. में प्रो. आनंद कुमार ने अपने आकलन में एक दूसरा पहलू जोड़ा था, "भारतीय सभ्यता और समाज के प्रति संघ-भा.ज.पा. के नजरिए में ऐतिहासिक प्रामाणिकता का अभाव है। इतिहास के प्रति इनकी सोच सपाट है। ये सुविधा के हिसाब से हिंदू बनाम मुसलमान पेश कर लेते हैं। अर्थशास्त्र पर भी इनकी पकड़ अधूरी है, जो सरल पूँजीवाद की समर्थक है और राष्ट्रवाद का अर्थशास्त्र आज की दुनिया में अप्रासंगिक है।" लेकिन आनंद कुमार ने अपना बौद्धिक आधार विकसित करने की संघ परिवार की इस पहल का स्वागत किया था; पर संघ को आगाह भी किया था कि पूर्ण सत्य के बजाय अगर छोटे और अधूरे तथ्यों का सहारा लिया तो बौद्धिकता का उनका कदम तात्कालिक ही साबित होगा।

> ***इन दो विरोधी विचारकों की टिप्पणी को देखें और वर्ष 2014 के बाद की संघ-भा.ज.पा. की बेहतरीन समन्वय से बनी रणनीति को देखें तो यह स्पष्ट हो जाता है कि संघ परिवार ने तात्कालिक कदम नहीं उठाया था, जो सिर्फ भा.ज.पा. के सत्ता में होने तक ही सीमित रहे; बल्कि दीर्घकालिक सोच के साथ और पूरी पटकथा तैयार करने के बाद ही अपने बौद्धिक आंदोलन को अंजाम देने में जुटी थी।***

लेकिन इन दो विरोधी विचारकों की टिप्पणी को देखें और वर्ष 2014 के बाद की संघ-भा.ज.पा. की बेहतरीन समन्वय से बनी रणनीति को देखें तो यह स्पष्ट हो जाता है कि संघ परिवार ने तात्कालिक कदम नहीं उठाया था, जो सिर्फ भा.ज.पा. के सत्ता में होने तक ही सीमित रहे; बल्कि दीर्घकालिक सोच के साथ और पूरी पटकथा तैयार करने के बाद ही अपने बौद्धिक आंदोलन को अंजाम देने में जुटी थी। संघ-भा.ज.पा. के मकसद का जिक्र ऊपर भी है; लेकिन यहाँ दोहराना जरूरी है कि जब देश में भगवा विचारों वाली सरकार नहीं भी रहे, तब भी यह संगठन एक ऐसे दबाव समूह के तौर पर काम करे, जो काम अब तक वामपंथियों का बुद्धिजीवी समूह करता रहा है। इस पहल को लेकर संघ-भा.ज.पा. से जुड़े लोगों की राय पर गौर करना भी लाजिमी है, जिनसे मैंने विस्तार से बातचीत की थी। 'दीनदयाल वाङ्मय' के संपादक और 'एकात्म मानव दर्शन अनुसंधान एवं विकास प्रतिष्ठान' के महेश शर्मा का कहना था, "देश की शिक्षा-पद्धति में भारतीय होने का गौरव निहित नहीं है। संघ इसी गौरव के लिए कार्यरत है, क्योंकि अभी हम पाश्चात्य पढ़ रहे हैं।" जबकि भा.ज.पा. प्रकाशन विभाग के प्रमुख डॉ. शिव शक्ति बक्षी की दलील थी, "भविष्य के भारत के लिए '70 के दशक के मार्क्सवादी जुमलों से आगे बढ़ना होगा। बौद्धिक आंदोलन समय की माँग है।"

राज्यसभा सांसद डॉ. राकेश सिन्हा ने कहा था, "हमारा ध्येय बौद्धिक विमर्श में मार्क्सवादी दबदबे को कम-से-कम कर सांस्कृतिक राष्ट्रवाद को स्थापित करना है।" संघ के प्रचारक और भा.ज.पा. के नेता रहे के.एन. गोविंदाचार्य के अनुसार, "संघ विचार को वामपंथियों ने विरोधी माना। भा.ज.पा. के भी सत्ता में आने के बाद अनुभव की कमी दिखती है।" 'नेशनलिस्ट राइटर्स मीट' में शामिल रहे भा.ज.पा. आई.टी. विभाग के प्रमुख अमित मालवीय ने तब कहा था, "हम भा.ज.पा. को एक ब्रांड के रूप में उभारना चाहते हैं, जो विचारधारा और सुशासन पर ज्यादा लोगों को जोड़ने में सक्षम हो।"

यानी संघ की रणनीति बहुत हद तक जमीन पर उतारी जा चुकी थी और इससे जुड़े लोग इसका इजहार भी करने लगे थे, जिसका उद्देश्य ऐसा माहौल तैयार कर देना था, जिससे ऐसे बुद्धिजीवी, जो तटस्थ भूमिका रखते हों, उनका झुकाव अपनी तरफ किया जाए। इतना ही नहीं, सेमिनारों या अन्य आयोजनों में विरोधी विचारधारा के प्रतिनिधियों को भी बुलाने पर जोर दिया गया, ताकि विचार एकांगी नहीं रह जाएँ। इस उद्देश्य से जिन संगठनों पर इसकी जिम्मेदारी थी, उनके कामकाज का ब्योरा इस प्रकार था—

संगठनों का प्रतीक चिह्न लगाना है।

राष्ट्रीयता/दक्षिणपंथी सोच का दबदबा बढ़ाने की कोशिश, जिन पर था संघ का दारोमदार

विवेकानंद इंटरनेशनल फाउंडेशन

क्या करता है : राष्ट्रीय सुरक्षा, कूटनीति पर थिंक टैंक के रूप में काम करता है, खासतौर से पाक-चीन के मुद्दे पर सरकार को सलाह देना। विदेश से आनेवाले प्रतिनिधिमंडल से संवाद।

गतिविधियाँ : 'विमर्श' नाम से मासिक टॉक शृंखला। सुरक्षा के अलावा नदियों की समस्या पर भी चर्चा। एक दिवसीय कॉन्फ्रेंस में करीब 100 लोगों के साथ सुरक्षा और विदेश नीति पर चर्चा। 1 अगस्त, 2016 को भारत-यूरोपियन यूनियन संबंध पर दिल्ली में चर्चा आयोजित की गई। कूटनीति से जुड़े विषयों पर राउंड टेबल कॉन्फ्रेंस। जुलाई में राज्यसभा की जरूरत पर विभिन्न दलों के नेताओं के साथ राउंड टेबल चर्चा। मोदी सरकार आने के बाद से वर्ष 2016 तक दो साल में ही करीब 150 ऐसे आयोजन हो चुके थे।

प्रकाशन : विवेक (इ-जर्नल)।

प्रमुख कौन : अजित डोभाल के राष्ट्रीय सुरक्षा सलाहकार बनने के बाद जनरल

(रि.) एन.सी. विज निदेशक बने तो पूर्व राजदूत सतीश चंद्रा, रॉ के पूर्व चीफ सी.डी. सहाय और मिलिट्री इंटेलीजेंस से रिटायर आर.के. साहनी जुड़े।

इंडिया फाउंडेशन

क्या करता है : राष्ट्रीय सुरक्षा, विदेश नीति और सांस्कृतिक मुद्दों पर सक्रिय।

गतिविधियाँ : हर साल 'आइडिया कॉन्कलेव' का आयोजन, जिसमें संघ के शीर्ष पदाधिकारी से मोदी सरकार के मंत्री भी शामिल होते रहे हैं। गोवा में वर्ष 2015 में आयोजन हुआ। जयपुर में काउंटर टेररिज्म के मुद्दे पर कॉन्कलेव हुआ। भारत-म्याँमार रिश्तों पर जून-जुलाई 2016 में द्विपक्षीय संवाद किया। मार्च 2016 में 'यंग थिंकर्स मीट' पंचमढ़ी में हुआ, जहाँ संघ से दत्तात्रेय होसबाले और कृष्ण गोपाल शामिल हुए।

प्रकाशन : इंडिया फाउंडेशन जर्नल।

प्रमुख कौन : राम माधव (भा.ज.पा. महासचिव) और शौर्य डोभाल सीधे देख रहे, बाकी मोदी सरकार के कई मंत्री निदेशक मंडल में शामिल हैं।

भारत नीति प्रतिष्ठान (आई.पी.एफ.)

क्या करता है : संघ के अपने मुद्दों पर शोध कर वैचारिक सामग्री मुहैया कराने के लिए थिंक टैंक के रूप में काम। बौद्धिक रूप से समसामयिक समस्याओं पर चर्चा कर उपाय ढूँढ़ना।

गतिविधियाँ : योजना आयोग के नए अवतार नीति आयोग पर राष्ट्रीय सेमिनार, एकात्म मानववाद, नैतिकता का संकट, नव उदारवाद के प्रभाव, समान अवसर आयोग, सांप्रदायिक हिंसा बिल, पाकिस्तान जैसे विषयों पर सेमिनार का आयोजन किया। संघ के शीर्ष नेताओं के साथ नियमित संवाद कर तात्कालिक विषयों पर चर्चा। 8-9 अगस्त, 2016 को संघ के सह-सरकार्यवाह दत्तात्रेय होसबाले ने आई.पी.एफ. के कार्यालय में लगातार बैठकें लीं। इस तरह की बैठकें होती रहती हैं।

प्रकाशन : रोजाना 25 उर्दू अखबारों का अनुवाद और उस पर पाक्षिक प्रकाशन। 'पाकिस्तान वाच' नाम से त्रैमासिक पत्रिका।

प्रमुख कौन : राज्यसभा सांसद नामित होने से पहले तक संघ के विचारक रहे

डॉ. राकेश सिन्हा ही निदेशक के तौर पर देख रहे थे, जबकि बजरंग लाल इसके चेयरमैन थे। अब डॉ. कुलदीप रतनू निदेशक तो प्रो. कपिल कपूर चेयरमैन हैं। इनके अलावा, दर्जन भर से ज्यादा प्रोफेसर, अकेडमिशियन इस थिंक टैंक से जुड़े हैं।

डॉ. श्यामा प्रसाद मुकर्जी रिसर्च फाउंडेशन

क्या करता है : कांग्रेस के राजीव गांधी फाउंडेशन की तरह ही सीधे भा.ज.पा. की देखरेख में विचारधारा पर शोध करना, राष्ट्रवादी विचारों को बढ़ावा देना और सरकार की नीतियों के लिए उपयुक्त मंच एवं वातावरण तैयार करना।

गतिविधियाँ : 30-31 जुलाई, 2016 को संघ-भा.ज.पा. के विचारोंवाले देश भर के स्वतंत्र ब्लॉगर्स-लेखकों के लिए दो दिवसीय 'नेशनलिस्ट राइटर्स मीट' दिल्ली में, जिसमें संघ के सह-सरकार्यवाह कृष्ण गोपाल और भा.ज.पा. के सह-संगठन महासचिव बी.एल. संतोष मौजूद थे। अमित शाह भी शामिल हुए। नेशनलिस्ट ऑनलाइन वेबसाइट समविचारी लेखकों के लिए, मोदी की विदेश नीति पर पुस्तक 'मोदी डॉक्ट्रिन' का विमोचन 13 अगस्त, 2016 को हुआ।

प्रकाशन : श्यामा प्रसाद मुकर्जी पर वाल्यू, इ-जर्नल, वेबसाइट।

प्रमुख कौन : निदेशक अनिर्बान गांगुली।

एकात्म मानव दर्शन अनुसंधान एवं विकास प्रतिष्ठान

क्या करता है : भा.ज.पा.-संघ के आदर्श पं. दीनदयाल उपाध्याय के दर्शन पर शोध करना, एकात्म मानववाद के विभिन्न आयामों पर विमर्श आयोजित करना।

गतिविधियाँ : हर साल दीनदयाल स्मृति व्याख्यान का आयोजन। 29 नवंबर, 2015 को एकात्म मानववाद की प्रासंगिकता पर हुआ तो 2016 में 'पं. दीनदयाल के साहित्य का' महत्त्व पर संघ के सह-सरकार्यवाह डॉ. कृष्ण गोपाल ने संबोधित किया। हर महीने स्वाध्याय मंडल का आयोजन, जिसमें सुशासन और एकात्म मानववाद पर चर्चा। मुसलिम राष्ट्र कैसे अपने देश की आराधना मातृभूमि के रूप में करते हैं, उस पर हाल ही में स्वाध्याय मंडल हुआ।

प्रकाशन : 'दीनदयाल संपूर्ण वाङ्मय' का संपादन।

प्रमुख कौन : भा.ज.पा. नेता महेश चंद्र शर्मा।

दीनदयाल शोध संस्थान

क्या करता है : पं. दीनदयाल उपाध्याय के दर्शन को व्यावहारिक रूप में उतारने का काम। चित्रकूट, बीड और गोंडा में ग्रामीण विकास का मॉडल बनाकर एकात्म मानववाद के दर्शन को जमीन पर उतारने का प्रयास करना।

गतिविधियाँ : शिक्षा, स्वास्थ्य, स्वावलंबन और सदाचार के बिंदुओं पर देश, प्रकृति और आत्मनिर्भरता की सोच विकसित करने के लिए सांस्कृतिक गतिविधियाँ। हर महीने बुद्धिजीवियों का सेमिनार कर कुपोषण एवं कौशल विकास जैसे विषयों पर चर्चा।

प्रकाशन : युगानुकूल नव रचना (त्रैमासिक)।

प्रमुख कौन : मुख्य कार्यकारी की भूमिका में प्रधान सचिव अतुल जैन हैं तो राष्ट्रीय संगठन सचिव के रूप में अभय महाजन इसके प्रमुख है।

भारतीय विचार केंद्रम

क्या करता है : केरल में संघ के प्रचारक की ओर से सन् 1982 में ही स्थापित संस्था, जो बुद्धिजीवियों के मंच के रूप में है। इस राज्य को वामपंथी विचारों का गढ़ माना जाता रहा, इसलिए इस संस्था ने भारतीय सभ्यता और सांस्कृतिक मूल्यों को बढ़ावा देने का काम शुरू कर समान विचार के संगठनों एवं लोगों को एकजुट किया।

गतिविधियाँ : इतिहास, दर्शन, अर्थशास्त्र, राजनीति, सामाजिक जीवन, शिक्षा जैसे विषयों पर मासिक सेमिनार; महत्त्वपूर्ण विषयों पर कॉलेज आधारित शिक्षा, युवाओं के लिए विशेष कोर्स। विभिन्न क्षेत्र के लोगों से लेक्चर सीरीज कराना।

प्रकाशन : दीनदयाल उपाध्याय के दर्शन और अवधारणा, विज्ञान की प्रगति।

प्रमुख कौन : संघ के प्रचारक और जन संघ के उपाध्यक्ष रह चुके पी. परमेश्वरन,

जो दीनदयाल शोध संस्थान में भी डायरेक्टर रह चुके हैं; लेकिन उनका हाल ही में निधन हो गया।

लोक नीति शोध केंद्र (पी.पी.आर.सी.), रामभाऊ म्हालगी प्रबोधिनी

लोक नीति शोध केन्द्र PUBLIC POLICY RESEARCH CENTRE

क्या करता है : भा.ज.पा. के राष्ट्रीय अध्यक्ष अमित शाह सहित अन्य नेताओं-सांसदों को नीतियों पर शोध कर सामग्री उपलब्ध कराना। सामाजिक, आर्थिक और राजनीतिक विषयों पर शोधपरक रिपोर्ट तैयार करना। जबकि प्रबोधिनी का काम संघ-भा.ज.पा. के लोगों को समय-समय पर प्रशिक्षण देना है। इस तरह की गतिविधियाँ चलती रहती हैं।

गतिविधियाँ : खुले में शौच से मुक्ति के बाद कैसे दोबारा गाँव पुराने ढर्रे पर लौट आता है, उस पर झारखंड-महाराष्ट्र के गाँवों का सर्वेक्षण कर शोधपरक रिपोर्ट प्रधानमंत्री को सौंपी। सरकार के दो साल काम पर रिपोर्ट तैयार की। हर गाँव को बिजली से होनेवाले सामाजिक-सांस्कृतिक परिवर्तन पर शोध।

प्रकाशन : विभिन्न विषयों पर लेखन, 'नेतृत्व साधना' नाम से टेक्नोक्रेट युवाओं का शिविर और विभिन्न योजनाओं पर शोधपरक रिपोर्ट। श्रीनगर में भी एक नेतृत्व साधना शिविर का आयोजन मोदी सरकार के पहले कार्यकाल में।

प्रमुख कौन : भा.ज.पा. के राष्ट्रीय उपाध्यक्ष एवं सांसद विनय सहस्रबुद्धे और नलिन कोहली। सहस्रबुद्धे रामभाऊ म्हालगी के वाइस चेयरमैन हैं। रविंद्र साठे रामभाऊ म्हालगी के डायरेक्टर जनरल हैं, जबकि संघ के अनिरुद्ध देशपांडे, वी. सतीश जैसे कई नेता इसकी प्रबंधन टीम से जुड़े हैं।

हिंदुस्थान समाचार

क्या करता है : बहुभाषीय समाचार मुहैया करानेवाली एजेंसी है, जो संघ-भा.ज.पा. के विचारों से प्रेरणा लेती है। लेकिन मोदी सरकार बनने के बाद इसे पेशेवर अंदाज में आगे बढ़ाने की तैयारी हुई। मीडिया में संघ-भा.ज.पा. के प्रति

सत्य संवाद सेवा

बहुभाषी न्यूज एजेंसी

कथित दुर्भावना को दूर करने के लिए काम करने का जिम्मा।

गतिविधियाँ : समाचार एजेंसी को पेशेवर रूप में बढ़ावा देने के लिए मोदी सरकार के आने के बाद गति दी गई और बदलाव किया गया। मोदी सरकार ने नई विज्ञापन नीति के जरिए पी.टी.आई. व यू.एन.आई. की श्रेणी में इस एजेंसी को भी जगह दी है। संघ के सरकार्यवाह भैय्याजी जोशी ने भव्य कार्यालय का उद्घाटन किया तो सह-सरकार्यवाह दत्तात्रेय होसबाले ने मार्गदर्शन किया। संघ के शीर्ष पदाधिकारी सीधे संपर्क में।

प्रकाशन : साप्ताहिक, पाक्षिक और मासिक तीन पत्रिकाएँ।

प्रमुख कौन : संघ के स्वयंसेवक और भा.ज.पा. के राज्यसभा सांसद आर.के. सिन्हा इसके संरक्षक हैं तो रामबहादुर राय इसे समूह संपादक के रूप में देख रहे हैं।

अन्य संस्थाएँ

— सेंटर फॉर इकोनॉमिक एंड पॉलिसी रिसर्च

— नीति समीक्षण केंद्र

— ए.बी.वी.पी. के बैनर तले 'थिंक इंडिया'

— भारतीय इतिहास संकलन समिति

— जम्मू-कश्मीर अध्ययन केंद्र

संघ-भा.ज.पा. की बौद्धिक आंदोलन की पहल पर जब मैंने प्रख्यात मीडिया विश्लेषक सुधीश पचौरी से बात की तो उन्होंने जो कहा, उसका एक अंश भी उद्धृत करना जरूरी है, क्योंकि उनका कहना था कि वामपंथी हो या दक्षिणपंथी, दोनों को समझना होगा कि बुद्धिजीवी लाठी से नहीं, बल्कि संवेदनाओं से बनते हैं। दरअसल, संघ अपनी रणनीति के तहत समाज और बौद्धिक जगत् में वैसा ही वातावरण खड़ा करने में जुटा था, जिससे बुद्धिजीवियों को यह अहसास हो कि लंबे समय तक किस तरह से इतिहास को एकांगी सोच के साथ देखा गया और संघ की हर पहल को एक खास रंग विशेष के तहत देखा गया। इसलिए हर बैठक में जब संघ-भा.ज.पा. के नेता और तटस्थ बुद्धिजीवी बैठे तो उदाहरणों के साथ जिक्र हुआ कि किस तरह वामपंथी बुद्धिजीवियों ने अपने हिसाब से तथ्यों को तोड़ा-मरोड़ा। पचौरी का कहना था, "बुद्धिजीवी 'मेड टु ऑर्डर' नहीं होते। हालाँकि, राष्ट्रीय स्वयंसेवक संघ भा.ज.पा. के माध्यम से सत्ता में है, फिर भी उसे एक कष्ट सता रहा है। उसे मलाल है कि उसके पास न अपना मीडिया है, न नामी बुद्धिजीवियों और कलाकारों की कतारें हैं! उसके 'राष्ट्रवाद' का रथ भी आजकल अकसर ही अल्पसंख्यकों और दलितों के दमन के हाहाकार में फँस जाता है। फिलहाल तो सत्ता का कवच है, लेकिन जब सत्ता न होगी, तब क्या होगा? संभावित 'बैकलैश' का क्या होगा? शायद इसीलिए उसने अपने साथ के अकादमिकों,

बुद्धिजीवियों और लेखकों की एक मीटिंग करके तय किया है कि ऐसी व्यवस्था की जाए, ताकि आनेवाले दिनों में अपने मीडिया के साथ-साथ ऐसे थिंक टैंक, लेखक और कलाकार बनाए जाएँ, जिनकी 'स्वीकृति' भी हो! संघ को ऐसा सोचने का पूरा हक है; लेकिन क्या यह उस तरह संभव है, जिस तरह चाहा जा रहा है? यानी क्या उसके पास भी वामपंथी और उदारवादी बुद्धिजीवियों की टक्कर के खाँटी दक्षिणपंथी बुद्धिजीवी हो सकते हैं, जैसे कि पश्चिम में होते हैं? संघ की विचारधारा के केंद्र में प्राच्यवाद से उपजा अतीत राग और उस पर अनालोचनात्मक गर्व का भाव सक्रिय रहता है, जो इस तरह चलता है—5,000 साल पहले जगद्गुरु थे। हमारा देश सोने की चिड़िया कहलाता था। दूध-दही की नदियाँ बहती थीं। हमारे पास पुष्पक विमान था। एटम बम भी था और प्लास्टिक सर्जरी भी थी। पश्चिमी आक्रांता सब चुराकर ले गए और हमें गुलाम बना गए। पश्चिमी शिक्षा और मूल्यों ने हमें अपने आप से घृणा करना सिखाया। वामपंथी उदारवादी बुद्धिजीवी इसी के वाहक हैं। हमें फिर से विश्व गुरु बनना है। इस मार्ग में जो-जो विधर्मी और पश्चिमी संस्कृति बाधाएँ हैं, उनको ठीक करना है। संघ अपने कार्यकर्ताओं के लिए 'बौद्धिक' भी चलाता है, जिनमें बौद्धिक शिक्षा दी जाती है। लेकिन उनमें प्रश्नाकुलता, तर्क वितर्क, विवाद, असहमति के लिए जगह नहीं होती। ऐसे बौद्धिक में दीक्षित हुआ व्यक्ति उस बौद्धिक उड़ान और विचार की गहनता से दूर ही रहता है, जो अनेक वामपंथी और उदारतावादी बुद्धिजीवियों में मिलती है। कम्युनिस्ट अगर सत्ता में होते हैं तो वे विपरीत बुद्धिजीवियों को लाठी से उसी तरह दबाते हैं, जैसा कभी सोवियत संघ में होता था या चीन में अब भी दिखता है और जिस तरह जर्मनी में हिटलर दबाता था। इसी तरह हिंदुत्ववादी भी 'वादे-वादे जायते तत्त्वबोध:' को छोड़ 'लाठी-लाठी जायते तत्त्वबोध:' में यकीन करते दिखते हैं। स्वाधीनता संग्राम में बनी राष्ट्र की अवधारणा 'इनक्लूसिव' रही, जिसमें सबकी जगह थी, लेकिन 'हिंदुत्ववादी राष्ट्रवाद' की अवधारणा 'एक्सक्लूजन' में यकीन करती है, जिसमें असहमति को कोई जगह नहीं दिखती। संघ के इतने लंबे इतिहास में ऐसे व्यापक

हमारा देश सोने की चिड़िया कहलाता था। दूध-दही की नदियाँ बहती थीं। हमारे पास पुष्पक विमान था। एटम बम भी था और प्लास्टिक सर्जरी भी थी। पश्चिमी आक्रांता सब चुराकर ले गए और हमें गुलाम बना गए। पश्चिमी शिक्षा और मूल्यों ने हमें अपने आप से घृणा करना सिखाया। वामपंथी उदारवादी बुद्धिजीवी इसी के वाहक हैं। हमें फिर से विश्व गुरु बनना है। इस मार्ग में जो-जो विधर्मी और पश्चिमी संस्कृति बाधाएँ हैं, उनको ठीक करना है।

स्वीकृति प्राप्त बुद्धिजीवी अब तक क्यों नहीं बने? आदेश से 'विचारों के दारोगा' तो बनाए जा सकते हैं, पर ऐसे बुद्धिजीवी या कलाकार नहीं बनाए जा सकते, जो तुलसी की तरह 'सुरसरि सम सब कहँ हित होई' संभव कर सकें!"

निश्चित तौर से, सुधीश पचौरी ने बुद्धिजीवियों को लेकर वामपंथ हो, दक्षिणपंथ, दोनों की खामियों को उजागर किया। लेकिन संघ अतीत से सबक ले चुका था और उसकी एक टीस थी। संघ आधुनिक विचारों को आत्मसात् करने में संकोच नहीं करता। खुद संघ के तत्कालीन अखिल भारतीय प्रचार प्रमुख (मौजूदा सरकार्यवाह) मनमोहन वैद्य के शब्दों में, "आर.एस.एस. अपनी शुरुआत से ही बदलाव की लहर के साथ तालमेल बैठाता रहा है। वैचारिक विरोधियों के हमलों के बावजूद हम आगे बढ़ते जा रहे हैं।" परंपरा को आधुनिकता के साथ जोड़ने की समय की माँग की वजह से ही संघ सोशल मीडिया के प्लेटफॉर्म पर आधिकारिक तौर से जुड़ा, जिससे वह परहेज करता था। गणवेश में बदलाव किया। ऐसे कई बदलावों का खुले मन से स्वागत करने का संदेश संघ की ओर से निकल चुका था, जिसका असर बौद्धिक जगत् में होना स्वाभाविक था। संघ ने इसके लिए सिलसिलेवार तरीके से काम किया। किसी तरह की सोच का प्रतिपादन सामूहिक बैठकों के माध्यम से होता था तो फिर उस पर सीधा अमल करने की बजाय बुद्धिजीवियों का समूह बनाकर ही उसकी रूपरेखा बनाई जाती थी। ऐसे में, संघ-भा.ज.पा. ने समन्वय के साथ शिक्षा के क्षेत्र में विशेष पहल की, जिसकी प्रयोगशाला राजस्थान बना। शिक्षा के क्षेत्र के जरिए संघ ने इस तरह के आयोजन किए, जो उसकी बौद्धिक जड़ें मजबूत करने के लिए जरूरी थे, तो भा.ज.पा. के लिए वर्ष 2019 के चुनाव की बिसात बिछ रही थी।

□

13

ज्ञान संगम

बौद्धिक आंदोलन की पटकथा तैयार करने के बाद संघ ने इसकी जड़ों को सींचने के लिए शिक्षा में बदलाव की मुहिम को अंजाम दिया तो माहौल बनाने के लिए विचारों का मंथन।

बौद्धिक आंदोलन का आगाज तो संघ परिवार ने कर दिया था, लेकिन उसकी जड़ें सिर्फ थिंक टैंक की गतिविधियाँ बढ़ाने मात्र से नहीं जमाई जा सकती थीं। इसके लिए थिंक, यानी सोच जहाँ से विकसित होती है, उससे बीजारोपण जरूरी था। किसी भी व्यक्ति की सोच में उसे मिली शिक्षा का अहम योगदान होता है। इसलिए संघ ने भा.ज.पा. की सरकारों (राज्य व केंद्र) के माध्यम से 'जड़ों' को सींचने की रणनीति बनाई। वर्ष 2016 में ही राजस्थान के नागौर में संपन्न हुई संघ की अखिल भारतीय प्रतिनिधि सभा की तीन दिवसीय बैठक में शिक्षा को लेकर बाकायदा प्रस्ताव पारित किया गया था, जिसके माध्यम से संघ ने पहले से चल रहे काम से भविष्य की रूपरेखा का संकेत दे दिया था। शिक्षा समाज के हर तबके को छूनेवाला पहलू है। लेकिन शिक्षा के व्यवसायीकरण की वजह से धनाढ्य वर्ग तो बड़े-बड़े स्कूलों में अपने बच्चों को पढ़ा लेता है, लेकिन गरीब तबके को सरकारी स्कूलों पर निर्भर रहना पड़ता है। ऐसे में, संघ ने शिक्षा पर अपने महत्त्वपूर्ण प्रस्ताव में सबको गुणवत्तापूर्ण और सस्ती शिक्षा सुलभ कराने पर जोर दिया।

संघ का प्रस्ताव था—"किसी भी राष्ट्र व समाज के सर्वांगीण विकास में शिक्षा एक अनिवार्य साधन है, जिसके संपोषण, संवर्द्धन एवं संरक्षण का दायित्व समाज व सरकार दोनों का है। शिक्षा छात्र के अंदर बीज रूप में स्थित गुणों व संभावनाओं को उभारते हुए उसके व्यक्तित्व के समग्र विकास का साधन है। एक लोक-कल्याणकारी राज्य में शासन का यह मूलभूत दायित्व है कि वह प्रत्येक नागरिक को रोटी, कपड़ा, मकान और रोजगार के साथ-साथ शिक्षा व चिकित्सा की उपलब्धता सुनिश्चित करे। भारत

सर्वाधिक युवाओं का देश है। इस युवा की अभिरुचि, योग्यता व क्षमता के अनुसार उसे उचित शिक्षा के निर्बाध अवसर उपलब्ध कराकर देश के वैज्ञानिक, तकनीकी, आर्थिक व सामाजिक विकास में सहभागी बनाना समाज एवं सरकार का दायित्व है। आज सभी अभिभावक अपने बच्चों को अच्छी शिक्षा दिलाना चाहते हैं। जहाँ शिक्षा प्राप्त करनेवाले छात्रों की संख्या में उल्लेखनीय वृद्धि हुई है, वहाँ उन सबके लिए सस्ती व गुणवत्तापूर्ण शिक्षा पाना दुर्लभ हो गया है। विगत वर्षों में सरकार द्वारा शिक्षा में अपर्याप्त आवंटन और नीतियों में शिक्षा को प्राथमिकता के अभाव के कारण लाभ के उद्देश्य से काम करनेवाली संस्थाओं को खुला क्षेत्र मिल गया है। आज गरीब छात्र समुचित व गुणवत्तापूर्ण शिक्षा से वंचित हो रहे हैं, परिणामस्वरूप समाज में बढ़ती आर्थिक विषमता समूचे राष्ट्र के लिए चिंता का विषय है। वर्तमान शैक्षिक परिदृश्य में सरकार को पर्याप्त संसाधनों की उपलब्धता तथा उचित नीतियों के निर्धारण के अपने दायित्व के लिए आगे आना चाहिए। शिक्षा के बढ़ते व्यापारीकरण पर रोक लगनी चाहिए, ताकि छात्रों को महँगी शिक्षा प्राप्त करने को बाध्य न होना पड़े। सरकार द्वारा शिक्षा संस्थानों के स्तर, ढाँचागत संरचना, सेवा-शर्तें, शुल्क व मानदंड आदि निर्धारण करने की स्वायत्त एवं स्व-नियमनकारी व्यवस्था को सुदृढ़ किया जाए, ताकि नीतियों का पारदर्शितापूर्वक कार्यान्वयन हो सके। अखिल भारतीय प्रतिनिधि सभा का यह मानना है कि प्रत्येक बालक-बालिका को मूल्यपरक, राष्ट्र-भाव से युक्त, रोजगारोन्मुख तथा कौशल-आधारित शिक्षा समान अवसर के परिवेश में प्राप्त होनी चाहिए। राजकीय व निजी विद्यालयों के शिक्षकों का स्तर सुधारने हेतु शिक्षकों को यथोचित प्रशिक्षण, समुचित वेतन तथा उनकी कर्तव्यपरायणता सुदृढ़ करना भी अति आवश्यक है।

> ***विगत वर्षों में सरकार द्वारा शिक्षा में अपर्याप्त आवंटन और नीतियों में शिक्षा को प्राथमिकता के अभाव के कारण लाभ के उद्देश्य से काम करनेवाली संस्थाओं को खुला क्षेत्र मिल गया है। आज गरीब छात्र समुचित व गुणवत्तापूर्ण शिक्षा से वंचित हो रहे हैं, परिणामस्वरूप समाज में बढ़ती आर्थिक विषमता समूचे राष्ट्र के लिए चिंता का विषय है।***

"परंपरा से अपने देश में सामान्य व्यक्ति को सस्ती व गुणवत्तापूर्ण शिक्षा उपलब्ध कराने में समाज ने महती भूमिका निभाई है। वर्तमान परिप्रेक्ष्य में भी सभी धार्मिक-सामाजिक संगठनों, उद्योग समूहों, शिक्षाविदों और प्रमुख व्यक्तियों को अपना दायित्व समझकर इस दिशा में आगे आना चाहिए।"

इस प्रस्ताव की आखिरी दो पंक्तियाँ महत्त्वपूर्ण थीं—"अखिल भारतीय प्रतिनिधि

सभा केंद्र व राज्य की सरकारों और स्थानीय निकायों से आग्रह करती है कि सस्ती व गुणवत्तापूर्ण शिक्षा सबको उपलब्ध कराने के लिए समुचित संसाधनों की व्यवस्था तथा उपयुक्त वैधानिक प्रावधान सुनिश्चित करें। अखिल भारतीय प्रतिनिधि सभा स्वयंसेवकों सहित समस्त देशवासियों का भी आह्वान करती है कि शिक्षा प्रदान करने के पावन कार्य हेतु—विशेषकर ग्रामीण, जनजातीय एवं अविकसित क्षेत्र में—वे आगे आएँ, ताकि एक योग्य, क्षमतावान् एवं ज्ञानाधारित समाज का निर्माण हो सके, जो इस राष्ट्र के उत्थान व विकास में महत्त्वपूर्ण भूमिका निभाएगा।" प्रतिनिधि सभा की बैठक में शिक्षा पर अलग से पारित प्रस्ताव में आखिरी की ये दो पंक्तियाँ तब संघ के एक 68 वर्षीय खाँटी स्वयंसेवक के चेहरे पर सुकून और मुसकराहट छोड़ गईं, जिनका नाम था—वासुदेव देवनानी, जो उस समय राजस्थान सरकार में शिक्षा मंत्री थे, जिसके एक शहर में यह बैठक हो रही थी। दिसंबर 2013 में राजस्थान में ऐतिहासिक जीत के बाद वसुंधरा राजे मुख्यमंत्री बनीं तो देवनानी उस सरकार का हिस्सा नहीं थे। लेकिन अक्तूबर 2014 में उन्हें मंत्रिमंडल में शामिल किया गया और कैबिनेट मंत्री कालीचरण सर्राफ से स्कूल शिक्षा (प्राथमिक-माध्यमिक) विभाग लेकर स्वतंत्र प्रभार के रूप में देवनानी को सौंपा गया। देवनानी के कार्यभार सँभालते ही तयशुदा रणनीति के तहत राजस्थान के पाठ्यक्रम में बदलाव की पटकथा लिखी गई।

अखिल भारतीय प्रतिनिधि सभा स्वयंसेवकों सहित समस्त देशवासियों का भी आह्वान करती है कि शिक्षा प्रदान करने के पावन कार्य हेतु—विशेषकर ग्रामीण, जनजातीय एवं अविकसित क्षेत्र में—वे आगे आएँ, ताकि एक योग्य, क्षमतावान् एवं ज्ञानाधारित समाज का निर्माण हो सके, जो इस राष्ट्र के उत्थान व विकास में महत्त्वपूर्ण भूमिका निभाएगा।

देवनानी ने मंत्री बनने के बाद शुरुआती हफ्तों में ही संघ के शिक्षा क्षेत्र से जुड़े सभी संगठनों के साथ बैठक कर विस्तार से बदलाव के एजेंडे पर विचार-मंथन किया। इन बैठकों में विद्या भारती, शिक्षण मंडल, शिक्षा बचाओ, शिक्षक संघ और अखिल भारतीय विद्यार्थी परिषद् के प्रतिनिधि शामिल थे। इन बैठकों से तीन बिंदु निकले—1. राजस्थान और देश के वीर-वीरांगनाओं को पाठ्यक्रम में शामिल करना, 2. पाठ्य-सामग्री ऐसी हो, जिससे भारतीय संस्कृति पर गर्व की अनुभूति हो, 3. छात्र देशभक्त और श्रेष्ठ नागरिक बनें। इस पर करीब डेढ़ साल तक काम हुआ। लेकिन चूँकि शिक्षण-सत्र के मध्य में बदलाव संभव नहीं था, इसलिए पूरक पाठ्यक्रम के जरिए महाराणा प्रताप, गुरु गोविंद सिंह और सुभाषचंद्र बोस जैसे महापुरुषों के पाठ बीच में जोड़े गए। उसके बाद वसुंधरा

सरकार ने नीतिगत तौर पर शैक्षणिक पाठ्यक्रम के बारे में फैसला किया, जिसके अनुसार, पहली से पाँचवीं कक्षा तक 75 फीसदी राजस्थान के बारे में तो 25 फीसदी भारत के बारे में पढ़ाया जाएगा, तो छठी से आठवीं कक्षा तक 50-50 फीसदी और नौवीं कक्षा से विश्व के बारे में पढ़ाया जाएगा। देवनानी ने पूर्ण बदलाव की दिशा में कदम उठाया और अलग-अलग कमेटियाँ गठित कर पाठ्यक्रम को फिर से लिखवाने का काम शुरू किया तथा वर्ष 2016 से सभी पाठ्यक्रम बदलने का फैसला हो गया। ऐसे में, आरोप लगना लाजिमी था। मामला सिर्फ राजस्थान तक सीमित नहीं रहा, कुछ मामले तो संसद् तक पहुँचे। लेकिन संघ के खाँटी स्वयंसेवक देवनानी ने न किसी आलोचना की परवाह की और न ही अपनों की आपत्तियों की चिंता; अनुशासित स्वयंसेवक की भाँति आगे बढ़ते गए। विपक्ष ने तो 'शिक्षा का भगवाकरण' करार दिया। लेकिन राजस्थान की तत्कालीन वसुंधरा राजे सरकार के शिक्षा मंत्री वासुदेव देवनानी इन आरोपों से तनिक भी विचलित नहीं थे। उनका कहना था, "भगवा तो हमारे तिरंगे में भी है। भगवा त्याग और समर्पण का प्रतीक है। अगर नए पाठ्यक्रम से राष्ट्रवाद के साथ-साथ आध्यात्मिक जुड़ाव की भावना पैदा होती है तो कोई उसे भगवाकरण कहे या कुछ और, हमें फर्क नहीं पड़ता।"

राजस्थान में जिस तरह से पाठ्यक्रमों को बदलने का पहला प्रयोग हुआ, उतना ही विवाद भी हुआ। सर्वाधिक विवाद कुछ नए महापुरुषों को जोड़ने और पहले से शामिल को हटाने या हिस्सा कम करने की वजह से हुआ। सबसे ज्यादा विवाद देश के प्रथम प्रधानमंत्री पं. जवाहरलाल नेहरू से जुड़े कुछ हिस्सों को हटाने को लेकर हुआ। राज्यों के एकीकरण वाले पाठ में पहले पं. नेहरू की तसवीर थी, लेकिन नई पाठ्य-पुस्तक में सरदार वल्लभभाई पटेल की लगा दी गई।

ऐसे बदले गए थे पाठ्यक्रम

राजस्थान में जिस तरह से पाठ्यक्रमों को बदलने का पहला प्रयोग हुआ, उतना ही विवाद भी हुआ। सर्वाधिक विवाद कुछ नए महापुरुषों को जोड़ने और पहले से शामिल को हटाने या हिस्सा कम करने की वजह से हुआ। सबसे ज्यादा विवाद देश के प्रथम प्रधानमंत्री पं. जवाहरलाल नेहरू से जुड़े कुछ हिस्सों को हटाने को लेकर हुआ। राज्यों के एकीकरण वाले पाठ में पहले पं. नेहरू की तसवीर थी, लेकिन नई पाठ्य-पुस्तक में सरदार वल्लभभाई पटेल की लगा दी गई। यह मामला संसद् के मॉनसून सत्र में जोर-शोर से उठाया गया तो सरकार की ओर से इसे खारिज कर दिया गया, क्योंकि

पाठ्यक्रम से नेहरू हटाए नहीं गए थे, बल्कि बाकी को सम्मिलित करने की दलील दी थी। तब वासुदेव देवनानी का कहना था कि पहले इतिहास एक विशेष परिवार तक सिमटा था, लेकिन अब सुभाषचंद्र बोस, बाल गंगाधर तिलक, सरदार पटेल, बाबा साहब डॉ. भीमराव आंबेडकर वगैरह को भी उचित स्थान दिया गया है।

शिक्षा में बदलाव को लेकर कांग्रेस-वामपंथी संगठनों के अलावा बुद्धिजीवी भी भा.ज.पा. सरकार के खिलाफ मुखर हो रहे थे। लेकिन भा.ज.पा. पूरी तरह से तथ्यों से लैस थी। देवनानी का कहना था, "कांग्रेस ने अपने राज में राष्ट्रवादी नेताओं का पाठ हटा दिया था। मुकर्जी, उपाध्याय, सावरकर के पाठ के पन्ने बीच सत्र में पुस्तकों से फाड़ दिए गए थे। यहाँ तक कि राम-लक्ष्मण संवाद, कुंभ मेला तक हटा दिया था। लेकिन भा.ज.पा. सरकार ने किसी महापुरुष को हटाया नहीं, बल्कि जोड़ा है। जहाँ तक नेहरू का सवाल है, तो उनका जिक्र पाठ्यक्रम में पंद्रह जगहों पर है; लेकिन जब अन्य महापुरुषों को उचित स्थान दिया जाएगा तो निश्चित तौर से, पहले से मौजूद लोगों का पाठ का हिस्सा कम होगा।"

> ***'इंडिया टुडे' के पत्रकार के तौर पर मुझसे बातचीत में राजस्थान के पूर्व मुख्यमंत्री अशोक गहलोत का कहना था कि उनकी सरकार के समय सामाजिक सद्भाव के लिए नाम हटाए गए थे। यानी श्यामाप्रसाद मुकर्जी, दीनदयाल उपाध्याय, वीर सावरकर, राम-लक्ष्मण संवाद, कुंभ मेला आदि को हटाने को सामाजिक सद्भाव से जोड़ा था। उनका कहना था, "हमने सांप्रदायिकता फैलाने के लिए नहीं, बल्कि सद्भाव के लिए बदलाव किया था। लेकिन भा.ज.पा. जो कर रही है, उससे सारा मुल्क चिंतित है।***

तब, 'इंडिया टुडे' के पत्रकार के तौर पर मुझसे बातचीत में राजस्थान के पूर्व मुख्यमंत्री अशोक गहलोत का कहना था कि उनकी सरकार के समय सामाजिक सद्भाव के लिए नाम हटाए गए थे। यानी श्यामाप्रसाद मुकर्जी, दीनदयाल उपाध्याय, वीर सावरकर, राम-लक्ष्मण संवाद, कुंभ मेला आदि को हटाने को सामाजिक सद्भाव से जोड़ा था। उनका कहना था, "हमने सांप्रदायिकता फैलाने के लिए नहीं, बल्कि सद्भाव के लिए बदलाव किया था। लेकिन भा.ज.पा. जो कर रही है, उससे सारा मुल्क चिंतित है। भा.ज.पा. ने 'राजीव सेवा केंद्र' का नाम बदलकर 'अटल सेवा केंद्र' कर दिया। लेकिन हम शासन में आएँगे तो अटल का नाम नहीं हटाएँगे, बल्कि नाम 'राजीव गांधी अटल सेवा केंद्र' कर देंगे। इनकी सोच और हमारी सोच में बड़ा फर्क है।"

लेकिन महत्त्वपूर्ण पहलू यह था कि राजस्थान की भा.ज.पा. सरकार ने पाठ्यक्रम में जन संघ के संस्थापक श्यामाप्रसाद मुकर्जी के 'एक निशान, एक विधान, एक प्रधान'

के लिए चलाए गए कश्मीर आंदोलन; पं. दीनदयाल उपाध्याय के एकात्म मानव दर्शन; पूर्व सरसंघचालक के.एस. सुदर्शन की पर्यावरण पर कविता; भा.ज.पा. नेता मेनका गांधी, नानाजी देशमुख, वीर सावरकर जैसे सीधे संघ-भा.ज.पा. से जुड़े हुए नाम शामिल किए। इसके अलावा, संघ जिन्हें अपना आदर्श मानता है, उनमें भी कई नाम पाठ्यक्रम में जोड़े गए थे। इनमें भास्कराचार्य, आर्यभट्ट संघ के प्रातः स्मरणीय पाठ का हिस्सा हैं तो विद्या भारती और शिक्षण मंडल के अनुरोध पर पन्ना धाय को विशेष महत्त्व के साथ जोड़ा गया। हालाँकि, कक्षा सात में पढ़ाई जानेवाली रानी लक्ष्मीबाई वाली कविता भी हटा दी गई थी, जिसे विवाद के बाद जोड़ा गया। इस कविता में सिंधिया को अंग्रेजों का मित्र बताते हुए 'राजधानी छोड़ने' जैसी पंक्तियाँ हैं और कहा गया था कि इसी वजह से कविता हटाई गई। इतना ही नहीं, संघ की परिलक्षित सोच इतिहास के पाठ्यक्रम में भी थी। यानी अब अकबर महान् नहीं, बल्कि मुगल शासक मात्र बताया गया और उसकी जगह महाराणा प्रताप को महान् बताया गया। पाठ्यक्रम में देश के सभी प्रधानमंत्रियों को शामिल किया गया; लेकिन भा.ज.पा. नेता और पूर्व प्रधानमंत्री अटल बिहारी वाजपेयी तथा मौजूदा प्रधानमंत्री नरेंद्र मोदी (दोनों का तब कुल 8 साल का कार्यकाल) को करीब नौ पैराग्राफ जगह दी गई थी, तो 10 साल तक पी.एम. रहे मनमोहन सिंह को महज एक पैरा में समेट दिया गया था।

राजस्थान में सभी मॉडल स्कूलों का नामकरण स्वामी विवेकानंद के नाम पर किया गया। पाठ्यक्रम में भगवद्गीता, योग, वंदे मातरम्, सूर्य नमस्कार, वसंत पंचमी पर सरस्वती-पूजन और टॉपर्स छात्रों को पुरस्कार भी संघ के आदर्श एकलव्य और मीरा के नाम पर रखे गए। दिलचस्प पहलू यह भी था कि स्थानीय स्तर पर गठित विद्यालय विकास समिति (एस.डी.सी.) की बैठक के लिए अमावस्या तिथि निर्धारित कर दी गई थी।

इतना ही नहीं, राजस्थान में सभी मॉडल स्कूलों का नामकरण स्वामी विवेकानंद के नाम पर किया गया। पाठ्यक्रम में भगवद्गीता, योग, वंदे मातरम्, सूर्य नमस्कार, वसंत पंचमी पर सरस्वती-पूजन और टॉपर्स छात्रों को पुरस्कार भी संघ के आदर्श एकलव्य और मीरा के नाम पर रखे गए। दिलचस्प पहलू यह भी था कि स्थानीय स्तर पर गठित विद्यालय विकास समिति (एस.डी.सी.) की बैठक के लिए अमावस्या तिथि निर्धारित कर दी गई थी। संघ ने सामाजिक समरसता और पर्यावरण पर दो नए प्रकल्प शुरू किए तो देवनानी ने भी राजस्थान में इस एजेंडे को आगे बढ़ा दिया। पाठ्यक्रम में राज्य की सभी प्रमुख जातियों के सामाजिक नेताओं-गुरुओं को जगह दी गई है, जो राजनीतिक लिहाज से भा.ज.पा. के लिए मुफीद थी। गुर्जर समाज को लुभाने के लिए भगवान् देवनारायण,

जाट समाज से महाराजा सूरजमल; राजपूत समाज से महाराणा प्रताप, वीर दुर्गादास राठौड़, पृथ्वीराज चौहान; जैन समाज से महावीर स्वामी, आचार्य तुलसी; विश्नोई समाज से भांभोजी महाराज, गुरु जंभेश्वर; आदिवासी समुदाय से गोविंद गुरु, ब्राह्मण समाज से चाणक्य, सिंधी समाज से हेमू कलाणी, महाराजा दाहरसेन; माली समाज से ज्योतिबा फुले पाठ्यक्रम में जोड़े गए थे। पाठ्यक्रम में बदलाव के साथ व्यवस्था में खामियों को दूर करते हुए प्रगतिशील होने का संकेत भी देवनानी ने दिया।

राजस्थान शिक्षा में बदलाव के लिए संघ की प्रयोगशाला तो बन गया, लेकिन इसे एजेंडे के रूप में देखने की बजाय समय के अनुकूल बदलाव के तौर पर देखा जाए, इसके लिए जरूरत थी बौद्धिक जगत् में माहौल को बनाने और 'राष्ट्र सर्वोपरि' की सोच के साथ व्यापक बहस खड़ी करने की। जिस काम की जिम्मेदारी संघ के वैचारिक निकाय 'प्रज्ञा प्रवाह' के ऊपर थी, जिसने संघ की सोच को आगे बढ़ाते हुए बुद्धिजीवी सम्मेलनों का सिलसिला शुरू कर दिया। भोपाल में तत्कालीन शिवराज सिंह चौहान सरकार के संस्कृति विभाग के साथ मिलकर 'लोक-मंथन' का आयोजन 12 से 14 नवंबर तक किया। लेकिन उससे पहले भी गतिविधियाँ जारी रहीं। दिल्ली में हुए 'नेशनलिस्ट राइटर्स मीट' की तर्ज पर ही संघ के प्रचार विभाग ने सितंबर 2016 में लखनऊ में 'लेखक शिविर' आयोजित किया। हर साल की तरह इंडिया फाउंडेशन का 'आइडिया कॉन्क्लेव' नवंबर में गोवा में आयोजित हुआ, जिसकी देख-रेख संघ से सीधे भा.ज.पा. में आए राष्ट्रीय महासचिव राम माधव करते रहे हैं।

> ***राजस्थान शिक्षा में बदलाव के लिए संघ की प्रयोगशाला तो बन गया, लेकिन इसे एजेंडे के रूप में देखने की बजाय समय के अनुकूल बदलाव के तौर पर देखा जाए, इसके लिए जरूरत थी बौद्धिक जगत् में माहौल को बनाने और 'राष्ट्र सर्वोपरि' की सोच के साथ व्यापक बहस खड़ी करने की। जिस काम की जिम्मेदारी संघ के वैचारिक निकाय 'प्रज्ञा प्रवाह' के ऊपर थी, जिसने संघ की सोच को आगे बढ़ाते हुए बुद्धिजीवी सम्मेलनों का सिलसिला शुरू कर दिया।***

औपनिवेशिक मानसिकता को चुनौती के लिए 'राष्ट्र सर्वोपरि' का लोक-मंथन

तीन दिवसीय लोक-मंथन कार्यक्रम का आयोजन मध्य प्रदेश विधानसभा के मानसरोवर सभागार में हुआ। 'राष्ट्र सर्वोपरि—विचारक एवं कर्मशीलों' के नाम से इस कार्यक्रम के उद्घाटन समारोह में मध्य प्रदेश-गुजरात के राज्यपाल ओमप्रकाश कोहली,

जूना अखाड़ा के संत श्री महामंडलेश्वर स्वामी अवधेशानंद गिरि, मध्य प्रदेश के मुख्यमंत्री शिवराज सिंह चौहान, राष्ट्रीय स्वयंसेवक संघ के सह-सरकार्यवाह सुरेश सोनी, भा.ज.पा. के राष्ट्रीय उपाध्यक्ष एवं राज्यसभा सांसद विनय सहस्रबुद्धे, तत्कालीन संस्कृति मंत्री सुरेंद्र पटवा और राज्य के तत्कालीन संस्कृति सचिव मनोज श्रीवास्तव उपस्थित थे। इस तीन दिन के आयोजन के एजेंडे को बारीकी से देखने पर संघ की सोच खुलकर सामने आती है, जिसके मुताबिक देश अभी भी औपनिवेशिक मानसिकता का गुलाम है, जिसकी बेड़ियों को तोड़ने की जरूरत है। पहले दिन के एजेंडे में—औपनिवेशिक मानसिकता का साहित्य पर प्रभाव, औपनिवेशिक प्रवृत्तियों का समाज-विज्ञान में प्रभाव, राजनीतिक विमर्श में औपनिवेशिकता, कला-संस्कृति के क्षेत्र में औपनिवेशिक मानसिकता, विज्ञान एवं प्रौद्योगिकी में औपनिवेशिकता का प्रभाव, सामाजिक जीवन में औपनिवेशिक मानसिकता, स्वास्थ्य और संपूर्ण जीवन-शैली पर विचार-मंथन जैसे विषय थे तो दूसरे दिन के एजेंडे में—राष्ट्रीयता का अर्थ आधुनिकता का विरोध नहीं, आधुनिकता की अवधारणा और जीवन-शैली, भारत की भू-राजनीति एवं वर्तमान वैश्विक परिदृश्य, स्वदेशी अर्थव्यवस्था, औद्योगिकीकरण तथा धारणक्षम विकास, राष्ट्रीयता में संस्कृति, लोक-परंपरा और उपासना-पद्धति की स्थिति, राष्ट्रीय अस्मिता एवं अन्य पहचानों का समायोजन, महिला शक्ति : भारत और पश्चिम के संदर्भ में, दलित और वंचित आख्यान में बदलाव, पूर्वोत्तर : वर्तमान परिदृश्य एवं संभावनाएँ, जम्मू-कश्मीर-लद्दाख का वर्तमान परिदृश्य, जैसे विषय थे। तीसरे और आखिरी दिन के एजेंडे में—'राष्ट्र-निर्माण में कला, संस्कृति, इतिहास और मीडिया की भूमिका' विषय के अलावा राष्ट्रीयता जैसे मुद्दों पर चुनिंदा लोगों और आयोजकों में शामिल लोगों के वक्तव्य थे।

'लोक-मंथन' के एजेंडे से साफ है कि इस आयोजन का मुख्य विषय था—औपनिवेशिक मानसिकता से मुक्ति और राष्ट्रीयता से भरे विचारों को महत्त्व दिलाना। इस आयोजन में भी संघ की दीर्घकालिक सोच थी, क्योंकि देश-दुनिया के करीब 150 के आसपास विद्वानों ने इसमें शिरकत की; लेकिन जिन 800 से ज्यादा प्रतिनिधियों को इस आयोजन में शामिल करने के लिए चुना गया"

'लोक-मंथन' के एजेंडे से साफ है कि इस आयोजन का मुख्य विषय था—औपनिवेशिक मानसिकता से मुक्ति और राष्ट्रीयता से भरे विचारों को महत्त्व दिलाना। इस आयोजन में भी संघ की दीर्घकालिक सोच थी, क्योंकि देश-दुनिया के करीब 150 के आसपास विद्वानों ने इसमें शिरकत की; लेकिन जिन 800 से ज्यादा प्रतिनिधियों को इस आयोजन में शामिल करने के लिए चुना गया, उनकी आयु 40 वर्ष या उससे नीचे रखी

गई, यानी संघ की निगाह वैचारिक लड़ाई के लिए युवा और नई पीढ़ी पर तब से ही थी।

'लोक-मंथन' के आयोजन को लेकर 'प्रज्ञा प्रवाह' के राष्ट्रीय संयोजक जे. नंदकुमार का कहना था कि राष्ट्र-निर्माण को लेकर अब तक बनी पश्चिम-परस्त अवधारणा को दूर करना जरूरी है, जिसके लिए भारत के इतिहास, कला, विज्ञान, संस्कृति, भूगोल और मनोविज्ञान को यूरोपीय आस्थावाद से बाहर निकालकर राष्ट्रीयता की संकल्पना को स्थापित करना ही हमारा लक्ष्य है। इस आयोजन में भी संघ-भा.ज.पा. का वह दर्द छलक रहा था, जो उसे बिहार चुनाव के समय दादरी कांड और फिर अवार्ड-वापसी के रूप में दिखा था, जब विरोधी विचारधारा वाले बुद्धिजीवियों ने मोर्चा खोल संघ परिवार के खिलाफ एक माहौल बनाने की कोशिश की थी। 'लोक-मंथन' के दौरान खुद संघ के सह-सरकार्यवाह दत्तात्रेय होसबाले ने भी कहा था, जिसका जिक्र हिंदुस्थान समाचार संवाद समिति के तहत छपनेवाली पत्रिका 'यथावत्' ने अपने उस समय के अंक में किया था। होसबाले का कहना था, "पिछले कुछ समय में एक खास विचारधारा के लोगों ने सुनियोजित ढंग से राष्ट्र और राष्ट्रीयता पर प्रश्न खड़े करने का प्रयास किया है। इस क्रम में उन्होंने राष्ट्रीय विचार को उपेक्षित ही नहीं किया, बल्कि उसका उपहास तक उड़ाया है। जबकि इस देश में खेत में खड़े किसान, कारखाने में काम कर रहे मजदूर, साहित्य-सृजन में लगे विचारक, कलाकार और यहाँ तक कि सामान्य नागरिकों के निमित्त जीवन में राष्ट्रीय भाव प्रकट होता है। इसके साथ ही, यह भी दिखता है कि आजादी के 70 साल बाद भी देश को मानसिक औपनिवेशिकता ने जकड़कर रखा है। वह जकड़न टूटनी ही चाहिए। लोक-मंथन इस मानसिक गुलामी को दूर करने का माध्यम साबित होगा।"

पिछले कुछ समय में एक खास विचारधारा के लोगों ने सुनियोजित ढंग से राष्ट्र और राष्ट्रीयता पर प्रश्न खड़े करने का प्रयास किया है। इस क्रम में उन्होंने राष्ट्रीय विचार को उपेक्षित ही नहीं किया, बल्कि उसका उपहास तक उड़ाया है। जबकि इस देश में खेत में खड़े किसान, कारखाने में काम कर रहे मजदूर, साहित्य-सृजन में लगे विचारक, कलाकार और यहाँ तक कि सामान्य नागरिकों के निमित्त जीवन में राष्ट्रीय भाव प्रकट होता है।

भोपाल लोक-मंथन में ऐसे निकले उद्‌गार

'राष्ट्रीयता', जिसे आमतौर पर 'राष्ट्रवाद' कहा जाता है, लेकिन संघ 'राष्ट्रवाद' जैसे शब्द को उचित नहीं मानता, वह उसे राष्ट्रीयता के रूप में ही देखता है। लोक-मंथन के उद्‌घाटन सत्र में राष्ट्रीयता की अवधारणा पर अपना बीज वक्तव्य देते हुए

संघ के सह-सरकार्यवाह सुरेश सोनी ने कहा था कि भारत के सामने एक ओर हजारों साल की अनुभूतियों के आधार पर बने हुए जीवन-मूल्य और सामाजिक, आर्थिक, सांस्कृतिक रचनाएँ हैं तो दूसरी ओर नई विचारधारा के आक्रमण के कारण यहाँ के समाज की रचनाओं को अपने अनुकूल डालने की कोशिशें हुई हैं। इसके चलते दोनों के बीच संघर्ष की स्थिति बनी है। हमें भारत की वास्तविक पहचान को स्थापित करने के लिए देश को अपनी अस्मिता के आधार पर खड़ा करना होगा। उद्घाटन समारोह के मुख्य अतिथि जूना अखाड़ा पीठाधीश्वर महामंडलेश्वर स्वामी अवधेशानंद गिरि ने कहा था कि विज्ञान ने नींद छीन ली और मानसिक चेतना कुंद हुई है। जबकि शास्त्रों में कहा गया है कि मन की चिंता करो। भारतीय ऋषियों ने मन की चिंता की, पदार्थ की नहीं। पश्चिम के लिए विश्व एक बाजार है, जबकि भारतीय दर्शन और धार्मिक परंपराओं में विश्व को परिवार माना गया है। उन्होंने कहा कि भोग की प्रवृत्तियाँ बढ़ रही हैं। भंडारण और संचय की प्रवृत्ति उचित नहीं है। उन्होंने आर्थिक क्षेत्र में लिये गए उस समय के निर्णय (नोटबंदी की ओर इशारा) के संदर्भ में कहा कि इससे संग्रह की प्रवृत्ति पर रोक लगेगी। उनका कहना था कि यह निर्णय भारत में बड़ा परिवर्तन लानेवाला है। देश का बड़ा रूपांतरण होगा। उन्होंने यह भी कहा कि राष्ट्र का नागरिक होने के नाते यह भी याद रखने की जरूरत है कि हम पर समाज का भी ऋण है, इसे चुकाना होगा। स्वामी अवधेशानंद गिरि ने अपने संबोधन में कहा कि वर्तमान समय में अधिकारों के प्रति जागरूकता आई है, लेकिन कर्तव्यों के प्रति उदासीनता भी बढ़ी है। लेकिन हमें लोक-मानस को पवित्र रखने का संकल्प लेना होगा। भारतीय जीवन-मूल्यों में सदैव समता, समानता और सामान्य ज्ञान, पशु-पक्षी के अधिकारों की चिंता रही है। इससे पहले स्वागत संबोधन में तत्कालीन मुख्यमंत्री शिवराज सिंह चौहान ने कहा था कि हाल ही में उज्जैन में 'विचार महाकुंभ' के 51 अमृत-बिंदु हमने पूरी दुनिया में पहुँचाए हैं और अब 'लोक-मंथन' से निकले अमृत को भी प्रचारित-प्रसारित करेंगे। चौहान ने यह भी कहा कि राष्ट्रवादी विचार परंपराओं की श्रृंखला में राज्य में छह बड़े आयोजन सफलतापूर्वक संपन्न हो चुके हैं। संबोधन में उनका कहना था कि

उद्घाटन समारोह के मुख्य अतिथि जूना अखाड़ा पीठाधीश्वर महामंडलेश्वर स्वामी अवधेशानंद गिरि ने कहा था कि विज्ञान ने नींद छीन ली और मानसिक चेतना कुंद हुई है। जबकि शास्त्रों में कहा गया है कि मन की चिंता करो। भारतीय ऋषियों ने मन की चिंता की, पदार्थ की नहीं। पश्चिम के लिए विश्व एक बाजार है, जबकि भारतीय दर्शन और धार्मिक परंपराओं में विश्व को परिवार माना गया है।

भारत महान् राष्ट्र है और जब विकसित देशों में लोग पेड़ों की छाल से तन ढँकते थे, तब भारत में रेशम और मलमल बनते थे, नालंदा और तक्षशिला जैसे विश्वविद्यालय थे। जब कई विकसित देशों का अस्तित्व नहीं था, तब भारत में वेदों की रचना हो चुकी थी। भारत का इतिहास 5,000 वर्षों का है।

भा.ज.पा. सांसद डॉ. विनय सहस्रबुद्धे ने 'लोक-मंथन' की संकल्पना पर कुछ इस तरह प्रकाश डाला कि यह एक ऐसा सामूहिक चिंतन है, जो स्वदेशी को युगानुकूल और विदेशी को स्वदेशानुकूल बनाने की भावना से प्रेरित है। 'औपनिवेशिकता से भारतीय जन-मानस की मुक्ति' विषय पर आयोजित सत्र को संबोधित करते हुए अंतरराष्ट्रीय लेखक राजीव मल्होत्रा का कहना था कि चीन, रूस, जापान अपनी पहचान के प्रति बेहद सजग हैं; लेकिन इस तरह की प्रवृत्ति या इच्छा भारत में नहीं दिखती। 'राष्ट्रीय अस्मिता एवं अन्य पहचानों का समायोजन' विषय पर आयोजित सत्र में चर्चित लेखक तारिक फतेह ने कहा कि हमें हमारे दोस्त व दुश्मनों की पहचान होनी चाहिए। अमेरिका हमारा उतना बड़ा दुश्मन नहीं है और न ही बँगलादेश, जितना कि पाकिस्तान है। उनका कहना था कि सबको समझ लेना चाहिए कि जब तक पाकिस्तान मौजूद है, तब तक भारत में अमन-चैन नसीब नहीं होगा।

भा.ज.पा. सांसद डॉ. विनय सहस्रबुद्धे ने 'लोक-मंथन' की संकल्पना पर कुछ इस तरह प्रकाश डाला कि यह एक ऐसा सामूहिक चिंतन है, जो स्वदेशी को युगानुकूल और विदेशी को स्वदेशानुकूल बनाने की भावना से प्रेरित है। 'औपनिवेशिकता से भारतीय जन-मानस की मुक्ति' विषय पर आयोजित सत्र को संबोधित करते हुए अंतरराष्ट्रीय लेखक राजीव मल्होत्रा का कहना था कि चीन, रूस, जापान अपनी पहचान के प्रति बेहद सजग हैं; लेकिन इस तरह की प्रवृत्ति या इच्छा भारत में नहीं दिखती।

इसी सत्र को 'दलित इंडियन चेंबर ऑफ कॉमर्स एंड इंडस्ट्री' के प्रमुख मिलिंद कांबले और राजनीति-विज्ञानी प्रो. अशोक मोडक ने भी संबोधित किया। 'नव उदारीकरण और भूमंडलीकरण में राष्ट्रीयता' विषय पर विमर्श करते हुए पूर्व केंद्रीय मंत्री डॉ. मुरली मनोहर जोशी का कहना था कि भूमंडलीकरण खंडित दृष्टि का परिणाम है। वैश्वीकरण गरीब देशों के लिए नहीं है। इसके मूल में वही पश्चिमी चिंतन है कि चेतन अचेतन का शोषण कर सकता है, जबकि भारतीय संस्कृति में अर्थ-चिंतन का आधार अर्थायाम अर्थात् संतुलन है।

'लंदन स्कूल ऑफ इकोनॉमिक्स' के पूर्व प्रोफेसर डॉ. विवेक देवराय ने कहा कि वैश्वीकरण के नाम पर हमारी हजारों वर्ष पुरानी संस्कृति पर खतरा मँडरा रहा है। यदि

हमें भारत पर गर्व नहीं है तो इसका अर्थ है कि मुझे स्वयं पर भी गर्व नहीं है। 'राष्ट्र-निर्माण में कला, संस्कृति, इतिहास और मीडिया की भूमिका' विषय पर डॉ. सोनल मानसिंह ने कहा कि टी.वी. चैनलों व समाचार-पत्रों में धर्म, कला-संस्कृति से ओत-प्रोत संस्कार देनेवाले समाचारों की कमी है। जबकि फिल्म अभिनेता अनुपम खेर ने देशभक्ति पर अपनी बात रखी। उनका कहना था कि आज जब देशभक्ति की बात होती है तो कुछ लोगों को परेशानी होने लगती है। ऐसे लोगों का कहना होता है कि देशभक्ति हमें नहीं सिखाएँ। यह सही है कि कोई किसी को देशभक्ति नहीं सिखा सकता, क्योंकि यह तो आपके अंदर से आवाज आती है। लेकिन यह बात समझ नहीं आती कि देशभक्ति की बात करने पर कुछ लोगों को दर्द क्यों होता है? तिब्बत की निर्वासित सरकार के पूर्व प्रधानमंत्री सोमदोंग रिनपोछे ने कहा कि हर व्यक्ति चुनौतियों की चर्चा करता है, लेकिन समाधान किसी के पास नहीं है। हिंसा की अत्यधिक वृद्धि युद्ध और आतंकवाद के रूप में दिखाई देती है। जो हिंसा हो रही है, उसके पीछे लोभ और व्यापार है।

जबकि 'लोक-मंथन' आयोजन समिति के कार्याध्यक्ष डॉ. चंद्रप्रकाश द्विवेदी ने कहा कि हमने लोक-मंथन में मन पर पड़े परदे उतारने की कोशिश की है। 'लोक-मंथन' के समापन कार्यक्रम में आखिरी संबोधन उनका ही था। यू-ट्यूब पर उनका संपूर्ण संबोधन उपलब्ध है, जिसे उस समय न्यूज वेबसाइट 'प्रवक्ता डॉट कॉम' ने लिपिबद्ध किया था। उस संबोधन में संघ-भा.ज.पा. की भविष्य की रणनीति का उद्घोष था तो बौद्धिक आंदोलन की पटकथा भी निहित थी। ऐसे में, उस संबोधन को उनके ही शब्दों में रखना ज्यादा उचित होगा। फिल्म निर्देशक, 'चाणक्य' धारावाहिक में चाणक्य की भूमिका निभाने और इस धारावाहिक को निर्देशित करनेवाले द्विवेदी ने इतिहास के उद्धरणों के माध्यम से 'लोक-मंथन' के महत्त्व को उकेरा। विचारों में उत्तेजना पैदा कर उबाल लानेवाले अपने संबोधन में उन्होंने कहा कि शास्त्र कहता है, दूसरा कोई नहीं है। कबीर ने भी कहा कि *'प्रेम गली अति साँकरी, जा में दुइ न समाय।'* अत: यहाँ सभागार में दूसरा

जबकि 'लोक-मंथन' आयोजन समिति के कार्याध्यक्ष डॉ. चंद्रप्रकाश द्विवेदी ने कहा कि हमने लोक-मंथन में मन पर पड़े परदे उतारने की कोशिश की है। 'लोक-मंथन' के समापन कार्यक्रम में आखिरी संबोधन उनका ही था। यू-ट्यूब पर उनका संपूर्ण संबोधन उपलब्ध है, जिसे उस समय न्यूज वेबसाइट 'प्रवक्ता डॉट कॉम' ने लिपिबद्ध किया था। उस संबोधन में संघ-भा.ज.पा. की भविष्य की रणनीति का उद्घोष था तो बौद्धिक आंदोलन की पटकथा भी निहित थी।

कोई है ही नहीं। अत: प्रिय आत्मन, सबसे पहले विचार करते हैं कि दासता क्या होती है? साथ ही, यह कि कभी कोई विदेशी दासता से मुक्ति की इच्छा भी जगी क्या? द्विवेदी ने एक कथा के जरिए कहा, "सिकंदर के सामने एक दिन उसका एक सैनिक कोयनस आकर खड़ा हो गया, जो अपनी सेना के लिए सिकंदर के सामने खड़ा था। कह सकते हैं कि उसने पहला विद्रोह किया था और बोला, 'हमें अपनी मातृभूमि वापस लौटना है।' उसकी पीड़ा यह थी कि जो वस्त्र वह पहन रहा है, वे जीते हुए प्रदेशों के हैं, उसकी मातृभूमि के नहीं। उसे जीते हुए प्रदेशों के वस्त्र भी स्वीकार नहीं थे। अब अपने अंत:करण में झाँककर अंतर देखें!" एक अन्य उदाहरण के जरिए उनका कहना था, "दांडायन ऋषि जंगलों में रहते थे। अलेक्जेंडर का सेनापति उनके पास पहुँचा और जंगल में रहने का कारण पूछा। ऋषि ने उत्तर दिया, 'इस घर को सबसे कम मरम्मत की जरूरत है।' ऐसे ही एक ऋषि सेलेटस के पास अलेक्जेंडर का दूसरा सिपाही पहुँचा। ऋषि निर्वस्त्र एक शिला पर लेटे थे। ऋषि ने पूछा कि क्या चाहिए? सैनिक बोला, 'आपसे ज्ञान-चर्चा करनी है।' ऋषि ने कहा कि वस्त्र उतार और मेरे पास शिला पर लेट जा। यदि तू वस्त्र उतारने के लिए तैयार नहीं तो मन पर पड़े परदे कैसे उतारेगा।"

चंद्रप्रकाश द्विवेदी का कहना था कि पिछले तीन दिनों में हमने इस 'लोक-मंथन' में मन पर पड़े परदे उतारने की कोशिश की है। सवाल यह है कि इसकी उपयोगिता क्या? इससे समाज को कुछ मिलेगा क्या? बुद्ध की एक कथा है—बुद्ध के एक शिष्य को लगा कि उसे ज्ञान प्राप्त हो गया है। वह गलियों-चौराहों पर जाकर प्रवचन करने लगा। आने-जानेवाले मुसाफिरों को रोककर ज्ञान का उपदेश देता। बात बुद्ध तक पहुँची।

चंद्रप्रकाश द्विवेदी का कहना था कि पिछले तीन दिनों में हमने इस 'लोक-मंथन' में मन पर पड़े परदे उतारने की कोशिश की है। सवाल यह है कि इसकी उपयोगिता क्या? इससे समाज को कुछ मिलेगा क्या? बुद्ध की एक कथा है—बुद्ध के एक शिष्य को लगा कि उसे ज्ञान प्राप्त हो गया है। वह गलियों-चौराहों पर जाकर प्रवचन करने लगा। आने-जानेवाले मुसाफिरों को रोककर ज्ञान का उपदेश देता। बात बुद्ध तक पहुँची। उन्होंने शिष्य को बुलाया और कहा, 'क्या गायों को गिनने से दूध मिल जाएगा?' शिष्य ने कहा, 'नहीं, गायों की सेवा करनी होगी, उन्हें चारा खिलाना होगा, तब दूध मिलेगा।' सवाल उठता है कि क्या सिर्फ बौद्धिक विमर्श से समाज को अमृत मिल जाएगा? इस विमर्श को आगे ले जाना होगा; परिवार में, समाज में, सब जगह यह मंथन जारी रखना होगा। विचार एक बीज है। अनुकूल वातावरण मिलने पर बीज पल्लवित होकर वृक्ष

बन सकता है। इस विचार को कर्म में उतारना होगा। हमें कर्मशील बनना होगा। स्वयं से प्रारंभ होगा, तभी समाज तक पहुँचेगा। 'लोक-मंथन' के अधिकांश वक्ताओं का संकेत अध्यात्म की ओर था। यह तो वही पुरातन वृक्ष है, जिसे माधवाचार्य, आदि शंकराचार्य, याज्ञवल्क्य, मधुसूदन शास्त्री, यहाँ तक कि दारा शिकोह ने भी सींचा था, विवेकानंदजी ने तो शिकागो में जाकर इसका उद्घोष किया था। ध्येय को बीच में छोड़ने के दो कारण होते हैं—असफलता का भय या मृत्यु। लोग क्या कहेंगे, अपमान करेंगे आदि-आदि। उत्तरदायित्व लेंगे तो क्या नहीं हो सकता? इतिहास में हर महापुरुष का अपमान हुआ है। चाणक्य को घनानंद की सभा में से फेंका गया। एक अकिंचन शिक्षक ने संकल्प लिया—इस देश को एक होना होगा और वह मैं करूँगा। महात्मा गांधी को भी ट्रेन से फेंका गया था, परिणाम सब जानते हैं। चाणक्य का ही कथन था—अनुयायियों की कमी नहीं है; योजकों की, दिशा देनेवालों की कमी है। कुछ लोग कहते हैं, साधन नहीं हैं, वह मैं कैसे प्राप्त करूँगा? तुलसीदास तो जन्म से ही अमंगली मानकर माता-पिता द्वारा छोड़ दिए गए थे। वह बाल्यावस्था में भीख माँगकर पलता है, बढ़ता है। जीवन का उद्देश्य ढूँढ़ता है तो भारत का इतिहास बदलकर रख देता है। वाल्मीकि कृत 'रामायण' भारत का पहला और तुलसी रचित 'रामचरितमानस' भारत का अंतिम महाकाव्य है। विवेकानंद के शिकागो जाने में भी तो संकल्प ही मुख्य था। सम्मान की आशा छोड़ दो। ऋग्वेद में कहा गया है—बुद्धिमान को चाहिए कि वह सम्मान को विष समझकर उससे दूर भागे, क्योंकि अपमान पौरुष को और बल देगा। यम-नचिकेता संवाद में नचिकेता कहता है—मुझे धन नहीं चाहिए, क्योंकि धन की प्यास कभी नहीं बुझनेवाली। मुझे तो सत्य बताओ।

जब भी हम अपने अंतस में झाँककर सत्य की खोज करते हैं, वह भी मंथन होता है। मंथन घर में भी हो सकता है, परिवार में भी। मंथन में बहुत अधिक लोगों की आवश्यकता नहीं होती, भीड़ में मंथन नहीं होता। 'गीता' का अमृत कृष्ण और अर्जुन के संवाद से निकला। सवाल उठता है कि कृष्ण ने इसके लिए अर्जुन को क्यों चुना, युधिष्ठिर को क्यों नहीं?

जब भी हम अपने अंतस में झाँककर सत्य की खोज करते हैं, वह भी मंथन होता है। मंथन घर में भी हो सकता है, परिवार में भी। मंथन में बहुत अधिक लोगों की आवश्यकता नहीं होती, भीड़ में मंथन नहीं होता। 'गीता' का अमृत कृष्ण और अर्जुन के संवाद से निकला। सवाल उठता है कि कृष्ण ने इसके लिए अर्जुन को क्यों चुना, युधिष्ठिर को क्यों नहीं? क्योंकि वे जानते थे कि युद्ध का परिणाम बदलने का सामर्थ्य केवल अर्जुन में है। इसलिए विश्व के सर्वश्रेष्ठ वक्ता ने सर्वश्रेष्ठ श्रोता चुना।

'कठोपनिषद्' में कहा गया है—'उठो, जागो और तब तक मत रुको, जब तक कि अपने लक्ष्य को प्राप्त न कर लो।' पं. मदन मोहन मालवीय ने कहा है कि मुझे विश्व की चिंता है, इसलिए भारत की चिंता करता हूँ। क्योंकि विश्व के सभी प्रश्नों का उत्तर भारत से मिलेगा। वहीं, गुरु गोलवलकरजी ने कहा है कि दुर्जनों की सक्रियता से उतनी हानि नहीं हुई, जितनी सज्जनों की निष्क्रियता से हुई है। सौ से अधिक विद्वानों ने इस आयोजन में जो कहा, वह सचमुच एक अद्भुत वैचारिक यज्ञ ही था। 'प्रज्ञा प्रवाह' एवं मध्य प्रदेश सरकार सहित इस आयोजन को सफल बनानेवाले समस्त कर्मशीलों, अतिथियों को इस भव्य व दिव्य आयोजन हेतु हृदय से आभार।"

शिक्षा मंत्रियों की गोपनीय बैठक और बदलाव में एकरूपता

लगातार सफल आयोजनों ने संघ परिवार को ताकत दी थी तो लोक-मंथन में चंद्रप्रकाश द्विवेदी का समापन संबोधन रणनीतिक संचार का द्योतक था। ऐसे में, शिक्षा को लेकर होनेवाले बदलाव में एकरूपता हो, इसके लिए संघ ने एक विशेष बैठक बुलाई, जिसमें सिर्फ भा.ज.पा.-शासित राज्यों के शिक्षा मंत्री, संघ के शीर्ष नेता और संघ के शिक्षण क्षेत्र से जुड़े आनुषंगिक संगठनों के प्रतिनिधि शामिल हुए। 4-5 फरवरी, 2017 को बेहद गोपनीय बैठक हुई, जो कैमरे और मीडिया की जद गें नहीं थी। संघ के मार्गदर्शन में हुई इस बैठक का आयोजन मुंबई के रामभाऊ म्हालगी प्रबोधिनी सभा में संपन्न हुआ। यह बैठक भा.ज.पा. के राष्ट्रीय उपाध्यक्ष डॉ. विनय सहस्रबुद्धे की अगुवाई में 'गुड गवर्नेंस सेल' के बैनर तले हुई थी। इसमें उस वक्त भा.ज.पा. शासनवाले राज्यों—जम्मू व कश्मीर, राजस्थान, मध्य प्रदेश, छत्तीसगढ़, हरियाणा, झारखंड, महाराष्ट्र, गुजरात और असम के शिक्षा मंत्रियों के अलावा तत्कालीन केंद्रीय मानव संसाधन विकास मंत्री प्रकाश जावड़ेकर, उन्हीं के साथ राज्यमंत्री महेंद्र नाथ पांडेय और संघ के सरकार्यवाह भैय्याजी जोशी के साथ सह-सरकार्यवाह दत्तात्रेय होसबाले, डॉ. कृष्ण गोपाल शामिल हुए। बैठक में मामला चूँकि शिक्षा से जुड़ा था, इसलिए संघ के आनुषंगिक संगठन अखिल भारतीय विद्यार्थी परिषद् (ए.बी.वी.पी.) से संगठन मंत्री

लगातार सफल आयोजनों ने संघ परिवार को ताकत दी थी तो लोक-मंथन में चंद्रप्रकाश द्विवेदी का समापन संबोधन रणनीतिक संचार का द्योतक था। ऐसे में, शिक्षा को लेकर होनेवाले बदलाव में एकरूपता हो, इसके लिए संघ ने एक विशेष बैठक बुलाई, जिसमें सिर्फ भा.ज.पा.-शासित राज्यों के शिक्षा मंत्री, संघ के शीर्ष नेता और संघ के शिक्षण क्षेत्र से जुड़े आनुषंगिक संगठनों के प्रतिनिधि शामिल हुए।

सुनील आंबेकर (अब संघ में अखिल भारतीय सह-प्रचार प्रमुख हैं), 'शिक्षा बचाओ' के अतुल कोठारी, शिक्षण मंडल, संस्कृत भारती, विद्या भारती और शिक्षा क्षेत्र से जुड़े विभिन्न वैचारिक संगठनों के प्रतिनिधि बुलाए गए थे।

दरअसल, मानव संसाधन विकास मंत्रालय से स्मृति ईरानी को हटाए जाने के बाद नई शिक्षा नीति में हो रही देरी के मद्देनजर संघ परिवार ने उसे निर्णायक दिशा में लाने के लिए मंथन तो किया ही, लेकिन इस दो दिवसीय बैठक का एजेंडा पूरी तरह से विचारधारा-केंद्रित था। जहाँ वैचारिक दृष्टि से शिक्षा की गुणवत्ता विषय के तहत पार्टी-शासित सभी राज्यों के शिक्षा मंत्रियों ने विस्तृत प्रस्तुतीकरण दिया। जावड़ेकर ने तो नई शिक्षा नीति को लेकर अपनी बात भी रखी। हालाँकि, इस बैठक को पूरी तरह अनौपचारिक और नियमित करार देते हुए तब विनय सहस्रबुद्धे ने मुझसे कहा था, "राज्यों में शिक्षा में हो रहे बदलावों को टटोलने और एक साथ बैठकर योजनाओं का आकलन करने के लिए हर साल इस तरह का आयोजन होता है, जिसमें आमतौर पर मुख्यमंत्री, शिक्षा मंत्री और समान विचारधारा के लोग रहते ही हैं।" हालाँकि, सहस्रबुद्धे का कहना था कि इस तरह की बैठकें सांगठनिक गतिविधि का हिस्सा हैं। लेकिन बैठक में संघ के सरकार्यवाह भैय्याजी जोशी ने स्पष्ट तौर पर संदेश दिया, "भारतीय मूल्यों को, पुरानी धरोहरों को आगे बढ़ाने का काम हमें करना चाहिए, ताकि एक साथ उसे आगे बढ़ाया जा सके।" यानी उनका संदेश साफ था कि विचारधारा को प्रमुखता देते हुए शिक्षा में भा.ज.पा.-शासित राज्यों की ओर से उठाए जानेवाले कदमों में एकरूपता हो। इस एकरूपता के लिए संघ ने राजस्थान के मॉडल को सामने रखा।

सहस्रबुद्धे का कहना था कि इस तरह की बैठकें सांगठनिक गतिविधि का हिस्सा हैं। लेकिन बैठक में संघ के सरकार्यवाह भैय्याजी जोशी ने स्पष्ट तौर पर संदेश दिया, "भारतीय मूल्यों को, पुरानी धरोहरों को आगे बढ़ाने का काम हमें करना चाहिए, ताकि एक साथ उसे आगे बढ़ाया जा सके।"

इस बैठक में संघ ने सलाह दी थी कि भा.ज.पा.-शासित राज्यों में विचारधारा के आधार पर शिक्षा में हो रहे मूलभूत बदलावों को टुकड़ों-टुकड़ों में करने की बजाय अगर किसी राज्य की योजना अच्छी है तो उसे बाकी राज्य भी अमल में लाएँ, ताकि वैचारिक बदलावों को मजबूती मिल सके। इस कड़ी में झारखंड की तत्कालीन रघुवर दास सरकार की लड़कियों की शिक्षा पर जोर दी जानेवाली योजना 'पहले पढ़ाई, बाद में विदाई', तो महाराष्ट्र सरकार की ओर से तत्कालीन शिक्षा मंत्री विनोद तावड़े ने दसवीं फेल छात्रों की परीक्षा अक्तूबर की बजाय जुलाई में ही कराने की अपनी पहल को

रखा। राजस्थान की ओर से तत्कालीन उच्च शिक्षा मंत्री किरण माहेश्वरी और स्कूली शिक्षा मंत्री वासुदेव देवनानी बैठक में शामिल हुए थे। बैठक में देवनानी ने राष्ट्रीय गौरव के नाम पर 200 विभूतियों को नए पाठ्यक्रम में जोड़ने की चर्चा की तो इस बात को लेकर सहमति बनी कि राज्य और देश से जुड़ी उन महान् विभूतियों को स्कूली शिक्षा में जोड़ना ही चाहिए। इसके पीछे संघ की सोच यह थी कि इससे मातृभूमि के प्रति झुकाव बढ़ेगा। राजस्थान सरकार ने अकबर को महान् बताने की जगह महाराणा प्रताप को महान् बतानेवाला पाठ जोड़ा और इसका जिक्र होने पर इस बैठक में प्रदेश की प्रशंसा भी हुई। यहाँ तक कि देवनानी ने तो अजमेर में अकबर किला का नाम बदलकर 'अजमेर किला' रखने का फैसला भी किया। कई आधुनिक पहलों के साथ पहली बार राज्य के सरकारी स्कूलों में अमावस्या के दिन पी.टी.एम. (शिक्षक-अभिभावक मीटिंग) की शुरुआत कराई गई। नौवीं कक्षा की छात्राओं को दी जानेवाली साइकिल पर भी देवनानी ने भगवा का करीबी नारंगी रंग पुतवा दिया था। राजस्थान के स्कूलों में 25 साल बाद ड्रेस का रंग बदला गया और वर्ष 2016 से कत्थई रंग की पैंट एवं हलके भूरे रंग की शर्ट रखी गई, जबकि पहले खाकी पैंट और नीली शर्ट होती थी। यानी पैंट का रंग कुछ-कुछ संघ के नए गणवेश से मिलता-जुलता था, जो नागौर की संघ की बैठक में स्वीकृत हुआ था।

देवनानी ने इस तरह की पहल को करते समय संघ और उसके विचारों को अपने जेहन में रखा था। विपक्षी दलों की ओर से भगवाकरण के इन आरोपों के बावजूद केंद्र सरकार संघ के एजेंडे पर आगे बढ़ रही थी। राजस्थान में उठाए गए कदमों में से आधा दर्जन से ज्यादा बिंदु केंद्र की ड्राफ्ट नई शिक्षा नीति का हिस्सा बन चुके थे और मुंबई में हुई संघ नेताओं की बैठक के बाद ही मानव संसाधन विकास मंत्रालय ने ड्राफ्ट में तीसरी बार बदलाव करने का फैसला किया। हालाँकि, यहाँ जिक्र करना जरूरी है कि विवादों की वजह से वर्ष 2019 के आम चुनाव से पहले नई शिक्षा नीति नहीं आ पाई और अब दोबारा मोदी सरकार बनने के बाद ड्राफ्ट को सार्वजनिक किया जा चुका है। संघ अपनी पहल को रफ्तार दे रहा था और लगातार

देवनानी ने इस तरह की पहल को करते समय संघ और उसके विचारों को अपने जेहन में रखा था। विपक्षी दलों की ओर से भगवाकरण के इन आरोपों के बावजूद केंद्र सरकार संघ के एजेंडे पर आगे बढ़ रही थी। राजस्थान में उठाए गए कदमों में से आधा दर्जन से ज्यादा बिंदु केंद्र की ड्राफ्ट नई शिक्षा नीति का हिस्सा बन चुके थे और मुंबई में हुई संघ नेताओं की बैठक के बाद ही मानव संसाधन विकास मंत्रालय ने ड्राफ्ट में तीसरी बार बदलाव करने का फैसला किया।

आयोजनों से बन रहे माहौल के बाद ऐसा समय भी आया, जब उसने सार्वजनिक तौर पर अपने बैनर तले बुद्धिजीवियों का समागम आयोजित कर अपनी पहल का मानो खुला ऐलान कर दिया हो।

ज्ञान संगम बन गया बौद्धिक महाकुंभ

25–26 मार्च, 2017, यानी जे.एन.यू. कांड के बाद बौद्धिक आंदोलन के लिए हुए संघ–भा.ज.पा. के चिंतन को ठीक एक साल बीते थे। देश की राजधानी दिल्ली में शिक्षा जगत् का कुंभ आयोजित कर संघ परिवार ने अपनी सोच का खुला इजहार कर दिया। महाराजा अग्रसेन इंस्टीट्यूट ऑफ टेक्नोलॉजी एंड मैनेजमेंट में 721 अकेडमिशियन, जिसमें प्रोफेसर, असिस्टेंट प्रोफेसर, एसोसिएट प्रोफेसर और 51 कुलपतियों (20 केंद्रीय विश्वविद्यालय और 31 राज्यों के विश्वविद्यालयों से) का जमावड़ा हुआ। दिल्ली के रोहिणी में स्थित यह संस्थान भा.ज.पा. नेता नंदकिशोर गर्ग का है, जहाँ 29 राज्यों से शिक्षा जगत् के प्रतिनिधि जमा हुए थे।

इस 'ज्ञान संगम' की शुरुआत में ही सरसंघचालक मोहन भागवत ने स्पष्ट लकीर कुछ इस तरह खींची, "भारत की ज्ञान परंपरा और शिक्षा–पद्धति पर चिंतन तो होता रहा है, लेकिन एक कालखंड आया, जब मुगलों और अंग्रेजों के शासनकाल में अनुकूल वातावरण नहीं होने की वजह से यह चिंतन बंद हो गया। लेकिन 500 साल पश्चात् अब खुलकर चर्चा हो रही है तो समाज को आगे आना पड़ेगा; क्योंकि भारतीय समाज ही परिवर्तन ला सकता है।"

संघ की बौद्धिक शाखा कही जानेवाली 'प्रज्ञा प्रवाह' के बैनर तले आयोजित इस कार्यक्रम का नाम 'ज्ञान संगम' रखा गया। लेकिन आयोजन की रूपरेखा किसी महाकुंभ से कम नहीं थी। किसी संघ–प्रायोजित बैठक में संभवतया यह पहला अवसर था, जब इतनी बड़ी संख्या में अकेडमिशियन और कुलपतियों ने शिरकत की थी। इस 'ज्ञान संगम' की शुरुआत में ही सरसंघचालक मोहन भागवत ने स्पष्ट लकीर कुछ इस तरह खींची, "भारत की ज्ञान परंपरा और शिक्षा–पद्धति पर चिंतन तो होता रहा है, लेकिन एक कालखंड आया, जब मुगलों और अंग्रेजों के शासनकाल में अनुकूल वातावरण नहीं होने की वजह से यह चिंतन बंद हो गया। लेकिन 500 साल पश्चात् अब खुलकर चर्चा हो रही है तो समाज को आगे आना पड़ेगा; क्योंकि भारतीय समाज ही परिवर्तन ला सकता है।" अगर उनके संदेश की व्याख्या करें तो उनका संदेश स्पष्ट था कि भा.ज.पा. के राजनीतिक वर्चस्व के इस दौर में राष्ट्रीयता की भगवा सोच को

भी उसी तीव्र गति से बढ़ाया जाना चाहिए। दरअसल, संघ शिक्षा-पद्धति में आमूल-चूल बदलाव कर उसे राष्ट्रीयता के अपने विचारों में उकेरना चाहता था। इसके लिए सुव्यवस्थित रणनीति के साथ पहल हो रही थी। बैठक के उद्‌देश्य को लेकर जब मैंने उस वक्त संघ के तत्कालीन अखिल भारतीय प्रचार प्रमुख मनमोहन वैद्य से बात की तो उनका कहना था, "भारतीय मेधा को उपनिवेशवादी मानसिकता से मुक्त कराने की आवश्यकता है और इसकी शुरुआत शिक्षा से होनी चाहिए। शिक्षा के उद्‌देश्य, विषय-वस्तु और व्यवस्था में भारतीयता होनी चाहिए। संघ मानता है कि समाज में स्थायी परिवर्तन सत्ता से नहीं, बल्कि समाज के द्वारा ज्यादा प्रभावी होता है।"

संघ का मानना था कि भारतीय शिक्षा-पद्धति पर अंग्रेजियत और वामपंथ का वर्चस्व है। इसलिए भा.ज.पा. के सत्ता में आने से बने अनुकूल माहौल में परिवर्तन की पहल करनी चाहिए। ऐसे आयोजनों के पीछे संघ की अवधारणा थी कि मुगलों व तुर्कों ने मंदिरों और भारतीय शिक्षा केंद्रों पर प्रहार किया तो अंग्रेजों ने ऐसी शिक्षा व्यवस्था विकसित की, जिसने आस्था को खत्म किया; जबकि उपनिवेशवादी सोच आज भी भारतीयों को कुछ नया करने में बाधक साबित हो रही है। इसलिए जरूरत है कि भारतीय सभ्यता और ज्ञान के केंद्रों का पुनरुद्धार किया जाए, ताकि जन-मानस की सोच का भारतीयकरण हो और बदलाव की बयार बहे, जिसके लिए संघ ने प्राथमिक और कुछ जगहों पर माध्यमिक शिक्षा के लिए सरस्वती शिशु मंदिर एवं विद्या भारती के जरिए संस्कारित शिक्षा की पहल 1950 के दशक में ही कर दी थी; लेकिन उच्च शिक्षा में उसकी कोई खास पैठ नहीं रही।

केंद्र में अटल बिहारी वाजपेयी के नेतृत्व में बनी पहली एन.डी.ए. सरकार में तत्कालीन मानव संसाधन विकास मंत्री मुरली मनोहर जोशी ने इस दिशा में कुछ पहल की भी तो भगवाकरण का आरोप लगा और गठबंधन की मजबूरियों की वजह से वाजपेयी सरकार ज्यादा मुखर होकर संघ के एजेंडे को आगे नहीं बढ़ा सकी। लेकिन अब, केंद्र में पहली बार भा.ज.पा. की अपने बूते बहुमत वाली मजबूत सरकार थी और उसका नेतृत्व भी नरेंद्र मोदी जैसे ताकतवर शख्स के हाथों में था, जो मूलतः संघ के प्रचारक रहे हैं।

केंद्र में अटल बिहारी वाजपेयी के नेतृत्व में बनी पहली एन.डी.ए. सरकार में तत्कालीन मानव संसाधन विकास मंत्री मुरली मनोहर जोशी ने इस दिशा में कुछ पहल की भी तो भगवाकरण का आरोप लगा और गठबंधन की मजबूरियों की वजह से वाजपेयी सरकार ज्यादा मुखर होकर संघ के एजेंडे को आगे नहीं बढ़ा सकी। लेकिन अब, केंद्र में पहली बार भा.ज.पा. की अपने बूते बहुमत वाली मजबूत सरकार थी

और उसका नेतृत्व भी नरेंद्र मोदी जैसे ताकतवर शख्स के हाथों में था, जो मूलतः संघ के प्रचारक रहे हैं। ऐसे में, संघ को अहसास था कि बदलाव का यह सबसे अनुकूल समय है। इसलिए 'ज्ञान संगम' को लेकर संघ की गंभीरता का अंदाजा इस बात से भी लगाया जा सकता है कि खुद सरसंघचालक मोहन भागवत दोनों दिन बैठक में मौजूद रहे और बौद्धिक जगत् के लोगों से खुला संवाद किया। इसमें संघ के शिक्षा क्षेत्र से जुड़े तमाम संगठनों के प्रमुख नेताओं ने भी इसमें हिस्सा लिया, जिसमें भागवत के अलावा खासतौर से सह-सरकार्यवाह सुरेश सोनी, डॉ. कृष्ण गोपाल, तत्कालीन संघ पदाधिकारियों में अखिल भारतीय संपर्क प्रमुख अनिरुद्ध देशपांडे, अखिल भारतीय प्रचार प्रमुख मनमोहन वैद्य, अखिल भारतीय बौद्धिक प्रमुख स्वांत रंजन, अखिल भारतीय सह-बौद्धिक प्रमुख मुकुंद सी.आर. और 'प्रज्ञा प्रवाह' के राष्ट्रीय संयोजक जे. नंदकुमार शामिल थे।

संघ के सह-सरकार्यवाह सुरेश सोनी ने बैठक में अपने बीज वक्तव्य में भारतीयता से परिचय कराने की कोशिश की। सोनी ने संघ की भारतीयता की सोच को रखा, "भारत की शिक्षा व्यवस्था पूरी तरह से अध्यात्म-आधारित रही है। आर्थिक उपार्जन आवश्यक है, लेकिन वह सिर्फ जीवन जीने के लिए है। अध्यात्म के आधार पर ही राष्ट्र का उत्थान हो सकता है। दुनिया के अन्य देश भी अपनी संस्कृति को बढ़ावा दे रहे हैं।"

संघ के सह-सरकार्यवाह सुरेश सोनी ने बैठक में अपने बीज वक्तव्य में भारतीयता से परिचय कराने की कोशिश की। सोनी ने संघ की भारतीयता की सोच को रखा, "भारत की शिक्षा व्यवस्था पूरी तरह से अध्यात्म-आधारित रही है। आर्थिक उपार्जन आवश्यक है, लेकिन वह सिर्फ जीवन जीने के लिए है। अध्यात्म के आधार पर ही राष्ट्र का उत्थान हो सकता है। दुनिया के अन्य देश भी अपनी संस्कृति को बढ़ावा दे रहे हैं।" उसके बाद एस. गुरुमूर्ति ने भारतीय अर्थ-चिंतन की भारतीय दृष्टि पर विचार रखा तो अमेरिका से आए प्रो. वेद पी. नंदा और मनोहर शिंदे ने एक सत्र में विचार रखे।

...भागवत ने कहा—भारत के लिए खेलना होगा

'ज्ञान संगम' में सरसंघचालक मोहन भागवत ने अपने स्तर से प्रतिभागियों से सीधा संवाद किया तो उसमें बेहद रोचक अंदाज भी दिखा। विचारों के आदान-प्रदान की प्रक्रिया को आगे बढ़ाने के लिए दर्जन भर विषयों के हिसाब से प्रतिभागियों को समूहों में बाँट दिया गया, यानी हर विषय पर बारह से ज्यादा समूह बनाए गए थे। उसके बाद समूहों को दो हिस्सों में बाँटकर सीधे मोहन भागवत से संवाद का कार्यक्रम हुआ। इस

संवाद में भागवत से एक प्रतिभागी ने रोचक सवाल किया, जिसका जिक्र यहाँ उचित होगा। सवाल था—"सत्ता भी है और समय भी अनुकूल है, ऐसे में देश स्वाभिमान के साथ क्यों खड़ा नहीं हो पा रहा? इस सवाल का मतलब साफ था कि जब भा.ज.पा. सत्ता में है, तब भी संघ के एजेंडे के हिसाब से देश स्वाभिमान के साथ खड़ा क्यों नहीं हो रहा? इसका जवाब भी भागवत ने मुसकराते हुए बेहद रोचक उदाहरण के साथ दिया। उन्होंने सबके साथ किस्सा साझा किया कि एक बार मुंबई प्रवास के दौरान वे कैसे भारत-इंग्लैंड क्रिकेट मैच की कमेंट्री सुन रहे थे। कमेंट्री सुन रहे लोग पहले इंग्लैंड की जीत की बात कर रहे थे। लेकिन भारत जीता और कमेंटेटर के सवाल पर तब नवजोत सिंह सिद्धू ने कहा था कि हमारा हर खिलाड़ी जीत के लिए खेल रहा था। भागवत ने कहा कि अगर खिलाड़ी भारत के लिए खेलेगा तो जीतेगा ही। इसलिए सरकार पर आश्रित होने की बजाय समाज को परिवर्तन करना चाहिए। सरकार समाज में परिवर्तन नहीं कर सकती; लेकिन समाज चाहे तो सरकार में परिवर्तन जरूर कर सकता है। भागवत की राय थी कि सरकार की एक सीमा है, जिसमें वह बँधी हुई है; लेकिन भारतीय समाज चाहे तो परिवर्तन कर सकता है। इसलिए यह काम समाज को ही करना होगा।

संघ की सोच शिक्षा में बदलाव के जरिए वामपंथी विचारधारा के उलट, एक ऐसी दक्षिणपंथी विचारधारा (जिसे संघ राष्ट्रीयता और आम बोलचाल में 'राष्ट्रवादी' कहा जाता है) का दबाव समूह खड़ा करने की है, जो भगवा विचारों की सरकार नहीं होने पर भी एक मजबूत दबाव समूह के रूप में काम करे। 'ज्ञान संगम' में संघ के सह-सरकार्यवाह और भा.ज.पा. एवं सरकार के बीच समन्वय का काम देख रहे डॉ. कृष्ण गोपाल ने 20 केंद्रीय विश्वविद्यालयों और 31 राज्यों के विश्वविद्यालयों के कुलपतियों के साथ अलग से भी बैठक की थी।

लेखन की ऐसी खींची लकीर

संघ की सोच शिक्षा में बदलाव के जरिए वामपंथी विचारधारा के उलट, एक ऐसी दक्षिणपंथी विचारधारा (जिसे संघ राष्ट्रीयता और आम बोलचाल में 'राष्ट्रवादी' कहा जाता है) का दबाव समूह खड़ा करने की है, जो भगवा विचारों की सरकार नहीं होने पर भी एक मजबूत दबाव समूह के रूप में काम करे। 'ज्ञान संगम' में संघ के सह-सरकार्यवाह और भा.ज.पा. एवं सरकार के बीच समन्वय का काम देख रहे डॉ. कृष्ण गोपाल ने 20 केंद्रीय विश्वविद्यालयों और 31 राज्यों के विश्वविद्यालयों के कुलपतियों

के साथ अलग से भी बैठक की थी। इसमें पूर्व मानव संसाधन विकास मंत्री मुरली मनोहर जोशी और ए.बी.वी.पी. से सुनील आंबेकर भी मौजूद थे। इस बौद्धिक मुहिम को संघ की ओर से शीर्ष स्तर पर कृष्ण गोपाल खुद देख रहे थे और 'ज्ञान संगम' में सबसे विचारोत्तेजक संबोधन उन्हीं का रहा। कृष्ण गोपाल ने संबोधन में कहा था, "एक समय था, जब ह्वेन सांग जैसे विदेशियों ने भारत के बारे में अच्छा लिखा कि यहाँ लोग समृद्ध हैं; लेकिन रुडयार्ड किपलिंग जैसे लोगों को लिखना पड़ा कि भारतीय असभ्य हैं।" उनका इशारा था कि यह सब ईसाई मिशनरी और चर्च के डिजाइन के तहत किया गया। इसलिए अब इतिहास को खँगालने की जरूरत है, क्योंकि भारतीय इतिहास को शिकारियों ने लिखा है, शेर ने खुद नहीं। उन्होंने बौद्धिक मुहिम के लिए बाकायदा मंत्र भी दिए—हर विषय में अपने लोगों की पहचान करो, विषयवार समूह तैयार करो, पुस्तक-लेख लिखते समय भारतीय विचार की संदर्भ-सूची बनाओ; विश्वविद्यालय में जहाँ अनुकूल माहौल है, वहाँ अपनी पुस्तक लगवाओ। उनका कहना था कि भारत में भारतीय संदर्भों से ही शिक्षा को बढ़ाना चाहिए। इतना ही नहीं, समान विचारोंवाले शिक्षकों को जोड़ने के अलावा संघ की रणनीति लेखन एवं कला के दूसरे क्षेत्रों में भी पहल करने की बनी थी। लेखकों से कहा गया कि दर्जन भर विषयों पर पुस्तकें और आलेख लिखते समय संदर्भ-सूची में समविचारी पुस्तकों का उल्लेख जरूर करें। थिएटर में 'उड़ान' नामक समूह भी तैयार किया गया। मोदी सरकार को वामपंथी बुद्धिजीवियों से मिलनेवाली चुनौती को अपनी विचारधारावाले बुद्धिजीवियों के माध्यम से जवाब देने की भी रणनीति बनी। इसके अलावा, संघ की रणनीति अनुकूल माहौल वाले विश्वविद्यालयों-स्कूलों में अपनी विचारधारा से जुड़ी पुस्तकों का ज्यादा-से-ज्यादा समावेश कराने की बनी।

'ज्ञान संगम' बैठक के बाद अगले सप्ताह ही 1 अप्रैल को संघ के सह-सरकार्यवाह दत्तात्रेय होसबाले ने प्रमुख विश्वविद्यालयों से जुड़े चुनिंदा कुलपतियों के साथ बैठक की। इसके बाद 21 अप्रैल को भी इसी तरह की बैठक हुई, जिसमें दत्तात्रेय होसबाले और बौद्धिक समन्वय का काम देख रहे दूसरे सह-सरकार्यवाह डॉ. कृष्ण गोपाल भी मौजूद थे।

'ज्ञान संगम' बैठक के बाद अगले सप्ताह ही 1 अप्रैल को संघ के सह-सरकार्यवाह दत्तात्रेय होसबाले ने प्रमुख विश्वविद्यालयों से जुड़े चुनिंदा कुलपतियों के साथ बैठक की। इसके बाद 21 अप्रैल को भी इसी तरह की बैठक हुई, जिसमें दत्तात्रेय होसबाले और बौद्धिक समन्वय का काम देख रहे दूसरे सह-सरकार्यवाह डॉ. कृष्ण गोपाल भी मौजूद थे। इसका आयोजन ए.बी.वी.पी. के तत्कालीन संगठन मंत्री सुनील आंबेकर ने किया था,

जिसमें योग को पाठ्यक्रम से जोड़ने और अन्य विषयों पर मंथन हुआ। 'ज्ञान संगम' से उत्साहित संघ ने ऐसे ही आयोजन देश के अन्य हिस्सों में भी कराने की रणनीति बनाई। संघ की इस पहल में तेजी के पीछे उसका दर्द सिर्फ रोहित वेमूला प्रकरण, जे.एन.यू. में कन्हैया प्रकरण, पश्चिम बंगाल में जाधवपुर विश्वविद्यालय की घटना और बिहार चुनाव से ठीक पहले असहिष्णुता के खिलाफ बुद्धिजीवियों की अवार्ड-वापसी के झटकों ने नहीं दिया था; बल्कि संघ का मानना था कि मोदी सरकार के आने के बाद वामपंथियों ने रणनीति के तहत विश्वविद्यालयों को कमजोर कड़ी के तौर पर चुना, जहाँ अभी भी उनका वर्चस्व है और एन.जी.ओ. वाले उनके साथ खड़े दिखते हैं। ऐसे माहौल में 721 प्रोफेसरों और 51 कुलपतियों की मौजूदगी ने संघ को सधी हुई रणनीति के साथ बुद्धिजीवियों का समूह खड़ा करने और शिक्षा के भारतीयकरण की मुहिम को रफ्तार देने पर बल दिया। आनुषंगिक संगठन 'प्रज्ञा प्रवाह' के इस आयोजन ने संघ को सुखद अहसास कराया।

दूसरे विचार के बुद्धिजीवी जोड़ने को "सभी हमारे और हम सबके की अवधारणा

संघ परिवार ने बौद्धिक आंदोलन की गति तीव्र कर दी थी; लेकिन छुआछूत की भावना यहाँ बाधक बन रही थी। यानी दूसरी विचारधारा के बुद्धिजीवी जुड़ना चाह रहे थे, तो उन पर भरोसा नहीं किया जा रहा था। ऐसे में, कड़े सिद्धांत अपने बुद्धिजीवी खड़ा करने की मुहिम को कमजोर कर सकते थे। ऐसे में पिछले कुछ समय के अनुभवों के आधार पर एक बार फिर संघ प्रमुख मोहन भागवत की अगुवाई में 26-27 अगस्त, 2017 को दिल्ली के गांधी दर्शन समिति में अहम बैठक हुई। जगह का चयन सांकेतिक संदेश देनेवाला था तो बौद्धिक आंदोलन में हठधर्मिता छोड़ने का निर्देश संघ प्रमुख की ओर से दिया गया। 'प्रज्ञा प्रवाह' की ओर से आयोजित बैठक में 72 आमंत्रित में से 68 चिंतक शामिल हुए। फिर 28 अगस्त को मानव संसाधन विकास मंत्री जावड़ेकर के निवास पर बैठक के निचोड़ पर

संघ परिवार ने बौद्धिक आंदोलन की गति तीव्र कर दी थी; लेकिन छुआछूत की भावना यहाँ बाधक बन रही थी। यानी दूसरी विचारधारा के बुद्धिजीवी जुड़ना चाह रहे थे, तो उन पर भरोसा नहीं किया जा रहा था। ऐसे में, कड़े सिद्धांत अपने बुद्धिजीवी खड़ा करने की मुहिम को कमजोर कर सकते थे। ऐसे में पिछले कुछ समय के अनुभवों के आधार पर एक बार फिर संघ प्रमुख मोहन भागवत की अगुवाई में 26-27 अगस्त, 2017 को दिल्ली के गांधी दर्शन समिति में अहम बैठक हुई।

अमल के लिए बैठक हुई। राजधानी दिल्ली के राजघाट स्थित गांधी दर्शन समिति में दो दिवसीय बैठक का समापन करते हुए संघ प्रमुख मोहन भागवत ने मंत्र दिया कि बौद्धिक जगत् से जुड़े लोगों को जोड़ते समय ऐसे लोगों का स्वागत करना चाहिए, जो पुरानी विचारधारा को छोड़कर संघ से जुड़ना चाहते हैं। इस बैठक में शामिल एक वरिष्ठ नेता से जब मैंने बातचीत की तो उन्होंने दोनों दिन बैठक में पूरे समय मोहन भागवत की मौजूदगी को इंगित किया। जहाँ भागवत ने दो टूक कहा था, "हमें समावेशी मानसिकता रखकर आगे बढ़ना होगा और यह ध्यान रखना होगा कि सभी हमारे हैं और हम सभी के लिए हैं। स्वाधीनता के पहले डॉ. हेडगेवार ने भी यही धारणा रखी थी। उसी धारणा के अनुरूप हमें अध्ययन और शोध करके संघ की विचारधारा को आगे बढ़ाना चाहिए।"

इस बैठक में खासतौर से नई राष्ट्रीय शिक्षा नीति को लेकर चर्चा हुई। बैठक में संघ के शीर्ष पदाधिकारियों के अलावा पूर्व केंद्रीय मानव संसाधन विकास मंत्री मुरली मनोहर जोशी, भा.ज.पा. महासचिव राम माधव, भा.ज.पा. के राष्ट्रीय उपाध्यक्ष-सांसद विनय सहस्रबुद्धे, 'शिक्षा बचाओ' के अतुल कोठारी, आई.आई. एम.सी. के तत्कालीन डी.जी. के.जी. सुरेश, जे.एन.यू. एवं दिल्ली विश्वविद्यालय से जुड़े कई प्रोफेसर, संघ के विचारक राकेश सिन्हा सरीखे लोग शामिल हुए।

इस बैठक में खासतौर से नई राष्ट्रीय शिक्षा नीति को लेकर चर्चा हुई। बैठक में संघ के शीर्ष पदाधिकारियों के अलावा पूर्व केंद्रीय मानव संसाधन विकास मंत्री मुरली मनोहर जोशी, भा.ज.पा. महासचिव राम माधव, भा.ज.पा. के राष्ट्रीय उपाध्यक्ष-सांसद विनय सहस्रबुद्धे, 'शिक्षा बचाओ' के अतुल कोठारी, आई.आई.एम.सी. के तत्कालीन डी.जी. के.जी. सुरेश, जे.एन.यू. एवं दिल्ली विश्वविद्यालय से जुड़े कई प्रोफेसर, संघ के विचारक राकेश सिन्हा सरीखे लोग शामिल हुए। इस बैठक के अगले दिन, यानी 28 अगस्त को, केंद्रीय मानव संसाधन विकास मंत्री प्रकाश जावड़ेकर के साथ उनके सरकारी आवास पर दोपहर बाद संघ के सह-सरकार्यवाह दत्तात्रेय होसबाले, ए.बी.वी.पी. के संगठन महामंत्री सुनील आंबेकर, भा.ज.पा. के राष्ट्रीय उपाध्यक्ष विनय सहस्रबुद्धे और प्रसार भारती के तत्कालीन चेयरमैन ए. सूर्यप्रकाश ने लंबी बैठक कर शिक्षा नीति पर मंथन किया।

वामपंथी नहीं, सोशलिस्ट, लोहियावादी, गांधीवादी पर निगाह

संघ परिवार लगातार बुद्धिजीवियों की समविचारी जमात खड़ी करने और शिक्षा-पद्धति में बदलाव को लेकर बेहद तीव्र गति से काम कर रहा था। इस बैठक में शामिल

चिंतकों के अनुसार संघ प्रुमख का संदेश साफ था कि संघ की बात जब भी आती है तो उसे हिंदू-मुसलिम के नजरिए से देखा जाने लगता है और सन् 1925 में उसकी स्थापना से लेकर अब तक उसे कट्टरवाद के नजरिए से देखा जाता है। जबकि मूल रूप से संघ ऐसा न सोचता है और न ही करता है। संघ के विभिन्न आयाम वनवासी कल्याण आश्रम, सेवा भारती, शिशु मंदिर आदि में कहीं भी काम करते समय इस तरह की धारणा नहीं रखी जाती। इसके बावजूद संघ के बारे में बनी धारणा उसके बौद्धिक विस्तार में रोड़ा बन जाती है। इसलिए संघ प्रमुख का संदेश था कि बुद्धिजीवियों को जोड़ते समय उनकी पृष्ठभूमि को दरकिनार करना चाहिए। बौद्धिक विस्तार में जुटे संघ को अहसास है कि नए बुद्धिजीवी खड़े करने पर ही अड़ने की स्थिति में आधार मजबूत नहीं बनेगा। इसलिए पुराने लोगों में से विचार बदलकर आनेवालों का भी स्वागत करना चाहिए। हालाँकि, बैठक में शामिल एक नेता बताते हैं कि संघ प्रमुख के कहने का अर्थ वामपंथी विचारधारावाले लोगों को भी अपने साथ जोड़ लेंगे, ऐसा कतई नहीं था। उनके मुताबिक, संघ प्रमुख का अन्य विचारधारा के लोगों को विचार बदलकर आने पर स्वागत करने का मतलब वामपंथी नहीं, सिर्फ समाजवादी, लोहियावादी और गांधीवादी विचारधारा के लोगों को जोड़ने से था। संघ के एक वरिष्ठ नेता का कहना था कि संघ के संस्थापक डॉ. हेडगेवार खुद कांग्रेस से आए थे तो दत्तोपंत ठेंगड़ी ने पहले 'इंटक' में काम किया और उसके बाद भारतीय मजदूर संघ का गठन किया था। इस श्रेणी में उन्होंने अरुण शौरी और गिरिलाल जैन सरीखे लोगों का नाम भी गिनाया था। जैन स्तंभकार थे, जो बाद में 'पाञ्चजन्य' से जुड़े थे।

मोहन भागवत ने संघ के वैचारिक प्रतिष्ठा 'प्रज्ञा प्रवाह' को एक स्वायत निकाय के तौर पर सांगठनिक रूप से मजबूत करने पर भी जोर दिया। इसके लिए उन्होंने कहा कि 'प्रज्ञा प्रवाह' का सांगठनिक ढाँचा, जो अभी प्रांतीय स्तर पर है, उसे बढ़ाकर जिला तक ले जाएँ और वहाँ कम-से-कम पाँच लोगों की ऐसी टीम खड़ी करें, जो अपने विचार संगठन से निकले हों। इस टीम को संघ 'क्विक रिस्पांस टीम' के तौर पर रखना चाहता था, जो किसी भी अवसर पर विरोधियों को तत्काल तथ्यपरक जवाब दे सके।

मोहन भागवत ने संघ के वैचारिक प्रतिष्ठा 'प्रज्ञा प्रवाह' को एक स्वायत निकाय के तौर पर सांगठनिक रूप से मजबूत करने पर भी जोर दिया। इसके लिए उन्होंने कहा कि 'प्रज्ञा प्रवाह' का सांगठनिक ढाँचा, जो अभी प्रांतीय स्तर पर है, उसे बढ़ाकर जिला तक ले जाएँ और वहाँ कम-से-कम पाँच लोगों की ऐसी टीम खड़ी करें, जो अपने

विचार संगठन से निकले हों। इस टीम को संघ 'क्विक रिस्पांस टीम' के तौर पर रखना चाहता था, जो किसी भी अवसर पर विरोधियों को तत्काल तथ्यपरक जवाब दे सके। बैठक में अलग-अलग सत्रों में महिलाओं की भागीदारी, सभी जातियों को जोड़कर सामाजिक समरसता, आर्थिक मुद्दों और सामाजिक-आर्थिक जाति जनगणना पर भी विशेष चर्चा हुई। इस बैठक की महत्ता इस संदर्भ में भी थी कि भा.ज.पा. ने चौदह साल के वनवास को पूरा कर उत्तर प्रदेश में ऐतिहासिक चुनावी जीत दर्ज की थी, जिसमें भा.ज.पा. ने संघ के साथ मिलकर सोशल इंजीनियरिंग को रणनीतिक तरीके से अंजाम तक पहुँचाया था। यह फैसला नोटबंदी के फैसले पर जबरदस्त मुहर था।

> *भारतीय अर्थव्यवस्था को अमेरिका की तरह नहीं बनाया जा सकता। अमेरिका में 2008 में एक बैंक दिवालिया हुआ तो पूरी अर्थव्यवस्था चरमराती दिखी; लेकिन भारत में ऐसा होता है तो समूची अर्थव्यवस्था पर असर नहीं पड़ता, क्योंकि हमारी अर्थव्यवस्था का आधार बचत है। इसलिए मुगल से लेकर कितने विदेशी आक्रांता आए, लेकिन भारत के लोगों की सेहत पर कोई खास असर नहीं पड़ा, क्योंकि हमारा आधार बचत है।*

नोटबंदी पर संशय और संवाद

8 नवंबर, 2016 को प्रधानमंत्री नरेंद्र मोदी ने देश में नोटबंदी का ऐलान किया तो सबको अचरज हुआ, क्योंकि इसकी भनक सरकार में भी आखिरी वक्त तक सभी को नहीं थी। फैसला सीधे प्रधानमंत्री के स्तर से हुआ था। ऐसे में, पार्टी की ओर से कोई सवाल नहीं उठा सकता था। लेकिन शुरुआत में संघ भी संशय में था। तब संघ के एक वरिष्ठ नेता ने मुझसे कहा था, "भारतीय अर्थव्यवस्था को अमेरिका की तरह नहीं बनाया जा सकता। अमेरिका में 2008 में एक बैंक दिवालिया हुआ तो पूरी अर्थव्यवस्था चरमराती दिखी; लेकिन भारत में ऐसा होता है तो समूची अर्थव्यवस्था पर असर नहीं पड़ता, क्योंकि हमारी अर्थव्यवस्था का आधार बचत है। इसलिए मुगल से लेकर कितने विदेशी आक्रांता आए, लेकिन भारत के लोगों की सेहत पर कोई खास असर नहीं पड़ा, क्योंकि हमारा आधार बचत है।" उनका कहना था कि इस फैसले से अर्थव्यवस्था नीचे की ओर से खिसकी तो मुश्किल बढ़ेगी और दीर्घकाल में सरकार को भी राजनीतिक नुकसान उठाना पड़ सकता है।

नोटबंदी के समय जब देश में विपक्ष की ओर से मोदी सरकार पर निशाना साधा जा रहा था, संघ की ओर से समर्थन में कोई बयान नहीं आना भी भा.ज.पा. में चर्चा का विषय बना हुआ था। संघ की असहजता की वजहों में एक परंपरागत गुरुदक्षिणा की परंपरा भी

थी, जो पूरी तरह से गुप्त और नकद में होती है। किसने कितना दान दिया, इसकी जानकारी दूसरों को नहीं होती। इसके पीछे संघ की अवधारणा समतामूलक समाज बनाने की रही है। लेकिन नकद लेन-देन की व्यवस्था को कमजोर कर चेक से लेन-देन उसकी इस परंपरा को तोड़ सकता था। संघ ने कुछ समय तक नोटबंदी पर मौन साधे रखा और वह भी इस फैसले के राजनीतिक प्रभाव के आकलन में जुट गया। करीब पखवाड़े भर बाद संघ ने बेहद सधा हुआ बयान दिया और 22 नवंबर, 2016 को जारी आधिकारिक बयान में मोदी सरकार के इस कदम को राष्ट्र-हित में उठाया गया ईमानदार कदम करार दिया। तत्कालीन अखिल भारतीय प्रचार प्रमुख मनमोहन वैद्य की ओर से जारी बयान में लिखा था—'स्वच्छ और पारदर्शी वित्तीय लेन-देन के व्यवहार को बढ़ावा देने के उद्देश्य से ईमानदार पहल है, जिसे हर जगह महसूस किया जा रहा है। इस फैसले से राष्ट्र-विरोधी, चरमपंथी गतिविधियाँ थम गई हैं। कश्मीर में भी लंबे समय बाद सामान्य स्थिति बहाल होती दिख रही है। इससे कुछ परेशानी जरूर हो रही है, लेकिन अर्थव्यवस्था को मजबूत और सुरक्षित बनाने की दिशा में महत्त्वपूर्ण कदम है। संघ ने लोगों से अपील की थी कि कुछ अस्थायी और अपरिहार्य परेशानियों के साथ भी लोगों को सरकार के 'नेक प्रयास' में साथ देना चाहिए। संघ ने भरोसा जताया था कि भारत के देशभक्त लोग निश्चित तौर से भारत के उज्ज्वल भविष्य और बेहतर कल के लिए सरकार को अपना सहयोग देंगे।

उधर प्रधानमंत्री मोदी ने भी नोटबंदी के फैसले को अपनी प्रतिष्ठा से जोड़ा; क्योंकि उन्होंने ऐसा जोखिम उठाया था, जिससे उनके अपने भी परेशान थे और विरोधी भी। ऐसे में, मोदी का सफल होना उन्हें इतिहास-पुरुष बनाता और अगर ऐसा नहीं होता तो उन्हें इतिहास के सबसे बड़े झंझावातों से गुजरना पड़ता। ऐसे में, इसका पहला फायदा ओडिशा के पंचायत चुनाव में दिखा, जहाँ भा.ज.पा. ने कांग्रेस को पछाड़ते हुए राज्य में बीजू जनता दल के बाद महत्त्वपूर्ण जगह बना ली।

उधर प्रधानमंत्री मोदी ने भी नोटबंदी के फैसले को अपनी प्रतिष्ठा से जोड़ा; क्योंकि उन्होंने ऐसा जोखिम उठाया था, जिससे उनके अपने भी परेशान थे और विरोधी भी। ऐसे में, मोदी का सफल होना उन्हें इतिहास-पुरुष बनाता और अगर ऐसा नहीं होता तो उन्हें इतिहास के सबसे बड़े झंझावातों से गुजरना पड़ता। ऐसे में, इसका पहला फायदा ओडिशा के पंचायत चुनाव में दिखा, जहाँ भा.ज.पा. ने कांग्रेस को पछाड़ते हुए राज्य में बीजू जनता दल के बाद महत्त्वपूर्ण जगह बना ली। कई जगह तो उसने सत्ताधारी बीजू जनता दल को भी झटका दिया था। उसके बाद हुए

उत्तर प्रदेश का विधानसभा चुनाव नोटबंदी की सबसे बड़ी परीक्षा थी, जहाँ नरेंद्र मोदी ने दाँव लगा दिया था और इसकी असफलता पर फकीर की तरह झोला उठाकर चल देने तक का ऐलान कर दिया था। दूसरी तरफ, संघ भी उत्तर प्रदेश विधानसभा चुनाव पर पूरी निगाह जमाए हुए था। संघ के सह-सरकार्यवाह दत्तात्रेय होसबाले का केंद्र अब पटना की बजाय लखनऊ कर दिया गया था, जो तटस्थ भाव से भा.ज.पा. के कामकाज को देख रहे थे। दूसरी तरफ, सह-सरकार्यवाह डॉ. कृष्ण गोपाल, जो भा.ज.पा. के साथ समन्वयक की भूमिका में थे और मूलतः इसी प्रदेश के थे, चुनाव पर सीधी निगाह जमाए हुए थे।

सामाजिक समरसता और बौद्धिक आंदोलन की गतिविधियों को विस्तार देते हुए संघ अपने समविचारी राजनीतिक संगठन भा.ज.पा. के साथ समन्वय को निरंतर साध रहा था। अगस्त के आखिर में दिल्ली के राजघाट पर बुद्धिजीवियों के साथ सरसंघचालक ने मंथन किया तो चार दिन बाद समूचा विचार परिवार कृष्ण जन्मभूमि मथुरा में जुटा, जहाँ भा.ज.पा. सहित संघ के उनतालीस संगठनों की अहम समन्वय बैठक 1 से 3 सितंबर, 2017 तक चली।

आखिर में, उत्तर प्रदेश में पार्टी ने अभूतपूर्व जीत हासिल की। संघ ने मथुरा में समन्वय बैठक की, जिसके बाद उसने खुलकर कहा था कि मोदी सरकार के नोटबंदी के फैसले से लंबे समय में देश को फायदा होगा। मोदी के नोटबंदी के फैसले पर निश्चित तौर से राजनीतिक मुहर लग गई थी और संघ परिवार भी इस ऐतिहासिक आर्थिक फैसले पर हिचक के बावजूद साथ में खड़ा हुआ, क्योंकि इस पर खिलाफत विपक्ष को बड़ा मौका तो देती ही, जन-मानस में भी भ्रम की स्थिति पैदा करती। एक बार फिर संवाद के जरिए बेहतर समन्वय कर नोटबंदी पर विचार परिवार ने एकजुटता का संदेश दिया।

योगी को मुख्यमंत्री की कमान और मथुरा में संघ-भा.ज.पा. समन्वय

सामाजिक समरसता और बौद्धिक आंदोलन की गतिविधियों को विस्तार देते हुए संघ अपने समविचारी राजनीतिक संगठन भा.ज.पा. के साथ समन्वय को निरंतर साध रहा था। अगस्त के आखिर में दिल्ली के राजघाट पर बुद्धिजीवियों के साथ सरसंघचालक ने मंथन किया तो चार दिन बाद समूचा विचार परिवार कृष्ण जन्मभूमि मथुरा में जुटा, जहाँ भा.ज.पा. सहित संघ के उनतालीस संगठनों की अहम समन्वय बैठक 1 से 3 सितंबर, 2017 तक चली। उत्तर प्रदेश में मिली बड़ी जीत और प्रधानमंत्री नरेंद्र मोदी की ओर से नया भारत बनाने के आह्वान के बीच

राष्ट्रीय स्वयंसेवक संघ (आर.एस.एस.) 1 सितंबर से 3 सितंबर तक भगवान् कृष्ण की जन्मभूमि मथुरा में अखिल भारतीय समन्वय बैठक आयोजित करने का मकसद विचारों का औपचारिक आदान-प्रदान करना था, ताकि विस्तार को लेकर चल रहे प्रकल्पों में कोई बाधा उत्पन्न नहीं हो।

उत्तर प्रदेश में इस तरह की बैठक इसलिए भी अहम थी, क्योंकि विधानसभा चुनाव में मिली रिकॉर्ड जीत के बाद इस राज्य का मुख्यमंत्री किसे बनाया जाए, इसको लेकर संघ-भा.ज.पा. के बीच रस्साकशी हुई थी। मनोज सिन्हा को लेकर तसवीर लगभग साफ दिख रही थी। प्रोटोकॉल भी सिन्हा के करीब पहुँच चुका था। लेकिन संघ की दलील उत्तर प्रदेश को लेकर अलग थी। वह चाहता था कि चौदह साल का वनवास पूरा कर पार्टी सत्ता में आई है। ऐसे में, अब लंबे समय तक सत्ता में रहने के लिए अयोध्या में राम मंदिर निर्माण की राह को सुगम बनाना जरूरी है। संघ का मानना था कि इसके लिए भगवाधारी योगी आदित्यनाथ उपयुक्त हो सकते हैं। संघ की सोच प्रशासन को भी दुरुस्त करने को लेकर थी। उसका मानना था कि सामाजिक दबाव राम मंदिर निर्माण में अहम तो होगा ही, यू.पी. की बेलगाम नौकरशाही को अगर कोई ठसक से हैंडल कर सकता है तो उसके लिए योगी ही बेहतर चेहरा हैं। तब भा.ज.पा. अध्यक्ष अमित शाह भी योगी के पक्ष में थे और संघ-भा.ज.पा. के वैचारिक समीकरण के लिहाज से योगी सबसे उपयुक्त चेहरा थे। लेकिन प्रधानमंत्री मोदी की पसंद के तौर पर सबसे ऊपर मनोज सिन्हा थे। परंतु संवाद और समन्वय के बाद मोदी ने पूरी सहमति दी और आखिर में योगी मुख्यमंत्री हो गए। हिंदुत्व और ध्रुवीकरण के लिए योगी से उपयुक्त चेहरा नहीं हो सकता था और आखिर में, विचार परिवार में सहमति बनी तो योगी ने भी संगठन को साथ लेकर चलने और अपनी हिंदू युवा वाहिनी को सरकार पर हावी नहीं होने देने का भरोसा दिया, जिसका अंदेशा भा.ज.पा. को था।

संघ की यह मथुरा समन्वय बैठक बेहद अहम थी। इस बैठक में सरसंघचालक मोहन भागवत सहित संघ के सभी शीर्षस्थ पदाधिकारी और सभी संगठनों के प्रमुख नेताओं ने शिरकत की। भा.ज.पा. की ओर से इस बैठक में तत्कालीन राष्ट्रीय अध्यक्ष अमित शाह, संगठन महासचिव रामलाल, अखिल भारतीय विद्यार्थी परिषद् से तत्कालीन राष्ट्रीय संगठन मंत्री सुनील आंबेकर, शिक्षा क्षेत्र के प्रतिनिधि अतुल कोठारी आदि शामिल थे।

ऐसे में, संघ की यह मथुरा समन्वय बैठक बेहद अहम थी। इस बैठक में सरसंघचालक मोहन भागवत सहित संघ के सभी शीर्षस्थ पदाधिकारी और सभी संगठनों

के प्रमुख नेताओं ने शिरकत की। भा.ज.पा. की ओर से इस बैठक में तत्कालीन राष्ट्रीय अध्यक्ष अमित शाह, संगठन महासचिव रामलाल, अखिल भारतीय विद्यार्थी परिषद् से तत्कालीन राष्ट्रीय संगठन मंत्री सुनील आंबेकर, शिक्षा क्षेत्र के प्रतिनिधि अतुल कोठारी आदि शामिल थे। समन्वय बैठक में भा.ज.पा. नेतृत्व केंद्र की मोदी सरकार की उपलब्धियों और संगठनात्मक प्रगति पर चर्चा हुई। इस बैठक को लेकर संघ के अखिल भारतीय प्रचार प्रमुख मनमोहन वैद्य ने तब कहा था, "संघ समाज के विभिन्न क्षेत्रों में अनेक संगठनों के माध्यम से काम करता है। ऐसे संगठनों में काम करनेवाले स्वयंसेवकों की बैठक हर साल जनवरी और सितंबर महीने में होती है। इस बैठक में कोई निर्णय नहीं होता है; बल्कि सभी संगठन अपनी उपलब्धियों एवं अनुभव को साझा करते हैं और साथ ही अपनी टिप्पणियाँ देते हैं।" समन्वय की ऐसी बैठकों का महत्त्व संघ के लिए तब और बढ़ जाता है, जब केंद्र में भा.ज.पा. की सरकार होती है। किसी मुद्दे पर सरकार और उसके समविचारी संगठनों में कोई टकराव की नौबत नहीं आए, इसके लिए संघ परिवार आपस में इस तरह का आपसी संवाद स्थापित करता है।

समन्वय बैठक सितंबर के शुरू में हुई और सितंबर के ही आखिर में ऐसा मामला सामने आया, जो संघ-भा.ज.पा. के बीच तात्कालिक मतभेद पैदा कर सकता था। लेकिन मोदी सरकार में संघ-भा.ज.पा. और समविचारी संगठनों के बीच समन्वय एक मिसाल बन चुकी है, जिसकी बानगी बनारस हिंदू यूनिवर्सिटी (बी.एच.यू.) के तत्कालीन कुलपति गिरीश चंद्र त्रिपाठी के मामले में भी झलकी।

बी.एच.यू. कुलपति विवाद : संघ-सरकार में तालमेल

समन्वय बैठक सितंबर के शुरू में हुई और सितंबर के ही आखिर में ऐसा मामला सामने आया, जो संघ-भा.ज.पा. के बीच तात्कालिक मतभेद पैदा कर सकता था। लेकिन मोदी सरकार में संघ-भा.ज.पा. और समविचारी संगठनों के बीच समन्वय एक मिसाल बन चुकी है, जिसकी बानगी बनारस हिंदू यूनिवर्सिटी (बी.एच.यू.) के तत्कालीन कुलपति गिरीश चंद्र त्रिपाठी के मामले में भी झलकी। त्रिपाठी संघ की पसंद पर ही बी.एच.यू. के कुलपति बनाए गए थे। लेकिन 21 सितंबर, 2017 को छात्राएँ छेड़छाड़ की शिकायत एवं अन्य समस्याओं को लेकर धरने पर बैठी थीं और कुलपति त्रिपाठी से मिलने की जिद पर अड़ी थीं। फाइन आर्ट्स की एक छात्रा के साथ तीन लड़कों ने छेड़खानी की थी। लेकिन दो दिन बाद 23 सितंबर को छात्राएँ धरना स्थल से उठकर कुलपति के आवास की तरफ बढ़ीं तो प्रशासन ने पुलिस की मदद से उन्हें खदेड़ा, जिसमें कई छात्राएँ जख्मी हो गईं। जिसके बाद माहौल

हिंसक हो गया और विश्वविद्यालय में छुट्टी घोषित करनी पड़ी। प्रधानमंत्री नरेंद्र मोदी के संसदीय क्षेत्र वाराणसी का मामला होने की वजह से राष्ट्रीय स्तर पर मामला खूब उठा। त्रिपाठी की कार्यशैली और प्रशासनिक योग्यता पर सवाल उठे। संयोग से, प्रधानमंत्री का दौरा भी उसी के आसपास होना था। प्रधानमंत्री नरेंद्र मोदी खुद कुलपति त्रिपाठी के खिलाफ सख्ती का फैसला कर चुके थे। लेकिन गिरीश चंद्र त्रिपाठी हटने के मूड में नहीं थे। 27 सितंबर को प्रधानमंत्री नरेंद्र मोदी ने बी.एच.यू. मसले पर सख्त रवैया अख्तियार करते हुए त्रिपाठी को विश्वविद्यालय की छुट्टी खत्म होने से पहले हटाने का निर्देश दिया था। लेकिन त्रिपाठी ने इस्तीफे से साफ इनकार कर दिया, जिसके बाद तत्कालीन मानव संसाधन विकास मंत्री प्रकाश जावड़ेकर ने 29 सितंबर को संघ के सह-सरकार्यवाह दत्तात्रेय होसबाले, डॉ. कृष्ण गोपाल और ए.बी.वी.पी. के राष्ट्रीय संगठन मंत्री सुनील आंबेकर से बातचीत की। शुरुआत में, संघ के पदाधिकारी भी त्रिपाठी को पद से हटाने के खिलाफ थे। संघ नेताओं का मानना था कि बी.एच.यू. का पूरा मसला वामपंथियों की ओर से प्रायोजित है और डेढ़ महीने बाद 27 नवंबर को त्रिपाठी रिटायर होने ही वाले हैं। ऐसे में, पहले पद से हटाने से वामपंथियों के हौसले बुलंद हो जाएँगे। लेकिन तब जावड़ेकर ने सीधे प्रधानमंत्री के निर्देश का हवाला देते हुए संघ के नेताओं से रास्ता निकालने को कहा; क्योंकि मामला राजनीतिक रंग लेकर तूल पकड़ रहा था। इसके बाद 29 सितंबर को त्रिपाठी से होसबाले और कृष्ण गोपाल ने बातचीत की, जहाँ आंबेकर भी मौजूद थे। लेकिन त्रिपाठी ने इस्तीफा देने या लंबी छुट्टी पर जाने जैसे दोनों प्रस्तावों को मानने से इनकार कर दिया। त्रिपाठी की जिद और केंद्र की मोदी सरकार एवं राज्य की योगी सरकार पर उठ रहे सवालों को ध्यान में रखते हुए सह-सरकार्यवाह दत्तात्रेय होसबाले ने अपने दिल्ली से बाहर जाने का कार्यक्रम रद्द कर दिया। उन्हें 29 सितंबर की रात ही दिल्ली से बाहर जाना था; लेकिन दिल्ली में ही ठहरकर उन्होंने त्रिपाठी को संदेश दिया कि कल, यानी 30 सितंबर को दिल्ली पहुँचकर मिलें। उसके बाद 30 सितंबर को संघ

त्रिपाठी ने इस्तीफे से साफ इनकार कर दिया, जिसके बाद जावड़ेकर ने 29 सितंबर को संघ के सह-सरकार्यवाह दत्तात्रेय होसबाले, डॉ. कृष्ण गोपाल और ए.बी.वी.पी. के राष्ट्रीय संगठन मंत्री सुनील आंबेकर से बातचीत की। शुरुआत में, संघ के पदाधिकारी भी त्रिपाठी को पद से हटाने के खिलाफ थे। संघ नेताओं का मानना था कि बी.एच.यू. का पूरा मसला वामपंथियों की ओर से प्रायोजित है और डेढ़ महीने बाद 27 नवंबर को त्रिपाठी रिटायर होने ही वाले हैं।

के नेताओं के साथ हुई मुलाकात और भविष्य के लिए मिले भरोसे के बाद त्रिपाठी ने इस्तीफे की बजाय लंबी छुट्टी पर जाने के संघ के प्रस्ताव को मान लिया।

शिक्षा में बदलाव को गति देने और बुद्धिजीवियों का समूह खड़ा करने में जुटा संघ नहीं चाहता था कि मोदी सरकार में ऐसा कोई मसला हो, जिसको लेकर बाहर यह संदेश जाए कि किसी तरह का मतभेद विचार परिवार में है। संघ के नेताओं का मानना था कि समाज में संघ को लेकर कुछ भ्रांतियाँ हैं, जिन्हें दूर करने में इस तरह के छोटे-छोटे मुद्दे भी अहम होते हैं और समाज-राजनीति पर इसका कुछ-न-कुछ प्रभाव पड़ता ही है। इस तरह की घटनाएँ उसके सामाजिक समरसता के साथ शैक्षणिक एजेंडे और बौद्धिक आंदोलन की राह में बाधा उत्पन्न कर सकती थीं। इसलिए संघ ने हर छोटे-बड़े मसले, जो भी उसके सामने आए, उस पर त्वरित कदम उठाया। संघ चाहता था कि इस तरह से भविष्य की गतिविधियाँ बढ़ाई जाएँ कि संगठन के प्रति बनाई गई धारणाओं को तोड़ा जा सके।

□

14

नागपुर में 'कांग्रेसी सेनापति'

प्रणव मुखर्जी को संघ मुख्यालय में संबोधन के लिए बुला 'अनटचेबल' होने का ठप्पा हटाया तो मोदी सरकार ने विरोधी दल में रहे प्रणव दा को 'भारत रत्न' देकर उदारता दिखाई।

संघ और भा.ज.पा. ने वर्ष 2018 की शुरुआत धमाकेदार की थी। त्रिपुरा में भा.ज.पा. ने शून्य से सत्ता तक का सफर तय कर वैचारिक जीत हासिल कर ली थी। पश्चिम बंगाल के बाद वामपंथी विचारधारा का एक और वैचारिक अधिष्ठान ढह चुका था। लेकिन त्रिपुरा में वामपंथ का किला ढहना ज्यादा अहम था, क्योंकि इसे ढहाने का काम विरोधी दक्षिणपंथी (राइट विंग) विचारधारा ने किया था। इस जीत की पटकथा तैयार करने में भा.ज.पा. से ज्यादा संघ जुटा हुआ था।

17 जून, 2017 को त्रिपुरा की राजधानी अगरतला में विशाल हिंदू सम्मेलन संपन्न हुआ। जब संघ ने यह सम्मेलन किया तो उस वक्त त्रिपुरा वामपंथ का एक महत्वपूर्ण गढ़ था। लेकिन त्रिपुरा को लेकर संघ की गंभीरता उसी समय स्पष्ट हो गई थी, जब संघ के सह-सरकार्यवाह डॉ. कृष्ण गोपाल, जो संघ की तरफ से भा.ज.पा. के साथ समन्वय देख रहे थे, ने तब भा.ज.पा. के राष्ट्रीय अध्यक्ष अमित शाह को प्रस्ताव दिया था कि बिप्लव देव को त्रिपुरा प्रदेश भा.ज.पा. की कमान सौंपें। शाह ने भी इस प्रस्ताव को मान लिया था, क्योंकि संघ वहाँ लंबे समय से जमीनी स्तर पर काम कर रहा था। संघ ने विधानसभा चुनाव से करीब आठ महीने पहले जब हिंदू सम्मेलन का आयोजन किया तो उसका खास मकसद था। जून 2017 के इस कार्यक्रम की पूर्व तैयारियाँ रणनीति के हिसाब से हुई थीं। सभी ग्राम पंचायतों तक पहुँचना और अधिकतम ग्रामों का प्रतिनिधित्व सुनिश्चित करने का प्रयास हुआ। सभी जनजातीय समूहों से संपर्क की योजना बनाई गई। गुरु-पूजन, रक्षाबंधन और विजयादशमी के निमित्त कार्यक्रम क्रमबद्ध होते गए। करीब 3,346 घर-घर बैठकें कर 15 हजार लोग जुटाए, संघ परिचय वर्ग आदि के माध्यम से

नए स्थान और नए–नए परिवारों तक पहुँचने का प्रयास किया गया। प्रचार के प्रचलित माध्यमों का उपयोग न करते हुए संपर्क के द्वारा ही कार्यक्रम का निमंत्रण पहुँचाया गया। कार्यक्रम की शृंखला में घर पर भगवा ध्वज लगाने का कार्यक्रम हुआ। दो दिन में एक लाख से अधिक घरों तक पहुँचने में सफलता हासिल की। जब यह विशाल सम्मेलन हुआ तो उसमें खुद सरसंघचालक मोहन भागवत भी मौजूद थे। इसमें कुल 26 हजार लोग शामिल हुए और 800 से अधिक कार्यकर्ता इसके लिए सक्रिय थे।

> ***जब 9 मार्च, 2018 को संघ की प्रतिनिधि सभा की बैठक नागपुर में हुई तो सरकार्यवाह भैय्याजी जोशी ने अपनी रिपोर्ट में इसका विशेष जिक्र कुछ इस तरह किया, "पूर्वोत्तर के त्रिपुरा राज्य में संपन्न विशाल हिंदू सम्मेलन सभी दृष्टि से परिणाम देनेवाला रहा है।" इस बैठक से ठीक छह दिन पहले त्रिपुरा विधानसभा चुनाव के नतीजे आ चुके थे, जिसमें सत्ता तो भा.ज.पा. ने हासिल की थी, लेकिन वामपंथी गढ़ में वैचारिक जीत संघ परिवार की हुई थी।***

जब 9 मार्च, 2018 को संघ की प्रतिनिधि सभा की बैठक नागपुर में हुई तो सरकार्यवाह भैय्याजी जोशी ने अपनी रिपोर्ट में इसका विशेष जिक्र कुछ इस तरह किया, "पूर्वोत्तर के त्रिपुरा राज्य में संपन्न विशाल हिंदू सम्मेलन सभी दृष्टि से परिणाम देनेवाला रहा है।" इस बैठक से ठीक छह दिन पहले त्रिपुरा विधानसभा चुनाव के नतीजे आ चुके थे, जिसमें सत्ता तो भा.ज.पा. ने हासिल की थी, लेकिन वामपंथी गढ़ में वैचारिक जीत संघ परिवार की हुई थी।

लेकिन अब संघ की इस वैचारिक जीत के बाद जरूरत थी बौद्धिक छुआछूत की भावना को दूर करना, जिसके लिए काम शुरू हुआ और थोड़े समय के अंतराल पर कुछ कार्यक्रमों की रूपरेखा बनी, ताकि वातावरण पक्ष में बने। संघ ने पहला काम किया कि गरमी में होनेवाले प्रशिक्षण वर्ग और आखिर में संघ शिक्षा वर्ग का तृतीय वर्ष का समापन नागपुर में होता है, जिसमें गण्यमान्य लोगों को बुलाने की संघ की परंपरा रही है। लेकिन इस बार रणनीतिक तौर पर संघ ने 43 साल तक कांग्रेस के दिग्गज नेता रहे और संकटमोचक माने जाते रहे प्रणव मुखर्जी को बुलाने की पहल की, जो राष्ट्रपति पद का अपना कार्यकाल 25 जुलाई, 2017 को पूरा कर चुके थे; जिनका प्रधानमंत्री नरेंद्र मोदी के साथ रिश्ता इतना बेहतरीन था कि मोदी ने उन्हें अपने पिता–तुल्य तक कह दिया था। बतौर राष्ट्रपति भी प्रणव मुखर्जी और प्रधानमंत्री मोदी के बीच तालमेल बेहद मधुर था। दोनों के संबंधों की मधुरता का अंदाजा इससे भी लगाया जा सकता है कि राष्ट्रपति पद से रिटायर होने के बाद अक्तूबर 2017 में एक इंटरव्यू में प्रणव मुखर्जी ने मुक्त कंठ से मोदी की प्रशंसा की, जिसमें उन्होंने

मोदी को मेहनती, अपना लक्ष्य हासिल करने की दृढ़ इच्छा-शक्ति और स्पष्ट विजन वाला व्यक्तित्व बताया। प्रणव दा ने यह भी कहा था कि संसद् का अनुभव कम होने के बावजूद प्रशासन और विदेश नीति को बेहतरीन ढंग से समझा और काम किया है। सिर्फ मोदी ही नहीं, सरसंघचालक मोहन भागवत से उनके रिश्ते इतने मधुर रहे कि उन्होंने बतौर राष्ट्रपति एक बार भागवत को रिसीव करने के लिए प्रोटोकॉल भी तोड़ दिया था। दिसंबर 2015 और जून 2017 में राष्ट्रपति रहते हुए प्रणव दा और भागवत की मुलाकात हुई थी। पद से हटने के बाद भी दोनों के बीच मुलाकातें हुई थीं। यानी वातावरण उपयुक्त था, बस, जरूरत थी औपचारिक तौर से आमंत्रित करने की।

> ***प्रणव मुखर्जी संघ शिक्षा वर्ग के तृतीय वर्ष के कार्यक्रम में मुख्य अतिथि होंगे, इसकी जानकारी जैसे ही 30 मई, 2018 को सार्वजनिक हुई, राजनीतिक भूचाल-सा आ गया। कांग्रेस के लिए 'काटो तो खून नहीं' जैसी स्थिति हो गई थी। कांग्रेस के कई बड़े नेताओं ने उनसे संघ मुख्यालय नहीं जाने की अपील की तो कुछ ने कड़वे बोल भी शुरू कर दिए।***

प्रणव मुखर्जी संघ शिक्षा वर्ग के तृतीय वर्ष के कार्यक्रम में मुख्य अतिथि होंगे, इसकी जानकारी जैसे ही 30 मई, 2018 को सार्वजनिक हुई, राजनीतिक भूचाल-सा आ गया। कांग्रेस के लिए 'काटो तो खून नहीं' जैसी स्थिति हो गई थी। कांग्रेस के कई बड़े नेताओं ने उनसे संघ मुख्यालय नहीं जाने की अपील की तो कुछ ने कड़वे बोल भी शुरू कर दिए। यहाँ तक कि प्रणव मुखर्जी की बेटी और कांग्रेस की नेता शर्मिष्ठा मुखर्जी ने भी उन्हें संघ मुख्यालय नागपुर जाने से परहेज करने को कहा। विवाद ज्यादा बढ़ा तो संघ ने औपचारिक तौर से बयान जारी किया। इस बयान में संघ की ओर से कहा गया, "जो भी संघ को जानते हैं या समझते हैं, यह उनके लिए आश्चर्यजनक या नया नहीं है। यह उनके लिए सामान्य है, क्योंकि आर.एस.एस. प्रसिद्ध लोगों और सामाजिक सेवा से जुड़े लोगों को बुलाता रहता है। इस बार, आर.एस.एस. ने डॉ. प्रणव मुखर्जी को निमंत्रण दिया है और यह उनकी महानता है कि उन्होंने यह निमंत्रण स्वीकार किया है। 25 दिवसीय 'तृतीय वर्ष वर्ग' प्रत्येक वर्ष नागपुर में मनाया जाता है, जिसमें पूरे देश से सदस्य प्रशिक्षण के लिए भाग लेते हैं। इस वर्ष यह 14 मई को शुरू हुआ था और 7 जून को समाप्त होगा, जिसमें देश के विभिन्न भागों से 709 स्वयंसेवक अपनी उपस्थिति दर्ज कराएँगे। संघ के वर्ग में लोग आते रहे हैं, यहाँ तक कि महात्मा गांधी ने वर्धा स्थित शिविर का दौरा किया था और बाद में कहा था कि वह संगठन के कड़े अनुशासन, सादगी और भेदभाव की अनुपस्थिति से प्रभावित हुए। पूर्व राष्ट्रपति जाकिर हुसैन, समाजवादी नेता जयप्रकाश नारायण, फील्ड मार्शल

के.एम. करियप्पा सहित अन्य हस्तियाँ भी आर.एस.एस. के समारोहों में भाग ले चुकी हैं। भारत के प्रथम प्रधानमंत्री जवाहरलाल नेहरू ने भी सन् 1962 में चीन के साथ युद्ध के दौरान आर.एस.एस. की भूमिका को देखते हुए इसे 1963 में गणतंत्र दिवस समारोह में शामिल होने के लिए आमंत्रित किया था। तत्कालीन प्रधानमंत्री लाल बहादुर शास्त्री ने भी सन् 1965 में पाकिस्तान के साथ युद्ध के समय सर्वदलीय बैठक में आर.एस.एस. को आमंत्रित किया था। संघ पिछले 92 वर्षों से समतावादी समाज बनाने के लिए कार्य कर रहा है और इसमें सफलता मिल रही है। जो भी इसके विचार और कार्य से सहमत होते हैं, वे संघ के समारोह में शामिल होते हैं, सहयोग करते हैं।"

संघ मुख्यालय में अपने खास संबोधन से पहले प्रणव मुखर्जी ने डॉ. केशव बलिराम हेडगेवार की जन्म-स्थली पर बनाए गए स्मारक पर माल्यार्पण किया, जहाँ रखी विजिटर बुक में मुखर्जी ने लिखा—'आज मैं यहाँ भारत माता के महान् सपूत को सम्मान देने आया हूँ।' मंच से प्रणव मुखर्जी ने कहा, "मैं यहाँ पर राष्ट्र, राष्ट्रवाद और देशभक्ति समझाने आया हूँ। भारत दुनिया का पहला राष्ट्र है और इसके संविधान में आस्था ही असली देशभक्ति है। उन्होंने कहा कि विविधता हमारी सबसे बड़ी ताकत है। हम विविधता में एकता को देखते हैं। हमारी सबकी एक ही पहचान 'भारतीयता' है।" ध्यान देनेवाली बात है कि संघ भी हमेशा से भारतीयता की ही बात करता है। प्रणव दा ने अपने संबोधन में यह भी कहा कि विचारों में समानता के लिए संवाद बेहद जरूरी है। बातचीत से हर समस्या का समाधान संभव है, क्योंकि सहनशीलता ही हमारे समाज का आधार है। उन्होंने कहा कि हर विषय पर चर्चा होनी चाहिए, भले हम किसी विचार से सहमत हों या नहीं। उन्होंने कहा कि सबने इस बात को माना है कि हिंदू एक उदार धर्म है। ह्वेनसांग और फाह्यान ने भी हिंदू धर्म की बात की है। राष्ट्रवाद किसी भी देश की पहचान है। देशभक्ति का मतलब देश की प्रगति में आस्था है। उन्होंने कहा कि राष्ट्रवाद सार्वभौमिक दर्शन 'वसुधैव कुटुंबकम्', 'सर्वे भवन्तु सुखिनः सर्वे सन्तु निरामया:' से निकला है। इस अवसर पर संघ प्रमुख मोहन भागवत ने कहा कि संघ में किसी के आने पर रोक नहीं है। यहाँ आइए और संघ को परखिए। वैसे, हम तो संघ को जानते हैं और आप भी जानिए और अपना विचार बनाइए। भागवत ने दोहराया कि संघ सिर्फ हिंदुओं का संगठन नहीं है। हम सभी विचारों

मंच से प्रणव मुखर्जी ने कहा, "मैं यहाँ पर राष्ट्र, राष्ट्रवाद और देशभक्ति समझाने आया हूँ। भारत दुनिया का पहला राष्ट्र है और इसके संविधान में आस्था ही असली देशभक्ति है। उन्होंने कहा कि विविधता हमारी सबसे बड़ी ताकत है। हम विविधता में एकता को देखते हैं। हमारी सबकी एक ही पहचान 'भारतीयता' है।"

के लोगों को साथ लेकर चलना चाहते हैं; लेकिन इसके लिए सभी का लक्ष्य एक होना चाहिए। उन्होंने कहा कि शक्ति के साथ शील होना बेहद जरूरी है और संघ यही काम कर रहा है। आलोचनाओं को लेकर भी उन्होंने कहा कि प्रहारों के बावजूद संघ तरक्की करता रहा है। भागवत ने कहा कि अनियंत्रित करनेवाली शक्ति विनाशकारी होती है। हमें सामान्य जनता को बराबरी पर लाना है। हिंदू भारत का भाग्य तय करने के लिए उत्तरदायी हैं। आज संघ विशाल संगठन बन गया है। उन्होंने कहा कि हमारे पास सुविचार की कमी नहीं है; लेकिन व्यवहार के बारे में हम निकृष्ट थे, जो अब थोड़ा बदला है। प्रणव मुखर्जी को लेकर मचे विवाद पर मोहन भागवत ने कहा कि हम हर साल सज्जनों को आमंत्रित करते हैं; जिनको आना होता है, वे हमारा आमंत्रण स्वीकार करते हैं और आते हैं।

हालाँकि, प्रणव दा के संबोधन को कांग्रेस ने देर रात ही संघ को नसीहत करार दिया, लेकिन यह खीझ मिटाने की ही कोशिश थी, क्योंकि संघ इस आयोजन से जो संदेश देना चाह रहा था, उसमें सफल हो चुका था, जिसकी झलक इस आयोजन के पखवाड़े भर बाद ही मीडिया में आई वह खबर दे रही थी। पूर्व राष्ट्रपति प्रणव मुखर्जी के नागपुर आर.एस.एस. के कार्यक्रम में शामिल होने के बाद से संघ की सदस्यता के लिए, खासतौर से पश्चिम बंगाल के, लोगों की रुचि बढ़ी थी। राष्ट्रीय स्वयंसेवक संघ (आर.एस.एस.) के वरिष्ठ नेता बिप्लव रॉय के हवाले से खबर थी कि नागपुर के संघ मुख्यालय में प्रणव दा के भाषण के बाद आर.एस.एस. की सदस्यता लेने के लिए सबसे ज्यादा आवेदन पश्चिम बंगाल से मिल रहे हैं। बिप्लव रॉय ने संवाददाताओं से बातचीत में बताया कि 1 जून से 6 जून के बीच औसतन हमें हमारी वेबसाइट 'ज्वॉइन आर.एस.एस.' पर रोजाना 378 अनुरोध प्राप्त होते थे; लेकिन प्रणव दा के भाषण के बाद हमें 1,779 लोगों के आवेदन आए। 7 जून के बाद हमें रोजाना 1,200-1,300 आवेदन मिल रहे हैं। उन्होंने कहा कि इसमें से 40 फीसदी आवेदन पश्चिम बंगाल से आए हैं।

प्रणव दा के संबोधन को कांग्रेस ने देर रात ही संघ को नसीहत करार दिया, लेकिन यह खीझ मिटाने की ही कोशिश थी, क्योंकि संघ इस आयोजन से जो संदेश देना चाह रहा था, उसमें सफल हो चुका था, जिसकी झलक इस आयोजन के पखवाड़े भर बाद ही मीडिया में आई वह खबर दे रही थी। पूर्व राष्ट्रपति प्रणव मुखर्जी के नागपुर आर.एस.एस. के कार्यक्रम में शामिल होने के बाद से संघ की सदस्यता के लिए, खासतौर से पश्चिम बंगाल के, लोगों की रुचि बढ़ी थी।

निश्चित तौर से, इस तरह के आयोजन के पीछे एक रणनीतिक सोच होती है। जिस

तरह त्रिपुरा के चुनाव से ठीक आठ महीने पहले समाज में गहरी पैठ बनाते हुए विशाल हिंदू सम्मेलन किया गया था, उसी तरह लोकसभा चुनाव से करीब नौ महीने पहले संघ मुख्यालय नागपुर में कांग्रेस के चार दशक से ज्यादा तक सेनापति और संकटमोचक की भूमिका में रहे पूर्व राष्ट्रपति प्रणव मुखर्जी को बुलाकर संघ ने पश्चिम बंगाल के साथ-साथ देश भर के बुद्धिजीवियों में भी एक गहरा संदेश दिया। पश्चिम बंगाल प्रणव दा का गृह राज्य है, तो देश की राजनीति में वे कद्दावर नेता रहे हैं। उनकी योग्यता और राजनीति में योगदान को देखते हुए ही जनवरी 2019 के गणतंत्र दिवस की पूर्व संध्या पर उन्हें देश के सर्वोच्च सम्मान 'भारत रत्न' से नवाजा गया, जिसकी विपक्ष ने आलोचना भी की। भले संघ-भा.ज.पा. ने रणनीति का भी ध्यान रखा हो, लेकिन कोई भी दल प्रणव मुखर्जी की योग्यता और देश के प्रति उनके योगदान को कमतर नहीं बता सकता। अगर बात रणनीति की होगी तो इसमें कोई संदेह नहीं कि भारतीय जन-मानस पर इस तरह की चीजों से भी प्रभाव पड़ता है। बंगाली गौरव की भावना को अपने पक्ष में भुनाने की भा.ज.पा.-संघ की सोच हो या फिर उसे सम्मान देना, राजनीति में इतना बड़ा दिल दिखाना भी बहुत बड़ी बात कही जाएगी। भा.ज.पा. के दिग्गज नेता रहे पूर्व प्रधानमंत्री अटल बिहारी वाजपेयी को मनमोहन सिंह के दस साल के प्रधानमंत्रित्वकाल में 'भारत रत्न' नहीं दिया गया। बाद में, मोदी सरकार बनने पर उन्हें 'भारत रत्न' मिला। लेकिन कांग्रेस के खाँटी नेता रहे प्रणव मुखर्जी को 'भारत रत्न' सम्मान देकर भा.ज.पा. की सरकार ने उदारता का ही संदेश दिया। लोकसभा चुनाव के जब नतीजे आए तो भा.ज.पा. और संघ के नेताओं को शायद अपनी उदारता व्यर्थ नहीं लगी होगी, क्योंकि पश्चिम बंगाल ने भा.ज.पा. की वर्ष 2019 की चुनावी जीत को 2014 की चुनावी जीत से बड़ी करने में अहम भूमिका निभाई थी।

संघ ने प्रणव दा को बुलाकर नागपुर संघ मुख्यालय को 'अनटचेबल' मानने के भ्रम को तो तोड़ा ही, आकांक्षाओं से भरपूर युवाओं के मन में भी एक सकारात्मक भावना का संचार किया। इसके बावजूद जो भ्रम प्रबुद्ध जगत् में दिख रहे थे, उसे तोड़ने के लिए ही संघ प्रमुख ने एक ऐसा आयोजन किया, जो संभवतया संघ के इतिहास में कभी नहीं हुआ था। □

खंड-7

संघ और भ्रांति दूर करने की पहल

अनुकूल सरकार और वैचारिक वातावरण होने से संघ की स्वीकार्यता बढ़ रही थी। लेकिन अभी भी कुछ ऐसे मुद्दे थे, जिन पर विरोधी भ्रम फैलाते थे। संघ हर बात का खंडन करने की बजाय समाज के बीच काम करते रहने के सिद्धांत पर चल रहा था। लेकिन समय के साथ बढ़ते आकार और नए जुड़े लोगों के मन में जानने की उत्सुकता को देख संघ ने पहली बार विज्ञान भवन में तीन दिन का बौद्धिक आयोजन किया, ताकि भ्रांतियों को दूर कर संघ को संघ की नजर से जानने का अवसर दे सके। इसके बाद संघ ने राँची में लोक-मंथन के जरिए बौद्धिक मेले का आयोजन किया।

15

संघ का 'संजय उवाच'

वर्ष 2019 के चुनावी महाभारत से छह महीने पहले कैसे सरसंघचालक ने 'संजय' की तरह बताया—संघ क्या है? भ्रांतियाँ दूर कर अपने प्रयासों को तर्कसंगत सिद्ध कर और मजबूती देने की कोशिश।

भा.ज.पा. लोकसभा चुनाव की तैयारियों में हमेशा की तरह जुटी थी। त्रिपुरा की वैचारिक जीत ने संघ परिवार के हौसले बुलंद कर दिए थे। लेकिन 3 मार्च, 2018 को मिली इस जीत के 17 दिनों के बाद ही सुप्रीम कोर्ट की ओर से 20 मार्च को एस.सी.-एस.टी. ऐक्ट पर दिए गए फैसले ने सिर्फ भा.ज.पा. ही नहीं, संघ परिवार को भी सकते में डाल दिया था। इस फैसले से ऐक्ट में दलितों को मिल रहे संरक्षण के प्रावधान कमजोर होते दिख रहे थे। चुनाव में दलित वोटों के संभावित नुकसान की आशंका होने लगी। फिर संसद् से मोदी सरकार ने सुप्रीम कोर्ट का फैसला तो पलट दिया, लेकिन तब तक सड़कों पर संग्राम हो चुका था। दलितों का आक्रोश थामने की कोशिश हुई तो सवर्ण समाज नाराज हो उठा। देश में उस वक्त माहौल ऐसा बना कि भा.ज.पा. और संघ परिवार को अपनी मुहिम पर आँच आती दिखी। विपक्ष लगातार भा.ज.पा. और संघ परिवार को दलित-विरोधी साबित करने में जुटा था। लेकिन प्रणव मुखर्जी को संघ मुख्यालय बुलाकर संघ परिवार ने विरोधी माहौल बनानेवाले प्रबुद्ध जगत् को जवाब दे दिया था। उधर लोकसभा चुनाव से पहले सेमीफाइनल के तौर पर देखे जानेवाले तीन राज्यों—मध्य प्रदेश, छत्तीसगढ़, राजस्थान में चुनावी सुगबुगाहट शुरू हो चुकी थी। लेकिन अचानक समाज में संघर्ष जैसा माहौल बनने से संघ परिवार की दुविधा स्वाभाविक थी, क्योंकि वह सामाजिक समरसता जैसे अभियानों से हिंदू समाज को एकसूत्र में पिरोने का काम कर रहा था। लेकिन इन हालात ने विचार परिवार की परेशानी बढ़ा दी थी। भा.ज.पा. ने डैमेज कंट्रोल के लिए 20 हजार दलित बहुल गाँवों में रात्रि प्रवास करने की रणनीति बनाई तो 14 अप्रैल, 2018 को आंबेडकर

जयंती से 5 मई, 2018 तक 'ग्राम स्वराज अभियान' का आगाज कर दिया। राष्ट्रीय अध्यक्ष अमित शाह ने ओडिशा में दलित के घर भोजन के साथ इसकी शुरुआत की। संघ ने भी दलितों की नाराजगी के संदर्भ में स्वयंसेवकों से मिले फीडबैक को साझा किया, जिसके बाद चार अहम रणनीतियों पर भा.ज.पा. ने काम किया। इसमें भा.ज.पा. के एस.सी.-एस.टी. मोर्चे को सक्रिय करना, पदाधिकारियों को दलित क्षेत्र में भेजना, जिला स्तर पर इस समाज से पार्टी के प्रभावी नेताओं-मंत्रियों की मौजूदगी अनिवार्य करना और संगठन व सरकार के स्तर पर दलित प्रतिनिधित्व सुनिश्चित करना तथा अन्य दलित नेताओं को पार्टी से जोड़ने की कोशिश करने जैसे प्रयास शामिल थे।

संघ के चल रहे समरसता अभियान के बीच एक बार फिर वाम विचारधारा के बुद्धिजीवी माहौल बनाने में जुट गए, जबकि आंबेडकर से जुड़ी विरासतों और तारीखों के जरिए सरकार और विचार परिवार प्रतीकों से अपनी रणनीति का पोषण कर रहा था। बौद्धिक आंदोलन भी जोरों पर था। इतना ही नहीं, भविष्य की राजनीति को ध्यान में रखते हुए संघ-भा.ज.पा. की ओर से महिलाओं, आध्यात्मिक क्षेत्र से जुड़ी हस्तियों के साथ समन्वय के अलावा एक विशेष सर्वेक्षण का काम भी हो रहा था, जिसका जिक्र अगले अध्यायों में होगा।

संघ के चल रहे समरसता अभियान के बीच एक बार फिर वाम विचारधारा के बुद्धिजीवी माहौल बनाने में जुट गए, जबकि आंबेडकर से जुड़ी विरासतों और तारीखों के जरिए सरकार और विचार परिवार प्रतीकों से अपनी रणनीति का पोषण कर रहा था। बौद्धिक आंदोलन भी जोरों पर था। इतना ही नहीं, भविष्य की राजनीति को ध्यान में रखते हुए संघ-भा.ज.पा. की ओर से महिलाओं, आध्यात्मिक क्षेत्र से जुड़ी हस्तियों के साथ समन्वय के अलावा एक विशेष सर्वेक्षण का काम भी हो रहा था, जिसका जिक्र अगले अध्यायों में होगा। समाज और राजनीति में होनेवाली कुछ घटनाओं की वजह से संघ को निशाना बनाया जा रहा था, जिसके लिए विरोधी संघ के बारे में बनी पूर्व की धारणाओं को आधार बना रहे थे। राष्ट्रवाद की बात हो या सामाजिक समरसता या फिर बुद्धिजीवियों व महिलाओं को जोड़ने की कोशिश, कथित तौर पर संघ की आजादी की लड़ाई में भूमिका, तिरंगा बनाम भगवा ध्वज, सवर्ण बनाम पिछड़ा-दलित जैसी तुलनात्मक तसवीरों के जरिए निशाना बनाया जाने लगा। 24 अगस्त, 2018 को कांग्रेस नेता राहुल गांधी ने विदेश की धरती पर भी संघ की आलोचना की थी, जहाँ उन्होंने संघ की तुलना 'मुसलिम ब्रदरहुड' से कर दी थी और इसे कट्टरता-नफरत फैलानेवाला

संगठन करार दिया था। राहुल अकसर इसे एस.सी.-एस.टी. विरोधी संगठन भी कहते आ रहे थे। यानी कुल मिलाकर, संघ के बारे में लंबे समय से जो धारणा वामपंथी और विरोधी विचारधारा के लोगों ने बना दी, वह टूट नहीं पा रही थी। इसकी वजह यह भी थी कि संघ किसी तरह से इन बातों का खंडन भी नहीं करता था, क्योंकि उसका हमेशा से मानना रहा है कि समाज में जन-जागरण का अभियान चलाते रहो, भले मीडिया या अन्य जगहों पर उसके बारे में कुछ भी कहा जाता हो।

लेकिन मोदी सरकार बनने के बाद विचार परिवार ने समन्वय के आधार पर दीर्घकालिक पटकथा पर काम शुरू कर दिया था। ऐसे में, संघ के बारे में बनी-बनाई अवधारणा पर संघ को आधिकारिक तौर पर स्थिति स्पष्ट करने की जरूरत महसूस होने लगी, ताकि संघ क्या है और विभिन्न राष्ट्रीय महत्त्व के विषयों पर क्या सोचता है, इस पर अपनी बात रखे। यानी संघ के बारे में लोग संघ से ही समझें, न कि किसी तीसरी पार्टी से, जो अपनी सोच के हिसाब से उसे व्याख्यायित करता है। इसको लेकर खाका बना और राजधानी दिल्ली में सरकारी आयोजनों की सबसे विशिष्ट जगह 'विज्ञान भवन' में संघ ने 17-19 सितंबर, 2018 को एक ऐसा तीन दिवसीय कार्यक्रम आयोजित किया, जो संघ के 93 साल के इतिहास में संभवतया पहले नहीं हुआ था। इस आयोजन का नाम दिया गया था—'भविष्य का भारत : संघ का दृष्टिकोण', जिससे जाहिर था कि संघ दूरगामी सोच के साथ सार्वजनिक संवाद के लिए आया है। इसकी खासियत यह थी कि इस संवाद को तीनों दिन खुद सरसंघचालक मोहन भागवत ने ही किया, ताकि भ्रम की लेशमात्र भी गुंजाइश न रहे।

मोदी सरकार बनने के बाद विचार परिवार ने समन्वय के आधार पर दीर्घकालिक पटकथा पर काम शुरू कर दिया था। ऐसे में, संघ के बारे में बनी-बनाई अवधारणा पर संघ को आधिकारिक तौर पर स्थिति स्पष्ट करने की जरूरत महसूस होने लगी, ताकि संघ क्या है और विभिन्न राष्ट्रीय महत्त्व के विषयों पर क्या सोचता है, इस पर अपनी बात रखे।

लेकिन लोकसभा चुनाव से ठीक छह महीने पहले 'विज्ञान भवन' में संघ की ओर से आयोजन के निचोड़ पर सवाल तो बाद में उठता, उससे पहले 'विज्ञान भवन' में आयोजन के लिए सरकार की ओर से दी गई अनुमति और इसके उद्‌देश्य पर ही विपक्षी सवाल उठाने लगे। लेकिन इससे बेपरवाह संघ ने स्पष्ट कर दिया कि इस आयोजन के पीछे उसकी सोच क्या है! संघ के अखिल भारतीय प्रचार प्रमुख अरुण कुमार ने तब कहा था, "भारत आज विश्व में अपना विशेष स्थान प्राप्त करने की ओर अग्रसर है। ऐसे

में, अनुभव किया गया कि समाज का एक बड़ा प्रबुद्ध वर्ग राष्ट्रीय महत्त्व के विषयों पर राष्ट्रीय स्वयंसेवक संघ के समुचित दृष्टिकोण को जानने को उत्सुक है और इसी सोच के लिए इस कार्यक्रम का आयोजन किया गया है।" विश्व हिंदू परिषद् के कार्यकारी अध्यक्ष आलोक कुमार ने इसमें थोड़ी और स्पष्टता की, "संघ वैचारिक छुआछूत में विश्वास नहीं करता है। लेकिन यह दुर्भाग्यपूर्ण है कि अलग-अलग विचारधारा के लोगों में संवाद बंद हो गया है। संघ इस संवाद को दोबारा शुरू करना चाहता है। इसलिए इस आयोजन में हमने सभी क्षेत्रों के बड़े और प्रबुद्ध लोगों को आमंत्रण दिया है। हमारी अपेक्षा है कि लोग संघ को संघ से ही समझें, न कि किसी थर्ड पार्टी से।" ध्यान देनेवाला पहलू है कि संघ ने इस कार्यक्रम को लेकर कहीं भी भा.ज.पा. का नाम नहीं लिया। लेकिन जैसा कि अरुण कुमार ने ऊपर कहा, "भारत आज विश्व में अपना विशेष स्थान प्राप्त करने की ओर अग्रसर है। ऐसे में, संघ की सोच···" उन्होंने प्रधानमंत्री नरेंद्र मोदी का नाम नहीं लिया, लेकिन विश्व में मोदी की धमक और बदले हुए माहौल का इशारा कर दिया। समन्वय एकतरफा नहीं होता। इस भव्य कार्यक्रम के आयोजन की पूरी व्यवस्था में दिल्ली प्रांत की संघ की पूरी टीम तो स्वाभाविक तौर से जुटी थी, लेकिन सत्ताधारी पार्टी की ओर से परदे के पीछे भा.ज.पा. के तत्कालीन राष्ट्रीय महासचिव भूपेंद्र यादव पूरी व्यवस्था को देख रहे थे, जो भा.ज.पा. अध्यक्ष अमित शाह के निर्देश पर संघ के शीर्ष नेताओं के संपर्क में थे। यानी नेपथ्य में संघ और भा.ज.पा. का समन्वय इस तरीके से जारी था, जो संघ को विस्तार में सकारात्मक माहौल उपलब्ध करा रहा था तो इन प्रयासों से भा.ज.पा. को अपना राजनीतिक आधार बढ़ाने में मदद मिल रही थी। लेकिन राजनीतिक-सामाजिक क्षेत्र की घटनाओं के जरिए भा.ज.पा. के साथ-साथ जिस तरह से संघ भी विपक्ष के निशाने पर आ रहा था, ऐसे में हिंदुत्व, मॉब लिंचिंग, गौरक्षा, जाति, आरक्षण जैसे कई मुद्दे थे, जिन पर संघ ने अपना पक्ष रखने के लिए सार्वजनिक आयोजन कर खुला न्योता दिया—आइए, संघ के बारे में जानिए!

संघ वैचारिक छुआछूत में विश्वास नहीं करता है। लेकिन यह दुर्भाग्यपूर्ण है कि अलग-अलग विचारधारा के लोगों में संवाद बंद हो गया है। संघ इस संवाद को दोबारा शुरू करना चाहता है। इसलिए इस आयोजन में हमने सभी क्षेत्रों के बड़े और प्रबुद्ध लोगों को आमंत्रण दिया है। हमारी अपेक्षा है कि लोग संघ को संघ से ही समझें, न कि किसी थर्ड पार्टी से।

भविष्य का भारत : संघ का दृष्टिकोण
(17 सितंबर, 2018 : पहला दिन)

'महाभारत' में हस्तिनापुर के राजा धृतराष्ट्र के सारथि संजय ने उन्हें कुरुक्षेत्र की पूरी कथा बिना वहाँ मौजूद रहे सजीव सुना दी थी। लेकिन वर्ष 2019 के चुनावी महाभारत से पहले जब सत्ता के केंद्र में नरेंद्र मोदी थे तो विचारधारा का न्यूक्लियस संघ बना हुआ था, जिसको लेकर बनी भ्रांतियों और धारणाओं को तोड़ने के लिए संघ के छठे सरसंघचालक ने संजय की तरह ही दुनिया के सबसे बड़े स्वयंसेवी संगठन माने जानेवाले संघ के संस्थापक डॉ. केशव बलिराम हेडगेवार की जीवन यात्रा, आजादी के आंदोलन में उनकी भूमिका से लेकर संघ के अब तक के सफर और देश-समाज से जुड़े तमाम ज्वलंत मुद्दों पर विहंगम दृष्टि रखी। उनका शब्दश: भाषण, सवाल-जवाब संघ की वेबसाइट पर उपलब्ध है। लेकिन इस पूरे संदर्भ में संघ के लिए, संघ के द्वारा, संघ के मंच से निकले 'भागवत उवाच' को यहाँ रखना जरूरी है। इस आयोजन में मोहन भागवत ने नई पीढ़ी को यह बताया कि संघ क्या है, क्यों बना, क्या करता है और इसका उद्‌देश्य क्या है; क्योंकि चोट संघ की बुनियाद पर ज्यादा हो रही थी, सो भागवत ने बुनियाद से ही बात शुरू की। भागवत ने जो भाषण दिया, उसके कुछ अंश उन्हीं के शब्दों में, लेकिन समझने के लिए मामूली संपादन के साथ उद्‌धृत हैं—

मोहन भागवत ने शुरुआत में ही कहा कि इस कार्यक्रम का आयोजन संघ को समझने के लिए हुआ है, क्योंकि अब वह एक शक्ति के रूप में देश में उपस्थित है और दुनिया में इसकी चर्चा है। संघ के बारे में चर्चा स्वाभाविक है; लेकिन चर्चा करने के लिए उसके बारे में वास्तविकता का पता होना चाहिए। संघ का अपना काम अनोखा है, जिसकी तुलना में कोई दूसरा नहीं दिखता।

मोहन भागवत ने शुरुआत में ही कहा कि इस कार्यक्रम का आयोजन संघ को समझने के लिए हुआ है, क्योंकि अब वह एक शक्ति के रूप में देश में उपस्थित है और दुनिया में इसकी चर्चा है। संघ के बारे में चर्चा स्वाभाविक है; लेकिन चर्चा करने के लिए उसके बारे में वास्तविकता का पता होना चाहिए। संघ का अपना काम अनोखा है, जिसकी तुलना में कोई दूसरा नहीं दिखता। ऐसे में, ज्ञात से अज्ञात के रूप में इसको नहीं जाना जा सकता। अगर जानने को जाएँगे तो गलतफहमियाँ होने की संभावना ज्यादा रहती है। संघ का अनोखा तरीका होने के साथ कार्यकर्ता अपना काम करते रहते हैं, जो प्रचार-प्रसिद्धि के पीछे नहीं भागते। संघ की शक्ति जैसे-जैसे बढ़ती जाती है, वैसे-वैसे उसका प्रचार अपने आप होने लगता है।

संघ क्या है, इसको जानने का सभी लोग प्रयास करते हैं। किसी संगठन का काम बढ़ता है तो वह एक शक्ति-स्वरूप बन जाता है; लेकिन किसी-किसी को उस शक्ति से डर भी लगता है। ऐसे में, उसके बारे में कुप्रचार भी होता है। इसमें कोई भी बात अस्वाभाविक नहीं है। संघ की वस्तुस्थिति क्या है ? यह अधिकृत रूप से बताने और सवाल-जवाब के लिए इस वक्त को चुना गया है। यह वस्तुस्थिति मैं आपके सामने रखने वाला हूँ, जिसका उद्देश्य आपको जबरन यकीन दिलाना नहीं है, क्योंकि यकीन करना या नहीं करना आपका अधिकार है। लेकिन मैं जो है, सो ही बताऊँगा और आपके प्रश्नों का जवाब भी अपनी जानकारी के आधार पर दूँगा, जिसमें आगे शोध करना, संशोधन करना आपके ऊपर है; लेकिन जो भी चर्चा उसके बाद आपकी ओर से होगी, वह संघ की अधिकृत जानकारी के आधार पर होगी, इतना हमारे लिए पर्याप्त है। यानी भागवत ने दो-टूक संदेश दिया कि संघ को लेकर एक भय का माहौल पैदा कर भ्रांति फैलाई जा रही है, जो उसकी बढ़ती हुई शक्ति और प्रभाव की द्योतक है। लेकिन संघ को समझाने से पहले उन्होंने डॉ. हेडगेवार की जीवन-यात्रा बताई, ताकि इस संगठन को समझने में सहजता हो।

संघ क्या है, इसको जानने का सभी लोग प्रयास करते हैं। किसी संगठन का काम बढ़ता है तो वह एक शक्ति-स्वरूप बन जाता है; लेकिन किसी-किसी को उस शक्ति से डर भी लगता है। ऐसे में, उसके बारे में कुप्रचार भी होता है। इसमें कोई भी बात अस्वाभाविक नहीं है। संघ की वस्तुस्थिति क्या है ? यह अधिकृत रूप से बताने और सवाल-जवाब के लिए इस वक्त को चुना गया है।

ऐसा था डॉ. हेडगेवार का जीवन

(बचपन में ही गुलामी शासन की मिठाई फेंकी तो 'वंदे मातरम्' का आंदोलन चलाया)

संघ को समझना है तो प्रारंभ करना पड़ता है डॉ. हेडगेवार से। बिना डॉ. हेडगेवार को जाने संघ को समझना कठिन है। निम्न-मध्य वर्गीय परिवार में जनमे डॉ. हेडगेवार का बचपन आजादी के आंदोलन की चर्चाओं के बीच ही बीता। हम उनको जन्मजात देशभक्त कहते थे, क्योंकि तब वे प्राइमरी स्कूल में थे। एक बार विक्टोरिया रानी के राज्यारोहण समारोह का कार्यक्रम भारत के सभी स्कूलों में हुआ। हेडगेवार उस समय तीसरी कक्षा में थे। उस कार्यक्रम में मिठाई बाँटी गई। लेकिन उन्होंने मिठाई को कचरे में फेंक दिया। इस पर शिक्षक ने पूछा कि क्या तुम्हें मिठाई अच्छी नहीं लगती, जो

कूड़ेदान में फेंक दी? हेडगेवार का जवाब था, "हमारा अपना राज्य छीनकर गुलाम बनानेवालों के राज्यारोहण समारोह की मिठाई हमारे लिए मिठाई कैसे हो सकती है और यह दिन हमारे लिए उत्सव का दिन कैसे हो सकता है? यह तो शोक का दिन है।" वे जब महज 11 साल के थे, तब नागपुर में फैले प्लेगग्रस्त सेवा में जुटे उनके माता-पिता का देहावसान भी प्लेग की वजह से एक ही दिन हो गया।

आगे चलकर 'वंदे मातरम् आंदोलन' चला। उस 'वंदे मातरम् आंदोलन' को नागपुर के विद्यालयों में संगठित करने का काम करनेवाली अग्रणी टोली में डॉ. हेडगेवार थे। स्कूल में निरीक्षण के लिए इंस्पेक्टर जब आते थे तो प्रत्येक कक्षा में उसका स्वागत 'वंदे मातरम्' की घोषणा से होता था, जिससे उस समय की सरकार बिफर गई। नागपुर के सारे स्कूल उन्होंने बंद कर इसको करनेवाले की खोज शुरू कर दी। लेकिन डॉ. हेडगेवार ने इतना अद्भुत संगठन बनाया था कि चार महीने हो गए, लेकिन किसी का नाम बाहर नहीं आया। अंत में, फिर छात्रों के अभिभावक, सरकारी लोग—सबने मिलकर एक फॉर्मूला निकाला कि विद्यालय खोलें और बच्चे के विद्यालय में प्रवेश करते समय गेट पर हेडमास्टर खड़े रहेंगे और हर एक को पूछेंगे—गलती हुई न? तो मुंडी हिलाकर 'हाँ' कहना था। इस मामूली माफीनामे के साथ प्रवेश मिलना था। लेकिन नागपुर में दो विद्यार्थियों ने ऐसा करने से मना किया। उसमें एक केशव हेडगेवार थे, जिन्हें स्कूल से निष्कासित कर दिया गया।

आगे चलकर 'वंदे मातरम् आंदोलन' चला। उस 'वंदे मातरम् आंदोलन' को नागपुर के विद्यालयों में संगठित करने का काम करनेवाली अग्रणी टोली में डॉ. हेडगेवार थे। स्कूल में निरीक्षण के लिए इंस्पेक्टर जब आते थे तो प्रत्येक कक्षा में उसका स्वागत 'वंदे मातरम्' की घोषणा से होता था, जिससे उस समय की सरकार बिफर गई। नागपुर के सारे स्कूल उन्होंने बंद कर इसको करनेवाले की खोज शुरू कर दी।

आंदोलनों से पढ़ाई छूटनेवाले छात्रों के लिए उस समय के नेताओं ने राष्ट्रीय विद्यालय चलाए, जहाँ से मैट्रिक की बची हुई पढ़ाई उन्होंने पूरी की। उनकी सक्रियता और चिनगारी को देखकर उस समय के नागपुर के नेता ने चंदा जुटाकर कलकत्ता के नेशनल मेडिकल कॉलेज में पढ़ने भेजा। पढ़ाई के बहाने उन्हें वहाँ पर देश भर के क्रांतिकारियों के बीच समन्वय करना था, क्योंकि यह कमेटी कलकत्ता में ही थी। अंतिम परीक्षा भी चार वर्षों के बाद प्रथम श्रेणी में पास की और इन चार वर्षों में कठिन परीक्षा के बाद क्रांतिकारी समिति की कोर कमेटी में उनका प्रवेश हुआ।

उनका कोड नेम उस समय 'कोकेन' था। आगे चलकर यह आंदोलन भी असफल हो गया। देश और समाज के लिए उन्होंने नौकरी को ठुकरा दिया। विवाह के प्रस्ताव आए तो अपने अभिभावक चाचाजी को पत्र लिखा—'मैंने इस जीवन में आजीवन ब्रह्मचारी का जीवन जीते हुए देश के लिए जीवन समर्पण की प्रतिज्ञा की है। मुझे विवाह वगैरह नहीं करना है।' सो फिर प्रस्ताव आने बंद हो गए और फिर आंदोलन उस समय केवल एकमात्र मार्ग था।

जब हेडगेवार कांग्रेस के कार्यकर्ता बने

(राजद्रोह के मामले में अंग्रेजों ने एक साल जेल भेजा; लेकिन डिफेंस में ऐसा पक्ष रखा कि जज को कहना पड़ा—यह भाषण तो आरोप से भी ज्यादा भड़काऊ है)

> ***भागवत ने ऐसे-ऐसे उद्धरण गिनाए, जो संघ पर आरोप लगानेवाली कांग्रेस जैसी पार्टियों को असहज करनेवाले थे। राहुल गांधी जैसे नेता ने हमेशा से संघ को कठघरे में खड़ा किया कि आजादी के आंदोलन में उसकी कोई भूमिका नहीं थी। लेकिन भागवत ने इस आयोजन से संदेश दिया कि हेडगेवार पहले कांग्रेस में ही थे और मोतीलाल नेहरू की अध्यक्षता में ही जेल से रिहा होने के बाद उनका स्वागत किया गया था।***

भागवत ने ऐसे-ऐसे उद्धरण गिनाए, जो संघ पर आरोप लगानेवाली कांग्रेस जैसी पार्टियों को असहज करनेवाले थे। राहुल गांधी जैसे नेता ने हमेशा से संघ को कठघरे में खड़ा किया कि आजादी के आंदोलन में उसकी कोई भूमिका नहीं थी। लेकिन भागवत ने इस आयोजन से संदेश दिया कि हेडगेवार पहले कांग्रेस में ही थे और मोतीलाल नेहरू की अध्यक्षता में ही जेल से रिहा होने के बाद उनका स्वागत किया गया था। इस उद्धरण को भागवत ने इस तरह बताया था—देश के लोगों ने मिलकर जिस भारतीय राष्ट्रीय कांग्रेस की स्थापना की थी, हेडगेवार उसके कार्यकर्ता बने। असहयोग आंदोलन शुरू हुआ तो उन्होंने लोगों को जागरूक करना शुरू किया; लेकिन अपने भाषणों की वजह से गिरफ्तार हो गए। उन पर राजद्रोह का आरोप लगा और नागपुर की एक कोर्ट में अभियोग चला। अभियोग में अपना डिफेंस उन्होंने दिया। जबकि आंदोलन में डिफेंस नहीं देते थे लोग और जो सजा होती थी, वह स्वीकार कर लेते थे। लेकिन उन्होंने कहा, सजा तो मैं स्वीकार करूँगा, लेकिन डिफेंस में बोलूँगा; क्योंकि कोर्ट में उस समय पत्रकार भी आते थे, जनता भी आती थी तो और एक भाषण करके अपना विषय प्रचारित करने का अवसर उन्हें मिल गया। उस भाषण का प्रारंभ ही यहीं से

किया—'किस कानून के तहत अंग्रेजों को भारतवर्ष पर राज करने का अधिकार मिलता है? वह कानून अगर कहीं है तो बताओ? मैं तो आपके इस अधिकार को ही नहीं मानता, आपके कानून को भी नहीं मानता, आपके न्याय को भी नहीं मानता। मैंने अपने लोगों को कुछ गलत नहीं बताया है। अपने समाज के लोगों को मैंने जागरूक किया है। स्वतंत्रता मनुष्य का अधिकार है। स्वतंत्र कैसे होना, स्वतंत्र कैसे रहना और अपनी स्वतंत्रता के साथ अपना जीवन कैसे चलाना, इसके बारे में मैंने भाषणों में बोला है। इसको अगर राजद्रोह समझकर और मुझे तथा मेरे जैसे लोगों को पकड़कर जेल में डालने की बारी अंग्रेज सरकार पर आ रही है तो अंग्रेज सरकार को भी समझना चाहिए कि अपना बोरिया-बिस्तर समेटकर उनका इस देश से जाने का समय निकट आ गया है।' जज ने उनको एक वर्ष की सश्रम कारावास की सजा देते समय कहा कि जिस भाषण के बारे में उन पर आरोप लगा है, उससे ज्यादा भड़काऊ तो इनका बचाव का भाषण है। एक वर्ष जेल में गए। जेल से छूटने के बाद उनकी एक अभिनंदन सभा हुई, जिसकी अध्यक्षता मोतीलाल नेहरू कर रहे थे। उसमें भी उन्होंने भाषण दिया, उसमें भी यही बात कही। उन्होंने कहा कि सिर्फ जेल जाना ही देशभक्ति नहीं है। जेल जाना पड़ा तो जेल में भी जाएँगे, लेकिन बाहर रहकर लोगों के मन में स्वतंत्रता का अर्थ, स्वतंत्रता प्राप्त करने के लिए प्रयास, इनके बारे में जागृति करना—यह भी देशभक्ति है। एक साल मैं कारावास में रहा तो मेरा तो वजन बढ़ गया। मेरे ऊपर कोई दुष्परिणाम नहीं हुआ। लेकिन मुझे विश्वास है कि हम जैसे लोगों की अनुपस्थिति में यह काम तो चला ही होगा और फिर से उन्होंने अपना जागृति का कार्य प्रारंभ किया।

स्वतंत्रता मनुष्य का अधिकार है। स्वतंत्र कैसे होना, स्वतंत्र कैसे रहना और अपनी स्वतंत्रता के साथ अपना जीवन कैसे चलाना, इसके बारे में मैंने भाषणों में बोला है। इसको अगर राजद्रोह समझकर और मुझे तथा मेरे जैसे लोगों को पकड़कर जेल में डालने की बारी अंग्रेज सरकार पर आ रही है तो अंग्रेज सरकार को भी समझना चाहिए कि अपना बोरिया-बिस्तर समेटकर उनका इस देश से जाने का समय निकट आ गया है।

कम्युनिस्ट रुइकर से हेडगेवार का संवाद
(आई एम ए पूअर कैपिटलिस्ट एंड यू आर रिच लेबरर)

संघ पर हमेशा से यह आरोप लगता रहा है कि उसकी लड़ाई वामपंथी विचारधारा से है। लेकिन संघ प्रमुख ने स्पष्ट किया कि आर.एस.एस. 'राष्ट्र प्रथम' के लक्ष्य

के साथ काम करता है। लेकिन किसी की नीतियाँ उस राह में बाधक होती हैं तो मतभेद होता है। भागवत ने इसको लेकर भी हेडगेवार के विचार रखे। उनके अनुसार, सार्वजनिक जीवन में डॉ. हेडगेवार का संबंध सभी से पड़ता था। उनका स्वभाव ऐसा था कि किसी की विचारधारा अलग है या विरोधी भी है, तो भी जब तक सामनेवाला प्रामाणिक है, देश-हित की भावना लेकर काम कर रहा है, तब तक उनका कोई विरोध उससे नहीं होता था। सभी प्रकार की विचारधाराओं के लोग उनके अच्छे मित्र थे। उस समय नागपुर में एक कम्युनिस्ट नेता हुआ करते थे—बैरिस्टर रुइकर। अच्छे बैरिस्टर थे और धनवान् थे, सो नागपुर के मजदूरों के लीडर के नाते उनकी ख्याति थी। डॉ. हेडगेवार उनके बड़े अच्छे मित्र थे, जो गरीब परिवार से थे। डॉ. हेडगेवार उनसे कहते थे, "आई एम ए पूअर कैपिटलिस्ट एंड यू आर रिच लेबरर।" ऐसे ही उनकी नोंक-झोंक चलती थी। एक बार उन्होंने रुइकर से पूछा, "अगर कल सुबह आपके घर आकर मैं यह समाचार दूँ कि अंग्रेजों का राज चला गया और शिवाजी महाराज वापस आ गए हैं, तो आप क्या करेंगे?" बैरिस्टर रुइकर ने कहा कि "यह भी कोई पूछने की बात है! मैं तो पेड़े बटवाऊँगा।" तो डॉ. हेडगेवार ने कहा कि "इसका मतलब आपको भी वहीं जाना है, जहाँ हमको जाना है। तो आपस में झगड़ा क्यों करते हैं? हम मिलकर क्यों नहीं चलते हैं? छोटी-मोटी बातों को लेकर इतने विवाद क्यों खड़ा करते हैं?" यह उनका सोचने का तरीका था। इसके कारण सभी प्रकार के लोगों से उनकी चर्चाएँ, वार्त्ताएँ होती रहती थीं।

डॉ. हेडगेवार उनके बड़े अच्छे मित्र थे, जो गरीब परिवार से थे। डॉ. हेडगेवार उनसे कहते थे, "आई एम ए पूअर कैपिटलिस्ट एंड यू आर रिच लेबरर।" ऐसे ही उनकी नोंक-झोंक चलती थी। एक बार उन्होंने रुइकर से पूछा, "अगर कल सुबह आपके घर आकर मैं यह समाचार दूँ कि अंग्रेजों का राज चला गया और शिवाजी महाराज वापस आ गए हैं, तो आप क्या करेंगे?"

ऐसे हेडगेवार ने की संघ की स्थापना

(समाज को कुछ ट्रेनिंग देने की आवश्यकता है और ट्रेनिंग देने की फुरसत किसी को नहीं है। सबने अपना-अपना काम चुन लिया है। मुझे लगता है, यह काम मुझे ही करना पड़ेगा।)

क्रांतिकारी राजगुरु जब भूमिगत हुए थे तो नागपुर में उनके रहने की व्यवस्था डॉ. हेडगेवार ने ही की थी। देश और समाज को लेकर उनकी चर्चाएँ होती रहती थीं।

भागवत ने हेडगेवार के देश-प्रेम के उदाहरण तो गिनाए ही, समाज के प्रति उनके त्याग वाले दृष्टिकोण को भी उकेरा, जिसने संघ की नींव डाली। उन्होंने बताया कि सन् 1989 में जब डॉ. हेडगेवार की जन्म-शताब्दी मनाने का फैसला हुआ तो संघ के लोगों ने डॉ. हेडगेवार के साथ कलकत्ता में क्रांतिकारी रहे त्रिलोकनाथ चक्रवर्ती को शताब्दी समिति में शामिल होने का निमंत्रण दिया, जिसे उन्होंने मान लिया। त्रिलोकनाथ ने स्मरण किया कि सन् 1911 के समय एक बार डॉ. हेडगेवार उनके घर आए थे। उन्होंने तब कहा था, "दादा, लगता है कि इस समाज को कुछ ट्रेनिंग देने की आवश्यकता है और ट्रेनिंग देने की फुरसत किसी को नहीं है। सबने अपना-अपना काम चुन लिया है। मुझे लगता है, यह काम मुझे ही करना पड़ेगा।" तब से उनके मन में विचार था कि स्वतंत्र देश कहलाने के लिए योग्य समाज नहीं है। उसको योग्य बनाने का काम करना पड़ेगा। और इसलिए, उन्होंने सात-आठ साल तक प्रयोग किए कि क्या कार्यक्रम-प्रशिक्षण होगा! समाज में अनेक संस्थाएँ चल रही थीं, जिसका काम भी उन्होंने देखा। कुछ उसमें से लिये और कुछ अपने मन से सोचा, कुछ मंडल चलाए। इस प्रकार, वर्धा में प्रशिक्षण देनेवाला एक राष्ट्रीय स्वयंसेवक मंडल भी चलाया। संघ का नाम संघ की स्थापना के तीन-चार वर्ष पहले ही उन्होंने उपयोग किया था। इस तरह, सारे प्रयोग करके अपने समाज को खड़ा करने की एक पद्धति उन्होंने उत्पन्न की और विजयादशमी को वर्ष 1925 में नागपुर में शुक्रवार, 27 सितंबर को उन्होंने घोषणा की, यह काम आज से शुरू हो रहा है। जितने सहयोगी मिल पाए थे, उस समय उतने सहयोगियों से साथ उन्होंने काम शुरू किया। तब उन्होंने सिर्फ इतना ही बताया कि यह काम अभी शुरू हो रहा है। और कुछ नहीं बताया।

त्रिलोकनाथ ने स्मरण किया कि सन् 1911 के समय एक बार डॉ. हेडगेवार उनके घर आए थे। उन्होंने तब कहा था, "दादा, लगता है कि इस समाज को कुछ ट्रेनिंग देने की आवश्यकता है और ट्रेनिंग देने की फुरसत किसी को नहीं है। सबने अपना-अपना काम चुन लिया है। मुझे लगता है, यह काम मुझे ही करना पड़ेगा।" तब से उनके मन में विचार था कि स्वतंत्र देश कहलाने के लिए योग्य समाज नहीं है। उसको योग्य बनाने का काम करना पड़ेगा।

क्या है संघ, क्या करता है, कैसे बनते हैं स्वयंसेवक?

भागवत ने संघ की पूरी प्रक्रिया और स्वयंसेवक-निर्माण के पीछे की अवधारणा को भी बताया। उन्होंने प्रबुद्धों के सम्मेलन में खुद सवाल उठाया और जवाब दिए।

राष्ट्रीय स्वयंसेवक संघ क्या है? यह मैथेडोलॉजी है, और कुछ नहीं है। वह करता क्या है? वह व्यक्ति-निर्माण का काम करता है, क्योंकि समाज के आचरण में कई प्रकार का परिवर्तन आज भी हम चाहते हैं। हमको भेद-मुक्त समाज चाहिए, समता युक्त समाज चाहिए, शोषण-मुक्त समाज चाहिए। स्वार्थ भी जाना चाहिए, लेकिन सोचने भर से नहीं जाएगा। समाज का आचरण उदाहरणों की उपस्थिति में बदलता है, आदर्श हमारे यहाँ हैं। महापुरुषों की कोई कमी नहीं है। देश के लिए सर्वस्व न्योछावर करनेवाले हमारी इस भूमि पर आदिकाल से इस क्षण तक बहुत लोग हुए हैं। लेकिन अपने सामान्य समाज की प्रवृत्ति क्या है? वह उनकी जयंती एवं पुण्यतिथि मनाता है। उनकी पूजा जरूर करेगा। उनके जैसा गलती से भी नहीं बनेगा। छत्रपति शिवाजी महाराज फिर से होने चाहिए; लेकिन मेरे घर में नहीं होने चाहिए, इसकी चिंता वह करेगा। दूसरे के घर में होना चाहिए। अगर देश के प्रत्येक गाँव, गली, मोहल्ले में स्वतंत्र भारत के समय के नागरिक का जैसा वातावरण हो, वैसा आचरण करनेवाले हर परिस्थिति में उस पर अड़े रहनेवाले, चरित्र-संपन्न, संपूर्ण समाज से अपना आत्मीय संपर्क रखनेवाले लोग खड़े हो जाएँ तो उस वातावरण में समाज का आचरण बदलेगा। संघ की यह योजना है कि प्रत्येक गाँव व जिले में अच्छे स्वयंसेवक खड़े करना। अच्छे स्वयंसेवक का अर्थ है, जिसका अपना चरित्र विश्वास करनेवाला है, शुद्ध है; जो संपूर्ण समाज को, देश को अपना मानकर काम करता है; किसी को भेदभाव से या शत्रुता भाव से नहीं देखता। इसके कारण जिसने समाज का स्नेह और विश्वास अर्जित किया है, ऐसा आचरण करनेवाले लोगों की टोली प्रत्येक गाँव में, प्रत्येक मोहल्ले में खड़ी हो। यह योजना सन् 1925 में संघ के रूप में प्रारंभ हुई। संघ बस, इतना ही है, इससे ज्यादा नहीं। डॉ. हेडगेवार से पूछा गया कि आप क्या करेंगे? पहली बार जब संघ का पथ-संचलन सन् 1928 में नागपुर में हुआ तो बमुश्किल 21-22 लोग थे। लेकिन अपने समाज में उस समय 21-22 लोग भी एक दिशा में कदम मिलाकर चल रहे थे, यह दृश्य बड़ा दुर्लभ था। इसलिए लोग प्रभावित हुए और डॉ. हेडगेवार के पास गए, क्योंकि उनको

महापुरुषों की कोई कमी नहीं है। देश के लिए सर्वस्व न्योछावर करनेवाले हमारी इस भूमि पर आदिकाल से इस क्षण तक बहुत लोग हुए हैं। लेकिन अपने सामान्य समाज की प्रवृत्ति क्या है? वह उनकी जयंती एवं पुण्यतिथि मनाता है। उनकी पूजा जरूर करेगा। उनके जैसा गलती से भी नहीं बनेगा। छत्रपति शिवाजी महाराज फिर से होने चाहिए; लेकिन मेरे घर में नहीं होने चाहिए, इसकी चिंता वह करेगा।

पता था कि ये क्रांतिकारी प्रवृत्ति के आदमी हैं। इन्होंने अपना जीवन देश के लिए समर्पित किया है, तो उनको लगा कि इनकी जरूर कोई दूर की डिजाइन है और दूर की गोटी खेल रहे हैं। लोगों को भरोसे में लेकर कहा कि डॉक्टर साहब, अब अपने 50 लोग हो गए। अब आप आगे क्या करेंगे? तो डॉक्टर साहब ने कहा कि 50 के बाद 500 करेंगे। 500 के बाद 5,000, 5,000 होने के बाद..." बीच में किसी ने कहा, "अभी हुए कहाँ?" तो उन्होंने कहा कि मान लो, हो गए, तो क्या करेंगे? 50,000 करेंगे। ऐसा बढ़ते-बढ़ते 5 करोड़ तक पहुँचा। तब उसने उठकर पूछा कि आप करेंगे क्या इनका? तो उन्होंने कहा कि कुछ नहीं करेंगे, इतना ही करेंगे। डॉक्टर साहब ने कहा कि संपूर्ण हिंदू समाज को हमको संगठित करना है। उसमें अपना अलग संगठन नहीं खड़ा करना है। सबको संगठित करना है। यह छोड़कर हमको दूसरा कोई काम नहीं करना है। क्योंकि ऐसा समाज खड़ा होने के बाद जो होना चाहिए, वह अपने आप होगा। उसके लिए और कुछ नहीं करना पड़ेगा। संपूर्ण हिंदू समाज को संगठित करने के लिए राष्ट्रीय स्वयंसेवक संघ की उस समय स्थापना हुई।

> ***हिंदुत्व को लेकर हमेशा संघ-भा.ज.पा. को घेरा जाता रहा है। इसे सांप्रदायिकता की चाशनी में लपेट दिया जाता है, जिससे समाज के प्रबुद्ध लोग किसी खास पहचान के साथ जुड़ने से परहेज करते हैं। संघ इससे लंबे समय से जूझ रहा है। ऐसे में, भागवत ने विज्ञान भवन से दोहराया कि हिंदुत्व क्या है? उनके मुताबिक, संघ अब मूल्य-आधारित समाज की बात करता है तो उसका मतलब है—हिंदू।***

हिंदुत्व : एक मूल्य और विचार

हिंदुत्व को लेकर हमेशा संघ-भा.ज.पा. को घेरा जाता रहा है। इसे सांप्रदायिकता की चाशनी में लपेट दिया जाता है, जिससे समाज के प्रबुद्ध लोग किसी खास पहचान के साथ जुड़ने से परहेज करते हैं। संघ इससे लंबे समय से जूझ रहा है। ऐसे में, भागवत ने विज्ञान भवन से दोहराया कि हिंदुत्व क्या है? उनके मुताबिक, संघ अब मूल्य-आधारित समाज की बात करता है तो उसका मतलब है—हिंदू। हिंदू विचार है, यह तो दुनिया के लोग भी कहेंगे। यह जो मूल्याधारित आचरण की बात है, संस्कृति है, उस संस्कृति के कारण हमारा हिंदूपन है, हिंदूनेस है। इसलिए हिंदुत्व हम सबको जोड़ता है, यह विचार डॉ. हेडगेवार ने किया। और उन्होंने कहा कि संपूर्ण हिंदू समाज का संगठन करेंगे, क्योंकि भारतीय समाज में अपने ही लोग ऐसे हैं, जो कहते हैं, हम हिंदू नहीं हैं। ऐसे में, सबको जोड़नेवाला शब्द कौन सा है? शायद दूसरा कोई शब्द नहीं। इसलिए उन्होंने स्पष्ट घोषणा की, "यह

हिंदुस्तान हिंदू राष्ट्र है। हम हिंदू राष्ट्र को संगठित करेंगे।" यह घोषणा उन्होंने इसलिए नहीं की कि उनको किसी का विरोध करना है। उनका अनुभव था कि समाज को पहले ठीक करो। समाज को जोड़ो। भेद-रहित, स्वार्थ-मुक्त समाज ही राष्ट्रीय स्वतंत्रता की परिणति है। विचारधारा अपनी जगह है, नीतियाँ अपनी जगह हैं, सरकारें-नेता अपनी जगह हैं; लेकिन इन सबकी आकांक्षाओं की पूर्णता तब होती है, जब ऐसे समाज में ये लोग होते हैं। हेडगेवार कहते थे कि सबसे बड़ी समस्या यहाँ का हिंदू है। अपने मूल्यों को भूलकर हमने जब आचरण शुरू किया, हमारा पतन शुरू हुआ। विस्तार में मैं जाना नहीं चाहता, लेकिन आप अध्ययन करेंगे तो जानेंगे कि अपने देश के पतन का प्रारंभ हमारे पतन से हुआ है। और उसका उपाय यही है कि हमें अपने मूल पर वापस आना पड़ेगा।

संघ का अनुशासन : पहले सहमति, फिर एक की ही बात

> ***संघ में शीर्ष नेताओं को लेकर सवाल उठाया जाता है कि वे ऊपर बैठकर चीजें तय करते हैं। लेकिन भागवत ने कहा कि हमारे यहाँ एक बार सहमति होने के बाद फिर सबके बोलने की जरूरत नहीं रहती है। सब बोलने लगे तो एक ही बात बोलेंगे, फिर प्रत्येक की बात अलग-अलग होगी। इसलिए बोलने का काम एक का ही होता है।***

संघ में शीर्ष नेताओं को लेकर सवाल उठाया जाता है कि वे ऊपर बैठकर चीजें तय करते हैं। लेकिन भागवत ने कहा कि हमारे यहाँ एक बार सहमति होने के बाद फिर सबके बोलने की जरूरत नहीं रहती है। सब बोलने लगे तो एक ही बात बोलेंगे, फिर प्रत्येक की बात अलग-अलग होगी। इसलिए बोलने का काम एक का ही होता है। एक मुख से बात जाए तो एक ही बात जाती है और इसलिए अनुशासन के तकाजे से सहमति व्यक्त करने के तकाजे से ऐसा दिखता है कि एक के बोलने पर सब होता है। लेकिन ऐसा नहीं होता। अब लाखों स्वयंसेवक हैं। उनकी मैं अकेला नहीं सुनता हूँ; लेकिन शाखा स्तर से ऐसी व्यवस्था है। विचार आते-आते ऊपर सहमति बनती है। फिर जो सहमति बनती है, उसमें सब अपना-अपना विचार-बिंदु रखते हैं। मोस्ट डेमोक्रेटिक बात आपको देखनी है तो आप संघ में आइए। यहाँ स्वयंसेवक पर किसी भी प्रकार का अंकुश नहीं है। केवल हमने जो उसको संस्कार और विवेक दिया है, यह उसको चलाता है। उसके दायरे में वह अपनी मनमानी कुछ भी कर सकता है। यही संघ के अनुशासन और लोकतांत्रिक पद्धति का अहम हिस्सा है।

तिरंगा बनाम भगवा ध्वज

ध्वज को लेकर हमेशा से संघ पर उँगली उठाई जाती रही है। विपक्ष की ओर से कहा जाता था कि संघ तिरंगे से ज्यादा महत्त्व भगवा ध्वज को देता है। ऐसे में, जब संघ प्रमुख भागवत ने प्रबुद्ध लोगों के सामने ध्वज पर अपना दृष्टिकोण आधिकारिक तौर से रखा तो स्वाभाविक था कि सुर्खियाँ बनीं। भागवत ने संघ को चलाने के लिए जरूरी चंदे और तिरंगे को लेकर पं. जवाहरलाल नेहरू के जमाने का एक किस्सा सामने रख विरोधियों को जवाब देने की कोशिश की। सबसे पहले भागवत ने कहा कि संघ स्वावलंबी संगठन है, जो अपना खर्च खुद ही जुटाता है, जो स्वयंसेवकों की गुरुदक्षिणा से आता है। साल में एक बार भगवा ध्वज को गुरु मानकर उसकी पूजा में दक्षिणा समर्पित करते हैं।

लेकिन सवाल है कि भगवा ध्वज गुरु क्यों? क्योंकि वह शुरू से आज तक भारतीय परंपरा का चिह्न है। जब-जब हमारे इतिहास का विषय आता है, यह भगवा झंडा कहीं-न-कहीं रहता है। यहाँ तक कि स्वतंत्र भारत का झंडा क्या हो, इस पर फ्लैग कमेटी ने जो रिपोर्ट दी, उसमें भी यही कहा कि सर्वत्र सुपरिचित यह झंडा हो। लेकिन बाद में उसमें परिवर्तन हुआ, तिरंगा आ गया, जिसका पूर्ण सम्मान रखते ही हैं। यह भी प्रश्न उठाया जाता है कि शाखा में भगवा झंडा लगता है, तिरंगे झंडे का क्या? तिरंगे झंडे के जन्म से और उसके सम्मान के साथ संघ का स्वयंसेवक जुड़ा है। भागवत ने बताया कि कैसे उस समय चक्र की जगह चरखा था, जब कांग्रेस के अधिवेशन में पहली बार 80 फीट के ध्वज को फहराया गया। पं. नेहरू उसके अध्यक्ष थे। लेकिन ध्वज बीच में अटक गया। इतनी ऊँचाई पर चढ़ने की हिम्मत कोई नहीं कर रहा था। तभी भीड़ में से एक तरुण दौड़ा और खंभे पर चढ़कर ध्वज की रस्सियों की गाँठ सुलझा दी। स्वाभाविक तौर पर लोगों ने उसको कंधे पर उठा लिया और नेहरूजी के पास लेकर गए। नेहरूजी ने उसकी पीठ थपथपाई और कहा कि तुम आओ, शाम को खुले अधिवेशन में तुम्हारा अभिनंदन करेंगे। लेकिन कुछ नेता आए और कहा कि उसको मत बुलाओ। वह संघ की शाखा में जाता है। जलगाँव में

लेकिन सवाल है कि भगवा ध्वज गुरु क्यों? क्योंकि वह शुरू से आज तक भारतीय परंपरा का चिह्न है। जब-जब हमारे इतिहास का विषय आता है, यह भगवा झंडा कहीं-न-कहीं रहता है। यहाँ तक कि स्वतंत्र भारत का झंडा क्या हो, इस पर फ्लैग कमेटी ने जो रिपोर्ट दी, उसमें भी यही कहा कि सर्वत्र सुपरिचित यह झंडा हो। लेकिन बाद में उसमें परिवर्तन हुआ, तिरंगा आ गया, जिसका पूर्ण सम्मान रखते ही हैं।

हाई स्कूल में रहनेवाले श्री किशन सिंह राजपूत वह स्वयंसेवक थे।

जब डॉ. हेडगेवार को पता चला तो वे प्रवास करके गए। उन्होंने उसको चाँदी का एक छोटा सा लोटा पुरस्कार के रूप में भेंट कर उसका अभिनंदन किया। यानी पहली बार जब तिरंगा फहराया गया, तब से इसके सम्मान के साथ संघ का स्वयंसेवक जुड़ा है। सारा समाज एक बन जाए, राष्ट्रीय स्वयंसेवक संघ इस उद्देश्य से काम करता है। इससे किसी और को क्या हित साधना है, नहीं पता। संघ तो अपना काम करता है। बहुत से लोग संघ के उद्देश्यों पर अपना विचार चिपकाते हैं, जो बिल्कुल सही नहीं है।

रिमोट कंट्रोल नहीं, सभी संगठन स्वावलंबी

संघ को लेकर 'रिमोट कंट्रोल' जैसी शब्दावली खासतौर से भा.ज.पा. के सत्ता में होने के समय खूब आती है। वाजपेयी राज हो या मोदी का शासन, संघ मुख्यालय नागपुर से रिमोट कंट्रोल से चलता है—जैसे आरोप विपक्षी दलों की ओर से लगते हैं। लेकिन मोहन भागवत ने ऐसी सोच रखनेवालों को अपनी तरफ से स्पष्टता इस तरह दी। उन्होंने कहा कि अब दो बातें रह जाती हैं—एक तो है कंट्रोल और दूसरा, रिमोट कंट्रोल।

संघ को लेकर 'रिमोट कंट्रोल' जैसी शब्दावली खासतौर से भा.ज.पा. के सत्ता में होने के समय खूब आती है। वाजपेयी राज हो या मोदी का शासन, संघ मुख्यालय नागपुर से रिमोट कंट्रोल से चलता है—जैसे आरोप विपक्षी दलों की ओर से लगते हैं। लेकिन मोहन भागवत ने ऐसी सोच रखनेवालों को अपनी तरफ से स्पष्टता इस तरह दी। उन्होंने कहा कि अब दो बातें रह जाती हैं—एक तो है कंट्रोल और दूसरा, रिमोट कंट्रोल। संघ का स्वयंसेवक अपने बाकी जीवन में क्या करे? कौन सा सार्वजनिक कार्य करे? वह खुद सोचता है और अपना कार्यक्षेत्र चुनता है। आज संघ के स्वयंसेवक अनेक क्षेत्रों में कार्य कर रहे हैं। लेकिन ये जो सारे संगठन हैं, जिसमें स्वयंसेवकों का प्रभार है, वह निर्णय-नीति की दृष्टि से स्वायत्त है। चूँकि संघ के विचारों से वे स्वयंसेवक हैं, सो कोई गलती न कर बैठें, संघ इसकी चिंता करता है। अब पुराने हो गए तो उनके एक्सपर्टाइज भी हैं और किसी को उनको सलाह देने की आवश्यकता भी नहीं पड़ती। हमको विचारधारा का संकोच नहीं है। संघ के बारे में किसी का क्या मत है, इसका भी संकोच नहीं है। समन्वय बैठक इसलिए नहीं होती है कि उसमें कोई पॉलिसी तय होती है। लेकिन ये संगठन संघ के विचारों से होने की वजह से विपरीत प्रभाव वाले माहौल में काम

करते हैं, इसलिए समन्वय बैठक होती है, ताकि अपने संस्कारों का स्मरण हो। आपस में चर्चा होती है और विचारों का आदान-प्रदान होता है, कोई निर्णय नहीं होता है।

महिलाओं की संघ में भागीदारी

संघ में महिलाओं के प्रवेश पर पाबंदी को लेकर विरोध के नाम पर बुद्धिजीवी निशाना बनाते रहते थे। लेकिन भागवत ने इस पर भी अपनी स्पष्टता रखी। उन्होंने याद दिलाया कि यह प्रश्न डॉ. हेडगेवार से एक महिला ने सन् 1931 में पूछा था कि आप हिंदुओं की बात करते हैं, लेकिन 50 प्रतिशत महिलाओं को तो वैसे ही छोड़ दिया? इस पर डॉ. हेडगेवार ने तब कहा था कि आज वातावरण ऐसा नहीं है कि पुरुष जाकर महिलाओं में काम करें। इससे कई प्रकार की गलतफहमियों को मौका मिलता है। कोई महिला अगर काम करने को जाती है, हम उसकी पूरी मदद करेंगे। उस महिला ने इसी प्रकार चलनेवाला एक 'राष्ट्र सेविका समिति' नाम का संगठन चलाया। आज वह भी भारत व्यापी संगठन बन गया। संघ के संस्कारों की कार्य-पद्धति पुरुषों के लिए राष्ट्रीय स्वयंसेवक संघ में, महिलाओं के लिए 'राष्ट्र सेविका समिति' में—यह दोनों समानांतर चलेंगे। एक-दूसरे के कार्यक्षेत्र में काम नहीं करेंगे, एक-दूसरे की हमेशा मदद करके चलेंगे। अगर दोनों तरफ महसूस होगा कि इसमें बदलाव होना चाहिए तो होगा, वरना ऐसे ही चलेगा। संघ कोई संन्यासियों का संगठन नहीं है। अधिकांश गृहस्थ कार्यकर्ता हैं और सबका घरों में आना-जाना रहता है। संघ के विविध कार्यों में महिलाएँ बराबरी के साथ काम कर रही हैं। आखिर, विरोध भी होना है तो वस्तुस्थिति के आधार पर हो। लेकिन मुख्य बात जो आती है कि यह हिंदू के लिए ही क्यों?

संघ में महिलाओं के प्रवेश पर पाबंदी को लेकर विरोध के नाम पर बुद्धिजीवी निशाना बनाते रहते थे। लेकिन भागवत ने इस पर भी अपनी स्पष्टता रखी। उन्होंने याद दिलाया कि यह प्रश्न डॉ. हेडगेवार से एक महिला ने सन् 1931 में पूछा था कि आप हिंदुओं की बात करते हैं, लेकिन 50 प्रतिशत महिलाओं को तो वैसे ही छोड़ दिया?

आयोजन का दूसरा और तीसरा दिन (18-19 सितंबर, 2018)

मोहन भागवत ने जब दूसरे दिन अपनी बात शुरू की तो उन्होंने संघ के राजनीति से संबंधों को लेकर लगनेवाले आरोपों का जवाब दिया। उन्होंने कहा कि जन्म से ही संघ ने यह निश्चित किया है कि राजनीति से हमारा संगठन दूर रहेगा। स्पर्धा की राजनीति नहीं करेगा, चुनाव नहीं लड़ेगा, संघ का कोई भी पदाधिकारी किसी भी

राजनीतिक दल में पदाधिकारी बिल्कुल नहीं बन सकता और चुनाव या वोटों की इस राजनीति से संघ को दूर रहना है। लेकिन संघ का काम संपूर्ण समाज को जोड़ना है, इसलिए अपने जन्म से ही संघ ने स्वयं तय किया है कि रोजमर्रा की राजनीति में हम नहीं जाएँगे। संघ की विचारधारा के नाते राष्ट्र से जुड़े मसलों और नीतियों पर उसका मत होता है। ऐसे में, घुसपैठ या कुछ मुद्दे होते हैं, जिसमें राजनीति की भूमिका होती है। भागवत ने इसका भी जवाब दिया कि किसी दल में स्वयंसेवक क्यों हैं या बहुत सारे पदाधिकारी क्यों हैं? उनका कहना था कि एक-दूसरे से परिचित होने के नाते हाल-चाल पूछते हैं और उनको सलाह चाहिए तो वह पूछते हैं। संभव होने पर हम सलाह देते हैं; लेकिन नीतियों पर संघ का कोई प्रभाव नहीं होता। जहाँ तक एक ही दल में ज्यादा स्वयंसेवक होने का सवाल है तो यह स्वयंसेवकों का अपना फैसला होता है। हम किसी स्वयंसेवक को किसी एक विशिष्ट राजनीतिक दल का काम करने के लिए नहीं कहते हैं। लेकिन इतना जरूर है कि राष्ट्र के लिए एक विचार को लेकर, एक नीति का स्वप्न लेकर काम करनेवालों के पीछे खड़े हो जाओ, ऐसा हम कहते हैं। वह नीति किसी की भी हो सकती है। संघ के कार्य में दायित्वधारी कार्यकर्ता राजनीति में बिल्कुल नहीं पड़ते।

दूसरे दिन भागवत ने हिंदुत्व को लेकर थोड़ा और विस्तारित संबोधन दिया, जिसमें उन्होंने ऐतिहासिक और आध्यात्मिक उद्धरणों का जिक्र करते हुए कहा कि संघ का हिंदुत्व का विचार उसकी खोज नहीं है, बल्कि परंपरा से चलती आ रही है। लेकिन बाद में कैसे संकुचन हुआ और कुरीतियाँ, अस्पृश्यता जैसे पाप हिंदू समाज में प्रवेश कर गए! अब संघ चाहता है कि वह पाप साफ हो जाए और देश, काल, परिस्थिति के अनुसार नवीन रूप में उस सनातन मानव धर्म का पुनरुत्थान भारत में हो। हिंदुत्व के हम तीन आधार मानते हैं—देशभक्ति, पूर्वज गौरव और संस्कृति। इसमें भी आंबेडकर को उद्धृत करते हुए भागवत ने कहा कि संविधान सभा में आंबेडकर ने कहा था कि हमारी आपस की लड़ाई के कारण विदेशी जीते और हमको गुलाम बनाया। संघ का काम इस बंधु-

दूसरे दिन भागवत ने हिंदुत्व को लेकर थोड़ा और विस्तारित संबोधन दिया, जिसमें उन्होंने ऐतिहासिक और आध्यात्मिक उद्धरणों का जिक्र करते हुए कहा कि संघ का हिंदुत्व का विचार उसकी खोज नहीं है, बल्कि परंपरा से चलती आ रही है। लेकिन बाद में कैसे संकुचन हुआ और कुरीतियाँ, अस्पृश्यता जैसे पाप हिंदू समाज में प्रवेश कर गए! अब संघ चाहता है कि वह पाप साफ हो जाए और देश, काल, परिस्थिति के अनुसार नवीन रूप में उस सनातन मानव धर्म का पुनरुत्थान भारत में हो।

भाव के लिए है और इस बंधु-भाव के लिए एक ही आधार है—विविधता में एकता। उसी विचार को दुनिया 'हिंदुत्व' कहती है। लेकिन हम कहते हैं कि हमारा हिंदू राष्ट्र है, तो इसका मतलब इसमें मुसलमान नहीं चाहिए, ऐसा बिल्कुल नहीं होता। जिस दिन यह कहा जाएगा कि हाँ, मुसलमान नहीं चाहिए, उस दिन यह हिंदुत्व नहीं रहेगा। जिस दिन हम कहेंगे कि केवल वेद चलेंगे, बौद्ध मत नहीं चलेगा, वह बौद्धों को नहीं मानता, तो वह हिंदू नहीं रहेगा। भागवत ने राष्ट्र के प्रति संघ की सोच को विस्तार से रखा। आखिर में, उन्होंने दोहराया कि किस सोच के साथ इस समारोह का आयोजन हुआ था। भागवत का कहना था, "हमने सोचा कि प्रमुख लोगों को बुलाकर यह बात साफ-साफ आपके सामने रखी जाए कि संघ क्या करना चाहता है? क्यों करना चाहता है? संघ क्यों हिंदुत्व की बात करता है? और संघ के सामने भारत का विजन क्या है? वे चारों बातें मैंने आपके सामने रखी हैं। मैं चाहता हूँ कि यह सारा सुनकर आपके मन में कुछ स्पष्टता करने के लिए या कुछ और समझने के लिए जिज्ञासाएँ आई हों, आप प्रश्न पेटी में डाल दीजिए।"

> ***हमने सोचा कि प्रमुख लोगों को बुलाकर यह बात साफ-साफ आपके सामने रखी जाए कि संघ क्या करना चाहता है? क्यों करना चाहता है? संघ क्यों हिंदुत्व की बात करता है? और संघ के सामने भारत का विजन क्या है? वे चारों बातें मैंने आपके सामने रखी हैं। मैं चाहता हूँ कि यह सारा सुनकर आपके मन में कुछ स्पष्टता करने के लिए या कुछ और समझने के लिए जिज्ञासाएँ आई हों, आप प्रश्न पेटी में डाल दीजिए।***

तीसरे, यानी आखिरी दिन संघ प्रमुख ने 23 अहम सवालों के जवाब विस्तार से दिए, जिसको लेकर संघ पर सवाल उठते रहे हैं। उसमें सबसे अहम आरक्षण पर दिया गया स्पष्टीकरण था। हिंदुत्व पर उन्होंने अपने संबोधन की बातें दोहराईं तो जातीय व्यवस्था के सवाल में अंतरजातीय विवाह का समर्थन किया। भागवत ने याद दिलाया कि महाराष्ट्र में सन् 1942 में पहला अंतरजातीय विवाह हुआ था। उसमें डॉ. आंबेडकर और संघ के तत्कालीन सरसंघचालक गुरुजी का शुभ संदेश आया था। इसे सामाजिक समरसता के संदेश का हिस्सा बता भागवत ने जाति-व्यवस्था को लेकर संघ की सोच, शिक्षा-उच्च शिक्षा में भारतीय मूल्य, भाषा के लिए मातृभाषा के प्रति सम्मान को जरूरी करार देते हुए उन्होंने कहा कि भाषा भाव की वाहक होती है। महिलाओं के प्रति संघ के दृष्टिकोण, हिंदुत्व को लेकर आक्रोश क्यों, गौरक्षा-मॉब लिंचिंग, धर्म-परिवर्तन जैसे सवाल स्वाभाविक तौर पर आए। मौजूदा दौर में जनसंख्या नियंत्रण कानून के सवाल पर संघ ने कानून से ज्यादा समाज की जागरूकता पर जोर दिया।

आरक्षण पर अब की बार सीधी बात

आरक्षण पर विवाद उस समय का सबसे गरम मुद्दा था, अतः सवाल हुआ तो संघ भी सहज था। भागवत ने कहा, "बीच-बीच में जो वक्तव्य होते हैं, उनमें से कुछ अर्थ निकाले जाते हैं। लेकिन ध्यान रखिए कि सामाजिक विषमता दूर करने के लिए संविधान में जितना आरक्षण दिया गया है, उसको संघ का पूरा समर्थन है और रहेगा। लेकिन यह आरक्षण कब तक चलेगा, इसका निर्णय जिनके लिए आरक्षण दिया गया है, वही करेंगे। उनको जब लगेगा कि अब आवश्यकता नहीं है इसकी, तब वह देखेंगे। लेकिन तब तक इसको जारी रहना चाहिए, ऐसा संघ का बहुत सुविचारित और जब से यह प्रश्न आया है, तब से मत है। उसमें कोई बदलाव नहीं हुआ है। यानी बिहार विधानसभा चुनाव के समय भागवत के आरक्षण वाले बयान का विवाद हो या नागौर प्रतिनिधि सभा से निकला संदेश, या फिर सुप्रीम कोर्ट की ओर से 20 मार्च, 2018 को एस.सी.-एस.टी. ऐक्ट के कानून के कुछ प्रावधानों को कमजोर किए जाने को लेकर दलितों के 2 अप्रैल को 'भारत बंद' जैसे आंदोलन के बाद बढ़ी भा.ज.पा. की बेचैनी के बीच संघ परिवार का यह स्पष्टीकरण राहत भरा था। इससे पहले संघ के बयानों की व्याख्या कुछ इस तरह से होती थी कि भ्रम फैल जाता था।

बीच-बीच में जो वक्तव्य होते हैं, उनमें से कुछ अर्थ निकाले जाते हैं। लेकिन ध्यान रखिए कि सामाजिक विषमता दूर करने के लिए संविधान में जितना आरक्षण दिया गया है, उसको संघ का पूरा समर्थन है और रहेगा। लेकिन यह आरक्षण कब तक चलेगा, इसका निर्णय जिनके लिए आरक्षण दिया गया है, वही करेंगे।

अगला सवाल सुप्रीम कोर्ट के एस.सी.-एस.टी. ऐक्ट वाले फैसले और संसद् में सरकार की ओर से फैसला पलटने की पहल पर भी हुआ, तो भागवत ने यहाँ भी सतर्कता के साथ अपनी बात कही। उनका कहना था, "सुप्रीम कोर्ट ने क्या कहा और सरकार ने क्या किया, इसके बारे में मैं नहीं बोलूँगा। संघ की इच्छा यह है कि कानून का संरक्षण हो, लेकिन उसका दुरुपयोग न हो और इस समस्या को समाज में आपसी सद्भाव बढ़ाकर ठीक करना चाहिए।" भागवत ने यह भी कहा कि अस्पृश्यता कानून से नहीं, समाज की रूढ़ियों से आई है, हमारी दुर्भावना के कारण आई है। उस सद्भावना को बढ़ाने का काम 'समरसता मंच' के रूप में स्वयंसेवकों ने चला रखा है, ताकि इसे ठीक करने का प्रयास हो।

अल्पसंख्यकों के प्रति संघ के रुख को नकारात्मक माने जाने पर भी भागवत ने कहा कि सब पहले एक ही समाज के थे। लेकिन डॉ. हेडगेवार ने कुछ बोला हुआ है

तो अब उन्हीं वाक्यों को लेकर संघ चलेगा, ऐसा नहीं है। समय बदलता है, संगठन की स्थिति बदलती है। हमारा सोचना भी बदलता है और बदलने की अनुमति हमको डॉ. हेडगेवार से मिलती रही है। संघ को एक बंद संगठन मानकर विचार करते हैं तो आपके मन में शंका उत्पन्न होती है। मैं कहता हूँ कि आज आप संघ के कार्यकर्ता क्या क्या कर रहे हैं, उसका प्रत्यक्ष अनुभव लीजिए। वे क्या सोचते हैं, कैसे सोचते हैं, उसका अनुभव लीजिए। आपकी सारी शंकाएँ दूर हो जाएँगी।

नोटा को ना, राजनीति में 100 फीसदी अच्छे लोग नहीं मिल सकते

भागवत ने राजनीति में किसे चुना जाए और किसे नहीं, उसको लेकर भी बेबाक राय रखी। उन्होंने कहा कि प्रजातांत्रिक राजनीति में 100 फीसदी अच्छे लोग ही मिलें, यह आकाश पुष्प जैसी बात है। महाभारत काल में भी जब यदुवंशियों की ओर से कौरव या पांडव में किसे समर्थन करना है, तो इस चर्चा में कौरवों के अधर्म और पांडवों की गलतियों की बात हुई। तब श्रीकृष्ण ने कहा था कि राजनीति ऐसी चीज है कि यहाँ तो आपको 100 प्रतिशत अच्छे लोग मिलना कठिन है। लेकिन भागवत ने यहाँ जोड़ा कि दीनदयालजी जैसा कोई मिल जाए तो अच्छी बात है। ऐसे में, लोगों के सामने एक ही विकल्प होता है—उपलब्धता में बेहतरीन को चुनो। ऐसे में नोटा के प्रावधान का कोई औचित्य नहीं है।

भागवत ने राजनीति में किसे चुना जाए और किसे नहीं, उसको लेकर भी बेबाक राय रखी। उन्होंने कहा कि प्रजातांत्रिक राजनीति में 100 फीसदी अच्छे लोग ही मिलें, यह आकाश पुष्प जैसी बात है। महाभारत काल में भी जब यदुवंशियों की ओर से कौरव या पांडव में किसे समर्थन करना है, तो इस चर्चा में कौरवों के अधर्म और पांडवों की गलतियों की बात हुई।

संघ-भा.ज.पा. संबंध

संघ और भा.ज.पा. के संबंधों पर सवाल लाजिमी था। सवाल हुआ—अगर संघ का राजनीति से संबंध नहीं है तो वह भा.ज.पा. को संगठन मंत्री क्यों देता है और क्या उसने कभी अन्य दलों का भी समर्थन किया है? इस पर भागवत ने भी इशारा कर दिया कि जो उससे संगठन मंत्री या किसी मसले पर सलाह माँगता है तो उसे देते हैं, जिसे मानना या नहीं मानना सामनेवाले पर निर्भर करता है। लेकिन उन्होंने साफ संकेत भी दिया कि राष्ट्र और समाज से जुड़े उसके मुद्दे को जो भी राजनीतिक दल समर्थन देगा, संघ का लाभ उसको मिलेगा। भागवत का स्पष्ट कहना था कि संघ से जो संगठन

मंत्री माँगता है, उसको देता है। अभी तक भा.ज.पा. के अलावा और किसी ने माँगा नहीं है। अगर माँगता है और उसका काम अच्छा है तो जरूर देंगे। किसी दल का समर्थन हमने किया नहीं है। 93 वर्षों में हमने एक नीति का समर्थन जरूर किया है। इमरजेंसी का विरोध था तो उसके खिलाफ लड़नेवाले लोगों को लाभ मिला। उसका लाभ जन संघ को ही नहीं, बाबू जगजीवन राम को, एस.एम. जोशी, लेफ्ट के गोपालन जैसों को भी मिला। सिर्फ एक बार ऐसा हुआ था कि राम मंदिर की नीति का हम समर्थन कर रहे थे और केवल भा.ज.पा. ही उसके पक्ष में थी, जिसका भा.ज.पा. को लाभ मिला। वर्ष 2014 के बाद, यानी मोदी राज में संघ के अनुरूप काम हुआ या नहीं? इस सवाल पर भागवत ने चतुराई से कहा कि सन् 1947 से पूछिए, न कि सिर्फ 2014 से। हालाँकि, उन्होंने यह भी कह दिया कि समाज में हवा बदली है और आज हमारे देश के ज्यादातर लोग समझ रहे हैं कि हम अपने देश में उत्पाद बनाएँगे। आज हमारे देश की कंपनियाँ स्पर्धा करने के लिए आगे जा रही हैं। बाबा रामदेव जैसे संत भी आगे जा रहे हैं। उद्यमिता बढ़ी है, स्किल ट्रेनिंग बढ़ी है। विदेशों में जाकर शिक्षा लेकर वापस आकर काम कर रहे हैं। खेती में काम कर रहे हैं। स्किल ट्रेनिंग में काम कर रहे हैं तो कुछ आशा बनी है। देश अपने पैरों पर खड़ा करना है, इसलिए तो हुआ है और आशा बनी है। 100 फीसदी कहना उचित नहीं होगा, क्योंकि ऐसा जब होगा, तब स्वर्णिम दिन होगा। लेकिन आज की तारीख में यह तो कह सकते हैं कि हाँ, इस दिशा में अपने देश ने कदम तो बढ़ाए हैं। यानी भागवत ने मोदी सरकार के कामकाज पर अपना संतोष तो जताया ही, समाज में बदले माहौल का भी जिक्र किया।

अब सरसंघचालक का चुनाव क्यों नहीं होता, क्योंकि सरसंघचालक डॉ. हेडगेवार रहे हैं, उसके बाद गुरुजी रहे, ऐसे लोग रहे हैं। इसलिए वह श्रद्धा का स्थान है। मेरे बाद सरसंघचालक कौन होगा, यह मेरी इच्छा पर है और मैं सरसंघचालक कब तक रहूँगा, यह भी मेरी इच्छा पर है। लेकिन ऐसा क्यों? भागवत ने खुद इसका जवाब भी दिया।

संघ लोकतांत्रिक तो सरसंघचालक का चुनाव क्यों नहीं?

अब सरसंघचालक का चुनाव क्यों नहीं होता, क्योंकि सरसंघचालक डॉ. हेडगेवार रहे हैं, उसके बाद गुरुजी रहे, ऐसे लोग रहे हैं। इसलिए वह श्रद्धा का स्थान है। मेरे बाद सरसंघचालक कौन होगा, यह मेरी इच्छा पर है और मैं सरसंघचालक कब तक रहूँगा, यह भी मेरी इच्छा पर है। लेकिन ऐसा क्यों? भागवत ने खुद इसका जवाब भी दिया। उन्होंने कहा कि संघ में सरसंघचालक की भूमिका सिर्फ फ्रेंड, फिलॉसफर एंड

गाइड की होती है। उसे कुछ करने का अधिकार ही नहीं होता। जिसे अधिकार होता है, यानी चीफ एक्जीक्यूटिव होता है सरकार्यवाह। अगर सरकार्यवाह कहे कि इसे बंद करो और तुरंत नागपुर चलो, तो मुझे करना पड़ेगा। लेकिन इस पद पर आनेवाले व्यक्ति का हर तीन साल पर अनवरत चुनाव होता है। जब से संघ ने सरकार को अपना लिखित संविधान दिया, तब से एक भी चुनाव एक दिन भी आगे नहीं बढ़ा। नीचे शाखाएँ प्रांतों के प्रतिनिधि बनाती हैं और अन्य स्तर के संघ चालकों का चुनाव जिला, क्षेत्र और प्रांत में होता है। और अखिल भारतीय प्रतिनिधि चुने जाते हैं, जो हर तीन साल में सरकार्यवाह को चुनते हैं। हम इस मामले में बहुत नियमित हैं। मैं यह दो दिन का भाषण दे रहा हूँ। आपको लग रहा होगा कि मैं खुद से बोल रहा हूँ। लेकिन ऐसा नहीं है। सभी प्रमुख पदाधिकारियों के साथ इस पर चर्चा हुई कि क्या रखना और नहीं रखना है। मैं जो बोल रहा हूँ, वह संघ की सहमति बोल रही है। अब मेरे इस बोलने का संघ में कोई प्रति-वाद नहीं करेगा। सबकुछ सर्वसम्मति से तय होता है। कोई सोचता है कि आपस में सिर-फुटौवल होना ही डेमोक्रेसी है, तो गलत है। डेमोक्रेसी की खुशबू सर्वसम्मति है।

जब से संघ ने सरकार को अपना लिखित संविधान दिया, तब से एक भी चुनाव एक दिन भी आगे नहीं बढ़ा। नीचे शाखाएँ प्रांतों के प्रतिनिधि बनाती हैं और अन्य स्तर के संघ चालकों का चुनाव जिला, क्षेत्र और प्रांत में होता है। और अखिल भारतीय प्रतिनिधि चुने जाते हैं, जो हर तीन साल में सरकार्यवाह को चुनते हैं। हम इस मामले में बहुत नियमित हैं। मैं यह दो दिन का भाषण दे रहा हूँ।

सवाल-जवाब के बाद आखिर में भागवत ने कुछ इस तरह से प्रबुद्ध सम्मेलन का समापन किया, "संघ के बारे में कौन क्या कहता है, उस पर विश्वास मत करिए। मैंने जो बोला, उस पर भी विश्वास मत करिए। आप संघ को अंदर से देखिए और फिर संघ के बारे में अपना जो मत बनाना है, वह बनाइए। अब इसके बाद अगर आप में से किसी की इच्छा हुई कि संघ के कार्य में प्रत्यक्ष जुड़ेंगे तो शाखा में जाइए। अगर शाखा में नहीं जाना है तो संघ के स्वयंसेवक अनेक अच्छे काम करते हैं, उससे जुड़िए।" भागवत ने समाज, राष्ट्र, महिला, आरक्षण से लेकर संघ की कार्य-पद्धति और भा.ज.पा. के साथ अपने रिश्तों पर भी बेबाक राय रखी, तो लगे हाथ संघ को करीब से जानने के लिए संगठन के करीब आने का न्योता भी दे दिया। उनका मकसद साफ था कि संघ के बारे में फैली भ्रांतियाँ खत्म हों और सामाजिक समरसता से लेकर बौद्धिक आंदोलन की उसकी वैचारिक जड़ें मजबूत हों। इसके बाद संघ प्रमुख ने भारतीय और विदेशी मीडिया के प्रतिनिधियों के

साथ समूह में संवाद का अनौपचारिक कार्यक्रम रखा, ताकि मीडिया के माध्यम से संघ को लेकर जो बातें की जाती हैं, उसमें भी संघ की बात संघ की वास्तविकता के हिसाब से जाए। यानी संघ की रणनीति तमाम भ्रम को दूर करने और एक नया बौद्धिक वातावरण तैयार करने की थी। इसी कड़ी में संघ के वैचारिक निकाय 'प्रज्ञा प्रवाह' ने एक बार फिर 'लोक-मंथन' का आयोजन किया और उसके लिए पिछड़ा राज्य माने जानेवाले झारखंड को चुना।

□

16

'भारतीयता' का 'बौद्धिक मेला'

विज्ञान भवन से निकले संदेश के दसवें दिन राँची में दूसरे बड़े बौद्धिक मेले का आयोजन कर राष्ट्रीयता की सोच को पुनरुज्जीवित करने के प्रयासों को कैसे संघ ने दी गति?

भारत क्या था पहले और अब क्या है? इस विषय पर महामंथन संघ की विज्ञान भवन की कड़ी को आगे बढ़ाने का ही दूसरा प्रयास था—झारखंड की राजधानी राँची में आयोजित 28-30 सितंबर, 2018 का 'लोक-मंथन', जिसे संघ के बुद्धिजीवी निकाय के रूप में स्थापित 'प्रज्ञा प्रवाह' ने आयोजित किया था। यह आयोजन विज्ञान भवन में संघ प्रमुख मोहन भागवत की ओर से राष्ट्रीय स्वयंसेवक संघ के बारे में कथित प्रचार-दुष्प्रचार से फैले भ्रम को मिटाने के प्रयासों के महज एक सप्ताह बाद ही हो रहा था। निश्चित तौर से, तमाम गतिविधियाँ रणनीतिक कड़ियों का ही हिस्सा थीं। इससे पहले संघ ने जे.एन.यू. कांड के बाद तैयार पटकथा के हिसाब से नवंबर 2016 में मध्य प्रदेश की राजधानी भोपाल में पहला 'लोक-मंथन' आयोजित किया था, जिसकी थीम थी—औपनिवेशिक सोच की गुलामी से बाहर निकल राष्ट्रीयता की सोच को मजबूत करना। जिसे विस्तार देते हुए राँची 'लोक-मंथन' की थीम रखी गई—'भारत बोध : जन, गण, मन।' यानी संघ की बौद्धिक आंदोलन की कड़ी का ही हिस्सा, जिसे केंद्र में मोदी सरकार के रहते गति देने की योजना मार्च 2016 में संघ-भा.ज.पा. और तमाम समर्थित बुद्धिजीवियों ने हरियाणा भवन की बैठक में बनाई थी।

राँची में हुए 'लोक-मंथन' के माध्यम से भी संघ और 'प्रज्ञा प्रवाह' ने अपनी सोच को दोहराया। लेकिन 'लोक-मंथन' वाकई सिर्फ सम्मेलन आयोजित कर रहा था या फिर उसकी कुछ खास सोच थी, जिस पर काम हो रहा था? इसका जवाब भी उसी वक्त 'प्रज्ञा प्रवाह' के राष्ट्रीय संयोजक जे. नंदकुमार ने संघ के मुखपत्र 'पाञ्चजन्य' और 'ऑर्गेनाइजर' में (19 अगस्त, 2018 के अंक में प्रकाशित) एक विशेष साक्षात्कार

के जरिए विस्तार से दिया था, जिसे नीचे उद्धृत करना जरूरी है, ताकि संघ परिवार की संपूर्ण रणनीति स्पष्ट हो सके। नंदकुमार ने साफ किया कि लोक-मंथन राष्ट्रीय सोच को पुनरुज्जीवित करने का एक प्रयास है, क्योंकि आजादी के बाद राष्ट्रीय शक्ति को फिर से जीवित करने का अवसर था। लेकिन औपनिवेशिक प्रभाव के कारण यह काम पूरे मनोयोग से नहीं किया गया। ऐसे में, आज आवश्यकता इस बात की है कि राष्ट्रीय सोच की प्रक्रिया को व्यापक तरीके से पुनरुज्जीवित किया जाए, जिसके लिए 'प्रज्ञा प्रवाह' समन्वय के मंच के रूप में सामने आ रहा है। लोक-मंथन का मूल उद्‍देश्य राष्ट्र को सर्वोपरि माननेवाले विचारकों और कर्मशील लोगों को एक साझा मंच देना है। हमारी परंपरा में न सिर्फ बुद्धिजीवी, बल्कि हर व्यक्ति, चाहे वह बोझा ढोने का काम करता हो या फिर चित्रकारी, सरकारी या कुछ और करता हो, वह राष्ट्र की मूल अवधारणा का वाहक है। इसलिए हमने सोचा कि क्यों न ऐसे विचारक और राष्ट्रधर्मी मिल-बैठकर देश के लिए महत्त्वपूर्ण मुद्‍दों पर विचार-विमर्श करें! सामान्यत: संगोष्ठी और परिचर्चा को व्यावसायिक बुद्धिजीवियों का विशिष्ट क्षेत्र माना जाता है; लेकिन इनमें से अधिकतर भारत की जमीनी हकीकत से परिचित नहीं होते हैं।

आज आवश्यकता इस बात की है कि राष्ट्रीय सोच की प्रक्रिया को व्यापक तरीके से पुनरुज्जीवित किया जाए, जिसके लिए 'प्रज्ञा प्रवाह' समन्वय के मंच के रूप में सामने आ रहा है। लोक-मंथन का मूल उद्‍देश्य राष्ट्र को सर्वोपरि माननेवाले विचारकों और कर्मशील लोगों को एक साझा मंच देना है। हमारी परंपरा में न सिर्फ बुद्धिजीवी, बल्कि हर व्यक्ति, चाहे वह बोझा ढोने का काम करता हो या फिर चित्रकारी, सरकारी या कुछ और करता हो, वह राष्ट्र की मूल अवधारणा का वाहक है।

लेकिन क्या संघ का 'प्रज्ञा प्रवाह' सिर्फ आयोजन तक ही सीमित है? खुद नंदकुमार बताते हैं कि वर्ष 2016 में भोपाल में हुए लोक-मंथन की सफलता यही है कि इसने जन-मानस को औपनिवेशिक जकड़न से मुक्त करने के विमर्श को शिक्षाविदों, बुद्धिजीवियों और कर्मशील लोगों के एक बहुत बड़े वर्ग तक पहुँचा दिया। इसे आम लोगों के भी चिंतन का विषय बना दिया गया। मंथन के बाद हमने कई स्तरों पर ऐसे कार्यक्रम किए, जिसमें राष्ट्र की उन्नति और प्रगति के प्रति संवेदनशील लोगों ने भी बड़ी संख्या में शिरकत की। लोक-मंथन के माध्यम से पिछले दो साल में हमने संवाद की परंपरा को पुनरुज्जीवित करने और उसे समाज के विभिन्न स्तरों तक ले जाने का प्रयास किया है। मैं इस बात की ओर ध्यान दिलाना चाहूँगा कि हमारे गाँवों और पारिवारिक व्यवस्थाओं में यह अभ्यास अब भी जीवित है। हमारा प्रयास

इतना है कि इसे बौद्धिक वर्ग में भी थोड़ी पहचान दिलाई जाए। लेकिन इसे आम जन तक ले जाना कितना आवश्यक है? तो नंदकुमार ने साफगोई के साथ कहा, “यह मात्र एक बौद्धिक प्रयास नहीं है। मैं इसे बौद्धिक मेला कहूँगा, क्योंकि मेलों का प्राचीन समय से एक अलग ही सामाजिक व सांस्कृतिक स्थान रहा है।” नंदकुमार ने यह भी बताया कि आयोजन को लेकर किस तरह की रणनीति बनी है? उन्होंने कहा कि लोक-मंथन के आयोजन से पहले ही हम निर्णय कर चुके थे कि राष्ट्रीय स्तर पर केवल एक कार्यक्रम से बात नहीं बनेगी। इसलिए राज्यों के स्तर पर भी ऐसी कई पहलें की गईं।

दो साल में एक बड़ा राष्ट्रीय आयोजन, जो राँची में हो रहा था, उसका विषय उसी राष्ट्रीयता की ओर ले जा रहा था, जो वर्ष 2019 के चुनाव में भा.ज.पा. के लिए महत्त्वपूर्ण आधार बना। विषय था—‘भारत बोध : जन, गण, मन।’ नंदकुमार के शब्दों में, “भारत का आशय क्या है? राष्ट्र और समाज के बारे में हमारी अवधारणा क्या है? भारत का मन क्या है? या पहले क्या था और अब क्या है? इसे किस दिशा में बढ़ना चाहिए? इन सारे विषयों पर मंथन होगा। हमें जानना चाहिए कि हमारी परंपरा में राष्ट्र का अर्थ क्या रहा है? कैसे हमारे समाज ने विभिन्न स्वावलंबी व्यवस्थाएँ विकसित कीं? आज अपनी औपनिवेशिक सोच के कारण सबकुछ सरकार और राजनीति-केंद्रित हो गया है। हमारी व्यवस्था ऐसी तो कभी नहीं रही। समाज अपनी व्यवस्था खुद तैयार करता था और अपने नैतिक मानदंडों एवं सुधार प्रणाली के साथ इसे व्यवहार में लाता था। हमारे मंथन का उद्देश्य यह जानना है कि तब की व्यवस्थाएँ आज के परिप्रेक्ष्य में कितनी प्रासंगिक हैं और उन्हें आज प्रयोग में लाने में क्या कुछ बदलाव किया जाना चाहिए?” उन्होंने यह भी बताया कि इस आयोजन का उद्देश्य राजनीतिक विमर्श को दिशा देना नहीं है। यह तो सामूहिक विमर्श के माध्यम से यह निर्धारित करने का प्रयास है कि हमारी राष्ट्रीय पुनर्निर्माण की दिशा क्या हो? इससे राजनीति और प्रशासन को विमर्श की प्रक्रिया से लाभ हो सकता है। लेकिन हमारा लक्ष्य किसी विशेष वर्ग को कोई दिशा देना नहीं है।

दो साल में एक बड़ा राष्ट्रीय आयोजन, जो राँची में हो रहा था, उसका विषय उसी राष्ट्रीयता की ओर ले जा रहा था, जो वर्ष 2019 के चुनाव में भा.ज.पा. के लिए महत्त्वपूर्ण आधार बना। विषय था—‘भारत बोध : जन, गण, मन।’ नंदकुमार के शब्दों में, “भारत का आशय क्या है? राष्ट्र और समाज के बारे में हमारी अवधारणा क्या है? भारत का मन क्या है? या पहले क्या था और अब क्या है? इसे किस दिशा में बढ़ना चाहिए?

पिछले दो साल, यानी 2016 से इस गतिविधि में आई तेजी को लेकर ‘प्रज्ञा

प्रवाह' ने विभिन्न शैक्षिक विषयों के लिए 'ज्ञान संगम' का आयोजन किया। राष्ट्रीय स्तर पर शिक्षाविदों के लिए अंतर्विषयी 'ज्ञान संगम' के अतिरिक्त पाँच क्षेत्रीय स्तरीय कार्यक्रम किए। इन आयोजनों में न केवल शैक्षिक मुद्दों पर, बल्कि नीति-निर्धारण से लेकर सामग्री तैयार करने जैसे जुड़े हुए पहलुओं पर भी विचार-विमर्श किया गया। 'प्रज्ञा प्रवाह' ने जो 'ज्ञान संगम' की शुरुआत की थी, उसी कड़ी में इंदिरा गांधी नेशनल ओपन यूनिवर्सिटी (इग्नू) में भी दो दिवसीय 'ज्ञान संगम' किया और आनेवाले समय में अर्थशास्त्र पर कोच्चि में, दर्शनशास्त्र पर दिल्ली में, इतिहास पर हैदराबाद में और भाषा विज्ञान पर आणंद में 'ज्ञान संगम' आयोजित करने का भी फैसला किया।

संघ किस तरह की शिक्षा और ज्ञान की पद्धति को चाहता था, यह तो स्पष्ट हो चुका था और उसके लिए जरूरी वातावरण बनाने की पहल भी हो रही थी। जे. नंदकुमार ने राँची लोक-मंथन से पहले 'पाञ्चजन्य' को दिए साक्षात्कार में फिर कहा कि भारत की पहचान ज्ञान के प्रति रुचि रखनेवाले देश की रही है, जो उसे संरक्षित कर प्रसार करता रहा है। दुनिया भर ने इसका अध्ययन किया और मान्यता भी दी। लेकिन दुर्भाग्य की बात है कि अपने इस कोष के प्रति हम ही जागरूक नहीं रहे।

संघ किस तरह की शिक्षा और ज्ञान की पद्धति को चाहता था, यह तो स्पष्ट हो चुका था और उसके लिए जरूरी वातावरण बनाने की पहल भी हो रही थी। जे. नंदकुमार ने राँची लोक-मंथन से पहले 'पाञ्चजन्य' को दिए साक्षात्कार में फिर कहा कि भारत की पहचान ज्ञान के प्रति रुचि रखनेवाले देश की रही है, जो उसे संरक्षित कर प्रसार करता रहा है। दुनिया भर ने इसका अध्ययन किया और मान्यता भी दी। लेकिन दुर्भाग्य की बात है कि अपने इस कोष के प्रति हम ही जागरूक नहीं रहे। सो भारत के पहले शिक्षा आयोग की रिपोर्ट पेश करते हुए डॉ. एस. राधाकृष्णन ने बड़े स्पष्ट शब्दों में कहा था कि तथाकथित आधुनिक शिक्षा का सबसे बड़ा दोष यह है कि इसमें भारतीय ज्ञान परंपरा है ही नहीं। बाद में, डॉ. कोठारी आयोग की रिपोर्ट में भी इसका विशेष रूप से उल्लेख किया गया कि शिक्षा व्यवस्था की धुरी भारत से खिसककर यूरोप की ओर हो गई है। भारत को सही दिशा देने के लिए हमें भारतीय ज्ञान प्रणाली की ओर देखना होगा। नंदकुमार का कहना था कि इसका यह मतलब बिल्कुल नहीं कि वर्तमान की हर चीज को फेंककर बैलगाड़ी युग में चले जाएँ! हम तो केवल यह चाहते हैं कि आँख मूँदकर नकल करनेवाली व्यवस्था को छोड़कर ज्ञान के संधान पर आधारित भारतीय व्यवस्था आए।

28 से 30 सितंबर तक राँची के खेलगाँव में आयोजित इस तीन दिवसीय बैठक को लेकर संघ के सह-सरकार्यवाह दत्तात्रेय होसबाले ने भी कहा कि इस आयोजन का उद्देश्य लोगों के वैचारिक एवं सांस्कृतिक पक्ष को मजबूत करना है। इस आयोजन में देश भर से 1,000 से ज्यादा सहित्यकार, इतिहासकार, कला-संस्कृति एवं वैचारिक पृष्ठभूमि आदि से जुड़े लोगों ने हिस्सा लिया था। यानी लगातार आयोजनों ने संघ को सही मायने में रफ्तार दी तो संघ ने भी अपनी पैठ उस आधी आबादी में जमाने की पहल की, जिसको संघ से नहीं जोड़ने को लेकर आलोचना होती रही है। हालाँकि, संघ प्रमुख भागवत ने विज्ञान भवन के आयोजन में ही इस पर अपनी दो-टूक बात कह दी थी। लेकिन बातों के अलावा जमीन पर भी काम करने की जरूरत थी, जिसे साकार रूप देने का काम शुरू हो गया।

□

खंड-8

संघ और भा.ज.पा. का विस्तार

सामाजिक और बौद्धिक जगत् में जड़ें जमीं तो संघ की शाखाओं में भी जबरदस्त तरीके से फैलाव होना शुरू हुआ। संघ ने आधी आबादी को भी जोड़ने की योजना बनाई। सत्ता के अनुकूलन ने संघ को अपने विस्तार में सहजता दी तो उसे अदा करने की भी घड़ी नजदीक आई। वर्ष 2019 के चुनाव में संघ ने अपने सिद्धांतों के तहत किसी पार्टी के लिए भले ही वोट नहीं माँगे, लेकिन स्वयंसेवकों को समर में उतार राष्ट्र से जुड़े उन मुद्दों को उठाकर मतदाता जागरूकता अभियान चलाया, जो मोदी सरकार के थे। राष्ट्रीयता के नाम पर संघ ने विचार परिवार में समन्वय के साथ जो स्पंज रूपी जमीन तैयार की, जिस पर पुलवामा के बाद बालाकोट रूपी पानी गिरा और तैयार जमीन को उर्वरा कर सत्ता हासिल करने में किया सहयोग।

17

जमतीं जड़ें, फैलतीं 'शाखाएँ'

विचारधारा की सरकार के साथ बेहतरीन समन्वय के साथ संघ ने समाज और बौद्धिक जगत् में प्रभाव बढ़ाया तो कैसे शाखाएँ बढ़ीं और फिर महिलाओं को लेकर क्या रणनीति बनी?

वर्ष 2014 में मोदी सरकार के आने के बाद समन्वय की सुलझती डोर से संघ को भरोसा ही नहीं, पूर्ण विश्वास हो चला था कि विचारधारा और विकास के मूल एजेंडे से सरकार पीछे नहीं हटेगी। देर-सबेर ही सही, मोदी सरकार संघ की तीन पीढ़ियों के त्याग और समर्पण की लाज रखेगी। ऐसे में, संघ का सारा फोकस संगठन के विस्तार पर था, जिसके लिए समाज के सभी प्रकल्पों पर विचार परिवार ने न सिर्फ ध्यान दिया था, बल्कि उसकी एक दीर्घकालिक रणनीति भी बना ली थी। वैचारिक कोर मुद्दों को फिलहाल वक्त पर छोड़कर सामाजिक समरसता, बौद्धिक पहल, शिक्षा में सुधार का ऐसा माहौल बनाना शुरू किया, ताकि लोग भा.ज.पा. और संघ के प्रति सकारात्मक भाव से जुड़ें, न कि सत्ता में प्रभावी होने की वजह से। संघ की इन गतिविधियों का असर यह था कि समाज और बौद्धिक जगत् में जड़ें जमने लगी थीं। जब किसी पेड़ की जड़ें मजबूती से जमीन में अपनी जगह बनाती जाती हैं तो स्वाभाविक तौर पर पेड़ की शाखाएँ भी बढ़ती हैं, जिसका असर दिखा कि समाज में नौ दशक से ज्यादा समय से काम कर रहे संघ के मजबूत आधार को मोदी शासनकाल में और मजबूती मिली। संघ की शाखाओं का विस्तार इस शासनकाल में बेहद तेजी से हुआ, जो उसके वैचारिक दखल के बढ़ते प्रभाव का संकेत भी था। अगर संघ की शाखाओं में हुई बढ़ोतरी को समझना है तो मोदी शासनकाल से पहले भा.ज.पा. में वर्ष 2009 के आम चुनाव की लगातार दूसरी बड़ी हार के समय की उसकी परिस्थिति को भी समझना होगा। भा.ज.पा. में वर्ष 2004 और फिर 2009 की हार के बाद उथल-पुथल थी। कई बड़े नेता मोर्चा खोले हुए थे। टकराव जबरदस्त स्तर पर था। लगातार दो लोकसभा चुनावों की हार की टीस भा.ज.पा.

सहित समूचा संघ परिवार महसूस कर रहा था। यह ऐसा वक्त था, जब संघ की शाखा में गिरावट से भी परिवार चिंतित था।

लेकिन वर्ष 2004 से 2009 के संक्रमण काल में संघ परिवार ने यह सीख लिया था कि संगठनों के आपसी टकराव से संस्थाओं का आधार बढ़ाना मुश्किल है। वर्ष 2009 की संघ की खुद की रिपोर्ट के मुताबिक, संघ की शाखाओं की संख्या 43,905 थी, जो 2010 में घटकर 39,823 रह गई थी, यानी 4,082 शाखाएँ कम हो गई थीं। संघ के लिए यह बेहद चिंता का दौर था और प्रतिनिधि सभा की बैठक में इस पर चर्चा भी हुई थी। 11 मार्च, 2011 को अखिल भारतीय प्रतिनिधि सभा में रखे अपने प्रतिवेदन में सरकार्यवाह भैय्याजी जोशी ने जो कहा था, वह उन्हीं के शब्दों में इस प्रकार से था, "हम गत तीन-चार वर्षों से अनुभव कर रहे हैं कि शाखाओं की संख्या में घट-बढ़ होती रहती है। थोड़ी स्थिरता अनुभव में आती है। गुणात्मकता की ओर अधिक ध्यान देने की आवश्यकता है। शाखा टोली, उपक्रमशीलता आदि बातों की ओर कार्यकर्ताओं का ध्यान बढ़ रहा है। गत वर्ष में संपन्न हुए कार्यक्रम अवश्य इन बातों का संकेत दे रहे हैं कि हम दृढ़ीकरण व गुणात्मकता की ओर क्रमशः अग्रसर हो रहे हैं। अपने विभिन्न प्रशिक्षण वर्गों में संख्या के साथ-साथ अधिक स्थानों एवं अधिक शाखाओं का प्रतिनिधित्व बढ़े, इस ओर ध्यान देने की आवश्यकता है।" इस प्रतिनिधि सभा के बाद वर्ष 2011 से संघ की शाखाओं में मामूली बढ़ोतरी शुरू हुई। वर्ष 2009 से 2014 तक संघ की शाखा 5,000 के करीब बढ़ी थीं; लेकिन जब 2014 में मोदी सरकार आई तो महज एक साल में शाखाओं की संख्या में 6,350 की बढ़ोतरी दर्ज की गई। (तुलनात्मक आँकड़ों को नीचे बॉक्स में देखें)। यानी वर्ष 2009 से 2014 के बीच 5,014 शाखाएँ बढ़ीं तो मोदी शासन के आखिरी साल, यानी लोकसभा चुनाव की अधिसूचना से ठीक पहले 8 मार्च, 2019 को ग्वालियर की प्रतिनिधि सभा तक की संघ की रिपोर्ट को देखें, तो करीब सवा चार साल में ही संघ की 14,284 शाखाएँ बढ़ चुकी थीं, जो वर्ष 2009-14 के मुकाबले करीब तीन गुना ज्यादा थी।

वर्ष 2004 से 2009 के संक्रमण काल में संघ परिवार ने यह सीख लिया था कि संगठनों के आपसी टकराव से संस्थाओं का आधार बढ़ाना मुश्किल है। वर्ष 2009 की संघ की खुद की रिपोर्ट के मुताबिक, संघ की शाखाओं की संख्या 43,905 थी, जो 2010 में घटकर 39,823 रह गई थी, यानी 4,082 शाखाएँ कम हो गई थीं। संघ के लिए यह बेहद चिंता का दौर था और प्रतिनिधि सभा की बैठक में इस पर चर्चा भी हुई थी।

राजनीति में उपयुक्त माहौल का सीधा असर संघ के विस्तार पर भी हुआ, इसमें कोई संदेह नहीं है। नरेंद्र मोदी के शासनकाल के पहले साल में ही संघ की शाखाएँ 217 फीसदी बढ़ीं तो बाद के वर्षों में बढ़ोतरी की रफ्तार पहले जैसी भले नहीं थी, लेकिन शाखाओं की संख्या में बढ़ोतरी हो रही थी। संघ चाहे या न चाहे, लेकिन भा.ज.पा. को राजनीतिक गलियारों में संघ का राजनीतिक अक्स ही माना जाता है। ऐसे में, संघ भी उपयुक्त माहौल में अपना आधार बढ़ाने की जद्दोजहद को तेज क्यों नहीं करता? पूर्व राष्ट्रपति प्रणव मुखर्जी को संघ मुख्यालय बुलाकर संघ पहले ही सुर्खियाँ बटोर चुका था।

मोदी सरकार से पहले और बाद में संघ की शाखाओं का लेखा-जोखा

वर्ष	स्थान	शाखा	शाखा में बढ़ोतरी/कमी
2019	37,011	59,266	299 बढ़ीं
2018	37,190	58,967	1,734 बढ़ीं
2017	36,729	57,233	664 बढ़ीं
2016	36,867	56,569	5,237 बढ़ीं
2015	33,223	51,332	6,350 बढ़ीं
2014	29,624	44,982	2,001 बढ़ीं
2013	28,788	42,981	2,000 बढ़ीं
2012	27,978	40,891	983 बढ़ीं
2011	27,078	39,908	85 बढ़ीं, 11 स्थान घटे
2010	27,089	39,823	4,082 घटी
2009	30,015	43,905	---

(नोट : मार्च 2009 में मोहन भागवत ने सरसंघचालक की कमान सँभाली थी और सभी आँकड़े संघ के प्रतिवेदनों से लिये गए हैं, जो हर साल मार्च की अखिल भारतीय प्रतिनिधि सभा में सरकार्यवाह द्वारा रखे जाते हैं। इसमें साप्ताहिक मिलन और संघ मंडली शामिल नहीं हैं, सिर्फ शाखा के आँकड़े हैं।)

ऐसे में, वर्ष 2019 के लोकसभा चुनाव के मद्देनजर संघ की सक्रियता अहम होने वाली थी, क्योंकि विपक्षी खेमे से कांग्रेस अध्यक्ष राहुल गांधी सरकार से ज्यादा संघ पर हमलावर रहते थे। संघ के एक वरिष्ठ नेता ने तब मुझसे कहा था, "जब कभी संघ

के बारे में नकारात्मक या सकारात्मक सुर्खियाँ बनती हैं तो उसकी विजिबिलिटी और बढ़ जाती है।" इस दावे को पुष्ट करने के लिए संघ के उस पदाधिकारी का कहना था कि जब प्रणव मुखर्जी संघ मुख्यालय गए थे तो उससे दो दिन पहले और एक दिन बाद ऑनलाइन सदस्यता ग्रहण करने की रफ्तार ढाई गुना बढ़ गई थी। मोदी शासन में जहाँ करीब 350 लोग रोजाना ऑनलाइन संघ से जुड़ रहे थे, वहीं मुखर्जी के दौरे के समय यह संख्या बढ़कर लगभग 850 हो गई थी। यानी मोदी शासन में संघ की शाखाएँ तीन गुना बढ़ीं तो डिजिटल इंडिया के दौर में ऑनलाइन सदस्यता दस गुना तक बढ़ गई थी। ऑनलाइन सदस्यता में संघ की गतिविधि कैसे बढ़ती गई, इसको देखिए।

आर.एस.एस. ने जुलाई 2012 में वेबसाइट लॉञ्च की तो जीवन-शैली और शिक्षा-पद्धति में परिवर्तन को ध्यान में रखा और 'ज्वॉइन आर.एस.एस.' का एक लिंक वेबसाइट पर डाला। इसमें छोटा सा फॉर्म भरते ही प्रांत, जिला और शाखा तक सूचना पहुँच जाती है और इलाके में रहनेवाले लोगों को शाखा से जोड़ दिया जाता है। संघ ने जुलाई 2012 में अपनी वेबसाइट लॉञ्च की थी, तब दिन नहीं, एक महीने में महज 1,000 लोग जुड़ रहे थे; जबकि वर्ष 2018 के आखिर तक में यह संख्या महीने में 10,000 के पार पहुँच गई थी, जिनमें से ज्यादातर 18 से 40 वर्ष तक के प्रोफेशनल युवा शामिल हो रहे थे।

आर.एस.एस. ने जुलाई 2012 में वेबसाइट लॉञ्च की तो जीवन-शैली और शिक्षा-पद्धति में परिवर्तन को ध्यान में रखा और 'ज्वॉइन आर.एस.एस.' का एक लिंक वेबसाइट पर डाला। इसमें छोटा सा फॉर्म भरते ही प्रांत, जिला और शाखा तक सूचना पहुँच जाती है और इलाके में रहनेवाले लोगों को शाखा से जोड़ दिया जाता है। संघ ने जुलाई 2012 में अपनी वेबसाइट लॉञ्च की थी, तब दिन नहीं, एक महीने में महज 1,000 लोग जुड़ रहे थे; जबकि वर्ष 2018 के आखिर तक में यह संख्या महीने में 10,000 के पार पहुँच गई थी, जिनमें से ज्यादातर 18 से 40 वर्ष तक के प्रोफेशनल युवा शामिल हो रहे थे। अक्तूबर 2018 में विज्ञान भवन में हुए मोहन भागवत के तीन दिवसीय बौद्धिक आयोजन तक के उपलब्ध आँकड़ों के लिहाज से संघ के ऑनलाइन सदस्यों की संख्या 5,80,482 पहुँच गई थी। अगर शाखाओं से संबंधित आँकड़े देखें तो मोदी सरकार बनने के बाद पहले साल में ही शाखाओं की संख्या 6,350 बढ़ गई तो दूसरे साल में 5,237, तीसरे साल में 664 और चौथे साल में 1,734 बढ़ी। मोदी के पहले साल में युवा छात्रों की शाखा 6,077 बढ़ी थीं। संघ ने युवाओं को जोड़ने के उद्देश्य से प्रांत केंद्रों पर हर महीने

आई.टी. प्रोफेशनल्स, डॉक्टर, वकील, एम.बी.ए. आदि संघ से जुड़े लोगों का मासिक मिलन कार्यक्रम आयोजित करना शुरू किया। इसके अलावा, जो रोज शाखा में नहीं आ पाते, उनके लिए भी मासिक और साप्ताहिक मिलन कार्यक्रम होता रहता है। युवाओं को आकर्षित करने के लिए संघ ने खासतौर से एक बड़ा बदलाव गणवेश (ड्रेस) में किया।

संघ की शाखाओं की संख्या मोदी शासन से पहले के पाँच साल में महज 5,000 बढ़ी थी तो मोदी सरकार आने के बाद पहले साल में ही 6,000 से ज्यादा नई शाखाएँ बढ़ गईं। निश्चित तौर से, वर्ष 2014 के लोकसभा चुनाव में एक ऐसा बड़ा वर्ग भा.ज.पा. की तरफ आया था, जो युवा और आकांक्षी था। इन युवाओं के रुझान को स्वाभाविक तौर से संघ के प्रति भी होना था। ऐसे में, संघ ने भी लचीला रुख अपनाया। लंबे समय से गणवेश में बदलाव को लेकर जो माँग उठ रही थी, उस पर संघ ने निर्णय लिया। 11-13 मार्च, 2016 को राजस्थान के नागौर में हुई अखिल भारतीय प्रतिनिधि सभा में संघ ने गणवेश में बदलाव के फैसले को मंजूरी दे दी। अब खाकी निक्कर की जगह भूरे रंग की पैंट ने ले ली थी। इस मुद्दे पर वर्ष 2010 से ही आर.एस.एस. में बहस होती आ रही थी। गणवेश में बदलाव की मुख्य वजह 91 साल पुराने इस संगठन में युवाओं को आकर्षित करने की कोशिश थी। लेकिन पहनावे में बदलाव ही उन्हें आकर्षित करने के लिए काफी नहीं हो सकता। संघ का नेतृत्व जानता था कि युवाओं को संगठन में लाने की लड़ाई विचारधारा के मोर्चे पर भी लड़नी होगी। लिहाजा, संघ ने युवाओं के प्रशिक्षण के शिविर लगाने के काम को भी गति दी। शाखाओं की संख्या बढ़े, इसके लिए संघ ने मोदी सरकार आने के तत्काल बाद ही करीब 15 हजार कार्यकर्ताओं को एक हफ्ते के लिए एक खास संदेश के साथ घर-घर भेजा, जिसका यह असर हुआ कि शाखाओं की संख्या तेजी से बढ़ी। संघ ने उसी साल तय कर लिया कि देश के सभी 6 लाख गाँवों में संघ की एक-एक शाखा तो होनी ही चाहिए।

संघ की शाखाओं की संख्या मोदी शासन से पहले के पाँच साल में महज 5,000 बढ़ी थी तो मोदी सरकार आने के बाद पहले साल में ही 6,000 से ज्यादा नई शाखाएँ बढ़ गईं। निश्चित तौर से, वर्ष 2014 के लोकसभा चुनाव में एक ऐसा बड़ा वर्ग भा.ज.पा. की तरफ आया था, जो युवा और आकांक्षी था। इन युवाओं के रुझान को स्वाभाविक तौर से संघ के प्रति भी होना था। ऐसे में, संघ ने भी लचीला रुख अपनाया। लंबे समय से गणवेश में बदलाव को लेकर जो माँग उठ रही थी, उस पर संघ ने निर्णय लिया।

इस तरह के नए प्रकल्पों के साथ संघ ने की आधार बढ़ाने की पहल

समरसता अभियान : दलितों में पैठ बनाने के लिए 'एक मंदिर, एक कुआँ, एक श्मशान' का नारा देकर पैठ बढ़ाने की कोशिश।

बुद्धिजीवी परिचय वर्ग : 10 हजार से ज्यादा पत्रकारों सहित 40 हजार प्रोफेशनल्स के साथ वर्ष 2018 में संपर्क साधा, 7 प्रांतों में 540 पत्रकार बैठकें, 1,300 से ज्यादा पत्रकारों को सम्मानित किया।

भाषायी सम्मेलन : दिल्ली में संघ ने इस तरह का नया प्रयोग शुरू किया, जिसमें अलग-अलग राज्यों के भाषायी लोगों का सम्मेलन करके उन्हें संघ से जोड़ने की पहल।

वित्तीय आधार बढ़ा : गुरुदक्षिणा में पहले से ज्यादा बढ़ोतरी हुई है और संघ वित्तीय रूप से सशक्त होने की दिशा में काम कर रहा है।

सोशल मीडिया : पहले संघ ने इससे दूरी बना रखी थी; लेकिन अब फेसबुक, ट्वीटर को वेरीफाई करा लिया है और निरंतर इस पर सक्रिय है।

आई.टी. मिलन : हर माह शाखाओं पर आई.टी. मिलन के कार्यक्रम। 'विज्ञान भारती' के बैनर तले 4 साइंस फेस्टिवल का आयोजन वर्ष 2018 तक हो चुका था।

सरकार की नीतियों के साथ : वाजपेयी सरकार के अनुभव से सीख लेकर मोदी शासन में बेहतर समन्वय। सीधा टकराव नहीं लिया और सरकार की नीतियों को अपने लोगों के बीच ले जाने का काम परोक्ष रूप से किया। एस.सी.-एस.टी. ऐक्ट पर लोगों के बीच माहौल दुरुस्त करने के लिए विशेष अभियान छेड़ा।

विविध क्षेत्रों में प्रभाव बढ़ाना : फिल्म, कला, नाट्य, संस्कृति, प्रकाशन जैसे विविध क्षेत्रों में संघ ने अपने या तटस्थ लोगों को अपना प्लेटफॉर्म देकर सक्रिय किया और अपनी पैठ बढ़ाई।

हालाँकि, वर्ष 2010 के बाद जब देश में भ्रष्टाचार-विरोधी माहौल बन रहा था और तब की मनमोहन सरकार पर कई बड़े आरोप लग रहे थे, 5 अप्रैल, 2011 को अन्ना हजारे का आंदोलन लोकपाल बिल के लिए शुरू हो गया था। काले धन के मसले पर स्वामी रामदेव का भी आंदोलन हुआ। इस तरह से देश में माहौल बना तो संघ ने इस मौके पर अपना समर्थन भी दिया, जिससे युवाओं का रुझान संघ की तरफ बढ़ने लगा।

लेकिन इसमें शामिल होनेवाले ज्यादातर लोगों की संख्या तब भी या तो हायर सेकंडरी स्कूल या कॉलेजों के छात्रों की रही।

इसका एक वर्ग सत्ता की राजनीति से आकर्षित हुआ था, क्योंकि भा.ज.पा.-आर.एस.एस. को सत्ता प्रतिष्ठान की ताकतों के तौर पर देखा जाता है। कुछ अध्ययनों से संघ को अंदाजा लग गया था कि जो लोग प्राथमिक स्कूल के स्तर पर या छोटी उम्र में संघ में शामिल होते हैं, वे बड़े होकर वैचारिक रूप से कहीं ज्यादा मजबूत होते हैं; जबकि बड़ी उम्र में शामिल होनेवाले वैचारिक रूप से उतने पक्के नहीं होते हैं। अध्ययन में यह बात भी उभर रही थी कि ज्यादातर माता-पिता खाकी निक्कर की वजह से संगठन को 'पुराने जमाने' का मानते हैं। वे संगठन की राष्ट्रवादी सोच से प्रभावित होने के बावजूद अपने बच्चों को शाखा में भेजना पसंद नहीं करते। तब आर.एस.एस. के एक वरिष्ठ पदाधिकारी ने कुछ इस तरह अपनी बात मुझसे कही थी, "निक्कर की जगह पैंट लाने का फैसला काफी सोच-समझकर लिया गया है। इसका मकसद बच्चों को शाखाओं की ओर आकर्षित करना है, ताकि उन्हें भविष्य में वैचारिक रूप से मजबूत कॉडर बनाया जा सके।" नवंबर 2018 में दिल्ली प्रांत में 29 जिलों के 'बाल-संगम' कार्यक्रम संपन्न हुए, जिसमें कक्षा 5 से 10 तक के 5,404 बाल और 104 किशोर स्वयंसेवकों की उपस्थिति रही। 11,500 स्वयंसेवकों में से 5,404 स्वयंसेवकों का चयन किया गया और अनुवर्तन की दृष्टि से प्राथमिक शिक्षा वर्ग हेतु 2,746 स्वयंसेवकों की सूची बनाई गई। स्वयंसेवकों के अभिभावकों को सेवा कार्यों से जोड़ने की योजना 'बाल-संगम' में बनाई गई। यानी संघ ने कदम बढ़ाया तो इस बदलाव ने युवाओं, प्रोफेशनल्स, आई.टी. सेक्टर में शामिल युवाओं को भी संघ से जोड़ा और इसके लिए रोजाना की शाखा की बजाय सायंकालीन शाखा, आई.टी. शाखा जैसे कई आयोजन करने शुरू कर दिए थे, जिससे संघ शाखाओं में बाल एवं महाविद्यालयीन स्वयंसेवकों की भागीदारी 62 फीसदी तक पहुँच गई। संघ ने इस दौरान सालाना 14 से 40 साल तक के एक लाख युवाओं को प्रशिक्षित किया। महज एक साल, यानी वर्ष 2018 में 20 से 35 साल तक के एक लाख से अधिक युवा संघ से

इसका एक वर्ग सत्ता की राजनीति से आकर्षित हुआ था, क्योंकि भा.ज.पा.- आर.एस.एस. को सत्ता प्रतिष्ठान की ताकतों के तौर पर देखा जाता है। कुछ अध्ययनों से संघ को अंदाजा लग गया था कि जो लोग प्राथमिक स्कूल के स्तर पर या छोटी उम्र में संघ में शामिल होते हैं, वे बड़े होकर वैचारिक रूप से कहीं ज्यादा मजबूत होते हैं; जबकि बड़ी उम्र में शामिल होनेवाले वैचारिक रूप से उतने पक्के नहीं होते हैं।

जुड़े, जो निश्चित तौर से विस्तार की सोच को मजबूत करनेवाला था।

नागौर की अखिल भारतीय प्रतिनिधि सभा की बैठक में गणवेश को लेकर हुए बदलाव के बाद आर.एस.एस. के पदाधिकारियों के एक समूह का कहना था कि विवाहित प्रचारकों को लेकर अहम बदलाव की जरूरत है। पहले ही दिन से, जब आर.एस.एस. की स्थापना हुई थी, तब से एक आधारभूत नियम चला आ रहा है कि प्रचारक को अविवाहित होना चाहिए और अगर किसी समय वह विवाह करना चाहता है तो उसे अपना पद त्यागना पड़ेगा। इतना ही नहीं, संघ के प्रचारकों को महिलाओं के कॉडर 'राष्ट्र सेविका समिति' की किसी महिला से विवाह करने की भी मनाही है। हालाँकि, इस बदलाव के बाद यह भी चर्चा होने लगी थी कि प्रचारक व्यवस्था में भी संघ बदलाव ला सकता है। इसकी एक वजह यह थी कि ऐसे माता-पिता बहुत कम हैं, जो अपने बेटों को प्रचारक बनने की इजाजत देते हैं। आजकल छोटा परिवार होना इसकी अहम वजहों में शामिल है। जबकि पहले के जमाने में बड़ा परिवार और कई बेटे होने से किसी एक को प्रचारक बनने की इजाजत मिल जाती थी। आर.एस.एस. के एक वरिष्ठ कार्यकर्ता का कहना था, "देर-सबेर आर.एस.एस. को इस मामले में बड़ा बदलाव करना होगा और यह संभव है कि अविवाहित प्रचारकों की जगह विवाहित प्रचारक आने लगें।"

नागौर की अखिल भारतीय प्रतिनिधि सभा की बैठक में गणवेश को लेकर हुए बदलाव के बाद आर.एस.एस. के पदाधिकारियों के एक समूह का कहना था कि विवाहित प्रचारकों को लेकर अहम बदलाव की जरूरत है। पहले ही दिन से, जब आर.एस.एस. की स्थापना हुई थी, तब से एक आधारभूत नियम चला आ रहा है कि प्रचारक को अविवाहित होना चाहिए और अगर किसी समय वह विवाह करना चाहता है तो उसे अपना पद त्यागना पड़ेगा।

संघ हालाँकि, आधुनिकता की सोच के साथ कदम-ताल करना जरूरी मानता है, लेकिन अभी तक प्रचारकों को लेकर कोई फैसला संघ ने नहीं किया है। लेकिन उस समय गणवेश का बदलाव बेहद अहम था, जिसने संघ की शाखाओं को गति दी। शाखाएँ फैलीं तो संघ ने समग्र सोच के साथ आधी आबादी, यानी महिलाओं को लेकर भी एक पहल की, क्योंकि बिहार में शराबबंदी के ऐलान का राजनीतिक लाभ नीतीश कुमार को मिला था तो ट्रिपल तलाक पर सुप्रीम कोर्ट के फैसले के बाद मोदी सरकार की पहल ने उत्तर प्रदेश के विधानसभा चुनाव में प्रगतिशील महिलाओं का समर्थन दिलाया था। लिहाजा, संघ चाह रहा था कि देश की महिलाओं को लेकर एक अलग

डाटाबेस तैयार होना चाहिए, ताकि उनके कल्याण की योजनाओं को तथ्यों के साथ जमीन पर उतारा जा सके।

मिशन आधी आबादी

वैसे इस मिशन को औपचारिक तौर से संघ का मिशन तो नहीं कहा जा सकता, क्योंकि इससे संघ सीधे तौर पर जुड़ने की बजाय वह एक गैर-सरकारी संस्था (एन.जी.ओ.) के जरिए इसे अंजाम दे रहा था; लेकिन महिलाओं की स्थिति को लेकर देशव्यापी सर्वेक्षण के इस अभियान में खाका बनाने से लेकर अमल में लाने तक संघ और उसके आनुषंगिक संगठन के लोग भी जुटे हुए थे। संघ चाहता था कि एन.जी.ओ. स्वतंत्र तौर से अध्ययन करे, ताकि रिपोर्ट निष्पक्ष हो; लेकिन इस सर्वेक्षण के लिए जरूरी मानव बल के लिए विभिन्न क्षेत्रों में काम कर रहे उसके स्वयंसेवकों की मदद चाहे तो एन.जी.ओ. ले सकता है। इसलिए योजना के मुताबिक महिलाओं की स्थिति पर सर्वेक्षण की जिम्मेदारी महिलाओं से जुड़ी पुणे की एन.जी.ओ. 'दृष्टि स्त्री अध्ययन एवं प्रबोधन केंद्र' (डी.एस.ए.पी.के.) को सौंपी गई थी, जिसे गीता ताई गुंडे देखती हैं। संघ का महिला क्षेत्र में समन्वय का सारा काम इनके जिम्मे ही है। इस काम में संघ के अन्य संगठनों से जुड़ीं महिला प्रचारकों को भी इससे अनौपचारिक तौर से जोड़ा गया था। मसलन छात्राओं की स्थिति पर सर्वे का जिम्मा छात्रों के बीच काम कर रहे संगठन ए.बी.वी.पी., आध्यात्मिक क्षेत्र में संन्यासी महिलाओं के लिए विश्व हिंदू परिषद् एवं दुर्गा वाहिनी, महिला मजदूरों के लिए भारतीय मजदूर संघ, वनवासी महिलाओं के लिए वनवासी कल्याण आश्रम जैसे संगठनों को यह जिम्मेदारी सौंपी गई। सीमावर्ती राज्यों की महिलाओं की स्थिति पर भी सर्वे का काम एन.जी.ओ. को सौंपा गया। इस पूरे अभ्यास का मकसद महिलाओं को लेकर इस सर्वे से एक डाटाबेस तैयार करना था। साथ ही, महिलाओं के मौजूदा हालात में सुधार के लिए राज्य सरकारों और केंद्र सरकार को सुझाव देना था। शिक्षा, महिला सहित संबंधित मंत्रालयों को नीतिगत मसलों पर तथ्यों के साथ सुधार की माँग भी संघ के संगठनों की ओर से की जानी थी। इस सर्वे के जरिए संघ की रणनीति

वैसे इस मिशन को औपचारिक तौर से संघ का मिशन तो नहीं कहा जा सकता, क्योंकि इससे संघ सीधे तौर पर जुड़ने की बजाय वह एक गैर-सरकारी संस्था (एन.जी.ओ.) के जरिए इसे अंजाम दे रहा था; लेकिन महिलाओं की स्थिति को लेकर देशव्यापी सर्वेक्षण के इस अभियान में खाका बनाने से लेकर अमल में लाने तक संघ और उसके आनुषंगिक संगठन के लोग भी जुटे हुए थे।

देश में महिलाओं की स्थिति, गाँव-शहर में रहनेवाली महिलाओं की स्वतंत्रता, जीवन-स्तर आदि के बारे में जानकारी जुटाना था। महिलाओं की वास्तविक स्थिति को देश के सामने लाने के लिए होनेवाले इस सर्वे में सभी धर्मों—हिंदू, मुसलिम, सिख, जैन आदि की महिलाओं; सीमावर्ती इलाकों में रहनेवाली महिलाओं; गाँव-शहर, कामकाजी महिलाओं; विधवा, गृहिणी, आदिवासी, वनवासी, मजदूर और यहाँ तक कि संन्यासी जीवन-यापन कर रही महिलाओं का भी अलग से सर्वे किया गया था।

सर्वे को दो हिस्सों में बाँटा गया था। पहले हिस्से में संबंधित क्षेत्र की महिलाओं का नाम, पता, उम्र जैसी बेसिक जानकारी माँगी गई तो दूसरे हिस्से में कार्यक्षेत्र, सामाजिक स्थिति, आर्थिक जीवन-स्तर जैसे बिंदु शामिल थे। इस सर्वे के पीछे संघ की सोच यह थी कि महिलाओं का साथ लिये बिना राजनीति ही नहीं, किसी भी क्षेत्र में देश और समाज का कल्याण नहीं हो सकता।

सर्वे को दो हिस्सों में बाँटा गया था। पहले हिस्से में संबंधित क्षेत्र की महिलाओं का नाम, पता, उम्र जैसी बेसिक जानकारी माँगी गई तो दूसरे हिस्से में कार्यक्षेत्र, सामाजिक स्थिति, आर्थिक जीवन-स्तर जैसे बिंदु शामिल थे। इस सर्वे के पीछे संघ की सोच यह थी कि महिलाओं का साथ लिये बिना राजनीति ही नहीं, किसी भी क्षेत्र में देश और समाज का कल्याण नहीं हो सकता। संघ का मानना था कि देश जिस तरह से बदलाव की ओर बढ़ चला है, ऐसे में यही सबसे उचित समय है, जब महिलाओं की स्थितियों में बड़े पैमाने पर सुधार की पहल की जा सकती है। लेकिन इस पहल के लिए महिलाओं की जमीनी हकीकत के आँकड़े और तथ्यपरक रिपोर्ट होनी चाहिए। इस रिपोर्ट के आधार पर संघ परिवार के संगठन देश भर में सेमिनार-संगोष्ठियों और अन्य कार्यक्रमों के जरिए जन-जागरण अभियान चलाने की रणनीति बना चुके थे। जिसमें संघ की विचारधारा से जुड़ीं डॉक्टर, इंजीनियर, प्रोफेसर, समाज-सेवी, उद्यमी जैसी सफलता का मुकाम हासिल करनेवाली पेशेवर महिलाओं को भी शामिल करने की योजना थी।

मोदी शासनकाल की यह ऐसी गतिविधि थी, जिसे वर्ष 2019 के लोकसभा चुनाव की डुगडुगी बजने से पहले ही पूरा करने का लक्ष्य था; लेकिन कुछ घटनाओं की वजह से पूरा नहीं किया जा सका। लेकिन ज्यादातर घरों तक पहुँचने का काम एन.जी.ओ. और आनुषंगिक संगठन कर चुके थे। इस रिपोर्ट को सार्वजनिक किया गया 2019 में मोदी सरकार की ऐतिहासिक जीत के बाद। संघ प्रमुख मोहन भागवत ने 24 सितंबर, 2019 को इस रिपोर्ट को जारी किया। इस समारोह में भागवत और केंद्रीय वित्त मंत्री निर्मला सीतारमण भी मौजूद थीं। भागवत ने इस बात को जोरदार ढंग से रखा

कि यह एन.जी.ओ. 'दृष्टि स्त्री अध्ययन एवं प्रबोधन केंद्र' का महत्त्वपूर्ण सर्वेक्षण है। इस सर्वेक्षण के लिए समस्त चीजें संस्था ने खुद से तैयार कीं और इससे जुड़ी बहनों द्वारा किया गया कार्य अपने आप में बेहद महत्त्वपूर्ण है। भागवत ने इस अवसर पर एक महत्त्वपूर्ण टिप्पणी दी कि महिलाओं का विकास का रास्ता पुरुष नहीं तय कर सकते। इस अभियान में 1,081 टीमें बनाई गई थीं और 7,000 से ज्यादा महिला स्वयंसेविकाएँ लगाई गई थीं, जिन्होंने 29 राज्यों और केंद्रशासित प्रदेशों में करीब 74,000 से ज्यादा महिलाओं से संपर्क साधा था। सर्वेक्षण की टीम देश के 456 जिलों तक पहुँच पाई। इसमें करीब 2,196 अविवाहित महिलाएँ तो बाकी सभी विवाहितों से सर्वेक्षण की टीम ने बातचीत की। सवालों की सूची इस तरह की थी कि एक-एक महिला से बात करने में लगभग दो घंटे का समय लग जाता था। इसलिए यह काम सहज नहीं था। सवाल किस तरह के थे, उसकी झलक नीचे है।

सर्वेक्षण में पूछे गए थे इस तरह के सवाल

- नाम, उम्र, वैवाहिक स्थिति (इसमें—अविवाहित, विवाहित, विच्छेद-सेपरेटेड, तलाकशुदा, विधवा, अन्य)।
- जाति (इसमें—अनुसूचित जाति, जनजाति, विशेष पिछड़ा वर्ग, विमुक्त जाति-जनजाति, सामान्य, अन्य पिछड़ा वर्ग)।
- धर्म (इसमें—हिंदू, मुसलिम, बौद्ध, जैन, सिख, ईसाई, अन्य)।
- शैक्षणिक स्तर (इसमें—अशिक्षित, अनौपचारिक शिक्षा, 1-4 कक्षा, 5-7 कक्षा, 8-10 कक्षा, 11-12 कक्षा, स्नातक, स्नातकोत्तर, डिप्लोमा, अन्य)।
- व्यवसाय (इसमें—विद्यार्थी, गृहिणी, निजी सेवा, प्रशासकीय सेवा, स्वयं का व्यवसाय, कैजुअल लेबर-सीजनल/डेली वेजेज, अन्य)
- मासिक आय, परिवार संयुक्त है या एकल या फिर विस्तृत, कुल पारिवारिक आय, रुचि आदि।
- पढ़ना, लिखना, गायन, चित्रकला, यात्रा और अन्य गतिविधियों में रुचि के साथ प्रतिदिन, साप्ताहिक, पाक्षिक, मासिक कितना समय देती हैं और खाली समय कैसे बिताती हैं?
- शिक्षा प्राप्त करते समय क्या समस्याएँ आईं? वैकल्पिक जवाब—आर्थिक या घर के पास शिक्षा का अभाव, इन्फ्रास्ट्रक्चर का न होना, परिवार का सहयोग नहीं मिलना, अचानक परिवार की जिम्मेदारी आदि।
- शिक्षा अधूरी छोड़ने का कारण? वैकल्पिक—शादी होना, पारिवारिक जिम्मेदारी, आर्थिक मजबूरी, यातायात साधन की कमी, पारिवारिक संस्कृति-परंपराएँ आदि।

- शिक्षण के किस स्तर पर आपने शिक्षा छोड़ दी?

(विकल्प—कोई औपचारिक शिक्षा नहीं, प्राथमिक स्तर, माध्यमिक, हाई स्कूल, उच्च माध्यमिक स्तर, स्नातक के दरमियान, स्नातक स्तर पर, स्नातकोत्तर के बाद, पढ़ रहे हैं।)

कुछ रोचक सवाल, जिसमें 1 से 5 तक रैंकिंग करनी थी—

(पूर्णत: सहमत, सहमत, उदासीन, असहमत, पूर्णत: असहमत)

- मैं अपने आप से खुश नहीं रहती हूँ।
- मैं सामान्यत: भविष्य के प्रति आशावादी नहीं हूँ।
- सामान्यत: मैं जो करती हूँ और करना चाहती हूँ, उसमें अंतर होता है।
- मैं दूसरों के साथ खुश नहीं रहती हूँ।
- मैं सोचती हूँ कि निर्णय लेना मेरे लिए सरल नहीं है।
- मैं सोचती हूँ कि मेरे जीवन का कोई उद्‌देश्य व अर्थ नहीं है।
- सोचती हूँ कि मैं स्वस्थ नहीं हूँ।
- मेरे पास खुशी के कोई यादगार पल नहीं हैं।

संन्यासी महिलाओं से पूछे जानेवाले सवाल इस तरह के थे—

- पंथ-संप्रदाय-अखाड़ा का नाम, संतों की संख्या, शिक्षा, किस आयु में आए, कौन लाया, कारण, चुनौती क्या हुई, अध्यात्म में आने की प्रेरणा कहाँ से मिली?
- अध्यात्म के क्षेत्र में आने से जीवन में क्या परिवर्तन आया?
- आपकी साधना का प्रभाव, संस्कृति और समाज में किस प्रकार होता है?
- आपके व्यक्तिगत खर्च और मठ की व्यवस्था कैसे होती है? (विकल्प—दान द्वारा, गुरु के द्वारा, स्वयंभू भक्तों के द्वारा, शिष्यों के द्वारा, सामाजिक संस्था द्वारा, भिक्षावृत्ति द्वारा, विदेशी मुद्रा द्वारा।)
- अध्यात्म के क्षेत्र में आने की प्रेरणा कहाँ से मिली? (परिवार से, गुरु से, घटना विशेष से, जन्मत:)
- यह कार्य करते समय व्यक्तिगत तौर पर कौन सी समस्याओं-चुनौतियों का सामना करना पड़ा?
- अन्य पंथ/संप्रदाय की महिला संतों के साथ आपको विचारों का आदान-प्रदान करने का अवसर प्राप्त होता है क्या? (हाँ या नहीं, कारण सहित)
- आपकी साधना का संस्कृति की रक्षा में किस प्रकार का प्रभाव पड़ता है?

(उत्तर के विकल्प—समाज के उच्च वर्ग का धार्मिक कार्यक्रम में धन लगाना बढ़ा, धार्मिक आयोजन में समाज का उत्साह से जुड़ना, धार्मिक भावनाओं का जागरण,

कट्टरवाद का बढ़ना, समाज की संवेदनशीलता बढ़ना, धार्मिक उन्माद का बढ़ना।)

- आश्रम में किन ग्रंथों का अध्ययन-अध्यापन होता है?

(यह विकल्प—रामायण, श्रीमद्भागवत, भगवद्गीता, उपनिषद्, कुरान, बाइबल, गुरु ग्रंथ साहिब, अन्य।)

- समाज में राष्ट्र-भावना के निर्माण के लिए क्या करते हैं? (विकल्प—युवाओं को स्वाध्याय के लिए प्रेरित करना, आश्रम-मठों में राष्ट्रीय कार्यक्रमों का आयोजन, कथा-प्रवचन में राष्ट्रीय समस्याओं का विवेचन तथा निराकरण के लिए जागरण करना।)
- आपके द्वारा समाज-सेवा के किस प्रकार के कार्य किए जा रहे हैं? (गौ-सेवा, गरीब बच्चों की शिक्षा, अन्नदान, वस्त्र दान, अस्पताल चलाना, स्कूल, औषधि वितरण, वृद्धाश्रम चलाना।)
- संत परंपरा में आने के बाद महिला होने के नाते कौन सी चुनौतियों का सामना करना पड़ा?
- आपके पंथ-संप्रदाय में महिला संतों के लिए प्रशिक्षण की व्यवस्था है क्या? (हाँ या नहीं। यदि 'हाँ' तो केवल महिलाओं के लिए स्वतंत्र रूप से या सबके साथ)
- महिला संतों के निवास की व्यवस्था के बारे में आपके क्या विचार हैं? (पाँच विकल्प—लागू नहीं, प्रतिसाद नहीं, संतोषजनक, उपेक्षित, सुधार की आवश्यकता।)
- फक्कड़ महिला संतों की स्थिति कैसी है?
- सेवाधारी महिलाओं की स्थिति क्या है?
- क्या आप कुंभ-स्नान में शाही स्नान के लिए मान्यता के पक्ष में हैं?
- आध्यात्मिक क्षेत्र में सर्वोच्च स्थान हासिल करने में महिलाओं को कौन से व्यवधान हैं? (विकल्प—परंपरागत विचारधारा, महिलाओं का सामने नहीं आना, सामाजिक-धार्मिक मान्यताएँ।)
- आध्यात्मिक क्षेत्र में काम करने से महिलाओं का स्तर कैसा होता है?

सर्वेक्षण का खाका इस तरह से बनाया गया था कि महिलाओं की सिर्फ सामाजिक-आर्थिक स्थिति ही नहीं, मानसिक स्थिति भी पूरी तरह से समाज और सरकार के सामने आए, ताकि इससे महिलाओं से जुड़ी योजना को बनाने में सरकार को मदद मिल सके। संघ के विचारों से भले प्रेरित हो, लेकिन एन.जी.ओ. 'दृष्टि स्त्री अध्ययन एवं प्रबोधन केंद्र' ने स्वतंत्र तरीके से व्यापक सर्वेक्षण रिपोर्ट तैयार की, जिसमें समाज में महिलाओं की वास्तविक स्थिति को सामने रखा। लेकिन इस पूरे अभियान के आरंभ से समापन

तक संघ की रुचि से जाहिर है कि इसका उद्देश्य महिलाओं के बीच अपने सामाजिक आधार को मजबूत करना है। वर्ष 2017–18 के बीच सर्वेक्षण के पूरे अभियान के समय भा.ज.पा. भी महिलाओं को लेकर सरकारी योजनाओं और संगठनात्मक अभियानों के माध्यम से अपने राजनीतिक आधार को मजबूती देने में जुटी थी।

निश्चित तौर से, संवाद और समन्वय के साथ भारत में सामाजिक–बौद्धिक विस्तार कर संघ–भा.ज.पा. ने अपने पुराने आधार को न सिर्फ बढ़ाया, बल्कि उसे मजबूती भी दी। लेकिन रणनीति के तौर पर संघ–भा.ज.पा. ने अपने विस्तार को सीमित नहीं रखा। भारत में जिस तरह से नरेंद्र मोदी का नेतृत्व उभरा और विश्व–पटल पर उनकी साख बढ़ी, संघ ने भी अपने वैचारिक विस्तार को तीव्रता प्रदान करना शुरू कर दिया, जिसके लिए आजादी के पहले से ही संघ विश्व के कई देशों में 'हिंदू स्वयंसेवक संघ' नाम से अपना आधार बढ़ाते हुए 'वसुधैव कुटुंबकम्' के जरिए दुनिया भर में बसे हिंदुओं को जोड़ने का काम करता आ रहा है। संघ के वैश्विक आधार और उसकी गतिविधियों की जानकारी अगले अध्याय में विस्तार से उल्लेखित है।

□

18

संघ का 'विश्व धर्म'

पहले वाजपेयी सरकार और फिर मोदी सरकार के जरिए दुनिया में आजादी के पहले से चल रहे वैचारिक विस्तार को संघ ने सुदृढ़ किया तो मोदी भी विश्व-पटल पर छाए। फिर वर्ष 2014 में मोदी की जीत ने कैसे संघ की स्वीकार्यता को भी बढ़ाया तो भा.ज.पा. को भी राजनीतिक लाभ मिला।

अटल बिहारी वाजपेयी की सरकार हो या अब नरेंद्र मोदी की सरकार, वैश्विक मसले पर संघ को बहुत ज्यादा शिकायतें नहीं रहीं। हालाँकि, वाजपेयी सरकार के समय बँगलादेश में हिंदुओं पर होनेवाले अत्याचार वाले मसले पर संघ बेहद मुखर था। संघ प्रमुख के.एस. सुदर्शन ने तो इसको लेकर कई बार वाजपेयी से बात की थी, तो लालकृष्ण आडवाणी से भी इस मसले को जोर-शोर से उठाने के लिए कहा था। इसका खुलासा खुद सुदर्शन अप्रैल 2005 के अपने एक साक्षात्कार में कर चुके हैं। नाराजगी इतनी थी कि उन्होंने उस साक्षात्कार गें इंदिरा गांधी, नरसिंह राव और लालकृष्ण आडवाणी को कद्दावर और एक रुख लेनेवाला नेता बताया था; लेकिन शीर्ष की पंक्तियों में वाजपेयी को रखने से इनकार कर दिया था, जिसकी वजह उन्होंने खासतौर से बँगलादेश में हिंदुओं पर होनेवाले अत्याचार के मामले में सरकार की ओर से कोई कड़ा रुख नहीं अपनाना था। लेकिन इस मसले को अलग करके विश्व में विचारधारा के लिहाज से संघ ने किस तरह काम किया और उसका सीधा लाभ भा.ज.पा. को मिला है, उसको समझने के लिए पहले संघ के वैश्विक आकार-प्रकार को जानना जरूरी है।

विदेश में संघ की शुरुआत मकर संक्रांति के अवसर पर सन् 1947 में केन्या के नैरोबी से हुई थी। पहले इसका नाम 'भारतीय स्वयंसेवक संघ' रखा, जो बाद में दुनिया के अन्य देशों में विस्तार के साथ 'हिंदू स्वयंसेवक संघ' और 'विश्व स्वयंसेवक संघ' में परिवर्तित हो गया। राष्ट्रीय स्वयंसेवक संघ की प्रेरणा से इसकी स्थापना तो हुई, लेकिन 'राष्ट्रीय' शब्द का प्रयोग चूँकि विदेशी सरजमीं पर करना उचित नहीं था, इसलिए दुनिया

में अपने वैचारिक विस्तार के लिए संघ ने 'विश्व स्वयंसेवक संघ' नाम से एक नई संस्था की नींव डाली। सिर्फ शाखा लगा लेने से संघ का विस्तार नहीं होता, बल्कि भारत हो या विश्व के अन्य देश, संघ अपनी सामाजिक गतिविधियों को इसका मुख्य आधार बनाता है। नैरोबी में भी उसने सामाजिक-सांस्कृतिक संगठन के जरिए सेवा का काम शुरू किया। लेकिन दुनिया में संघ के विस्तार में अहम भूमिका निभाई थी लक्ष्मण राव भिड़े ने, जो सन् 1942 में ही संघ के पूर्णकालिक प्रचारक बन गए थे। सबसे पहले उन्हें राम जन्मभूमि वाले क्षेत्र फैजाबाद में संघ का काम दिया गया। लेकिन सन् 1959 में संघ के ओवरसीज, यानी विदेश में विस्तार का काम दिया गया। भिड़े के बारे में कहा जाता है कि वे दुबली कद-काठी के थे, जिन्होंने अनवरत 80 से ज्यादा देशों में यात्राएँ कीं और अलग-अलग देशों की दिनचर्या ने उनके स्वास्थ्य पर काफी बुरा असर डाला। लेकिन उन्होंने दुनिया की सरजमीं पर संघ के संदेश का प्रसार करने में सबसे अहम भूमिका निभाई। विदेश में हिंदू-हित और भारत-हित में उन्होंने कई संस्थाएँ बनाईं, जिनमें सन् 1978 में 'फ्रेंड्स ऑफ इंडिया सोसाइटी इंटरनेशनल' प्रमुख है। लेकिन सन् 1990 में जब भारतीय दूतावास ही विदेशों में भा.ज.पा. की छवि धूमिल कर रहा था, तब उनकी सलाह पर ही भा.ज.पा. में भी 'ओवरसीज फ्रेंड्स ऑफ बी.जे.पी.' का गठन कर कांग्रेसी षड्यंत्र को विफल करने का खाका खींचा था। ऐसे ही एक बार जब मॉरीशस के चुनाव में गुटबाजी की वजह से हिंदुओं पर कुछ जुल्म हुए तो उन्होंने सभी पक्षों को बिठाकर समझौता कराया और वहाँ चुनाव में हिंदू पक्ष की जीत हुई, यानी विदेश में संघ के प्रसार के मामले में लक्ष्मण राव भिड़े ने एक मजबूत आधार खड़ा कर दिया था।

सबसे पहले उन्हें राम जन्मभूमि वाले क्षेत्र फैजाबाद में संघ का काम दिया गया। लेकिन सन् 1959 में संघ के ओवरसीज, यानी विदेश में विस्तार का काम दिया गया। भिड़े के बारे में कहा जाता है कि वे दुबली कद-काठी के थे, जिन्होंने अनवरत 80 से ज्यादा देशों में यात्राएँ कीं और अलग-अलग देशों की दिनचर्या ने उनके स्वास्थ्य पर काफी बुरा असर डाला। लेकिन उन्होंने दुनिया की सरजमीं पर संघ के संदेश का प्रसार करने में सबसे अहम भूमिका निभाई।

इसे आकार देने और संघ-भा.ज.पा. की विचारधारा के प्रति समर्पित रूप देने का प्रयास बालेश्वर अग्रवाल ने किया, जो 'विश्व स्वयंसेवक संघ' का काम देखने लगे थे। केंद्र की सत्ता में सन् 1998 में जब भा.ज.पा. आई तो तत्कालीन प्रधानमंत्री अटल बिहारी वाजपेयी से बालेश्वर अग्रवाल के संबंध मित्रवत् थे। प्रचारक के नाते दोनों लंबे

समय से एक-दूसरे को जानते-समझते थे। ऐसे में, उन्होंने बड़ी पहल शुरू की, ताकि वैश्विक स्तर पर भारत की अलग साख तो बने ही, केंद्र की सत्ता में पहली बार आई अपनी वैचारिक सरकार का लाभ विश्व में संघ की शाखाओं को सशक्त बनाने में किया जाए, जिसके लिए एक भरोसा कायम करने की जरूरत थी और डॉ. लक्ष्मीमल सिंघवी के साथ मिलकर बालेश्वर अग्रवाल ने 'प्रवासी भारतीय दिवस' की नींव रखी। वाजपेयी सरकार को उन्होंने सुझाव दिया और पहली बार 'प्रवासी भारतीय दिवस' मनाने की शुरुआत की गई, ताकि विदेशों में बसे भारतीयों को अपनेपन का अहसास हो।

सन् 1998 में उन्होंने विदेशों में बसे भारतवंशी सांसदों का और 2000 में 'प्रवासी भारतीय सम्मेलन' कराया। हर साल 9 जनवरी को 'प्रवासी दिवस' की कल्पना उनकी ही थी। प्रवासियों की सुविधा के लिए दिल्ली में 'प्रवासी भवन' भी उनकी सलाह पर बनाया गया था। विदेशों में बसे भारतीयों के संगठन और कल्याण में सक्रिय लोगों को सम्मानित करने की शुरुआत भी अग्रवाल ने ही की थी। एन.आर.आई. के लिए मतदान का अधिकार जैसी बातें भी प्रस्तावित हुईं। लेकिन प्रवासी भारतीयों से इस तरह के जुड़ाव से व्यवसाय के अवसर भी बढ़े। पहली बार ऐसा हुआ कि वाजपेयी सरकार ने 'एंबेसडर एट लार्ज' (वैश्विक राजदूत) के तौर पर भीष्म अग्निहोत्री की नियुक्ति भी कर दी, जिनका काम विश्व में बसे सभी भारतवंशियों को जहाँ भारतीय मूल के नागरिकों को सहायता और सहयोग की अपेक्षा होती है—लेकिन दूतावासों में मुश्किलों का सामना करना पड़ता था, उन्हें सहज सुविधा मुहैया कराने के लिए यह विशेष नियुक्ति की गई थी, जिसको लेकर काफी विवाद भी हुआ था।

सन् 1998 में उन्होंने विदेशों में बसे भारतवंशी सांसदों का और 2000 में 'प्रवासी भारतीय सम्मेलन' कराया। हर साल 9 जनवरी को 'प्रवासी दिवस' की कल्पना उनकी ही थी। प्रवासियों की सुविधा के लिए दिल्ली में 'प्रवासी भवन' भी उनकी सलाह पर बनाया गया था। विदेशों में बसे भारतीयों के संगठन और कल्याण में सक्रिय लोगों को सम्मानित करने की शुरुआत भी अग्रवाल ने ही की थी।

इन सभी कदमों का असर था कि जिन देशों में भारतीय मूल के लोगों की बहुलता है, वहाँ उन्हें भारतीय राजदूत से भी अधिक सम्मान मिलता था। कई जगहों पर तो लोग उन्हें परिवार का ही सदस्य मानते थे। 'विश्व संवाद केंद्र' पर मौजूद लेखों के मुताबिक, देश और विदेश की अनेक संस्थाओं ने उन्हें सम्मानित किया था। जीवन का अधिकांश समय प्रवास में बिताने के बाद वृद्धावस्था में वे 'प्रवासी भवन' में ही रहते हुए विदेशस्थ भारतीयों के हित-चिंतन में लगे रहे। वाजपेयी सरकार के समय बालेश्वर अग्रवाल तो

सक्रिय थे ही, भा.ज.पा. का 'ओवरसीज फ्रेंड्स ऑफ बी.जे.पी.' भी रणनीतिक तरीके से काम करने लगा था। इसमें विश्व हिंदू परिषद् भी भूमिका निभाता था, जिसमें खासतौर से अशोक सिंघल शामिल थे। लेकिन जब वर्ष 2004 में भा.ज.पा. चुनाव हार गई तो सत्ता के नहीं होने का स्वाभाविक असर भी पड़ा। वर्ष 2004 से 2014 तक सेक्युलर लॉबी हावी रही। लेकिन प्रतिबद्ध स्वयंसेवकों के साथ संघ का अपना वैचारिक अभियान चलता रहा। फिर भी, मध्यमार्गी या तो चुप हो गए या दूर होते चले गए।

मिशन-2014 और विश्व-पटल पर मोदी

> *वर्ष 2013 में भा.ज.पा. की कमान पूरी तरह से नरेंद्र मोदी के हाथों में आई तो चुनाव में काम करने के लिए विदेशों से भारतीय मूल के कई प्रोफेशनल्स आए, जिन्होंने 2014 के चुनाव अभियान के लिए योगदान दिया। इसी में एक अहम चेहरा बने लंदन में रहनेवाले मनोज लाडवा, जो पहले से ही लंदन में मोदी के लिए अभियान चलाए हुए थे। वर्ष 2005 में भी एक बार मुख्यमंत्री रहते हुए मोदी को लंदन जाना था, लेकिन गुजरात दंगे को लेकर ऐसा माहौल खड़ा किया गया कि यात्रा रद्द करनी पड़ी थी।*

लेकिन जब वर्ष 2013 में भा.ज.पा. की कमान पूरी तरह से नरेंद्र मोदी के हाथों में आई तो चुनाव में काम करने के लिए विदेशों से भारतीय मूल के कई प्रोफेशनल्स आए, जिन्होंने 2014 के चुनाव अभियान के लिए योगदान दिया। इसी में एक अहम चेहरा बने लंदन में रहनेवाले मनोज लाडवा, जो पहले से ही लंदन में मोदी के लिए अभियान चलाए हुए थे। वर्ष 2005 में भी एक बार मुख्यमंत्री रहते हुए मोदी को लंदन जाना था, लेकिन गुजरात दंगे को लेकर ऐसा माहौल खड़ा किया गया कि यात्रा रद्द करनी पड़ी थी। विपक्ष में रहते हुए ऐसे कई मामलों में भा.ज.पा. को अपमान का सामना करना पड़ा था। ऐसे में, दुनिया में काम करनेवाले हिंदू स्वयंसेवक संघ के लिए भी चुनौतीपूर्ण स्थिति थी। इधर लाडवा 'वाइब्रेंट गुजरात' के लिए भी अभियान चलाए हुए थे। लाडवा के बारे में कहा जाता है कि वे संघ के लंदन चैप्टर से जुड़े हैं और हिंदू स्वयंसेवक संघ का हिस्सा हैं। संघ की सेवा भारती की तर्ज पर विदेश में काम करनेवाली संस्था 'सेवा इंटरनेशनल' के ट्रस्टी में भी माने जाते हैं। 2010 में लाडवा ने 'इंडिया इंक' की स्थापना की और मोदी के रणनीतिकार के तौर पर सक्रिय हो गए। 2014 के लोकसभा चुनाव के लिए चले अभियान में रिसर्च, एनालिसिस व मैसेजिंग का जिम्मा लाडवा के जिम्मे था और उन्होंने 'नरेंद्र मोदी फॉर पी.एम.' का अभियान चलाया। ऐसे

कई प्रोफेशनल्स भी थे, जो विदेशों में हिंदू स्वयंसेवक संघ का हिस्सा थे और बहुराष्ट्रीय कंपनियों में काम करते थे।

मिशन 2014 में नरेंद्र मोदी सफल हुए तो इच्छुक प्रोफेशनल्स को सरकार में भी जगह दी गई और भा.ज.पा. संगठन में भी। लेकिन मोदी के प्रधानमंत्री बनने के बाद विदेश में भारत की धमक और धौंस बढ़ाने की मुहिम शुरू हुई। जिस अमेरिका ने नरेंद्र मोदी को कभी वीजा देने से इनकार किया था, वह भी भारत की बढ़ती ताकत को समझने लगा था। मोदी जब पहली बार अमेरिका गए तो मेडिसन स्क्वायर की उनकी ऐतिहासिक जनसभा दुनिया में चर्चा का विषय बनी। मोदी को लेकर क्रेज की एक दूसरी वजह यह भी थी कि विदेश में बसे व्यवसायियों में गुजराती मूल के लोग भी काफी संख्या में हैं। लेकिन उसके बाद ऑस्ट्रेलिया और अन्य विदेश दौरों में मोदी की भारतीय समुदाय के लोगों के साथ बड़ी-बड़ी जनसभाएँ भी अहम हिस्सा बन गईं, जिसका मकसद भारतीयों की प्रतिष्ठा को स्थापित करने के अलावा विचारधारा को भी सुदृढ़ करना था। मोदी की धमक विश्व के देशों में एक शक्तिशाली राष्ट्राध्यक्ष के रूप में होने लगी थी।

ऐसे बनती थी विदेश में सभा की रणनीति

हिंदू स्वयंसेवक संघ के नाम से संघ की पहुँच दुनिया के कई देशों में है। बाकायदा उसकी नियमित शाखाएँ भी होती हैं। यानी संघ का अपना एक वैचारिक आधार वहाँ मौजूद था। जब नरेंद्र मोदी प्रधानमंत्री बने तो विदेश दौरों में होनेवाली जनसभाओं के लिए विचार परिवार के समन्वय से रणनीति बनती थी। प्रचारक के नाते मोदी जानते थे कि किस तरह से इस योजना को अंजाम दिया जाता है। ऐसे में, शुरुआत में ही उन्होंने मेडिसन स्क्वायर से लेकर कई देशों की ऐसी सभाओं में भा.ज.पा. के राष्ट्रीय महासचिव राम माधव को जिम्मेदारी सौंपी, जो वर्ष 2014 की महत्त्वपूर्ण विजय के बाद संघ से सीधे भा.ज.पा. में आए थे और बाद में विजय चौथाईवाला भी इस योजना में जुड़े, जो भा.ज.पा. के विदेश विभाग के प्रमुख की जिम्मेदारी सँभाल रहे हैं। राम माधव लंबे समय तक संघ के प्रवक्ता रहे हैं और वाजपेयी सरकार के समय

हिंदू स्वयंसेवक संघ के नाम से संघ की पहुँच दुनिया के कई देशों में है। बाकायदा उसकी नियमित शाखाएँ भी होती हैं। यानी संघ का अपना एक वैचारिक आधार वहाँ मौजूद था। जब नरेंद्र मोदी प्रधानमंत्री बने तो विदेश दौरों में होनेवाली जनसभाओं के लिए विचार परिवार के समन्वय से रणनीति बनती थी। प्रचारक के नाते मोदी जानते थे कि किस तरह से इस योजना को अंजाम दिया जाता है।

शासन को करीब से देखने का भी उनको अनुभव रहा है। एक अनुशासित संगठन के तौर पर स्थापित संघ में राम माधव का चेहरा सबके लिए जाना-पहचाना था। ऐसे में, मोदी ने उन्हें यह जिम्मेदारी सौंपकर समन्वय का काम दिया। माधव हर सभा से पहले उस देश के हिंदू स्वयंसेवक संघ और वैश्विक समन्वयक के तौर पर काम करनेवाले पदाधिकारी के साथ इसकी पूरी कार्य-योजना तैयार करते थे। मौजूदा समय में सौमित्र गोखले हिंदू स्वयंसेवक संघ के वैश्विक समन्वयक के तौर पर काम देख रहे हैं तो सह-सरकार्यवाह के तौर पर दत्तात्रेय होसबाले विदेश प्रभाग की निगरानी करते हैं। इस तरह की जनसभा विदेश की सरजमीं पर अपनी ताकत दिखाने का भी एक प्रदर्शन जैसा होता है। ऐसे में, स्टेडियम में भीड़ को जुटाना महत्त्वपूर्ण काम होता था। लेकिन हिंदू स्वयंसेवक संघ भारत की प्रतिष्ठा को ध्यान में रखकर इसमें पूरी तरह से जुटता था, जिसका नतीजा हुआ कि प्रधानमंत्री मोदी की गर्जना की गूँज सिर्फ उसी देश तक सीमित नहीं रहती थी, जहाँ सभा होती थी; बल्कि दुनिया भर में यह चर्चा का विषय बन जाता था, जिसका असर यह होता था कि अन्य देशों के भारतवंशी भी तेजी से संघ से जुड़ने लगे।

भारतीयों को अपनी जड़ों से जोड़ने के लिए हिंदू स्वयंसेवक संघ का एक पंचवर्षीय शिविर भारत में भी आयोजित किया जाता है, जिसकी शुरुआत सन् 1990 में हुई थी, जिस साल कांग्रेस के दुष्प्रचार का जवाब देने के लिए राजनीतिक तौर पर 'ओवरसीज फ्रेंड्स ऑफ बी.जे. पी.' की नींव रखी गई थी। इसके बाद से हर पाँच साल पर राष्ट्रीय स्वयंसेवक संघ ने हिंदू स्वयंसेवक संघ के एक शिविर की शुरुआत की।

इंदौर में विश्व संघ शिविर-2015

भारतीयों को अपनी जड़ों से जोड़ने के लिए हिंदू स्वयंसेवक संघ का एक पंचवर्षीय शिविर भारत में भी आयोजित किया जाता है, जिसकी शुरुआत सन् 1990 में हुई थी, जिस साल कांग्रेस के दुष्प्रचार का जवाब देने के लिए राजनीतिक तौर पर 'ओवरसीज फ्रेंड्स ऑफ बी.जे.पी.' की नींव रखी गई थी। इसके बाद से हर पाँच साल पर राष्ट्रीय स्वयंसेवक संघ ने हिंदू स्वयंसेवक संघ के एक शिविर की शुरुआत की। केंद्र में नरेंद्र मोदी, जो खुद संघ के प्रचारक रहे हैं और उनके नेतृत्व में सरकार आने के बाद वर्ष 2015 के दिसंबर में इंदौर में इस विश्व संघ शिविर का आयोजन हुआ था। इसमें 45 देशों के 700 से ज्यादा प्रतिनिधि शामिल हुए थे। सरसंघचालक मोहन भागवत के अलावा तत्कालीन भा.ज.पा. अध्यक्ष अमित शाह, लोकसभा स्पीकर सुमित्रा महाजन जैसे लोग शामिल थे। इसरो (ISRO) के चीफ रह चुके जी. माधवन नायर इस समारोह के मुख्य

अतिथि थे, जिन्होंने स्वदेशी, विज्ञान-तकनीक, भारतीय शास्त्रों में चाँद पर पानी मिलने से लेकर अंतरिक्ष विज्ञान में योगदान का जिक्र किया। इसमें खासतौर से तत्कालीन विदेश मंत्री सुषमा स्वराज को बुलाया गया था, ताकि विश्व में हिंदू परिवारों की समस्याओं और चुनौतियों को समझकर उसका समाधान किया जा सके। संघ के सरकार्यवाह भैय्याजी जोशी की मौजूदगी में सुषमा स्वराज ने अमेरिका, ऑस्ट्रेलिया, म्याँमार आदि देशों के संघ पदाधिकारियों का समूह बनाकर विचार-मंथन किया। लेकिन इस तरह की बैठक की महत्ता, आयोजन के उद्‌देश्य और हिंदू समाज किस तरह जाग रहा है, उसे भैय्याजी जोशी ने अपने संबोधन में उद्‌धृत भी किया। उस संबोधन के कुछ अंशों का जिक्र करना जरूरी है, ताकि इस वैश्विक विस्तार की पटकथा समझी जा सके।

उन्होंने कहा था, "हिंदू के रक्त, मन, मस्तिष्क में स्थापित विचार कभी दुर्बल नहीं होते। भिन्न प्रकार का चिंतन लेकर हम विश्व में खड़े हैं। हमने दुनिया को एक परिवार माना है। हम अपने चिंतन से दुनिया को प्रभावित करना चाहते हैं। हिंदू जगे तो विश्व जगेगा। विश्व में सभी संघर्षों को समाप्त करने हेतु चिंतन हिंदू समाज ही दे सकता है। हम हिंदू हैं, यह अहंकार नहीं, स्वाभिमान है। हमारा (हिंदू समाज) जागना प्रारंभ हुआ है। विश्व भी जगेगा, यह हमारा विश्वास है। इसी में मानव जीवन की स्वतंत्रता की गारंटी है। विश्व का जगना मनुष्य का जगना है।" भैय्याजी जोशी का यह संबोधन विश्व संवाद केंद्र की वेबसाइट पर मौजूद है, जिसमें आगे वे देवासुर संग्राम का जिक्र करते हैं कि कैसे सत्य के साथ असत्य, न्याय के साथ अन्याय, धर्म के साथ अधर्म और देवों के साथ असुरों का संग्राम हुआ था; जिसमें हमेशा सत्य, न्याय, धर्म और देवों की ही विजय हुई है। उनका कहना था कि हिंदुत्व का तत्त्वज्ञान भारतीय मनीषियों ने रखा है। यह स्नेह से ही प्राप्त किया जा सकता है, क्योंकि हम इस संस्कृति के प्रतिनिधि हैं।

हिंदू के रक्त, मन, मस्तिष्क में स्थापित विचार कभी दुर्बल नहीं होते। भिन्न प्रकार का चिंतन लेकर हम विश्व में खड़े हैं। हमने दुनिया को एक परिवार माना है। हम अपने चिंतन से दुनिया को प्रभावित करना चाहते हैं। हिंदू जगे तो विश्व जगेगा। विश्व में सभी संघर्षों को समाप्त करने हेतु चिंतन हिंदू समाज ही दे सकता है। हम हिंदू हैं, यह अहंकार नहीं, स्वाभिमान है।

भैय्याजी जोशी ने भारतीय संस्कृति और हिंदुओं में विदेशी आक्रांताओं की तरह लूटने की प्रवृत्ति नहीं होने का जिक्र कुछ इस तरह किया, "सरसंघचालक डॉ. हेडगेवारजी ने कहा था कि देश व समाज के लिए मरने नहीं, जीनेवाले लोग चाहिए। यह अहंकार नहीं, सिद्धांत की भाषा है। हम भारतीय संस्कृति के प्रतिनिधि हैं। हमें स्वयं से ही प्रारंभ

करना होगा। हम जागेंगे तो विश्व भी उस मार्ग पर चलेगा। भारत से हजारों लोग विश्व के अनेक देशों में गए, लेकिन हमने किसी देश को हराने या लूटने का काम नहीं किया। भारत में देने की परंपरा है, लेने की नहीं। हम शास्त्र और मूल्य लेकर गए, शस्त्र नहीं। भारतीय चिंतन हराने में नहीं, मन जीतने में विश्वास रखता है। राष्ट्रीय स्वयंसेवक संघ या हिंदू स्वयंसेवक संघ का कार्य इस यात्रा का दर्शन करवाना है। स्वामी विवेकानंदजी ने भी कहा था कि धर्म, कर्तव्य, मूल्य अगर भारत में समाप्त हो जाएँगे तो विश्व में कहीं भी देखने को नहीं मिलेगा। हम मानवीय दृष्टिकोण से कार्य करें। भविष्य के स्वप्न को हमें साकार करना है।" जिसके लिए हिंदू स्वयंसेवक संघ काम कर रहा था, तो मोदी सरकार की विदेशों में बढ़ती साख ने भी इस वैचारिक विस्तार में योगदान दिया। लेकिन उसकी गतिविधियाँ कैसे चलती हैं, इसे भी समझना होगा।

संघ का काम और विश्व धर्म की जय

संघ की सोच है कि हिंदू समाज का व्यक्ति, जो दुनिया में कहीं भी बसा हो, उसे भारत के साथ जोड़ना चाहिए। 'वसुधैव कुटुंबकम्' की इसी भावना के साथ संघ इस वक्त दुनिया के 39 देशों में एक ढाँचे के साथ सक्रिय है। भारत में अपनी जड़ें जमा चुका संघ दुनिया के नक्शे पर पूर्व में न्यूजीलैंड तो पश्चिम में कनाडा में भी अपनी शाखाएँ फैला चुका है।

संघ जिस तरह से भारत में काम करता है, उसी तरह से 'हिंदू स्वयंसेवक संघ' नाम से विश्व में गतिविधियाँ होती हैं, जिसमें वहाँ की परिस्थितियों और कानूनी प्रावधानों के लिहाज से ढाँचे में लचीलापन भी रखा जाता है। लेकिन विश्व में अगर भारतीयों की संख्या को देखें तो संसद् में विदेश मंत्रालय की ओर से रखे गए आँकड़े बताते हैं कि 208 देशों में तीन श्रेणियों में भारतीयों की संख्या कुछ इस प्रकार है—अनिवासी भारतीय-1 करोड़ 31 लाख 13 हजार 360, भारतीय मूल के लोगों की संख्या-1 करोड़ 78 लाख 82 हजार 369 और प्रवासी भारतीयों की संख्या-3 करोड़ 99 लाख 5 हजार 729 है। अगर इसे साधारण तरीके से समझें तो संयुक्त राष्ट्र की दुनिया के देशों में प्रवासी के तौर पर आनेवाले देशों की श्रेणी में भारत सबसे ऊपर है। भारत में ही पैदा हुए लोग, जो विदेशों में प्रवासी के तौर पर हैं, उनकी संख्या 1.75 करोड़ बताई गई है।

संघ की सोच है कि हिंदू समाज का व्यक्ति, जो दुनिया में कहीं भी बसा हो, उसे भारत के साथ जोड़ना चाहिए। 'वसुधैव कुटुंबकम्' की इसी भावना के साथ संघ इस वक्त दुनिया के 39 देशों में एक ढाँचे के साथ सक्रिय है। भारत में अपनी जड़ें जमा चुका

संघ दुनिया के नक्शे पर पूर्व में न्यूजीलैंड तो पश्चिम में कनाडा में भी अपनी शाखाएँ फैला चुका है। 'हिंदू स्वयंसेवक संघ' के विश्व में समन्वय करनेवाले सौमित्र गोखले के एक प्रस्तुतीकरण में इसका विस्तार से जिक्र है। भारत के अलावा दुनिया के 10 बड़े देश, जहाँ हिंदू आबादी है, उसमें नेपाल, बँगलादेश, इंडोनेशिया, श्रीलंका, पाकिस्तान, अमेरिका, मलेशिया, संयुक्त अरब अमीरात, ब्रिटेन और मॉरीशस हैं। इसके अलावा, वे देश, जो 'गिरमिटिया' नाम से जाने जाते हैं और वहाँ भारतीय मूल के लोगों की शासन में भी प्रमुख हिस्सेदारी हैं, उनमें त्रिनिदाद, गुयाना, सूरीनाम, मॉरीशस, फिजी, केन्या आदि हैं। संघ का मकसद हिंदुओं को एकजुट करना और संगठित करना है।

संघ की गतिविधि की शुरुआत दुनिया में सबसे पहले केन्या में सन् 1947 में हुई, फिर म्याँमार में 1950 में और ब्रिटेन में 1966 में शुरुआत हुई। अमेरिका में संस्थागत शुरुआत 1989 में हुई। गोखले के अनुसार, वर्ष 2016 तक दुनिया के 38 देशों में 1,107 शाखाएँ चल रही हैं, जो सप्ताह में एक या दो बार लगती हैं। शाखा कार्यक्रम कई देशों में हिंदुओं के घरों पर भी होता है। जब संघ प्रमुख के तौर पर के.एस. सुदर्शन वर्ष 2000 में त्रिनिदाद में आयोजित विश्व हिंदू सम्मेलन में गए थे, तब करीब 32 देशों में संघ का काम चल रहा था।

दुनिया में संघ का काम कोई नया नहीं है। लेकिन सत्ता और उसके नेतृत्व का भी एक स्वाभाविक असर होता है, इससे इनकार नहीं किया जा सकता। दक्षिण अफ्रीका के डरबन में सन् 1995 में नेल्सन मंडेला ने विश्व हिंदू सम्मेलन में हिस्सा लिया था, जहाँ 30 हजार से ज्यादा हिंदू जुटे थे। ब्रिटिश प्रधानमंत्री मार्गरेट थैचर जैसे लोग भी संघ के कार्यक्रमों में आ चुके हैं। दरअसल, संघ सिर्फ शाखाओं के जरिए विस्तार नहीं करता है।

दुनिया में संघ का काम कोई नया नहीं है। लेकिन सत्ता और उसके नेतृत्व का भी एक स्वाभाविक असर होता है, इससे इनकार नहीं किया जा सकता। दक्षिण अफ्रीका के डरबन में सन् 1995 में नेल्सन मंडेला ने विश्व हिंदू सम्मेलन में हिस्सा लिया था, जहाँ 30 हजार से ज्यादा हिंदू जुटे थे। ब्रिटिश प्रधानमंत्री मार्गरेट थैचर जैसे लोग भी संघ के कार्यक्रमों में आ चुके हैं। दरअसल, संघ सिर्फ शाखाओं के जरिए विस्तार नहीं करता है। इसके लिए संचार और संगठन की गतिविधि का एक कैलेंडर तैयार किया जाता है। हिंदू धर्म में किस तरह से आयोजनों का महत्त्व होता है, उसे दुनिया के देशों में भारतवंशी परिवारों की ओर से आयोजित किया जाता है, जिसमें लोग भारतीय संस्कृति से अपने बच्चों को रू-बरू कराने के लिए भेजते हैं; जैसे—गुरु वंदना कार्यक्रम। इसमें भारतीय पारंपरिक वेशभूषा में छात्रों को खड़ा कर सामने की कुरसी पर गुरु, यानी शिक्षक को बिठाया जाता है और कैसे हिंदू

धर्म में गुरु का सम्मान होता है, यह करके दिखाया जाता है। रक्षाबंधन के अवसर पर 'रक्षा सूत्र' बाँधने का भी बड़ा कार्यक्रम हिंदू स्वयंसेवक संघ की ओर से आयोजित होता है, जिसमें स्थानीय पुलिस या अन्य संस्थाओं के लोगों को बुलाकर इस त्योहार को मनाकर महत्त्व बताया जाता है। सूर्यनारायण यज्ञ के जरिए पारिवारिक गतिविधि; हिंदू परंपरा और संस्कृति से जुड़ी प्रदर्शनियाँ स्कूल, कॉलेज व राज्यों के बड़े ऑडिटोरियम में लगाई जाती हैं। केन्या में तो बाकायदा पाठ्यक्रम में भी यह शामिल है। इसके अलावा, एक सेवा भाव वाले संगठन के तौर पर किसी भी आपदा या विपरीत परिस्थिति में स्वयंसेवक निकलते हैं। विश्व में लगनेवाली शाखाओं में 'विश्व धर्म की जय' का उद्घोष किया जाता है। जिस तरह भारत में संघ की महिला विंग के तौर पर 'राष्ट्र सेविका समिति' होती है, उसी तरह विश्व के लिए 'हिंदू सेविका समिति' बनी हुई है।

विश्व में विचार-प्रसार की बढ़ती गतिविधियाँ

जिस तरह से अपार बहुमत के साथ भा.ज.पा. सत्ता में आई और उसके सिरमौर नरेंद्र मोदी बने तो हिंदू स्वयंसेवक संघ के लोगों में जबरदस्त क्रेज बढ़ा। दुनिया के कई देशों में गतिविधियाँ भी बढ़ीं; क्योंकि संघ उसी तरह से अपना काम विदेश में करता है, जैसे भारत में है। सामाजिक कार्यक्रम, दीपावली मिलन, रक्षाबंधन जैसे सांस्कृतिक त्योहारों के अलावा कूटनीति के स्तर पर भी भारतीय हिंदुओं की सहूलियतों को ध्यान में रखने के उद्देश्य से पहल हो रही थी।

जिस तरह से अपार बहुमत के साथ भा.ज.पा. सत्ता में आई और उसके सिरमौर नरेंद्र मोदी बने तो हिंदू स्वयंसेवक संघ के लोगों में जबरदस्त क्रेज बढ़ा। दुनिया के कई देशों में गतिविधियाँ भी बढ़ीं; क्योंकि संघ उसी तरह से अपना काम विदेश में करता है, जैसे भारत में है। सामाजिक कार्यक्रम, दीपावली मिलन, रक्षाबंधन जैसे सांस्कृतिक त्योहारों के अलावा कूटनीति के स्तर पर भी भारतीय हिंदुओं की सहूलियतों को ध्यान में रखने के उद्देश्य से पहल हो रही थी। विश्व संघ शिक्षा वर्ग का नियमित आयोजन और उसमें उस देश की बड़ी हस्ती को बुलाकर अपने विचार से अवगत कराना होता है। लेकिन नरेंद्र मोदी के प्रधानमंत्री बनने के बाद उत्साह किस तरह बढ़ा, इसका उल्लेख ऑस्ट्रेलिया में संयुक्त समन्वयक के तौर पर काम कर रहे रवि कुमार ने किया था, जिसका जिक्र इंदौर के 'विश्व संघ शिविर' के समय कई समाचार-पत्रों* में

---

* https://indianexpress.com/article/explained/simply-put-overseas-swayamsevaks-their-hindutva-project/

आया था। रवि कुमार ने कहा था, "मोदी जहाँ भी जाते हैं, खुद को वहाँ के भारतीयों से जोड़ लेते हैं। सिडनी में हम लोगों ने उनसे कहा था कि हमारे पास ऑस्ट्रेलियन पासपोर्ट है; लेकिन जब भी भारत जाते हैं, वीजा लेने में लंबा समय लग जाता है। मोदी ने मदद का भरोसा दिया और महज 10 दिनों में सिर्फ ऑस्ट्रेलिया ही नहीं, 40 देशों में इलेक्ट्रॉनिक वीजा की सुविधा देने का ऐलान कर दिया।" सिडनी में मोदी की बड़ी सभा हुई थी, जिसमें संघ परिवार ने अहम भूमिका निभाई थी। विदेशों में संघ का प्रभाव कितना है, इसका उदाहरण भी रवि कुमार ने दिया था। उन्होंने बताया था, "कई देशों की सरकारों ने हिंदू स्वयंसेवक संघ के कामकाज को मान्यता दी हुई है। जैसे म्याँमार में हमारे प्रचारकों को देश में अनाथों से जुड़े काम के लिए रेलवे की यात्रा में प्रथम श्रेणी में मुफ्त यात्रा की सुविधा दी हुई है।"

9 जनवरी, 2018 को दिल्ली में पहला पी.आई.ओ., यानी दुनिया के देशों में सांसद या निर्वाचित प्रतिनिधि की भूमिका निभानेवाले भारतीय मूल के लोगों का सम्मेलन हुआ, जिसमें 24 देशों के 137 सांसद-मेयर शामिल हुए थे। केंद्र सरकार ने भी भारतवंशियों की सुविधा के लिए कई महत्त्वपूर्ण पहलें शुरू कीं, तो कुछ को पहले से ज्यादा लचीला बनाया। 'भारत को जानिए' (के.आई.पी.) कार्यक्रम के तहत विदेशों में बसे भारतीयों को जड़ों से जोड़ने के लिए चलाए जानेवाली इस योजना की अवधि को 21 से बढ़ाकर 25 दिन तो साल में 2 से 6 कार्यक्रम की छूट दी गई। वर्ष 2018 तक के विदेश मंत्रालय के आँकड़े बताते हैं कि मोदी सरकार के चार साल में 1,060 युवाओं ने इस कार्यक्रम का लाभ उठाया था। जबकि हर दो साल में होनेवाले 'प्रवासी भारतीय दिवस' का आयोजन लोकसभा चुनाव से ठीक पहले 21-23 जनवरी, 2019 को प्रधानमंत्री नरेंद्र मोदी के संसदीय क्षेत्र वाराणसी में किया गया। इसका उद्‌देश्य सम्मेलन में आए सभी प्रतिनिधियों को वहाँ से प्रयागराज कुंभ में ले जाना और फिर 26 जनवरी की गणतंत्र दिवस परेड में भी शामिल कराना था। इसके अलावा, कई नई पहलों के जरिए मोदी सरकार ने भी प्रवासी विशेषज्ञों की मदद ली, ताकि आयोजनों को व्यावहारिक बनाया जाए। प्रवासी छात्रों को मिलनेवाली छात्रवृत्ति की सीमा भी बढ़ा दी गई। हालाँकि, एन.आर.आई. को भारत में मतदान का अधिकार देने का मामला लंबे समय से लंबित है और 2019 के

9 जनवरी, 2018 को दिल्ली में पहला पी.आई.ओ., यानी दुनिया के देशों में सांसद या निर्वाचित प्रतिनिधि की भूमिका निभानेवाले भारतीय मूल के लोगों का सम्मेलन हुआ, जिसमें 24 देशों के 137 सांसद-मेयर शामिल हुए थे। केंद्र सरकार ने भी भारतवंशियों की सुविधा के लिए कई महत्त्वपूर्ण पहलें शुरू कीं, तो कुछ को पहले से ज्यादा लचीला बनाया।

लोकसभा चुनाव से पहले 1 फरवरी को इसको लेकर विचार-मंथन भी हुआ था, लेकिन बात आगे नहीं बढ़ पाई। परंतु आनेवाले समय में इस प्रस्ताव का परवान चढ़ना तय है।

मोदी की विदेश यात्रा और चुनाव

प्रधानमंत्री नरेंद्र मोदी ने अपने शपथ-ग्रहण समारोह से अपनी विदेश नीति का संदेश दे दिया था। शपथ-ग्रहण में सार्क (SAARC) देशों के प्रमुखों को बुलाकर उन्होंने पड़ोसियों के साथ दोस्ताना रुख अपनाने की लकीर खींची तो लगातार विदेश यात्राओं को लेकर विपक्ष आरोप भी लगाने लगा। वर्ष 2019 के लोकसभा चुनाव से पहले जारी सरकारी आँकड़ों के मुताबिक, फरवरी 2019 तक प्रधानमंत्री मोदी ने 48 विदेश दौरों में 92 देशों की यात्रा कर ली थी। मोदी अपनी यात्रा की योजना में हर वक्त को अहमियत देते थे और कम समय में ज्यादा-से-ज्यादा गतिविधि करते थे, जिसका असर था कि मोदी ने दुनिया में भारत की धाक बढ़ाई। लेकिन कांग्रेस और अन्य विपक्षी दल प्रधानमंत्री मोदी के दौरों पर लगातार सवाल तो उठाते ही थे, सोशल मीडिया पर इसका उपहास भी उड़ाया जाने लगा था। लेकिन मोदी की गर्जना और दुनिया की बड़ी-बड़ी हस्तियों वाले देश अमेरिका, रूस आदि भी जिस तरह से भारत की ताकत और धमक को सम्मान देने लगे थे, उससे खासतौर से भारतीय जन-मानस में अच्छा संदेश जा रहा था। लोकसभा चुनाव से कुछ महीने पहले कई ऐसे पत्रकार, जो ग्राउंड रिपोर्टिंग के लिए दौरे पर गए तो उन्होंने यह महसूस किया कि जमीन पर लोग विपक्ष की ओर से मोदी की विदेश यात्रा पर सवाल उठाने या उपहास करने से नाराज थे; क्योंकि उन लोगों का मानना था कि दुनिया के शक्तिशाली देश अब भारतीय नेतृत्व को आशा भरी निगाहों से देखने लगे थे।

निश्चित तौर से, वर्ष 2014 के बाद दुनिया ने भारत की ताकत को महसूस किया और पूरा सम्मान दिया, जिसमें विदेशों में बसे या काम कर रहे भारतवंशियों का अहम योगदान था, तो इन भारतीयों को विदेश में संगठित करने और भारतीय संस्कार को बढ़ावा देने के लिए हिंदू स्वयंसेवक संघ ने काम किया। नेतृत्व के तौर पर, नरेंद्र मोदी ने भी विदेशों में रहनेवाले भारतीयों को आकर्षित किया तो संघ का वैश्विक आधार प्रधानमंत्री बनने के बाद की उनकी साख को बढ़ाने में सहायक साबित हुआ। संघ ने तो विचारधारा को फैलाने के लिए विदेशों में काम बढ़ाया, लेकिन उसका राजनीतिक लाभ भारत में भा.ज.पा. को मिलना स्वाभाविक था।

□

19

राष्ट्रीयता को वोट

लोकसभा चुनाव में मतदान से पहले 3.5 लाख गाँवों तक पहुँच, संघ ने सीधे मोदी और भा.ज.पा. का नाम लिये बिना कैसे 100 फीसदी मतदान, नोटा को न और राष्ट्रवाद की जगाई अलख।

संघ ने सत्ता के सकारात्मक माहौल में बेहतर और अद्भुत समन्वय के साथ सामाजिक क्षेत्र, बौद्धिक जगत् में विस्तार सहित हर क्षेत्र में अनोखी पहल की और राष्ट्रीयता के सरोकारों का विस्तार किया। आनुषंगिक संगठनों के माध्यम से हर उस पहलू को संघ ने छूने की कोशिश की, जिसके लिए संघ पर विपक्ष हमला बोलता रहा है। मोदी शासन के पाँच साल में संघ ने अपना विस्तार किया तो वर्ष 2019 का समय उसकी अदायगी का भी था, जहाँ उसकी जरूरत भा.ज.पा. को थी, जिसके लिए तैयार जमीन को उर्वरा बनाने की बारी अब भा.ज.पा. के लिए भी कॉडर की तरह काम करनेवाले राष्ट्रीय स्वयंसेवक संघ की थी। भा.ज.पा. अपने मातृ संगठन संघ के साथ कदम मिलाकर चल रही थी। लेकिन तीन राज्यों के विधानसभा चुनावों में मिली हार से चिंता स्वाभाविक थी, सो एक तरफ भा.ज.पा. के तत्कालीन राष्ट्रीय अध्यक्ष अमित शाह वर्ष 2019 के चुनाव को पानीपत की चौथी लड़ाई बताकर कार्यकर्ताओं में जोश भर रहे थे तो दूसरी तरफ संघ परिवार भी 2014 में आए राजनीतिक बदलाव को बरकरार रखने के लिए अपने स्वयंसेवकों को उतारने की तैयारी कर रहा था। संघ अपनी दिशा वैसे तो मार्च 2018 की नागपुर की अखिल भारतीय प्रतिनिधि सभा की बैठक में ही तय कर चुका था। हर तीन साल पर प्रतिनिधि सभा की बैठक नागपुर में अनिवार्य तौर पर होती है, क्योंकि यह संघ के पदाधिकारियों का चुनावी वर्ष होता है; जबकि बाकी के दो वर्ष में एक उत्तर तो एक दक्षिण में होती है। इस बैठक से पहले यह चर्चा जोरों पर थी कि अब भैय्याजी जोशी उम्र की वजह से इस पद के लिए इच्छुक नहीं हैं। ऐसे में, सह-सरकार्यवाह दत्तात्रेय होसबाले और डॉ. कृष्ण गोपाल के नामों की चर्चा

सरकार्यवाह पद के लिए चल रही थी। लेकिन संघ नेतृत्व की नीयत और दिशा बिल्कुल स्पष्ट थी। चूँकि वर्ष 2019 में लोकसभा चुनाव होना था और संघ पिछले चार साल से एक बेहतरीन समन्वय के साथ काम कर रहा था, जिससे संघ और भा.ज.पा. दोनों का आधार बढ़ रहा था। ऐसे में, सरसंघचालक मोहन भागवत ने भैय्याजी जोशी को ही बरकरार रखने का मन बनाया और प्रतिनिधि सभा ने भैय्याजी को ही सरकार्यवाह पद के लिए लगातार चौथी बार चुन लिया। हालाँकि, संघ ने सह-सरकार्यवाह के पदों की संख्या चार से बढ़ाकर छह करने का फैसला कर लिया। इसके बाद संघ ने बौद्धिक पहल को अंजाम तो दिया ही, वैचारिक लड़ाई को भी धारदार बनाया। लेकिन 2019 पूरी तरह से चुनावी वर्ष था, सो संघ जन-जागरण अभियान के जरिए पहले से तैयार जमीन को आखिरी वक्त में भी सिंचित करने में कसर नहीं छोड़ना चाहता था।

सवर्ण आरक्षण का दाँव

> ***लेकिन लोकसभा चुनाव से ठीक पहले तीन राज्यों के विधानसभा चुनावों की हार अंकगणित के लिहाज से उतनी बड़ी नहीं थी, जितनी धारणा के लिहाज से। इस हार में एस.सी.-एस.टी. ऐक्ट पर सरकार की ओर से सुप्रीम कोर्ट का फैसला पलटने पर सवर्ण समाज में पनपा रोष भी एक बड़ी वजह के तौर पर सामने आ रहा था। अमूमन यह तबका भा.ज.पा. का हमेशा से परंपरागत वोट माना गया है।***

लेकिन लोकसभा चुनाव से ठीक पहले तीन राज्यों के विधानसभा चुनावों की हार अंकगणित के लिहाज से उतनी बड़ी नहीं थी, जितनी धारणा के लिहाज से। इस हार में एस.सी.-एस.टी. ऐक्ट पर सरकार की ओर से सुप्रीम कोर्ट का फैसला पलटने पर सवर्ण समाज में पनपा रोष भी एक बड़ी वजह के तौर पर सामने आ रहा था। अमूमन यह तबका भा.ज.पा. का हमेशा से परंपरागत वोट माना गया है। लेकिन इस हार के बाद यह डर स्वाभाविक था कि इस वर्ग की नाराजगी आनेवाले समय में भारी पड़ सकती है। संघ का सामाजिक मसलों पर लगातार काम जारी रहता है और उसने भा.ज.पा. को भी इस नाराजगी का फीडबैक दिया। संघ की सलाह पर ही सरकार ने ऐसा ऐतिहासिक कदम उठाया, जो दशकों से अधर में लटका था। विपक्ष भी इसका विरोध करने का साहस नहीं जुटा पाया। संघ की सलाह पर सरकार ने गरीब सवर्णों को आरक्षण देनेवाले प्रस्ताव को अमल में लाने का खाका बनाया। इस पूरी प्रक्रिया को बेहद गोपनीय रखा गया। 7 जनवरी को मोदी कैबिनेट की बैठक में सवर्णों को 10 फीसदी आरक्षण देनेवाले संविधान संशोधन बिल को मंजूरी मिलने के बाद ही इसकी खबर

मीडिया या अन्य दलों को मिल पाई। सरकार ने 8 जनवरी, 2019 को लोकसभा में तो 9 जनवरी को राज्यसभा में इसे पारित भी करा लिया। राष्ट्रपति रामनाथ कोविंद ने भी 12 जनवरी को 103वें संविधान संशोधन को अपनी संस्तुति प्रदान कर दी, तो सरकार की ओर से कार्मिक मंत्रालय ने 1 फरवरी, 2019 से इसे लागू करने की अधिसूचना भी जारी कर दी। पहले से चली आ रही आरक्षण व्यवस्था में कोई छेड़छाड़ या बदलाव किए बिना बड़ी चतुराई के साथ सामान्य वर्ग के गरीबों को एक मापदंड के तहत आरक्षण की व्यवस्था कर दी। निश्चित तौर से, यह ऐसा दाँव था, जिसकी काट विपक्ष भी नहीं निकाल पाया। लेकिन भा.ज.पा. और संघ की इस मुहिम ने जमीन पर सीधा असर किया। जिस बिहार में संघ प्रमुख के आरक्षण संबंधी बयान ने बवाल खड़ा किया था, वहाँ सवर्ण आरक्षण के फैसले ने भा.ज.पा. की जमीन 2019 के चुनाव के लिए मजबूत कर दी थी। उन तीन राज्यों में भी पार्टी ने वापसी कर ली, जिसकी हार ने गरीब सवर्ण आरक्षण की पटकथा तैयार की थी। अकसर ऐसे मसलों पर संघ का फीडबैक भा.ज.पा. के लिए संजीवनी जैसा साबित होता रहा है। यानी इस दाँव के बाद न तो एस.सी.-एस.टी. समुदाय में कोई रोष हो सकता था और न ही अब सवर्ण समाज में नाराजगी का डर। ऐसे में, संघ ने समाज में जन-जागरण के जरिए अपने काम को गति दे दी।

जिस बिहार में संघ प्रमुख के आरक्षण संबंधी बयान ने बवाल खड़ा किया था, वहाँ सवर्ण आरक्षण के फैसले ने भा.ज.पा. की जमीन 2019 के चुनाव के लिए मजबूत कर दी थी। उन तीन राज्यों में भी पार्टी ने वापसी कर ली, जिसकी हार ने गरीब सवर्ण आरक्षण की पटकथा तैयार की थी। अकसर ऐसे मसलों पर संघ का फीडबैक भा.ज.पा. के लिए संजीवनी जैसा साबित होता रहा है।

साढ़े तीन लाख गाँवों तक पहुँचा संघ

अब वक्त था संघ की नीति के मुताबिक भा.ज.पा. को सहयोग करना। हालाँकि, सीधे नाम लेकर भा.ज.पा. या किसी दल के लिए काम नहीं करता है संघ; लेकिन राष्ट्र से जुड़ी नीतियों, समाज से जुड़े मुद्दों के जरिए अपने लोगों को संकेत देता है। इसी सोच के साथ संघ ने हर प्रांत में ग्राम विकास टोलियाँ बनाई थीं, जिसका दो दिवसीय सम्मेलन भी वर्ष 2018 में अवध प्रांत में हुआ। संघ की योजना के हिसाब से गाँवों में संपर्क की योजना पर स्वयंसेवक भेजे गए। गाँवों में इसको लेकर व्यापक जन-संपर्क अभियान चलाया गया, जिसमें मोदी सरकार की सामाजिक सरोकारों वाली योजना और राष्ट्रीयता से जुड़े मुद्दों को लोगों के बीच रखा गया। भा.ज.पा. की बूथ समितियों में संघ

का ही कॉडर मुख्य तौर से होता है। ऐसे में, मोदी सरकार की 130 से ज्यादा योजनाओं के लाभार्थियों को सीधे संपर्क करने का काम भा.ज.पा. के अलावा संघ भी अपने स्तर से करने लगा था। संघ के प्रचारक रहे अब भा.ज.पा. के राष्ट्रीय महासचिव राम माधव के अनुसार, "संघ ने चुनाव के समय साढ़े तीन लाख गाँवों तक पहुँचकर जन-जागरण अभियान चलाया, यानी 60 फीसदी देश के हिस्से को संघ ने कवर किया अपने अभियान के तहत।" वे यह भी जोड़ते हैं कि इस बार चुनाव में चूँकि कांग्रेस को कोसने का विकल्प नहीं था, लिहाजा मोदी सरकार की योजनाओं के 23 करोड़ लाभार्थी, यानी करीब 40 करोड़ मतदाताओं को सीधा संपर्क करनेवाले अभियान को अंजाम दिया गया। राम माधव के अनुसार, "वर्ष 2019 के चुनाव के लिहाज से सरकार की कई ऐसी योजनाएँ थीं, जिसे एक आम व्यक्ति अपनी दैनंदिनी में इस्तेमाल जरूर करता है। चाहे वे स्वच्छता अभियान के तहत बने शौचालय हों या खाना पकाने के लिए गैस की सुविधा या ए.टी.एम.-मोबाइल पर काम, खेती-किसानी की योजना, हर चीज से सरकार सीधे जुड़ी हुई थी।" यानी संघ योजनाओं का नाम लेकर संदेश दे रहा था तो भा.ज.पा. की टीम पूरी तरह से इन योजनाओं के आधार पर वोट माँग रही थी। पूरा चुनावी अभियान लाभ की योजनाओं और उससे लाभान्वित होनेवाले लाभार्थियों के इर्द-गिर्द ही घूम रहा था, जिससे माहौल मौजूदा सरकार के पक्ष में ही बन रहा था। सवर्ण आरक्षण का फैसला अमल में लाकर तत्काल केंद्रीय विश्वविद्यालयों में लागू करने का आदेश भी दे दिया गया था। गरीब सवर्णों को 10 फीसदी आरक्षण के फैसले से भा.ज.पा. और संघ के हौसले बुलंद थे और 13 फरवरी को संसद् का अंतरिम बजट सत्र समाप्त होते ही पार्टी चुनावी मोड में आ गई। लेकिन वर्ष 2019 की शुरुआत के बाद 14 फरवरी को पुलवामा की आतंकी घटना ने तमाम मुद्दों को पीछे धकेल दिया। संघ ने अपनी तय अखिल भारतीय प्रतिनिधि सभा की बैठक में जन-जागरण अभियान को गति देने का ऐलान भी कर दिया।

वर्ष 2019 के चुनाव के लिहाज से सरकार की कई ऐसी योजनाएँ थीं, जिसे एक आम व्यक्ति अपनी दैनंदिनी में इस्तेमाल जरूर करता है। चाहे वे स्वच्छता अभियान के तहत बने शौचालय हों या खाना पकाने के लिए गैस की सुविधा या ए.टी.एम.-मोबाइल पर काम, खेती-किसानी की योजना, हर चीज से सरकार सीधे जुड़ी हुई थी।

भा.ज.पा. के हाथों में ही देश का विकास और सुरक्षा संभव बताई

लोकसभा चुनाव की अधिसूचना जारी होने से ठीक पहले मध्य प्रदेश के ग्वालियर में संघ की अखिल भारतीय प्रतिनिधि सभा की बैठक 8-10 मार्च, 2019 को हुई।

इस बैठक में सरकार्यवाह भैय्याजी जोशी ने जिस तरह से अपनी वार्षिक रिपोर्ट में संघ की बढ़ती साख और प्रगति की रिपोर्ट पेश की, उससे स्वयंसेवकों में उत्साह लाजमी था। इस रिपोर्ट/प्रतिवेदन में कहा गया कि आनेवाले समय में देश में चुनाव-प्रक्रिया संपन्न होने जा रही है। चुनाव स्वस्थ और सौहार्दपूर्ण वातावरण में संपन्न हों, यही अपेक्षा हमेशा रहती है; लेकिन इसके लिए जरूरी है कि संविधान के तहत मिले वोट के अधिकार का उपयोग 100 फीसदी मतदाताओं को करना चाहिए। संघ ने प्रशासन से भी इस दिशा में समुचित व्यवस्था कर मतदाताओं को आश्वस्त करने की माँग की। संघ के सह-सरकार्यवाह मनमोहन वैद्य ने भी सरकार्यवाह की रिपोर्ट को दोहराते हुए कहा कि सभी लोग मतदान-प्रक्रिया में भाग लें और चुनाव में 100 फीसदी मतदान हो, इसके लिए स्वयंसेवक समाज में जन-जागरण करेंगे। इस बैठक में भा.ज.पा. की ओर से पार्टी के तत्कालीन राष्ट्रीय अध्यक्ष अमित शाह और तत्कालीन राष्ट्रीय संगठन महासचिव रामलाल भी मौजूद थे।

100 फीसदी मतदान के लिए अभियान की बात के साथ संघ ने स्वयंसेवकों को दिशा भी दे दी कि उसे किसके पक्ष में माहौल बनाना है। हालाँकि, यहाँ भी प्रधानमंत्री नरेंद्र मोदी या भारतीय जनता पार्टी क। नाम नहीं लिया गया। लेकिन संघ ने दो-टूक कहा, "देश-हित में प्रामाणिकता से और प्रतिबद्धता से काम करनेवाले समूह के हाथों से ही देश के विकास और स्वाभिमान की रक्षा संभव है। अतः हम सबका यह राष्ट्रीय कर्तव्य है कि सजग रहकर मतदान की प्रक्रिया में अपना दायित्व निर्वहण करें।" यानी संघ के सरकार्यवाह भैय्याजी जोशी ने अपने प्रतिवेदन में यह कह दिया कि वोट किसे देना है। इन शब्दों में सिर्फ मोदी या भा.ज.पा. का नाम नहीं था; लेकिन अपील उसी भारतीय जनता पार्टी के लिए थी, जिसकी सरकार ने 'ऑपरेशन बालाकोट' को अंजाम दिया।

100 फीसदी मतदान के लिए अभियान की बात के साथ संघ ने स्वयंसेवकों को दिशा भी दे दी कि उसे किसके पक्ष में माहौल बनाना है। हालाँकि, यहाँ भी प्रधानमंत्री नरेंद्र मोदी या भारतीय जनता पार्टी का नाम नहीं लिया गया। लेकिन संघ ने दो-टूक कहा, "देश-हित में प्रामाणिकता से और प्रतिबद्धता से काम करनेवाले समूह के हाथों से ही देश के विकास और स्वाभिमान की रक्षा संभव है। अतः हम सबका यह राष्ट्रीय कर्तव्य है कि सजग रहकर मतदान की प्रक्रिया में अपना दायित्व निर्वहण करें।"

14 फरवरी, 2019 को पुलवामा में आतंकियों के हमले में 40 से ज्यादा जवानों के शहीद होने के बाद नरेंद्र मोदी सरकार ने जिस तरह से 26 फरवरी को 'ऑपरेशन

बालाकोट' के जरिए पाकिस्तान की सरजमीं पर आतंकियों के कैंप धूल धूसरित किए, उससे देश में राष्ट्रवाद की भावना का ज्वार उमड़ रहा था। अत: संघ ने भी ग्वालियर की प्रतिनिधि सभा में इसका जिक्र किया, "कुछ आंतरिक देश-विरोधी तत्त्वों की सहायता से देश में बाहरी शक्तियाँ हिंसात्मक घटनाओं को अंजाम देने का काम कर रही हैं। सेना-सुरक्षा बलों के ठिकानों पर हमले, सीमावर्ती क्षेत्र में पाक सेना द्वारा बार-बार किए जानेवाले हमले और अभी-अभी पुलवामा की घटना, जिसका नतीजा यह है कि सामान्य लोग मारे जा रहे हैं तो सेना और सुरक्षा बलों के जवान शहीद हो रहे हैं। किसी को भी भारत की सहिष्णुता को उसकी दुर्बलता नहीं समझना चाहिए। 26 फरवरी को बालाकोट में भारतीय वायु सेना के अदम्य साहस के लिए हम वायु सेना और भारत सरकार का अभिनंदन करते हैं। ऐसी घटनाओं पर देश की सभी सामाजिक व राजनीतिक शक्तियों ने एकजुटता का परिचय समय-समय पर दिया है। वर्तमान सरकार द्वारा किए जा रहे प्रयास सराहनीय हैं।" संघ ने यह भी कहा कि प्रशासन की सजगता के साथ-साथ जनता को भी सजग रहना होगा। साथ ही, संघ ने समाज में परंपराओं से चले आ रहे सामाजिक जागरण के प्रयास, जो धार्मिक केंद्र अथवा सामाजिक संस्थाओं द्वारा हो रहे थे, उन प्रयासों को चुनाव के दौरान प्रभावी रूप से सक्रिय किए जाने पर भी बल दिया। इस अभियान के लिए संघ ने यह भी कहा कि शैक्षिक संस्थान भी शिक्षा के साथ ही समाज को जाग्रत् करने में महत्त्वपूर्ण भूमिका निर्वहण कर सकते हैं।

ग्वालियर की प्रतिनिधि सभा में कबीर के वचन—'मन के हारे हार है, मन के जीते जीत; कहे कबीर गुरु पाइए, मन ही के परतीत' का स्मरण कराते हुए संघ ने अपने सभी स्वयंसेवकों से कहा कि विभिन्न क्षेत्रों में सकारात्मक दृष्टि से चल रहे कामों से संपर्क बढ़ाने की आवश्यकता है, क्योंकि अच्छे उद्देश्यों से राष्ट्र-हित के लिए काम करनेवाली विविध शक्तियाँ सफल होनी चाहिए। इसी से सज्जन शक्ति का प्रभाव बढ़ेगा।

ग्वालियर की प्रतिनिधि सभा में कबीर के वचन—'मन के हारे हार है, मन के जीते जीत; कहे कबीर गुरु पाइए, मन ही के परतीत' का स्मरण कराते हुए संघ ने अपने सभी स्वयंसेवकों से कहा कि विभिन्न क्षेत्रों में सकारात्मक दृष्टि से चल रहे कामों से संपर्क बढ़ाने की आवश्यकता है, क्योंकि अच्छे उद्देश्यों से राष्ट्र-हित के लिए काम करनेवाली विविध शक्तियाँ सफल होनी चाहिए। इसी से सज्जन शक्ति का प्रभाव बढ़ेगा। संघ के उस प्रतिवेदन में अगर राष्ट्रीय परिदृश्य के पैराग्राफ को गौर से देखें तो स्पष्ट हो जाता है कि संघ क्या कहना चाहता था! आखिर की पंक्तियाँ

कुछ इस तरह थीं—“हमें यह विश्वास रखना चाहिए कि सज्जन शक्ति संगठन का कार्य हम कुशलतापूर्वक संपन्न कर सकते हैं। आज उपलब्ध अनुकूल वातावरण में परिश्रमपूर्वक हम आगे बढ़ेंगे तो हमारे लक्ष्य की दिशा में प्रगति का अनुभव होगा। अपना यह काम हम उपासना, साधना के रूप में करें, क्योंकि उपेक्षा और उदासीनता का कालखंड समाप्त हो चुका है। इसलिए साहस और उत्साह भरे मन से हम आगे बढ़ें, यही हमारा संकल्प होना चाहिए।”

संघ के उक्त शब्दों की व्याख्या कुछ इस तरह हो सकती है। उसका मानना था कि देश और दुनिया अद्‌भुत बदलाव के दौर से गुजर रही है। जिस तरह से जमीनी बदलाव का दौर भारत की राजनीति में वर्ष 2014 के आम चुनाव से आया है, उसी की झलक 2019 में भी दिख रही है। आमतौर पर, राजनीति को बाँटनेवाला माना जाता है; लेकिन सरकार जब जमीन पर उपलब्धियों को उतारने का काम करती है तो वहाँ राजनीति जोड़ने का काम करती है। वर्ष 2019 के लिए भी यही संदेश है, जिसमें जाति-उपजाति का कोई महत्त्व नहीं रहनेवाला। समाज को जोड़कर कैसे राजनीति हो सकती है, इसका प्रत्यक्ष उदाहरण 2014 का आम चुनाव था, जहाँ भा.ज.पा. ने सामाजिक समीकरण का गुलदस्ता तैयार किया था तो रणनीतिक तौर पर संघ ने भी अपने दायरे से बाहर जाकर लोगों को जोड़ने में अहम भूमिका निभाई थी। जब भा.ज.पा. 2014 के चुनावी समर में उतरी थी, तब उसके पास तीन अहम मुद्दे थे—गुजरात के मुख्यमंत्री के रूप में नरेंद्र मोदी की मजबूत नेतृत्ववाली साख, कांग्रेस शासन की 10 साल की घोर विफलताएँ और संघ परिवार का साथ, जिसका सीधा लाभ मिला। परोक्ष रूप से संघ का मानना था कि अब वर्ष 2019 में एंटी इनकंबेंसी की बात हो रही है। लेकिन मोदी के रूप में ऐसा नेतृत्व है, जो उसे मात दे सकता है। यानी मोदी के नेतृत्व के साथ विचार परिवार का कृतित्व निश्चित तौर से 2019 के आम चुनाव में अहम साबित होने जा रहा था।

संघ के उक्त शब्दों की व्याख्या कुछ इस तरह हो सकती है। उसका मानना था कि देश और दुनिया अद्‌भुत बदलाव के दौर से गुजर रही है। जिस तरह से जमीनी बदलाव का दौर भारत की राजनीति में वर्ष 2014 के आम चुनाव से आया है, उसी की झलक 2019 में भी दिख रही है। आमतौर पर, राजनीति को बाँटनेवाला माना जाता है; लेकिन सरकार जब जमीन पर उपलब्धियों को उतारने का काम करती है तो वहाँ राजनीति जोड़ने का काम करती है।

शिक्षकों का समूह समर में

संघ का जन–जागरण अभियान और गाँव–गाँव में संपर्क का काम चल रहा था। इसी बीच सामाजिक समरसता और बौद्धिक प्रभाव वाली रणनीति को अंजाम देने के लिए भी संघ ने योजना बनाई। फरवरी 2019 में ही दिल्ली में संघ के लिए अस्थायी तौर से प्रयोग हो रहे मुख्यालय उदासीन आश्रम में लगभग 200 शिक्षकों की अहम बैठक हुई। इस बैठक में संघ के सह–सरकार्यवाह डॉ. कृष्ण गोपाल, भा.ज.पा. नेता सुधांशु त्रिवेदी, केंद्रीय मंत्री स्मृति ईरानी सरीखे नेता भी शामिल थे। इस वर्कशॉप में यह खाका बनाया गया कि कैसे शिक्षक देश की राजधानी दिल्ली में छोटी–छोटी बैठकें करेंगे, ताकि भा.ज.पा. के पक्ष में बने माहौल को पूरी तरह से वोट में भी तब्दील किया जा सके। इसके लिए बाकायदा सरकार के कामकाज की बुकलेट और तथ्य भी सबको उपलब्ध कराए गए, जिसमें आँकड़ों के साथ बैठकों में बात रखनी थी। इसी तरह के प्रयोग को संघ ने देश भर में उन सभी जगहों पर भी आगे बढ़ाया, जहाँ बुद्धिजीवी समूह संघ–भा.ज.पा. के साथ खड़े हो रहे थे और रणनीतिक तौर से ऐसा करना जरूरी लग रहा था। इसी कड़ी में उत्तर प्रदेश पर खास फोकस किया गया, क्योंकि वहाँ सपा–बसपा ने महागठबंधन करके भा.ज.पा.–एन.डी.ए. की वर्ष 2014 की 80 में 73 सीटों की जीत को कमजोर करने की रणनीति बनाई थी। लेकिन भा.ज.पा. अपनी योजना को अंजाम देने में जुटी थी तो संघ ने 25–30 शिक्षकों का दलित बुद्धिजीवी ग्रुप बनाकर खासतौर से दलित बहुल इलाकों में काम तेज किया, जहाँ मायावती का आधार था। एक लोकसभा क्षेत्र में 5 शिक्षकों को तैनात किया गया। शिक्षकों के जरिए संघ का फोकस छोटी–छोटी बैठकें करके आँकड़ों को दुरुस्त करना और विपक्ष की ओर से फैलाए जानेवाले भ्रम का जवाब देना था।

संघ का जन–जागरण अभियान और गाँव–गाँव में संपर्क का काम चल रहा था। इसी बीच सामाजिक समरसता और बौद्धिक प्रभाव वाली रणनीति को अंजाम देने के लिए भी संघ ने योजना बनाई। फरवरी 2019 में ही दिल्ली में संघ के लिए अस्थायी तौर से प्रयोग हो रहे मुख्यालय उदासीन आश्रम में लगभग 200 शिक्षकों की अहम बैठक हुई। इस बैठक में संघ के सह–सरकार्यवाह डॉ. कृष्ण गोपाल, भा.ज.पा. नेता सुधांशु त्रिवेदी, केंद्रीय मंत्री स्मृति ईरानी सरीखे नेता भी शामिल थे।

'अकेडमिक्स फॉर नमो' का आगाज

संघ-भा.ज.पा. का मानना था कि चुनाव की लड़ाई तो वह वर्ष 2014 में ही जीत गई थी, अब 2019 की लड़ाई विचारधारा की लड़ाई है, जिसके लिए डॉ. कृष्ण गोपाल के मार्गदर्शन में बौद्धिक अभियान को आगे बढ़ाया, दिल्ली विश्वविद्यालय में असिस्टेंट प्रोफेसर स्वदेश सिंह ने। 5 मार्च, 2019 को 'Academics फॉर Namo' अभियान का आगाज कर दिया गया। इसका मकसद देश भर के प्रोफेसरों, चिंतकों, लेखकों, स्तंभकारों और ज्ञान के प्रसार में लगे लोगों को जोड़ना था, जो इस अभियान में अपना योगदान दे सकें। जे.एन.यू. से पढ़कर भा.ज.पा. में युवा मोर्चा में अहम भूमिका निभा चुके और वर्तमान में दिल्ली विश्वविद्यालय में अध्यापन का काम कर रहे स्वदेश सिंह ने अपनी क्षमता और संपर्कों का जमकर प्रयोग किया। बाकायदा 5 मार्च को दिल्ली के 'आंबेडकर इंटरनेशनल सेंटर' में जवाहरलाल नेहरू यूनिवर्सिटी (जे.एन.यू.), दिल्ली यूनिवर्सिटी (डी.यू.), बनारस हिंदू यूनिवर्सिटी (बी.एच.यू.) और आई.आई.टी. के 30 प्रोफेसरों के साथ 'अकेडमिक्स फॉर नमो' की नींव डाली तो बाद में 300 लोगों का वर्कशॉप किया। कुछ हफ्तों में इसकी वेबसाइट पर 50-60 शहरों से करीब 2,000 से ज्यादा प्रोफेसर, विचारक, बुद्धिजीवी इसके औपचारिक सदस्य बन गए, जिसके बाद इस पूरे अभियान में 'अकेडमिक्स फॉर नमो' के बैनर तले लगभग 3,000 बुद्धिजीवी जुड़े। वैचारिक लड़ाई को धार देने के लिए प्रोफेसरों, चिंतकों, लेखकों, स्तंभकारों से मोदी सरकार के कामकाज पर लेख लिखवाना और अवार्ड वापसी, असहिष्णुता, नॉट इन माइ नेम, लिंचिंग जैसे मुद्दों पर जवाबी हमला उसी अंदाज में देना इस अभियान का अहम हिस्सा था। विरोधियों ने मोदी सरकार को लेकर जिस तरह से एक बहस खड़ी करने की कोशिश की थी, उसका जवाब उससे ज्यादा आक्रामक अंदाज में देने की रणनीति पर 'अकेडमिक्स फॉर नमो' काम कर रहा था।

> ***संघ-भा.ज.पा. का मानना था कि चुनाव की लड़ाई तो वह वर्ष 2014 में ही जीत गई थी, अब 2019 की लड़ाई विचारधारा की लड़ाई है, जिसके लिए डॉ. कृष्ण गोपाल के मार्गदर्शन में बौद्धिक अभियान को आगे बढ़ाया, दिल्ली विश्वविद्यालय में असिस्टेंट प्रोफेसर स्वदेश सिंह ने।***

19 मार्च से 28 मार्च तक इसके बैनर तले 'मोदी 2.0 आइडिया ऑफ न्यू इंडिया' पर निबंध प्रतियोगिता आयोजित की गई, जिसमें मोदी सरकार के अच्छे कामकाज पर लेख लिखना था, जिसमें 10 युवा स्कॉलर्स को सम्मानित भी किया

गया। इसके बाद 2-3 अप्रैल, 2019 को इस समूह ने देश भर में छोटी-छोटी बैठकें कीं। 'अकेडमिक्स फॉर नमो' पूरे चुनाव के दौरान इस पर ज्यादा काम करता रहा कि प्रधानमंत्री नरेंद्र मोदी कब, क्या और क्यों कह रहे हैं, इस पर तथ्यात्मक तरीके से धारणा तैयार करना। इसके अलावा, विपक्ष की ओर से चलाए जा रहे हस्ताक्षर अभियान का मुँहतोड़ जवाब देना भी इस फोरम का काम था। इस फोरम ने देश के बाकी तमाम शिक्षकों, विचारकों और बुद्धिजीवियों के लिए अपील भी जारी की थी, जिसमें वर्ष 2019 के आम चुनाव में पहले विकल्प के तौर पर नरेंद्र मोदी तो दूसरे विकल्प के तौर पर राहुल गांधी का नाम रखकर कहा गया कि दोनों व्यक्ति अलग-अलग विचारों के प्रतिनिधि हैं। कांग्रेस के परिवारवाद, भ्रष्टाचार, तुष्टीकरण जैसे मुद्दों का जिक्र करते हुए अपील में कहा गया कि अब देश की जनता राजपरिवार की जंजीर को स्वीकर नहीं करना चाहती है। जबकि दूसरी तरफ, नरेंद्र मोदी का कुशल नेतृत्व है, जिन्होंने 'सबका साथ, सबका विकास' की मूल भावना को चरितार्थ किया। इसके अलावा, मोदी ने वर्ष 2022 तक नए भारत के निर्माण का लक्ष्य रखा है तो 2047 तक एक विकसित और गरीबी-मुक्त भारत बनाने के महान् भारतीय स्वप्न को पूरा करने का स्पष्ट रोडमैप भी तैयार करने की बात कही है।

यह चुनाव सिर्फ वोटों का संघर्ष नहीं है, बल्कि यह दो अलग भारत के विचारों का भी संघर्ष है। इस अपील में यह भी कहा गया कि निश्चित तौर से नरेंद्र मोदी ने जो आख्यान पेश किया है, वही सबसे अच्छा है। इसलिए देश के सभी बुद्धिजीवियों, शिक्षकों, शोधार्थियों और चिंतकों को चाहिए कि वे दोबारा नरेंद्र मोदी को प्रधानमंत्री बनाने के लिए आगे आकर अपना समर्थन दें। अपील के साथ-साथ इन लोगों की ओर से इस अभियान के तहत करीबन 500 से ज्यादा लेख लिखवाए और प्रकाशित कराए गए।

ऐसे में, यह चुनाव सिर्फ वोटों का संघर्ष नहीं है, बल्कि यह दो अलग भारत के विचारों का भी संघर्ष है। इस अपील में यह भी कहा गया कि निश्चित तौर से नरेंद्र मोदी ने जो आख्यान पेश किया है, वही सबसे अच्छा है। इसलिए देश के सभी बुद्धिजीवियों, शिक्षकों, शोधार्थियों और चिंतकों को चाहिए कि वे दोबारा नरेंद्र मोदी को प्रधानमंत्री बनाने के लिए आगे आकर अपना समर्थन दें। अपील के साथ-साथ इन लोगों की ओर से इस अभियान के तहत करीबन 500 से ज्यादा लेख लिखवाए और प्रकाशित कराए गए। खुद प्रधानमंत्री नरेंद्र मोदी ने चुनाव के दौरान 25 मार्च को अपने ट्विटर हैंडल पर इस योजना को साझा कर आभार

जताया था। लोकसभा चुनाव में अपना योगदान देने के बाद यह काम निरंतर जारी है। चुनाव के बाद 'अकेडमिक्स फॉर नमो' को स्वदेश सिंह ने स्थायी रूप देते हुए 'अकेडमिक्स फॉर नेशन' नाम दे दिया, ताकि संघ की राष्ट्रीयता/राष्ट्रवाद की बौद्धिक मुहिम चलती रहे।

तीसरे पक्ष का दखल और 'नेशन फर्स्ट' अभियान

लोकसभा चुनाव रूपी यज्ञ के लिए औपचारिक-अनौपचारिक तरीके से अलग-अलग प्रकल्प चल रहे थे, जिसमें संघ अपनी आहुति दे रहा था। मोदी सरकार के खिलाफ विपक्ष की ओर से जब लीडर के रूप में नरेंद्र मोदी के खिलाफ कोई माहौल नहीं बन पा रहा था, तब एक परोक्ष मुहिम शुरू हुई थी नोटा को लेकर। इस मुहिम को कोई ओढ़ नहीं रहा था, लेकिन इसका लक्ष्य था—ऐसे लोगों को लक्षित करना, जो मोदी और भा.ज.पा. को इस कदर पसंद करते हैं कि किसी भी सूरत में विरोधियों को वोट नहीं करेंगे। लेकिन मुद्दों के आधार पर इन लोगों को झकझोरकर निराशा में ले जाना, ताकि वे 'नोटा' का बटन दबाएँ। संघ प्रमुख मोहन भागवत पहले ही नोटा के औचित्य पर सवाल उठा चुके थे। विज्ञान भवन में आयोजित तीन दिवसीय समारोह में नोटा के सवाल पर भागवत ने कहा था कि लोगों को उपलब्ध विकल्प में से ही किसी को चुनना चाहिए, क्योंकि राजनीति में कोई भी 100 फीसदी बेहतरीन नहीं मिल सकता। ऐसे में, संघ ने नोटा के खिलाफ अभियान तो चलाया ही, 100 फीसदी मतदान के अभियान को वोटिंग के हर चरण से पहले तेज किया। आधिकारिक तौर पर, संघ के किसी बैनर तले प्रचार की बजाय स्वयंसेवकों ने सीधी इसकी जिम्मेदारी सँभाली। अगर इसे साधारण समझ की भाषा में कहा जाए तो इसे 'थर्ड पार्टी इंटरवेंशन', यानी हिंदी में 'तीसरे पक्ष का हस्तक्षेप' या दखल कहा जा सकता है। हैशटैग 'नेशन फर्स्ट' नाम से परचे तैयार किए गए, जिसे स्वयंसेवकों ने घर-घर पहुँचाया। संघ के लोगों ने टोली बनाकर इस

लोकसभा चुनाव रूपी यज्ञ के लिए औपचारिक-अनौपचारिक तरीके से अलग-अलग प्रकल्प चल रहे थे, जिसमें संघ अपनी आहुति दे रहा था। मोदी सरकार के खिलाफ विपक्ष की ओर से जब लीडर के रूप में नरेंद्र मोदी के खिलाफ कोई माहौल नहीं बन पा रहा था, तब एक परोक्ष मुहिम शुरू हुई थी नोटा को लेकर। इस मुहिम को कोई ओढ़ नहीं रहा था, लेकिन इसका लक्ष्य था—ऐसे लोगों को लक्षित करना, जो मोदी और भा.ज.पा. को इस कदर पसंद करते हैं कि किसी भी सूरत में विरोधियों को वोट नहीं करेंगे।

परचे को बाँटा। इस परचे में संघ ने कहीं भी भा.ज.पा. या नरेंद्र मोदी का नाम नहीं लिया। लेकिन देश और सामाजिक योजनाओं के तौर पर जो भी मुद्दे गिनाए, वे सब मोदी सरकार के कार्यकाल में शुरू किए गए थे।

सबसे पहले संघ के स्वयंसेवकों ने '100 फीसदी मतदान : सबसे पहले मतदान' की अपील की; जबकि भा.ज.पा. भी अपनी तरफ से '10.30 बजे से पहले मतदान' अभियान चला रही थी। संघ के स्वयंसेवकों की ओर से चलाए जा रहे 'नेशन फर्स्ट' अभियान को 'मेरा वोट देश के नाम' शीर्षक दिया गया। इसके बाद नीचे एक गोलाकार ग्राफिक बनाया गया, जिसके मध्य में 'मेरा संकल्प' और चारों तरफ अलग-अलग रंगों में संकल्प के लिए पाँच मुद्दों को कुछ इस तरह से लिखा गया—'मेरा वोट, आतंकवाद पर चोट', 'मेरा वोट, भ्रष्टाचार पर चोट', 'मेरा वोट, नक्सलवाद पर चोट', 'मेरा वोट, परिवारवाद पर चोट', 'मेरा वोट, नोटा पर चोट'। पंच संकल्प भी इस अभियान के उद्देश्य को परिलक्षित कर रहा था। इसके बाद अकसर पूछे जानेवाले सवाल-जवाब (एफ.एक्यू.) फॉर्मेट में लिखा गया—'मेरा बहुमूल्य वोट किन्हें?' इसके नीचे 17 बिंदुओं का उल्लेख किया गया। 'उन्हें, जिन्होंने'—

1. देश को सशक्त व ईमानदार नेतृत्व दिया।
2. पाकिस्तान-प्रायोजित आतंकवाद का मुँहतोड़ जवाब दिया।
3. भारत को अंतरिक्ष शक्ति बनाया।
4. सेना को सम्मान दिया।
5. समाज के सभी वर्गों के सम्मान व विकास के लिए कार्य किया।
6. गरीबों के लिए 10 फीसदी आरक्षण दिया।
7. करोड़ों लोगों को 'मुद्रा' लोन देकर आर्थिक आजादी प्रदान की।
8. 'आयुष्मान योजना' से सबसे गरीब व्यक्ति तक भी स्वास्थ्य सुविधाएँ पहुँचाईं।
9. जनधन योजना, बीमा योजना और उज्ज्वला जैसी योजनाओं से गरीबी दूर करने की ओर कदम बढ़ाए।
10. घुसपैठ पर रोक लगाई और असम में एन.आर.सी. द्वारा 42 लाख घुसपैठियों की पहचान की।
11. महिलाओं को सुरक्षा व सम्मान दिलाया।
12. 'स्वच्छ भारत अभियान' के अंतर्गत 9 करोड़ शौचालय बनवाए।
13. मुसलिम महिलाओं को तीन तलाक से मुक्ति दिलवाई।
14. हिंदू संस्कृति एवं परंपरा की रक्षा के लिए अनेक कदम उठाए।
15. गीता-गंगा-गाय और गाँव का पोषण किया।

16. कुंभ में 20 करोड़ से अधिक तीर्थयात्रियों के लिए सुंदर और प्रभावी व्यवस्था की।
17. योग के माध्यम से पूरे विश्व में भारत का मान बढ़ाया।

मुद्दे साफ बता रहे थे कि चुनाव में इस तीसरे पक्ष की पसंद और नापसंद वाला राजनीतिक दल कौन सा है। यानी 'नेशन फर्स्ट' अभियान के तहत मतदाताओं को प्रेरित करने या झकझोरने की कोशिश करनेवाले सारे मुद्दे प्रधानमंत्री नरेंद्र मोदी के व्यक्तित्व और उनकी ही सरकार के कामकाज से जुड़े थे, जिसका मतलब था कि तीसरे पक्ष के तौर पर राष्ट्रीयता का अभियान चलानेवाला भा.ज.पा. और मोदी के लिए वोट माँग रहा था। लेकिन सवाल उठता है कि संघ इसे औपचारिक तौर से जिम्मेदारी के तौर पर क्यों नहीं ले रहा था? इसका जवाब संघ की स्थापना को लेकर मोहन भागवत ने विज्ञान भवन में जो संबोधन दिया था, उसमें विस्तार से उल्लेखित है। संघ सीधे किसी राजनीतिक दल की बात नहीं करता; लेकिन समाज और देश की नीतियों को लेकर वह अपनी राय रखता है, भले इसका लाभ किसी भी राजनीतिक दल को हो रहा हो। इसमें कोई संदेह नहीं कि संघ के स्वयंसेवकों की ओर से चलाए जा रहे अभियान का सीधा लाभ भारतीय जनता पार्टी और उसके नेतृत्वकर्ता नरेंद्र मोदी को मिलने वाला था। दिलचस्प पहलू यह है कि संघ परिवार में समन्वय इस तरह था कि भा.ज.पा. की ओर से भी उस वक्त ऐसा ही परचा तैयार किया गया था, जिसमें सवाल-जवाब के फॉर्मेट में 25 बिंदु शामिल किए गए थे। लेकिन उसका शीर्षक था—'क्यों चाहिए मोदी सरकार'? इसमें भी वे सारे मुद्दे शामिल थे, जो ऊपर संघ के स्वयंसेवकों की ओर से तैयार परचे में शामिल थे, जिसमें सर्जिकल स्ट्राइक, सामाजिक योजनाएँ, योग से लेकर अंतरिक्ष महाशक्ति बनाने का जिक्र किया गया था।

> ***मुद्दे साफ बता रहे थे कि चुनाव में इस तीसरे पक्ष की पसंद और नापसंद वाला राजनीतिक दल कौन सा है। यानी 'नेशन फर्स्ट' अभियान के तहत मतदाताओं को प्रेरित करने या झकझोरने की कोशिश करनेवाले सारे मुद्दे प्रधानमंत्री नरेंद्र मोदी के व्यक्तित्व और उनकी ही सरकार के कामकाज से जुड़े थे, जिसका मतलब था कि तीसरे पक्ष के तौर पर राष्ट्रीयता का अभियान चलानेवाला भा.ज.पा. और मोदी के लिए वोट माँग रहा था।***

निष्कर्ष : आखिरी वर्ष, यानी 2019 में संघ ने सीधे भा.ज.पा. या मोदी का नाम लेने की बजाय मोदी सरकार के मुद्दों को उठाकर राष्ट्र के नाम पर जन-जागरण

का काम किया। भा.ज.पा. के साथ समन्वय की भूमिका निभानेवाले संघ के सह-सरकार्यवाह डॉ. कृष्ण गोपाल खुद 39 प्रांतों में से 24 में सीधे गए और लोकसभावार बैठकें लीं। जहाँ नहीं जा पाए, वहाँ के लोगों से भी दूसरे माध्यम से बात की। संघ ने अपनी रीति-नीति का पालन करते हुए किसी राजनीतिक दल का सीधा साथ भी नहीं दिया; लेकिन मुद्दों के आधार पर सामाजिक जन-जागरण करते हुए ऐसा वातावरण तैयार कर दिया कि लोगों के मन में मोदी शासन के प्रति भरोसा और मजबूत बन गया। हिंदुत्व की पहचान के साथ संघ के स्वयंसेवकों ने इस तरह लोगों से जन-संपर्क का काम किया कि लोकसभा चुनाव में भा.ज.पा. के लिए स्पंज रूपी ऐसा माहौल तैयार कर दिया कि विपक्ष के आघात निर्बल पड़ने लगे और मोदी के पक्ष में हवा की गति तेज कर दी। संघ-भा.ज.पा. के समन्वय से जमीन इस तरह तैयार हो गई थी कि जब चुनावी उद्घोष से महज एक महीने पहले हुई पुलवामा की घटना और फिर नरेंद्र मोदी सरकार की ओर से निर्णायक जंग के तौर पर 'ऑपरेशन बालाकोट' को अंजाम दिया गया तो समूचे देश में राष्ट्रवाद, यानी संघ की शब्दावली में—राष्ट्रीयता की ज्वाला धधक पड़ी। मानो पुलवामा के बदले के तौर पर हुए बालाकोट ने उस स्पंज रूपी तैयार जमीन पर अतिरिक्त पानी गिरा दिया हो और उस स्पंज ने उस पानी को अपने में समाहित कर लिया। दूसरी तरफ, तत्कालीन भा.ज.पा. अध्यक्ष अमित शाह ने भी चुनाव का संचालन इस केंद्रीकृत तरीके से किया कि कहीं भी विचलन/डायवर्जन की गुंजाइश न रहे। यानी संघ परिवार का समुचित प्रबंधन वर्ष 2019 में नरेंद्र मोदी के नेतृत्व में भा.ज.पा. की ऐतिहासिक जीत का साक्षी बना तो वर्ष 1998 से 2004 के बीच भा.ज.पा. की सरकार के समय विचार परिवार में समन्वय का अभाव सदा के लिए अतीत के पन्नों में समा गया। लेकिन अब नरेंद्र मोदी के शासनकाल में पहले दिन से ही समन्वय की ऐसी अद्भुत डोर तैयार हुई कि पिछले पाँच साल में कभी कोई गाँठ नहीं पड़ी, अलबत्ता उसकी लंबाई बढ़ती ही जा रही है।

हिंदुत्व की पहचान के साथ संघ के स्वयंसेवकों ने इस तरह लोगों से जन-संपर्क का काम किया कि लोकसभा चुनाव में भा.ज.पा. के लिए स्पंज रूपी ऐसा माहौल तैयार कर दिया कि विपक्ष के आघात निर्बल पड़ने लगे और मोदी के पक्ष में हवा की गति तेज कर दी।

और सबसे दिलचस्प पहलू यह कि हम खबरनवीस संघ-भा.ज.पा. के टकराव की खबरों के इंतजार में ही हैं। लेकिन समन्वय के राजमार्ग पर दौड़ते हुए विचार परिवार ने वर्ष 2019 के चुनाव में ऐसा स्पंज तैयार कर दिया, जो मोदी सरकार को मदद करनेवाले सारे मुद्दे उसमें समाहित कर सके। नतीजा यह हुआ कि 2019 में

नरेंद्र मोदी ने 2014 से भी बड़ी जीत दर्ज की और भा.ज.पा. को 303 सीटें मिलीं। अमूमन लगातार दूसरी बार बढ़त ही नहीं, पिछले चुनाव के मुकाबले बहुमत से कहीं ज्यादा सीटें हासिल करना साधारण बात नहीं थी। इस चुनाव ने न सिर्फ मोदी सरकार को मजबूती दी, बल्कि विचार परिवार के सभी संगठनों और खासतौर से विचारधारा को मजबूती दे दी, जिसकी स्वीकार्यता तेजी से बढ़ी है।

नतीजों के बाद संघ की ओर से आए बयान उसकी भूमिका और खुशी का इजहार थे। संघ को इस जीत का सुकून कितना था, 23 मई, 2019 को नतीजों के तत्काल बाद सरकार्यवाह भैय्याजी जोशी के बयान में वह समाहित है, जिसमें कहा गया, "एक बार पुन: स्थिर सरकार देश को मिली है, यह करोड़ों भारतीयों का सौभाग्य है। यह राष्ट्रीय शक्तियों की विजय है। लोकतंत्र की इस विजय की यात्रा में जिन-जिनका योगदान रहा, उन सभी का अभिनंदन। लोकतंत्र का आदर्श विश्व के सम्मुख एक बार पुन: प्रस्तुत हुआ है। हम विश्वास व्यक्त करते हैं कि नूतन सरकार जन-सामान्यों की भाव-भावनाओं के साथ ही इच्छा-आकांक्षाओं को भी पूर्ण करने में सफल सिद्ध होगी। संपन्न निर्वाचन प्रक्रिया के साथ ही समस्त कटुताएँ समाप्त हों और विनम्रता के साथ व्यक्त जन-भावनाओं का स्वागत हो।" अगले दिन संघ के सह-सरकार्यवाह मनमोहन वैद्य का बयान जारी हुआ, जिसमें उन्होंने संघ की भावनाओं की कुछ इस तरह व्याख्या की, "यह चुनाव भारत की दो भिन्न अवधारणाओं के बीच था। एक तरफ भारत की प्राचीन अध्यात्म आधारित एकात्म, सर्वांगीण और सर्व-समावेशक जीवन-दृष्टि या चिंतन है, जिसे दुनिया में हिंदू जीवन-दृष्टि या हिंदू चिंतन के नाम से जाना जाता रहा है, दूसरी ओर, वह अभारतीय दृष्टि थी, जो भारत को अनेक अस्मिताओं में बाँटकर देखती रही है। दूसरी अवधारणा अपने निहित स्वार्थ के लिए समाज को जाति, भाषा, प्रदेश या धर्म के नाम पर बाँटने का काम करती रही है। इस बाँटने की राजनीति करनेवालों ने हमेशा समाज को जोड़नेवाली और एकात्म दृष्टि से देखनेवाली शक्ति का विरोध ही किया है। इसके बारे में तरह-तरह के आधारहीन और झूठे आरोप लगाकर गलतफहमी निर्माण करने

एक बार पुन: स्थिर सरकार देश को मिली है, यह करोड़ों भारतीयों का सौभाग्य है। यह राष्ट्रीय शक्तियों की विजय है। लोकतंत्र की इस विजय की यात्रा में जिन-जिनका योगदान रहा, उन सभी का अभिनंदन। लोकतंत्र का आदर्श विश्व के सम्मुख एक बार पुन: प्रस्तुत हुआ है। हम विश्वास व्यक्त करते हैं कि नूतन सरकार जन-सामान्यों की भाव-भावनाओं के साथ ही इच्छा-आकांक्षाओं को भी पूर्ण करने में सफल सिद्ध होगी।

का प्रयास किया है। स्वतंत्रता के साथ ही चल रही यह वैचारिक लड़ाई अब एक निर्णायक मोड़ पर आ पहुँची है। यह चुनाव इस लड़ाई का एक महत्त्वपूर्ण पड़ाव है। समाज एक होने लगा तो बाँटकर राजनीति करनेवालों को धरातल खिसकता लगा। इसलिए सब बाँटनेवालों ने इकट्ठे आकर, एक-दूसरे का साथ देकर इस जोड़नेवाली शक्ति का सामना करने का प्रयास किया, जिसके लिए भारत की सुविज्ञ, बुद्धिमान जनता ने जोड़नेवाले और सर्व-समावेशक भारत का समर्थन कर सभी के विकास के सूत्र को विजयी बनाया है। भारत के उज्ज्वल भविष्य के लिए अत्यंत आनंद का यह दिन है। भारत की जनता इसके लिए बधाई की पात्र है। इस वैचारिक लड़ाई में भारत के पक्ष के मजबूत नेतृत्व का और सभी कार्यकर्ताओं का हार्दिक अभिनंदन।"

आनेवाले समय में भी समन्वय सरपट दौड़े, इसकी पहल संघ-भा.ज.पा. सहित समूचे विचार परिवार में जारी है। सिर्फ राजनीतिक ही नहीं, सामाजिक-सांस्कृतिक एवं अन्य गतिविधियों में भी संघ, सरकार और संगठन के बीच समन्वय सुदृढ़ता के साथ मिसाल पेश कर रहा है। इसी का परिणाम है कि दूसरी बार भी जबरदस्त बहुमत के साथ भा.ज.पा. की सरकार केंद्र में बनी तो समन्वय के साथ अनुच्छेद-370, श्री रामजन्मभूमि जैसे वैचारिक मुद्दों पर तेजी से काम शुरू हुआ।

□

20

ऑपरेशन-370

विकास के एजेंडे को सर्वोपरि रखते हुए मोदी सरकार ने वैचारिक एजेंडे को भी धार दी। इसमें सबसे प्रमुख वैचारिक मुद्दा था—अनुच्छेद-370 का, जो साकार हुआ वर्ष 2019 के चुनाव परिणाम के तत्काल बाद। लेकिन कैसे इसकी पटकथा तीन साल पहले शुरू किए गए मिशन कश्मीर से तैयार हो रही थी, ताकि दशकों के संघर्ष को सुखद परिणाम तक पहुँचाया जा सके?

"धमकी, जेहाद के नारों से, हथियारों से
कश्मीर कभी हथिया लोगे, यह मत समझो,
हमलों से, अत्याचारों से, संहारों से
भारत का भाल झुका लोगे, यह मत समझो।

जब तक गंगा की धार, सिंधु में ज्वार
अग्नि में जलन, सूर्य में तपन शेष,
स्वातंत्र्य समर की वेदी पर अर्पित होंगे
अगणित जीवन, यौवन अशेष।

अमरीका क्या, संसार भले ही हो विरुद्ध
काश्मीर पर भारत का ध्वज नहीं झुकेगा,
एक नहीं, दो नहीं, करो बीसों समझौते
पर स्वतंत्र भारत का मस्तक नहीं झुकेगा।"

भारत के पूर्व प्रधानमंत्री और भा.ज.पा. के वरिष्ठ नेता रहे स्व. अटल बिहारी वाजपेयी की यह कविता संघ परिवार के कश्मीर को लेकर दशकों के संघर्ष और भविष्य के संकल्प की परिचायक बन चुकी है। भले ही यह संकल्प साकार हुआ वर्ष 2019 में संपन्न हुए आम चुनाव के बाद, लेकिन संघ के स्वयंसेवक के रूप में कश्मीर आंदोलन

की महत्त्वपूर्ण कड़ी रहे प्रधानमंत्री नरेंद्र मोदी ने इसकी पटकथा कुछ इस प्रकार तैयार की थी कि जिस अनुच्छेद-370 को समाप्त करना असंभव माना जाता था, वह केवल एक दृढ़ संकल्प से संभव हो गया।

वर्ष 2019 के आम चुनाव के परिणाम से संघ का वैचारिक अधिष्ठान और भा.ज.पा. का राजनीतिक प्रतिष्ठान—दोनों ही मजबूती के साथ, 'एक नए संकल्प' के साथ नए सफर की ओर आगे बढ़ रहा था, जिसे 'न्यू इंडिया' नाम दिया गया। संघ-भा.ज.पा. ने इस आम चुनाव को विचारधारा की महत्त्वपूर्ण लड़ाई के तौर पर लड़ा और जीता था। ऐसे में, अब अवसर था इस विचारधारा से जुड़े दशकों के अनसुलझे मुद्दों पर आगे बढ़ने का। इसमें सबसे महत्त्वपूर्ण मुद्दा था—अनुच्छेद-370 का, जिसको लेकर डॉ. श्यामा प्रसाद मुकर्जी ने बलिदान दिया था। छह दशकों के फासले को कम करने की कोशिश, हालाँकि, अटल सरकार के समय भी हुई थी, लेकिन भा.ज.पा. का अपने बूते बहुमत नहीं होने के कारण बात नहीं बन पाई। लेकिन वर्ष 2014 में भा.ज.पा. के अपने बलबूते बहुमत में आने के बाद सपना साकार होने की उम्मीद जगी। संघ और भा.ज.पा. कैसा कश्मीर चाहते थे, उसे किसी कवि ने बेहद सुंदर पंक्तियों में पिरोया है—

वर्ष 2019 के आम चुनाव के परिणाम से संघ का वैचारिक अधिष्ठान और भा.ज.पा. का राजनीतिक प्रतिष्ठान—दोनों ही मजबूती के साथ, 'एक नए संकल्प' के साथ नए सफर की ओर आगे बढ़ रहा था, जिसे 'न्यू इंडिया' नाम दिया गया। संघ-भा.ज.पा. ने इस आम चुनाव को विचारधारा की महत्त्वपूर्ण लड़ाई के तौर पर लड़ा और जीता था।

स्वर्ग से सुंदर सपनों से प्यारा, ये कश्मीर हमारा है
गौर करो झेलम सरिता का, बहता नीर हमारा है
उपवन मय सारी सुंदरता, का जागीर हमारा है
सुंदर घाटी हैं सब अपनी, झील का क्षीर हमारा है
स्वर्ग से सुंदर सपनों से प्यारा, ये कश्मीर हमारा है।

आसान नहीं थी अनुच्छेद-370 की समाप्ति की राह

5 अगस्त, 2019 भा.ज.पा. और संघ से जुड़े सभी संगठनों-कैडरों सहित देश के लिए एक ऐतिहासिक दिवस बना है तो राष्ट्र की एकता को प्रभावित करनेवाला अनुच्छेद-370 इतिहास बन चुका है, जिसके महत्त्वपूर्ण सूत्रधार बने प्रधानमंत्री नरेंद्र मोदी, जिन्होंने तत्कालीन भा.ज.पा. अध्यक्ष अमित शाह, जो बाद में केंद्रीय गृह मंत्री बने,

को साथ लेकर वर्ष 2016 से ही एक बेहद 'गोपनीय पटकथा' पर काम किया था। यह ऐसा ऑपरेशन था, जिसकी जानकारी शीर्ष स्तर पर कुछ लोगों को ही थी। इनमें से ही एक महत्त्वपूर्ण किरदार थे—राष्ट्रीय सुरक्षा सलाहकार अजित डोभाल। इस पूरे ऑपरेशन की गोपनीयता बनी रहे, यह डोभाल को सुनिश्चित करना था।

यह काम इतना आसान नहीं था, क्योंकि जम्मू व कश्मीर, विशेष तौर से घाटी क्षेत्र में अवाम, यानी आम नागरिकों के बीच जाकर एक ऐसी सटीक रिपोर्ट तैयार करनी थी, जो जमीन की वास्तविक स्थिति को प्रदर्शित करता हो। इसी पर अनुच्छेद-370 की समाप्ति करनी है या नहीं, निर्भर करता था। दरअसल, प्रधानमंत्री मोदी इस मामले में दृढ़ निश्चयी तो थे, लेकिन वह यह जानना चाह रहे थे कि अनुच्छेद-370 को लेकर कश्मीर के जन-मानस का क्या रुख है? प्रधानमंत्री मोदी यह भी समझना चाह रहे थे कि अनुच्छेद-370 को हटाया जाता है तो जन-मानस की प्रतिक्रिया क्या हो सकती है और इस मामले को लेकर आम कश्मीरी नागरिक क्या सोच रखता है। इस मिशन के लिए राष्ट्रीय सुरक्षा सलाहकार अजित डोभाल के नेतृत्व में विभिन्न सुरक्षा एजेंसियों में काम करनेवाले लोगों की एक भरोसेमंद टीम तैयार की गई, जिसमें इंटेलीजेंस ब्यूरो (आई.बी.), रॉ (Raw) और अन्य संस्थाओं से जुड़े विश्वस्त लोग ही शामिल थे। इस टीम को कश्मीर के गाँवों में जाकर आम लोगों के साथ पहले घुलना-मिलना और विश्वास जीतना था। उसके बाद अनुच्छेद-370 के मामले पर आमजन की सोच को समझकर एक वास्तविक रिपोर्ट तैयार करनी थी; हालाँकि, इस ऑपरेशन में शामिल लोगों को यह नहीं बताया गया था कि इसका उद्देश्य अनुच्छेद-370 को हटाना है या सरकार इस दिशा में कोई तैयारी कर रही है। जमीनी स्तर पर काम में लगाए गए लोगों को इसे रुटीन फीडबैक का हिस्सा बताया गया था, जिसका मकसद कश्मीरी अवाम में विश्वास बहाल करना है।

यह काम इतना आसान नहीं था, क्योंकि जम्मू व कश्मीर, विशेष तौर से घाटी क्षेत्र में अवाम, यानी आम नागरिकों के बीच जाकर एक ऐसी सटीक रिपोर्ट तैयार करनी थी, जो जमीन की वास्तविक स्थिति को प्रदर्शित करता हो। इसी पर अनुच्छेद-370 की समाप्ति करनी है या नहीं, निर्भर करता था। दरअसल, प्रधानमंत्री मोदी इस मामले में दृढ़ निश्चयी तो थे, लेकिन वह यह जानना चाह रहे थे कि अनुच्छेद-370 को लेकर कश्मीर के जन-मानस का क्या रुख है?

प्रधानमंत्री नरेंद्र मोदी कश्मीर के आंदोलन में अगुवा रहे हैं, इसलिए उन्हें इस मसले की संवेदनशीलता का भी बखूबी अहसास था। 26 जनवरी, 1992 को कश्मीर के लाल

चौक पर तिरंगा झंडा फहरानेवालों में नरेंद्र मोदी प्रमुख चेहरा थे। वे उस वक्त भा.ज.पा. के दिग्गज नेता डॉ. मुरली मनोहर जोशी के नेतृत्व में कन्याकुमारी से कश्मीर तक चली 'एकता यात्रा' के सारथि के रूप में थे। उस यात्रा की सफलता का जिम्मा उन्हीं पर था। आज भी लाल चौक पर तिरंगा झंडा लिये नरेंद्र मोदी की तसवीर संघ-भा.ज.पा. कैडर में उत्साह का संचार करती है। उस समय जब मुरली मनोहर जोशी के साथ नरेंद्र मोदी लाल चौक पर तिरंगा फहरा रहे थे, तब आसपास गोलियाँ भी चल रही थीं। उसके बाद करीब तीन दशक तक लाल चौक पर तिरंगा झंडा नहीं फहराया गया। अत: नरेंद्र मोदी इस मसले पर कोई जल्दबाजी नहीं करना चाहते थे। इसलिए संसद् में जब भी किसी सांसद ने अनुच्छेद-370 के मसले को उठाया तो सरकार की ओर से यही जवाब आया कि अभी इस दिशा में कोई काम नहीं हो रहा है।

यह बात सर्वविदित है कि अनुच्छेद-370 को निरस्त करना भा.ज.पा. और संघ परिवार के एजेंडे में सर्वोपरि रहा है। जन संघ के संस्थापक डॉ. श्यामा प्रसाद मुकर्जी के बलिदान को विचार परिवार व्यर्थ नहीं जाने देना चाहता था, क्योंकि केंद्र में पहली बार विचारधारा से जुड़ी सरकार अपने बूते बहुमत में थी। लेकिन थोड़ी सी चूक भी इस मसले पर देश में अशांति का वातावरण पैदा कर सकती थी, क्योंकि अनुच्छेद-370 को राजनीति का मसला बनाया जा चुका था, जहाँ भा.ज.पा. इसे हटाने के पक्ष में थी; बाकी दल इसे छूने तक के खिलाफ थे। लेकिन वर्ष 2013 में प्रधानमंत्री पद का उम्मीदवार घोषित होने के बाद नरेंद्र मोदी ने जम्मू की जनसभा में अनुच्छेद-370 पर राष्ट्रव्यापी बहस शुरू करने की पुरजोर वकालत की थी। यह उनकी ओर से संकेत भी था कि सत्ता में आने पर अनुच्छेद-370 को लेकर उनकी क्या सोच रहने वाली है। इसी सोच के तहत जब वर्ष 2014 में ही जम्मू व कश्मीर में विधानसभा चुनाव हुए तो खंडित जनादेश के बावजूद भा.ज.पा. ने विपरीत विचारधारा वाली पीपुल्स डेमोक्रेटिक पार्टी (पी.डी.पी.) के साथ मिलकर राज्य में सरकार बनाने का मन बना लिया। यह प्रधानमंत्री मोदी की सोची-समझी रणनीति का हिस्सा था।

यह बात सर्वविदित है कि अनुच्छेद-370 को निरस्त करना भा.ज.पा. और संघ परिवार के एजेंडे में सर्वोपरि रहा है। जन संघ के संस्थापक डॉ. श्यामा प्रसाद मुकर्जी के बलिदान को विचार परिवार व्यर्थ नहीं जाने देना चाहता था, क्योंकि केंद्र में पहली बार विचारधारा से जुड़ी सरकार अपने बूते बहुमत में थी।

जम्मू व कश्मीर की सरकार में पी.डी.पी. अपने कट्टरपंथी एजेंडे को आगे न बढ़ा सके, इसके लिए न्यूनतम साझा कार्यक्रम, यानी सरकार चलाने का साझा

कार्यक्रम तैयार किया गया और पी.डी.पी. के मुफ्ती मोहम्मद सईद के नेतृत्व में एक साझा सरकार अस्तित्व में आई। सईद राजनीति के मँझे हुए खिलाड़ी थे और केंद्र में भी वे गृह मंत्री रह चुके थे। वे देश के पहले मुसलिम व्यक्ति थे, जो केंद्रीय गृह मंत्री बने—वह भी विश्वनाथ प्रताप सिंह की उस सरकार में, जिसे बाहर से भा.ज.पा का समर्थन हासिल था। हालाँकि, उन्हीं के कार्यकाल में उनकी बेटी रुबैया सईद का आतंकवादियों ने अपहरण कर लिया था और बदले में पाँच आतंकियों को छोड़ना पड़ा था, जिसके बाद उनकी बेटी की रिहाई हुई थी। मुफ्ती मोहम्मद सईद के नेतृत्व में बनी सरकार में भा.ज.पा. की भूमिका मजबूत थी। लेकिन प्रधानमंत्री मोदी बेहद सतर्कता के साथ आगे बढ़ रहे थे। सरकार के प्रतिनिधि के रूप में भा.ज.पा. के नेता-मंत्री जमीन पर पहुँचकर काम कर रहे थे, ताकि वहाँ की वास्तविक स्थिति को नजदीक से समझा जा सके।

अचानक 7 जनवरी, 2016 को मुफ्ती मोहम्मद सईद का बीमारी की वजह से दिल्ली के अखिल भारतीय आयुर्विज्ञान संस्थान में निधन हो गया। लेकिन उसके बाद पी.डी. पी. की नेता महबूबा मुफ्ती ने सरकार गठन में आना-कानी दिखाई तो राज्य में राज्यपाल का शासन लगा दिया गया। लेकिन अप्रैल में महबूबा मुफ्ती ने प्रधानमंत्री नरेंद्र मोदी से मुलाकात की और 4 अप्रैल, 2016 को उन्होंने मुख्यमंत्री के रूप में शपथ ली। मुफ्ती मोहम्मद सईद के समय सतर्कता से आगे बढ़ रहे नरेंद्र मोदी ने राजनीतिक सूझ-बूझ के साथ कदम आगे बढ़ाया। यहीं से अनुच्छेद-370 को हटाने की रणनीति पर प्रधानमंत्री मोदी ने अपनी योजना को जमीन पर उतारने की पहल की। अगर स्पष्ट तौर से कहा जाए तो वर्ष 2019 के लोकसभा चुनाव से तीन साल पहले अनुच्छेद-370 के भविष्य पर काम शुरू हो चुका था।

अचानक 7 जनवरी, 2016 को मुफ्ती मोहम्मद सईद का बीमारी की वजह से दिल्ली के अखिल भारतीय आयुर्विज्ञान संस्थान में निधन हो गया। लेकिन उसके बाद पी.डी. पी. की नेता महबूबा मुफ्ती ने सरकार गठन में आना-कानी दिखाई तो राज्य में राज्यपाल का शासन लगा दिया गया। लेकिन अप्रैल में महबूबा मुफ्ती ने प्रधानमंत्री नरेंद्र मोदी से मुलाकात की और 4 अप्रैल, 2016 को उन्होंने मुख्यमंत्री के रूप में शपथ ली।

मिशन कश्मीर : इतिहास, वर्तमान और भविष्य

इस तरह हुआ था स्थानीय लोगों और गोपनीय मिशन में जुटी टीम का संवाद

नरेंद्र मोदी के शासन की सबसे बड़ी विशेषता है—मिशन के अंजाम तक पहुँचने

से पहले की पूरी गोपनीयता। अगर किसी को इसकी भनक लग भी जाए तो उसे अन्य दिशा में मोड़ देना भी दूसरी बड़ी विशेषता है। इतिहास में ऐसे ऑपरेशन को लंबे समय तक गोपनीय रखने के उदाहरण कम ही मिलते हैं, जैसा जम्मू व कश्मीर से अनुच्छेद 370 को हटाने को लेकर हुआ। हालाँकि, नरेंद्र मोदी के कई रणनीतिकारों का मानना है कि इस ऑपरेशन की शुरुआत दिसंबर 2015 से ही होने लगी थी; लेकिन इस पर असल में काम जनवरी 2016 से शुरू हुआ। यहाँ दोहराना जरूरी है कि जम्मू व कश्मीर में भा.ज.पा.-पी.डी.पी. गठबंधन में दरारें आने लगी थीं, क्योंकि मुफ्ती मोहम्मद सईद के निधन के बाद उनकी बेटी महबूबा मुफ्ती सरकार गठन में हिचकिचाहट दिखा रही थीं। लेकिन इसकी चिंता किए बिना नरेंद्र मोदी अपने मिशन को आगे बढ़ाने में जुट चुके थे।

विभिन्न सुरक्षा एजेंसियों के भरोसेमंद अधिकारियों की टीम राष्ट्रीय सुरक्षा सलाहकार अजित डोभाल के नेतृत्व में आगे बढ़ रही थी। इसके लिए सबसे पहला काम हुआ था—अनुच्छेद-370 पर संघ और डॉ. श्यामा प्रसाद मुकर्जी से जुड़े दस्तावेजों को एकत्रित करना। शीर्ष स्तर से मिले निर्देश के मुताबिक, इन दस्तावेजों का उर्दू और अन्य भाषाओं में अनुवाद कराया गया।

विभिन्न सुरक्षा एजेंसियों के भरोसेमंद अधिकारियों की टीम राष्ट्रीय सुरक्षा सलाहकार अजित डोभाल के नेतृत्व में आगे बढ़ रही थी। इसके लिए सबसे पहला काम हुआ था—अनुच्छेद-370 पर संघ और डॉ. श्यामा प्रसाद मुकर्जी से जुड़े दस्तावेजों को एकत्रित करना। शीर्ष स्तर से मिले निर्देश के मुताबिक, इन दस्तावेजों का उर्दू और अन्य भाषाओं में अनुवाद कराया गया। इसका उद्देश्य था—अनुच्छेद-370 को लेकर संघ और मुकर्जी की सोच को स्थानीय भाषा में उपलब्ध कराना। जब अनुवाद का काम पूरा हुआ, तब एक विस्तृत प्रश्नावली तैयार की गई। प्रश्नावली तैयार करने का मतलब यह नहीं था कि स्थानीय लोगों को प्रश्नावली देकर उसे भरवाया जाएगा या उसे भरकर रिपोर्ट तैयार की जाएगी; बल्कि इसका उद्देश्य इस मिशन में जुटे सभी लोगों को सारे प्रश्न अपने मन-मस्तिष्क में सहेजकर स्मरण-शक्ति में शामिल करना था और उसी के अनुरूप बात करनी थी। आम कश्मीरियों से बातचीत में पूछे जानेवाले सवाल सरकारी टाइप के नहीं थे, बल्कि आक्रामक अंदाज वाले थे, जिस पर स्थानीय कश्मीरी भी रुचि लेकर वाद-विवाद और संवाद कर सके। उदाहरण के तौर पर, कुछ प्रश्न इस तरह के थे—कश्मीर अगर पाकिस्तान का हिस्सा बन जाएगा तो क्या होगा? पाकिस्तान व अफगानिस्तान में मुसलमानों के हालात क्या हैं, आप जानते हैं? इसलाम धर्म की

सही तसवीर क्या है, इसको लेकर भी तथ्यों के साथ संवाद प्रश्नावली का हिस्सा थे।

वास्तव में, इस तरह के प्रश्नों का उद्देश्य स्थानीय लोगों के जेहन में चरमपंथियों द्वारा भरी गई भावना को बाहर लाना और फिर वहाँ की सही तसवीर दिखाकर अपनी बात रखनी होती थी। ऐसा करने की बड़ी वजह कश्मीर घाटी का इतिहास रहा है। कश्मीर में महाराजा हरि सिंह को चुनौती देने के लिए शेख अब्दुल्ला ने ऑल जम्मू व कश्मीर मुसलिम कॉन्फ्रेंस नाम से पार्टी गठित की, लेकिन बाद में उसे अहसास हुआ कि ऐसा करने से हिंदू वोट नहीं मिलेंगे। ऐसे में, बाद में उस पार्टी का नाम 'नेशनल कॉन्फ्रेंस' कर लिया। लेकिन लंबी राजनीति के बावजूद वर्ष 1971 तक नेशनल कॉन्फ्रेंस का असर राज्य के शहरी क्षेत्रों में ही ज्यादा रहा, जब सन् 1971 में पाकिस्तान से अलग होकर बँगलादेश बना तो कट्टरपंथियों ने अपने एजेंडे को कश्मीर में बढ़ाना शुरू किया। वर्ष 1971 में ही 'जमात-ए-इसलामी' नामक संगठन चुनाव में कूदा। इससे पहले यह संगठन सामाजिक-धार्मिक बैनर के रूप में काम कर रहा था। वर्ष 1971 के बाद नेशनल कॉन्फ्रेंस का प्रभाव कम तो जमात-ए-इसलामी ज्यादा प्रभावी संगठन दिखने लगा था। अब पूरी तरह से प्रतिबंधित इस संगठन ने उस समय एक सोची-समझी रणनीति से ग्रामीण कश्मीरी इलाकों में अपनी पैठ बढ़ाकर धार्मिक उन्माद पैदा करने की कोशिश की, क्योंकि शहरी इलाकों में नेशनल कॉन्फ्रेंस प्रभावी थी। इस चरमपंथी संगठन ने स्थानीय लोगों के भीतर कुछ इस तरह की भावना भरने की कोशिश की—'इसलामिक देश के साथ रहने में ही मुसलमानों का भला है।' 'सभी समस्याओं का समाधान इसलाम में ही है।' 'मुसलमानों का भला इसलामिक देश ही कर सकता है। काफिरों के साथ रहना हित में नहीं है।' अगर कुछ लोग उसकी इस तरह की बातें नहीं मानते थे तो जमात-ए-इसलामी ऐसे लोगों को धमकी देता था और फिर भी नहीं माननेवालों को मौत के घाट उतार देता था, जिससे स्थानीय लोगों में दहशत का माहौल स्वाभाविक था। इतना ही नहीं, दहशतगर्दों के खिलाफ जो स्थानीय नागरिक सुरक्षा एजेंसियों को सूचनाएँ देते थे, उन्हें भी मौत के घाट उतारने की घटनाएँ होती थीं।

इस तरह के प्रश्नों का उद्देश्य स्थानीय लोगों के जेहन में चरमपंथियों द्वारा भरी गई भावना को बाहर लाना और फिर वहाँ की सही तसवीर दिखाकर अपनी बात रखनी होती थी। ऐसा करने की बड़ी वजह कश्मीर घाटी का इतिहास रहा है। कश्मीर में महाराजा हरि सिंह को चुनौती देने के लिए शेख अब्दुल्ला ने ऑल जम्मू व कश्मीर मुसलिम कॉन्फ्रेंस नाम से पार्टी गठित की, लेकिन बाद में उसे अहसास हुआ कि ऐसा करने से हिंदू वोट नहीं मिलेंगे।

लेकिन स्थानीय नागरिकों से संवाद के लिए गोपनीय मिशन में जुटी टीम पहले इस बात की पुष्टि करती थी कि कहीं सीमा पार से घुसपैठियों ने आकर किसी घर में शरण तो नहीं ली है? यानी पूरी तैयारी और पुष्टि के बाद ही टीम अपने मिशन के लिए लोगों से बात करने निकलती थी। चरमपंथियों द्वारा भरी गई भावनाओं को बाहर निकालने के लिए आक्रामक प्रश्न तैयार किए गए थे। स्थानीय लोगों से संवाद में जब विभिन्न सुरक्षा एजेंसियों के लोग बात करते थे तो श्री रामजन्मभूमि का मामला भी सामने के पक्ष से आता था, जिसे चरमपंथियों ने लोगों के जेहन में भर दिया था। ऐसे में, जब गोपनीय मिशनवाली टीम के लोग पूरक सवाल पूछते थे—क्या आप पूरा इसलामिक विश्व चाहते हैं? टीम के लोग पाकिस्तान-अफगानिस्तान में आम मुसलमानों की स्थिति की तसवीर तथ्यों के साथ सामने रखते थे और फिर पूछते थे कि आखिर इसलामिक देश होने के बावजूद वहाँ मुसलमानों की समस्या का समाधान क्यों नहीं हुआ? नरम इसलाम और कट्टरपंथी इसलाम के बीच का फर्क पाकिस्तान के हालात के साथ तुलना करके दिखाया जाता था। वाद-विवाद के रूप में यह संवाद घंटों चलता था। वाकई प्रश्नों की सूची इतनी रणनीतिक और तथ्यात्मक बनाई गई थी कि आखिर में, आम कश्मीरी नागरिक इस बात को लेकर सहमत होता था कि कश्मीर की भलाई भारत के साथ रहने में ही है।

ऑपरेशन-370 में जुटी मोदी सरकार की टीम ने अपने मिशन को अंजाम देने से पहले इस बात का व्यापक सर्वेक्षण किया कि जमात-ए-इसलामी का प्रभाव किन-किन जगहों पर कितना है। इसमें विशेष तौर से पुलिस बल और शिक्षक समुदाय को चिह्नित किया गया, क्योंकि इन दो क्षेत्रों में जमात-ए-इसलामी अपने विचार को आगे बढ़ाकर अंदरूनी नुकसान पहुँचा सकता था।

ऐसे लोगों की हुई पहचान, जो ऑपरेशन-370 में हो सकते थे बाधक

ऑपरेशन-370 में जुटी मोदी सरकार की टीम ने अपने मिशन को अंजाम देने से पहले इस बात का व्यापक सर्वेक्षण किया कि जमात-ए-इसलामी का प्रभाव किन-किन जगहों पर कितना है। इसमें विशेष तौर से पुलिस बल और शिक्षक समुदाय को चिह्नित किया गया, क्योंकि इन दो क्षेत्रों में जमात-ए-इसलामी अपने विचार को आगे बढ़ाकर अंदरूनी नुकसान पहुँचा सकता था। पुलिस बल में कट्टरपंथियों का समर्थन सुरक्षा के लिहाज से, तो कट्टर विचारों के प्रवाह के लिए शिक्षक समुदाय में उनका मौजूद रहना घातक हो सकता था। यह समूह आम नागरिकों को भड़काने का काम कर सकता था।

ऐसे में, इस व्यापक सर्वेक्षण से उन सभी लोगों की पहचान की गई, जो जमात-ए-इसलामी के प्रभाव में थे या उनके लिए काम करते थे। इस सर्वेक्षण का उद्देश्य यह नहीं था कि उन पर कोई तत्काल काररवाई होगी, बल्कि यह पता करना था कि ये लोग इस पूरे ऑपरेशन को कितना नुकसान पहुँचाने की क्षमता रखते हैं। ऐसे में, नरेंद्र मोदी सरकार ने कट्टरपंथी विचारों पर विकास की पटकथा लिखनी शुरू की और लोगों को बिजली, पानी, एल.पी.जी. जैसी सुविधाओं को पहुँचाना शुरू किया।

स्थानीय समस्या और समाधान की रणनीति

कट्टरपंथियों और कुछ चुनिंदा नेताओं ने कश्मीर के लोगों की मूल समस्याओं को धार्मिक रंग दे दिया था, जबकि जरूरत थी ग्रामीण स्तर पर बुनियादी समस्याओं के समाधान की। आजादी के छह दशक के बाद भी स्थानीय लोगों को जरूरत की चीजों के लिए परेशानियों का सामना करना पड़ रहा था, जबकि चरमपंथियों और कट्टरपंथियों का परिवार शान-ओ-शौकत की जिंदगी बिता रहा था। जब मिशन में जुटी टीम ने स्थानीय लोगों से संवाद किया तो यह बात स्पष्ट तौर से सामने आई कि बिजली और पीने के पानी की समस्या उनके लिए सबसे महत्त्वपूर्ण है। बर्फबारी की वजह से सभी नल और अन्य जल-स्रोत जम जाते थे। अगर पीने के पानी के लिए बर्फ पिघलाना है तो उसके लिए ईंधन भी नहीं होता था। ऐसे में, राज्यपाल शासन के दौरान नरेंद्र मोदी सरकार ने पंचायती स्तर पर विकास की पहल की। इसके लिए पंचायतों को भरोसे में लिया।

कट्टरपंथियों और कुछ चुनिंदा नेताओं ने कश्मीर के लोगों की मूल समस्याओं को धार्मिक रंग दे दिया था, जबकि जरूरत थी ग्रामीण स्तर पर बुनियादी समस्याओं के समाधान की। आजादी के छह दशक के बाद भी स्थानीय लोगों को जरूरत की चीजों के लिए परेशानियों का सामना करना पड़ रहा था, जबकि चरमपंथियों और कट्टरपंथियों का परिवार शान-ओ-शौकत की जिंदगी बिता रहा था।

संकल्प को साकार करने का आधार बनी 'गोपनीय रिपोर्ट'

ऑपरेशन-370 की समय-समय पर मिलनेवाली इसी रिपोर्ट के बाद केंद्र सरकार ने पंचायतों के सशक्तीकरण की दिशा में काम किया। पंचायत चुनाव के बाद केंद्र सरकार ने राज्यपाल शासन में ही विकास के लिए फंड को आखिरी छोर तक पहुँचाने की पहल की, जिसका परिणाम हुआ कि पंचायत प्रतिनिधि विकास में रुचि लेने लगें

और उन्हें लगने लगा कि विकास की मुख्यधारा से वे जुड़ सकते हैं। अगर अभी तक के आँकड़ों को देखें तो केंद्र सरकार जम्मू व कश्मीर में पंचायतों को 12 हजार करोड़ रुपए से अधिक की राशि पहुँचा चुकी है। पंचायतों को सशक्त करने के लिए पहली बार त्रि-स्तरीय पंचायती व्यवस्था वहाँ लागू हो चुकी है। पंचायत स्तर पर केंद्र सरकार की पहल ने अवाम का भरोसा भी हासिल किया। पंचायत स्तर पर उत्साहवर्धक परिणाम मिले, लेकिन दूसरी तरफ कट्टरपंथी लोकतांत्रिक प्रक्रिया में बाधा पहुँचाने की कोशिश करने लगे तो केंद्र सरकार ने विशेष दर्जे वाले अनुच्छेद-370 को हटाने को लेकर रणनीति को अंजाम देने की कोशिश की।

प्रधानमंत्री नरेंद्र मोदी और भा.ज.पा.-राष्ट्रीय स्वयंसेवक संघ की सोच को एक और मजबूती तब मिली, जब वर्ष 2019 के आम चुनाव में भा.ज.पा. ने राष्ट्रवाद की अलख जगाते हुए वर्ष 2014 से भी बड़ा बहुमत हासिल किया। इस जीत के बाद वैचारिक मुद्दों को परिणाम तक पहुँचाने के लिए कोई किंतु-परंतु जैसी बात नहीं रह गई थी।

...और छह वर्षों में छह दशकों के फासले हुए कम

भा.ज.पा. को वोट करनेवालों की संख्या भी वर्ष 2014 के 17 करोड़ के मुकाबले 2019 में 22 करोड़ के पार पहुँच गई। ऐसे में, जरूरत थी—नए-नए वोटर और समर्थक, जो भा.ज.पा. की तरफ आशा भरी उम्मीदों के साथ आए थे, उन्हें वैचारिक रूप से और अधिक प्रतिबद्ध बनाने की। इसके लिए जरूरी था कि वैचारिक स्तर पर छह दशकों से चले आ रहे मुद्दे पर चोट की जाए। लेकिन अनुच्छेद-370 को हटाने के लिए पार्टी की तैयारियों से पहले भा.ज.पा. और संघ के साथ इस मुद्दे की पृष्ठभूमि को भी समझना जरूरी है। भा.ज.पा. 20 साल से हर लोकसभा चुनाव से पहले अनुच्छेद-370 को मुद्दा बनाती थी। 1950 के दशक से ही संघ का कैडर अनुच्छेद-370 के खिलाफ रहा है। जन संघ के संस्थापक डॉ. श्यामा प्रसाद मुकर्जी तो सन् 1953 में कश्मीर गए थे और इसके खिलाफ भूख हड़ताल की थी। बाद में भा.ज.पा. ने इसको लेकर वर्ष 1996, 1999, 2004, 2014 में चुनावों से पहले मुद्दा उठाया।

प्रधानमंत्री नरेंद्र मोदी और भा.ज.पा.-राष्ट्रीय स्वयंसेवक संघ की सोच को एक और मजबूती तब मिली, जब वर्ष 2019 के आम चुनाव में भा.ज.पा. ने राष्ट्रवाद की अलख जगाते हुए वर्ष 2014 से भी बड़ा बहुमत हासिल किया। इस जीत के बाद वैचारिक मुद्दों को परिणाम तक पहुँचाने के लिए कोई किंतु-परंतु जैसी बात नहीं रह गई थी।

लेकिन 2014 के आम चुनाव से पहले इस पर अलग तरीके से बहस की शुरुआत नरेंद्र मोदी ने की। प्रधानमंत्री पद का उम्मीदवार घोषित होने के बाद लोकसभा चुनाव से कुछ महीने पहले दिसंबर 2013 में नरेंद्र मोदी ने जम्मू में जब रैली की थी, तब उन्होंने इस मुद्दे पर देश में एक नई बहस छेड़ दी थी। मोदी ने रैली में कहा था कि भारतीय संविधान के अनुच्छेद-370 पर देश भर में बहस होनी चाहिए। इस प्रावधान ने समुचित विकास और सशक्तीकरण से जम्मू व कश्मीर को वंचित रखा है। वहीं तत्कालीन भा.ज.पा. अध्यक्ष राजनाथ सिंह ने कहा था कि इस पर संसद् में बहस होनी चाहिए कि क्या इस अनुच्छेद से जम्मू व कश्मीर के लोगों को फायदा हुआ है?

भा.ज.पा. ने वर्ष 2014 के लोकसभा चुनाव से छह महीने पहले तक देश भर में अनुच्छेद-370 को चुनावी मुद्दा बनाए रखा। भा.ज.पा. के घोषणा-पत्र में भी अनुच्छेद-370, कश्मीरी पंडितों के पुनर्वास, समान नागरिक संहिता जैसे मुद्दे शामिल थे। मई 2014 में केंद्र में भा.ज.पा. की पूर्ण बहुमत की सरकार बन गई, लेकिन सार्वजनिक तौर से इस मसले पर कोई प्रयास होता नहीं दिख रहा था। दरअसल, इसके पीछे भा.ज.पा. और सरकार की रणनीति पहले विकास के एजेंडे को आगे बढ़ाना और फिर वैचारिक मुद्दे का समाधान ढूँढ़ना था। लेकिन जब लोकसभा चुनाव में करीब 11 महीने शेष रह गए थे, तब भा.ज.पा. ने जम्मू व कश्मीर में अपनी ओर से पी.डी.पी. से गठबंधन तोड़कर कैडरों को संदेश देने की कोशिश की कि अनुच्छेद-370, कश्मीरी पंडित, आतंकवाद जैसे मुद्दों से समझौता नहीं करेगी। दरअसल, यहाँ भी भा.ज.पा. ने बड़ी चतुराई के साथ रणनीति को आगे बढ़ाया था। भा.ज.पा. को यह पता चल गया था कि कश्मीर में पत्थरबाजों पर हुई कारवाई पर मानवाधिकार का मुद्दा बनाकर पी.डी.पी. अक्तूबर तक सरकार गिरा सकती है। ऐसे में, देश की अखंडता और राष्ट्रवाद के नाम पर भा.ज.पा. के तत्कालीन अध्यक्ष अमित शाह ने पहले ही अपना दाँव चल दिया।

भा.ज.पा. ने वर्ष 2014 के लोकसभा चुनाव से छह महीने पहले तक देश भर में अनुच्छेद-370 को चुनावी मुद्दा बनाए रखा। भा.ज.पा. के घोषणा-पत्र में भी अनुच्छेद-370, कश्मीरी पंडितों के पुनर्वास, समान नागरिक संहिता जैसे मुद्दे शामिल थे। मई 2014 में केंद्र में भा.ज.पा. की पूर्ण बहुमत की सरकार बन गई, लेकिन सार्वजनिक तौर से इस मसले पर कोई प्रयास होता नहीं दिख रहा था।

एक सोची-समझी रणनीति के साथ भा.ज.पा. आगे बढ़ रही थी। लेकिन पुलवामा हमले ने अनुच्छेद-370 पर पार्टी की तैयारियों को कुछ समय के लिए थाम

लिया। राष्ट्रवाद के ज्वार ने वर्ष 2019 के चुनाव में भा.ज.पा. को सिर्फ राजनीतिक रूप से ही सशक्त नहीं किया, बल्कि वैचारिक रूप से भी बड़ा संबल दिया। भा.ज.पा. लंबे समय से जम्मू-कश्मीर से अनुच्छेद-370 हटाने की रणनीति पर काम कर रही थी। वर्ष 2019 में जब 2014 से भी भारी बहुमत से केंद्र में मोदी सरकार बनी तो प्रधानमंत्री ने शपथ के दिन राष्ट्रपति भवन में ही तब के गृहमंत्री राजनाथ सिंह से कश्मीर में कुछ नया करने की रणनीति को लेकर करीब 9 मिनट तक बातचीत की थी। हालाँकि, बाद में गृह मंत्रालय की कमान अमित शाह को सौंपी गई। ऐसे में, गृह मंत्रालय की कमान भा.ज.पा. के तत्कालीन राष्ट्रीय अध्यक्ष अमित शाह ने सँभाली तो अपनी कार्यशैली की विशिष्ट पहचान बना चुके शाह ने सधे हुए कदमों के साथ जम्मू व कश्मीर से अनुच्छेद-370 और 35(ए) को हटाने पर काम शुरू कर दिया। शाह के बारे में हमेशा माना जाता है कि किसी भी काम को करने से पहले उसके प्रभाव के बारे में हर तरह के अनुमान लगाते हुए सतर्कता के सारे बंदोबस्त करते हैं। इस मसले पर भी उन्होंने यही काम किया। इसकी बानगी जुलाई 2019 के आखिर में दिखने लगी थी। जम्मू व कश्मीर में अचानक 10 हजार जवानों को भेजने से इस चर्चा को बल मिल रहा था कि केंद्र सरकार 35(ए) को हटाने जा रही है। लेकिन भा.ज.पा. और सरकार की ओर से कोई आधिकारिक स्पष्टीकरण नहीं आ रहा था। लेकिन पार्टी की ओर से यह संदेश दिया जा रहा था कि पहले लोकसभा चुनाव और अब अमरनाथ यात्रा की वजह से जवान थकान महसूस कर रहे थे। ऐसे में, उन्हें आराम देने के मकसद से ही नई तैनाती की जा रही है। इसके अलावा, अक्तूबर में वहाँ विधानसभा चुनाव कराने के भी संकेत दिए जा रहे थे और इसी को लेकर स्थानीय सुरक्षा बलों को भी आराम देने की बात कही जा रही थी।

भा.ज.पा. लंबे समय से जम्मू-कश्मीर से अनुच्छेद-370 हटाने की रणनीति पर काम कर रही थी। वर्ष 2019 में जब 2014 से भी भारी बहुमत से केंद्र में मोदी सरकार बनी तो प्रधानमंत्री ने शपथ के दिन राष्ट्रपति भवन में ही तब के गृहमंत्री राजनाथ सिंह से कश्मीर में कुछ नया करने की रणनीति को लेकर करीब 9 मिनट तक बातचीत की थी। हालाँकि, बाद में गृह मंत्रालय की कमान अमित शाह को सौंपी गई।

इसी बीच, भा.ज.पा. आलाकमान के साथ जम्मू व कश्मीर के पार्टी के कोर ग्रुप के नेताओं के साथ बैठक भी हुई, जिसमें स्थानीय नेताओं को दो-टूक निर्देश दिया गया कि अनुच्छेद-370 और 35(ए) हटाने की चर्चाओं को कमजोर करने की दिशा में काम

करें। उस बैठक के बाद जम्मू व कश्मीर के भा.ज.पा. अध्यक्ष रवींद्र रैना ने जोर देकर कहना शुरू किया कि कोर ग्रुप की बैठक में राज्य की सुरक्षा और विधानसभा चुनावों को लेकर चर्चा हुई। रैना ने कहा था कि भा.ज.पा. राज्य में चुनाव के लिए तैयार है और हम चाहते हैं कि वहाँ जल्द-से-जल्द चुनाव हो। हम वहाँ पार्टी के सदस्यता अभियान में तेजी लाने जा रहे हैं। रैना ने यहाँ तक कहा कि जिन पार्टियों की जमानत जब्त हो गई है, वही सुरक्षा बलों की तैनाती को लेकर अफवाह फैला रहे हैं। उन्होंने भा.ज.पा. मुख्यालय में पत्रकारों को यहाँ तक संकेत दिया कि अमरनाथ यात्रा के बाद कभी भी चुनाव की अधिसूचना जारी हो सकती है। यानी उस समय अनुच्छेद-370 और 35(ए) को लेकर चल रही अटकलों को विराम देने की हर कोशिशें की जा रही थीं। लेकिन अलग कार्यशैली की पहचान रखनेवाले अमित शाह के मन-मस्तिष्क में पूरी पटकथा तैयार थी।

लोकसभा चुनाव के बाद जब शाह गृहमंत्री बने तो तय हो गया था कि अनुच्छेद-370 हटाने के कानूनी और राजनीतिक पहलुओं का खाका बनाया जाए। यह एक रुटीन एक्सरसाइज की तरह किया गया था, जिसको लेकर दशकों से प्रयास चल रहा था। पार्टी के एक वरिष्ठ नेता ने शाह के गृहमंत्री बनने के बाद अनौपचारिक बातचीत में मुझसे कहा था कि अनुच्छेद-370 पर कानूनी पहलुओं की छानबीन करने को कहा गया है।

दरअसल, लोकसभा चुनाव के बाद जब शाह गृहमंत्री बने तो तय हो गया था कि अनुच्छेद-370 हटाने के कानूनी और राजनीतिक पहलुओं का खाका बनाया जाए। यह एक रुटीन एक्सरसाइज की तरह किया गया था, जिसको लेकर दशकों से प्रयास चल रहा था। पार्टी के एक वरिष्ठ नेता ने शाह के गृहमंत्री बनने के बाद अनौपचारिक बातचीत में मुझसे कहा था कि अनुच्छेद-370 पर कानूनी पहलुओं की छानबीन करने को कहा गया है। लेकिन तब मैंने भी इसे सामान्य एक्सरसाइज के तौर पर ही लिया था, क्योंकि उस समय भी कुछ ठोस नहीं दिख रहा था और ऐसा माना जा रहा था कि अभी कोई चुनाव भी नहीं है, इसलिए सरकार तत्काल कोई कदम नहीं उठाएगी। लेकिन इस काम में तेजी आई 26 जुलाई को, जब सरकार ने संसद् के सत्र की अवधि 10 दिन बढ़ाने का फैसला किया। मंत्रियों को भी इस बदलाव की भनक नहीं लगी। लेकिन शाह इसके लिए पहले से ही तैयारी कर रहे थे। अमित शाह ने कानूनी पहलुओं के मद्देनजर कानूनन क्या-क्या विकल्प हो सकते हैं, इसकी तलाश कर ली थी। राज्यसभा में आँकड़े जुटाने के लिए फ्लोर प्रबंधन समूह बनाया गया था, जिसमें संसदीय कार्य मंत्री प्रहलाद जोशी, संसदीय कार्य राज्य मंत्री वी. मुरलीधरन, रेल मंत्री

पीयूष गोयल, पेट्रोलियम मंत्री धर्मेंद्र प्रधान और भा.ज.पा. के राष्ट्रीय महासचिव एवं राज्यसभा सांसद भूपेंद्र यादव शामिल थे। इन मंत्रियों-नेताओं को भी यह नहीं बताया गया था कि किस बिल के लिए उन्हें समर्थन जुटाना है। वे जिन दलों से बात कर रहे थे, उनको बस, यह कहना था कि देश के लिए जरूरी बिल आना है। भा.ज.पा. सांसदों के लिए भी संसद् सत्र के चलने तक बाकायदा तीन लाइन का व्हिप जारी कर दिया गया था।

रणनीतिक तौर पर, अनुच्छेद-370 और 35(ए) को लेकर नरेंद्र मोदी सरकार ने तब तक किसी को भनक नहीं लगने दी, जब तक कि 5 अगस्त की सुबह कैबिनेट ने इस पर अपनी मुहर न लगा दी और राष्ट्रपति की ओर से नोटिफिकेशन जारी नहीं हो गया। इस फैसले के बाद संसद् में गृह मंत्री अमित शाह ने 'जम्मू व कश्मीर राज्य पुनर्गठन विधेयक' को पेश किया और सिलसिलेवार दलीलें दीं कि ऐसा करना क्यों जरूरी था और अब तक किन राजनीतिक स्वार्थों की वजह से पूर्व की सरकारों ने इसे लटकाए रखा था। जम्मू व कश्मीर में अनुच्छेद-370 को निष्प्रभावी करने की रणनीति में कोई अड़चन न आए, इसके लिए सरकार की तैयारियों का अंदाजा इससे भी लगाया जा सकता है कि राज्यसभा में बिल पेश करने के लिए संशोधित कार्य-सूची आखिरी समय में जारी हुई। सदन की काररवाई शुरू होने से आधा घंटा पहले 10.30 बजे सॉलिसिटर जनरल तुषार मेहता राज्यसभा में सदन के नेता थावरचंद गहलोत के कमरे में पहुँच चुके थे। गहलोत का कमरा वॉर रूम बनाया गया था। यहाँ की कमान गृह मंत्री अमित शाह ने सँभाल रखी थी। यहीं से तुषार मेहता सदन में भा.ज.पा. और सरकार की ओर से पक्ष रखनेवाले वक्ताओं को चिट के जरिए कानूनी बारीकियाँ भेज रहे थे। कानून मंत्री रविशंकर प्रसाद, रेल मंत्री पीयूष गोयल, संसदीय कार्य राज्य मंत्री अर्जुनराम मेघवाल और सांसद भूपेंद्र यादव आ-जा रहे थे। सॉलिसिटर जनरल एवं कानून मंत्री उसी रूम से भा.ज.पा. और सरकार के वक्ताओं को कानूनी बारीकियाँ चिट के जरिए भेज रहे थे। कानूनी पक्ष को मेहता और प्रसाद देख रहे थे तो गोयल, यादव और मेघवाल फ्लोर प्रबंधन में जुटे थे। विरोधी पक्ष के सांसदों के इस्तीफे की रणनीति पर भी काम चल रहा था। बिल पर बहस के दौरान शाह वॉर रूम में चार बार पहुँचे। छोटी-छोटी बैठकें कर वापस सदन में जाते रहे। शाह ने लंच भी यहीं किया। लेकिन अनुच्छेद-370 को हटाने की कानूनी बारीकियाँ अरुण जेटली ने

रणनीतिक तौर पर, अनुच्छेद-370 और 35(ए) को लेकर नरेंद्र मोदी सरकार ने तब तक किसी को भनक नहीं लगने दी, जब तक कि 5 अगस्त की सुबह कैबिनेट ने इस पर अपनी मुहर न लगा दी और राष्ट्रपति की ओर से नोटिफिकेशन जारी नहीं हो गया।

ही प्रधानमंत्री नरेंद्र मोदी को बताई थीं। जेटली के निधन के बाद जब प्रधानमंत्री ने जम्मू व कश्मीर से अनुच्छेद-370 को हटाने को लेकर कुछ रणनीतिकारों से बातचीत की तो उन्होंने इस मुद्दे की कानूनी बारीकियों को समझाने का श्रेय स्व. जेटली को दिया। तब उन्होंने कहा था कि जम्मू व कश्मीर से अनुच्छेद-370 हटाने के मुद्दे को बेहद चुनौतीपूर्ण माना जा रहा था क्योंकि अकसर इसे हटाने के संविधान संशोधन जैसी बातें होती थीं लेकिन अरुण जेटलीजी की कानूनी समझ इतनी बेहतर थी कि अनुच्छेद-370 का मसला केवल छोटे से कानूनी बदलाव से ही हो गया।

इस तरह, अनुच्छेद-370 निष्प्रभावी हुआ और जम्मू व कश्मीर को केंद्रशासित प्रदेश बनाकर लद्दाख को अलग से केंद्रशासित प्रदेश बनाया गया। लद्दाख को अलग क्षेत्र बनाने की माँग लंबे समय से संघ भी करता आ रहा था। संघ के लिए यह वैचारिक सपने का साकार होना था, जिसकी लड़ाई दशकों से चल रही थी।

'सबसे बुरे में सबसे अच्छा' क्या हो सकता है, की सोच

अंग्रेजी में कहते हैं—It is the best of the worst, यानी सबसे बुरे में सबसे अच्छा क्या हो सकता है—इस सोच के साथ अनुच्छेद-370 की समाप्ति प्रधानमंत्री नरेंद्र मोदी की दृढ़ इच्छा-शक्ति का मास्टर स्ट्रोक कहा जा सकता है। यह राष्ट्र की सीमाओं को सुरक्षित करने की एक ऐसी पहल थी, जिसको लेकर हमेशा जेहन में आतंकवाद और उग्रवाद की एक तसवीर उभरती थी। जब भी कुछ होता था तो सेना को सामने लाना पड़ता था; लेकिन अब कश्मीर सुरक्षित है। हालाँकि, प्रधानंमत्री नरेंद्र मोदी के पहले कार्यकाल में इसको साकार करने की पहल पूरी नहीं हो सकी, क्योंकि अचानक हुए पुलवामा हमले ने सबकुछ थाम दिया था। ऐसे में, जब वर्ष 2019 के आम चुनाव में नरेंद्र मोदी ने दोबारा पहले से भी अधिक बहुमत हासिल कर सरकार बनाई तो केंद्रीय गृह मंत्रालय का जिम्मा अमित शाह को सौंपा। सरकार गठन के बाद शुरुआती तीन महीने में ही अनुच्छेद-370 का दशकों पुराना इतिहास सही मायने में इतिहास बन गया।

अंग्रेजी में कहते हैं—It is the best of the worst, यानी सबसे बुरे में सबसे अच्छा क्या हो सकता है—इस सोच के साथ अनुच्छेद-370 की समाप्ति प्रधानमंत्री नरेंद्र मोदी की दृढ़ इच्छा-शक्ति का मास्टर स्ट्रोक कहा जा सकता है। यह राष्ट्र की सीमाओं को सुरक्षित करने की एक ऐसी पहल थी, जिसको लेकर हमेशा जेहन में आतंकवाद और उग्रवाद की एक तसवीर उभरती थी।

इसमें सबसे महत्त्वपूर्ण था प्रधानमंत्री नरेंद्र मोदी का तीन साल से इस दिशा में किया जा रहा प्रयास। गोपनीय मिशन से निकली रिपोर्ट ने ही अनुच्छेद-370 की समाप्ति का मार्ग प्रशस्त किया और आज जम्मू व कश्मीर शांति, प्रगति और समृद्धि के पथ पर अग्रसर है। सही मायने में दशकों के फासले को कम करते हुए नरेंद्र मोदी सरकार ने विकास की दौड़ में पीछे छूट रहे जम्मू व कश्मीर और लद्दाख से अनुच्छेद-370 को निरस्त कर 70 वर्षों की टीस खत्म की है। इन भेदभावपूर्ण प्रावधानों से आजादी के बाद 'धरती का स्वर्ग' कहे जानेवाली जम्मू व कश्मीर और लद्दाख को अब मुख्यधारा से जोड़ देश के अन्य राज्यों के बराबर लाकर खड़ा किया गया है तो बीते दो सालों में ही यह क्षेत्र देश के बाकी हिस्से के साथ विकास के पथ पर तेजी से अग्रसर है।

"फजा ये अमन-ओ-अमाँ की सदा रखें कायम,
सुनो ये फर्ज तुम्हारा भी है हमारा भी"

—नुसरत मेहँदी

□

21

एक सुखद अहसास...

वर्ष 2019 के चुनाव नतीजों के बाद विचारधारा के मोर्चे पर मोदी सरकार की निर्णायक जंग ने संघ परिवार का दिल जीत लिया। फिर समन्वय के साथ 'नए भारत' की दिशा में बढ़ा कदम।

आम चुनाव 2019 में भा.ज.पा. की ऐतिहासिक जीत इस बात को प्रमाणित कर चुकी थी कि अब भा.ज.पा. और संघ ने वर्ष 1998-2004 के उस कड़वे अनुभव से बाहर निकल समन्वय की नई गाथा लिख दी है। पहली बार केंद्र की सत्ता पर आसीन होने पर विचार परिवार में समन्वय का अभाव सार्वजनिक तौर से दिखा था, जिसका खामियाजा 2004 के आम चुनाव में भा.ज.पा. को भुगतना पड़ा था। लेकिन 2014 में नरेंद्र मोदी ने संघ के साथ मिलकर समन्वय का ऐसा खाका खींचा, जिसका साक्षी 2019 का आम चुनाव बना।

इस ऐतिहासिक जीत के बाद रणनीतिक तौर से वैचारिक मुद्दों पर विचार परिवार के साथ समन्वय बनाते हुए केंद्र सरकार ने कदम उठाना शुरू किया। वर्ष 2019 के आम चुनाव से पहले भा.ज.पा. में कानूनी मशविरे की गतिविधियाँ तेज हो चुकी थीं। पार्टी में वकीलों के जरिए अनुच्छेद-370 से जुड़े सभी कानूनी पहलुओं पर मंथन होने लगा था। लेकिन शीर्ष स्तर से इसे सामान्य गतिविधि के तौर पर ही आगे बढ़ाया जा रहा था; जबकि शीर्ष नेतृत्व के मन में यह तय हो रहा था कि आम चुनाव से पहले ही इस पर कठोर फैसला लेकर वैचारिक कैडरों को संकेत दिया जाए, ताकि उत्साह और नई ऊर्जा का संचार हो सके। लेकिन इसी बीच 14 फरवरी, 2019 को पुलवामा में आतंकी हमले में सी.आर.पी.एफ. के 40 जवानों की शहादत ने दिशा ही बदल दी। भा.ज.पा. ने अपनी चुनावी तैयारी की दिशा बदल दी, जबकि इससे पहले तीन राज्यों—छत्तीसगढ़, मध्य प्रदेश एवं राजस्थान के विधानसभा चुनावों में पार्टी की हार से विपक्ष उत्साहित हो रहा था और भा.ज.पा. को मनोवैज्ञानिक रूप

से पीछे धकेलने की कोशिशें हो रही थीं। लेकिन आम चुनाव से पहले के संसद् सत्र में संघ के फीडबैक के आधार पर भा.ज.पा. के नेतृत्ववाली केंद्र सरकार ने आर्थिक आधार पर सवर्णों को 10 फीसदी आरक्षण का मास्टर स्ट्रोक खेला था। किसानों की नाराजगी दूर करने के लिए प्रधानमंत्री किसान सम्मान निधि की शुरुआत की गई थी, यानी भा.ज.पा. आम चुनाव में नुकसान की संभावनाओं को कम करने के सारे उपायों पर काम कर रही थी। लेकिन पुलवामा हमले के बाद प्रधानमंत्री नरेंद्र मोदी के नेतृत्व पर देश का भरोसा इस कदर बढ़ा चुका था कि हर कोई यह कहता दिख रहा था कि 'मोदी अब पाकिस्तान को नहीं बख्शने वाला'। 14 फरवरी को पुलवामा में हमला होने के ठीक अगले दिन 15 फरवरी को नई दिल्ली रेलवे स्टेशन से स्वदेशी ट्रेन 'वंदे भारत', जो भारत के विकास की गति का एक उदाहरण बनने जा रही थी, का उद्घाटन किया। उसके बाद की हर सभा और कार्यक्रम में मोदी की दहाड़ देश का भरोसा बढ़ा रही थी। आखिर, 26 फरवरी को बालाकोट एयर स्ट्राइक ने देश का पूरा मिजाज ही बदल दिया और वर्ष 2019 का चुनाव राष्ट्रवाद की भावना से ओत-प्रोत हो गया, यानी वर्ष 2014 से 2019 के दौरान विकास की योजनाओं से लाभ लेनेवाले लोगों को राष्ट्रवाद की इस भावना ने स्थानीय सांसदों के प्रति होनेवाली स्वाभाविक नाराजगी को भी खत्म किया, जिसका नतीजा 2019 के आम चुनाव के परिणामों में साफ तौर से दिखा और भा.ज.पा. ने सत्ता में रहते हुए दूसरी बार अधिक सीटों की संख्या से बहुमत हासिल करने का रिकॉर्ड बना लिया। फिर शुरू हुआ वैचारिक मुद्दों को परिणति तक पहुँचाने का अभियान।

14 फरवरी को पुलवामा में हमला होने के ठीक अगले दिन 15 फरवरी को नई दिल्ली रेलवे स्टेशन से स्वदेशी ट्रेन 'वंदे भारत', जो भारत के विकास की गति का एक उदाहरण बनने जा रही थी, का उद्घाटन किया। उसके बाद की हर सभा और कार्यक्रम में मोदी की दहाड़ देश का भरोसा बढ़ा रही थी। आखिर, 26 फरवरी को बालाकोट एयर स्ट्राइक ने देश का पूरा मिजाज ही बदल दिया और वर्ष 2019 का चुनाव राष्ट्रवाद की भावना से ओत-प्रोत हो गया, यानी वर्ष 2014 से 2019 के दौरान विकास की योजनाओं से लाभ लेनेवाले लोगों को राष्ट्रवाद की इस भावना ने स्थानीय सांसदों के प्रति होनेवाली स्वाभाविक नाराजगी को भी खत्म किया"

श्रीराम जन्मभूमि : सदियों का इंतजार हुआ समाप्त

दूसरी बार सत्ता में आने के बाद अनुच्छेद-370 की समाप्ति और फिर तीन महीने बाद ही अयोध्या में श्रीराम जन्मभूमि को लेकर चल रहे विवाद का सुप्रीम कोर्ट द्वारा पटाक्षेप होना निश्चय ही संघ परिवार के लिए सुकून भरा था। दशकों तक चली न्याय- प्रक्रिया के समाप्त होने के बाद 9 नवंबर, 2019 को प्रधानमंत्री नरेंद्र मोदी ने राष्ट्र के नाम अपने संदेश में इसे भारत के लिए नया सवेरा करार देते हुए कहा था कि अब देश को संकल्प करना होगा कि नई पीढ़ी नए सिरे से 'न्यू इंडिया' के निर्माण में जुटेगी। इसी संदेश को आगे बढ़ाते हुए प्रधानमंत्री ने अयोध्या में भव्य राम मंदिर के निर्माण का शिलान्यास किया तो कहा, "जिस तरह दलितों-पिछड़ों-आदिवासियों, समाज के हर वर्ग ने आजादी की लड़ाई में गांधीजी को सहयोग दिया, उसी तरह आज देश भर के लोगों के सहयोग से राम मंदिर निर्माण का यह पुण्य-कार्य प्रारंभ हुआ है…"

> *दूसरी बार सत्ता में आने के बाद अनुच्छेद-370 की समाप्ति और फिर तीन महीने बाद ही अयोध्या में श्रीराम जन्मभूमि को लेकर चल रहे विवाद का सुप्रीम कोर्ट द्वारा पटाक्षेप होना निश्चय ही संघ परिवार के लिए सुकून भरा था। दशकों तक चली न्याय-प्रक्रिया के समाप्त होने के बाद 9 नवंबर, 2019 को प्रधानमंत्री नरेंद्र मोदी ने राष्ट्र के नाम अपने संदेश में इसे भारत के लिए नया सवेरा करार देते हुए कहा था कि अब देश को संकल्प करना होगा कि नई पीढ़ी नए सिरे से 'न्यू इंडिया' के निर्माण में जुटेगी।*

पारंपरिक वेशभूषा : धोती कुरता धारण कर प्रधानमंत्री नरेंद्र मोदी 5 अगस्त, 2020 को भगवान् रामलला की जन्मभूमि अयोध्या नगरी पहुँचे तो सैकड़ों वर्षों का सपना साकार हो चुका था। प्रधानमंत्री ने रामलला की पूजा-अर्चना की और रामजन्मभूमि स्थल पर 'साष्टांग दंडवत्' किया। भूमि-पूजन के साथ ही भव्य राम मंदिर के निर्माण की शुरुआत हो गई। प्रधानमंत्री ने इसे भारतीय संस्कृति का आधुनिक, आस्था और राष्ट्रीय भावना का प्रतीक बननेवाला पल बताया।

श्रीराम जन्मभूमि पर फैसले ने संघ परिवार को कितना संतोष प्रदान किया, इसका उदाहरण सरसंघचालक मोहन भागवत के वक्तव्य में साफ दिखा। उनका कहना था—"माननीय सर्वोच्च न्यायालय द्वारा इस देश की जन-भावना, आस्था एवं श्रद्धा को न्याय देनेवाले निर्णय का राष्ट्रीय स्वयंसेवक संघ स्वागत करता है। दशकों तक चली लंबी न्यायिक प्रक्रिया के बाद यह विधि-सम्मत अंतिम निर्णय हुआ है। इस लंबी प्रक्रिया में श्रीराम जन्मभूमि से संबंधित सभी पहलुओं का बारीकी से विचार हुआ

है। सभी पक्षों के द्वारा अपने-अपने दृष्टिकोण से रखे हुए तर्कों का मूल्यांकन हुआ। धैर्यपूर्वक इस दीर्घ मंथन को चलाकर सत्य व न्याय को उजागर करनेवाले सभी न्यायमूर्ति तथा सभी पक्षों के अधिवक्ताओं का हम शतशः धन्यवाद व अभिनंदन करते हैं। इस लंबे प्रयास में अनेक प्रकार से योगदान देनेवाले सभी सहयोगियों व बलिदानियों का हम कृतज्ञतापूर्वक स्मरण करते हैं। निर्णय स्वीकार करने की मनःस्थिति, भाईचारा बनाए रखते हुए पूर्ण सुव्यवस्था बनाए रखने के लिए सरकारी व समाज के स्तर पर हुए सभी लोगों के प्रयास का भी स्वागत व अभिनंदन करते हैं। अत्यंत संयमपूर्वक न्याय की प्रतीक्षा करनेवाली भारतीय जनता भी अभिनंदन की पात्र है। इस निर्णय को जय-पराजय की दृष्टि से नहीं देखना चाहिए। सत्य व न्याय के मंथन से प्राप्त निष्कर्ष को भारतवर्ष के संपूर्ण समाज की एकात्मता व बंधुता के परिपोषण करनेवाले निर्णय के रूप में देखना व उपयोग में लाना चाहिए। संपूर्ण देशवासियों से अनुरोध है कि विधि और संविधान की मर्यादा में रहकर संयमित व सात्त्विक रीति से अपने आनंद को व्यक्त करें। इस विवाद के समापन की दिशा में सर्वोच्च न्यायालय के निर्णय के अनुरूप परस्पर विवाद को समाप्त करनेवाली पहल सरकार की ओर से शीघ्रतापूर्वक होगी, ऐसा हमें विश्वास है। अतीत की सभी बातों को भुलाकर हम सभी श्रीराम जन्मभूमि पर भव्य मंदिर के निर्माण में साथ मिल-जुलकर अपने कर्तव्यों का निर्वाह करें।"

इस लंबे प्रयास में अनेक प्रकार से योगदान देनेवाले सभी सहयोगियों व बलिदानियों का हम कृतज्ञतापूर्वक स्मरण करते हैं। निर्णय स्वीकार करने की मनःस्थिति, भाईचारा बनाए रखते हुए पूर्ण सुव्यवस्था बनाए रखने के लिए सरकारी व समाज के स्तर पर हुए सभी लोगों के प्रयास का भी स्वागत व अभिनंदन करते हैं।

श्रीराम जन्मभूमि को लेकर विचारों का प्रवाह प्रधानमंत्री नरेंद्र मोदी के राष्ट्र के संबोधन में भी दिखा। उन्होंने इसे भारतीय न्यायपालिका के इतिहास का स्वर्णिम अध्याय कहा। संघ प्रमुख मोहन भागवत की तरह ही प्रधानमंत्री नरेंद्र मोदी ने भी कहा, "आज के फैसले के साथ ही माननीय सर्वोच्च न्यायालय ने यह संदेश दिया है कि जटिलतम मुद्दों का समाधान भी संविधान और कानून के दायरे में रहकर निकाला जा सकता है। हमें इस फैसले से यह सीख लेनी चाहिए कि यदि कुछ देर भी हो जाए तो हमें धैर्य रखना चाहिए। यह सबके हित में होता है। प्रत्येक परिस्थिति में हमारा भरोसा देश के संविधान और देश की न्याय-प्रणाली पर अडिग रहना चाहिए, यह बहुत जरूरी है।"

संघ और भा.ज.पा. ने एक सुर में इस फैसले को राष्ट्र की प्रगति, सौहार्द,

बाजार में प्रचार-प्रसार करने का आत्मविश्वास मजबूत हुआ और देश में आत्मनिर्भरता को बहस के केंद्र में लाने का काम हुआ। आत्मनिर्भरता के मंत्र ने स्वदेशी की राह खोली तथा इसे और मजबूती तब मिली, जब भारत कोरोना के दो स्वदेशी टीके का आविष्कार कर दुनिया के अगुआ देशों में शामिल हो गया। भा.ज.पा. ने यह संदेश देने की कोशिश की कि आज कोरोना को पूरी तरह से मात देकर आगे बढ़ने की दिशा में देश चलायमान है तो यह इसलिए संभव हुआ, क्योंकि प्रधानमंत्री मोदी के कुशल नेतृत्व में देश के चिकित्सा क्षेत्र के वैज्ञानिकों ने अथक मेहनत की। कोरोना आपदा और वैक्सीन के आविष्कार होने के बीच बिहार चुनाव में भी विचार परिवार सामान्य जीत की राह प्रशस्त कर गया।

समन्वय से बिहार विधानसभा चुनाव की जीत

वर्ष 2020 के बिहार विधानसभा चुनाव की जीत के लिए भा.ज.पा. की रणनीति में विचार परिवार का सहयोग बेहद सकारात्मक रहा। इसकी बड़ी वजह थी कि अयोध्या में राम मंदिर का शिलान्यास, चीन के साथ सीमा पर मुस्तैदी के साथ मुकाबला और सीमावर्ती क्षेत्रों में इन्फ्रास्ट्रक्चर के अभूतपूर्व विकास ने विचार परिवार और उनसे जुड़े जन-मानस के मन में एक ऊर्जा व भाव का संचार किया कि आखिर नरेंद्र मोदी ही क्यों जरूरी हैं! यह जीत इसलिए भी महत्त्वपूर्ण थी, क्योंकि वर्ष 2015 के विधानसभा चुनाव में आरक्षण के मुद्दे पर कथित विवाद ने एक टीस पैदा कर दी थी। लेकिन इस बार की जीत से 2015 की वह टीस मिट चुकी थी। इसके अलावा, सबसे अहम ग्रामीण क्षेत्रों में कोरोना काल में जिस तरह से गरीबों को राशन की योजना पहुँचाई गई, जन धन में 500 रुपए, दिव्यांग-बुजुर्ग पेंशन, उज्ज्वला के सिलेंडर आदि ने जमीनी स्तर पर सकारात्मक काम किया। किसानों के खाते में बुआई के तत्काल बाद

वर्ष 2020 के बिहार विधानसभा चुनाव की जीत के लिए भा.ज.पा. की रणनीति में विचार परिवार का सहयोग बेहद सकारात्मक रहा। इसकी बड़ी वजह थी कि अयोध्या में राम मंदिर का शिलान्यास, चीन के साथ सीमा पर मुस्तैदी के साथ मुकाबला और सीमावर्ती क्षेत्रों में इन्फ्रास्ट्रक्चर के अभूतपूर्व विकास ने विचार परिवार और उनसे जुड़े जन-मानस के मन में एक ऊर्जा व भाव का संचार किया कि आखिर नरेंद्र मोदी ही क्यों जरूरी हैं! यह जीत इसलिए भी महत्त्वपूर्ण थी, क्योंकि वर्ष 2015 के विधानसभा चुनाव में आरक्षण के मुद्दे पर कथित विवाद ने एक टीस पैदा कर दी थी।

'किसान सम्मान निधि' के 2,000 रुपए पहुँचना पार्टी की रणनीतिक सोच का ही नतीजा था, जिसने लोगों के मन-मस्तिष्क पर गहरी छाप छोड़ी। ऐसे में, जनता के सामने एक तरफ आर.जे.डी. के तेजस्वी यादव की ओर से किए जा रहे लोक-लुभावन वायदे थे तो दूसरी तरफ नरेंद्र मोदी सरकार का डिलिवरी मेकैनिज्म, जो जमीन पर उतर चुका था, ने भा.ज.पा. की जीत में बड़ी भूमिका निभाई और बिहार में पार्टी ने गठबंधन में बड़े भाई वाली भूमिका का आँकड़ा हासिल कर लिया। अब आगे की राह केंद्र की तरह ही बिहार में भा.ज.पा. को आत्मनिर्भर बनाने की है।

नए भारत की बात और विचार परिवार

छह दशकों के फासले कम करते हुए मोदी सरकार ने छह वर्षों में ही अनुच्छेद-370 को खत्म किया और संघ के सिद्धांतों के अनुरूप जम्मू व कश्मीर को केंद्रशासित प्रदेश बनाया गया। जम्मू व कश्मीर का वास्तविक एकीकरण हुआ और अब देश के विकास के साथ कश्मीर भी कदम-ताल करता दिखा। केंद्रीय योजनाओं का सीधा लाभ लोगों को मिलने लगा है, जिससे विकास के साथ कश्मीर के लोगों की सोच भी बदलाव के साथ जुड़ रही है।

छह दशकों के फासले कम करते हुए मोदी सरकार ने छह वर्षों में ही अनुच्छेद-370 को खत्म किया और संघ के सिद्धांतों के अनुरूप जम्मू व कश्मीर को केंद्रशासित प्रदेश बनाया गया। जम्मू व कश्मीर का वास्तविक एकीकरण हुआ और अब देश के विकास के साथ कश्मीर भी कदम-ताल करता दिखा। केंद्रीय योजनाओं का सीधा लाभ लोगों को मिलने लगा है, जिससे विकास के साथ कश्मीर के लोगों की सोच भी बदलाव के साथ जुड़ रही है। इन क्षेत्रों के युवाओं के लिए अभूतपूर्व अवसर पैदा हुए हैं। आतंकवाद और गरीबी को जड़ से उखाड़ फेंकने की दिशा में सरकार ने कदम उठाया हैं। जबकि अनुच्छेद-370 के लागू होने के बाद से 70 साल में 41,500 से ज्यादा सिख, बौद्ध और अन्य धर्मों के लोगों को कश्मीर में अपनी जानें गँवानी पड़ी थीं। 31 अक्तूबर, 2019 से राज्य पुनर्गठन के जरिए कश्मीर से लद्दाख को अलग किया गया, जिसके लिए संघ परिवार लगातार संघर्षरत रहा था। लद्दाख अलग सांस्कृतिक पहचान रखनेवाला क्षेत्र था और 70 वर्षों से यह माँग हो रही थी, जिसे मोदी सरकार ने पूरा किया। इसे अलग संघ राज्य क्षेत्र का दर्जा मिला। लेकिन क्षेत्र की चुनौतियों को ध्यान में रखते हुए, विशेष रूप से गंभीर सर्दी की अवधि के दौरान राज्य के अन्य क्षेत्रों से कट जाने के कारण यहाँ किसी विधायिका का प्रावधान नहीं रखा गया है। जम्मू व कश्मीर और

लद्दाख के लोगों तक अब केंद्रीय कानून सीधे पहुँच रहा है। केंद्र के 170 कानून, जो पहले वहाँ नहीं पहुँचते थे, अब सीधे लागू होने लगे। यह कुछ ऐसी पहल थी, जो विचार परिवार और भा.ज.पा. के लिए भी सुखद अहसास था।

सदियों का इंतजार समाप्त हुआ और अयोध्या में श्री रामजन्मभूमि मंदिर पर ऐतिहासिक फैसले, भूमि-पूजन के बाद मंदिर निर्माण की दिशा में बढ़ा कदम, नागरिकता संशोधन अधिनियम-2019—ये कुछ ऐसे मुद्दे थे, जिनकी संघ परिवार लंबे समय से माँग करता आ रहा था। वाजपेयी सरकार के समय भी इसके लिए पहल हो रही थी; लेकिन ऐसा नहीं होने पर संघ के तत्कालीन सरसंघचालक के.एस. सुदर्शन ने सार्वजनिक तौर से अटल बिहारी वाजपेयी पर निशाना साधा था। लेकिन अब मोदी सरकार ने दूसरे कार्यकाल के पहले छह महीने में ही इस पर अमल किया। इस कानून के तहत भारत के पड़ोसी देशों—पाकिस्तान, बँगलादेश, अफगानिस्तान में सताए गए धार्मिक अल्पसंख्यकों—यानी हिंदू, सिख, बौद्ध, जैन, पारसी और ईसाई समुदायों से जुड़े व्यक्तियों—को भारतीय नागरिकता देने का प्रावधान जोड़ा गया। साथ ही पूर्वोत्तर के लोगों की भाषाई, सांस्कृतिक और सामाजिक पहचान को संरक्षित करने के लिए भी विशेष व्यवस्था की गई। असम में एन.आर.सी. की पहल हुई। विदेशी घुसपैठ की समस्या को खत्म करने के लिए लंबे समय से चली आ रही माँग कि नेशनल रजिस्टर बनाया जाए, सुप्रीम कोर्ट के आदेश पर असम में पहल हुई। असम में नागरिकों का नेशनल रजिस्टर प्रकाशित किया गया। करतारपुर कॉरीडोर का खुलना, बोडो समझौते पर हस्ताक्षर, त्रिपुरा में ब्रु-रियांग शरणार्थी संकट का हल एक नए युग की शुरुआत से कम नहीं था।

बिहार चुनाव से पहले लद्दाख सीमा पर चीन के साथ विवाद में भारत की मजबूत स्थिति और मुँहतोड़ जवाब देने की काररवाई ने देश और विचार परिवार का भी दिल जीत लिया। 50 साल बाद चीन ने एक बार फिर भारतीय सीमा में घुसपैठ की कोशिश की, जिसका भारतीय वीर जाँबाजों ने मुँहतोड़ जवाब दिया। सन् 1962 के मानसिक दबाव से बाहर निकलकर विगत छह वर्षों में सीमावर्ती क्षेत्रों में इंफ्रास्ट्रक्चर के स्तर पर जिस तरह से विकास की गतिविधियाँ बढ़ाई गईं, उससे निश्चित तौर पर चीन की बौखलाहट बढ़ी।

बिहार चुनाव से पहले लद्दाख सीमा पर चीन के साथ विवाद में भारत की मजबूत स्थिति और मुँहतोड़ जवाब देने की काररवाई ने देश और विचार परिवार का भी दिल जीत लिया। 50 साल बाद चीन ने एक बार फिर भारतीय सीमा में घुसपैठ

की कोशिश की, जिसका भारतीय वीर जाँबाजों ने मुँहतोड़ जवाब दिया। सन् 1962 के मानसिक दबाव से बाहर निकलकर विगत छह वर्षों में सीमावर्ती क्षेत्रों में इंफ्रास्ट्रक्चर के स्तर पर जिस तरह से विकास की गतिविधियाँ बढ़ाई गईं, उससे निश्चित तौर पर चीन की बौखलाहट बढ़ी। लेकिन मोदी सरकार ने रक्षा एवं सामरिक क्षेत्र से जुड़ी पर्यावरण मंजूरी को लचीला बनाया और उसे सहज किया, जिससे इंफ्रास्ट्रक्चर को नई रफ्तार मिली।

ऊपर के तमाम उदाहरण, खासतौर से विचार परिवार के साथ, समन्वय और सुखद अहसास की नजीर बने हैं। विचारधारा की मजबूती से संघ और भा.ज.पा. दोनों समाज व राजनीति में एक नया अध्याय लिख रहे हैं। समन्वय का सफर इस सुखद अहसास के साथ जारी है।...

□□□